ROBERTO MARINHO
O PODER ESTÁ NO AR

Leonencio Nossa

ROBERTO MARINHO O PODER ESTÁ NO AR

Do nascimento ao Jornal Nacional

EDITORA
NOVA
FRONTEIRA

Editora Nova Fronteira Participações S.A.
Rua Candelária, 60 — 7º andar — Centro — 20091-020
Rio de Janeiro — RJ — Brasil
Tel.: (21) 3882-8200 — Fax: (21) 3882-8212/8313

CIP-BRASIL. CATALOGAÇÃO NA PUBLICAÇÃO
SINDICATO NACIONAL DOS EDITORES DE LIVROS, RJ

N785r

Nossa, Leonencio

Roberto Marinho : o poder está no ar / Leonencio Nossa. - 1. ed. - Rio de Janeiro: Nova Fronteira, 2019.

576 p. : il.

Inclui bibliografia e índice

ISBN 9788520944134

1. Marinho, Roberto, 1904-2003. 2. Jornalistas - Brasil - Biografia. I. Título.

19-56266 CDD: 920.5
CDU: 929:070(81)

Vanessa Mafra Xavier Salgado - Bibliotecária - CRB-7/6644
01/04/2019 02/04/2019

Sumário

1. BALÕES 9
O cavalo Royalty 24
Ator no filme produzido pelo pai 28
A odiosa caçada 31
Marinho perde jornal para o capital americano 37
Nasce *O Globo* 39
Testamento tenentista 46
O soldado 222 49
Só sairei daqui morto — ainda não era Getúlio 51

2. A REPÚBLICA DO HOMEM-ARANHA 59
Marinho se aproxima do rádio. E de Nenete 71
Polícia, políticos 75
A prisão do "agente russo" Roberto Marinho 97
"Cartel Aranha" 100
O cassino 104
No conselho da ditadura 118
Família contra os quadrinhos 126
A Hípica 136
O negócio da guerra 139
A queda da Urca 156

3. A CONQUISTA DE COPACABANA 169
Casamentos da Hípica 179
No ar, a Rádio Globo 191
Os barões 200
Fora da revolução editorial da imprensa 234

4. O GRANDE SALTO 253
A sucursal do fim do mundo 266
O alquimista 276
Filmes políticos 284
"As luzes da TV me assustam" 286
A catedral 305
Um castelista no comando da redação 337
Uma planta exótica no Jardim Botânico 338
Time-Life 352

5. O MULATO E O BANQUEIRO 357
O Globo questiona sítio e triplex do adversário 384
Traição em família 388
A CPI 390
Stella Marinho 419
1968 431
O espírito do demônio 445
No ar, o *Jornal Nacional* 448
O cavalo dispara 456

EPÍLOGO 467
AGRADECIMENTOS 469
NOTAS 471
FONTES DE CONSULTA 511
ÍNDICE ONOMÁSTICO 521

Este livro sem suas fragilidades é dedicado aos moradores do Rio de Janeiro. O esforço de reportagem foi a oportunidade de viver a cidade que ressurge e se reinventa a cada tempo de dificuldades, no ritmo do samba, na leveza e na alteridade de sua gente.

Com a magia dos meios de comunicação dos nossos dias, acredito imensamente que hoje milhões de pessoas sabem de minha existência, como acontece com inúmeras outras, de menor ou maior valor, que as massas leem nos jornais, veem na televisão ou mesmo [ouvem] nas rádios. Como gostaria de saber como sou visto e julgado! Um homem sério, patriota, dedicado à causa pública, interessado pelos humildes, sofrendo com eles as suas desditas, as suas aflições? Ou um homem que se lançou na arena das competições da "sociedade de consumo" e, a pretexto de defender a população sofredora do país, a grandeza da pátria, as leis e os bons costumes, foi, na verdade, um perseguidor de bens materiais, um ambicioso cheio de metas e de métodos, para obter fortuna na profissão, que abraçou o poder, desfrutou dos prazeres de que só uma pequena parcela da humanidade desfruta? Pois não sou tido como um homem muito rico, dono de empresas, em grande prosperidade? Não moro numa das casas mais bonitas do Rio de Janeiro, em Cosme Velho? Não possuo outra, de mesmo gabarito, na Gávea Pequena? E o sítio da Ponta dos Cardeiros, uma península com mais de seis praias de águas cristalinas? E a casa charmosa de Angra dos Reis, onde tenho passado alguns dos dias mais felizes da minha vida, com a minha mulher, os meus filhos e os meus netos, dando as suas primeiras braçadas no mar, cavando com pás de plástico túneis na areia? E não tenho um iate, o Tamarind, *tão seguro e elegante? Como na primeira cena do prólogo dos* Palhaços, *eu sempre me lembro da hora da cena, vou me desvendando ao público, não da lotação de um teatro, mas de todos [que terão] a paciência ao ler este livro, [que] contará a história da minha vida.*

Manuscrito encontrado no arquivo de Roberto Marinho, de 1979. Nesse ano, a peça *Os palhaços de ouro*, tradução do roteiro *The Sunshine Boys*, de Neil Simon, direção de Cláudio Corrêa e Castro, foi encenada no Teatro Vanucci, no Rio de Janeiro. Era a história de velhos artistas da Broadway que refletiam quanto à sobrevivência nos palcos. O espetáculo era embalado pela canção "Old Man River". O Brasil vivia então uma nova abertura democrática.

1. Balões

Roberto Marinho, carioca nascido a 3 de dezembro de 1904 num pequeno sobrado no Estácio, bairro proletário próximo ao Centro do Rio de Janeiro, era um homem de pele parda, 1,67 metro de altura, magro, cabelo preto, rosto afilado pela calvície e olhos castanhos incisivos.[1] Num tempo em que o brasileiro vivia em média 52,5 anos, ele abriu, aos sessenta, uma rede de emissoras de televisão.[2] Foi seu passo mais ousado nos negócios desde que assumiu, na juventude, *O Globo*, um jornal influente entre famílias de renda média da cidade e nos subúrbios lançado pelo pai, Irineu.[3] No período militar, a TV Globo expandiu-se das cidades litorâneas às currutelas da floresta e, na redemocratização, atingiu seu ápice como a maior produtora de notícias e entretenimento da América Latina.

Nos estertores da ditadura, o homem de terno justo, sapatos lustrados e costeletas e bigode fino aparados era um empresário bem posicionado no mercado da comunicação. Naqueles dias tensos de 1979, ele foi escolhido para presidir a Associação Nacional dos Jornais (ANJ). A entidade nascia num momento de impasse dos empresários com o governo e após uma greve que agitou as redações de São Paulo.

Era tempo de protestos Brasil afora. Os jornalistas paulistanos foram incentivados pelo êxito das mobilizações dos metalúrgicos do ABC lideradas por Luiz Inácio Lula da Silva.[4] Os grevistas exigiam 25% de aumento.

Jovens repórteres lideraram o movimento de greve. Eles protagonizaram uma queda de braço geracional com respeitáveis nomes do jornalismo que vinham, em boa parte, da velha militância comunista.[5] A antiga geração temia ver os jornais circulando normalmente, publicando matérias sobre a paralisação. Foi o que aconteceu. Com número menor de páginas, a *Folha* e *O Estado de S. Paulo* foram para as bancas, à custa do trabalho de parte dos profissionais — a greve atingiu também as sucursais paulistas do *Jornal do Brasil* e do *Globo*, mas não paralisou as redações no Rio de Janeiro. A Justiça considerou o movimento ilegal, e, após oito dias, os jornalistas retornaram ao trabalho. As redações sofreram cortes, pois os patrões passaram a considerar que era possível fazer jornal com menos repórteres.[6]

Uns dizem que por timidez, outros que por esperteza de negociador, Marinho sempre preferiu encontros reservados com uma ou duas pessoas. Para ele, uma conversa com mais de um interlocutor era uma assembleia improdutiva. Naqueles dias de estado de greve, entretanto, ele se recusou a receber, em particular, o sindicalista Carlos Alberto Caó, contrariando a própria regra.[7]

"Vou receber todos, não vou receber uma pessoa só."

Na portaria do jornal, o sindicalista insistiu:

"Mas eu desejava um encontro pessoal com o senhor."

Roberto voltou a se esquivar. Diante da nova negativa, o sindicalista, um homem negro, fez uma dura acusação:

"O senhor tem preconceito de cor."

"Meu filho, eu não posso ter preconceito de cor", rebateu Roberto.

Em seguida, o empresário entrou no prédio enfurecido. Minutos depois, numa reunião reservada com editores do jornal, começou a tirar a cutícula da unha de um dedo com outra, quase expondo a carne viva — tinha esse costume nos momentos de tensão. Ele narrou o diálogo com o sindicalista aos presentes. Abriu a abotoadura, dobrou a manga da camisa, deslizou o indicador da mão esquerda no braço direito, indo do pulso à altura do cotovelo, exibindo a pele.

"Eu não posso ser racista."[8]

Roberto Marinho sempre demonstrou visível incômodo nos embates pessoais que envolviam, de algum modo, o tema do preconceito racial. "Ele sabia que era negro. Isso doía nele", afirma Luiz Lobo, ex-

-chefe de reportagem do *Globo*. Os adversários do empresário, aqueles por quem nutria assumida aversão, abusaram de termos racistas para atacá-lo. Assis Chateaubriand o chamava de "africano"; Leonel Brizola, de "neguinho"; Nascimento Brito, de "crioulo"; e Carlos Lacerda, de "Marinho-quase-negro".

O dono da Globo nasceu 16 anos após a decretação da Lei Áurea. Ele e o pai nunca escreveram uma única linha para negar a suposta ascendência africana da família ou apontar a origem da pele mais escura que a de outros descendentes de europeus. Tampouco jamais a assumiram. Roberto usava pó no rosto e evitava o sol. Dos filhos homens de Irineu, era o de cor mais escura. João Roberto Marinho, filho de Roberto, confirma que o pai se sentia mal com as ofensas provenientes de questões de cor. "Ele se incomodava com o sol. Não gostava de barco aberto, tinha que ser barco com capota", detalha João Roberto. "Acho que se preocupava em não ficar mais moreno. Mas não falava sobre isso. É minha percepção de pequenos gestos."[9]

A polêmica racista em torno dos Marinho não é proporcional às poucas informações sobre a cor da família. É difícil entender, nos nossos dias, que o tom claro da pele parda de Roberto despertasse racismo.

O imigrante João Marinho Coelho de Barros, pai de Irineu e avô de Roberto Marinho, tinha 13 anos quando, em 1842, deixou a pequena Celorico de Bastos, distrito de Braga, Portugal, para buscar vida nova depois do Atlântico. No Brasil, encontrou guarida na casa de um tio, Antônio Pinto Coelho de Barros, em Resende, então principal cidade do Vale do Paraíba fluminense, região cafeeira que sustentava a economia do país.

Aos 24 anos, João se casou com a prima Edwiges, de 16. Relatos familiares apontam que a moça era "mulata".[10] Os documentos que sobreviveram a um incêndio na matriz da cidade, em 1945, onde ela foi batizada e se casou, indicam apenas que a mãe dela, Leonor, mulher de Antônio, era declarada "brasileira".

Em Resende, João e Edwiges viviam numa pequena casa na rua do Lavapés, ladeira um pouco afastada do Centro. Hoje, subsistem ali algumas construções antigas, onde moram famílias de baixa renda. O casal tirava o sustento de uma loja de tecidos. Quando, às vésperas da Abolição, o plantio de café entrou em colapso ante o esgotamento da terra e a concorrência do Oeste Paulista, o casal acompanhou o fluxo migratório em direção à cidade do Rio de Janeiro e suas redondezas.

Foi em Niterói que João e Edwiges tiveram o filho Irineu — o pai de Roberto Marinho —, nascido em 1876, o quinto da fila de irmãos, que incluía Cláudia, Antônio, Eulália e Alarico.[11] Nessa época, João era guarda-livros, trabalhava em serviços de contabilidade para comerciantes e sociedades da colônia portuguesa do Rio de Janeiro. Mais da metade da população do antigo Distrito Federal era formada por portugueses e seus descendentes.[12]

Irineu foi matriculado em colégios tradicionais de Niterói, mas durante a infância as finanças da família declinaram. Há registros de que Edwiges passou a alugar cômodos da casa para complementar a renda. Irineu tinha 11 anos quando a mãe faleceu, aos cinquenta anos.[13] Não há notícias da causa da morte. A irmã Eulália, de vinte anos, morreu tempos depois, quando a casa da família pegou fogo num acidente com álcool. João teve outra mulher, com quem teve ao menos quatro filhos.

Roberto Marinho não conheceu a avó paterna, Edwiges, e dela pouco falou. Quando Chica, mãe de Roberto, contadora de histórias da família, conheceu Irineu, a sogra já havia morrido. Não há registros fotográficos de Edwiges. A morte da matriarca iniciou o processo de branqueamento dos Marinho, acuados por um projeto de nação sem homens de pele mais escura, independentemente da origem.

Elizabeth Marinho, filha de Hilda, irmã caçula de Roberto, conta que a origem da família sempre foi um assunto "estranho" nas conversas de domingo. Algo de que não se falava. "Certa vez, ouvi minha mãe dizer que Edwiges era mulata. É como se a história da família começasse com Irineu e Chica."[14]

Não se pode descartar a possibilidade de Chica ter tentado limitar à família de Irineu a origem do tom da pele dos filhos. Do lado dela a tez tampouco era clara, como mostram fotografias. A certidão de casamento de Chica informa que ela era filha "natural" da imigrante italiana Cristina Scorziello — não era "legítima", isto é, não se registrou o nome do pai.[15] Chica nasceu na rua das Marrecas, na Lapa, onde viviam europeus pobres, reduto de pensões e mercearias.

Roberto Marinho é de uma geração que sofreu forte influência de uma ideologia de "branqueamento", muito impregnada nas ciências, e que deu as diretrizes para as políticas de Estado. Por uma razão de sobrevivência, uma geração de mulatos e pardos liberais letrados defendia uma sociedade sem definições de raças ou se entendiam como pessoas de mais de uma cor ou origem. Para essa geração, o debate racial impunha mais obstáculos.

Ao longo da vida, Roberto manteve a estratégia de Irineu de responder ao racismo abrindo outras frentes de ataque.

No jornalismo carioca, o preconceito foi uma constante. O fotógrafo Alcyr Cavalcanti lembra que, mesmo nos anos 1970, os chefes mantinham vigilância especialmente sobre as imagens de primeira página. "O *JB* não publicava negro na primeira página, a não ser o Pelé. No *Globo* era tranquilo, publicava." O fotógrafo Osmar Amicucci Gallo, que também passou pelas principais redações do Rio, por exemplo, isenta o *Jornal do Brasil* e acusa especialmente a *Manchete*, de Adolfo Bloch: "*Globo* e *JB* davam as fotos. O velho Bloch tinha esse preconceito."

As emissoras de TV brasileiras, em especial a Globo, a mais hegemônica delas, sempre foram criticadas por não apresentar um número maior de atores e jornalistas negros. A vida nunca foi fácil para os negros que nelas se projetaram pelo seu trabalho. Uma das profissionais que Roberto Marinho mais admirava era Glória Maria, uma mulher negra. Quando José Roberto, filho caçula do empresário — que frequentava rodas de samba, jogava capoeira e participava do mundo da cultura das ruas —, foi morar com a jornalista, Marinho tratou a relação do filho com a naturalidade dispensada a outros casos. "Papai foi tranquilo. Gostava dela, tinha admiração por ela. Mas eu senti o preconceito no Rio quando estava na companhia dela em lugares públicos. Aqui, as classes sociais são apartadas."

José Roberto é um sujeito de estatura baixa, roupas descontraídas, irônico, contador de histórias e tiradas de bom humor. Enquanto come uma pequena barra de chocolate na sala de casa, no Jardim Botânico, num sofá próximo a uma tela de Andy Warhol, ele relata que pediu a Glória que o acompanhasse ao Country Club, na Zona Sul, onde um amigo negro de seus filhos tinha sofrido racismo. Eles sentaram a uma das mesas do restaurante e almoçaram por mais que o tempo de costume, num clima tenso. "Basta olhar para mim", diz José Roberto. "Essa história de que no Brasil não tem racismo não existe. Tem muito."

Aos 14 anos, Irineu Marinho e um jovem amigo, Antônio Leal da Costa, tomavam a barca de Niterói para o Rio em busca de bicos e quebra-galhos na cidade. Eles acotovelavam-se junto a outros garotos à porta das gráficas no Centro. Em meio ao barulho das rotativas, adolescentes imberbes caçavam vagas em ocupações subalternas na imprensa, então uma indústria quase artesanal.

A tipografia "a quente", método em que o chumbo era derramado em formas de caracteres, constituía um mundo de hierarquia definida. Entretanto, adultos, jovens e crianças, chefes e subordinados, indistintamente, inalavam o vapor do óxido de chumbo, que, naqueles corpos quase sempre submetidos a jejuns prolongados, circulavam pela corrente sanguínea, atingindo pulmões e rins. O gosto adocicado e ao mesmo tempo ácido do vapor do metal irritava a boca. A queda precoce de cabelos era o primeiro sintoma do chamado "saturnismo", a maldição do jornalismo, provocado pela contaminação por chumbo, causa de tonturas, hipertensão, problemas nas articulações, disfunção renal e dores abdominais.

De gravata-borboleta, colarinho engomado e viseira, o tipógrafo tinha o poder de contratar os meninos. Era o chefe da gráfica e o senhor supremo do jornal na hora do fechamento. Fazia a revisão final dos textos — corrigia artigos de homens que mandavam na República —, com a prerrogativa de cortar o que não encaixava nos espaços. A sua voz era o único som que se sobrepunha ao estrondo repetitivo das máquinas.

Enquanto isso, as redações eram o território dos bacharéis em direito, homens que publicavam textos literários ou artigos de combate. Indivíduos com amplo acesso aos salões acadêmicos, sociais e políticos e que, por isso mesmo, nem sempre faziam questão de receber os vales semanais por suas contribuições, invariavelmente assinadas. Abaixo deles estavam os repórteres, gente sem cartão de entrada no mundo de luzes da *belle époque*. Estes não assinavam seus textos, sobreviviam de vales atrasados e encontravam nas histórias das ruas a matéria-prima para lhes garantir o ganha-pão. Nessa época, os repórteres escreviam nas sobras dos papéis das bobinas com caneta-tinteiro e grandes lápis de carvão. As folhas escritas eram levadas até a gráfica, onde eram preparadas as formas de palavras em chumbo.

O adolescente Irineu conseguiu desempenhar, ainda como estudante secundarista, os primeiros serviços de revisão para o *Diário de Notícias*

— jornal do jurista Rui Barbosa.[16] Irineu logo passou também a montar as frases nas placas de chumbo e a dominar o processo de produção gráfica da época.

A experiência no jornalismo despertou em Irineu fascínio, mas também a crítica. Num artigo sobre políticos e homens de negócios publicado nesse tempo no jornal *O Fluminense*, de Niterói, escreveu que gostaria de viver isolado. "Invejo a vida de Robinson Crusoé, com os mesmos trabalhos, os mesmos perigos, mas sem o regresso ao mundo civilizado."[17]

Em relato deixado para um possível livro de memórias, o filho Roberto contou que o pai retornava do trabalho exausto, recorrendo a vidros de xarope para combater a fragilidade dos pulmões e a fome. Irineu jamais se livrou dos problemas respiratórios e enfrentou o drama da sífilis.[18]

Mas não foi no exercício cotidiano da reportagem que Irineu se destacou.[19] Ele logo demonstrou ser um profissional apto a resolver problemas internos da redação e, em especial, a pautar de modo criativo, isto é, sugerir matérias que despertavam interesse no público. Com senso objetivo e o estilo pragmático, exibia um comportamento pessoal autocentrado.

Aos 27 anos, Irineu se casou com Francisca, a Chica, de 17 anos. Ele e a mulher foram morar numa casa alugada no Saco de São Francisco, em Niterói. Tratava-se de uma comunidade de pescadores que passou a abrigar trabalhadores do comércio e das fábricas. Para se chegar até lá, na época, era preciso pegar um bonde puxado por burros e passar por uma estrada estreita, íngreme e sinuosa que margeava o mar.

Dos primeiros anos de casamento com Chica, ficou a memória familiar de um Irineu que dispunha apenas de uma camisa social para trabalhar. Ao chegar em casa, a mulher lavava a peça e, na manhã seguinte, a passava com o ferro a carvão. Entre os filhos, porém, nunca se chegou a um consenso se essa cena, perpetuada pela tradição oral, tem fundamento de verdade.[20]

Roberto Marinho nasceu às cinco da tarde de um sábado de dezembro, na casa da avó materna, Cristina.[21] Chovia muito na cidade. Irineu era um homem ainda de cabeleira e barba preta quando nasceu seu primogênito. O jornalista consolidava seu nome na equipe da *Gazeta de Notícias* — embora os tempos ainda fossem de dificuldade financeira. A imprensa experimentava uma transição, superando a estrutura baseada em textos opinativos, de combate político ou controvérsia acadêmica. Irineu, atento às transformações, mostrava-se inclinado a priorizar o noticiário das ruas, os casos pitorescos, os dramas humanos e as histórias policiais.

Nesse tempo, a capital contava com um total de 23 jornais noticiosos; São Paulo, com outros 17.[22]

Na disputa acirrada por leitores, Irineu Marinho estabeleceu uma insólita parceria com o balonista português Guilherme de Magalhães, de 38 anos, que estava no Rio para fazer dinheiro com apresentações. O fotógrafo da *Gazeta* Antônio Botelho, de 26 anos, entrou a bordo do balão para fotografar o Rio de Janeiro do céu. Na capital de territórios político e jornalístico bem demarcados, o poder para Marinho estava no ar. O voo rendeu à *Gazeta* edições esgotadas nas bancas. Botelho e Magalhães foram tratados como heróis nas ruas.[23] Irineu subvertia a rigidez editorial de um periódico de tradição e testava novas fórmulas para seduzir leitores. Não demorou a ser promovido a secretário de redação.

A *Gazeta* rodava quarenta mil exemplares por dia, nas contas do jornal, e fazia um noticiário mais arejado. Entretanto, Irineu precisava fazer malabarismos para equilibrar os interesses dos donos, notórios governistas, e as convicções da maioria dos repórteres, arraigados oposicionistas. Foi no clima de beligerância na redação que Irineu Marinho começou a levar adiante um plano, acalentado havia tempo: o de lançar seu próprio jornal.

Numa madrugada fria de julho de 1911, após encerrado o expediente na *Gazeta de Notícias*, Irineu reuniu meia dúzia dos colegas no Café Colombo, na rua Gonçalves Dias, e convidou-os a fazer parte da empreitada. Na conversa, afirmou que pretendia criar um jornal livre do diletantismo dos concorrentes matutinos. Diante do apoio e entusiasmo do grupo, decidiu comunicar a decisão ao seu chefe imediato na *Gazeta*, Manoel Oliveira Rocha, um dos acionistas da casa, mais conhecido como Rochinha.

Na conversa, Rochinha alertou-o: em um negócio aberto em sociedade, ainda que por parte de um grupo de velhos camaradas, seria preciso ficar claro, desde o princípio, quem mandava na linha editorial do veículo. Aos 35 anos, com a pele escura que levava os adversários a associá-lo à "cozinha", Irineu era tido como alguém condescendente na hora de atender aos pedidos e lamentos dos colegas de redação. Por isso, na visão de Rochinha, ele precisaria impor limites para que sua autoridade não fosse questionada. "Em todas as combinações que fizeres, deves guardar o meio de exercer um controle absoluto sobre a publicação, o que só se consegue quando se tem 51% do capital, metade e mais um poucochinho", recomendou o diretor.[24]

No Rio de Janeiro do início da República, permeado por motins militares e disputas oligárquicas sangrentas, os jornais continuavam a nascer de grupos no âmbito das ideias, raramente da necessidade da construção de uma empresa de negócios financeiramente viável. Rochinha demonstrava também reservas a respeito de figuras da redação que estavam próximas de Irineu. Era o caso de Castelar de Carvalho, um repórter que ganhou fama de "homem da capa preta" — e que se valia do expediente de matar porcos para aproveitar o sangue dos animais nas reportagens policiais.[25] Rochinha até sugeriu o nome para a publicação: *A Noite*. Irineu chegara a cogitar outra opção, *Globo*.[26] Mas avaliou que o título proposto pelo chefe seria mais adequado a um vespertino que chegasse às mãos dos leitores no final da tarde, seguindo um modelo que fazia sucesso em Lisboa, conforme relatavam as cartas de um amigo que andava por lá, Paulo Barreto, o célebre João do Rio. Ao mesmo tempo que queria fundar um jornal pautado na vida pulsante das ruas da região central da cidade e dos subúrbios em transformação, Irineu sabia que precisava atender aos interesses da influente colônia portuguesa, dona de padarias, lojas farmacêuticas e casas comerciais variadas, terreno fértil para fisgar anunciantes novos ou já estabelecidos na praça. Não à toa, Lima Barreto disse que, quando o rei de Portugal foi assassinado, a "tristeza" estampada nos jornais do Rio não fazia sentido numa cidade situada a "milhares de léguas" do local do crime.[27]

Os donos de jornais vaticinaram que a folha do "mulato" Irineu não "pegaria". Seria tarefa difícil manter um diário num mercado congestionado por dezenas de jornais, que disputavam entre si a exígua publicidade disponível.[28] Irineu não lhes deu ouvidos. "A negrada está muito animada e eu tenho cada vez mais esperança no êxito, não um êxito colossal, mas uma coisa razoável que nos garanta a existência", calculou, em carta a um amigo.[29]

Um dos motivos para a segurança de Marinho quanto ao sucesso da *Noite* era a relação construída, na *Gazeta*, com os italianos que controlavam a distribuição de jornais. Muitos deles eram conhecidos da região da Lapa, onde vivia a família de dona Cristina. Os italianos da imprensa eram homens de pequena estatura física, de bigodes e barba, que costumavam usar calças e ternos de linho gastos e bem-ajambrados em momentos formais. Se os portugueses dominavam padarias e lojas, e os judeus, comércios importantes, os italianos eram soberanos na distribuição dos jornais. Moravam em guetos nos bairros hoje pertencentes às zonas Norte e Oeste. Viviam na classe dos mulatos, intermediária entre os brancos com posses e os negros totalmente marginalizados.

O jornal feito por Irineu era fácil de ser vendido pelos jornaleiros, aos gritos, e pelas bancas sob controle dos "carcamanos". Sua disposição de fazer edições extras, prática pouco comum na imprensa da época, permitiria aos jornaleiros uma receita maior, pois estes podiam vender mais de um jornal para um mesmo cliente, com informações renovadas. "Não faltou quem dissesse que Irineu iria fracassar", relatou mais tarde um desses distribuidores, Turano Santo Salvatori. "Esse homem de visão criou a reportagem movimentada, espalhafatosa, rica de pormenores, emocional. Promoveu uma coisa que metia medo: as edições extras."[30]

Irineu foi pioneiro em conquistar leitores que não eram atendidos pelos matutinos. Ele buscou aplicar ao novo vespertino seu conhecimento do jornalismo suburbano — tudo o que não fosse interesse direto das elites política, econômica e cultural da cidade. Irineu almejava fazer uma cobertura voltada para a classe de renda média e moradores dos bairros da região central e do subúrbio que falasse de e para seus habitantes, que fosse além das seções voltadas para essas áreas publicadas pela *Gazeta de Notícias*. Mas queria fazê-lo sem perder a proximidade com os comerciantes da avenida Rio Branco, que anunciavam seus produtos. A sede tinha de ser aberta no Centro.

Ao longo do processo de planejamento do jornal, Irineu manteve conversas com João do Rio, de quem se tornara amigo na *Gazeta de Notícias*. Homem influente, o cronista era figura popular. Entrou para o jornalismo depois de ser reprovado num concurso do Itamaraty. Pardo, obeso e homossexual, não era o tipo de diplomata que o barão do Rio Branco buscava.

João do Rio era homem viajado. Numa carta escrita em Londres, ele relatou a Irineu visitas a redações, em especial à do *Daily News*. "O jornalismo inglês e o americano são os únicos que nos podem dar lições", afirmou.[31]

O cronista costurou um empréstimo junto ao político Rodolpho Miranda, que havia sido ministro da Agricultura de Nilo Peçanha e disputava, então, o governo de São Paulo. Miranda emprestou o dinheiro para a empreitada como se fosse para João do Rio, que repassou a Marinho uma parte e torrou a outra na viagem à Europa. Com o amigo no exterior, Marinho procurou Miranda para arrancar-lhe mais dinheiro. Foi só aí que soube que João tinha conseguido um valor muito superior, o dobro do informado.

Por intermédio de Celestino da Silva, dono de teatro no Rio, Marinho conseguiu outros vinte contos para instalar a redação num sobrado no largo da Carioca. O oposicionista *Correio da Manhã* ofereceu uma prensa, cortesia que podia ser interpretada como um ataque à governista *Gazeta de Notícias*.[32]

Um grupo de financiadores menores foi arregimentado pelo jovem advogado Herbert Moses, que tinha o apelido de "Mosquito Elétrico", pelo físico franzino e por não parar de falar.[33] Irineu foi apresentado a Moses pelo amigo em comum Newton Braga, um jovem oficial do Exército que dividira quarto com Irineu num prédio na esquina das ruas Uruguaiana e Sete de Setembro.[34]

A base da redação formada por Irineu incluía Antônio Leal da Costa, o antigo companheiro juvenil de travessias nas barcas de Niterói e considerado quase seu irmão siamês, e o baiano Eurycles de Mattos, o Pinguinho.[35]

A redação foi montada em cima de uma leiteria, como eram conhecidos os restaurantes refinados, no largo da Carioca.[36] As oficinas do jornal — ou seja, a gráfica — ficaram instaladas na rua do Carmo, equipadas com uma rotativa Alt Scott e surradas compositoras alemãs e canadenses, apelidadas de "máquinas de fazer caldo de cana", compradas de uma velha tipografia. O dinheiro obtido entre os financiadores não garantiu a aquisição de uma linotipo. O jornal da família Marinho começou no padrão rudimentar das velhas folhas do Império. No editorial de lançamento, o jornalista afirmou que os órgãos de imprensa lançados para defender "grupelho" político não se dispunham a servir ao leitor, mas a interesses partidários.

Desde o primeiro momento como dono de jornal, Irineu encarnou a figura do chefe duro e implacável. Apreensivo, dava ordens, engolia comprimidos de Pyramidon para diminuir a dor de cabeça — um mal supostamente associado à alimentação precária — e redigia notas e mais notas.

Certa tarde, um repórter chegou suado à redação, tirou o chapéu e disse que o cardeal Joaquim Arcoverde, arcebispo do Rio, negou-se a dar entrevista.

"Um repórter não precisa que o recebam. Atrás de um homem, de uma notícia, vai-se até o inferno!", disse Marinho.[37]

No esboço de suas memórias, Roberto ressaltou o estilo do pai de simular aversão a divergências, um homem que dava broncas sempre num tom baixo de voz. Os relatos dele sobre Irineu ao longo do tempo oscilaram entre elogios e percepções de uma relação fria entre pai e filho. No seu arquivo pessoal, um dos registros de Irineu envolvido no dia a dia do filho é o episódio em que o garoto sofreu a mordida de um cão. Irineu atravessava a baía na barca para buscar o filho em Niterói, a fim de lhe ser aplicada uma injeção no Instituto Pasteur, no Rio, voltava para casa com a criança e retornarva ao trabalho. "O tratamento era demorado e incômodo; acima de tudo, assustador, com todas aquelas injeções aplicadas na barriga", lembrou Roberto.

Quando o menino tinha cinco anos, o pai resolveu mudar com a família para o Rio, mais perto de seu trabalho. Irineu, Chica e os filhos foram morar na rua Paula Matos, uma ladeira de sobrados do tempo do Império, no bairro de Santa Teresa, interligado pela linha de bonde ao Centro. Irineu chegava ao trabalho com facilidade. Nesse endereço nasceu, em 1909, mais uma criança, Ricardo.

A infância dos filhos de Irineu se passou num Rio de Janeiro que começava a ver as grandes invenções aéreas. Em 1911, o aviador e acrobata aéreo francês Edmond Plauchut desembarcou na cidade. A essa altura o brasileiro Alberto Santos Dumont, com suas peripécias a bordo do *14-Bis* e do *Demoiselle* nos céus de Paris, já tinha feito fama na capital francesa.

No Rio, Irineu Marinho organizou um voo do francês e mobilizou o comércio local para ajudá-lo a erguer um hangar e construir um campo de pouso.

Às cinco horas de uma manhã de domingo de chuva, uma multidão foi para a avenida Central, no Centro da cidade, assistir à decolagem de Plauchut. Uma força de cem guardas chegou para afastar as pessoas e permitir que o aviador pudesse decolar. Homens sustentaram o aparelho na parte de trás, para mantê-lo na posição adequada. O mecânico acionou a hélice. O aviador gritou: "Larga!" A multidão fez silêncio, enquanto o aparelho ganhou os ares. O aviador se aproximou de uma praia da Ilha do Governador oito minutos depois da partida. A oitenta metros de altitude, o piloto pulou para fora do monomotor, que caiu no mar. Plauchut estava vivo.

Numa tarde de sábado de verão, Irineu fundou, na redação da *Noite*, o Aeroclube Brasileiro. Seria o embrião da Força Aérea Brasileira e da Aeronáutica. A entidade reuniu jovens oficiais do Exército.[38] Em seguida, Irineu lançou a campanha "Deem Asas ao Brasil", para construir campos de aviação. Ele se tornou a voz de uma geração de oficiais que queria se livrar de um governo carcomido e renovar o Exército. Ao recordar o tempo pioneiro da aviação, Roberto costumava dizer que era muito criança para "penetrar" na "essência" da propaganda e do ideal do pai. Lembrava, porém, que dessa época ficou o prazer pelo perigo.

"O espetáculo dos aviões primitivos me despertou todas as atrações da vida perigosa, que nunca deixei de levar. E o meu derivativo de então era o bocado de papel onde a mão desajeitada para o desenho coloria a lápis de cor a silhueta desgraciosa e engradada dos aviões que se foram."[39]

Com o crescimento das vendas da *Noite*, a família Marinho mudou-se para uma casa espaçosa na rua Aristides Lobo, no Rio Comprido, bairro um pouco mais distante do Centro que abrigava moradores ricos ou de renda média. Ali nasceu, em 1914, Hilda.[40] O jornal estava cada vez mais recheado de anúncios quando Irineu decidiu retornar a Niterói. A família, agora maior, passou a morar em Icaraí.[41] A melhoria econômica permitiu que os Marinho dispusessem de motoristas. Mais tarde, Roberto relatou que adquiriu com eles o gosto pela velocidade.[42] A família também passou a contar com uma babá, Arminda, a "Mãe Minda".

Dali a menos de um ano, a família mudou-se novamente, dessa vez para uma casa na rua Haddock Lobo, na Tijuca. Com o progressivo deslocamento das famílias abastadas para bairros abertos na faixa litorânea no sul da cidade, a atual Zona Sul, o bairro se transformava em uma área de classe de renda média. A residência tinha um quintal com galinheiro e pés de manga, sapoti e abiu. Nessa casa, Irineu podia receber melhor amigos e funcionários da *Noite*. A rotina do jornal se estendia à sala de jantar em encontros festivos.

Do período na Tijuca, Roberto guardou na memória as superstições do pai. Irineu surpreendia a mulher e os filhos ao retornar antes do horário previsto para mudar uma roupa, ou trocar a gravata ou a bengala.[43] O irmão caçula de Roberto, Rogério, complementou, em depoimento: "Papai era supersticioso, característica herdada pelo Roberto."[44]

Roberto Marinho herdou outras características do pai. Um amigo descreveu Irineu como um homem um pouco recurvado, cabelos pretos, calvície pronunciada, voz forte, um pouco gutural, alguém que jamais se exaltava, dono de gestos sóbrios e medidos.[45] Entre as lacônicas reminiscências de infância, Roberto recordaria que Irineu, certa vez, lhe propusera um desafio:

"Senta aí e escreve uma composição. Acho que você é incapaz disso."

"Eu não me presto a provas de amanuense." Teria sido a resposta do filho, numa referência aos burocratas de repartições públicas que se limitavam a copiar documentos a mão.[46]

O garoto, com sete anos, foi matriculado no Colégio Paula Freitas, que ficava na mesma rua de casa, na Tijuca. A caminho do trabalho, Irineu levava o filho para a escola. Destinado aos meninos de famílias ricas do bairro, o educandário pertencia a Alfredo Paula Freitas, engenheiro que trabalhou em obras de estradas de ferro. A instituição funcionava em um palacete com um pórtico na entrada e acesso margeado por palmeiras. A residência foi adaptada para servir a uma instituição que se pretendia moderna. Havia laboratórios de física e matemática, novidades à época. A escola priorizava a lógica à literatura, em contraposição aos outros colégios, arraigados nos preceitos do bacharelismo. Um oficial do Exército dava aulas de ginástica. A obsessão do currículo por exercícios físicos foi bem recebida por Roberto. O gosto do menino franzino pela ginástica, entretanto, não correspondeu a uma adesão aos rigores da disciplina militar: às vésperas da adolescência, o aluno se tornou um criador de casos e brigas com os colegas.[47] Quanto ao desempenho em sala de aula, não há notícias de grandes feitos estudantis nos boletins de Roberto.

Na casa da Haddock Lobo, nasceu e morreu, em 1916, Helena, a terceira irmã de Roberto. Com um ano e três meses, a menina sofreu uma broncopneumonia fatal.[48] A vida das famílias brasileiras, mesmo as de melhor situação econômica como aquela, era fustigada por doenças e epidemias, consequência de uma medicina ainda alheia à penicilina e às campanhas de vacinação. A mortalidade infantil assustava nas alcovas das cabeças de porco do Catumbi e nos palacetes de Botafogo.

À proporção que Irineu se inseria na vida social do Rio, *A Noite* arrebatava leitores de outros jornais e trazia à tona antigas inimizades. Uma delas era entre Irineu e Salvador Santos, que chefiava a *Gazeta de Notícias*. A briga entre os dois vinha do tempo em que Marinho trabalhava como secretário de redação no jornal. Incomodada com a situação, a *Gazeta de Notícias* registrou que o antigo funcionário começava a "aparecer nas casas de chá e clubes *chics* de sapatos amarelos, gravata branca, smoking e luvas de pelica *gris-périe*, gastando como um nababo, atirando-se à conquista de *cocottes* da rua Riachuelo e adjacências". Seria uma suposta desforra ao tempo em que, "simples repórter de polícia, fazia defesa de humildes marafonas da rua de São Jorge, das quais extorquia quantias ínfimas".[49]

Chica procurava ler — e filtrar — tudo que saía na imprensa a respeito do marido. Os ataques e as difamações contra Irineu não adentravam a porta da casa, pois a mulher censurava os jornais concorrentes antes de deixá-los ao alcance das mãos e dos olhos dos filhos. Algumas dessas polêmicas chegavam aos ouvidos dos meninos. Nessa época, Roberto era um adolescente, com cerca de 15 anos.

Aos 15 anos, Roberto foi matriculado no Instituto Souza Aguiar, uma escola técnica na Lapa, onde além do currículo-padrão do curso secundário receberia aulas de marcenaria e eletricidade. Ao lembrar a chegada na escola, ele afirmou que teria se matriculado "espontaneamente", por vontade própria, o que parece pouco provável — o colégio era comandado pelo jornalista e educador Corinto da Fonseca, velho amigo de Irineu.[50]

O filho do dono da *Noite* viveu ali uma experiência rara, mesmo entre os garotos da classe de novos-ricos do Rio de Janeiro: o Souza Aguiar recebia filhos de negros e mestiços, cujos pais buscavam, via educação, uma possível porta de entrada no mundo da então nascente pequena burguesia "branca" e urbana. Na paisagem carioca, a escola técnica era um dos raros pontos de contato entre as famílias de operários e os novos-ricos que despontavam graças às atividades no comércio, nos escritórios de advocacia e no jornalismo — caso dos Marinho.[51] O colégio seguia as diretrizes do ex-presidente Nilo Peçanha, idolatrado por Irineu e chamado de "mulato" por parte da elite. Nilo focava sua atuação política numa nova sociedade que surgia num país com possibilidade de industrialização.

"Todo dia, 15 para as sete, eu entrava na sala onde estavam os armários com o número de cada um, e era pelo número que me conheciam: eu era o 'Treze', conforme estava estampado no uniforme, um macacão de zuarte", recordaria Roberto. "Fiz meu aprendizado nas profissões de entalhador, porque gostava de transformar madeira em objetos úteis e bonitos, e de mecânico, por me fascinar a mágica dos processos industriais."[52]

O cavalo Royalty

O sucesso do vespertino de Irineu Marinho permitiu que Roberto e seus irmãos desfrutassem ainda na adolescência uma casa de veraneio. Irineu comprou dois lotes em Corrêas, em Petrópolis. Construiu um chalé, a Vila Heloísa, nome da filha mais velha, com varanda e quartos espaçosos. Subia a serra de trem, ocasião em que jogava cartas com os amigos. A cada temporada de férias, a família fugia do calor do verão carioca e partia em busca do clima temperado da montanha.

Perto do chalé dos Marinho, havia um castelo de pedras no estilo medieval inglês, onde vivia um homem excêntrico. Antônio Luiz von Hoonholtz, o barão de Tefé, primeiro-tenente e capitão de fragata na Guerra do Paraguai, andava na rua de casaca repleta de comendas. Hoonholtz pertencia às mais renomadas instituições de ciência e história do Brasil e da Europa. Amigo de Irineu, presenteou Roberto com um cavalo rosilho e manso, Royalty, que em poucos dias o menino montaria, disputando corridas de cancha reta — provas sem categoria em pistas rudimentares e improvisadas. Daí nasceria uma das grandes paixões de Roberto Marinho: o hipismo.

Quando as férias terminaram, o adolescente não quis se separar de Royalty. Aparentemente, sem os pais saberem, levou o animal até a estação de trem e o embarcou em um vagão de carga para o Rio de Janeiro. Ao chegar, convenceu a avó materna, Cristina, que nessa época morava no boulevard 28 de Setembro, no bairro Vila Isabel, a abrigar o animal no quintal de casa. Era uma pequena residência, de frente para a rua, sem corredores laterais externos. Para se chegar ao quintal nos fundos, onde foi instalada uma pequena cocheira de sapê, era preciso atravessar todos os cômodos, um a um.

Foi na casa da avó materna que Roberto tomou o gosto pelo canto lírico. Cristina colocava bolachas do tenor Enrico Caruso para tocar num gramofone. Roberto atribuía uma determinada faceta de seu temperamento à presença da figura da avó: "Tenho, naturalmente, meus ódios e minhas raivas, muito fortes — não fosse descendente de italianos pelo lado de mãe —, mas sempre soube dominá-los e jamais carreguei rancores pelo resto da vida. Às vezes, gostaria até de não esquecê-los tão depressa."[53]

Com o pai mergulhado na redação do jornal e a mãe desdobrando-se para criar os filhos pequenos, o menino Roberto levava uma vida aventureira, quase sem limites, no Centro e nas localidades da atual Zona Norte. Mais tarde, a propósito, diria que a receita de um bom jornal exigia a compreensão das realidades dos bairros mais afastados do Centro, tanto da Zona Norte quanto da Oeste e do subúrbio — pelos quais não andara no tempo de menino. "Jornal tem que falar a língua do Estácio, da Tijuca, de Vila Isabel, do Méier, do Engenho de Dentro, do Cachambi, de Bangu."[54]

Ali, Roberto era um garoto extrovertido. De suas memórias mais remotas emergiam os portugueses que percorriam as ruas com pregões, montados em burros com dois jacás — um em cada lado — carregados de galinhas. O garoto esperava os vendedores em frente ao portão de casa para propor negócio. Convenceria a mãe a comprar uma ave em troca de um passeio no animal. Após a venda, o vendedor tirava os cestos de palha e deixava o menino dar uma "cavalcaga", nas palavras de Roberto, aboletado sobre improvisadas selas de traves de madeira com sacos de aniagem por cima.[55]

Para impor limites a Roberto — ou como consequência direta da contínua ascensão social da família —, Irineu decidiu que era hora de tirar o filho do Souza Aguiar e matriculá-lo em um internato.

Roberto, a partir de então, iria percorrer o caminho tradicional dos jovens de famílias ricas e estudar no Gymnasio Anglo-Brazileiro, mais tarde Colégio Anglo-Brasileiro, aberto pelo inglês Charles Wicksteed Armstrong na Chácara do Vidigal, no final do Leblon, propriedade que dava acesso à prainha de mesmo nome, uma enseada de areias claras e ondas que chegavam sem força, espremida entre morros cobertos pela Mata Atlântica e tendo ao fundo o morro Dois Irmãos. Armstrong abriu uma estrada do Leblon até o colégio, para facilitar o acesso pela beira-mar aos carros dos pais de alunos. Tempos depois, estendeu a estrada do Leblon até a região onde hoje é São Conrado, por um caminho que acompanhava a praia.

Logo no primeiro dia de aula, Roberto estava no recreio quando outro estudante, de físico forte e o dobro de seu tamanho, se aproximou e, sem dizer palavra, deu-lhe um tapa no rosto, derrubando-o no chão, desacordado. Colegas se aproximaram para reanimá-lo.

"O que fiz de errado", perguntou.

O relato aparentemente exagerado foi descrito por Marinho, na maturidade, nos rascunhos de suas memórias.

Como resposta, ouviu dos meninos que o agressor sempre espancava os novatos para manter a posição de liderança no grupo.

O episódio revigorou o interesse de Roberto pelos exercícios físicos, especialmente a natação, que podia ser praticada nos habituais passeios da turma até a prainha, às sete da manhã, três vezes por semana. Os exercícios não renderam ao garoto um corpo robusto o suficiente para enfrentar o agressor. Serviram apenas para lhe alimentar a autoestima, temporariamente combalida. Ele relatou que houve, mais tarde, uma "revanche" contra o desafeto, sem dar detalhes sobre o assunto.

Quanto mais buscava tonificar os músculos, mais Roberto distanciava-se dos livros. As aulas de línguas estrangeiras, matemática e ciências nunca lhe despertaram o mesmo interesse que as atividades físicas ao ar livre.

O país das febres, do Exército que cortava cabeças no sertão e da falta de saneamento contava agora com um monopólio que tornava as cidades menos escuras. Era a companhia de energia canadense Light. Por volta de 1912, lâmpadas incandescentes chegavam às ruas do Rio de Janeiro, mais potentes do que as velhas, de arco voltaico.

Foi Herbert Moses quem trouxe para o jornal de Irineu Marinho um anunciante de peso. A Light investia com ferocidade no mercado brasileiro. Na capital de iluminação precária, a companhia era, sem abusar da força da metáfora, a luz e a vida dos jornais que surgiam no turbilhão de uma política instável. Matutinos e vespertinos sobreviviam dos escassos recursos do governo, de uma indústria incipiente e de uma agricultura perto do colapso. Buscavam atrair o interesse de militares reunidos em entidades sem rumo e a parceria de advogados de causas caras. Um deles era Assis Chateaubriand, advogado paraibano que atuava nessa época como lobista de Alexandre Mackenzie.[56] Era o mesmo Chateaubriand que, anos antes, jovem bacharel do Recife, mandava telegramas sobre a política pernambucana para *A Noite*.[57]

Chateaubriand fazia serviços para um jovem empreendedor norte-americano que se associara à Light.[58] Percival Farquhar era homem de gana e disposição para atrair governos e destruir concorrentes. Em poucos anos, estava à frente de concessões de portos, construção de ferrovias e exploração de florestas e reservas de ferro. Farquhar seria mais tarde dono da Rádio Nacional. Em 1931, adquiriu — como pagamento de dívidas — o jornal *A Noite* (o mesmo que fora de Irineu) e as revistas *A Noite Ilustrada*, *Carioca* e *Vamos Ler*. Era nos rincões do Sul e da Amazônia que o empreendedor de alta voltagem repetia o Velho Oeste com seu capitalismo predador. O dinheiro pagava milícias para liquidar índios e caboclos e advogados influentes para silenciar autoridades. Concorrentes nacionais tombavam diante dos lobistas nos corredores da Câmara e do Senado. O país era um lugar propício e desregulamentado para os negócios de Farquhar. Em contrapartida, o empresário se unia a um grupo que transferia capital e tecnologia para um Brasil pobre.[59] Embora o jornal não tenha se convertido ao império estrangeiro, Geraldo Rocha, "testa de ferro" de Farquhar, comprou ações da *Noite*.[60] O negócio foi um pedido de Irineu, que tentava adquirir uma nova rotativa.[61] A partir daí, o jornalista passou a recorrer às agiotagens de Rocha para manter o fluxo de caixa da empresa. Em 1914, Hermes da Fonseca fechou os jornais oposicionistas que haviam noticiado uma intervenção do governo no Ceará depois de uma revolta armada. O Exército se agitou. Irineu se refugiou na Legação da Argentina, no Flamengo. Dias depois, policiais fardados e à paisana invadiram o prédio, mas um diplomata os convenceu a se retirarem.

Roberto falava do pai com admiração, um jornalista moderno que rompeu com o beletrismo e buscou a realidade brasileira. A presença do pai nas memórias afetivas dele, no entanto, se chocava com a necessidade de autoafirmação. Na busca de um legado próprio, Roberto começou a se desvencilhar do peso da figura paterna, entre um elogio e outro. De forma sutil enfatizava que o pai tinha o perfil de um mau gestor, que não entendia de empresa, ainda que, paradoxalmente, falasse da *Noite*, jornal criado por Irineu, como um empreendimento de sucesso e mantivesse o nome dele no expediente do *Globo*. É certo que a entrada de Roberto no *establishment* brasileiro não ocorreu graças à herança de um pai que criou jornais no *front* contra governos ou, no mínimo, neutros.

Ator no filme produzido pelo pai

O Tico-Tico atraía o interesse da geração de Roberto Marinho. Ele mandava cartas para a revista infantil com o interesse de trocar selos.[62] Nas páginas da publicação, o desenhista José Carlos de Brito Cunha, o J. Carlos, publicava histórias de Giby, um menino negro, copeiro de uma família rica, coadjuvante das histórias do Juquinha, garoto loiro da casa. Nas tiras, Giby era retratado como pouco inteligente, vítima de travessuras cruéis de Juquinha. Giby sempre levava a pior num universo de intolerância.[63]

A infância de Roberto ocorria ainda em meio à explosão dos cinematógrafos, máquinas à manivela que rodavam uma série de películas com cenas da vida diária, dando a impressão de movimento. Um amigo de Irineu se destacou nesse ramo. O imigrante italiano Paschoal Segreto dominava as salas de cinematógrafos da cidade, e seus anúncios nesses cinematógrafos garantiram a receita do jornal de Irineu. As primeiras imagens em movimento no país foram feitas por Afonso, irmão do italiano.

Irineu decidiu produzir filmes. Roberto Marinho era um menino de 12 anos quando foi levado ao Pão de Açúcar para participar da nova aventura do pai. O garoto esteve entre as dezenas de figurantes que participaram das filmagens no morro da Praia Vermelha. No roteiro do filme *A Quadrilha do Esqueleto*, uma referência à favela do Esqueleto, na região do Maracanã, um grupo de criminosos era contratado para matar um empresário. Na perseguição a um assassino, um policial caminhava pelos cabos do bondinho. O criminoso caía. Uma multidão se aproximava do corpo. Roberto estava entre os "curiosos".[64]

Irineu criou as produtoras Leal Film e Veritas Film. O negócio começou a dar prejuízo e arrastar *A Noite* para o abismo, que bancava as empreitadas. Ele então deixou o ramo.

Com a morte de Segreto, um novo rei do entretenimento surgiu no Rio. O espanhol Francisco Serrador, amigo de Irineu, criou um império de salas de exibição de filmes mudos. Quando começou o cinema falado, o empresário não demorou a se adaptar à novidade. Ele construiu no Centro do Rio o Quarteirão Serrador, atual Cinelândia, um conjunto de prédios e salas de exibição.[65]

Após o fracasso no ramo do entretenimento, Irineu voltou a focar no jornalismo de cidade. Foi nessa época que abriu espaço para o samba, gênero que agitava morros e subúrbios. Era amigo de compositores como Donga, que registrou "Pelo telefone".[66] A letra dessa música, que por tradição é chamada de primeiro samba da história, foi inspirada numa reportagem da *Noite*. Dois repórteres instalaram no largo da Carioca, em frente à redação, uma roleta para ridicularizar a polícia, que não reprimia a jogatina.[67] O inusitado cassino atraiu uma multidão e homens da polícia. Houve cacetadas e quebra-quebra entre policiais, jornalistas e populares. No entanto, a vida efêmera do cassino foi suficiente para que os repórteres Castelar de Carvalho e Eustáquio Alves escrevessem que a polícia "perturbou a ordem" e assim motivassem a composição do samba.

O chefe da polícia
Pelo telefone
Manda me avisar
Que na Carioca
Tem uma roleta
Para se jogar.

Era o tempo personalizado na figura de João do Rio, amigo de Irineu que mais marcou a infância de Roberto Marinho. O mulato de corpo grande frequentava salões requintados e terrenos baldios, vivia entre a elite e o submundo carioca da malandragem, do sexo e das feitiçarias. Era o Rio dos homens de poder, de mendigos, dos noivos rejeitados, dos transexuais e dos "pederastas", como o cronista era chamado nos jornais dos adversários. Publicadas em livros, suas reportagens conquistavam leitores.

João do Rio era conselheiro de Irineu, bem relacionado com os homens do dinheiro, que indicava rumos e obtinha anúncios em tempos belicosos e pressões dos palácios. O jornalista obeso, agitado e bonachão era um contraponto à introspecção do dono da *Noite*.

Mas Irineu também mantinha ligações com Lima Barreto, desafeto de João do Rio. O empresário vivia o paradoxo de se abrir à alma encantada das ruas e se equilibrar no mercado da "civilização", em que os costumes cariocas se enquadravam de forma abrupta aos gostos de uma opinião pública que tinha como referências Paris e Buenos Aires. Buscava vender jornal nos pontos mais distantes, ao mesmo tempo que publicava a notícia de que "os curandeiros" "infestavam o subúrbio", destacando o trabalho da polícia para deter os vendedores de ervas e os falsos médicos. Era a época de Clementina, a Titanica, líder dos curandeiros do Engenho de Dentro, casada com o mulato Bexiga, que vendia santa-maria, cidreira, capim-santo e alecrim para madames de Copacabana.[68]

Na percepção de Roberto e seus irmãos, um universo de elite sobressaía. Certa vez, o pai levou os filhos a um circo. Ao chegar, Irineu foi reconhecido pelo dono e alojado no melhor camarote. A deferência chamou a atenção da filha Hilda. Irineu disse para ela:

"Não se impressione com isso, não. Você sempre pense que seu pai foi um homem bom. Isso não foi para o Marinho. Isso foi para o dono da *Noite*."[69]

Irineu Marinho é descrito na maior parte das vezes como discreto, fugindo dos compromissos sociais e da vida boêmia. Sua vida social era em casa, em reuniões com os mais chegados.

A odiosa caçada

Irineu mantinha *A Noite* em expansão financeira. A relação fraterna entre ele e os outros jornais se deteriorou com o impacto da Primeira Guerra Mundial na economia brasileira — a imprensa importava o papel que consumia. Desse modo, o aumento dos preços acirrava ânimos e superdimensionava intrigas, conspirações e divergências. Os ataques valiam para todos, inclusive para quem, até ali, era figurante no teatro da política e do jornalismo, como o dono da *Noite*.

Um dos ataques a Irineu veio da *Gazeta de Notícias*. Com a morte de seu amigo Rochinha, o comando do matutino passou para Salvador Santos, um desafeto. Roberto Marinho lembrou, tempos depois, dessa "inimizade". Em seus escritos, relatou que o pai foi perseguido durante "muitos anos" por Santos.[70]

O diretor da *Gazeta* escreveu que *A Noite* nasceu de um "roubo". Ele relatou que Irineu havia criado o jornal em forma de cooperativa, dando aos repórteres uma parte da sociedade. Quando a "arapuca" deu dinheiro, Irineu demitiu "amigos", ficando sozinho como proprietário. Santos desferiu o ataque após *A Noite* criticar gastos de publicidade do governo paulista que tinham beneficiado a *Gazeta*. Ele escreveu que Irineu quis se vingar por não ter recebido os recursos repassados a "jornais de valor". "Conheça o moleque Marinho o seu lugar, ouça as repreensões e deixe-se ficar calado na cozinha, não aparecendo diante de gente limpa senão quando for chamado."[71]

Meses depois, Santos voltou a atacar Marinho com as tintas do racismo. A *Gazeta de Notícias* publicou que *A Noite* era um "prostíbulo" e Irineu, um ex-baleiro do Catumbi.[72]

> *Pode-se dizer que Marinho é ladrão. Isso não o ofende, porque a sua consciência lhe diz que a verdade ninguém a esconde. Mas dizer que ele não é branco, ah! Isso Marinho não perdoa. Imbecil! Cretino! Ofender-se por alguém lhe definir a raça a que pertence! André Rebouças nunca quis ser outra coisa senão mulato. José do Patrocínio nunca quis ser outra coisa senão mestiço. E este imbecil quer ser branco! O resultado é o que se observa: vê-lo repudiado pelos brancos por ser mulato, e vê-se repudiado pelos mulatos por ser ridículo e covarde, que arrenega a sua raça para entrar por esmola no grêmio de uma raça que, embora trabalhada por mestiçagem, só o pôde considerar um tipo abjeto para o qual a suprema consolação é o chicote vibrado pelo branco.*

Os jornalistas da *Noite* espalharam pelos cafés e restaurantes que a *Gazeta* era um "pasquim" e seus redatores, "capangas intelectuais". A briga virou notícia. O jornal *A União* destacou que não se havia visto campanha mais baixa, ressaltando que o vespertino de Marinho tinha "maior compostura" e usava "termos dignos". "O certo é que ambos trocam os mais pesados insultos a que o povo da galeria assiste em bizarro entusiasmo."[73]

O abolicionismo foi o alicerce para a agitação republicana e a formação da indústria moderna do jornalismo. A melhoria de vida dos negros no pós-cativeiro, porém, não atraiu os grupos econômicos e políticos que promoveram a libertação. Das figuras abolicionistas que permaneceram influentes na vida pública, a maioria era branca. Foi o caso do deputado Joaquim Nabuco, filho de aristocracias rurais, que seguiu carreira diplomática e política. Era branco.[74]

* * *

Enquanto Irineu aumentava sua influência no mercado jornalístico, Chica mantinha a função de cuidar da casa e das crianças. Os detalhes da vida privada da família eram divulgados em notas nos jornais aliados. Foi o que ocorreu quando Roberto, aos 15 anos, teve um problema de saúde, algo raro em sua adolescência. "Acha-se enfermo, inspirando o seu estado muitos cuidados, o menino Roberto Marinho, estimado filho do sr. Irineu, diretor da *Noite*", divulgou *A Rua*.[75] Ou seja, a vida do jornal estava entrelaçada à da família.

Irineu enfrentava mais problemas de saúde decorrentes ainda do óxido de chumbo do tempo de juventude. Era um pai que sempre estava no enfrentamento à doença, que marcou as memórias do filho Roberto Marinho. Aos problemas respiratórios de Irineu somavam-se as pedras nos rins. Em 1918, quando Roberto estava na adolescência, o jornalista passou por uma operação.

Em junho de 1921, João do Rio teve um infarto enquanto estava no trânsito. O motorista parou o carro em frente a uma delegacia de polícia para buscar socorro. Aos 39 anos, o jornalista que frequentava o salão do poder e dava voz a tipos humanos invisíveis da cidade agonizava num espaço onde o submundo se encontrava. Em delírio, pediu que sua morte fosse noticiada. Morreu repórter. "Temperamento afetivo por excelência, Paulo Barreto foi, todavia, um dos homens mais combatidos, mais criticados e mais injuriados de quantos estiveram no pelourinho da imprensa carioca", escreveu Irineu.[76] Essa era uma rara menção da *Noite* ao preconceito.

A questão da cor da pele continuou sendo tratada nas páginas da *Noite* ora na visão policialesca do "mulato pernóstico" que cometeu um assalto, ora na condição de vítima do preconceito. Nos dias de luto pela morte de João do Rio, o jornal deu destaque ao julgamento do caso de assassinato de um homem negro. Rozendo Figueiredo namorava uma moça branca. Um irmão dela disparou um tiro fulminante no rapaz pelo fato de ele ser "mulato", "indigno" de fazer parte da família. Era um caso de "assassínio por ódio de raça", na definição do jornal. "Tanto mais estúpido quanto praticado em uma terra em que os mestiços são em número tal que, se deliberassem fazer uma caçada de brancos, em pouco tempo não haveria no Brasil uma só pessoa que pudesse apresentar certidão de pele alva."[77]

Um ano e quatro meses depois, morria Lima Barreto, adversário de João do Rio. No obituário da *Noite*, o romancista foi retratado como um "psicólogo" dos bairros pobres e de "certos" tipos "vitoriosos", "retalhados" pela sua ironia.[78]

As mortes nos mulatos João do Rio e Lima Barreto marcaram um novo rumo nos negócios de Irineu. Ele aumentou a tiragem do jornal sem se sujeitar ao dinheiro do governo. A dívida com Geraldo Rocha, lobista de Farquhar, no entanto, tornava-se incontrolável. O aumento do volume de empréstimos tornou Rocha uma figura constante na redação. Isso coincidiu também com os afastamentos cada vez mais recorrentes de Irineu para tratamentos de saúde.

A matrícula de Roberto Marinho no Aldridge College, na Praia de Botafogo, foi a última tentativa de Irineu para que o filho tivesse uma formação igual à dos meninos de famílias ricas, porém alinhadas ao grupo de Nilo Peçanha. A escola pertencia ao educador Walter Leonard Aldridge, figura próxima do ex-presidente.

O colégio funcionava num casarão de dois pavimentos e uma fachada com vinte janelões, com entrada lateral por uma varanda comprida de apoios metálicos. Era um endereço emblemático da literatura e da violência escolar. Tempos antes, ali funcionara o Colégio Abílio, que inspirou *O Ateneu*, romance de Raul Pompeia sobre disputas de gangues de estudantes, demonstrações de força e assédio. A experiência de Roberto no Aldridge foi marcada por brigas e desavenças, como anotou em suas memórias.

Ali ele fez o ginásio, o equivalente aos últimos quatro anos do atual ensino fundamental. Ao final, não passou pelo processo de provas para o colegial, correspondente hoje ao ensino médio. "Por uma série de razões não pude fazer os preparativos completos. Isso tem de ser dito. Precisamos ser verdadeiros", afirmou certa vez.[79]

Fora da escola, passou a frequentar a noite da Lapa e fazer passeios diurnos ao Campo de Santana, onde artistas se apresentavam.[80]

Nos prostíbulos sujos e nos salões elegantes, Roberto encontrava, atrás de um piano, José Barbosa da Silva, mulato, magro, 16 anos mais velho do que ele, considerado pelos amigos desengonçado e vaidoso. Era

Sinhô, filho de um pintor de paredes, que trabalhava de dia como pianista na Casa Beethoven, loja de instrumentos musicais, e à noite tocava nos botecos. Vez ou outra se apresentava na redação de Irineu Marinho. O filho do dono da *Noite* e o sambista tornaram-se amigos.

Demonstrações de apreço e amizade foram registradas nas dedicatórias das composições do sambista. A música "A cocaína", por exemplo, foi dedicada por Sinhô ao "carinhoso amigo" Roberto Marinho.[81] Usada nos hospitais e vendida nas farmácias, a droga deixava de ser aceita de forma natural nos salões. A polícia combatia seu comércio nas ruas, já que havia um decreto para punir traficantes.[82] A criminalização estava no noticiário dos matutinos. A *Gazeta de Notícias* atacava os "vendedores da morte". Para o jornal, a cocaína atraía mulheres da "vida fácil" e homens "ávidos de sensações".[83] *A Noite* não encampou a criminalização. A campanha do jornal de Irineu contra o comércio ilegal falava apenas do combate aos "venenos leves".

Da parte de Roberto e da redação, houve uma boa recepção à música. *A Noite* divulgou a composição sem, claro, citar a dedicatória. "Sinhô, o popular compositor patrício, acaba de compor e publicar 'A cocaína', uma canção-tango destinada a produzir sucesso extraordinário nos salões cariocas", destacou o jornal.[84] A letra fala de uma moça da boemia.

Só o vício me traz
Cabisbaixa me faz
Reduz-me a pequenina
Quando não tenho à mão
A forte cocaína.

Sinhô dedicou outra letra a Roberto.[85] A partitura do samba "Murmúrios" está desaparecida. A amizade entre o sambista e o jovem Marinho tinha um lado de interesse, ainda que Roberto não tivesse influência na redação. Por meio de matérias, *A Noite* vendeu a imagem de um Sinhô "rei do samba", para a fúria dos rivais do músico, que reivindicavam a autoria de letras compostas coletivamente nas madrugadas. A coroa era cobiçada por Pixinguinha, Donga, Caninha e João da Baiana. No Carnaval de 1923, o jornal estampou uma manchete para exaltar a "vitória" da música "Macumba Gegê", de autoria do "rei do samba", na preferência dos foliões. Era mais uma letra dedicada a Roberto.[86]

A inveja é um fato
que nunca tem fim
Podes vir de feitiço
P'a cima de mim.

Um dos primeiros motoristas de Roberto Marinho, Georges Joffre Delahaye relatou que levava o jovem a casas de candomblé e samba em Nilópolis, Cascadura e Caxias. "Já foi até a uma macumba lá. Não sei se ele foi mais para alguma reportagem ou para ver. Onde tinha coisa boa ele gostava de ir olhar. Isso sempre foi dele."[87]

Mulato, olhos verdes, barba e bigode raspados, 1,63 metro, Joffre era filho de um professor antilhano de francês e uma brasileira — a descrição do motorista está na velha carteira de chofer. Ele era um garoto de 15 anos que trabalhava na manobra de carros e dirigia táxis quando foi convocado pelo *Globo* para distribuir jornal. Então Marinho o chamou para ser seu motorista particular. Joffre logo aprendeu a importância do silêncio. O patrão não gostava de conversas e pedia sempre que aumentasse a velocidade. "Calado. Difícil de conversar. Gostava de correr", lembrou Joffre.[88]

Era tempo de boemia de Roberto. É paradoxal que, no arquivo pessoal dele, cartas que indicam extravagâncias nas baladas estejam ao lado de fotografias de práticas esportivas — boxe e natação. As correspondências mostram o interesse em ter o corpo forte, como passou a demonstrar a partir da agressão sofrida no colégio do dr. Armstrong.

Roberto e Sinhô se divertiam num Rio de Janeiro tranquilo. Em 1920, a polícia não registrou na cidade um único latrocínio, assalto seguido de morte. Foram quarenta homicídios por discussões entre homens alcoolizados ou brigas conjugais.[89] Em Copacabana, onde havia apenas oito policiais, não se registrou morte. Já doenças venéreas, que vinham do tempo da Colônia, atormentavam os cariocas, lotando sanatórios — Roberto vez ou outra ia se tratar em consultórios de amigos do pai. Havia ainda o problema da tuberculose, que matou 4.223 pessoas.[90] Sinhô, que contraiu a doença, sobrevivia.

Roberto Marinho tinha 17 anos quando, numa manhã de inverno, uma revolta de oficiais e soldados do Exército irrompeu no Forte de Copacabana. Os revoltosos fizeram a barba, vestiram o uniforme, encheram os bolsos de balas e cortaram uma bandeira, distribuindo os pedaços. Assim, deixaram o forte e iniciaram uma marcha em direção ao Leme. Alguns quilômetros depois, saíram do calçadão e pularam na areia. Em cerca de 15, eles usaram o paredão da calçada como trincheira num tiroteio contra centenas de homens do Exército e da polícia. Os tenentes Eduardo Gomes, ferido na coxa, e Siqueira Campos, atingido na barriga, foram os únicos dos revoltosos que sobreviveram.

Irineu conhecia boa parte daqueles tenentes. *A Noite* dava cobertura a ações dos jovens oficiais. O dono do jornal foi um dos 27 jornalistas presos acusados de participar da trama.[91] Roberto foi encarregado pela mãe de levar comida, sabonete, livros e roupas para o pai na cadeia do Batalhão Naval, na ilha das Cobras.[92] A missão foi uma oportunidade para o jovem se aproximar do pai.

Irineu passou quatro meses na prisão. Saiu de lá com a saúde debilitada.

Marinho perde jornal para o capital americano

Assis Chateaubriand, agora um jovem lobista da Light radicado no Rio, propôs a compra do jornal de Marinho.[93] Tal oferta colocava em evidência que o jornal estava em situação difícil.[94] Sem fechar negócio com Marinho, Chateaubriand adquiriu *O Jornal*, um matutino criado por repórteres que tinham se afastado da redação do tradicional *Jornal do Commercio*, chamado nas bancas de “o jornal”. Com a compra do matutino, Chateaubriand avançou na construção de seu grupo de comunicação.

Naquele momento, Irineu pressentia que não teria "vida longa" e enfrentava o temor de ser preso por questões políticas. Por isso, avaliou a possibilidade de repassar o controle acionário do jornal para Geraldo Rocha. O lobista propôs pagar pelas ações de Marinho o mesmo valor oferecido por Chateaubriand. Irineu aceitou a proposta, que incluía o silêncio dos dois sobre o negócio. Rocha admitiu, anos depois, que o acordo previa que a situação do sócio no jornal permaneceria como "dantes", não negando que houve uma promessa de devolver as ações.[95]

A versão mais recorrente é a de que Rocha garantiu que repassaria o controle para Irineu quando este se recuperasse. A retrovenda foi prometida moralmente, relatou mais tarde Roberto Marinho.[96] Não houve contrato assinado. Rocha escreveu que comprou as ações de Irineu, em dezembro de 1923, por 3.400 contos. "Irineu Marinho, que se dizia cansado da vida de jornalista, resolveu vender a maioria das ações [...], porém continuou como diretor do jornal, dispondo dele a seu bel-prazer."[97]

Com o dinheiro, Marinho embarcou com a família para a Europa. A viagem tinha como principal motivo buscar tratamento para a sua saúde debilitada. Semanas antes, ele passara por uma cirurgia de tentativa de drenagem pleural. Os pulmões estavam inflamados, o que causava dores intensas pelo corpo. Ele tinha dificuldade para respirar e andar. Antes de embarcar, passou o comando da *Noite* para Antonio Leal da Costa, seu amigo, sem acertar a decisão com Geraldo Rocha, o novo dono majoritário do jornal.

Em Paris, Roberto conheceu Alice Daniel, a Lily, homônima no apelido de Lily de Carvalho, sua terceira mulher. Os dois começaram ali uma troca de correspondência. Roberto guardou, até a morte, 19 cartas dela num embrulho de papel de seda, com fita vermelha. Houve ainda outra Lily na vida dele, Arlette Gondois, que o tratava nas cartas como "*Monsieur le difficile*". Irineu antecipou o retorno ao ser informado que Geraldo Rocha não lhe devolveria o comando do jornal. Na volta da Europa, Irineu chorou ao ver antigos companheiros no porto. A um deles, Henrique Nunes, chefe dos mecânicos da gráfica da *Noite*, disse que tinha sido "traído".

"Mas não vou ficar desesperado. Vou fundar outro jornal."[98]

Irineu ainda dizia a amigos, como numa tentativa de obter neles um porto seguro, que estava disposto a recuperar o controle do jornal tomado por Geraldo Rocha. Vez ou outra avaliava que ainda era possível dar uma "vassourada" nos "traidores" e jogá-los na rua. Ele, no entanto, demonstrou surpresa com a reação intempestiva do filho mais velho, Roberto, que prometeu buscar vingança.

Nasce *O Globo*

Final de manhã de uma sexta-feira de outono, quase inverno no Rio de Janeiro. Tempo de painas cobrindo as calçadas da cidade e uma variedade de tons de verde nas copas dos oitis, com velhas e novas folhas. É intenso o vaivém de pessoas no largo da Carioca, com a chegada e a saída de bondes. Naquela sexta-feira, um carro escuro estacionou numa rua próxima. Dois jovens de terno alinhado e chapéu saíram do veículo, deixando a portinhola aberta, possivelmente para simular uma parada por falta de combustível.

Naquele horário costumava sair da redação da *Noite* o jornalista Vasco Lima, um homem alto, magro e com óculos de grau, que ficou ao lado de Geraldo Rocha na disputa com Irineu Marinho e assumiu o cargo de diretor do jornal. Vasco Lima não era apenas um funcionário; era um dos melhores amigos de Irineu. Vasco, Antonio Leal e Castelar de Carvalho participavam da vida da família Marinho, inclusive passavam férias em Corrêas. Ele sempre fazia o caminho até o bonde na companhia do amigo Raul Salles. Mas, nesse dia, Salles recebeu um chamado do colega Costa Soares, jornalista que acompanhou Irineu na saída da *Noite*, para um encontro inesperado na rua Gonçalves Dias.

Enquanto caminhava, Vasco foi surpreendido com um soco, seguido de outros, desferidos por um dos dois jovens que haviam chegado de carro à Carioca. Mesmo com os óculos caídos no chão, deu para ver a fisionomia do agressor. Ele conta que era Roberto, filho de Irineu. O fotógrafo Moacir Marinho, que acompanhava o primo Roberto, bateu com uma bengala no jornalista. Roberto e Moacir correram em direção ao carro, que estava com o motor ligado. Mandaram o motorista "tocar" para a rua do Hospício, atual Buenos Aires, paralela à do Rosário, onde ficava o escritório de Herbert Moses. Ali, Irineu negociava para montar um novo jornal.

O caso foi parar na polícia. Diante do delegado Francisco Chagas, Roberto Marinho disse que só falaria em juízo. Moacir Marinho afirmou que, no dia da agressão a Vasco, estava na Carioca comprando um chapéu quando viu uma aglomeração em torno de um homem caído e, chamado pelo primo, entrou no carro. Dentro do veículo, Roberto teria lhe dito que ocorrera na praça umas "porradas". A influência de Irineu fez com que o caso fosse abafado.[99]

Herbert Moses acompanhou Roberto na delegacia. Era um caso a tomar-lhe um tempo precioso. O advogado atuava na difícil negociação com Geraldo Rocha para encerrar em definitivo a sociedade na *Noite*. Irineu repassou ao então inimigo 10% de ações do jornal que ainda possuía e obteve a aprovação do balanço daquele ano de 1924.[100]

Irineu estava mais próximo de Moses. O advogado era filho de um negociante austríaco e de uma professora norte-americana que tinham imigrado para o Rio. A personalidade forte contrastava com o corpo de 1,70 metro de altura, em torno de sessenta quilos. Falante, o "Mosquito Elétrico" pegou emprestado o sotaque da mãe e demonstrava orgulho por assimilar a malandragem dos ambulantes da rua da Quitanda, onde nasceu. Era um animador de redação. Quando se aproximava do circunspecto Irineu, mergulhado na escrita a mão de seus textos, Moses olhava para os repórteres em volta e dizia:

"É preciso cutucar a macacada, seu Irineu!"[101]

O principal negócio de Moses era fazer lobby para a Companhia Souza Cruz, fabricante de cigarros criada por um imigrante português localizada no Centro do Rio. A empresa tornou-se uma potência ao abrir sociedade para a estrangeira British American Tobacco. Moses defendia ainda interesses da fábrica de fósforos Fiat Lux. Tinha ojeriza ao fumo. "Veneno, veneno", reagia quando algum intrépido repórter tentava lhe enfiar um cigarro na boca.[102]

Moses era procurado por empresários e negociantes que aportavam na cidade. Era, afinal, um dos poucos cariocas que falavam inglês. Ele virou "anjo tutelar" da família Marinho.[103] O jeito extrovertido e conversador compensava o estilo contido de Irineu. Com dificuldade de enxergar pelo olho direito, Moses não conseguia cumprimentar quem passava por ele por esse lado, um motivo de irritação para um homem que fazia da diplomacia sua arma.

Irineu vendeu os imóveis que possuía, ficando apenas com a casa na rua Haddock Lobo e a de Corrêas. No escritório de Moses e do amigo Justo de Moraes, num andar inteiro de um pequeno prédio na rua do Rosário, *O Globo* começou a ser planejado. Nesse momento, Roberto atuava como secretário do pai.[104]

Quando o novo jornal começava a ganhar forma, Roberto estava distante do negócio da imprensa. "Eu tinha vinte anos. Por muito que me interessasse pelo jornal, atraíam-me mais as descobertas das atrações da vida", relatou certa vez.[105]

Irineu se estabeleceu no prédio do Liceu de Artes e Ofícios, da família Bitencourt da Silva, ligada a Nilo Peçanha. Ocupou a sala que antes mantinha a Sul América Seguros e outra empresa. A redação foi instalada no primeiro andar, em cima da Livraria Leite Ribeiro, um espaço alugado por um preço modesto.

Irineu publicou anúncios em jornais de um concurso para a escolha do nome do vespertino. O vitorioso ganharia um mês de assinatura. Ele propunha um jornal "do povo para o povo", nas palavras do *Correio da Manhã*.[106] Na escolha do público, os nomes mais votados foram *Correio da Noite*, com 3.382 votos, e *O Globo*, com 3.080.[107] Mas a primeira opção já estava registrada. Marinho dizia estar certo de que o título *O Globo*, como havia pensado quando fundou a *Noite*, era o melhor nome para batizar aquela que seria sua última aventura no jornalismo.

O Globo era o nome de uma sociedade de seguros, que tinha sido presidida por Rui Barbosa. Também era o nome de um hotel de luxo e de um cigarro fabricado no Rio. No tempo do Império, três jornais circularam na cidade com esse título, entre os quais uma folha de propaganda dos republicanos.[108] É possível que a ideia do nome venha do tempo em que Irineu iniciava no jornalismo, após o fechamento do periódico do republicano Quintino Bocaiuva. Ele tinha consciência de que o status do nome do antigo jornal podia ser aproveitado.[109]

Ao descrever o momento da primeira impressão do *Globo* pela rotativa HOE, Roberto Marinho fundiu o acontecimento à própria história de vida.

> *O botão foi apertado. A rotação começou lenta, mas logo tomou a velocidade normal. O chefe da máquina separou um exemplar e entregou-o a meu pai. Não sei como meu pai me pegou no colo, logo que recebeu das mãos da parteira o primogênito. Mas vi o olhar de felicidade com que recebeu o primeiro exemplar do* O Globo *e começou amorosamente a folheá-lo. Estava exultante. Nunca aconteceu que um primeiro número de jornal saísse a contento. Mas nenhum de seus companheiros lhe apontou as falhas.*[110]

O jornal, que ficaria marcado como um veículo ligado à vida carioca, dos velhinhos desgostosos com a Previdência ou dos lacerdistas críticos de governos, tinha como tema de sua primeira manchete um texto sobre a Amazônia, produzido pela agência internacional UPI. *O Globo* foi lançado com um texto sobre a entrada de um investidor estrangeiro no mercado brasileiro:

> "Voltam-se as vistas para a nossa borracha!"

O texto relatava que o industrial Henry Ford planejava uma viagem a Belém para reativar a produção de látex.

A notícia de economia dividiu espaço com uma reportagem insólita de um buraco em uma rua do bairro carioca do Engenho Novo. Numa mistura de denúncia e marketing, o jornal informou que a cratera tinha sido tapada na noite anterior por uma equipe do *Globo*.

Em tom mais professoral, outro texto reafirmava a importância do trabalho dos repórteres na política e na vida social. "Não pode entrar! Não pode passar! Não pode ficar aí... são fórmulas odiosamente restritivas de liberdade do faro e do furo", destacava o texto. "Ora, o repórter quer saber, saber para contar, saber justamente coisas que outros não querem que se saibam e ele próprio não quer que sejam sabidas de outrem."

Num editorial assinado, Irineu disse que o jornal atuaria com uma "independência tão ampla quanto o permitam as possibilidades humanas". Os "informes", anúncios publicados na mesma edição, se limitaram à propaganda de negociantes e comerciantes sem influência na política da época, como a Casa Oliveira, vendedora de pianos alemães, e remédios para combater a tosse e a sífilis.[111]

Na sua primeira tarde, o jornal do pai de Roberto Marinho teve uma tiragem de 33 mil exemplares, nas contas do próprio dono. *O Globo* iniciava suas atividades como o quinto mais vendido nas bancas da capital. Perdia em números para *Correio da Manhã*, *Jornal do Brasil*, *O Jornal* e *O Paiz*, que não eram concorrentes diretos.[112]

Nos registros quase publicitários do jornal, uma multidão entrou na redação e na oficina para acompanhar a criação do primeiro número. O tom épico da narrativa não contrastou com o papel de um jornal numa cidade que ainda não tinha aderido ao rádio. "Os primeiros exemplares de *O Globo* foram logo arrancados dos vendedores."[113]

Como fica claro na citação de Roberto, o pai não escondeu a emoção e a alegria ao folhear a primeira edição do *Globo*. No entanto, depois de uma noite maldormida, Irineu confidenciou ao filho que estava insatisfeito com a impressão.

"O número de ontem estava cheio de falhas. Vamos trabalhar muito, encomendar uma nova máquina, fazer um grande jornal."[114]

Para atrair leitores, Irineu contratou um motorista para circular de carro pela cidade com a maquete de um globo terrestre no teto. Ele ainda fez anúncios na Rádio Club do Brasil e na Sociedade do Rio de Janeiro. No dia do lançamento do jornal, promoveu na Rádio Sociedade um concerto de música popular.[115] Na redação, ele buscava animar a equipe. Contudo, a concorrência da *Noite*, jornal que ele deixou preparado e forte, era um obstáculo difícil de ser vencido. Uma sensação de um novo e ao mesmo tempo velho jornal tomou conta da equipe do *Globo* quando *A Noite* inovou numa parceria com a Rádio Club do Brasil para comemorar o aniversário do periódico. A rádio foi instalada pelo engenheiro Elba Dias na Praia Vermelha e era ouvida por dezenas de radioamadores na cidade.[116]

Numa última foto de Irineu, ele posa com a equipe da redação e o filho Roberto. Ele parece um homem frágil, com um olhar perdido, expondo esgotamento. Uma análise da imagem remete a um chefe distante do momento festivo de início de um jornal.[117]

O processo de lançamento do *Globo* foi desgastante para Irineu. "Bem sei o que isso vai me custar. E talvez o sacrifício da minha existência."[118]

Irineu passara por uma cirurgia na pleura pulmonar. Os sintomas que sentia eram típicos da intoxicação por chumbo. Tinha perdido os cabelos, demonstrava sinais de anemia e enfrentava dores intensas nas articulações, nos rins e nos pulmões. Entretanto, o estado de saúde dele sempre foi associado à tuberculose.

Ao sair da redação numa noite de agosto, Irineu teve uma longa conversa com o filho Roberto sobre os projetos para o futuro do jornal. Roberto não seguiu para casa. Foi se divertir com os amigos. Chegou em casa de madrugada, eufórico. O relógio de armário da sala de jantar dava duas badaladas, como ele relembraria mais tarde.

Quatro horas depois, Roberto acordou com os gritos de Chica, que batia na porta do banheiro. Irineu, que costumava passar um tempo na banheira para aliviar as dores pelo corpo, não respondia aos chamados da mulher. Roberto foi olhar pela janelinha do banheiro. "Subi numa cadeira e vi pela bandeira da porta. Vi meu pai inerte dentro d'água. Arrombamento, socorros inúteis. Vinte e um dias após a fundação do jornal."[119]

Numa entrevista concedida na maturidade para jornalistas estrangeiros, Roberto chorou ao narrar a morte do pai. "Naturalmente, como às seis horas da manhã começava a vida na nossa casa [...] ele fechou a porta. Eu subi numa cadeira, me meti pela bandeira da porta e caí lá do outro lado para abrir a porta e tentar acudir meu pai", relatou. "Peço desculpas, tantos anos são passados, mas eu não posso recordar esse momento sem emoção. Meu pai estava morto."[120]

Entre a noitada e a morte do pai ocorrera uma "brutal transformação" na vida de Roberto. "O rapaz despreocupado da véspera era agora um agoniado chefe de família, e esse sentimento foi mais forte do que o de ter perdido o melhor dos pais."[121]

Ainda às sete e meia daquele dia, um contínuo atendeu ao telefone na redação do *Globo*. Eurycles, já no trabalho, pegou o fone e recebeu a notícia da morte do chefe. Com a voz embargada, ele anunciou na redação:

"Meus amigos, o Irineu está morto!"[122]

Um médico injetou formol na artéria femoral de Irineu. Vestiram nele uma casaca. À tarde, o corpo foi transladado para *O Globo*. Os jornalistas forraram as paredes com veludo escuro. A redação era o espaço da vida e da morte de seu dono. Desde a morte do empresário de cinematógrafos Paschoal Segreto, o largo da Carioca não recebia multidão tão expressiva.

Uma fotografia do rosto de Irineu estampou a primeira página do *Globo*. Ele era o rosto do jornal. A tradicional capa de um mosaico de suicídios, brigas de soldados, golpes de malandros e buracos de rua dava lugar a uma necessidade de eternizar a morte do dono do vespertino.

Um padre rezou uma missa na redação. Chica e os filhos beijaram o rosto de Irineu. Nas fotografias, Roberto aparece de terno abotoado, rígido. À tarde, o corpo foi levado em um automóvel para o cemitério São João Batista, em Botafogo. O cortejo, que contou com carros do Corpo de Bombeiros e da Polícia Militar, parou em frente ao Palácio Monroe. Os irmãos Botelho ligaram suas câmeras para fazer um documentário. A morte de Marinho virou produto de entretenimento. Ao longo do trajeto na região central e nos quase inconquistáveis bairros do sul — a mais tarde Zona Sul, redutos de uma classe mais rica e letrada —, pessoas acenavam para o cortejo. O enterro ocorreu no começo da noite.[123]

Com a decisão de Eurycles de transformar o nome do amigo em manchete e o velório na redação, a morte de Irineu sufocou a figura da empresa de funcionários e impôs de vez a da empresa patriarcal.

Num texto sobre Irineu, *O Globo* publicou que o seu fundador aparecia nos momentos de dificuldade na redação "sorridente" e espalhando "conselhos paternais". Marinho continuava a comandar o jornal. "Os positivistas dizem, com razão, que os vivos são sempre, e cada vez mais, governados pelos mortos."[124]

Os aniversários do *Globo* passaram a ser celebrados numa igreja da cidade e com romarias ao túmulo do jornalista, costumes que satisfaziam dona Chica. Eurycles era o guardião do legado de Marinho, mantendo as inovações editoriais feitas pelo amigo e sem ir além delas.

Com a viúva afastada e os filhos ainda longe do principal negócio da família, a onipresença de Irineu era, acima de tudo, uma tentativa de sobrevivência dos antigos companheiros dele, que sentiam o baque da perda.

Ao assumir a redação, Eurycles não se colocou necessariamente como um substituto do amigo. Era como se para o novo diretor do *Globo* o futuro da empresa dependesse mais do que nunca do fundador, uma imagem capaz de evitar o fim da rede de repórteres e colaboradores e o grupo de anunciantes, que se aglutinavam em torno da influência de Irineu. Naqueles tempos de instabilidade, o poder estava no nome Marinho. O grupo de jornalistas órfãos de Irineu tinha as marcas da dissidência com *A Noite*. Desse modo, a vontade de enfrentar um adversário em comum e a necessidade de sobrevivência garantiram a coesão. Era a sombra necessária para Roberto, o herdeiro, crescer.

Testamento tenentista

Em conversas ao longo do tempo, Roberto Marinho contou que a mãe lhe propôs vender *O Globo*.

"Vender o jornal, coisa nenhuma!"

Ele reforçava assim a versão de que fora o único na família a apostar desde o início no projeto de comunicação.

Chica não pensou em se desfazer do jornal, relatou Hilda, irmã de Roberto.[125] A viúva tomou a iniciativa de passar o controle acionário do periódico para o primogênito e compensou os demais filhos com imóveis, como as casas de Corrêas e da Tijuca. Os menores ficaram com bens mais suscetíveis às mudanças econômicas. Assim, ela garantia o controle do *Globo* nas mãos de um único filho de Irineu. "Na cabeça de Chica, a única chance do jornal vingar era manter o controle apenas em uma pessoa, tanto que eram cinco irmãos, mas papai ficou com 51%", relata João Roberto Marinho. "A filha de italianos teve essa visão, na linha do que o Rochinha disse para o Irineu. Tem que ter o controle, ainda mais uma empresa que está em implantação. Se começasse a discutir, ferrou, né?"

Chica agia "por baixo" e tentava impor suas vontades "devagar", lembra a neta Elizabeth. Era uma mulher que não levantava a voz, não admitia que se falasse alto e evitava o uso da primeira pessoa. "Não falava: 'Eu preciso telefonar.' Mas sim: 'Nós precisamos telefonar.'" Assuntos de família não tinham de ser discutidos na presença de estranhos. Noras e genros eram estranhos: ela buscava a política da boa vizinhança com as mulheres dos filhos, mas preservando o canal direto com eles. Adquirira o hábito de ligar o rádio que tinha na escrivaninha, às 18 horas, para ouvir a ave-maria no vozeirão do cantor Vicente Celestino. Contudo, não tinha ligação estreita com a religião.

A viúva Marinho demonstrava, na visão da família, "idolatria" por Roberto, o filho "mais bonito", o filho de "nariz mais perfeito". Era ela quem relatava as "aventuras" dele, lembrou Elizabeth Marinho, a Bebete, mulher de Rogério.[126]

Com discrição, Chica saía de casa para manter compromissos de Irineu. Às vésperas do Natal, ia ao Asilo São Luiz para a Velhice Desamparada, no Caju. A entidade fora criada pelo negociante Luiz Augusto Ferreira d'Almeida, para acolher os ex-funcionários da fábrica de tecidos São Lázaro. O financiamento era do barão de Drummond, criador do jogo do bicho. O médico da instituição, o maranhense Merval Pereira, a recebia. O bilhar que os idosos jogavam era presente de Chica. Ela ainda fazia a ponte com o jornal, que costumava publicar matérias para cobrar visitas de prefeitos à instituição. Em troca, Roberto Marinho costumava mandar para lá desvalidos que batiam na porta da redação. O asilo podia abrigar um senhor de engenho falido e sua ex-escrava, um oftalmologista que ficou cego e seu ex-paciente curado ou adversários de alguma revolução. O médico também costumava pedir emprego aos Marinho para gente nova que não tinha um "dom" definido.

Irineu deixou nas mãos de seu grupo o quinto maior jornal em circulação da cidade.[127] Quando o corpo do jornalista estava sendo inumado, *O Globo* tinha tiragem de trinta mil exemplares, bem menos que a da *Noite*, de duzentos mil, nas estimativas pouco precisas dos dois veículos.

Roberto não ficou órfão na vida profissional. Tinha a seu lado fiéis companheiros do pai. A principal herança do testamento de Irineu era a moldagem de um coletivo de jornalistas inseridos num projeto de imprensa em que a notícia era um produto de mercado. "A morte do papai, o convite para a direção do jornal." Assim, Roberto iniciou, na maturidade, de forma telegráfica, o esboço do roteiro de seu livro de memórias. Se era um jornalista propenso ao lide — colocar informações principais logo na abertura do texto —, Marinho indicou o que seria o início para valer de sua história.

Faltava intimidade entre o herdeiro e o homem que tinha por missão evitar que a obra de Irineu se perdesse. Homem de baixa estatura, nervoso, ansioso, sempre parecia estar "fechando" o jornal. Nas palavras elogiosas de seus amigos, era "esquivo", "avesso" e "revoltado" contra tudo o que parecesse exibicionismo ou cabotinismo.[128] Não era homem de expor afetividade.

Certa vez, Roberto Marinho foi questionado pelo filho João Roberto sobre a versão de que a viúva dona Chica decidira lhe dar o comando do jornal, mas ele teria recusado. "Foi assim mesmo", respondeu.[129]

Veterano da *Noite*, o jornalista Manuel Antonio Gonçalves deu outra versão. Ele conta que Francisca, "uma pessoa de muito equilíbrio", reuniu os jornalistas e pediu-lhes que indicassem um novo diretor do jornal. Eurycles de Mattos foi o nome sugerido pela redação. A equipe avaliou que Roberto não tinha maturidade.[130] A versão de Gonçalves se encaixa em outro relato de Roberto aos filhos quando disse que, mesmo anos depois, a redação ainda apostava em um nome mais velho.

Os relatos que vangloriam Roberto Marinho, um ousado homem de negócios, escondem a segurança proporcionada pelo ambiente construído à sua volta. Ele não discordou da mãe, Chica, e aceitou a indicação de Eurycles para a chefia do *Globo*, feita pela equipe da redação. Nada podia fazer para ter logo em mãos o comando do jornal. Uma redação que mal pagava seus repórteres podia se dissolver num estalar de dedos.

Naquela época, um repórter na imprensa carioca ganhava em média 150 réis por mês, valor que pagava dez refeições em restaurantes populares. A maioria buscava conciliar o ofício com algum emprego público, que garantia em média seiscentos réis. Como a imprensa era dividida entre matutinos e vespertinos, era comum um jornalista trabalhar em dois ou até três jornais por dia.[131]

O soldado 222

Enquanto esperava um espaço no jornal, Roberto Marinho, aos 21 anos, se apresentou como voluntário para servir no Exército. Ele foi aproveitado no quartel do Leme. Virou o soldado artilheiro número 222. Numa manhã de novembro de 1926, ele estava na praia do Forte da Ponta do Vigia quando viu um homem se afogando. Marinho se jogou ao mar. Recebeu uma medalha por "arriscar" a própria vida e salvar o banhista.[132]

Mas, antes de completar três meses de serviço no quartel, Roberto foi dispensado. Ele não havia comparecido a um teste de reaproveitamento. Naquele momento, ainda estava sem rumo e sem espaço na redação comandada por Eurycles. *O Globo* era um jornal de profissionais experientes.

Roberto recebeu de Eurycles a tarefa de representar o jornal nas batalhas de confetes e festas de salões que agitavam os bairros cariocas no Carnaval. Roberto entregava troféus para fantasiados em Vila Isabel, no Méier, em Cascadura. Também recebia homenagens em nome do jornal. Era uma forma de Eurycles encontrar uma função para o herdeiro, que ainda estava longe de se envolver nos assuntos importantes da política.

Em cartas, Roberto Marinho prometeu à mãe se envolver com o trabalho no jornal. Ele aproveitava a vida de jovem de família rica carioca, que permitia viagens para estâncias hidrominerais mineiras, São Paulo e fazendas do Vale do Paraíba.

Aos 25 anos, quatro após a morte do pai, Roberto ainda estava pouco disposto a tomar a frente do jornal. Eurycles era indispensável no comando do *Globo*, a ponto de sua autoridade afastar Roberto da redação sem provocar traumas na relação com Chica.

Dessa época, há uma série de cartas de namoradas escritas para Roberto. Elza, que conheceu nas viagens a Caxambu, parecia ser a mais ciumenta. Odiava quando Roberto dizia que tinha escrito uma carta num "intervalo de trabalho". "Então, o meu filhinho não pode dispensar uns minutos, à noite, para me escrever?" Ela informou que, num baile, dançou uma valsa e uma polca com o pai de uma amiga. "Não há perigo de aproximações e mais a mais são todos os rapazes dignos de um jardim zoológico. Espero um telegrama dizendo se estás zangado." Há ainda a carta de Lelita, que reclamou de uma noite em especial. "A tua incorreção de ontem foi muito grande. Você fez a mesma coisa que os outros têm feito. Também foi estupidez minha pensar que você fosse diferente. Aqui vai a chave do seu apartamento." Lucinda, por sua vez, reclamou de uma alteração brusca de sentimentos. "Lembro-me que há dias nós estivemos tão juntinhos e hoje aqui que solidão!" Na capital paulista, ele conheceu Léa, que se dizia "a esquecida". "Não quero consentir que as cariocas monopolizem as tuas atenções."

Em carta ao irmão Ricardo, Roberto demonstrou o fascínio pela metrópole paulistana. "Falei com mamãe pelo telefone para vires passar uma semana em São Paulo, que está admirável de sedução de toda a espécie [...] mas, enquanto continuares a ser menino, não poderás fazer essa viagem [...] sem a mamãe", escreveu. Os automóveis na larga avenida Paulista e o consumismo da elite o deixaram perplexo. "Estes rapazes ricos usam o auto alguns meses e trocam por outros."

Roberto comentou sobre uma barata azul, que estava sendo vendida a 16 mil réis, metade do preço de uma nova. Aproveitou para usar o irmão como mensageiro. "Pergunte à mamãe se, aparecendo uma barata que valha a pena, poderei adquiri-la. É preciso, somente, que a mamãe não diga que eu só me preocupo com coisas fúteis."[133]

Nas cartas à mãe, Roberto demonstrava estar alheio à situação da família, que tinha no jornal a única fonte de sustento, fora investimentos no mercado de títulos e apólices feitos por Irineu. Ele minimizava a vida boêmia, de bebidas e possivelmente de drogas ilícitas, e comentava com naturalidade o boato da venda do jornal. "Ora, isso é uma falsidade", escreveu à mãe.

Para Chica, ele revelou um desejo de mudança. Prometeu retomar "firme" o trabalho, evitar os "telefonemas exagerados" e as "demais coisas" que pudessem desprestigiar *O Globo*. "Não quero dar mais a ninguém o 'gostinho' de poder fazer comentários maldosos a meu respeito, embora eu sempre pudesse levar vantagem se quisesse retribuir."[134]

O universo das festas de Roberto era formado por brancos com dinheiro e negros que se apresentavam nos melhores palcos da noite e nas revistas, apresentações que misturavam encenações de atores e quadros musicais. Nesses anos finais da década de 1920, ele frequentava festas do subúrbio e o Teatro e Cassino Beira-Mar, abertos na Glória. Nesses palcos, seu amigo Sinhô tocava em grupos de jazz. Ainda que bem-humorado e com o título de "rei do samba" consolidado, Sinhô era então um homem ainda mais magro, quase sem voz. Quando dava a um amigo uma de suas canções, não podia completar o presente cantando a letra.

"Eu não posso mais cantar", disse a Roberto Marinho.

Nas madrugadas, Sinhô pedia dinheiro para pagar ao bonde. O "popularíssimo" cantor, como descrevia *A Noite*, morreu numa crise de tosse na barca entre a Ilha do Governador, onde morava, e a praça XV.[135]

Só sairei daqui morto — ainda não era Getúlio

Roberto Marinho flertava uma aproximação com o jornal da família quando a Coluna Prestes, perseguida por jagunços e tropas legais, algumas pagas por Geraldo Rocha, atravessou a fronteira e se embrenhou no interior da Bolívia. Enquanto o minuano não perpassava as ruelas do Rio de Janeiro, a equipe chefiada por Eurycles de Mattos abria a redação para uma campanha de arrecadação de dinheiro para os tenentistas exilados.[136]

Com a crise de 1929, o mercado que girava em torno das *commodities* do café reduziu drasticamente as verbas para a publicidade e os escritórios de advocacia e contabilidade. O impacto foi imediato nos jornais.

Naquela época de desgaste do governo Washington Luís, Eurycles de Mattos era um homem doente, sem pulso forte na redação do *Globo*. Além disso, Roberto Marinho frequentava mais o jornal. Entrava para a equipe de repórteres, discutia coberturas, questionava decisões. Fazia a chamada "política de redação". E Herbert Moses estava ainda mais influente.

Foi na eleição de 1930 que a divergência de Roberto com Eurycles chegou à linha editorial. Era um momento de polarização política. De um lado da disputa, o presidente do estado de São Paulo, Júlio Prestes, indicado por Washington Luís, que rompera o acordo de alternância de poder com Minas Gerais, e do outro, o presidente do Rio Grande do Sul, Getúlio Vargas, que contava com o apoio de uma frente política, a Aliança Liberal, a qual incluía o presidente mineiro, Antonio Carlos de Andrada.

Eurycles mantinha a redação sob seu comando, tornando-se, sempre, um obstáculo a interesses de outros amigos de Irineu, como Herbert Moses, que iam além de buscar anúncios.

Fiel ao tenentismo, Eurycles estava cético em relação aos propósitos da candidatura oposicionista de Vargas. Já Roberto se inclinava para a candidatura do gaúcho. Começou uma queda de braço. Então o filho de Irineu se aproximou para valer da redação. "Eurycles impunha ao jornal uma neutralidade por mim julgada absurda. Dizia dos candidatos — Getúlio e Júlio Prestes — que eram ambos 'farinha do mesmo saco, vinho da mesma pipa'", relatou Marinho certa vez.[137] "*O Globo* tem de ter uma opinião, dizer se esse é melhor ou pior."[138]

De uma família paulista estabelecida no Rio Grande do Sul, os irmãos gaúchos Oswaldo, de 36 anos, Ciro, 29, e Luiz Aranha, o Lulu, de 27 anos, estavam na linha de frente do movimento para depor Washington Luís. Antes mesmo da eleição, Oswaldo articulou uma "insurreição" e a tomada à força do poder. Ele logo se irritou com a falta de interesse demonstrada por Getúlio, ainda presidente do Rio Grande do Sul, de quem era secretário de Justiça, em mobilizar aliados pelo país.

Formado em direito no Rio de Janeiro, Oswaldo dividiu com um advogado mais experiente, Getúlio Vargas, causas de transações de terras e bois e heranças. No final de 1922, os dois apoiaram Borges de Medeiros, do Partido Republicano Rio-Grandense, na disputa pela presidência do Estado. O candidato adversário, Assis Brasil, do Partido Republicano Democrático, era ligado à família Aranha. Com a vitória de Borges de Medeiros, Assis Brasil liderou um levante. Foi então que Oswaldo chefiou um grupo armado contra ele na fronteira. A experiência quase lhe custou a amputação de um pé — ele teve de recorrer a bengalas e solas especiais. Em 1924, ele enfrentou um movimento de tenentes das guarnições federais de cidades gaúchas sob a liderança de Luiz Carlos Prestes. Oswaldo teve conversas sigilosas com os rebeldes — ocasião em que se estabeleceu a relação dele com Prestes, que se estendeu por décadas. Eles aproximavam-se na oposição ao governo central e afastavam-se diante da boa relação de Oswaldo com empresários do charque. Quando Getúlio assumiu o governo gaúcho, Aranha foi nomeado secretário de Interior e Justiça. Ele dinamizou a agricultura e incentivou a criação de cooperativas.

No começo de 1929, Vargas se lançou à sucessão de Washington Luís. A missão de Oswaldo, no Rio, de negociar o apoio do Catete fracassou. Vargas só conseguiu aliança com Minas Gerais, Paraíba e do Partido Democrático de São Paulo. Na contagem oficial de uma eleição marcada por fraudes, Júlio Prestes foi o vitorioso. Oswaldo preparou, então, a tomada do poder. A estratégia inicial foi mandar cartas para políticos com notícias de fraudes. Lulu, irmão de Oswaldo, ficou responsável por fazer o caixa dois para garantir o movimento. Ele enviou, por meio de um banco uruguaio, mil contos de réis a Luiz Carlos Prestes, exilado em Buenos Aires.

Oswaldo fez chegar aos ouvidos de Prestes que o considerava o nome ideal para a chefia armada da revolução. Esse posto não era, necessariamente, o mesmo de chefe supremo do movimento. Sob sigilo, Prestes foi levado ao Palácio Piratini para uma conversa com Oswaldo e Getúlio. Semanas depois, os Aranha foram surpreendidos com a adesão de Prestes ao comunismo.

Antes da transferência de poder de Eurycles para Roberto Marinho, *O Globo* iniciou um processo de se desvencilhar do "Cavaleiro da Esperança". Luiz Carlos Prestes era o símbolo da cobertura política do vespertino. O jornal informou que companheiros dele não receberam o manifesto com "simpatia".[139] Prestes disse que não queria chegar ao poder com as oligarquias que sufocaram as revoltas tenentistas. O dinheiro recebido dos Aranha não foi devolvido. Nunca ficou claro de onde Lulu arrumou esse dinheiro. Também não se esclareceu em detalhes o uso do recurso por Prestes. O tenentismo rachou. De forma simplória, o caixa dois operado por Lulu pode ser considerado um início insólito de uma disputa travada nas décadas seguintes entre dois campos antagônicos, vez ou outra chamados direita e esquerda. O movimento ganhou força especialmente com o assassinato de João Pessoa, vice de Vargas, a 26 de julho, por motivos passionais e da política regional. O homicídio transformou-se num drama nacional.

* * *

No final da manhã da sexta-feira de 3 de outubro, *O Globo* publicou a notícia falsa de que Luiz Carlos Prestes tinha sido preso em Buenos Aires. Cogitou-se tratar de uma senha para a eclosão do movimento no Sul. À tarde, os irmãos de Oswaldo, Lulu, Ciro e Euclides, se juntaram à Guarda Civil do Rio Grande do Sul para tomar o Quartel-General do Exército, em Porto Alegre. Após quase uma hora de tiroteio, os rebeldes entraram no prédio. Começava o golpe.[140]

A censura freou a cobertura do *Globo*. Crítico de Washington Luís, o jornal de Eurycles e de um Roberto Marinho que então vivia o clima da redação, quase como um fiscal, se limitou a anunciar em manchete na edição das 17 horas do dia seguinte, quase 24 horas após o início do movimento em Porto Alegre, que o Rio de Janeiro estava em "completa" ordem. *O Globo* errou ao noticiar que Borges de Medeiros era o líder do movimento.

Apenas no dia 8 o jornal burlou a censura dando uma manchete sobre o conflito. O jeito foi apelar para o desabastecimento de produtos nas feiras e mercearias da cidade. *O Globo* anunciou que o governo garantia que a população não teria dificuldades de encontrar gêneros de primeira necessidade como arroz e carne-seca, produzidos em boa parte no Rio Grande do Sul rebelado.

Nos dias seguintes, o jornal publicou cada vez mais notas de solidariedade de entidades e governos a Washington Luís, uma forma de demonstrar aos leitores que havia um clima de tensão no Catete e na cidade. A polícia manteve a vigilância nas redações.

Em 24 de outubro de 1930, a redação do *Globo* preparou três edições para relatar a destituição do presidente Washington Luís por um grupo de veteranos dos movimentos tenentistas e celebrar a vitória do movimento.

Até a segunda edição do *Globo*, Washington Luís estava dentro do Palácio Guanabara decidido, segundo relato do jornal, em permanecer no prédio. "Só sairei daqui morto!", teria dito o presidente para o cardeal Sebastião Leme. O presidente resolveu sair do palácio quando, do lado de fora, rebeldes atiravam com balas de festim. Na companhia de Leme — peça decisiva para convencê-lo a desistir —, entrou num carro em direção ao Forte de Copacabana. "Concordava em abandonar o palácio vivo, e bem vivo", espezinhou o jornal na terceira edição.

Nessa nova edição, o jornal publicou uma foto do presidente com cartola e a mão esquerda entre o rosto e a orelha, olhando para a frente, de perfil, dentro do carro, com oficiais no estribo do veículo. O tenente Arthur da Costa e Silva, que mais tarde foi presidente, era um deles. Esse foi o último retrato da República Velha.[141] Geraldo Rocha, o grande desafeto do *Globo*, temia pelo futuro de seus negócios. Tinha acabado de erguer na praça Mauá o maior arranha-céu da América Latina, o Edifício A Noite, com 22 andares. Rocha atuara contra os revoltosos — o que foi uma aposta de alto risco. Ele foi preso e o seu jornal, líder do segmento vespertino, destruído.

Sem recaída corporativa, *O Globo* noticiou o empastelamento da *Noite*. Aos gritos de viva a revolução e empunhando bandeiras vermelhas, um grupo invadiu a redação do primeiro jornal criado por Irineu Marinho e arremessou móveis pelas janelas.[142] Era uma edição atípica, pois *O Globo* vibrou com a "revolução" a ponto de comentar, sem críticas, o empastelamento de outros "mercenários".[143]

Mais tarde, *A Noite* voltou a circular com outros donos.[144] Tradicionais títulos da imprensa carioca, no entanto, como *O Paiz* e a *Gazeta de Notícias* deixaram o tabuleiro do jornalismo. Sem a força de antes, a *Gazeta* ainda voltaria a circular em 1934. Era o fim também da Agência Americana, uma empresa de Pio Carvalho de Azevedo e seus irmãos, que com verbas públicas conseguiu pagar a correspondentes em Paris, Lisboa e Madri.[145]

O movimento que depôs Washington Luís acirrou o clima de polarização. Os veículos de imprensa que se arvoravam de ter participado dos movimentos de mudanças na estrutura brasileira se apresentavam como senhores do jornalismo independente. O financiamento dos "novos" continuava o mesmo dos tempos passados. O jornalismo, especialmente o do modelo coletivo adotado por Irineu Marinho, recomeçava abrindo mão de um olhar plural e sem autocríticas.

O Globo publicou fotos de Oswaldo Aranha com a junta militar que depôs Washington Luís.[146] Aranha investiu toda a sua capacidade de negociação em convencê-los a entregar o poder a Getúlio. Ao sair do encontro, Aranha perguntou pelos jornalistas: "Tem gente da imprensa aí?"[147]

Na mesma tarde, Vargas desembarcou de trem na estação de Deodoro, no subúrbio. Uma frase atribuída a ele ganhou a primeira página do jornal da família Marinho, num período em que o vespertino adotava manchetes longas:

> O Globo, *valente paladino da revolução, transmita minhas saudações ao povo carioca, a quem tanto admiro pelo brilho de sua espiritualidade e pela bravura cívica.*

Roberto escreveu mais tarde, nas suas memórias, uma nova tentativa da mãe, dona Chica, para que ele assumisse o jornal. Nessa oportunidade, ele estava mais propenso ao desejo dela, pois vivia às turras com Eurycles.[148]

Depois de uma viagem à Bahia, Eurycles desembarcou doente no Rio de Janeiro. Numa versão, intoxicou-se ao comer um caramujo. Vale lembrar que o jornalista pertencia à geração moldada no vapor do óxido de chumbo. Ele não teve o corpo velado na redação, como ocorrera com seu antecessor, Irineu. Eurycles representara *O Globo*, mas não fora o jornal. *O Globo* era Marinho. No cemitério São João Batista, Roberto segurou uma das alças do caixão. Ele fez o discurso de despedida. O pronunciamento dissipou parte da preocupação da família. Hilda ouviu colegas no colégio dizerem que a família perderia o jornal porque seu irmão só queria namorar.[149]

Roberto relatou que a mãe lhe perguntou se estava preparado para assumir o jornal. Diante da resposta afirmativa do filho, Chica questionou se *O Globo* prosseguiria numa trajetória de "sucesso".[150]

"Estou seguro disso. Mas a senhora não vai pôr os pés lá."[151]

Nas fotografias desse período, Roberto Marinho aparece com chapéu, terno de ombros baixos e cintura alta, que davam ao corpo forma mais esguia, e lenço de seda no bolso. Era época de exibição de filmes de gângsteres e detetives americanos nas salas de cinema do grupo Serrador. Nas ruas, os cariocas adotavam o vestuário e o estilo dos personagens de cinema, com as vitrines das lojas fazendo referência à cultura dos chefões.

Para marcar sua chegada ao comando do jornal, Roberto Marinho foi ao estúdio fotográfico do imigrante Nicolas Alagemovits, ex-capitão do Exército romeno na Primeira Guerra Mundial. Numa sala num prédio da Cinelândia, Nicolas fotografava jovens artistas e empresários em busca de um bom cartão de visita. A adolescente Maria do Carmo Miranda da Cunha, que ainda não assinava Carmen Miranda, foi retratada com um sorriso sensual. O compositor Ary Barroso apareceu despojado, com um bigode mais aparado do que os dos antigos barões. O jovem maestro Villa-Lobos foi fotografado com terno claro. Já o retrato de Marinho mostrava um sorriso que jamais era permitido nos retratos tirados nos estúdios tradicionais, ainda marcados pela estética do velho Império, onde os homens só podiam ser retratados com barbas grandes e carrancudos, em meio à névoa, e as mulheres, olhando para o lado, nunca para a lente. Marinho posou como se fosse um artista de cinema, sem rigidez. Nicolas dava um ar jovial e artístico às elites cariocas.[152]

O Globo publicou na capa a foto do seu novo diretor com contrastes de luzes. Roberto vivia em autoafirmação. Estava diante de uma redação de homens experientes, que mantinha os conceitos de Irineu e Eurycles num momento de um turbilhão de transformações políticas e sociais. É uma tarefa árdua estabelecer o momento da morte do *Globo* de Irineu, do fim do *Globo* de Eurycles e do começo do *Globo* de Roberto, um jovem tutelado por Moses, o lobista de grandes empresas e escritórios.

Roberto assumiu o jornal da família no momento em que jornais, imobiliárias e políticos começavam a dividir a cidade do Rio de Janeiro nas zonas Norte e Sul, tendo o Centro como divisor. Ao passo que o avanço imobiliário atraía os ricos para os bairros abertos na faixa de areal e de mar depois de Botafogo — Copacabana, Ipanema e Leblon —, a região central, a Tijuca e o subúrbio ganhavam denotações de espaços de costumes unicamente conservadores, sem elegância e bom gosto. O negócio de Marinho estava enraizado nessa região ao norte do muro urbanístico e social que se erguia.[153]

A cidade do Rio de Janeiro chegava a 1,4 milhão de moradores. Destes, 48,1% não tinham energia elétrica em casa, tanto nos bairros da agora Zona Norte e do subúrbio quanto nas favelas abertas nos morros da Zona Sul.[154] Mas a eletricidade avançava nas ruas. E aumentava o número de rádios, que operavam ainda num raio curto de projeção e de sinal captado apenas por radioamadores ou pessoas que podiam adquirir um aparelho receptor caro nas lojas de artigos importados. *O Globo* não tinha fôlego econômico para avançar no novo ramo da comunicação.

Marinho levou um tempo para fazer parcerias mais sólidas com a área do rádio, um setor engessado pela censura do governo. Ele era apenas um empresário dando os primeiros passos, o filho mais velho de uma viúva que tinha no jornal a fonte de renda da família, que vivia em torno da figura de seu patriarca.

Todos os saltos econômicos e sociais dados por Irineu, incluindo o trabalho de continuidade de Eurycles naquele tempo de turbulência, numa República difícil de emplacar, se diluíram na memória coletiva do Rio de Janeiro e dos Marinho. Mais tarde, a consolidação do grupo Globo sob o comando do filho mais velho do jornalista, Roberto, minimizou em alguns momentos o pioneirismo do pai, com ele fazendo críticas à gestão de Irineu nas empresas. Era assim que o pai aparecia nas conversas do filho. José Francisco Alves do Nascimento, o Tamborete, cuidador de cavalos na Hípica da Gávea, na fase de maturidade do empresário, relata que Roberto conversava "olhando para a frente", num tom de quem tinha força própria. "Ele dizia que o pai não era rico, e ele, o dr. Roberto, teve a habilidade de levantar o patrimônio."

À véspera da implementação de urna ditadura no país, a chegada de Roberto ao comando da redação montada por Irineu e Eurycles coincidiu com o fim da época dos "grandes jornalistas" — termo definido mais tarde pelo dramaturgo e jornalista Nelson Rodrigues. Iniciava-se a fase dos "grandes jornais".[155]

Nas primeiras semanas nas mãos de Roberto, *O Globo* noticiou que uma multidão subiu o morro do Corcovado para assistir à inauguração de uma estátua de Cristo. O arcebispo Sebastião Leme se empolgou ao fincar um símbolo de sua igreja num dos lugares preferidos dos cariocas mais aventureiros para encontros furtivos. Uma frase do religioso virou manchete do jornal:

"Cristo reina, impera e livrará o Brasil de todos os males!"[156]

2. A república do homem-aranha

Roberto Marinho completara 26 anos quando assumiu um jornal dividido. Uma parte dos repórteres e editores não digeriu o nome dele. Outra achou que o vespertino seria tocado, na verdade, pela velha guarda, uma turma que estava havia duas décadas nos jornais da família Marinho.

O primeiro desafio do jovem diretor foi a escolha do secretário de redação, segundo posto na hierarquia, responsável direto pelas diretrizes da cobertura do dia a dia. Marinho escolheu para o cargo J. Costa Soares, amigo de seu pai, veterano do time que deixara a *Gazeta* para acompanhar Irineu na aventura da *Noite*. Era um nome que havia sido jogado para escanteio na redação. A escolha dele, porém, não diminuiu o clima de animosidade no jornal. O novo secretário não atuou para dissipar o grupo formado na defesa de Elói Pontes. Costa Soares não disputava poder nem se relacionava com palácios. Fizera carreira com textos sobre casos de adultério e crimes.[1]

Ao lembrar na maturidade aquele momento, Roberto Marinho disse, numa entrevista ao apresentador Jô Soares, que sua chegada ao poder no *Globo* foi uma "imposição da natureza", referindo-se à morte do pai. Quando Jô comentou que em vez de chegar ao jornal e "mandar em tudo" ele ficava observando, Marinho retrucou que fora apenas "humilde". Ele não explicou o motivo dessa postura, mas deu pistas da situação que enfrentou, de limitações no trato com profissionais experientes. "Fui humilde não por uma encenação. Na realidade, por uma necessidade de ser humilde."[2]

Qualquer passo em falso de Marinho poderia dissolver a redação em poucas horas. Ninguém tinha vínculo contratual, as remunerações pelos textos e fotografias eram irrisórias e as relações se davam no patamar da confraria.

Nas conversas nas leiterias do largo da Carioca, Roberto Marinho era motivo de queixas e tiradas de mau humor dos repórteres e editores do *Globo*. Foi apelidado de "tenente interventor".[3] A referência era explícita. Getúlio havia nomeado tenentes para os governos dos estados. Assim, tirava dos palácios nas capitais as oligarquias adversárias e afastava do Rio jovens oficiais em ascensão política. Sob o pretexto de impor a ordem, os interventores desembarcaram nas capitais provocando distúrbios.

Marinho era um novato que tentava se impor no grupo de velhos jornalistas. Não tinha apoio nem simpatia. Pelo menos no estilo, ele se diferenciava dos companheiros. Andava com ternos bem cortados, cabelo sempre feito. Nos plantões especiais, vestia roupa esportiva alinhada. Era uma figura bem diferente dos companheiros de paletós gastos e óculos de aros grossos.

Foi justamente o homem que influenciava seu visual que lhe deu apoio decisivo na redação. Horácio Cartier ajudou Marinho na tarefa de controlar *O Globo*. Quinze anos mais velho que o diretor do jornal, Cartier era responsável por textos de opinião. Pelo comportamento refinado, ele era a fonte de inspiração de Marinho desde que o jovem atuava como secretário particular do pai. Com Cartier, Marinho aprendeu a não economizar na brilhantina nos cabelos e nas gravatas impecáveis.

Com o golpe de 1930, o gaúcho Cartier expandiu sua influência para além dos limites da redação. Ele aproveitou a relação da família no Rio Grande do Sul com integrantes do novo governo e conseguiu um cargo no Ministério do Trabalho. De manhã, redigia editoriais para *O Globo*, à tarde ajudava a escrever as primeiras leis trabalhistas da Era Vargas.

Roberto Marinho costumava dizer que procurou, no início de sua chefia no jornal, repetir "tiradas" do pai.[4] Assim, *O Globo* continuou promovendo campanhas para mudar hábitos da cidade, melhorar ruas e subúrbios. Em uma série, o jornal defendeu que a mudança no horário de trabalho do serviço público, que começava e terminava mais cedo para economizar energia, fosse expandida para a iniciativa privada.[5]

No Rio, os gaúchos inspiravam até pratos nos restaurantes. Oswaldo Aranha batizou com seu nome, no Cosmopolita, o popular Senadinho, na Lapa, o filé-mignon com alho, acompanhado de arroz, farofa e batatas.

Nomeado ministro de Justiça e Negócios Interiores, Oswaldo tornou-se figura maior no "gabinete negro", o grupo próximo de Vargas que discutia no Guanabara os rumos do governo provisório. Na ausência dele, o irmão Lulu, seu secretário particular, recebia generais e subordinados. O *staff* de Oswaldo ainda incluía o irmão Ciro, que também atuava nos bastidores.[6]

Oswaldo era o elo entre os capitalistas gaúchos — e agora do Brasil inteiro —, o governo e os donos de jornais. Ele avisou em entrevista ao *Correio da Manhã* que a Constituição de 1891 não existia mais e que uma nova ordem seria construída. Ele ajudou Vargas a estabelecer poderes não apenas de Executivo, mas de Legislativo ao presidente, que passou a governar por decretos-leis. O Congresso foi suspenso e os governadores foram substituídos por interventores. Um Tribunal Especial começou a julgar crimes contra o poder. Uma Junta de Sanções e, depois, uma Comissão de Correição Administrativa foram criadas para diluir os julgamentos. Esta última, integrada por Oswaldo, foi atropelada por uma avalanche de casos de desvios de recursos do Banco do Brasil. Como não era possível mandar boa parte dos empresários, políticos e fazendeiros para a ilha das Cobras, o órgão foi extinto.

A presença de Oswaldo no governo tornava ainda mais necessário o papel do tesoureiro Herbert Moses para a sobrevivência do *Globo*. Moses conheceu Oswaldo, então estudante de direito, numa viagem inaugural de uma linha do vapor *Letete* da Europa para o Rio. Os dois travaram conversas a bordo durante a curta viagem iniciada em Paris e interrompida em Lisboa, após um abalroamento. "Se não nos tornamos amigos, não ficamos, porém, indiferentes", lembrou Oswaldo. Mais tarde, depois da viagem no "cocoricó", apelido dado pelos estivadores cariocas ao vapor que ostentava no casco o desenho de um galo, Oswaldo foi fazer política em Porto Alegre e Moses, como recordaria o líder gaúcho, foi "enriquecer" no Rio. Oswaldo avaliou que a "revolução" foi decisiva na trajetória de Moses, que, não fosse a mudança política e a chegada de novos agentes ao palácio, poderia ter se "amortalhado" na Souza Cruz. "Ele é um produto de uma nova ordem, boa ou má."[7]

Se Marinho dependia de Moses, o lobista, por sua vez, se apresentava nos salões do poder como representante do *Globo*. Roberto, ainda que fosse um aprendiz, tornou-se um fator de influência na vida de Moses.

Em 1931, Moses assumiu a Associação Brasileira de Imprensa (ABI). Ele tinha de segurar a língua para não sofrer assédio de quem o procurava para intermediar a conversa com Getúlio Vargas. "Gegê nada lhe recusa", diziam os conhecidos.

Certa vez, Marinho explicou a um amigo sobre o motivo de chamar Moses de doutor: "Quando papai morreu, o dr. Moses foi quem me segurou. Segurou mesmo. Eu queria gastar e ele segurava. Era paternal e durão."[8]

Os melhores amigos do lobista não o consideravam um jornalista. "O nosso Herbert Moses realizou todas as ambições de sua vida, menos uma: a de ser pacificamente considerado nosso colega de imprensa", escreveu Danton Jobim, do *Diário Carioca*.[9] Diante da máquina de escrever, Moses catava milho, batendo apenas com um dedo seus curtos bilhetes — não há registros de notas longas. Tudo o que se registrou de seus escritos é um conjunto de bilhetes curtos de autorização de vales, indicações para empregos no setor público ou colocações no comércio e em escritórios. "Era um sujeito muito cioso e habilidoso. Se apresentasse você a ele, daqui a três dias ele estava perguntando como estavam seus filhos, qual era o nome deles, da mãe, do avô", relata Luiz Garcia, jornalista que chegou a conhecer o tesoureiro no *Globo*. "Moses era um craque. E quando o cara era poderoso, então, ele era craquíssimo", afirma. Garcia diz duvidar de que Moses tenha ficado muito tempo no papel de "tutor" de Marinho.

Foi um Moses de idade avançada, em cadeira de rodas, que Roberto Irineu, filho mais velho de Roberto Marinho, conheceu quando começou a frequentar a redação, aos oito anos de idade. Ele relata que, em conversas, o pai lhe passava a sensação de que a relação com Moses tinha sido de ambiguidade. "Ele confiava em Moses para determinadas coisas e desconfiava do resto."

Um episódio que ilustra a relação de Marinho com Moses é o da compra de uma máquina impressora, observa Roberto Irineu.

Moses perguntou a Marinho: "Roberto, para que você quer comprar uma máquina nova se o jornal está tão bem impresso?"

O jornal era impresso havia tempo numa máquina nova.

Moses era o interlocutor entre um governo autoritário e a classe jornalística, os empresários e os repórteres. Ele operava nos espaços permitidos para debates e negócios por um regime de exceção. Fugia dos discursos exaltados do seu meio e da cumplicidade aos abusos dos agentes policiais. Era o que lhe garantia força e poder, o que o tornava um lobista influente nas esferas do governo. Assumia a imagem de "empresário" da comunicação, sem os encargos da figura de dono de jornal e sem se afastar do reportariado.

A visão do processo jornalístico de Roberto Marinho não foi moldada apenas pela memória do pai, pelas lições duras de Eurycles ou pela fome de negócios de Moses. A experiência de Roberto na redação e na gráfica foi determinante para sua compreensão do meio. Ele se dividia entre o trabalho de escolher histórias, conversar com autoridades e compor letras de chumbo. "Ele foi de tudo no jornal. Diagramava, escrevia, copidescava e acompanhava a oficina. Teve uma base informativa e fez isso para poder assumir", lembra o jornalista Luiz Lobo.

Amigos contaram que Marinho chegava ao prédio do jornal de madrugada com sua "Baratinha" de buzina com o inconfundível barulho de marteladas "uga-uga". O Ford 1929 tinha duas portas e dois assentos na frente cobertos por uma capota de couro reversível. Atrás, abria-se o porta-malas, que se transformava em um pequeno assento externo, chamado banco de sogra. Abaixo do volante ficavam os pedais da embreagem e do freio e, no canto direito, o acelerador. O carro tinha um acelerador de mão, próximo ao volante.

Depois de estacionar o carro, Marinho subia as escadas de madeira do prédio e entrava na redação falando alto, agitado. Naquelas primeiras horas da manhã, encontrava parte da equipe, cansada, com os olhos abertos à base de café.[10] Nos manuscritos de suas memórias, ele descreveu somente dias em que, ao chegar ao jornal, encontrava apenas o porteiro Otaviano.

Os primeiros tempos de Roberto Marinho no comando do *Globo* lhe custaram problemas de saúde. Era uma vida enfurnada dentro do jornal, com pouco tempo para coisas básicas. Ele passou a se alimentar tarde e de forma irregular, sem horários certos. Reclamava de um mal-estar constante, com dores de cabeça ou de estômago. A amigos, ele disse, porém, que não morreria moço como o pai. O jovem diretor do jornal voltou a dedicar-se, então, a práticas de exercícios à tarde e nos fins de semana.[11]

Cada vez mais dedicado ao jornal, Marinho não esquecia, porém, a vida de aventuras. Agora ganhava autonomia para adquirir ou trocar de carro e participar de eventos esportivos. Com um Voisin 28c, veículo de velocidade, ele bateu os recordes nacionais de turismo e carros esportivos em provas realizadas na estrada Rio-Petrópolis pelo Automóvel Club do Brasil.[12] Também participava de corridas de lancha na baía de Guanabara. No comando do barco *Caiçara*, ganhou medalha de ouro na categoria turismo, numa prova do Fluminense Yachting Club. A figura do esportista começou a aparecer nas páginas de celebridades dos jornais. Roberto Irineu lembra que a fase de corridas de carro do pai não durou muito. "Porque ele explodiu um carro ali na Volta da Gávea e parou. Acelerou demais."

Em seu tempo de autoafirmação no *Globo*, Marinho tentava buscar novos negócios e fontes de recursos e interagir com autoridades do governo e empresários da imprensa. O Rio era uma cidade com espaços políticos bem definidos pelo grupo de Vargas.

Tímido, Roberto aceitava convites para apoiar eventos culturais. Numa dessas ocasiões, subiu ao palco do Cine Palácio, na Cinelândia, para comentar e anunciar um filme de Hollywood.

No noticiário de cidade, *O Globo*, de Roberto Marinho, se mostrava benevolente com a repressão. O jornal divulgou com estardalhaço que a polícia, órgão que sempre descrevera de forma crítica, arrombou um centro espírita no segundo andar de um sobrado na rua da Quitanda. O jornal trocou o termo "enquete" para destacar a façanha de seu "serviço de reportagem".

O jornal relatou que a polícia foi investigar, numa noite de dezembro, o incômodo de sons de "macumba" na Tenda de Nossa Senhora da Conceição e flagrou danças e cânticos "estranhos", homens e mulheres em trajes "paradisíacos", punhais, fumo Paraty, imagens de são Sebastião e Iemanjá e garrafas de vinho e cerveja. O texto enfureceu a direção do popular *Diário de Notícias*, jornal concorrente que saiu em defesa de Antonio Leal de Souza, dono do centro espírita. Leal de Souza escrevia uma coluna sobre espiritismo no *Diário*. Era o mesmo jornalista que havia assinado, na *Noite*, de Irineu Marinho, a série de reportagens "No mundo dos espíritos". Era também o repórter que, na tomada do jornal por Geraldo Rocha, não acompanhara o grupo de Irineu na fundação do *Globo* e entrara para a lista de desafetos do grupo de Irineu.

Leal de Souza reclamou que o jornal de Marinho havia criminalizado até as vestes dos fiéis. "Não conhecemos leis que proíbam o uso de roupas brancas", afirmou. Ele negou que os fiéis estivessem nus e avisou que processaria Marinho. Leal de Souza observou que a Igreja católica também tinha imagens de santos. Relatou ainda que os punhais foram deixados lá por pessoas que desistiram, aconselhadas pela tenda, de fazer justiça com as próprias mãos. Ele sugeriu que uma vingança viria de outro plano. "Hoje sou apenas um colaborador do *Diário de Notícias* e o sr. Roberto Marinho é o orgulhoso diretor do *Globo*. Que Deus nos julgue e que o povo possa conhecer esse julgamento pela minha situação e pela do meu acusador, 99 dias depois de publicada a agressão contra os filhos da Tenda de Nossa Senhora da Conceição."

Na tentativa de incluir Leal de Souza na lista do "baixo espiritismo", a categoria dos falsários, Roberto recorreu a outros médiuns da cidade para chancelar sua visão pragmática ou de mágoa. Ele estava com um olho na rua e o outro no poder que surgia e que tinha como face popular a repressão a supostos malandros que abusavam da fé.

A publicação da reportagem sobre a invasão da tenda de Leal de Souza ocorria no momento em que *O Globo* estava, pela primeira vez, próximo à Polícia do Distrito Federal. Após uma aliança com os Aranha, o deputado Batista Luzardo, parceiro do jornal na divulgação da Coluna Prestes, foi nomeado pelo governo delegado-geral. Luzardo convidou para chefe de seu gabinete justamente o secretário de redação do *Globo*, Manoel Gonçalves. Roberto aceitou que Manoelzinho acumulasse as funções.

Aos 39 anos, Luzardo ocupava um cargo com status de ministro, subordinado ao presidente da República. Seu gabinete ficava num prédio em estilo eclético francês, arquitetura extravagante do começo do século XX, o Palácio da Relação, na rua de mesmo nome no Centro do Rio. A estrutura abrigava celas para presos políticos. Ele tinha sob seu comando 31 delegados. No cargo, proibiu comícios e adotou medidas anticomunistas.

O chefe de polícia fez um "acordo" com os donos de grandes jornais para não serem publicados comentários que perturbassem a ordem.[13] Ele apenas levava aos empresários do setor um aviso do governo de que não haveria tolerância para críticas e ataques ao Catete. De repressão policial a entraves na importação de papel, a mão do governo pesava para quem se dispusesse a enfrentar os interesses de Vargas. Luzardo atuava no varejo. O controle da imprensa era operado diretamente por Getúlio e o Ministério da Fazenda, que passaram a controlar os jornais por meio da liberação de empréstimos e subsídios para a importação de papel.

Com os velhos companheiros de redação de Irineu e, agora, no enfrentamento a restrições do governo, Marinho aprendeu que jornal era a distribuição, a circulação e o jogo político. "O dr. Roberto aprendeu rapidamente não só a fazer o jornal, mas a trabalhar do ponto de vista editorial, financeiro e político", observou Cláudio Mello e Souza, secretário particular de Marinho. O secretário afirmou que o dono do *Globo* aprendeu, especialmente, a ser um chefe "duro", "implacável", "impaciente" e, muitas vezes, "injusto". Mas tinha consciência rápida de suas "injustiças".[14]

* * *

O governo mantinha a imprensa asfixiada num momento de contexto econômico trágico. O café valia um terço do preço de exportação que tinha antes de Vargas chegar ao poder. Se até 1929 o Brasil exportava 95 milhões de libras esterlinas, nos anos de governo revolucionário o total de mercadorias enviadas para fora não ultrapassava 38 milhões. Os estoques de café só aumentavam.

Nesses primeiros anos do governo Vargas, Roberto acelerou, com a ajuda de Herbert Moses, sua entrada nos salões e gabinetes políticos do Rio de Janeiro. Essa proximidade com o poder, do entorno dos Aranha, ofereceria ao jovem dono do *Globo* pequenos alicerces para manter o negócio da família.

Logo ele participava ativamente das interlocuções entre pequenos jornais e o governo, que recrudescia a censura e a intimidação à imprensa. Nesse momento, Marinho estava aberto a facilitar o diálogo de antigos amigos do pai com os primeiros contatos que conseguiu fazer no governo. A relação dele com os jornais que começavam a assumir a defesa de uma corrente de "esquerda" era a melhor possível. O jornal *A Esquerda* comemorou a ascensão do "discípulo" de Irineu: "Tem todos os elementos para manter viva a tradição da moralidade, do zelo profissional e da independência que foram o segredo do *Globo*."[15] Roberto retribuiu ao costurar, juntamente com Assis Chateaubriand, um acordo com o recém-criado Departamento Oficial de Propaganda, o DOP, de suspender a censura à imprensa. A medida beneficiava grandes jornais e especialmente veículos de remanescentes do tenentismo que estavam em torno do Partido Comunista do Brasil, mais tarde Partido Comunista Brasileiro, o PCB. Esses pequenos jornais não tinham a estrutura de compra de notícias de agências do exterior e estoque de matérias para preencher espaços de textos censurados. O acordo costurado por Marinho estabeleceu uma autorregulamentação.[16]

Em fevereiro de 1932, Roberto Marinho estava no fechamento de matérias do *Globo* quando chegou a notícia de que mais de cem homens armados haviam atacado o *Diário Carioca*. O ataque foi promovido por tenentistas descontentes com o jornal. Marinho chamou Moses e os dois foram para a sede do jornal, na praça Tiradentes.

O *DC* fora lançado ainda no governo Washington Luís por José Eduardo Macedo Soares, velho amigo de Irineu, para atacar o presidente. Um dos mais influentes jornalistas do Rio, Macedo Soares foi dono do *Imparcial*, que fazia parte do grupo dos "jornais do povo".

Em apoio ao *Diário Carioca*, Marinho e outros empresários suspenderam os trabalhos de seus jornais por 24 horas.

Diante do risco de prisão e de perder a fortuna, Macedo Soares entregou o comando do jornal e títulos de terra a Horácio de Carvalho Júnior, filho do amigo e fazendeiro Horácio de Carvalho.

Após insistir na punição dos acusados e ser ignorado por Vargas, que não quis levar o caso adiante, Batista Luzardo deixou a chefia da polícia. O cargo foi ocupado pelo líder tenentista João Alberto, que deixara o posto de interventor de São Paulo. Não esquentou a cadeira. No ano seguinte, assumiu o posto Filinto Müller. Ex-capitão do Exército em Mato Grosso e remanescente do tenentismo, Filinto participou da Coluna Prestes, da qual foi expulso. Vinha do Clube 3 de Outubro, organização fomentada pelos irmãos Aranha que reunia tenentistas e bacharéis em direito.

Padrinho político de Filinto, Lulu Aranha procurava expandir seus contatos no Rio. Ajudava donos de jornal em processo de falência, dava dinheiro para movimentos estudantis e comprava tintas para artistas plásticos. Ao pintor Iberê Camargo, um de seus patrocinados, disse que "quem acende uma vela se ilumina".[17]

Com Lulu jogando fichas em muitas frentes ao mesmo tempo, Filinto teve espaço para construir sua vida dentro do governo Vargas, nem sempre sintonizado com a família Aranha.

Marinho estava absolutamente ligado aos Aranha quando os irmãos gaúchos começaram uma guerra interna no governo contra os generais Eurico Gaspar Dutra e Góes Monteiro, que buscavam uma aproximação com a Alemanha de Hitler. Os Aranha defendiam, desde o começo, uma aliança com os Estados Unidos. Filinto mudou-se para o grupo dos generais. Não demorou para encontrar divergências com os irmãos

Aranha, opondo-se à proposta de Oswaldo de se unir aos norte-americanos. Só não havia choques com os negócios de Lulu.

Marinho, por sua vez, mantinha-se afastado dos adversários dos Aranha no governo. Ele costumava lembrar de uma divergência com Góes Monteiro, quando o jornal adquiriu o primeiro gravador de voz na cidade. Um repórter tinha gravado uma entrevista com um militar, mas Monteiro telefonou para reclamar e desmentir a publicação. Marinho relatou, mais tarde, ao rascunhar suas memórias, que explicou ao general que tinha provas da conversa e aproveitou para provocar.[18]

"O senhor hoje é ministro da Guerra. Amanhã será um general aposentado. Eu serei, se Deus quiser, toda a vida diretor do *Globo*."[19]

Na manhã de um domingo de julho em 1932, Roberto Marinho foi para a redação do *Globo* preparar o noticiário de uma revolta contra o governo que estourara à noite em São Paulo. Marinho fez malabarismo, atuando na defesa do governo, cada vez mais autoritário, e do mercado de café, que bancava a insurreição e também os escritórios de advocacia e comércio exterior no Rio, anunciantes do jornal.

A 18 de julho, um repórter e um fotógrafo do *Globo* estavam na serra da Bocaina, na região de Piraí, a poucos quilômetros da divisa com São Paulo, quando Getúlio chegou de carro. "Foi com espanto que ouvimos essa comunicação. 'Será mesmo o sr. Getúlio Vargas?', indagamos mentalmente", descreveu o repórter.

Na descrição do jornalista, Vargas desceu do carro e cumprimentou oficiais. "De mãos para trás, olhar firme na serra, que se estendia muito verde ao longe, o ditador prosseguiu na caminhada", escreveu. O fotógrafo fez imagens de Vargas, de binóculo, supostamente olhando os alvos adversários. A legenda descreveu um Vargas displicente com sua segurança, corajoso. Uma análise da fotografia indica, porém, que o presidente está numa posição em que apontava as lentes para o fotógrafo, num claro momento de pose.

Numa edição da tarde, o jornal publicou uma foto em que soldados deitados no chão e em posição de atirar miram uma estrada por onde Vargas e sua equipe caminham. O fotógrafo fez a imagem atrás desses soldados. A legenda do "instantâneo" não informou tratar-se de uma imagem montada pelas autoridades e pela equipe de repórteres. O texto informou que Vargas estava em situação de risco. Os soldados, no entanto, apareceram na foto de frente para o topo deserto da montanha, bem afastados da área onde estavam as forças paulistas.

Principal órgão de informações dos revoltosos, *O Estado de S. Paulo* ignorou a visita de Getúlio ao *front*. O jornal noticiou que, em diversos setores, as "forças constitucionalistas" realizaram consideráveis avanços e o "Exército da lei" aumentava diariamente pela contribuição voluntária dos paulistas. Depois da morte do pai, Julio de Mesquita Filho assumiu o comando do *Estado* e pôs o jornal na linha de frente da guerra contra o Catete. Ele participou ativamente da organização do movimento e foi pessoalmente à zona de combate. Enquanto isso, *O Globo* se encontrava na eterna corda bamba entre não desagradar ao governo e defender, de algum modo, ideias democráticas que eram convicções do jornal e, claro, de anunciantes que tinham relações com São Paulo.[20]

Com dificuldades para ultrapassar as divisas de São Paulo e sem comando efetivo, as forças paulistas caminharam para a derrota. Às vinte horas do domingo, dia 2 de outubro, um repórter do *Globo* conseguiu falar por telefone com um tenente ligado ao general Góes Monteiro, que confirmou que as "forças revolucionárias" iriam se entregar. Três horas depois, o serviço de imprensa do Catete divulgou nota para informar sobre a prisão do general Isidoro Dias Lopes, comandante dos rebeldes.

Ao noticiar a rendição incondicional dos paulistas, o jornal de Marinho relatou a dificuldade em manter um tom respeitoso para com as forças rebeldes. Em editorial, *O Globo* admitiu que fazia "milagres" para não se comprometer num momento delicado e diante do "patrimônio das ideias que sempre defendeu à luz dos ditames da democracia".[21]

O conflito trouxe consequências nefastas em especial para o maior empresário do rádio do eixo Rio-São Paulo. Alberto Byington foi acusado de contrabandear armas para os revoltosos. A decisão de jogar contra o Catete foi fatal para seu conglomerado de empresas.[22] O império Byington incluía lojas de vitrolas, o monopólio de transmissões de futebol e a produção de filmes. Na mira do governo, Alberto teve que buscar novos negócios e se afastou, aos poucos, da comunicação e do entretenimento.

Marinho se aproxima do rádio. E de Nenete

Nos Carnavais, Roberto Marinho fazia parceria com a Rádio Club do Brasil para transmitir, de dentro do jornal, a movimentação nas ruas. Nos domingos e às segundas-feiras de folia, radialistas narravam acontecimentos e sambistas usavam o microfone na redação.[23]

Por exigência de dona Chica, mãe de Roberto, os aniversários do *Globo* continuaram a ser celebrados com missas na Candelária, na Igreja de São José ou no Carmo. Roberto, no entanto, interrompeu a tradição de vigílias no túmulo do pai, substituindo-a por festas transmitidas pela Rádio Club.

Fazia uma década da morte do fundador do *Globo*. "Este é um jornal de Irineu Marinho", destacava a placa que Roberto mandou pregar na entrada. O aniversário de dez anos do *Globo* foi realizado com estardalhaço na Rádio Cruzeiro do Sul, do grupo do empresário Alberto Byington, que permaneceria sob a mira do governo. Durante um dia inteiro se apresentaram ao microfone da emissora Aurora Miranda, Dolores Ponce, Almirante, Pixinguinha, Francisco Alves e o maestro Benedito Lacerda, artistas de Byington.[24] Não era um mero concerto festivo, mas um alicerce na investida de Marinho num setor em que ele ainda não tinha condições financeiras para entrar. O grupo Bando da Lua tocou seu último sucesso com cavaquinho, banjo e violão.[25]

A noite vem descendo,
Já se vê no céu a lua
refletindo a imagem tua...

Uma cantora lírica do *cast* do grupo Byington se apresentou com destaque na festa de aniversário do *Globo*. Antonieta Fleury de Barros, a Nenete, era uma jovem da Tijuca, formada em colégios de Paris, onde o pai, o oficial do Exército Alfredo Oscar, servira na embaixada brasileira. A soprano, que se inspirava em canções clássicas europeias e melodias do folclore brasileiro, era quatro anos mais velha que Roberto. Antes de conhecê-lo, foi casada com um advogado que morreu de tuberculose.

Durante esse casamento, recorreu a medicações danosas para o organismo a fim de evitar a doença. Não teve filhos.

Um dos locais mais frequentados por Roberto e Nenete era o estúdio do romeno Nicolas Alagemovits, na Cinelândia. O fotógrafo havia feito parceria com a fábrica de pianos Essenfelder, de Curitiba. A instalação de um piano da empresa no seu estúdio atraiu artistas, jornalistas e intelectuais. Nicolas organizava concertos musicais e exposições. Nos Carnavais, as lâmpadas eram cobertas de papel celofane colorido para os bailes.[26]

Em depoimento na maturidade, Antonieta lembrou de um recital de Ernesto Nazareth no estúdio. "Fui acompanhada do meu noivo, Roberto Marinho, que certamente seria amigo dele. Sei que ele tocou música brasileira, não lembro bem. Mas a impressão foi boa."[27]

Nicolas abria o salão do estúdio para Antonieta cantar "Numa concha", de Alberto Nepomuceno e Olavo Bilac, e "Toada pra você", do amigo Oscar Lorenzo Fernández e Mário de Andrade.

O Globo era o maior divulgador do trabalho artístico da soprano, que apareceu com destaque nas edições do jornal, em chamadas na primeira página.

Marinho acompanhava a cantora em exercícios de respiração e voz. Ela buscava armazenar o ar nos reservatórios pulmonares — inspirar — e gastar "criteriosamente" essa força motor, segundo as exigências da frase cantada — expirar —, como determinavam os manuais de canto. Precisava ter disciplina para ginásticas matutinas e testes de equilíbrio com os pés.[28]

Antonieta e Roberto viveram uma relação que chegou ao noivado, embora tensa, marcada por ciúmes e insegurança por parte dele. Num depoimento, Antonieta contou, em tom de humor, que o noivo lhe dava beliscões para deixar pequenos hematomas quando previa atrasos no fechamento das edições do jornal ou tinha compromissos que o impossibilitavam de acompanhá-la na noite. Assim, uma mulher "refinada" como ela não podia sair. A soprano contou ainda que Marinho a levava a passeios em carros de luxo. Frequentavam os cassinos da Urca e do Hotel Copacabana Palace, sempre acompanhados por sobrinhos de Antonieta, que serviam de "seguranças" da noiva. As crianças gostavam de recolher as fichas de roleta que Roberto esquecia no carro e nos bolsos dos paletós de linho.[29]

Antonieta foi uma das estrelas de uma recepção para o modernista Mário de Andrade. Numa tarde de julho, ela interpretou canções francesas para o escritor paulistano, que passava uma temporada num apartamento na Glória.[30]

Entre palavras duras e pequenos escândalos de madrugada, Roberto e Antonieta viviam a noite do Rio. Um outro universo artístico despontava para ele. A soprano lhe abria as portas de uma cultura sofisticada, dividindo amigos do quilate dos maestros Villa-Lobos e Francisco Mignone. Marinho passou a ir a eventos de artistas que foram próximos de seu pai. Ao lado de Antonieta, tinha a oportunidade ainda de relembrar a ópera, som de sua infância, e reencontrar figuras do samba e do choro que frequentaram a redação da *Noite*. Nazareth e Chiquinha Gonzaga eram então senhores nonagenários.

Aos domingos, Roberto e Antonieta iam às galinhadas com farofa na casa de Catulo da Paixão Cearense, no Méier.[31]

Nenhum outro artista teve a mesma atenção nas páginas do vespertino quanto ela. A soprano ganhou mais de cinquenta textos, com fotos na primeira página, uma proeza para uma cantora lírica num jornal voltado para um público que não frequentava salões de música clássica.

Os textos do *Globo* sobre Antonieta não eram assinados. Um deles destacou que as qualidades da artista foram garantidas pela "Providência" — uma palavra recorrente nas falas e nos escritos de Marinho.[32]

Nas poucas resenhas do *Correio da Manhã* e da revista *Fon-Fon*, Antonieta foi descrita como uma promessa, mas que ainda demonstrava nervosismo no palco e falta de sintonia com a plateia. No jornal de Marinho, no entanto, a soprano ganhou resenhas que eram quase cartas de amor. Quando ela se apresentou com o pianista e compositor paraense Waldemar Henrique no Grande Hotel, em Petrópolis, numa noite chuvosa de março, um certo M.A. descreveu, em resenha no *Globo*, a entrada da cantora no palco praticamente usando palavras de uma letra de chorinho de sucesso. "E surge, linda, majestosa, serena, a srta. Antonieta Fleury de Barros, toda de rosa, suave, com um imenso ramo de flores vermelhas."

O noivado de Antonieta e Roberto se arrastava, sem sinais de um casamento. Nesse momento específico da vida do empresário, o rádio começou um processo de expansão. No Rio, 13 emissoras estavam no ar. Uma parte pertencia a jornais. O conde Pereira Carneiro montou a Rádio Jornal do Brasil, Assis Chateaubriand inaugurou a Rádio Tupi. Marinho se mantinha distante desse movimento. Quem também permanecia focado apenas em jornal era Paulo Bittencourt. O *Correio da Manhã*, que Paulo herdara do pai, tinha seu público específico — políticos, bacharéis, homens de negócios ou funcionários públicos, moradores dos bairros do Flamengo, de Laranjeiras e de Botafogo e na faixa de expansão imobiliária de Copacabana, Ipanema e Leblon que atraía famílias ricas. Paulo não se afobava na disputa pelos leitores que entravam no mercado emergente. "Naquela época, Paulo Bittencourt mandava no Brasil. Era mais forte que o Roberto Marinho", relata o empresário Júlio Barbero, representante de Marinho em alguns negócios.

Marinho era convidado para participar dos réveillons no Copacabana Palace por Oscar Santa Maria, um executivo do setor de créditos do Banco do Brasil. Os bailes de São Silvestre, no hotel, eram promovidos pelos irmãos Aranha e pelas famílias Guinle e Rego Monteiro. Santa Maria era operador de Lulu nas transações do banco.[33] Era um homem de "polimento social", operoso, discreto, competente e modesto, figura próxima da ideal para ser agente de lobby. O homem que conhecia os processos de negociações políticas e de crédito era praticante de esportes náuticos. Na juventude, fora goleiro do Botafogo, tradicional clube da cidade. Ao mesmo tempo, era descrito pelos amigos como um homem emocionalmente frágil e solitário.

Uma nova classe empresarial começou a se formar em torno da família Aranha. A política de aumento do preço de café, que beneficiou setores especulativos, foi o estopim para a alavancada do grupo.

A relação do *Globo* com a censura voltou a ficar tensa quando o jornal publicou uma charge do caricaturista Théo. O desenho mostrava políticos levando um caixão da "dictadura", referindo-se ao grupo no governo adversário dos Aranha.[34] O jornal ainda publicou entrevista em que Henrique Dodsworth disse que Pedro Ernesto era, até ali, o prefeito mais "oneroso" da história da cidade. O vespertino foi impedido pela polícia de sair nos dois dias seguintes.

Pedro Ernesto tinha seu pequeno exército na imprensa. Na defesa do prefeito, *A Democracia* acusou Marinho, Chateaubriand e Moses de formarem um *trust* para pressionar empresas que vendiam papel. Para o jornal, a suposta formação do *trust* encarecia o preço dos vespertinos e matutinos. "Moses conseguiu reunir no mesmo complô o diretor de *O Globo*, seu sócio subalterno, o molecote Roberto Marinho, que vive na dependência do judeu, mais Assis Chateaubriand, velha ratazana portadora de todos os germes de podridão", atacou. O jornal disse que Moses era inescrupuloso, tinha a covardia de um "alináceo", "baixo espírito" e "chincanista".[35]

Polícia, políticos

Marinho não se descuidava de tragédias policiais com potencial de render coberturas longas ao seu jornal. Nessa época, o corpo de um homem jovem encontrado na margem da estrada dos Macacos, na Floresta da Tijuca, em novembro de 1934, assustou o Rio, uma cidade onde crimes em circunstâncias bárbaras eram tão poucos que viravam manchetes estrondosas. O morto era Tobias Warchavski, de uma família judia da cidade, estudante da Escola Nacional de Belas Artes. Foi o suficiente para *O Globo* iniciar uma série de reportagens. A cobertura deu um salto nas páginas do vespertino quando surgiram fatos políticos. Tobias militava na Juventude Comunista. Fazia caricaturas na *Pátria*. Anos antes, tentara impedir Carlos Lacerda de falar no Sindicato dos Caldeireiros de Ferro de Niterói. Na militância, conheceu Walter Fernandes da Silva, com quem passou a namorar — a relação incomodava os dirigentes do PCB.

Logo que Filinto apontou Walter como autor do assassinato, *O Globo* encampou a versão do delegado. Naqueles primeiros dias, *A Manhã*, do PCB, evitou comentar e divulgar a história na primeira página. Num artigo na terceira página, Pedro Motta Lima, diretor do jornal, escreveu que a cobertura do vespertino de Marinho era uma tentativa de achincalhar os adversários do Catete. Motta Lima, porém, dava pouco espaço à história do assassinato. Ele optou por difundir nas páginas da *Manhã* uma narrativa de vitimização do PCB e priorizar o contra-ataque aos "facínoras" Filinto e Marinho. "Essa ignóbil campanha de provocação a que se entregam jornais a serviço do imperialismo e de seus agentes em nosso país, *O Globo* à frente, não pode ser apreciada apenas sob o aspecto da veracidade, da seriedade, da ética jornalística", afirmou. "Já desse ponto de vista, o alarmismo policialesco é dos que provocam náuseas, excedendo em cinismo."[36]

O caso teve uma reviravolta. Por falta de provas, o Ministério Público pediu o arquivamento do processo contra Walter. O PCB, então, se arvorou e acusou Filinto da morte. *A Manhã* passou a dar espaço ao caso, para exaltar a militância de Tobias, agora tratado como um dos "incansáveis" lutadores pelas liberdades. Um desenho do jovem foi estampado na primeira página. Finalmente, o jornal comunista jogava a história de Tobias para a capa.[37] Mas, passados alguns dias, o caso desapareceu das páginas da *Manhã*. Também deixou de ser contado nos jornais que chancelaram a versão de Filinto. Décadas depois, a morte de Tobias ainda levanta dúvidas. Alguns pesquisadores afirmam que o jovem foi sentenciado por um tribunal revolucionário do PCB. Nessa versão, que não é compartilhada por outros, o militante foi acusado de colaborar com a polícia na prisão de um companheiro.[38]

À frente do comando da *Manhã* estava o alagoano Pedro Motta Lima, o Doca. Branco, 1,69 metro de altura, olhos claros, bigode e calvície frontal, compartilhou com o grupo de Irineu a defesa da causa tenentista.

Em agosto de 1935, o judeu Motel Gleiser, vendedor ambulante, morador da rua Sergipe, próximo à praça da Bandeira, procurou Marinho. Motel era viúvo, a mulher, Rosa, havia se matado ainda na Romênia, onde nasceram as filhas Sedlina, a Genny, de 17 anos, e Berta, de 12. Ele procurou o dono do jornal para que intercedesse em favor da mais velha. Genny tinha sido presa pela polícia de São Paulo num encontro estudantil, passara por diversas cadeias e estava prestes a ser expulsa do país. Ele relatou que a filha era brasileira — naturalizada — e se responsabilizava pelos seus atos.

Para evitar choques com o governo, *O Globo* publicou a manchete "Expulsem os extremistas estrangeiros", mas logo embaixo, com letras ainda maiores, veio uma declaração e a foto de Motel: "Quero que restituam minha flha." "O pai de Genny Gleiser faz um desesperado apelo às autoridades por intermédio do *Globo*", destacou o jornal. "A despeito da legislação que armou o poder policial na metrópole e nos estados de uma amplitude e uma elasticidade excepcionais, são de estranhar casos de detenção sem forma processual e de visível coação, como esse em que está envolvida a jovem estudante Genny, há 37 dias sequestrada pela polícia de São Paulo", registrou o vespertino de Marinho. "Pouco importa, no caso, se trate realmente de uma 'extremista'."[39] A partir daí, outros jornais cariocas, tradicionais e comunistas, entraram na cobertura do caso.

No começo da carreira e na militância comunista, Carlos Lacerda escreveu, na *Manhã*, que o ministro da Justiça, Vicente Rao, demonstrou "fria disposição para o assassinato" ao anunciar a deportação da menina. "Fazei do vosso amor uma arma para libertar Genny Gleiser! Arranca-a da morte! Salve-a enquanto é tempo!", apelava Lacerda, num ensaio para uma trajetória de orador fulminante.[40]

O jornal de Marinho avaliou que as autoridades estavam burlando a Justiça.[41] "Onde estão as provas?", questionou o vespertino.[42]

A ditadura avançava na estrutura do Estado. Getúlio Vargas e Vicente Rao assinaram a expulsão da estudante. Mulheres da sociedade carioca foram ao Guanabara pedir a Darcy Vargas, mulher de Getúlio, para convencer o marido a voltar atrás. A primeira-dama se fez de desentendida.

No fim da tarde de uma sexta-feira de outubro, Genny foi embarcada em Santos num navio de bandeira francesa. Às 22 horas de sábado, o *Aurigny* fez escala no Rio. Um batalhão de repórteres tentou se aproximar da jovem encarcerada. *O Globo* adotou uma linha humanista para contar a história. No texto, o jornal de Marinho afirmou que Genny foi violentada pela polícia paulista e era vítima de um processo de "fragilíssimas acusações". "Essa quase menina que conquistou popularidade à custa dos mais cruentos castigos e das mais torpes torturas se encontra agora no desconforto de uma cabine de 3ª classe, arrancada do convívio dos seus, rumo à pátria onde emigrara à falta de família que ali, lhe prestasse a necessária assistência." O repórter contou que, antes de o navio atracar no porto, a imprensa pôde entrar na embarcação e descer nas "trevas" da terceira classe para encontrar a jovem num cubículo. Ela sorriu para os jornalistas e disse, ainda segundo descrição do *Globo*, que estava há dias sem comer.

O jornal descreveu um *frisson* entre os presentes. Os investigadores encerraram a entrevista. Assim que o navio atracou no porto, o pai de Genny pôde ver a filha. Uma "onda" de investigadores "disfarçados" de estivadores subiu no navio. Na confusão, o repórter voltou e ouviu Genny dizer a agentes que fora violentada pela polícia paulista. Os agentes expulsaram o jornalista. "Genny já havia narrado que fora brutalizada no xadrez e mostrara as mãos vermelhas da má alimentação e das noites de frio nos cárceres."

Por volta da meia-noite, havia muitos homens armados no cais, como se houvesse a iminência de uma batalha, descreveu o repórter. O texto informou ainda que Genny mostrou ignorar que estava noiva do repórter paulista Arthur Piccinni, como havia sido noticiado dias antes, o qual lhe propôs casamento para evitar a expulsão.[43]

A Manhã, na edição daquele mesmo dia, ignorou a denúncia de que Genny fora violentada pela polícia. Pela fragilidade da apuração ou pelo conservadorismo de costumes do PCB, o jornal dos comunistas se limitou a fazer críticas genéricas ao governo de São Paulo e construir o retrato de uma militante aguerrida. O periódico relatou uma suposta frase dita pela jovem aos policiais: "Os senhores agora me maltratam, me espancam, mas quando Luiz Carlos Prestes dirigir o Brasil, hão de pagar por tudo isso!"

O jornal comunista aproveitou para chamar o vespertino de Marinho de "órgão oficial da polícia-política carioca". "*O Globo*, cumprindo determinações da Ordem Social, diz que a pequena vítima das monstruosidades do governo paulista não é noiva e que até desconhece cada página de amor que se lhe quer atribuir. Todavia, podemos afirmar ao povo que Genny Gleiser é noiva do sr. A. Piccinni, repórter de *A Platéa*, de São Paulo, só não se realizando o casamento por não haver a polícia permitido."[44]

Em Havre, Genny trabalhou como faxineira. Depois, fez carreira como psicóloga em Nova York.[45] Mais tarde, se soube que Motel Gleiser editava um pequeno jornal comunista em iídiche no Rio, chamado *Unhoid* — "O combate". Já num clima cada vez mais de caça às bruxas, o jornal de Marinho publicou matérias sem críticas à deportação de Motel e outros imigrantes ligados ao comunismo radicados no Rio.[46]

* * *

Naquele ano de 1935, em meio a uma crise cambial que atingia a economia brasileira, Roberto Marinho deu espaço para as negociações de Oswaldo Aranha, então embaixador em Washington, com o governo Roosevelt por um tratado comercial. Alheio ao drama brasileiro, Washington se preocupava com os esforços diplomáticos da Alemanha em busca de expansão de seu comércio e exigia pressa na assinatura de um acordo que previa, basicamente, a redução de tarifas brasileiras de importação de produtos da indústria norte-americana. Em troca, as exportações brasileiras, especialmente o café, continuariam tendo espaço no mercado dos Estados Unidos. *O Globo* estampou foto de Aranha na capa quando o diplomata levou o ministro da Fazenda, Souza Costa, à Casa Branca para fechar o acordo, uma "honrosa exceção" concedida pelo governo americano.[47]

Marinho noticiava cada palavra do embaixador e seus pedidos de cautela econômica ao governo para fechar as contas.[48] Ele, porém, se desagarrou de Aranha e criticou o acordo, sintonizado com o empresariado da emergente indústria que não comungava dos mesmos interesses dos produtores de café. Os industriais avaliavam que perdiam concorrência com a redução de tarifas de importação de produtos norte-americanos. Sem citar Oswaldo, que tinha sido ministro da Fazenda e agora era interlocutor do Catete em Washington, *O Globo* avaliou a política financeira como "desastrada".[49]

Com Oswaldo longe do Rio, Marinho se juntou definitivamente ao empresariado dos escritórios do Centro da cidade. *O Globo* se empenhou, inclusive, no debate de uma moratória da dívida externa. O empresariado avaliava que o governo deveria usar suas reservas para financiar projetos de infraestrutura e pagar dívidas no comércio do Rio e de São Paulo. Nesse hiato na relação com Aranha, Marinho promoveu uma campanha de calote da dívida, que chegou à manchete do *Globo*:

> "Se não podemos pagar
> para que insistir?"[50]

Roberto Marinho deu espaço nas páginas do *Globo* à Aliança Nacional Libertadora, a ANL, um grupo comandado pelo capitão-tenente da Marinha Hercolino Cascardo, que começava a aglutinar tenentistas descontentes, profissionais liberais sufocados pelo governo e militantes comunistas, que haviam tomado a iniciativa de criar o movimento. "O não pagamento da dívida externa é uma medida que se impõe", declarou o militar ao jornal. O Kremlin Indígena, como a sede da entidade era chamada pelos repórteres, funcionava numa sala no mesmo prédio do *Globo*, no largo da Carioca.

Diante do fortalecimento do fascismo em suas variadas versões mundo afora, intelectuais, sindicalistas e militares formavam uma ampla frente política alternativa. Aos poucos, a ANL ganhou força no largo da Carioca, em outros logradouros do Rio e nas ruas das capitais. Entre as bandeiras defendidas pelo movimento estavam a reforma agrária, as liberdades civis e a nacionalização das empresas estrangeiras. Não se falava de luta armada.

Marinho foi surpreendido com um manifesto de Prestes de apoio ao comunismo. A decisão dos dirigentes da ANL de reconhecer o líder tenentista como seu presidente honorário dividiu o grupo, que crescia sem uma coesão de rumos e metas de conquista de poder. O elo formal a Prestes tornava a entidade um alvo da imprensa liberal. Roberto Marinho deixou para trás a parceria contra o pagamento da dívida externa e tornou-se um dos donos de jornais que mais se expuseram nos ataques à ANL.

Marinho dava espaço no *Globo* a parlamentares de oposição a Vargas. Foram esses deputados que o empresário procurou assim que focou o noticiário na crítica à ANL, alinhado às diretrizes dos Aranha. Os aliados, porém, disseram que para derrubar o governo valia o risco do fortalecimento dos comunistas. "Com grande surpresa, e mágoa maior, verifiquei que os políticos com quem falei, reconhecendo que a Aliança tomaria conta do país, com graves riscos para as instituições, achavam que para derrubar o governo do sr. Getúlio Vargas até o comunismo servia!", relatou numa entrevista. "Foi então que procurei, através dos meus amigos, Luiz Aranha e Filinto Müller, me articular com o governo para o combate sem tréguas aos que, consciente ou inconscientemente, tanto mal fariam ao Brasil."[51]

O fim da relação entre Marinho e a ANL significava o afastamento entre *O Globo* e Prestes, símbolo do jornal nos tempos de Eurycles. Roberto vivia o primeiro teste de fogo no debate político, agora sob o guarda-chuva dos Aranha. Aos 31 anos, o jovem empresário enfrentava o movimento que reunia uma parte dos homens que estiveram com Irineu nas prisões da Polícia Central e na ilha das Cobras, como os irmãos jornalistas Pedro e Paulo Motta Lima. Era o cisma no movimento de oficiais de baixa patente do Exército, donos de jornais, profissionais liberais que atuaram contra a oligarquia agrária de sustentação da República. A esquerda que vivia em torno da ANL começou a construir a imagem de um empresário "vendido" para o capital estrangeiro.

Quando Marinho sintonizou seu noticiário à cruzada dos Aranha contra os comunistas, os leitores do subúrbio e dos municípios no entorno do Rio, mais conservadores e refratários a agitações sindicais, reagiram favoravelmente. Um deles enviou à redação um anúncio manuscrito que tinha sido divulgado no comércio da cidade: "Comerciante, anunciar no *Globo* é financiar os inimigos do povo, comprometendo o vosso negócio." O comunicado era atribuído a uma certa "União dos ex-combatentes da Coluna Prestes". Era um simbolismo de um momento de mudança editorial do *Globo*.

Uma pasta de cartas e anúncios enviados por leitores foi guardada por Roberto Marinho durante décadas na sua casa no Cosme Velho, a favor ou contra ele.[52] Da Ilha do Governador, o leitor enviou um anúncio assinado pela "Liança" Nacional Libertadora: "Não compre *O Globo*, para que esse pasquim a serviço das classes opressoras do povo livre deixe de circular." No verso do anúncio, o leitor datilografou uma mensagem: "Amigo sr. Este bilhete está sendo espalhado na Ilha do Governador por um imbecil e charlatão farmacêutico pelo nome de Waldemar Loiola. Pois este picareta em vez de estar falsificando os medicamentos anda fazendo uma propaganda a um jornal que está sendo o maior defensor do povo. Viva *O Globo*. Abaixo os traidores e velhacos da nação. Abaixo o pirata Loiola, farmacêutico, ladrão do povo." Em outro anúncio recebido pelo *Globo*, que teria sido impresso pela Aliança Nacional Libertadora, há citações à Light: "Não compre nem assine *O Globo*, pasquim da Light e das grandes empresas estrangeiras."

Os integrantes da ANL centralizaram seus ataques a Marinho, citando a companhia de energia elétrica que despertava a ira dos cariocas de classes baixa e alta. No trajeto de casa para a redação, Marinho, no entanto, passava em frente à sede da ANL, sem demonstrar temor com hostilidades. Também não se importava que seus funcionários, após o fechamento do jornal, se dirigissem a encontros da entidade.

O momento decisivo da disputa entre Roberto Marinho e a ANL ocorreu precisamente às 11 horas do dia 26 de junho de 1935, 19 dias após a parceria com Cascardo pelo calote da dívida externa, quando *O Globo* saiu às bancas com fotos da praça Vermelha e de Stálin na capa. Era o anúncio de que Prestes estaria em Moscou e o governo teve acesso a um plano russo para implantar o comunismo no país.

"Soviets no Brasil!"

Para dar base à manchete, *O Globo* informou ter tido acesso a trechos do "engenhoso plano soviético", discutido numa reunião de Vargas com seus ministros. "Esse plano, que é abundante de minúcias, ao que a reportagem do *Globo* logrou apurar, defende o ataque fulminante a todas as instituições." Na quinta edição daquele mesmo dia, que foi às bancas às 17 horas, o jornal publicou a manchete "Moscou legislando para o Brasil!". O plano previa, segundo o texto, o fuzilamento de oficiais militares.

A Manhã, o jornal comunista dirigido por Pedro Motta Lima, afirmou, em manchete, que *O Globo* "açulava" a polícia política contra o povo. A foto de Irineu Marinho estampou a primeira página. Para *A Manhã*, o vespertino de Roberto quebrava uma tradição de defesa de "causas populares". A folha comunista afirmou que o vespertino dos "velhos" Irineu e Eurycles de Mattos tinha sido transformado em órgão oficial da Delegacia de Ordem Política e Social.

Uma pasta de papelão de capa dura com grafismos em tons verde e azul, guardada por anos no arquivo pessoal de Roberto Marinho, traz indicações das fontes da matéria do *Globo*. A pasta tem o timbre do Ministério das Relações Exteriores, chefiado na época por José Carlos de Macedo Soares, irmão de José Eduardo, dono do *Diário Carioca*. A pasta era de fato comandada por Lulu Aranha, que tinha mesa no ministério.

A divergência entre Roberto e Oswaldo em relação à dívida externa ficara no passado. O embaixador e seu irmão voltavam a ser as principais fontes de Moses e Marinho.

Na capital, agentes duplos estavam ao lado de comunistas ou capitalistas, dependendo da ocasião. O alemão Johann Heinrich Amadeus de Graaf, que também se chamava Paul Gruber ou simplesmente Johnny, vivia com Helena Krüger, motorista de Prestes e Olga, em meio aos comunistas e nas empresas estrangeiras do universo de Moses. Ao mesmo tempo, recebia pela Komintern e pelo serviço secreto inglês.[53] Suas anotações alimentavam a rede de informações dos Aranha.

As 52 folhas da pasta guardada no arquivo de Marinho continham discursos de comunistas e indicativos de planos de "revoluções armadas". Um dos documentos classifica a ANL como um órgão criado pelos comunistas para garantir apoio de "socialistas" e da "burguesia", que depois seriam "sufocados" pelos "vermelhos". A pasta é um conjunto de invectivas e registros aparentemente fidedignos obtidos por fontes de inteligência.

A Manhã voltou a atacar Marinho e sua equipe. "Tire *O Globo* o cavalo da chuva... (No caso, o cavalo é o sr. Robertinho)."[54] A divergência entre Marinho e a ANL chegou ao ápice quando Cascardo se irritou de vez com o noticiário do *Globo* e chamou o dono do jornal para a briga. Ao lembrar aqueles dias, Joffre, motorista de Marinho, relatou que o patrão e Cascardo quase trocaram socos no prédio do Liceu. O "chefe do negócio do comunismo" queria duelar com Roberto, contou Joffre. Cascardo subiu a escadaria. Quando Roberto tentou segui-lo, a "turma do 'deixa disso'" apareceu e começou a gritar: "Não deixa ele subir, não."[55]

Em entrevista à *Gazeta de Notícias*, Cascardo propôs formalmente um duelo. "Como oficial da Marinha Brasileira, desafio o sr. Roberto Marinho para que venha, de público, provar que eu sou comunista." Ele convidou o general Góes Monteiro e o almirante Severiano Castilho para serem suas testemunhas no duelo e levar a Roberto a notícia do desafio. Do lado do dono do *Globo*, as testemunhas eram Lulu Aranha e Herbert Moses, os dois principais apoios econômicos de Marinho. No movimento que levou Vargas ao poder, Cascardo era um segura-papel de

Oswaldo Aranha. Foi passado para trás na disputa por um espaço próximo ao ministro. Lulu não simpatizava com ele. Daí, Roberto viu abertas portas para atacá-lo. Lulu, porém, declinou do convite para acompanhar a tradição medieval. Duelo de morte era uma prática que sobrevivia à urbanização do Rio. Era uma forma tola de dois adversários resolverem uma questão de honra. O Código Penal da Armada, em seu artigo 136, previa prisão de um a três meses em caso de o desafio ser anunciado.

A notícia do duelo animou jornalistas e causou perplexidade em autoridades. A polícia avisou que prenderia os envolvidos. Para sair da confusão, o general Góes disse que só aceitava ser testemunha se o duelo fosse no Uruguai. Marinho disse a repórteres que o procuraram que desconhecia a proposta do duelo, mas em seguida publicou uma manchete estrondosa:

"Aceitando o desafio"

Roberto escreveu que apenas registrou manifesto de Prestes a favor do comunismo, sendo ele presidente honorário da ANL. O empresário desafiou Cascardo a provar que *O Globo* estivesse a "soldo" de estrangeiros ou industriais, como tinha dito à *Gazeta de Notícias*. Cascardo, por sua vez, disse que não se tratava "propriamente" de um desafio. Os ânimos esfriaram.

Dias depois, as testemunhas de Roberto e Cascardo assinaram um acordo para pôr fim à "sensacional" história do duelo. Tanto um quanto o outro argumentaram no documento assinado por Góes Monteiro, Herbert Moses e Oscar Santa Maria que não tinham intenção de fazer ataques pessoais.[56]

O Globo noticiou o acordo de paz com uma manchete de quatro linhas, uma das maiores de sua história:

Os representantes do comandante Cascardo reconhecem que "Roberto Marinho" é um jornalista absolutamente honesto e nenhuma prova ou indício deu até hoje do contrário, inclusive na direção do Globo, *sendo honrado continuador das tradições jornalísticas que herdou do pai, o fundador desse vespertino.*[57]

O duelo entre Marinho e a ANL deu início a uma tradição dos adversários de apresentar o empresário como um jornalista sem capacidade de escrever. *A Manhã* viu as mãos de Cartier por trás dos editoriais de Marinho contra Cascardo. "Isto é literatura assinada pelo sr. Robertinho no seu *Globo* agonizantezinho", ironizou. "Se o sr. Cartier continuar a redigir como está redigindo, não será possível ao ilustre analfabetozinho passar à história, como é do seu ardente desejo."[58]

Assim como no início da chefia no *Globo*, Roberto Marinho contou com o apoio de Horácio Cartier, o dândi da redação, para neutralizar reações de jornalistas do *Globo* simpáticos à ANL. Ao deflagrar a guerra contra a ANL, Marinho teve que enfrentar "quase toda a redação", como relatou no esboço de suas memórias.[59]

Se a presença de um *ghost-writer* na redação do *Globo* dificulta uma análise da produção de autoria real do empresário, o conteúdo de cartas que escreveu e as observações de estilo e edição que anotou nos textos de repórteres e colunistas servem como contraponto. Marinho escrevia cartas com frequência. Essas correspondências revelam um missivista de longa familiaridade com a narrativa jornalística, sem rebuscamento, com objetividade, humor e, às vezes, acidez.

Durante os primeiros anos no *Globo*, Marinho exerceu praticamente todas as funções do processo de reportagem, edição, composição e comando da redação. Das áreas pelas quais passou, a única que costumava ser lembrada pelos adversários era a gráfica, possivelmente por ser a parte do jornal não associada à intelectualidade. "Nunca houve, que eu saiba, melhor professor de tipos, de *paquets*, de impressão de bonecos", disse certa vez o jornalista David Nasser. "A única dificuldade era a língua. Hábil trotador, cavaleiro exímio, o sr. Roberto Marinho empacava sempre que chegava ao obstáculo gramatical."[60]

Se o debate sobre o duelo ridículo entre Cascardo e Roberto terminou em poucas semanas, o desafio entre o dono do *Globo* e o movimento de esquerda que surgia nessa época só começava. O vespertino não divulgou, no decorrer dos meses, documentos que atestassem a manchete do golpe soviético. Mas, cinco meses depois, vinha à tona a combustão da disputa entre Marinho e seus oponentes. Em novembro de 1935, militares integrantes da ANL se movimentavam nos quartéis do Rio de Janeiro, de Natal e do Recife.

O Globo noticiou, na manhã do dia 25, um movimento de "caráter" comunista que teve início dois dias antes no Rio Grande do Norte e na véspera em Pernambuco. A fonte era o gabinete de Filinto Müller, chefe da Polícia do Distrito Federal. A primeira edição do jornal, refém dos relatos de Filinto, narrava combates nas ruas da capital do Rio Grande do Norte e que o paradeiro do governador Raphael Fernandes era desconhecido.

Naquele dia, *O Globo* teve oito edições. A cobertura da insurreição permitiu ao jornal abusar da leveza de vespertino, com novas primeiras páginas e manchetes quase que de hora em hora, uma atualização comparável a uma cobertura em tempo real de sites da internet nos dias atuais. Por serem vespertinos, *O Globo* e também o *Diário da Noite*, título comprado por Assis Chateaubriand, que aumentava seu poder na comunicação, saíram na frente dos densos matutinos *O Jornal* e *Correio da Manhã*.

O calor chegava ao Rio. As madrugadas, porém, eram amenas, com o vento que vinha da baía. Nas primeiras horas do dia 27, o motorista Joffre conduzia Roberto Marinho de um jantar no Iate Clube para casa, na Urca, quando deparou com homens do Exército nas ruas. O movimento armado eclodia na capital. Marinho começou a trabalhar a cobertura do conflito ainda naquela madrugada. A cidade soube apenas pela manhã de um levante no 3º Regimento de Infantaria na praia Vermelha.

A Manhã, de Pedro Motta Lima, anunciou, em letras garrafais, que Prestes estava à frente de uma insurreição no Rio. Horas depois, a polícia jogou bombas na redação do jornal.

O Globo noticiou a insurreição na primeira edição, das 11 horas, e atualizou o noticiário até as 19 horas, quando rodou a sétima edição. Na primeira, o jornal adiantava, recorrendo à nota do governo, que a insurreição estava "virtualmente" dominada. Tropas do Exército comandadas pelo general Eurico Gaspar Dutra tinham iniciado, ainda ao amanhecer, os ataques aos rebelados. Sem novas notícias, *O Globo* rodou outras três edições, com mudanças nas manchetes e nos demais títulos. Na quinta edição, o jornal anunciou a queda do "reduto" da Praia Vermelha e nomes de mortos. Na última edição daquele dia tenso, já à noite, o jornal mostrou fotos de rebeldes rendidos. Numa imagem, o capitão Agildo Barata e seus companheiros "sorriem à objetiva depois do trágico combate na Praia Vermelha, que tantas vítimas fez", segundo a legenda. Em outra, rebelados ergueram a bandeira branca.

As fotos foram tiradas por Indaiassú Leite, que acabara de ser contratado pelo *Globo*, juntamente com o repórter Alves Pinheiro. A insurreição era o batismo de fogo da dupla. Sem teleobjetiva na época, Indaiassú pegou sua máquina Speed Graphic, de curta distância, e se aproximou da zona de tiros para registrar o movimento. Era o início da trajetória do "Homero da fotografia", como dizia Nelson Rodrigues.[61]

Roberto Marinho esperou até o dia 30, quando os ânimos estavam menos exaltados, para lembrar a divergência travada meses antes com Herculino Cascardo. O jornal repetiu com letras garrafais a manchete "Soviets no Brasil!" para "confirmar" o que *O Globo* tinha publicado contra a ANL.

Sem provas, o governo acusou os revoltosos de fuzilar militares que dormiam. Os comunistas, por sua vez, jamais descreveram como golpe o que se passou nos quartéis. A ANL estava fora do jogo político. A entidade perdia seus sustentáculos com as ruas e a militância moderada. O desejo de chegar ao poder pelas armas, que nunca ficou claro entre os vários grupos e correntes que formavam a ANL, agora estava explícito por parte de alguns deles. A repressão aos participantes do levante se estendeu a todas as esquerdas, extremistas ou moderadas. Getúlio apresentava sua ditadura.

No começo de janeiro de 1936, a polícia de Filinto Müller estourou um aparelho onde morava o alemão Arthur Ernest Ewert, um homem corpulento, de olhos azuis miúdos e brilhantes, que também usava o nome de Harry Berger, e sua mulher, Machla, na rua Paul Redfern, em

Ipanema. Na residência, os agentes encontravam documentos que mostravam a relação do casal com a Komintern, a entidade que, a partir de Moscou, organizava revoluções e tomadas de poder pelo mundo. Filinto chegou a Berger por meio do espião duplo Paul Gruber, adversário do prisioneiro desde os tempos de militância na Alemanha.[62]

Marinho recebeu a denúncia de que Berger sofreu tortura. *O Globo* relatou que o deputado Abel Chermont pediu habeas corpus para que a Justiça ouvisse o prisioneiro. O juiz da 1ª Vara Federal, Ribas Carneiro, foi conferir. O jornal publicou que Berger, um operário da Prússia de 46 anos, teve diversas costelas fraturadas no cárcere. Nervoso, ele afirmou ao juiz que era um prisioneiro sem defesa, e tudo o que dissesse só provocaria novos castigos. "Passa a queixar-se então do tratamento, dizendo que foi o pior que se possa imaginar." *O Globo* balanceou o depoimento bombástico de Berger com um pequeno texto, na parte inferior da primeira página, favorável a Filinto, chamando-o de "defensor" do regime, sem entrar no assunto da tortura.[63]

Numa edição seguinte, *O Globo* publicou pequeno texto na primeira página para afirmar que o prisioneiro estava "com todas as costelas". O tom da chamada da matéria, no entanto, era uma forma de o jornal burlar a censura e poder contar, mais adiante, detalhes do inferno vivido pelo comunista. No texto completo, numa página interna, o jornal confirmou a violência sofrida por Berger. "As suas declarações são uma série de ataques à Polícia Especial, onde diz, aquele extremista, ter sofrido as maiores torturas. Assevera ele que, uma das vezes, lhe foi dado veneno, num copo, para beber. Tomando o líquido perdeu os sentidos, só acordando cerca de três horas depois, devido uma injeção que lhe aplicaram no braço direito. Nessa mesma noite, vários policiais o teriam espancado, deixando-o doente."

O texto informou que o prisioneiro denunciou a violência contra a mulher, Machla. Ela, certo dia, teria sido despida e, nesse estado, castigada. Ele queixou-se, igualmente, dos choques que os dois receberam e das noites que passou sem leito na Polícia Especial, onde não pôde dormir. O juiz, então, perguntou se o preso sofrera fratura nas costelas, conforme motivo da petição de Abel Chermont. "Berger respondeu que não, adiantando, no entanto, que seu corpo fora queimado com pontas de cigarro", destacou o jornal.

O Globo não desconstruiu a imagem de Filinto, mas fez um retrato macabro da Polícia Especial, por meio do depoimento de Berger.[64]

Rogério Marinho, irmão caçula de Roberto, lembrou em depoimento que Harry Berger era um homem corpulento, com cerca de 120 quilos, e que deixou a prisão com 35. Também comentou o estupro de Machla na frente do marido. "O Filinto Müller era um tremendo chefe de polícia, fazia coisas horríveis", relatou.[65]

Em março, o jovem americano Victor Allan Baron, que viajou para o Brasil com o propósito de aprender português e se integrar aos comunistas, relatou, sob tortura, que Prestes estava numa casa da rua Honório, no bairro do Cachambi, Zona Norte do Rio de Janeiro. A prisão do "Cavaleiro da Esperança" e o suposto suicídio de Victor foram relatados numa edição das 11 horas do *Globo*.

"Preso Luiz Carlos Prestes!"[66]

O jornal relatou que os agentes teriam cercado a residência no início da manhã daquele dia. Um grupo foi para os fundos da casa, rendeu uma empregada e entrou. Depois, um agente chegou ao quarto onde Prestes estava.

Por fim, às 17 horas, *O Globo* terminou sua cobertura diária com outra manchete sobre a prisão do mais famoso opositor do governo. O jornal estampou uma foto de Prestes aparentando tranquilidade ao lado de dois agentes. Uma legenda relatou que o líder tenentista não se recusou a posar repetidas vezes para os fotógrafos. Ele queria, segundo *O Globo*, que os profissionais ficassem "satisfeitos". A imagem expôs serenidade no semblante de um líder que, embora criticado pela imprensa, não abria mão de ocupar espaço nos jornais adversários.

Após as prisões de Prestes e sua mulher, a alemã das origem judia Olga Benário, o corpo do estudante Victor Allan Baron foi enterrado no cemitério São Francisco Xavier. *O Globo* emplacou a versão de que o jovem pulou do segundo andar do prédio da polícia. Era a versão de Filinto.[67]

Olga Benário voltou às páginas do *Globo* na edição das 13 horas do dia seguinte, a terceira. O jornal descreveu uma mulher altiva e ao mesmo tempo dócil, que posava tranquilamente para os fotógrafos. Tinha gestos calculados, sem exageros e que não demonstravam temor. Só falava o indispensável e com um sotaque que não se definia. Indagada sobre sua nacionalidade, ela respondeu:

"Sou brasileira."

"Brasileira?"

"É claro. Não sou esposa de Luiz Carlos Prestes, brasileiro?"

No longo processo de extradição de Olga para a Alemanha, a defesa da militante judia se deparou com a censura da ditadura Vargas aos jornais e às rádios. Advogados pediram a interferência da primeira-dama, Darcy Vargas, sob o argumento de que a companheira de Prestes estava grávida. Darcy repetiu o silêncio que fez no caso da estudante romena Genny Gleiser.

O Globo noticiou que Edmundo Miranda Jordão, presidente da Ordem dos Advogados, visitou Olga e Machla. Em entrevista, ele disse que só depois de manusear os processos iria anunciar a decisão se aceitava ou não a causa. Olga ficou sem ajuda da entidade.

O jurista Clóvis Beviláqua disse ao jornal de Marinho que lei alguma se opunha à expulsão de Olga. "Dilatar o cumprimento da pena até a vida do nascituro será tão somente uma questão de humanidade", declarou.

Prestes escolheu o advogado Heitor Lima para fazer a defesa de Olga. Catorze anos depois de usar a gramática num pedido exitoso para soltar Irineu Marinho do calabouço da ilha das Cobras, Heitor apresentava, agora, um habeas num momento de ditadura. À Corte Suprema, ele argumentou que Olga não podia ser expulsa, pois precisava ser punida. Quanto à criança que a prisioneira esperava, argumentou, tinha o direito de não ser expulsa da terra onde foi gerada. Numa nota sucinta, *O Globo* noticiou que, dessa vez, o advogado teve o pedido rejeitado por unanimidade pelos juízes.[68] Os magistrados chancelaram um decreto imposto pela ditadura. Os ministros seguiram o voto do relator, Bento de Faria, que, por sua vez, aceitou argumento do ministro da Justiça, Vicente Rao, de que a União poderia expulsar estrangeiros perigosos para a ordem pública ou nocivos aos interesses do país. O presidente da Corte, Edmundo Lins, chegou a cobrar os selos do processo.

No porto do Rio, Olga e Machla entraram no navio *La Coruña*, que zarpou para Hamburgo. Estavam a caminho dos campos de concentração de Hitler. Deixavam para trás uma nódoa.

Não há registros de que a influente comunidade judaica no Brasil tenha feito pedidos a Vargas em favor de Olga ou se manifestado ao longo do processo de deportação. A ausência da prisioneira no noticiário do *Globo* e dos demais jornais se dava num momento de censura por parte da equipe de Filinto e de silêncio dessa mesma imprensa em relação a Aranha, que aproveitava, de forma cômoda, a prática de barbárie do delegado. A demonização de Filinto, um dos personagens mais violentos da história do Estado brasileiro, acobertava uma estratégia dos capitalistas representados por Aranha de trabalhar com duas hipóteses de futuro: a derrota da Alemanha de Hitler, como gostariam, ou a vitória na guerra contra os Aliados.

O empresário Israel Klabin, filho de Wolff, um dos empresários de origem judaica mais influentes no país naquele período, diz não ter ouvido o pai falar sobre o caso Olga nem sobre uma possível reação dos judeus no Brasil a fim de evitar a extradição dela. "Você tinha aí dois tipos de preconceito: o étnico e o político, comunista. Então, tinha uma confluência."[69]

Dividido entre aliados do Eixo e contrários, o governo estava sintonizado com uma estratégia do capital que se formava no Brasil e ligado a grupos econômicos de Nova York empenhados em garantir a sobrevivência, independentemente do resultado da guerra na Europa.

Oswaldo Aranha, que se aproximou do grupo de Wolff Klabin ainda no Rio Grande do Sul, antes da "revolução", era a face, no governo brasileiro, do dinheiro que tinha sede em Nova York e movimentava os países periféricos em torno dos Estados Unidos.

A escolha de Oswaldo para chefiar a sessão da ONU que decidiria sobre a criação do Estado de Israel, mais tarde, foi previsível. "Aí foi um conluio que meu pai teve com o Getúlio", lembra Israel. "A política dos pioneiros de Israel foi muito feita na casa do meu pai, que era o centro. Eu me lembro, criança, lá em casa, da Golda Meir em oração", relata.[70] "Quando foi a vez de o Brasil presidir a Assembleia Geral, meu pai foi ao Getúlio e pediu que mandasse o Oswaldo Aranha. Meu pai tinha timbre, tinha a voz necessária de uma liderança judaica global."

A relação de Oswaldo com os jornais ficou mais próxima após Getúlio decidir investir numa fábrica de papel que teve Klabin como principal acionista. A construção dessa fábrica era estratégica para a imprensa, pois até aquele momento o papel de jornal era exclusivamente importado e os custos eram altos. Israel lembra do tempo de dificuldade para trazer maquinários do exterior em meio à vigilância nazista nos mares. "O Getúlio chamou meu pai, instado pelo Chateaubriand, para fazer a fábrica. Meu pai acabou morrendo por causa disso, de infarto, aos 67 anos."

Getúlio ordenou que parte da sociedade na fábrica de papel fosse destinada ao grupo Monteiro Aranha, que tinha participação de parentes de Oswaldo. Um percentual de 20% do empreendimento passou para a família do chanceler. Chateaubriand, que atuou para a entrada de Klabin no negócio, disse ter ficado convencido de que a intenção de Getúlio era apenas entregar parte da empresa para empresários com bom trânsito junto ao governo nazista, numa estratégia política.[71] O banqueiro José Luiz de Magalhães Lins, figura que testemunhou como poucos os setores empresarial e político do Rio, não teve a impressão de que Getúlio fazia uma política pendular. Ele relata ter escutado Israel Klabin contar que o pai, Wolff, foi chamado por Getúlio, que o orientou a procurar Oswaldo Aranha. Nessa conversa, Wolff teria ficado "surpreso" ao ouvir Oswaldo pedir 20% da empresa. Pedido que foi atendido.[72]

Israel Klabin afirmou que seu pai e outros judeus influentes não deixaram de sofrer com a repressão de Filinto e Góes Monteiro. "Era sofrida porque era concomitantemente com o que ocorria na Europa, de modo que era pré-Estado de Israel", relata. "Eu me lembro criança, meu pai e a Golda Meir assistiam a filmes de coisas ocorridas em Auschwitz. Você pode imaginar uma criança vendo aquela montanha de cadáveres."

Durante a escalada de Aranha ao poder, Roberto Marinho se impôs nas páginas do jornal e na relação entre repórteres e editores. Estava presente na redação e na gráfica, onde arregaçava as mangas e arriava a cabeça nas folhas, pedindo retoques e trocando notícias.[73] "Nesta época levei um tempo acordando às 4 horas da madrugada; às 4h30 eu já estava no jornal", lembrou Marinho. "Durante muitos anos eu fiz de tudo, porque não havia editores de Economia, Política, Polícia e Internacional."[74]

A decisão de Marinho de centralizar o processo de produção do jornal tornou *O Globo* mais político em todas as suas editorias. Uma matéria de Internacional ou um caso de Cidade ganhava as cores do debate pelo poder.

Naquele momento, o grupo político que dava sustentação ao *Globo* vivia uma cisão. Lulu Aranha e o prefeito do Distrito Federal, Pedro Ernesto Batista, se desentenderam de vez. A insurreição comunista na Praia Vermelha, em 1935, abriu uma ferida entre as duas lideranças. Não era o suposto socialismo do médico que causava incômodo em Lulu, eminência parda da ditadura Vargas, mas sua aproximação pessoal com Prestes, que recusou unir-se ao movimento golpista de 1930 e não teria devolvido o dinheiro do caixa dois da "revolução". *O Globo* ajudou a incendiar o clima contra o prefeito, que acabou preso. O jornal destacou que havia "indícios veementes" da participação de Pedro Ernesto nos movimentos subversivos.[75]

A fase de incerteza havia passado. Roberto Marinho sobreviveu aos primeiros tempos à frente do jornal. Não foi devorado pelos jogos de redação nem frente às dificuldades de manter o cadastro de anunciantes. Com certa folga de caixa, reservava os fins de semana para participar de eventos esportivos e festas voltados a jovens ricos da cidade. Diferentemente de muitos amigos, porém, não adquiriu o hábito de fazer viagens internacionais.

A sua vida de empresário estava ligada ao Rio, de onde pouco saía. No comando da empresa da família, ele tinha uma visão sobre o mundo às vésperas de uma guerra por meio do noticiário incessante das agências internacionais e, em boa medida, dos relatos de amigos viajantes. De Roma, Castro Maya, o amigo das corridas de automóveis e lanchas e das tardes de Jockey Club, escreveu a Marinho, em julho de 1936, uma carta de quatro páginas para comentar seu fascínio pelo fascismo, com informações para dar subsídios a reportagens do *Globo*.

Há pouco mais de trinta dias que deixei o Rio no maravilhoso Hindemburgo *e já percorri quatro capitais onde pude julgar as quatro grandes experiências políticas do nosso tempo: o nazismo na Alemanha, o socialismo na França, a democracia conservadora na Inglaterra e o fascismo na Itália. Apesar de meu espírito libertário contrário às ditaduras, não posso deixar de reconhecer que a liberdade é por demais perigosa para ser confiada aos povos. A Alemanha que ainda atravessa a fase de reajustamento do regime nazista já colhe os seus resultados. Na França é o contrário, parece que todo mundo está sofrendo de maleita* [...] *O patrão perdeu completamente a autoridade e o prestígio, o operário é senhor absoluto como provam as greves* [...] *Na Inglaterra, a tradição e o respeito às leis salvam tudo* [...] *Quanto à Itália, o* Duce *transformou seu povo e sua terra.*[76]

Com os comunistas em queda livre, o grupo Aranha partiu para neutralizar nos bastidores do governo o movimento de aliados de Getúlio que aproximava o Catete dos regimes autoritários da Itália e da Alemanha. Ao mesmo tempo, buscava fortalecer as pontes com Washington e a indústria norte-americana.

Aliado do grupo em torno dos Aranha, Marinho passou a concentrar as críticas de seu jornal no fascismo. Era uma nova batalha após a luta fratricida contra a ANL, que lhe rendeu, por parte dos comunistas, a acusação de defender o integralismo, grupo associado ao fascismo italiano. "Nesse momento, me dei conta de que, com a tentativa de fechar a Aliança Nacional Libertadora, eu estava sendo acusado de fascista, de pertencer a um mundo de perseguição aos direitos individuais e coletivos", relatou durante entrevista.[77]

Ele ia de carro à Tijuca quando, numa rádio, ouviu uma entrevista de Plínio Salgado, liderança dos integralistas. Na memória de Marinho ficou uma possível frase de Salgado: "Ei de castigar implacavelmente até os diferentes..."

Marinho contou que, a partir daí, passou a fazer campanha contra os integralistas. "Desse momento em diante eu considero que *O Globo* se tornou um jornal essencialmente democrático", avaliou. No novo *front*, o empresário tinha a segurança do grupo de Oswaldo Aranha, que deixava clara a posição contrária às correntes alinhadas aos fascistas europeus. Marinho, no entanto, tinha consciência da recepção do discurso conservador, especialmente na Zona Norte, reduto do seu jornal por excelência.

Vivia agora com seus leitores uma relação mais delicada que na época da campanha contra os comunistas. Marinho se equilibrava entre as duas posições, alternando manchetes críticas à ANL e ao grupo de Salgado, num esforço que definiu como um "combate sem tréguas" aos "extremistas", isto é, a todos que se colocavam contra o liberalismo dos Aranha.

Em março de 1937, os jornais comunistas alertaram que os integralistas preparavam um massacre de personalidades públicas que se opunham ao PCB a fim de criminalizar o partido. Sem suas camisas verdes, os integralistas invadiriam, na Noite de São Bartolomeu, as residências de Roberto Marinho, Maurício Lacerda, Café Filho e José Eduardo Macedo para executá-los, uma referência ao massacre de protestantes ocorrido na França em 1572. O suposto plano definia que, após o massacre, os integralistas espalhariam na cidade a notícia de que a chacina fora ordenada pela Komintern.[78]

O plano do massacre não se concretizou, mas o clima de violência política se manteve. Num domingo de outono daquele ano, Roberto Marinho chegou, acompanhado de Lourival Fontes, ao Hipódromo da Gávea para o Grande Prêmio da Cidade do Rio de Janeiro, uma corrida de automóveis. Antes de passar pelo portão, ele foi abordado de forma brusca por um investigador de polícia, Albertino Soares, subordinado de Filinto Müller. O caso foi parar na delegacia. Os jornais saíram em defesa de Marinho, tratando o episódio como uma "brutal agressão" ao empresário.[79]

Até hoje não se conhecem os motivos do incidente. É fato que, naquele momento, Roberto Marinho, um aliado dos Aranha, estava em posição contrária à do chefe da Polícia do Distrito Federal. Filinto Müller era uma engrenagem da repressão que estava sendo montada por Vargas.

O jornal *A Batalha*, agora de linha anticomunista, publicou que o diretor do *Globo* foi recebido pelo agente com palavrões e ameaças de morte. Roberto teria apenas lhe estendido a mão num cumprimento.[80]

Com a repercussão do caso, Roberto escreveu uma carta ao chefe da polícia.

Meu prezado amigo capitão Filinto Müller — cordiais saudações — Já tive conhecimento, por alguns companheiros de trabalho, de que no inquérito aberto para apurar as exceções do investigador Albertino, e de que fui vítima, se patenteou, através de testemunhos insuspeitos, a responsabilidade daquele funcionário [...] *Desnecessário será lhe dizer, porém, que repugnaria ao meu feitio* [...] *levar o caso avante, prejudicando um funcionário já punido e que presumo tenha prestado reais serviços à sua classe ou à polícia, sem embargo do incidente por todos os títulos injustificável, e de que o próprio investigador em apreço se mostrou sinceramente arrependido e emendado. Nessas condições, eu ficaria muito grato ao prezado amigo se desse por encerrado esse caso e, para tranquilidade de meu coração e desafogo da família do investigador Albertino, desde já o restituísse às suas funções e ao convívio de seus colegas de trabalho.*

Naquele momento, Marinho não figurava entre os dez mais destacados homens de negócios do Rio. Numa sociedade que usava contribuições para a compra de bustos de praças como escala de influência e poder, ele não fazia parte do grupo dos maiores. Perdia para nomes como Edmundo Bittencourt e João Alberto Lins de Barros, que deram quinhentos mil réis, por exemplo, para a construção da "herma" do poeta Olegário Mariano. Roberto contribuiu com cem mil réis.[81] À época, um dólar equivalia a 17 mil réis.

Em julho de 1937, Roberto Marinho partiu para um ataque contra um empresário de destaque do Rio e dono de uma *holding*: Henrique Lage. O dono do *Globo* escolheu pessoalmente um repórter para deflagrar a guerra. O jornalista Clementino de Alencar, repórter responsável por uma série sobre Chico Xavier e que havia desancado Marinho na entrevista ao jornal dos comunistas, estava de volta à redação do largo da Carioca. Ele foi enviado ao Sul para supostamente cobrir uma movimentação de tropas do Exército em Santa Catarina. Voltou de lá, no entanto, com informações sobre o drama dos trabalhadores das obras do porto de Imbituba, uma área de carvão mineral, de propriedade de Lage. A série "Donos das terras e dos homens!" dava ao *Globo* de Roberto Marinho o insólito aspecto de jornal operário. "Centenas de trabalhadores vivem em Imbituba, sujeitos ao regímen do 'vale' e sem direito a se oporem aos maus patrões", denunciou.

A prisão do "agente russo" Roberto Marinho

Marinho tocava a redação do *Globo* num clima de descontração. Puxava os suspensórios de contínuos, dava apelidos a editores, se sentava ao lado de repórteres para ler notícias, interrompia a leitura para dizer que tivera uma ideia sensacional de pauta. Com os colegas, almoçava e conversava à tarde no Bar-Restaurante Brahma, restaurante na Galeria Cruzeiro, ao lado do prédio do jornal.

Na redação, ele gostou do estilo alerta e desconfiado de Francisco da Silva Alves Pinheiro, um jovem repórter baiano de Pojuca, que também ganhava a vida como agente policial.

O duplo emprego, algo comum na imprensa da época, causou a Alves Pinheiro um constrangimento extremo. A 1º de outubro de 1937, o *Correio da Manhã* publicou o Plano Cohen, um documento que teria sido apreendido pelo Estado-Maior do Exército a respeito de um golpe preparado pelos comunistas. A fraude foi arquitetada pelo capitão Olímpio Mourão Filho. O plano serviria de pretexto para Getúlio aprovar no Congresso o estado de guerra. No início de novembro de 1937, o jornal de Marinho divulgou uma declaração do general Newton Cavalcanti como manchete dizendo que "Os comunistas devem ser fuzilados".

Era noite quando Alves Pinheiro, após trabalhar na redação, chegou à polícia. Filinto repassou a ele uma ordem do general para prender o dono do *Globo*. O sobrinho e chefe de gabinete de Filinto, Civis Müller, tinha recusado o cumprimento da missão.

"Tome meu carro e vá prender o Roberto. Diga-lhe que se ele não for preso eu é que serei."

"Não, major, pelo amor de Deus! Eu nunca prendi ninguém e, agora, vou prender o meu patrão?"

Por volta das dez da noite, Alves Pinheiro encontrou Roberto numa mesa de bilhar do salão de jogos no mesmo andar da redação. Ele se aproximou do chefe e, gaguejando, teria dito: "O major manda dizer que se o senhor não se apresentar ele será preso."

Roberto Marinho vestiu o paletó, entrou no carro e foi sozinho à polícia.[82] Ele passou a noite na Vila Militar, em Deodoro, Zona Oeste do Rio. *O Globo* deixou de circular no dia seguinte.[83] O jornalista comunista Oswaldo Costa relatou que o "delírio nazi-fascista-integralista" do militar chegou ao "ridículo" de acusar o empresário de "agente russo".[84]

Cinco dias depois da prisão do empresário, manchete do *Globo* afirmava que "Movimentam-se as Forças Democráticas". A matéria mostrava a articulação dos oposicionistas para as eleições presidenciais, liderados por Armando Salles de Oliveira, que tinha deixado o governo de São Paulo, e José Américo, ex-ministro da Viação e Obras Públicas. Até ali, valiam as regras do jogo, com as eleições presidenciais confirmadas.[85] Era véspera de um golpe de Vargas para cancelar o pleito e permanecer no poder.

Na manhã do dia seguinte, tropas do Exército cercaram os prédios da Câmara e do Senado, no Rio. Até o começo da tarde, o jornal de Roberto Marinho tinha saído em duas edições. Na primeira, anunciou a morte do ex-primeiro-ministro britânico James Ramsay MacDonald; e na segunda, a prisão de um suposto espião comunista, Alexandre Wanistein.

A cidade não sabia o que ocorria. Na redação do *Globo*, Alves Pinheiro conversou com Roberto Marinho e relatou que Vargas anunciaria em poucas horas um golpe.[86] Às 14 horas, o jornal foi levado para as bancas com uma terceira edição na qual anunciava em letras garrafais a promulgação de uma nova Constituição. Num subtítulo, informava que a Câmara e o Senado estavam automaticamente fechados.

Alves Pinheiro tinha segurado uma informação que soubera com certa antecedência, mas da qual, a pedido de fontes, mantivera o embargo até o momento estipulado. *O Globo* tinha, porém, todo o histórico da movimentação do golpe de Vargas para apresentar, de forma instantânea, o avanço das tropas contra os palácios do parlamento.

Às 17 horas, *O Globo* publicou, na primeira página de sua última edição, uma foto de Dutra fardado, típica de um general de republiqueta, e um comunicado oficial. Dutra avisou que os "demolidores" não iriam abalar o "edifício nacional".

O Globo rodou uma edição extra no começo da noite para informar sobre a saída dos governadores da Bahia e de Pernambuco dos cargos e uma reunião imprevista convocada pelo ministro da Justiça, Francisco Campos, já desligado dos Aranha, para explicar a donos de jornais a promulgação da "Polaca", a Constituição autoritária. Campos disse no encontro que o governo pretendia ter uma "perfeita articulação" com a imprensa e melhorar o "controle" do exame da situação política. O jornalismo estaria inteiramente ligado ao Estado.

A repressão da ditadura atingiu até a Ação Integralista Brasileira, de Plínio Salgado. A entidade aliada ao Catete estava num momento de expansão quando foi fechada pelo governo.

Nos dias e meses seguintes, *O Globo* e outros jornais tornaram-se autênticos panfletos com declarações bombásticas e ufanistas de generais ligados a Getúlio e fotos do ditador. Uma mudança na estrutura do jornal, feita cinco dias antes do golpe, foi mantida por Roberto Marinho: o empresário substituíra o velho Manoel Gonçalves, ligado à repressão de Filinto Müller, pelo comunista Lucílio Teixeira de Castro no cargo de secretário de redação.

Era nítido o descontentamento de políticos e militares com o Estado Novo. *O Globo*, por ser porta-voz de setores da economia e mesmo da política dos Aranha, estava sob pressão. De forma deliberada, o jornal voltou a usar a tática de apresentar fatos internacionais sem importância para fazer críticas indiretas a adversários de Aranha no governo. "Repulsa à ditadura", destacou *O Globo* em manchete uma frase do presidente norte-americano Franklin Roosevelt. Roosevelt afirmara, segundo agências internacionais, que não tinha inclinação para um governo discricionário.[87]

Em março de 1938, Oswaldo Aranha renunciou ao posto de embaixador nos Estados Unidos. Com a queda de Aranha, o ministro das Relações Exteriores, Pimentel Brandão, deixa o comando da pasta e vai para chefiar a representação em Washington. Na redação do *Globo*, Roberto Marinho foi avisado pela censura de que não poderia noticiar o episódio político na primeira página do jornal. Ele então optou por uma manchete aparentemente exótica:

> "Prisioneiros
> no Ministério do Exterior!"

Leitores ou censores que abriam o jornal eram informados de que a manchete se referia, na verdade, a jornalistas que tinham sido trancados num prédio de Viena durante visita de Hitler à cidade.[88] Na verdade, ele noticiou por metáfora a queda de Aranha e uma confusão entre jornalistas e policiais que ocorreu na sede do Ministério das Relações Exteriores, no Rio, durante a saída de Pimentel Brandão.

"Cartel Aranha"

Com a implantação do Estado Novo, os irmãos Aranha estavam fora do jogo presidencial. Sem o peso de levar adiante o sonho da família em assumir o Catete, Lulu mergulhou de vez nos negócios privados e nas estatais, e também na formação da composição atual do poder patrimonial brasileiro.[89] Numa parceria com os órgãos de fomento do Estado, passou a definir os grandes patrimônios. Em paralelo a um Estado personalista de um velho estancieiro que flertava com o fascismo, uma incubadora de grandes grupos privados se consolidava na ditadura Vargas.

Uma investigação da Polícia do Distrito Federal apresentou Lulu como um operador dos negócios de Oswaldo Aranha. No documento Cartel Aranha, de 12 páginas, os agentes destacaram que Lulu montou um "quartel-general" num prédio da avenida Nilo Peçanha, no Rio, e prosperou "à sombra" do prestígio do irmão.[90] A investigação foi abafada pelo Catete.

O documento produzido pelos policiais é como uma certidão do Brasil das famílias empresariais que ditaram, em certa medida, os rumos da vida pública do país a partir da Era Vargas. A investigação indicou que o cartel comprava em leilões empresas tomadas pelo Banco do Brasil e, depois, com empréstimos do próprio banco, melhorava a situação financeira delas.

Pelo menos dez empresas foram adquiridas pelo cartel, que tinha como sócios ou cotistas Augusto Frederico Schmidt, Carlito Rocha, José Antonio Villar e Walther Moreira Salles. "Data de poucos anos o aparecimento do sr. Luiz Aranha no mundo dos negócios. E, não obstante ser relativamente curto o tempo transcorrido desde seu ingresso nesse meio, e escasso o capital com que iniciou suas atividades comerciais, já há algum tempo vem encabeçando um poderoso grupo de firmas e companhias que exploram o comércio e a indústria", avaliaram os agentes.

Schmidt foi apontado como o "principal testa de ferro" de Lulu. O poeta era cotista da Sociedade de Comércio e Importação de Produtos Americanos (Scipa), que trazia artigos dos Estados Unidos e negociava tubos e placas de aço da incipiente indústria pesada brasileira. A empresa era "privilegiada" num tempo de "agudas" dificuldades de transporte marítimo e "desviava" produtos para alimentar o "mercado negro" a preços "verdadeiramente fabulosos". Schmidt ainda era cotista, com Walther Moreira Salles, da Sociedade de Tratores e Equipamentos.

O cartel incluía ainda o controle da Meridional Cia. de Seguros e da Sociedade Expansão Comercial (Sepa), que fazia "grande movimento" de exportações para os Estados Unidos e a África do Sul, e da Fábrica de Tecidos Werner S.A. A sociedade formada por Lulu era uma antiga empresa que, depois de uma concordata, passou para a administração federal e foi colocada à venda em concorrência pública. Uma outra empresa comprada pelo cartel em leilão público foi a Companhia Federal de Fundição. A concorrência foi vencida pela Gastal & Cia., formada por pessoas que não estão citadas no relatório da investigação, ligadas a Oswaldo Aranha. A Gastal foi organizada pouco tempo antes do leilão, com o capital de Cr$ 225 mil, e adquiriu a companhia por Cr$ 12 milhões obtidos de um empréstimo do Banco do Brasil. "Dess'arte, por esse passe de mágica, a compra da Companhia Federal de Fundição ao Banco do Brasil (agente especial do governo para a defesa econômica) foi feita com dinheiro do próprio Banco do Brasil."

Na época, comandava a pasta da Fazenda Horácio Lafer, parente de Wolff Klabin, industrial do papel. A política de cotações de dólares "pessoais", no entanto, atravessaria o governo Dutra. Mesmo com a queda da ditadura Vargas anos depois, os operadores de Lulu e ele próprio continuavam fortes na máquina do Estado. Lulu manteve a ascendência sobre a Cexim, a Carteira de Exportação e Importação do Banco do Brasil[91] que controlava as exportações e facilitava a importação de peças e maquinários num momento de retração do mercado externo e redução de financiamentos.[92] Por meio da Cexim, o governo monopolizava o câmbio, estabelecia a cotação do dólar para cada empresário e setor e autorizava licenças para trazer produtos de fora.

Em meio ao discurso da direita e do empresariado por mais liberalismo, a nova ordem dos Aranha floresceu quase como uma república empresarial paraestatal. Quando se fala no capital brasileiro, estudos apontam que as grandes famílias empresariais brasileiras do fim do século XX tiveram origem no Brasil escravagista. As famílias que ditaram a vida econômica do país nas últimas décadas, no entanto, foram criações do liberal e republicano Lulu Aranha.

Júlio Barbero lembra dos serviços de entrega de envelopes na época de ascensão do cartel. "O Schmidt dizia: 'Julinho, vai lá no escritório do doutor buscar um cheque para mim.' Eu pegava um envelope, abria: 'Que merda de dinheiro é este?' e voltava."

Sobre esse tempo, Marinho falou a amigos sobre a gratidão a Lulu Aranha. Um deles, Carlos Henrique Ferreira Braga, um lobista da área de comércio exterior, tenta reconstituir o que ouviu do empresário. Marinho teria dito: "Uma vez eu estava quebrado. Sabe quando você quebra um jornal? Quando você não tem mais papel de imprensa. Eu não tinha mais crédito para ir ao banco, o banco não emprestava. E aí esbarrei na rua com o Vavá, filho do Oswaldo Aranha. 'Que cara triste é essa, Roberto?' 'Vou fechar o jornal. Não tenho dinheiro. Vou ao banco e não consigo tirar.' Da conversa saiu a ideia de procurar Lulu, que mandava no Brasil nessa época. Lulu me disse: 'Vamos lá.' Entrou no banco e tirou um empréstimo para eu comprar papel e tocar a vida."

Roberto não era um empresário do primeiro time de Lulu. Vivia na periferia do cartel, mantendo, claro, o jornal em sintonia com os interesses do grupo. Recorria ao lobista gaúcho nos momentos de desespero ou em situações decisivas. O dono do *Globo* teve, no tempo do Estado Novo, fontes de recursos alternativas às oferecidas pelo Estado, que o diferenciava dos que construíam seus grupos empresariais com ajuda perene do grupo Aranha. O nome de Marinho não aparece no esquema investigado pela polícia. O empresário ganhou dinheiro especialmente com a venda de imóveis e a publicação de revistas voltadas para crianças e jovens.

Em paralelo à venda de revistinhas e sua relação com os Aranha, Roberto se aproximou de um empresário do ramo imobiliário. José Augusto de Mattos Pimenta era um médico e jornalista que tinha militado na Aliança Nacional Libertadora. Ele fazia campanhas para retirar as favelas da Zona Sul e subsidiar a moradia popular. Causou polêmica ao divulgar um filme que tratava a favela como "lepra esthética". O empresário tinha trânsito no *Globo* desde o tempo de Eurycles, por laços de simpatia com o tenentismo. Assim como Marinho, Mattos Pimenta rompeu relações com Prestes quando o líder tenentista aderiu ao comunismo. Ele deixou a política para mergulhar no mercado imobiliário do Rio. Foi dele a ideia de instalar um sindicato de corretores e uma bolsa de imóveis.[93] Ao promover uma Campanha Nacional da Casa Popular, anunciou Oswaldo Aranha como presidente honorário. O empresário estava por trás, por exemplo, das campanhas do *Globo* para derrubar o morro de Santo Antônio e, assim, duas joias arquitetônicas da Colônia, o Convento Santo Antônio e a Igreja da Ordem Terceira de São Francisco.[94] O conjunto histórico ficava de frente para o velho jornal de Irineu, no largo da Carioca.

Marinho e Mattos Pimenta conseguiram arrancar do governo uma mudança na Lei do Inquilinato, permitindo a divisão dos prédios em vários apartamentos, formando condomínios, um conceito até então inexistente no Rio de Janeiro. Eles passaram a comprar imóveis na Esplanada do Castelo, área do Centro de terrenos vagos desde a onda de demolições de velhos sobrados. Os apartamentos eram divididos e revendidos para famílias de poucas pessoas.

A relação dos dois empresários foi criticada no mercado de jornais não pelos negócios imobiliários, mas por uma suposta ação para convencer a diretoria do Conselho Regional de Corretores de Imóveis do Rio, o Creci, a anunciar no *Globo*.

O cassino

Em 1938, Roberto Marinho aderiu a um projeto musical de Darcy Vargas, mulher de Getúlio. A professora Léa, mestre de Antonieta, e o escritor Henrique Pongetti, jornalista próximo do empresário, organizaram, sob o comando da primeira-dama, o musical *Joujoux e Balangandans*. Casada com um deputado federal, Léa tornou-se próxima de Darcy. O objetivo do espetáculo era arrecadar fundos para a construção da Cidade das Meninas e da Casa do Pequeno Jornaleiro, instituições de apoio a crianças pobres.

Cerca de 280 pessoas subiram ao palco do Theatro Municipal, entre artistas e figurantes. João Orléans e Bragança, príncipe da Casa Imperial do Brasil, interpretou um tipo popular de uma tela de Debret, Caymmi fez sua estreia nos grandes espetáculos com a música "O mar". O cantor Mário Reis interpretou canções de rádios. Lamartine Babo compôs a marchinha que deu título ao musical em forma de um diálogo entre Joujoux, uma personagem francesa, e Balangandans, de origem africana.[95]

Nas vitrines do *foyer* do teatro, os organizadores exibiram balangandãs de ouro, prata e couro do tempo do Império. O nacionalismo fervilhava. A ditadura continuou a reprimir e censurar. Surgiram críticas na imprensa de que o balangandã, embora fosse um objeto usado pelos negros no passado, ilustrava um país de "encomenda". Artistas temiam que o evento fosse um fiasco. Mário Reis chegou a imaginar que a "ditadura do samba" ia promover de forma tardia uma noitada típica da praça Tiradentes dos anos 1910, com suas casas de espetáculos reproduzindo os cabarés parisienses.

A mistura de bajulação — todos queriam agradar à primeira-dama —, nacionalismo, ditadura, interesses econômicos e genialidade musical resultou num marco. Foi nesse musical que o maestro Radamés Gnatalli, um dos que tiveram de deixar compromissos para contentar Darcy Vargas, comandou a orquestra que acompanhou o barítono Cândido Botelho na interpretação de "Aquarela do Brasil", de Ary Barroso, música até então desconhecida.

O musical foi repetido em diversas noites. Na última apresentação, promovida pela ABI, Darcy Vargas recebeu de Lourival Fontes, Herbert Moses e Roberto Marinho flores e um cheque pela venda dos ingressos.[96]

Antonieta participou do musical. Mas, diferentemente dos anos anteriores, não ganhou destaque no *Globo*. A relação com Roberto estava desgastada. Ela continuou a apresentar-se no Cassino Copacabana e nas rádios Sociedade e Ipanema.[97] Os interesses de um e de outro tinham mudado e a relação de eterno noivado, cômoda para os dois, chegou a um limite.

Embora fosse de uma família refinada, Antonieta era uma mulher mais velha, viúva e uma artista, características percebidas pelo rigor conservador de dona Chica, mãe de Roberto. Mais de três décadas haviam se passado desde o casamento de Chica, moça da pele parda da rua das Marrecas, com Irineu. A família estava mais "nobre". Roberto era o homem responsável pela mãe e pelos irmãos e quem tocava o grupo em formação.

Partiu de Antonieta a decisão de romper o noivado. Ela se envolveu com um dos magnatas do Rio, o empresário Arnaldo Guinle, que disputava espaço no esporte e nos negócios com Lulu Aranha. Arnaldo, de 54 anos, era de uma elite a que Roberto Marinho não pertencia. Ele conheceu a soprano nas noites do Copacabana Palace, empreendimento de sua família. Antonieta continuou a cantar nos salões então mais restritos e fez certo sucesso com a canção "Tamba-tajá", inspirada na cultura amazônica.

O período da vida de Marinho ao lado de Antonieta se apagou na história do empresário. Dessa época, ficou a imagem de um homem solteiro convicto e que se casou tarde. Ele saía da relação com a soprano com gosto mais apurado pela ópera. Nos palcos dos cassinos, as sopranos davam lugar às *girls*, loiras e morenas de vozes melosas e nem sempre afinadas.

Agora sem Antonieta, Marinho consolidava sua posição de chefe no jornal herdado do pai. Por enquanto, a família, especialmente a viúva Chica, podia deixar de lado o medo de uma catástrofe financeira, com a perda do jornal e da casa na rua Haddock Lobo, comprada por Irineu. Roberto saiu da casa da mãe para morar sozinho num chalé no estilo enxaimel no badalado bairro da Urca, entre o Pão de Açúcar e um trecho de águas calmas da baía de Guanabara.

Em conversas com os filhos, Roberto Marinho deixou transparecer uma memória de prazer ao comentar a fase de sua vida na Urca. João

Roberto lembra que o pai "trabalhava feito um condenado" para fazer *O Globo* acontecer e crescer, mas foi também um *bon-vivant*. "Ele tinha a casinha na Urca, vivia no cassino, em festas, com mulheres e amigos. Tinha o carro mais legal da época. Tinha uma vida bem movimentada, de farras. Depois, conseguiu comprar uma lancha. Gostava de pescar e contar muitas histórias do cassino e das festas do cassino."

Nessa época, Roberto Marinho tentava sair da redação mais cedo para dormir um pouco e ir, depois, às festas no cassino. João Roberto avalia que a "vida mundana" do pai, com a decisão de adiar um casamento, seguia um projeto de vida. "Não sei se foi tão racional, mas parece algo planejado."

A entrevista com João Roberto ocorre numa sala do prédio da Globo, no Jardim Botânico. Fotografias e uma charge de Roberto Marinho decoram uma estante. A imagem que o filho fez questão de mostrar num primeiro encontro fica do lado de fora, num corredor. É uma grande fotografia da antiga redação do jornal no largo da Carioca. Roberto Marinho está sentado diante de sua mesa num canto, diante de editores e repórteres. "Ele ficou nesse mesmo lugar e nessa mesma posição durante 29 anos, os primeiros de sua vida profissional", observa.

João Roberto diz que o pai, ainda no início da vida profissional, já demonstrava interesse em atuar em várias mídias. "A cabeça dele era uma cabeça multimídia. Foi assim que montou um projeto de comunicação capaz de unir esta nação e fortalecer raízes. Esse era o projeto dele. Não era um projeto de poder. Esse poder, se a gente usar, ele acaba, acaba rapidinho. Essa consciência ele tinha mais do que ninguém e nós a temos muito presente no nosso dia a dia, a gente sabe muito bem disso."

A propósito, João Roberto é o único que manteve a prática do hipismo. Numa conversa, ele costuma ouvir mais do que falar e se posiciona de forma assertiva a todo momento que discorda de um ponto de vista. É cuidadoso nas palavras. Não demonstra querer dominar o ritmo da narrativa. Sempre de roupa social, parece mais preocupado em cumprir a função de porta-voz oficial da família e da empresa. Aliás, é responsável pelas diretrizes editoriais do grupo.

As conversas com João Roberto e seus irmãos foram acompanhadas por Silvia Fiuza. Doutora em história e responsável pelo Acervo

Roberto Marinho, ela foi a ponte com os filhos do empresário ao longo das pesquisas para este livro. "Ela é da família", pontua o jornalista Henrique Caban, que a conheceu na redação do *Globo*. A equipe de Silvia conta com as historiadoras Christiane de Assis Pacheco e Eduardo Gonçalves e a jornalista Ana Paula Goulart. Silvia criou o setor do Grupo Globo que ouviu centenas de profissionais que formaram a empresa e tiveram participação decisiva no jornalismo brasileiro, especialmente na segunda metade do século XX.[98]

Na Urca, Roberto estava afastado de uma mãe que se impunha com os jeitinhos e pequenos diálogos e mais próximo da boemia endinheirada. Chica camuflava a possessividade e o poder sobre a prole. O filho Roberto, no entanto, recebia ordens sem precisar cumpri-las. "Mamãe, deixe que eu sei o que faço", repetia, diante dos conselhos da mãe.

O Brasil, em especial o Rio, vivia dias tensos. Em meio ao clima de possíveis golpes contra Getúlio, os empresários Assis Chateaubriand — que dava largada à construção de seu grupo de mídia[99] — e Joaquim Rolla — dono do Cassino da Urca — fizeram uma parceria para tornar a noite carioca um grande negócio. Joaquim comprou o prédio do antigo Hotel Balneário da Urca, na Praia da Urca. O prédio branco em estilo neoclássico, com colunas gregas arredondadas, destoa entre o maciço do Pão de Açúcar, logo atrás, e o verde da praia de areias claras, entre dois extremos de aterro.

O empresário da noite era um ex-açougueiro de São Domingos da Prata, no sul de Minas, que virou empreiteiro bem relacionado com o antigo Partido Republicano Mineiro, do ex-presidente Arthur Bernardes. No golpe de 1930, com a prática de contratar homens para trabalhar em grandes obras, arregimentou cerca de setecentos para formar um batalhão de apoio aos revoltosos. Não deu um único tiro, mas ganhou do Exército a patente de capitão. Era um bom cartão para entrar nos gabinetes dos novos donos do poder.[100]

Em parceria com Chateaubriand, ele remodelou a casa de espetáculos. Os frequentadores poderiam assistir a diversas apresentações ao mesmo tempo. Os artistas desciam por dois elevadores até o palco principal, decorado com cortina de espelhos e dividido em dois. Um outro palco saía de uma grande gaveta e, por uma plataforma fixa, avançava pela pista de dança. Esse palco tinha chão de vidro, com iluminação subterrânea.[101]

Os empresários planejaram aproveitar as escalas no Rio das estrelas e bandas que faziam a rota da Europa e dos Estados Unidos para Buenos Aires a fim de garantir as apresentações. Também decidiram buscar artistas de baixo cachê na França, que caminhava para o período de guerra.[102] Para marcar a reinauguração do cassino, Chateaubriand e Rolla apostaram numa jovem de 17 anos que sobrevivia nos teatros e cafés parisienses. Lyle Monique Lamb tinha o corpo esguio, os cabelos loiros e cacheados e o rosto arredondado e bochechudo.

Antes de embarcar para o Rio, ela disputou um concurso chamado Miss Pavillon, num cinema na Champs-Élysées. Quando os organizadores anunciaram que ela havia ficado em segundo, a plateia protestou. Foi aclamada, então, Miss Paris, uma saída honrosa.

Num tempo em que a era dos cabarés entrava em decadência, Lyle era da escola de Mistinguett, a mais célebre das vedetes francesas, que exibia suas pernas e sua voz lenta e quase rouca e cantava cançonetas de letras ingênuas. Lyle tinha nos trejeitos também um pouco da moda da atriz sensual americana Jean Harlow, a *platinum blond* que morrera tempos antes.

A dupla de empresários alterou o currículo de Lyle, agora Lily Lamb, vendendo-a como a Miss França, título que nunca possuiu, a "boneca parisiense mais bonita" e a "Rainha da Beleza". Fizeram esforço para explicar por que uma miss europeia apareceria no Brasil um ano após ser aclamada a mulher "mais deslumbrante da França". Eles inventaram que a moça estava apenas de passagem pelo Rio e seguiria, em breve, para Hollywood. Também inventaram que um marajá indiano teria oferecido o trono da família à jovem e o filho de um "rei" de estradas de ferro dos Estados Unidos a pedira em casamento. "Lily Lamb tinha ideias maiores que ser boneca de salão de um multimilionário", informou um jornal de Chateaubriand.[103]

A construção do mito da grande diva continuou a todo o vapor. O fotógrafo Hans Peter Lange e o repórter Alceu Pereira receberam de Chateaubriand a missão de acompanhar Lily pelo Rio.

— Que tal o Brasil, Lily? — perguntou o repórter na Rádio Tupi.

— Um amor! — teria respondido a artista, com um "riso bonito, mordendo ligeiramente a pontinha da língua".

Ela vestiu um maiô decotado, fez leves corridinhas e posou, esbanjando sensualidade nas areias de Copacabana. Na saída da praia, apertou a mão do repórter e murmurou no ouvido dele com sua voz "deliciosa":

"Cada dia que se passa, mais me apaixono pelo Rio."[104]

O fotógrafo disparou o magnésio da câmera.

Carros de luxo estacionaram nas ruas apertadas da Urca. Era uma noite de maio de 1938. O cassino inaugurava o seu *grill-room*. O novo palco para apresentação de artistas internacionais marcava o início de uma era de shows na cidade. Entre as 14 "cativantes" e "graciosas" *girls* do programa do cassino estava Lily Lamb, chamada de Miss França nos cartazes espalhados pelo Centro e pela Zona Sul, a artista principal da "temporada de inverno".

As mesas de frente para o palco estavam ocupadas por Chateaubriand, o magnata Percival Farquhar, Alzira e Benjamin Vargas, filha e irmão de Getúlio. Mais ao fundo, Roberto Marinho acompanhava o show ao lado do amigo Oscar Santa Maria e de Horácio Gomes de Carvalho Júnior, dono do *Diário Carioca*.

As *girls* subiram ao palco com plumas e vestidos dourados.

"Ouro puro!", gritou um exaltado da plateia.

Uma banda de jazz do Harlem e uma orquestra do cassino iniciaram suas apresentações. Após o fim da primeira parte do show, o *speaker* anunciou ao microfone:

"Mademoiselle Lily Lamb, Miss França 1937!"

A plateia fez silêncio. Lily subiu ao palco com uma *toilette* rosa em que deixava aparecer os ombros. Era, nas descrições da imprensa, uma mulher esguia, elegante e fina. O público a recebeu com uma salva de palmas. Ela interpretou canções francesas com sua "dicção primorosa" e uma "voz cheia de doçura", anotou um repórter do *Diário Carioca*. "Os vinte minutos em que *Mademoiselle* Lily Lamb ocupou o microfone do *grill-room* do Cassino da Urca estimularam nos que a ouviram, fascinados, os grandes pensamentos que se resumem na desejada felicidade de viver."[105]

A "cançonetista" passou os meses seguintes no *staff* de artistas da Urca. A presença dela na Rádio Tupi foi mais efêmera, no entanto, do que o anunciado pelo canhão de notícias dos Diários Associados. Lily desapareceu das matérias e dos anúncios no decorrer de 1939, quando deu à luz um menino. A criança foi registrada Horácio Gomes Leite de Carvalho Neto pelo dono do *Diário Carioca*. Só em julho do ano seguinte o *Globo* registrou o "enlace" da jovem com Horácio de Carvalho Júnior. "Ali nasceu um ciúme envolvendo o dr. Roberto e Horácio, que era muito mais rico", observa o jornalista Henrique Caban.

Lily enfrentou a rejeição dos Carvalho, nobres enfurnados nos cafezais e pastos de Vassouras, mas o casamento com Horácio foi em frente. Ela se afastou dos jornais e revistas. Trocou o Lamb, sobrenome que poderia ter conotações sexuais, por um discreto Lemb. A sra. Lily Lemb de Carvalho evitou nas conversas com amigas falar da curta experiência na Urca. Ela dizia que conheceu Horácio ainda na França. Também não comentava sobre a difícil vida que teve no Rio, após o fechamento do cassino, do fim dos espetáculos ao casamento, período em que nasceu seu único filho.

No livro *Roberto & Lily*, sobre o romance que teve mais tarde com o dono da Globo, ela escreveu que deixou a França em 1939 — um ano depois da data real. "O amor falou mais alto."[106] No livro, ela alterou datas de embarque e desembarque, numa reconstrução deliciosa do passado. Nessas truncadas memórias, escreveu que, na infância, a mãe a levava para atuar nas gravações do filme *Madame Tallien*.[107] Os registros obtidos sobre uma película com esse título remetem a uma obra produzida em Roma, anos antes de ela nascer. É possível que Lily tenha se referido a um filme ignorado pelos catálogos de cinema. É possível ainda que, ao dizer que poderia ser reconhecida em *Madame Tallien*, Lily mostrasse as chaves de uma história pessoal que a memória da sociedade carioca jamais construiu. Tallien foi uma jovem que seduziu o poder na Paris revolucionária. No século XVIII, usava roupas extravagantes, sabia receber e encantar, casou-se, teve amantes e, entre tropeços, viveu relações de amor com mulheres, empresários e banqueiros.

Já na maturidade, num encontro com a jornalista e escritora Danuza Leão e o jornalista Mário Sérgio Conti, em um restaurante chinês na lagoa Rodrigo de Freitas, Lily tomou algumas caipirinhas e relembrou o passado. Danuza perguntou:

"Ô, Lily, é verdade que você trabalhou no Cassino da Urca?"

"Claro que sim, não é, Danuza?"

"Você pode me dizer o que fazia no Cassino da Urca, Lily?"

"Eu aparecia nua. Claro, né, Danuza..."[108]

Lily, a "boneca que veio de Paris", como descrevia um anúncio pago no *Globo*, usou o riso para que Danuza não acreditasse na história que precisava sair de sua boca.

No fim do inverno de 1938, com as ruas e calçadas da Urca encobertas de folhas vermelhas e alaranjadas das amendoeiras, Lily deixou em definitivo o palco do cassino. No mês seguinte, Filinto Müller, chefe da Polícia do Distrito Federal, invadiu o cassino e prendeu Joaquim Rolla. O empresário foi acusado de manter ligações com um grupo que tramava um golpe.[109] Rolla tinha relações com toda a cidade.

Em outro momento tenso da relação com o Estado Novo, o jornal de Roberto Marinho publicou uma nota afirmando que o casamento de Alzira, filha de Getúlio Vargas, com o interventor do Estado do Rio, Ernani do Amaral Peixoto, foi bancado pelo Tesouro. Em carta de próprio punho para Vargas, Roberto alegou que ele mesmo tinha censurado a nota, mas o secretário de redação, Manoel Gonçalves, durante o fechamento, procurava aflito um texto que coubesse num pequeno espaço da diagramação, quando viu a pequena nota num canto da mesa e decidiu publicá-la.[110]

Na carta a Getúlio, Marinho prometeu demitir o responsável — Manoelzinho continuou empregado. O empresário escreveu a Vargas que nos momentos "tormentosos" da vida política, quando seu patrimônio e sua integridade física estavam em risco, jamais recorreu ao presidente ou a seus auxiliares, a fim de se resguardar de punições ou surpresas da violência. "Não quero mencionar pormenores para não avivar a justa mágoa de V.Exc.ª Ela não será, contudo, maior que a minha, visto que me atinge não só como profissional, porque ainda me fere a elegância moral que tenho me esforçado por manter em toda a vida, e sem a qual nunca me teria sido dada a honra de me aproximar da família de V.Exc.ª, sendo alvo de sua carinhosa amizade."[111]

Marinho estava atrelado à ditadura Vargas. Foi a partir desse tempo que ele construiu uma relação pragmática e empresarial com os presidentes, que prevaleceria durante sua trajetória. "O dr. Roberto não queria saber quem era o presidente. Ele estava com o presidente se ele fosse bom pro *Globo*. Se não fosse bom pro *Globo*, não era bom pra ele", avalia o jornalista Milton Coelho da Graça, que foi editor-chefe do jornal. Moses tinha inspirado essa visão. "O Herbert Moses foi um cara que transmitiu a ele a experiência que tinha na convivência com o poder. Só ousava ficar contra o governo quando o governo deixava de interessar a ele."

Numa capital em que poucos se arriscavam no inglês, Moses se tornou o mais procurado tradutor do poder. Reis, presidentes, militares e artistas que desembarcavam no Rio eram levados para a ABI, onde Moses os recebia ou traduzia as conversas. Isso garantiu um espaço excepcional à instituição no jogo político num momento em que a imprensa estava subjugada.

Moses se impôs como um influente canal para jornalistas perseguidos pela ditadura e um nome imprescindível nas partilhas dos recursos dos bancos federais para a imprensa. No varejo, atuava na nomeação de quem lhe facilitasse os negócios. À frente da ABI, cercou-se de profissionais do *Globo* e comunistas. Um de seus apoios era o gaúcho João Antônio Mesplé, nome influente do PCB e da equipe de editorialistas do jornal de Marinho.

Da ABI faziam parte jornalistas de pequenos e grandes jornais e revistas, empregados e chefes, gente de direita e de esquerda. A base da liberdade de imprensa construída por Moses, porém, tinha características liberais. A vontade individual de um jornalista de prosseguir numa história de confronto ao poder político ou econômico estava restrita ao modelo criado pelo "Mosquito Elétrico". Por outro lado, o impedimento de publicar alguma notícia não combinava com o caixa, especialmente a longo prazo, quando o fator credibilidade surgia como efeito colateral. A liberdade de atuação das empresas, tratada como liberdade de imprensa, ao menos garantia, nas cidades, um escudo de proteção à integridade física de repórteres, tolhidos ou apoiados em seus desejos de espalhar o que viam, sentiam e descobriam.

Naquele outono de 1938, o largo da Carioca ganhava o branco das paineiras. A manhã de 11 de maio estava amena quando repórteres telefonaram para a redação do *Globo* avisando que um grupo armado tentara invadir, à meia-noite, o Palácio Guanabara e matar o presidente. Roberto Marinho espalhou a equipe pela cidade. Às 11 horas, o jornal informou que um grupo de militares liderado pelo tenente do Exército Severo Fournier havia entrado pelo jardim e cercado a residência. A guarda presidencial e parentes de Getúlio pegaram em armas. Após horas de tiroteio, reforços da polícia e do Forte do Vigia chegaram para sufocar o movimento.

> "Assaltaram
> o Guanabara
> para tomar conta do Brasil!"

A edição trouxe um furo. Um repórter encontrou o ministro da Justiça, Francisco Campos, tomando café pela manhã com amigos no Chave de Ouro, junto à Galeria Cruzeiro, na avenida Rio Branco, perto da redação do jornal. "Tudo dominado", disse o ministro ao jornalista. A frase virou título de matéria. "Os cabeças estão todos presos, disse-nos o sr. Francisco Campos. — Pode citar nomes? Insistimos. O sr. Francisco Campos acabara o café e procurava cigarro no bolso."

Duas horas depois, às 13, *O Globo* pôs uma nova edição nas bancas do Centro da cidade com uma manchete dramática:

> "Oito cadáveres
> no Guanabara!"

A primeira página informou que o número de mortos na batalha travada no palácio era ainda maior, sem oferecer dados precisos. O esforço do jornal em ressaltar a serenidade do ditador era visível. "Depois de atirar de parabélum, o sr. Getúlio Vargas foi fumar tranquilamente", informou, mais uma vez incensando a figura do ditador.[112]

Com menos destaque, o jornal registrou ter visto um "quadro macabro", o cadáver de um "indivíduo numa árvore num terreno atrás do Guanabara". Também registrou depoimento do general Góes Monteiro, que afirmou ter visto sangue na entrada do Ministério da Guerra. Às 15 horas, o jornal apareceu na praça com uma terceira edição.

"Crivada de bala
a escrivaninha
do presidente!"

No texto, o jornal ressaltou que o presidente não demorou para restabelecer sua rotina após o ocorrido. "O sr. Getúlio Vargas, com inalterável sangue-frio, despachou vários papéis em seguida ao dramático tiroteio", informou.

O vespertino de Marinho chegou à "última edição" às 17 horas.

"Matar era
a ordem!"

O depoimento que dava base à manchete do jornal era do fuzileiro naval Luiz Gonzaga, que teria confessado o assassinato de quatro homens da guarda presidencial. "O sargento tombou, sem um 'ai'. Três fuzileiros surgiram de arma em punho. Novamente, apertei o gatilho e eles também caíram mortos. Recuei para junto dos meus. E o resto, já se sabe. Perdemos."

Uma edição extra foi rodada, a quinta, no começo da noite. O jornal relatou que Vargas, no momento do tiroteio, foi à janela do palácio para conferir a posição dos inimigos.

"Expôs a vida
ao fogo dos assaltantes!"

No dia seguinte, Alzira, filha de Vargas, relatou ao jornal que o pai permaneceu no quarto no começo da troca de tiros, mas depois pegou um revólver e se juntou ao grupo da resistência. Telefones foram cortados. A cobertura se rendeu ao oficialesco.

A história dos oito "cadáveres" não apareceu nas demais edições. Anos depois, em suas memórias, Góes Monteiro escreveu que "os jovens idealistas, completamente dominados, foram acuados pelas tropas legais até os fundos do terreno, e ali procedeu-se à execução sumária de todos eles". Bejo Vargas, irmão de Getúlio, teria acompanhado o fuzilamento.[113]

O *Diário da Noite*, de Chateaubriand, de 16 páginas, o dobro do jornal de Marinho, demonizou os integralistas, associando-os a "forças estrangeiras". A manipulação foi total. O *Diário* destacou que os revoltosos davam ordens em língua exótica e um ataque a um posto telefônico foi comandado por estrangeiros.

Os matutinos só foram às bancas com a história do levante integralista no dia 12. O *Correio da Manhã*, de 14 páginas, avaliou que Getúlio estava "disposto sem dúvida a morrer, mas nunca a transigir ou a recuar". O jornal de Paulo Bittencourt foi o único a entrevistar o ditador, que fez do matutino "seu porta-voz perante a nação".[114]

O Globo repetiu, como fizera durante a insurreição comunista, a cobertura em tempo quase real, com oito edições num dia. O jornal não sofria o engessamento dos matutinos. Nas páginas internas, os textos foram curtos, como as notas de internet de nossos dias, com declarações impactantes, sem contextualização. As páginas chegaram a ter quarenta pequenas notas. A receita mantinha os leitores amarrados, incentivando-os a comprar novas edições com os desdobramentos dos casos nas páginas de um "jornal-novela".

A decisão de Marinho de ir aos limites da tradição dos vespertinos, com edições rápidas, ocorria num momento em que o empresário avaliava a possibilidade de entrar no mercado do rádio.

O motorista de Marinho, Joffre, relembrou as sucessivas edições do jornal nessa época: "Quando o dr. Roberto entrou mesmo [no jornal], tinha uma edição em cima da outra. *O Globo* disputava com *A Noite*, com o *Diário da Noite* [...] Não tinha nem jeito. Quando o carro chegava já tinha que sair logo. Fazia do largo da Carioca a Cascadura em uma hora e 15, vinte minutos. Nem parava. Mesmo porque, quando voltava novamente, daqui a pouco o dr. Roberto preparava aqueles artigos, né? Aí saía outra edição."

Certa vez, usei a história do levante integralista para tentar uma conversa com a pesquisadora Celina Vargas do Amaral Peixoto, neta de Vargas e filha de Alzira. Durante encontro casual na Livraria Travessa, em Ipanema, abordei-a sobre a atuação de Alzira na reação. Ela contou que, segundo a mãe, nada foi planejado e que, de uma hora para outra, tornou-se "heroína".

Na rápida abordagem, Celina não demonstrou interesse na conversa para falar sobre a relação da mãe e do avô materno com Marinho. Ela disse que nunca houve relação próxima.

"A imprensa sempre fez oposição ao meu avô."

"Não foi bem assim. Ao longo da década de 1930, Marinho apoiou o palácio. Só depois houve rompimento", ponderei.

"É... após a guerra."

"Mas sua mãe deve ter dito muito sobre Roberto Marinho na oposição."

"A oposição era o Lacerda, que hoje está deste tamanho na história", respondeu, aproximando o polegar e o indicador da mão direita.

Eu disse a ela que buscava "confidências" de família.

"Meu filho, a família Vargas não faz confidências."

Tentei consertar:

"Mas uma confidência vinda da família Vargas é memória, é história."

"A família Vargas está acima da história", disse ela.

O levante integralista mudou o rumo da família Aranha. O capitão Manoel Aranha, menos influente dos irmãos, foi acusado de ajudar Severo Fournier a se abrigar na embaixada italiana. Manoel foi reformado.

Lulu se revoltou. Oswaldo pediu demissão do cargo de ministro das Relações Exteriores.

Mais distante do centro do poder político com a saída de Oswaldo, Lulu viu Filinto aumentar sua influência no governo. O chefe da Polícia do Distrito Federal montou um esquema próprio na estrutura do Estado autoritário, tornando-se um obstáculo às pretensões do lobista.

Lulu tinha uma carta na manga para evitar que Filinto tivesse poder absoluto: um apadrinhado do lobista, Lourival Fontes, controlava um órgão criado para cuidar de rádios e produções de cinema, o Departamento de Propaganda e Difusão Cultural (DPDC). O órgão, porém, não atuava na censura, área exclusiva de Filinto.[115] O delegado não demorou a perceber as investidas para tomar dele o setor.

Por meio de espionagem, os agentes de Filinto registraram que Lourival defendia uma reforma da polícia e criticava erros na censura à imprensa. Ele dizia que o controle de jornais e revistas era uma função política, e portanto deveria ficar sob responsabilidade da polícia. Um relatório da equipe de Filinto registrou que Lourival recebia "boas somas" dos jornais.[116]

Lourival foi mais hábil que Filinto. Ele foi nomeado por Getúlio chefe de um órgão criado para centralizar a censura à imprensa, ao teatro, ao cinema, ao rádio e à publicidade. O Departamento de Imprensa e Propaganda (DIP) foi instalado no Palácio Tiradentes, sede da Câmara dos Deputados, fechada desde o golpe do Estado Novo.[117]

Pela Constituição formulada pelo jurista Francisco Campos, a imprensa tornou-se um serviço público. Com o DIP, jornais, revistas e rádios passaram a atuar, na prática, como extensões do governo. Agora, Lourival tinha a caneta para controlar a imprensa, fosse na distribuição de dinheiro dos empréstimos dos bancos oficiais, no controle de importação de papel-jornal ou no vetor de reportagens. Estrábico, de cabelos despenteados, Lourival ganhou, antes de tudo, entrada facilitada no gabinete de Vargas. Aos poucos, ele começou a se distanciar de Lulu e fazer voos solo pelo poder.

Numa noite de julho de 1940, o diretor do DIP vestiu roupa de gala para recepcionar, no Cassino da Urca, a cantora Carmen Miranda. Uma multidão se acotovelou na entrada para ver a chegada da principal estrela brasileira no exterior.[118] Ao chegar à Urca, a cantora foi saudada com palmas e gritos de fãs. Lourival a abraçou e a acompanhou de mãos dadas pelo salão.[119] Quando ela parava para dar autógrafos, ele sorria e acenava. Às mesas do jantar estavam Roberto Marinho, Herbert Moses, o pintor Candido Portinari e os mais "seletos" representantes do "haute gomme" carioca. Carmen abriu a apresentação com uma música em inglês. Não houve vaias, mas a recepção à artista foi fria.[120]

No conselho da ditadura

Filinto montou um esquema de grampos nos telefones do DIP, da ABI e dos empresários ligados a Lulu Aranha. Foi por meio das conversas gravadas que o delegado foi informado de um plano de Lourival para a criação de um Conselho Nacional de Imprensa. O CNI nascia na esteira da expansão da censura. A estratégia do governo era instalar um órgão para manter um canal único com os donos de jornais e revistas e, de certa forma, obter a chancela do mercado para as arbitrariedades. No desenho traçado por Lourival, o CNI seria formado por três pessoas escolhidas pelo governo e outras três indicadas pela ABI, pelo Sindicato dos Proprietários de Jornais e Revistas do Rio de Janeiro e pelo Sindicato dos Jornalistas Profissionais.

Numa manhã, Filinto gravou uma conversa telefônica entre Herbert Moses e um funcionário da alfândega responsável por liberar papel-jornal. Moses disse:

"O Lourival esteve com o presidente e ele tem demonstrado grande desejo de trabalhar conosco."

O diálogo continuou por meio de códigos. Moses perguntou:

"Eta aliança danada! Você é Rússia ou Alemanha?"

"Tenho distribuído papel em quantidade!", respondeu o funcionário.

"Faz muito bem... [...] Depois vou lhe oferecer um almoço, ouviu?"[121]

Na tarde do mesmo dia, Moses telefonou para Orlando Dantas, dono do *Diário de Notícias*. No diálogo grampeado, o lobista articulava a composição do Conselho Nacional de Imprensa, incluindo o nome do pupilo Roberto Marinho. A estratégia era apresentar o dono do *Globo* como representante do Sindicato dos Proprietários de Jornais e Revistas do Distrito Federal.

"Você põe alguma dúvida no Roberto?", perguntou Moses.

"Não."

"Apesar de ele ser meu companheiro, não tenho acanhamento em dizer que ele é dos bons. E, como você sabe, as suas tendências são mais para a independência do que para o cabresto."

Dantas acabou fazendo ressalvas a Marinho:

"Vou ser franco. Acho que devemos colocar um dos Diários Associados, porque o Roberto é muito mundano e tem muitas relações que podem trazer complicações mais tarde. Proponho o Dario."

"Aceito isso", disse Moses, ao ouvir a sugestão do nome do advogado Dario de Almeida Magalhães, executivo de Chateaubriand.[122]

O presidente da ABI não desistiu de apresentar o nome do dono do *Globo* ao conselho.

Dias depois, Moses conversou com Marinho sobre o assunto.

"Roberto, as coisas mudaram completamente para nós. Só o *Jornal do Commercio* não está de pleno acordo. Também, ele sempre foi assim. Sempre foi inatingível. Já conheci dez diretores desse jornal e todos eram burros. A coisa mudou de aspecto. O Ozéas não pode ser, o Pires do Rio foi afastado. Agora lembrei [...] de você, trabalhador."

"Eu sei, dispenso os confetes."

Moses fazia referências a Ozéas Motta, do Sindicato dos Proprietários de Jornais e Revistas, e José Pires do Rio, do *Jornal do Brasil*.

"Não vá você me expor à lista e depois fracassar minha candidatura. É bom que fique tudo entre nós."

"Ora, Roberto, você me conhece... eu vou falar com o Ozéas."

"Diga-lhe assim: 'Como você não pode ser, lembrei-me do Roberto, que é muito mais seu do que meu.' Faça o golpe nele."

"Eu vou fazer o golpe com Ozéas."

"Está muito bem."[123]

Na eleição no sindicato, articulada por Moses, Marinho derrotou Ozéas.[124] A ABI indicou ao conselho seu ex-presidente Belisário de Souza, profissional do *Jornal do Brasil*. Por parte do governo foram escolhidos Cypriano Laje e Pedro Thimótheo de Almeida e pelo Sindicato dos Jornalistas Profissionais, Carlos Eiras. O advogado Dario de Almeida Magalhães foi preterido nas negociações. Chateaubriand não teve um representante direto no conselho. Nem precisava. A imprensa atuava em bloco. O empresário não precisava de Moses para falar com Vargas.

Mas Roberto Marinho ainda tinha estrada para chegar ao poder. Ele e os demais conselheiros foram recebidos em audiência por Vargas. Pela primeira vez, Marinho entrava no Salão de Despachos, um espaço no primeiro pavimento do Catete com três portas que dão acesso ao jardim, de tonalidade azul, ornado com pinturas de aves e plantas e dois lustres pendurados no teto onde sobressai a imagem de Baco e Ariadne.

No encontro, Marinho se posicionou contra a censura. Avaliou que bastaria um código de ética do setor. Com sarcasmo, Vargas comentou:

"É curioso que justamente aquele que os senhores me apresentaram como representante dos proprietários de jornais seja precisamente quem desprezou os aspectos, sem dúvida ponderáveis, de natureza material, da existência dos jornais, para falar-me unicamente da necessidade do estabelecimento de um código de ética."[125]

Ao longo de 17 meses, o CNI, sob as ordens de Lourival, determinou quais jornais e revistas tinham acesso às isenções de taxa de importação de papel ou poderiam circular. O conselho avaliava ainda pedidos de autorização de funcionamento de gráficas, agências telegráficas e trabalho de correspondentes.

O conselho negou registro a jornais de sindicatos e entidades de classe, suplementos dirigidos por estrangeiros, folhas de tendência comunista e socialista e rebaixou para "boletins" diários e semanários de grupos que não obedeciam cegamente às diretrizes do governo.

Os veículos das capitais sem força política também estavam na lista dos periódicos censurados, entre eles o *Diário da Manhã*, de Fortaleza, *Liberdade*, de João Pessoa, *Gazeta de Recife*, *A Capital*, de Salvador, e *O Repórter*, de Porto Alegre. O *Nippon Shimbun*, de São Paulo, foi obrigado a trocar a língua japonesa pelo português em suas edições. O *Correio Português*, do Rio, recebeu suspensão por comentar a neutralidade brasileira em relação à guerra. O jornalista Bruno de Martins, do Rio, teve o registro cassado por criticar o Exército e "quebrar" a confiança de seu jornal.

O conselho deparou-se com um caso que envolvia o mais influente jornal paulista. A Polícia Civil entrou na redação do *Estado de S. Paulo*, de Julio de Mesquita Filho, sob argumento de que o jornal guardava armas e articulava a derrubada de Vargas.[126] Na época, Julio estava no exílio, em Buenos Aires. O jornal estava sob o comando do irmão, Francisco. Ao analisar o caso, os representantes do governo no conselho votaram pela intervenção, e os membros escolhidos por entidades de classe, incluindo Marinho, rejeitaram a proposta. Fontes tentou mudar o voto dos empresários e sindicalistas e, assim, conseguir uma decisão unânime. Ele convenceu os representantes da ABI e do Sindicato dos Jornalistas a votar pela intervenção, mas Roberto Marinho manteve o voto a favor do jornal paulista.

Ao filho João Roberto, Marinho gostava de contar o seguinte diálogo que teria travado com Lourival Fontes.

"Roberto, o conselho vai aprovar, é melhor que seja por unanimidade. Vai ficar ruim você ser derrotado."

"Prefiro ser derrotado, quero que conste que eu fui contra a intervenção. Não vou concordar com esse absurdo."[127]

Marinho justificou, mais tarde, sua defesa do *Estado* e relatou o momento de "humilhações" vivido por jornais e revistas.

Se os arquivos do antigo DIP ainda existem, poderão ser constatadas as intervenções, sempre taquigrafadas, que tive, permanentemente, na defesa dos jornais ameaçados de qualquer violência. No caso específico da intervenção do governo no Estado de S. Paulo [...] *sendo o assunto levado ao Conselho, verificou-se que os três membros nomeados pelo governo aprovaram a intervenção e os três representantes de classe a combatiam. Houve sessões que se prolongaram noite adentro. Os meus colegas representantes da ABI e do Sindicato dos Jornalistas acabaram por convencer-se das razões apresentadas ardorosamente pelo meu brilhante e velho amigo Lourival Fontes, na época diretor do DIP. Ainda assim, mantive-me na posição inicial de defesa do* Estado de S. Paulo.[128]

Aos 36 anos, quando integrou o conselho, Marinho dava os primeiros passos na arte de compor com ditaduras e manter-se como figura representante dos interesses da classe de empresários da comunicação e, ao mesmo tempo, jornalista defensor da liberdade de informação.

Marinho votou contra a intervenção do *Estado de S. Paulo*, mas mandou um voto de "alto louvor" ao "censor" Abner Mourão, pelo "grande acerto e clarividência" na sua função de interventor do jornal.[129]

A figura de Marinho como defensor da liberdade ficou arranhada quando este silenciou diante da encampação da *Noite*, jornal criado por seu pai que, agora, pertencia aos sócios da Estrada de Ferro São Paulo-Rio Grande, antigo espólio de Percival Farquhar. Na ocasião, os conselheiros elogiaram a decisão do governo e aprovaram uma menção a Irineu, o fundador do jornal.

O conselho analisou e votou a favor de Marinho em duas ações que envolveram diretamente os interesses do empresário. Foram processos para estipular tamanho e quantidade das revistas *Gibi* e *O Globo Juvenil*. Todas as citações sobre pedidos de empresas influentes do Rio e de São Paulo para isenção de impostos e liberação de papel aparecem nas atas das reuniões do conselho.[130]

Sempre cuidadoso em tratar Lourival Fontes nas cartas como "velho amigo", Roberto Marinho demonstrou, pelo menos no tempo do CNI, sua relação de rusgas com o chefe do DIP. Em outra conversa por telefone com Herbert Moses, grampeada por Filinto Müller, numa manhã, Roberto reclamou da posição de Fontes no âmbito do conselho.

"O que há de novo?", perguntou Marinho.

"Espero que você me conte o que houve lá ontem", disse Moses.

"Foi muito mal. Imagine você que o Lourival fez a sacanagem de não aparecer. Não telefonou nem para mim nem para o Cypriano."

"Eu não acredito que o Lourival fizesse isso intencionalmente."

"Ele está muito enganado comigo. Eu não sou empregado dele para ficar à mercê de seus caprichos."

"Não fale bobagem, meu filho; você é uma criança."

"Não, senhor... eu fui convidado para ser membro de um conselho autônomo e não para servir de capacho do DIP."

"É necessário fechar os olhos numa batalha como esta. Eu não me importo que digam que eu sou um judeu sem-vergonha, mas eu quero é vencer na última batalha. Você precisa ter fibra de lutador."

"Isso é coisa diferente. Eu posso servir, uma vez que haja um objetivo honesto, sério e de respeito, mas sem submissão."

"Roberto, eu lhe peço mais um pouco de calma..."

"Mas se eu aceitei foi por questão de boa vontade em servir à imprensa, mas da maneira como está anarquizado, desisto de continuar."

"Roberto, você precisa compreender as coisas como são. Eu tenho perdido batalhas, mas não esmoreço. Agora, você está aí, com sentimentalismo bobo que me faz até duvidar do seu sexo."

"Não quero me meter mais nisso. Já estou farto e vou me afastar."

"Roberto, você não deve esmorecer. Veja o exemplo da Inglaterra, que já perdeu algumas batalhas; foi humilhada, mas vai ganhar a última, com certeza. Acho que você deve apanhar o chapéu e ir lá, em casa de Lourival."

"Eu não farei isso, de maneira alguma..."

"Alguém que escutar minha conversa há de dizer que eu sou um judeu muito canalha e que estou lhe conduzindo ao mau caminho... Você não conhece a minha vida, a minha luta."

"Não quero mais saber daquilo, pois não posso confiar num sujeito que quer me fazer de lacaio."[131]

A máquina de grampos de Filinto continuou azeitada. Ele informou ao coronel Benjamin Vargas que Moses e Marinho almoçaram na embaixada inglesa, uma representação não apenas do Reino Unido, mas também da canadense Light. Na análise dos espiões, o assunto foi a possível saída de Eurico Gaspar Dutra do Ministério da Guerra. Eles escreveram que "elementos" ligados à embaixada, como Abott, Landsberg, Rufier, Long e outros, ofereceram o almoço. No encontro, Moses e Marinho teriam atacado a política brasileira e disseram que o governo já "compreendia" a necessidade de modificá-la.[132]

Um relatório da equipe de Filinto avaliou que o CNI começava a atuar em defesa da aproximação do Brasil com os Aliados na luta contra os nazistas. O documento destacou que tanto o órgão quanto a ABI ameaçavam acabar com a "neutralidade" do país. Os espiões enxergavam as digitais de Herbert Moses.[133] Um outro documento da polícia destacou que Luiz Aranha vinha tendo sucessivas entrevistas com diretores de jornais e os presidentes da ABI e do Sindicato dos Jornalistas, com os quais tratava de algo sobre a censura de Filinto.[134]

O recurso de transformar o noticiário internacional em mensagens cifradas sobre a situação brasileira usado por Marinho voltou a ser detectado pelo relatório de Filinto. O próprio delegado analisou uma manchete do *Globo*.

> "Divergência
> entre o ministro da Guerra e os generais!"[135]

A manchete referia-se ao ministro britânico Hore-Belisha, demitido após desentendimentos com a Força Aérea do Reino Unido. "Essa manchete dá a impressão de que o assunto se passa no país. No DIP, comentava-se que *O Globo* fez isso a pedido do cap. Müller ao sr. Roberto Marinho, a fim de incompatibilizar o novo departamento com o ministro da Guerra."[136]

Os documentos da equipe de Filinto descreviam Lourival Fontes como alguém que não tinha "sinceridade" com o Estado Novo e Vargas. A "falta de moral" do chefe do DIP, na avaliação dos agentes, era evidenciada por deixar jornalistas esperando até quatro horas e andar nas ruas com as calças "desabotoadas". "Aboletado na posição atual, ele nela somente tem feito serviço em proveito próprio. Fazendo lá uma política de barca da Cantareira. Isto é, atracando dos dois lados."[137]

Por sua vez, Marinho dava entrevistas para ressaltar que estava sintonizado com o governo no combate aos extremistas. Ao *Estado de S. Paulo*, sob intervenção, ele disse que o maior "serviço" prestado pelo *Globo* era "combater com intrepidez, afrontando os maiores riscos e ameaças, tanto as infiltrações comunistas como as do integralismo".[138]

* * *

Os espiões viam divergências até entre Roberto Marinho e o jornalista José Soares Maciel Filho, ligado a Vargas e aos Aranha, com a equipe de Lourival Fontes. Um relatório da polícia destacou que o empresário criava obstáculos para o desenvolvimento da Divisão de Imprensa do DIP. "Enquanto o sr. Roberto Marinho, a pretexto de defender a sua independência e liberdade, discorda das menores coisas, o sr. Maciel Filho, com o propósito de prejudicar inimigos seus, quase todos os outros diretores de jornais, prolonga-se em discussões as mais sérias, dizendo que o seu pensamento é o do sr. Getúlio Vargas, que pessoalmente lhe foi transmitido."[139]

Segundo registros feitos pelo serviço secreto de Filinto, Lourival conspirava contra Vargas e a favor do grupo dos Aranha. Numa ocasião, Lourival teria dito a um jornalista estrangeiro: "Já lhe falei que o sr. Oswaldo Aranha não é a figura número dois do Brasil, e sim a figura número um. Em caso de o sr. continuar a focalizar a personalidade do chanceler como figura número dois, serei obrigado a usar de represálias." Em encontro com outro correspondente, Lourival teria dito: "Serei obrigado a mandar sabotar os seus despachos se continuar a insinuar que o Brasil é um país ditatorial. Ditador é apenas o sr. Getúlio Vargas, mas o Brasil é democrático e liberal."

Às 23 horas de um daqueles dias tensos, o DIP divulgou nota: "O vespertino *O Globo* foi hoje punido com a perda da isenção de direitos para importação de papel. Motivo — insistiu em publicações sobre a questão das bases americanas."[140]

Na redação, espiões registravam os movimentos de Marinho. O empresário conhecia parte deles, mas os mantinha na folha de colaboradores. Também tinha de conviver com os censores oficiais, enviados pelo governo para a redação. Ele encarregava Rogério de fazer o contato com o agente, que se sentava a uma mesa contígua à do irmão caçula na redação. A relação entre Rogério e os censores era cordial. Os agentes costumavam dizer que estavam na sede do jornal por receber ordens, e acreditavam na "orientação" dele para impedir "deslealdades". "Nunca houve incidente grave", contou.[141]

O censor fazia parte de uma estrutura baixa do regime. Tinha o poder do medo e da intimidação, mas não atingia uma reputação mesmo entre os homens mais ligados à ditadura. Era tido como um cão sarnento e desprezível pelas vítimas, temido no dia a dia pela cúpula do jornal, e um ser primitivo e necessário na estrutura repressiva. Rogério atuava com frequência na diplomacia com os censores, uma função às vezes incompatível para Roberto, mais esquentado.

Família contra os quadrinhos

A guerra diária de Roberto Marinho contra comunistas e integralistas pelas páginas do jornal não era acompanhada de aumento do caixa. A publicidade do governo, do comércio e da indústria incipiente estava em baixa. Os empréstimos chancelados pelo grupo de Lulu eram paliativos. A dívida do *Globo* chegou a um limite quase insustentável.

Quando recebeu do jornalista do *Globo* Adolfo Aizen a proposta de publicar histórias em quadrinhos, as quais se propagavam nos Estados Unidos, Marinho não demonstrou interesse. Aizen deixou o jornal. Ele procurou o ex-tenentista João Alberto, que tinha lançado *A Nação*, e propôs as tiras. Foi com a ajuda de João Alberto que o jornalista publicou o *Suplemento Juvenil*, que teve sucesso repentino. Marinho viu, atrasado, que ali estava pelo menos uma possível fonte de renda para sua empresa. Ele procurou Aizen, mas dessa vez o jornalista disse que já não tinha interesse na parceria.

Certo dia, Armando Peixoto, jornalista da United Press, subiu afobado a escadaria do *Globo*. Levava nas mãos um plano de uma editora de revistas em quadrinhos. Diante do entusiasmo de Peixoto, Marinho perguntou o motivo de tanta segurança no êxito do projeto. Ao que ele respondeu:

"Tenho o principal: as historietas em quadrinhos."

Peixoto acabara de conseguir a representação de sindicatos norte-americanos de desenhistas de histórias em quadrinhos. Havia uma barreira. "O sr. Marinho não era, porém, o dono exclusivo do *Globo*. Tornava-se, assim, necessário consultar a opinião da família. Antes não o fizesse. Todos, todos, discordaram", relembrou Peixoto. A família temia o aumento das dívidas.

Naquele momento, os irmãos Rogério e Ricardo já tinham certo peso nas decisões da família. A viúva Chica e o cunhado Velho da Silva se impunham contra os arroubos de Roberto. As irmãs, Heloísa e Hilda, não opinavam. Houve uma divergência de opinião sobre os rumos que a empresa deveria seguir. "Caraterizado o dissídio, o sr. Marinho ficou sozinho. Teve ímpetos de recuar, confessou-me ele mais tarde. Mas, obstinado, pôs-se mãos à obra", relatou Peixoto.

Sem recursos, Marinho fez um acordo com Peixoto para pagar as histórias de tiras em parcelas, meses após a publicação. *O Globo* só pagaria por duas semanas de histórias a cada um mês. Com a parceria, Armando abriu a Panamericana, uma intermediária das publicações. Por sua vez, Marinho criou *O Globo Juvenil*, que lembrava título lançado por Aizen.[142]

Marinho contratou jornalistas e desenhistas para dar uma cara nacional ao suplemento. O jornalista Pinheiro Lemos foi deslocado da redação do *Globo* para dirigir a publicação, que começou a sair às quartas-feiras e aos sábados, com pelo menos 16 páginas. Um jovem repórter da redação do jornal, Antonio Callado, tornou-se o principal roteirista das histórias. Com a saída de Lemos do projeto, ele passou a dirigir o suplemento. Callado conseguiu remanejar para os quadrinhos Nelson Rodrigues, que trabalhava naquele momento como repórter do jornal. Com pouca fluência no inglês, Nelson interpretava livremente as situações desenhadas.[143]

Com a consolidação do *Globo Juvenil*, Marinho partiu para uma ofensiva maior no mercado de quadrinhos. Ele recorreu à própria infância ao lançar uma nova revista com o mesmo nome do personagem Gibi — agora sem o Y —, dos desenhos da velha revistinha *O Tico-Tico*. Na publicação de Marinho, que saiu às bancas em abril de 1939, no entanto, Gibi deixava de ser o copeiro coadjuvante para aparecer como um jornaleiro, que gritava Pelé — daí, possivelmente, o nome que consagraria o maior astro do esporte.

No lançamento, Marinho mandou uma equipe distribuir *Gibi* no Cine Parisiense e na Laranjada Americana, frequentados pelas crianças no Centro do Rio. Ali, colheram impressões sobre as tirinhas do Brucutu, do Charlie Chan e do Bronco Piler. O motorista Joffre recordou as vezes em que ia com o patrão buscar revistas na gráfica. "Toda semana, duas vezes por semana, saía o *Gibi* e o *Globo Juvenil*. Aí encostava o carro lá e não tinha ninguém pra ajudar a encher o carro. 'Dr. Roberto, não tem ninguém pra ajudar.' Ele tirava o paletó e ajudava a encher a mala. Aí quando chegava ali no *Globo*, o pessoal que trabalhava por ali ajudava a tirar."

Gibi se tornou um fenômeno de vendas, com edições de cem mil exemplares, superando a publicação de Aizen. A revistinha em quadrinhos, anunciada como "filho caçula" por Marinho, se somava ao *Globo Juvenil* e ao *Globo Sportivo*, uma parceria com Mário Filho, na rede de revistas. Em pouco tempo, as publicações tornaram-se as principais fontes de renda da família.

Não demorou para *Gibi* tirar a roupa de jornaleiro e se apresentar na revistinha de chapéu, sapatos bicolores, terno branco de quatro botões, gravata vermelha e um charuto na mão. O sorriso não era mais de servilismo. Roberto Marinho estava mais rico do que nunca. O jornal, no entanto, se tornava o maior cartão de visita do empresário nos salões e gabinetes do Rio. O King Features Syndicate tirou de Adolfo Aizen os direitos de publicação de títulos como Flash Gordon, Mandrake, Dick Tracy, Jim das Selvas, Tarzan, Os Sobrinhos do Capitão, Popeye, entre outros, que migraram para *O Globo*. Esses quadrinhos marcaram época. Tempos depois, Aizen vendeu o *Suplemento Juvenil* para a editora *A Noite*.

Um parêntese que sustenta a versão de que Marinho guardava mágoas, pelo menos em questões envolvendo as finanças da empresa. Quase sessenta anos após o desentendimento com Adolfo Aizen, um filho do concorrente, Paulo Adolfo, propôs a Marinho que comprasse impressoras de sua empresa. O pai tinha morrido e o grupo estava falido. Marinho foi implacável:

"Olha, eu quero te contar o seguinte: quando seu pai era do negócio de revistinhas eu propus uma sociedade. Ele me disse: 'Roberto, por que eu vou dar sociedade se eu sou o principal empresário do negócio?' Eu respondi: 'Olha, Aizen, um dia você vai se arrepender disso.' O tempo passou. Acho que fiz alguma coisa na vida, constituí uma empresa, ajudei pessoas. Só quero dizer que não tenho mágoa do seu pai e não me interessa comprar máquinas."[144]

As vendas de *Gibi* e do *Globo Juvenil*, no entanto, garantiram a sobrevivência e a ascensão de Roberto Marinho nos negócios. Ele construiu a casa do Cosme Velho com o dinheiro dos quadrinhos. Muito tempo antes de a TV Globo nascer e montar palácios e cidades de tapume, gesso e papelão para suas telenovelas em Jacarepaguá e na Barra da Tijuca, Marinho construiu uma casa imponente no número 803, atual 1.105, da rua Cosme Velho, na Zona Sul, uma ladeira aprazível, sombreada de paineiras e ipês, que dá acesso ao Corcovado, para festas de negócios.

Depois do portão de ferro, o visitante passa por um jardim com fonte de mármore italiano e um pequeno lago. A fachada da residência é colonial, na cor rosa. No térreo da mansão, um conjunto formado por sala de jantar, salão de festas e uma cozinha típica de grandes recepções, interligado a um porão para guardar louças e uma adega, dá um aspecto de clube social à residência.

As escadas para o segundo pavimento são de madeira escura trabalhada. Nesse andar, reservado à família, está a marca de um empresário aplicado. Ele construiu um quarto de apenas cinco por cinco metros, com uma suíte comum. Os quatro filhos que nasceriam mais tarde se dividiram entre outros dois quartos, cada um com um banheiro.

O desenho da casa, feito pelo amigo e engenheiro Cesar de Mello Cunha, tinha a marca do modernismo, que vivia seu auge, num tempo em que os ricos do Rio e de São Paulo aderiam à história do Brasil. Era tempo de pôr abaixo os prédios em estilo europeu.

Se Marinho não tinha sangue de aristocratas rurais, a casa que mandou erguer usava como referência uma residência do engenho Megaípe, do século XVII, em Pernambuco, citada em *Casa-grande & senzala*. O clássico de Gilberto Freyre é um ensaio sobre a família brasileira. "Inúmeras as famílias nobres que em Portugal, como na Espanha, absorveram sangue árabe. Alguns dos cavaleiros que mais se salientaram nas guerras de reconquista pelo ardor mata-mouros do seu cristianismo conservaram nas veias sangue infiel", descreve.[145]

O jardim do Cosme Velho foi projetado pelo arquiteto Attílio Corrêa Lima. Ele trabalhou no plano urbanístico de Goiânia, primeira capital projetada do Centro-Oeste, num projeto de reurbanização de Niterói que não foi à frente e na Estação de Hidroaviões do Santos Dumont, onde introduziu um lago com vitórias-régias. Entre um projeto e outro para o governo, Attílio desenhava jardins para casas de empresários.[146] Sua obra, uma transição do jardim da *belle époque* para um jardim de espécies da Mata Atlântica e da Amazônia e de curvas e retas imprevisíveis, sempre garantindo espaço para o automóvel, uma marca do futuro, foi engolida pela grife Burle Marx.

O estilo do Estado Novo entrava no Cosme Velho, fosse por meio de Lourival Fontes, com seus ternos desalinhados, fosse pela artista mineira Maria Martins, que tinha um casamento aberto com o diplomata gaúcho Carlos Martins, amigo de faculdade de Vargas e sucessor de Oswaldo Aranha na embaixada em Washington. Marinho espalhou esculturas de expressões sensuais e libertárias feitas por Maria pela casa — a ligação da artista com o poder sufocava o moralismo de cardeais e ricaços que frequentavam a mansão. "Os bronzes eram esculpidos na dúvida, na ânsia e na interrogação", sentenciou Oswaldo, que chancelava os movimentos da amiga.[147]

Marinho não questionou a ideologia da ditadura que, na prática, impunha obstáculos a seus negócios. Ele afirmou que "abraçava" um nacionalismo que seguia as "diretrizes" da política de Getúlio Vargas. Assim, tentou demonstrar que seus produtos estavam de acordo com o discurso do governo. Ao copiar o modelo estrangeiro de histórias em quadrinhos e incluir elementos nacionalistas nas novas tiragens, o empresário adotou o canibalismo modernista para fazer negócio.[148]

Ele usou flechas de índios e fuzis de brancos no contra-ataque aos nacionalistas. *O Globo Juvenil* publicou histórias em quadrinhos do indigenismo e da Amazônia. O marechal Rondon, conhecido de seu pai, ganhou status de herói.

Marinho estava sempre próximo da jovem equipe que publicava os quadrinhos. Tornou-se amigo de "vadiagem" de Antonio Callado, relata Ana Arruda Callado, esposa do escritor.[149] Ele ainda iniciou amizade com Nelson Rodrigues e reativou uma relação profissional antiga com Henrique Pongetti.[150] Trocavam ideias e discutiam pormenores das histórias. Nelson demonstrava aproveitar as sugestões do chefe. Foi assim quando ele quis traduzir para a linguagem do suplemento um romance que Marinho admirava. "Sou obrigado a reconhecer que você teve absoluta razão quando disse que *As aventuras de Tom Sawyer* não serviam para o objetivo que se pretende. Todo o encanto da história está, não nos fatos, mas na literatura do autor — o enredo pouco rende, ou mesmo nada, numa historieta ilustrada", escreveu Nelson.

Ao ler as primeiras crônicas do amigo, Marinho fez críticas e sugestões para os enredos de traições e mágoas familiares. Em busca de espaço, Nelson relatou em pequena carta ao empresário que aceitava suas considerações a fim de reduzir o tom empolado e intelectualizado. "Conforme suas instruções, fiz uma pequena crônica leve, sem profundeza, sem erudição, sem pose e, em suma, uma coisa mais ou menos decorativa, com a qualidade de não querer dizer muita coisa e de ser relativamente agradável."[151]

A família de Nelson tinha origens no jornalismo. Na queda de Washington Luís, a *Crítica*, jornal fundado por Mário Rodrigues, pai do cronista, na rua do Carmo, foi empastelado por apoiar o governo. Com a destruição do periódico, Marinho acolheu na redação do *Globo* Mário Filho e logo depois o irmão Nelson.

Como a família Marinho, os Rodrigues tinham um pé na Zona Norte. Assim que chegou do Recife, o velho Mário se instalou com a mulher, Ester, e os filhos na região de Vila Isabel e da Tijuca.

Mário apostava no trabalho dos filhos para vender jornal. Demonstrava certo incômodo, no entanto, quando os rapazes exageravam nas charges e nos textos que abordavam a sociedade carioca. Roberto Rodrigues, um dos filhos, publicou no jornal da família a ilustração de um médico que passava a mão na perna direita de uma dama. Era a história da escritora Sílvia Tibau, que se desquitava do marido depois que este descobriu o envolvimento dela com um radiologista. O marido soube da traição após a mulher passar por aplicações malsucedidas de raios X para depilar as pernas.[152] A escritora foi à redação e deu um tiro fulminante em Roberto Rodrigues. O intuito dela era matar o pai do jovem, Mário Rodrigues, dono do jornal sensacionalista. A fúria de Sílvia não se limitava à ilustração de Roberto, mas a todo noticiário do caso na folha dos Rodrigues. A sede do jornal ficava próxima da sede do *Globo*. Ao receber a notícia, Roberto

Marinho percorreu um trecho da rua da Assembleia, cortou a avenida Rio Branco e entrou na rua do Carmo. Foi um dos primeiros a chegar para prestar solidariedade aos irmãos do desenhista. Lá encontrou, num canto, Nelson, de 17 anos.[153]

Mário Rodrigues morreu antes do julgamento de Sílvia — a escritora acabou absolvida. Deixou para os filhos um jornal em formação, como foi o caso do *Globo* de Irineu, mas ligado à República Velha, e sem um grupo de repórteres coesos.

Marinho contratou Mário Filho e Nelson. Na redação do *Globo*, os Rodrigues faziam todo tipo de serviço, da apuração à edição de textos. Nelson fazia matérias de polícia. Mário escrevia histórias de esportes e jogava sinuca com Marinho. Eram próximos. Ganhavam vales no fim do mês. Ainda assim, a relação de Marinho com os Rodrigues nunca foi de chefe e empregados. Os irmãos estavam na condição de filhos de dono de jornal falido. Mário Filho ocupou lugar de destaque no *Globo*. Foi editor de esportes e renovou a cobertura do jornal (e da imprensa brasileira) nessa área, em especial sobre futebol.

Nelson chegou a coordenar a publicação de quadrinhos após a saída de Antonio Callado, que foi trabalhar na BBC, em Londres. Não ficou muito tempo. Ele aceitou oferta dos Diários Associados e mandou carta de demissão ao "amigo e senhor" Marinho. "De vez que é minha a iniciativa da retirada, fica a empresa desobrigada de qualquer compromisso a meu respeito, pois aqui dou plena quitação de quaisquer direitos que pudesse invocar a meu favor, inclusive férias."[154] Marinho mandou a tesouraria lhe dar dez mil cruzeiros,[155] valor correspondente hoje a seis mil dólares.[156]

Marinho nunca suspendeu o salário de Nelson nos períodos em que o jornalista se internava para combater a tuberculose. Era uma ação que amolecia o cético Nelson. Ele sempre lembrava do pai, que teve o salário cortado quando trabalhava no *Correio da Manhã*, durante o governo de Epitácio Pessoa.

O Globo entrou na campanha pelo apoio do Brasil aos Estados Unidos. O anúncio no jornal da realização de um "comício monstro" no Rio levou o diplomata Vasco Leitão da Cunha, ligado a Aranha e que ocupava interinamente o cargo de ministro da Justiça, a chamar o chefe da Polícia Civil para dar instruções de respeitar a manifestação.

"Não cumpro as suas ordens", disse Filinto, que abriu o paletó e exibiu um revólver na cintura.

Vasco lhe deu ordem de prisão. Marinho não noticiou a queda de Filinto, mas deu uma manchete sobre o recuo de um comandante nazista diante do avanço britânico no Egito. Era uma metáfora:

"Para trás!"[157]

Na edição vespertina daquele mesmo dia, *O Globo* abriu manchete para descrever a passeata que saiu da praça Mauá e seguiu pela avenida Rio Branco até a embaixada dos Estados Unidos. Para mostrar que não estava contra o governo, o jornal publicou foto do cartaz de um estudante com o desenho do rosto de Getúlio — o movimento não era contra o ditador, reforçava — e deu ênfase que a manifestação foi pacífica e, numa prática de malabarismo, uma "eloquente" repulsa aos "totalitários".

Oswaldo Aranha conseguiu que Vargas declarasse guerra ao Eixo. O grupo dos "alemães" no governo se dissolvia, mas só Filinto perdeu prestígio.

Desse tempo, Marinho guardou a lembrança de ter sido salvo por Lulu Aranha no episódio em que desferiu um soco no agente da censura.

"Você está ficando maluco, bater em policial?", reagiu Lulu.

"Ele me desaforou, eu perdi a cabeça e dei um soco nele."

"Então fica em casa dois dias até isso apagar."

O conflito na Europa começava a trazer efeitos drásticos para os produtos de Roberto Marinho voltados a crianças e jovens. A guerra atingiu em cheio a indústria dos gibis. Em uma carta aos leitores, *O Globo Juvenil* informou que o fechamento das fábricas de papel na Finlândia e na Noruega acarretou aumento no preço dos jornais. "Pensem vocês um pouco e digam se esse estado de coisas é ou não profundamente alarmante?"[158]

Diante do reajuste do papel, Marinho tentou negociar os valores dos direitos pelos quadrinhos do distribuidor. Armando Peixoto aceitou repassar a preços "baratos" as historietas, mas não garantiu exclusividade. Ao saber que outros jornais tinham comprado os mesmos quadrinhos, Marinho publicou no *Globo* um "aviso" sobre os riscos de um processo judicial.

Na versão de Peixoto, *O Globo Juvenil* adquiriu as historietas sem direito a exclusividade. O preço teria sido irrisório. Peixoto, então, procurou outros clientes. "Lamentamos que essa iniciativa, perfeitamente legítima, não tivesse agradado o sr. Marinho, já acostumado com o monopólio de histórias em quadrinhos a preço de barato." Peixoto ainda provocou Herbert Moses ao propor um "tribunal de honra" na ABI para julgar o cliente. Marinho respondeu que a proposta era "ridícula" por se tratar de uma questão empresarial, e não de honra.[159]

A parceria entre Marinho e Moses era uma via de mão dupla. *O Globo* era o aval para o lobista construir a sede da ABI. Moses costumava dizer que tinha uma "manga azul" para convencer o governo a colaborar com a entidade. Era o jornal de Marinho.[160]

Getúlio mandou o Banco do Brasil dar um empréstimo de 13 mil contos de réis, que jamais voltariam ao caixa da instituição, para Moses construir a sede da ABI no coração do Rio. Os irmãos Marcelo e Milton Roberto ganharam o concurso para projetar a sede, deixando para trás arquitetos como Oscar Niemeyer. O prédio de 13 andares, com pilotis e quebra-sóis cobrindo as janelas, teve impacto nos meios arquitetônicos no exterior pela harmonia. O ditador foi escolhido presidente de honra da ABI.

Sob salva de palmas de diretores de jornais e conselheiros da ABI, Getúlio chegou ao salão de festas da sede da entidade, no Centro do Rio, acompanhado por Moses e dois militares. A mesa foi ornamentada com bordados e orquídeas roxas. O champanhe foi servido em taças de cristal Baccarat. Vargas se sentou ao lado de Moses e Elmano Cardim, do *Jornal do Commercio*. À sua frente estava Lourival Fontes, do DIP. Roberto Marinho estava na recepção, mas num canto mais afastado da cabeceira onde estava o presidente. Não era do primeiro time dos "capitães" da imprensa.

Moses falou que Vargas não entrava na casa como um presidente, e sim como o mais "autorizado dos nossos amigos e conselheiros".

Getúlio disse que não tinha preparado um discurso, mas esboçou em detalhes sua política de controle do jornalismo. Ele afirmou que a Constituição de 1937 deu à imprensa o caráter de "serviço público", o que dava "dignidade" ao setor — a carta simplesmente tornou a imprensa uma parte do Estado. Ele cobrou, ainda, a fatura pela obra da sede da ABI:

"A irmandade jornalística é pobre. Essa condição, porém, a eleva como força espiritual, pela sua capacidade propagadora de ideias."

Ele afirmou que era "dever" do Estado amparar a imprensa, que desfrutava um "alto conceito" por parte do governo.

"A imprensa vem correspondendo, integralmente, ao esforço e à colaboração do poder público."

O ditador ergueu uma taça de champanhe em nome da "glória" da pátria.[161]

Ao deixar o prédio, foi vaiado por estudantes e mulheres de presos políticos. A censura proibiu que o protesto fosse noticiado.[162]

O dr. Moses, como Roberto Marinho o tratava, era um homenzinho engraçado. Entrava elétrico na redação, parava à mesa de Pereira Rego, editor de pouca conversa, pegava um texto dele e disparava, com seu sotaque estrangeiro: "Ih, tá horrível." Pereira Rego dizia que não aguentava mais o irritante Moses. Roberto combinou com o editor que, na chegada de Moses à redação, ele tiraria um revólver sem bala da gaveta de sua mesa. O "Mosquito Elétrico" entrou, cumpriu seu ritual de brincar com o colega. Pereira Rego apontou a arma para o lobista: "Moses, acabou!" Moses correu, perseguido por Pereira Rego e pelos demais jornalistas.

O lobista representava *O Globo* nos encontros com empresários da imprensa. Antes de uma reunião, mandava a secretária datilografar a proposta que levaria. Mas guardava no bolso. Num encontro tenso com diretores do *Jornal do Brasil* e do *Correio da Manhã* para discutir assuntos do setor com o governo, ele surpreendeu Luiz Paulo Vasconcelos, gerente do *Globo* que o acompanhava, e não tirou do bolso a proposta. Lamentou não poder continuar no encontro, pois tinha compromisso, e saiu. No carro, Luiz Paulo Vasconcelos se queixou:

"Dr. Moses, nós tínhamos uma defesa muito boa, que surpreendentemente o senhor não tirou do bolso."

"Hum, você é verde, verde. Se eu puxasse do bolso, a gente iria perder."[163]

A Hípica

Nos primeiros anos da década de 1940, Roberto Marinho tornou-se figura constante nas grandes recepções do Rio. Mesmo que o Conselho Nacional de Imprensa fosse um órgão irrelevante, o empresário passou a desfrutar a condição de um representante dos "jornalistas" nos almoços oferecidos a ministros que voltavam do exterior, nos discursos do Dia da Marinha e nos jantares para celebridades estrangeiras. Era padrinho de casamentos concorridos, nome de time de basquete, de taça de turfe e de torneio de tênis. Somava-se ao portfólio a prática de hipismo. Promovia e ganhava corridas de cavalo e concursos hípicos, colocando a primeira-dama, Darcy Vargas, na tribuna oficial. Nessa época, Arisco, Lancero, Plumazo e Triunfo, seus alazões, ganhavam os primeiros lugares entre os concorrentes civis das provas. Na corrida "Taça Darcy Vargas", no campo do América, perdeu para quatro militares, tornando-se o primeiro entre os hipistas civis. Era um jornalista com mais acesso a conversas com o presidente que a maioria. A entrada no conselho lhe permitiu participar de uma audiência de Vargas onde também estariam Maciel Filho, Elmano Cardim e Cypriano Laje.[164]

Após sofrer uma intervenção, *A Manhã*, controlada até então pelos comunistas, deixou de atacar Roberto Marinho e as relações de publicidade do *Globo* com a Light. Agora, o empresário só era citado no noticiário de saltos a cavalo e nas audiências concedidas a ele por Vargas.

Os jornais divulgavam a agenda social de Roberto, como as de outros empresários do setor. Na montaria de seus cavalos, Marinho era retratado como um "fidalgo esportista".[165] A família Marinho, enfim, ultrapassava, ao menos nas aparências das páginas dos concorrentes, a barreira da cor no mundo dos barões da imprensa. Isso ficou evidente quando Marinho foi eleito presidente da Sociedade Hípica Brasileira, um clube de ampla área verde no Jardim Botânico.

* * *

Em um editorial sobre o Conselho Nacional de Imprensa, o *Diário Carioca*, de Horácio de Carvalho Júnior, escreveu que Marinho era um homem "nascido" em redação, que conheceu desde cedo as "coisas da imprensa" — "alegrias", "triunfos" e "decepções".

Horácio, o mais nobre dos chefões da imprensa, deixava escapar, porém, restrições de cunho social em relação a Marinho. Nas rodas dos barões da mídia no bar da sede do Jockey Club, na avenida Rio Branco, em frente ao Clube Naval, entre um drinque e outro, ele comentou:

"O Roberto, de nós todos, é o único que trabalha o dia inteiro. Nós chegamos aqui no bar do jóquei para bater papo, tomar uísque, e ele vai trabalhar. A verdade é que de nós todos quem trabalha é o Roberto."

A nobreza da imprensa caiu em gargalhadas. Marinho estava entre os barões, mas naquele momento não era um deles.

A busca por ser aceito na sociedade carioca não era mais incessante que a de construir sua empresa, ainda que a formação dela se constituísse também nessa aceitação. O filho João Roberto comenta: "A vida inteira eu vi que ele perseguiu a busca por ser aceito na elite do Rio de Janeiro, mas isso vinha em segundo plano. O que o encantava era o projeto do jornal, da empresa de comunicação. Não acho que [a busca por ser aceito na elite] foi um grande motivador dessa garra dele, não. Ele gostava da disputa, de uma briga, de um enfrentamento. Na hora da briga, tinha uma vibração adicional. Acho que é muito mais pelo projeto jornalístico, pelo encantamento da realização, do que pelo relacionamento pessoal."

Herbert Moses insistia num canal de diálogo com a ditadura Vargas cada vez mais feroz. Tentava manter a ABI em meio a críticas de colegas por ser um mero "comensal" do Catete e a ameaças rotineiras da repressão. Quando Vargas decidiu finalmente ceder a pressões do grupo representado por Oswaldo Aranha e declarar o rompimento com o Eixo, Moses chegou à redação do *Globo* esfuziante.

"Romperemos amanhã", disse a Alves Pinheiro.

A principal fonte de Moses, Aranha, porém, não tinha o controle de todo o governo. A censura limitou a importância do furo para o lobista, que teve de se contentar em vender a notícia entre seus contatos.

"Não dê nada. Aliás, a censura não deixará. Mande para o exterior."

Roberto Marinho estava fora da redação no momento em que o "furo" passou por lá. Alves Pinheiro, que fazia bico para agências estrangeiras, telefonou para o escritório da UP no Rio. Em poucas horas, a notícia corria pela Europa e pelos Estados Unidos.[166]

Com pelo menos três dezenas de jornais diários e semanais e uma meia dúzia de rádios, o Rio de Janeiro atraía a atenção do mercado de jornalismo internacional. Pelos prédios e sobrados do Centro funcionavam agências de notícias da Europa e dos Estados Unidos. A americana United Press e a alemã DNB tinham representações na avenida Rio Branco. A Havas estava instalada ali perto, na avenida Almirante Barroso. Na praça Floriano Peixoto, na Cinelândia, atuava a Reuters. A londrina Comtelburo tinha escritório na rua do Rosário. A Associated Press abriu escritório na rua Teófilo Otoni.

A ditadura continuou sua onda de violência. José Eduardo de Macedo Soares, do *Diário Carioca*, foi espancado na Cinelândia por agentes que trabalhavam no Catete. Por ser irmão do ministro da Justiça, José Carlos, o jornalista era visado por Filinto Müller, do grupo rival. O escritor Graciliano Ramos era humilhado no presídio da Ilha Grande, os jornalistas comunistas eram caçados. A situação era pior nos estados, as polícias dos interventores espancavam donos de jornais e repórteres.

Do exílio em Buenos Aires, Julio de Mesquita Filho, com seu jornal tomado pelo governo, escreveu uma carta à mulher, Marina Vieira de Carvalho, com ataques ao regime varguista. "Jamais o Rio Grande se lavará da ignomínia de ter dado ao Brasil um político capaz de levar a cabo tamanha vilania", afirmou. "Se o Brasil existir daqui a mil anos, dentro de mil anos pesará ainda sobre aquele Estado a responsabilidade moral pela inqualificável humilhação a que os srs. Getúlio Vargas, Oswaldo Aranha e demais líderes da atual política brasileira submeteram São Paulo."[167]

Um acontecimento social naquele período deu início a um novo rumo para o *Jornal do Brasil*. O conde Pereira Carneiro, um sessentão casado que ganhava dinheiro com o que restava de seu espólio comercial e cada vez mais com os classificados, passou a se relacionar com uma amiga de sua mulher. Aos poucos Maurina passou a ocupar espaço no palacete de dois pavimentos na rua General Dionísio, em Botafogo. Em estilo *art nouveau*, a construção tinha uma fachada suntuosa, com uma torre no centro decorada com anjos e floreais. Um arco sustentado por uma coluna clássica marcava a entrada. As janelas e portas ostentavam vitrais coloridos. Quando Beatriz, mulher do conde, morreu, Maurina ocupou de vez a mansão. A vizinhança tentou intervir junto ao arcebispo do Rio, que deu um "cala boca" em todos e interrompeu a discussão de que a nova mulher do endinheirado pernambucano não poderia usar o santo título de condessa. Se entrou sem dinheiro e pompa nos salões envidraçados da casa, Maurina tinha de sobra tradição na imprensa. Era filha do deputado e jornalista maranhense João Dunshee de Abranches Moura, professor de física e história natural e autor de livros de ensaios e poesias. Nascida em Niterói, ela deixou para trás o sobrenome paterno para ganhar o nome condessa Pereira Carneiro. Enquanto transformava o palacete num espaço de recepções a cardeais, políticos, senhoras da sociedade e barões da imprensa, ela ousou arriscar o patrimônio que herdou do marido ao trazer de volta ao jornal, mais tarde, nos anos 1950, notícias de política, reduzindo, aos poucos, os pequenos anúncios da primeira página.

Ainda em 1942, Roberto Marinho deu entrevista ao jornal antifascista *O Radical* para falar sobre a guerra na Europa. "O mundo de agora não é mais o dos nossos sonhos, com este pesadelo do nipo-nazismo-fascismo a angustiar os cinco continentes e a nos desfazer o encanto nascido do contato das conquistas da civilização e das coisas do espírito", disse. Ele defendeu as campanhas do governo para angariar fundos junto à população. O movimento era um "pretexto" de contato entre o governo e o "povo".[168]

O negócio da guerra

A guerra recrudesceu na Europa. Diferentemente do tempo da Coluna Prestes, quando *O Globo* não enviou correspondente para alimentar a curiosidade e a demanda dos leitores por informação sobre o movimento revoltoso, Roberto Marinho participou da pressão de donos de jornais para o governo liberar o envio de correspondentes nos navios que levariam soldados para o *front* na Itália.

O ministro da Guerra, Eurico Gaspar Dutra, dizia que jornalistas "só iriam atrapalhar". Ele estava convicto de que os repórteres eram todos contra o governo. Para aliados de Vargas, a Agência Nacional dava conta do recado. No primeiro embarque da FEB para a Itália, a 2 de julho de 1944, só estavam um repórter e dois cinegrafistas do órgão oficial. "Roberto Marinho e Herbert Moses, diretores de *O Globo*; Assis Chateaubriand e Austregésilo de Athayde, dos Diários Associados, Paulo Bittencourt, do *Correio da Manhã*, e Horácio de Carvalho, do *Diário Carioca*, que conheciam bem seus funcionários e neles confiavam, não podiam se conformar com isso — e não se conformaram", escreveu em suas memórias o repórter Joel Silveira, dos Diários Associados.[169]

Sem o poder de antes, o governo recebia um ultimato dos empresários. Se não tivessem correspondentes na Itália, os jornais usariam apenas notícias das agências internacionais. O ministro da Guerra aceitou a imposição, mas teve poder de vetar nomes. Um dos vetados foi Carlos Lacerda, que se apresentava pelo *Correio da Manhã*. O jornalista era marcado pelo apoio à ANL no passado. Mas ainda naquela década rompeu definitivamente com os "camaradas", tornando-se a partir daí o mais conhecido dos anticomunistas.

A escolha interna nos jornais dos correspondentes que iriam para a Europa causou traumas nas redações. Joel Silveira, então com 26 anos, venceu a disputa no grupo de comunicação de Chateaubriand, que dispunha de nomes experientes, como Edmar Morel e David Nasser. No *Diário Carioca*, jornal de poucos recursos, sem condições de apostas de risco e investimentos em estrutura na Europa, foi escolhido Rubem Braga, 31 anos, figura de peso e badalado cronista. O *JB* escolheu Carlos Alberto Dunshee de Abranches, da família dos donos do jornal — é claro que não se adaptaria com estrondos e cheiro de pólvora. A Agência Nacional, ligada ao DIP, enviou o fotógrafo Thassilo Mitke e o cinegrafista Fernando Stamato. No *Correio*, sem Lacerda na disputa, Paulo Bittencourt resolveu mandar sua ex-mulher Sylvia — que escreveria algumas crônicas e voltaria correndo para casa — e um chefe de redação. Raul Brandão, de 53 anos, tinha estado na Europa na Primeira

Guerra Mundial e, agora, vestia farda de capitão para cobrir o novo conflito. Se por um lado o jornal limava a oportunidade de contar com um repórter com sangue nos olhos para fazer a cobertura, por outro, Brandão demonstrava desprendimento de largar o cargo de subsecretário do matutino, onde trabalhava havia três décadas. Seria uma forma de redimir-se da cobertura do primeiro conflito, quando previu, empolgado, uma vitória da Alemanha.[170]

Roberto Marinho optou por escolher para correspondente um nome sem destaque na redação. Numa manhã de agosto de 1944, ele chamou para uma conversa o repórter Egydio Squeff, 33 anos, um gaúcho baixo, atarracado, que gostava de tomar chope no Bar Brahma. Os amigos o viam como um sujeito "machão", mas sempre terno.[171] Era ligado ao PCB, como nomes de peso do jornal. O importante para Marinho era a concentração de Squeff no dia a dia da cobertura.[172]

Na sacada do prédio do Liceu, de frente para o largo da Carioca, local chamado de "Muro das Lamentações", onde repórteres faziam apelos aos chefes, Marinho perguntou de chofre a Squeff se aceitava acompanhar a FEB. Squeff tinha a idade que, em redação, ultrapassava a de jovens promessas, vivia mergulhado em editar e escrever notícias a partir de telegramas de agências internacionais. Nunca tivera uma oportunidade de ouro na carreira, embora estivesse havia tempo na estrada. Até ali, o repórter acompanhava com distanciamento o noticiário sobre o avanço de Hitler na Europa. Ele se assustou quando, na queda de Paris, o colega de bancada, o experiente Clementino de Alencar, autor da série sobre os trabalhadores do porto de Imbituba, desiludido, arriou os braços e disse ter tomado a decisão de largar o emprego e voltar a viver com os pais no interior de Minas.

Ao relatar o convite de Marinho, Squeff lembrava que o empresário disse que "*O Globo* queria não apenas dar uma cobertura jornalística, através de um jornalista seu, à luta dos nossos soldados, mas ajudar a aliviar incisivamente o esforço e os sacrifícios que a guerra impunha ao nosso povo e ao país na retaguarda".[173] Marinho indicava a Squeff que o jornal participaria de um projeto que ia além de produzir notícias.

Enquanto confabulava com outros donos de jornal e o grupo de Lulu Aranha sobre o apoio a uma candidatura do brigadeiro Eduardo Gomes à presidência e o fim da ditadura Vargas, Marinho enxergava na guerra um bom negócio. Numa audiência no Ministério da Guerra, na Central do Brasil, Roberto Marinho discutiu com o general Dutra a publicação de um suplemento com informações e imagens do país para ser lido pelos cinco mil soldados e oficiais brasileiros na Europa. A ideia partiu de Dutra, segundo relato de Rogério Marinho.[174] O general, no entanto, apresentou outra versão em mensagem à caserna para acertar detalhes do projeto. Ele escreveu que o negócio foi proposto por Roberto, que chegou a sugerir duas edições por semana. O general avaliou que uma bastaria.[175]

Roberto Marinho definiu que o suplemento teria oito páginas coloridas e seria mensal. O tabloide publicaria mensagens de famílias para os soldados e oficiais e sínteses de matérias esportivas e de governo divulgadas durante a semana nas edições do jornal. Além dos recados de mães, esposas e filhos aflitos, os pracinhas poderiam conferir fotos de mulheres nas praias.

Para chefiar *O Globo Expedicionário*, Roberto Marinho escolheu o irmão Rogério. Era um nome da família para garantir a aceitação do Exército. Embora o irmão tivesse experiência em grandes coberturas e conhecesse os meandros militares, Roberto ainda precisava escolher um jornalista para colocar a "mão na massa".

Naqueles dias, Marinho foi procurado pelo sindicalista Fernando Segismundo para ajudar o jornalista Pedro Motta Lima, envolvido na insurreição comunista da Praia Vermelha, a voltar do exílio em Buenos Aires. O dono do *Globo* se sensibilizou com a situação do jornalista:

"Poxa, vocês sabem o quanto eu gosto do Pedro, mas o Pedro está sempre armando, armando, armando. Eu fico mal com o Getúlio."

Em seguida, Marinho propôs uma entrada clandestina no Brasil.

"Bota numa ambulância, ele vem para cá. Ninguém vai espiar."

"Não, Roberto, assim fica feio. Traz ele de corpo inteiro. Fala com o Getúlio", recomendou Segismundo.[176]

Marinho pediu a Herbert Moses para colocar a ABI na defesa de uma campanha para o governo indultar Pedro Motta Lima.[177]

O jornalista estava de volta ao Rio para chefiar a secretaria do *Globo Expedicionário*, trabalhando numa mesa ao lado de Rogério Marinho. Era um "sujeito formidável e braço direito do Prestes", na definição de Rogério, e um "socialista confesso", nas palavras do jornalista Franklin de Oliveira.

Roberto Marinho conseguiu um profissional de confiança e capacidade para tocar o projeto juntamente com Rogério. A solução foi vista como uma dívida pelo PCB. "O Pedro não podia trabalhar. Era como se tivesse 'lepra'. Era um homem que falava línguas, viajado, mas era comunista. Aí nós pedimos emprego para ele ao Marinho", relatou Fernando Segismundo.[178]

Na ilegalidade, o PCB estava desestruturado desde a repressão e as prisões do começo da década. As principais correntes do partido defenderam a proposta de repúdio ao fascismo.[179] Mesmo com o país sob a vigência da Constituição de 1937, os comunistas avaliavam que o momento era de luta contra o Eixo, participando de manifestações de estudantes e operários contra o torpedeamento de embarcações brasileiras por submarinos alemães. Esse posicionamento não era, necessariamente, um apoio ao governo Vargas. Afinal, o governo se dividia entre um grupo de defesa dos Estados Unidos, este comandado por Oswaldo Aranha, e um outro favorável à Alemanha, organizado em torno dos generais Eurico Gaspar Dutra e Góes Monteiro.

Rogério tinha uma relação tranquila e fraterna com Pedro. Mais tarde, ele contou que leu no estatuto do partido que Pedro e o também líder comunista Roberto Morena elaboravam uma proposta de se proibir a amizade com capitalistas, quando teria dito: "Ô, Pedro, vocês estão fazendo o estatuto do Partido Comunista ou Nazista?"[180]

Pedro mergulhou na chefia do *Globo Expedicionário*, interessando-se pelos "mínimos detalhes" do suplemento. Chegou a cuidar pessoalmente da correspondência dos pracinhas. As autoridades militares logo reconheceram que o suplemento era útil para levantar o moral da tropa na Itália.[181]

O caderno foi uma confluência dos interesses econômico de Roberto Marinho e político de Pedro Motta Lima. Marinho não tinha intenção que *O Globo Expedicionário* tivesse repercussão política. Na época, se divulgou que o tabloide não teria ônus para o governo.[182] É certo, porém, que o empresário teve pelo menos ganhos indiretos com a publicação.

Numa das conversas com Egydio Squeff, Marinho acertou que ele teria entre as missões distribuir o suplemento para os soldados.[183]

O repórter compareceu ao Ministério da Guerra para se apresentar. Teve uma sensação de orgulho quando percebeu que no porto, para o embarque, estava também Rubem Braga, fardado, nome importante do jornalismo. No começo de uma tarde ensolarada, eles embarcariam em navios norte-americanos diferentes.

O jogo de Marinho e dos demais empresários da imprensa com o governo incluía o enfrentamento de duas censuras, impostas por interesses diferentes. De um lado a censura aos correspondentes por parte dos generais da FEB, que argumentavam que a notícia tinha de ser lida com antecedência para evitar riscos à tropa, e do outro, o controle do DIP, no Brasil, que segurava o noticiário contra a ditadura. Foi nas imposições à imprensa que jovens oficiais começaram a expor seu descontentamento em relação ao Catete e a generais do exército na Itália, um movimento captado pelos correspondentes.

Em julho de 1944, o DIP determinou que toda matéria com declaração ou entrevista de representantes da FEB só poderia ser publicada com autorização do órgão. O DIP determinou ainda que o debate em torno das bases militares brasileiras estava "definitivamente" encerrado. Não era mais permitida publicação de declarações ou entrevistas de quem quer que fosse. Roberto Marinho decidiu cumprir a determinação de só publicar, sem censura prévia, fotos de Getúlio Vargas, do ministro da Guerra, Eurico Gaspar Dutra, e do comandante da tropa brasileira, general Mascarenhas de Moraes.[184]

Em um texto que escapou do controle do Exército e do governo, Rubem Braga reclamou da "censura arbitrária" nos despachos vindos do *front*, que forçavam uma visão "errada" do trabalho dos correspondentes. Criticava o fato de os jornalistas só terem acesso ao *front* quando chamados. Eles tinham dificuldades de visitar posições de infantaria e conversar com soldados. "O principal desses motivos era a censura. Não a censura militar cuja regra é só suprimir o que pode ser útil ao inimigo. Mas a censura política — a censura arbitrária e frequentemente idiota feita aí no Brasil pelo DIP."[185]

Diferentemente dos concorrentes, Rubem não tinha acesso facilitado ao telex da tropa. E tinha menos dinheiro para pagar pelo serviço privado. O cronista inovou ao fazer análise da própria cobertura brasileira da guerra, em especial da pressão por expor uma visão ufanista da atuação da FEB: "Devo dizer que causou má impressão entre os homens da FEB com quem conversei a notícia de um jornal brasileiro que exagera a atuação de nossas forças. Os nossos homens que estão na frente não apreciam essas coisas. Eles sabem que são uma parte muito pequena de uma guerra muito grande", escreveu o cronista. "Eles não são monstros: são lavradores, são operários, são empregados do comércio, funcionários", destacou. "Eles estão fazendo, assim, uma coisa importante: estão lutando pela liberdade."[186]

Enquanto isso, Joel Silveira e Egydio Squeff, os dois com folgada franquia telegráfica, em condições de fazer uma cobertura factual, se duelavam pelo furo. Havia até tentativas de um embebedar o outro para garantir matérias exclusivas. "No meu caso particular, entre os 'inimigos' domésticos que de certa forma procuravam dificultar o meu trabalho como profissional, eu tinha um todo especial, e esse era somente meu. Refiro-me a Egydio Squeff, correspondente de *O Globo*", escreveu Joel. "Eu procurava de toda maneira não me desgrudar dele, jamais perdê-lo de vista. E ele fazia o mesmo."

Com cigarro aceso, Squeff disse para Joel, "manhosamente", que pensava em ir para um hotel em Roma descansar. "Podemos ir juntos, no mesmo jipe, no meu ou no seu", respondeu o concorrente.[187] Joel fez uma parceria inusitada com o fotógrafo do DIP, órgão sempre atacado pelo repórter. Thassilo Mitke usou a aliança para escapar do trabalho oficial de registrar eventos sociais de Mascarenhas de Moraes. A dupla viajava para vencer as pequenas batalhas contra Squeff e Rubem Braga.

Em novembro de 1944, o comando da FEB recebeu do Exército dos Estados Unidos a missão de tomar o Monte Castello, uma elevação de quase mil metros de altura, a 61 quilômetros de Bolonha, ponto estratégico de deslocamento para a ofensiva dos Aliados no norte da Itália, ocupado pela 232ª Divisão de Infantaria da Alemanha. A tentativa fracassou. Na batalha antecipada para evitar o inverno rigoroso, a FEB perdeu cerca de vinte homens durante cinco horas de bombardeio. Os brasileiros não resistiram ao frio intenso e ao lamaçal que prejudicou o avanço de veículos motorizados.

Semanas depois, Rubem Braga foi o único correspondente que esteve próximo do *front* para acompanhar mais uma derrota brasileira. Ele escreveu uma reportagem sobre 185 baixas. O texto foi censurado.[188] A única menção à batalha no jornal de Roberto Marinho foi a publicação, no dia 15 de dezembro, de uma matéria assinada por Henry Bagley, encarregado pela Associated Press de acompanhar a tropa de Mascarenhas de Moraes. O texto não fazia referência a mortes. Quem também se destacou nas páginas dos jornais brasileiros foi Henry Buckley, da Reuters, outro profissional com boa estrutura de trabalho e envio de informações.

No dia seguinte, *O Globo* publicou que chegavam ao Rio os "primeiros feridos no *front*", provavelmente de batalhas de novembro. O jornal destacou que era "insignificante" o número de feridos em relação ao efetivo da FEB. Numa entrevista ao coronel Florêncio de Abreu, diretor do hospital onde as vítimas estavam sendo tratadas, um repórter perguntou "se há algum fundo de verdade" na versão de que havia "centenas de mortos". O militar negou. "Também ele ouvira boatos derrotistas."

Com reforços americanos, a tropa de Mascarenhas de Moraes partiu para uma terceira e decisiva investida para tomar Monte Castello. A 23 de fevereiro de 1945, os jornais brasileiros publicaram pequenas matérias da Reuters e da UP sobre a tomada do Monte Castello pela FEB, o principal fato, até ali, protagonizado pelos pracinhas. No dia seguinte, numa façanha de agilidade, Squeff assinou manchete da edição das 11 horas do *Globo*:

"Vitória!"

No texto, o repórter descreveu que as tropas do Brasil realizaram "sua maior façanha na guerra". Squeff ganhou uma batalha de Joel Silveira. "No momento em que escrevo, terminou a intensa e ininterrupta batalha que se vinha travando entre brasileiros e germânicos desde o alvorecer pela posse de Monte Castello. Este monte os nossos expedicionários chamavam de 'morro maldito', pois já havíamos tentado capturá-lo por duas vezes", relatou. "Acompanhei parte das operações do posto de observação do general Mascarenhas e vi grandes rolos de fumaça que emanavam das linhas germânicas."

O texto de Squeff destacou que "tivemos baixas insignificantes". "A batalha pela posse de Monte Castello realizou-se num dia de sol maravilhoso, dos melhores que temos tido na Itália [...] A artilharia brasileira, comandada pelo general Cordeiro de Farias, durante a batalha do Monte Castello, deu mais de cinco mil tiros, num espaço de nove horas, sendo que os nossos canhões já deram quase dez mil disparos desde o começo do ataque até agora."

O repórter contou que a "crista" do Monte Castello ficou juncada de cadáveres dos alemães.

O *Diário da Noite* recuperou, na edição vespertina do dia 24, o "furo" da tomada do Monte Castello. Numa matéria, Joel Silveira escreveu que a FEB transformou o Monte Castello num "vulcão". "Os soldados brasileiros passeiam hoje sobre a crista do Monte Castello como senhores absolutos das antigas eras." O texto descreveu ações do general Mascarenhas de Moraes e também carregou no ufanismo, sem referências a baixas.

Ainda naquele dia, o *Diário da Noite* e o *Diário Carioca* publicaram uma relação de mortos e desaparecidos divulgada pelo Ministério da Guerra, no Rio. Roberto Marinho não divulgou a lista em seu jornal. No dia 27, o jornal de Horácio de Carvalho noticiou, no último parágrafo de uma matéria, que "após a conquista de Monte Castello, foram encontrados insepultos 42 corpos de brasileiros tombados em combate de dezembro".

Entre a tomada do Monte Castello, dia 21 de fevereiro, e a entrada da FEB na cidade de Montese, a 14 de abril de 1945, a relação entre os jornais e a ditadura mudara. As redações perdiam o temor diante da censura do DIP e defendiam abertamente um candidato de oposição a Getúlio à presidência.

Ao narrar a entrada em Montese, Squeff publicou na primeira página do *Globo* que foi uma "Vitória mais difícil que a de Monte Castello!". Ele relatou ter visto casas em chamas pelo efeito das bombas incendiárias lançadas pela "nossa" artilharia. "Vi os nossos valentes infantes entrarem na cidade em manobra de envolvimento, agachados para fugirem ao fogo das metralhadoras nazistas."[189]

Finalmente, Squeff conseguiu emplacar no jornal de Roberto Marinho uma ode à liberdade: "Entusiasmado diante do anulamento da resistência, enquanto os nossos canhões e suas metralhadoras ecoavam nos vales, o tenente Quintiliano exclamou: 'É esta a voz das democracias!'"

Cinco dias depois do texto do jornalista do *Globo*, Rubem Braga conseguiu enviar uma matéria factual para afirmar que a tomada de Montese "custou coragem, sacrifício e sangue dos brasileiros". Apesar de sofrer com a falta do telex e a censura mais rígida por parte do DIP, o cronista teve o desenho de seu rosto publicado nas matérias do *Diário Carioca.* Não sofria com a pressão interna de seu veículo para fazer uma cobertura mais crítica. Joel Silveira, por sua vez, estava amparado pelo canhão dos Diários Associados, agora com posicionamento aberto de defesa da candidatura oposicionista de Eduardo Gomes. Da Itália, Joel podia mandar textos ácidos contra a ditadura. A censura afrouxou.[190] Todos os correspondentes evitavam críticas à FEB e carregavam no reconhecimento do papel dos pracinhas, mas o *Globo* se diferenciava ao não fazer distinções entre o governo Vargas e os pracinhas.

A tropa brasileira encerrou sua participação na ofensiva contra os alemães após a rendição da 148ª Divisão de Infantaria da Alemanha. Um total de 443 brasileiros morreram no conflito. Os jornais não foram atrás de histórias dos mortos nem deram voz às famílias das vítimas.

O *Correio da Manhã* pagou o preço por enviar à Itália Raul Brandão, um de seus chefes. O "Veterano", como Raul era chamado pelos colegas, limitou-se a descrever eventos sociais de Mascarenhas de Moraes, votos de louvor de comandantes de outros exércitos e registros de deslocamentos de tropas repassados pelo quartel. O noticiário do jornal sobre o dia a dia da participação brasileira na guerra foi praticamente escrito pelos correspondentes estrangeiros. Vivia em deslocamento para hotéis de Roma. Em um de seus poucos textos em tom pessoal, ele reclamou justamente de insinuações de que a tropa brasileira fazia um "passeio de turismo" pela Europa.[191] No quartel, não escondia sua fúria em relação ao DIP e à censura de Vargas.

Ao final do conflito, no entanto, Raul resolveu acompanhar Rubem Braga numa viagem de jipe a Parma, a fim de testemunhar a libertação de povoados, quando o motorista tirou bruscamente o carro da estrada, para desviar de um veículo de alemães, colidindo o veículo com uma cerca. Rubem fraturou um dedo e Raul, a bacia. Ironizado pelos colegas por passar boa parte do tempo debaixo do cobertor, o "Veterano" foi o único correspondente a receber tratamento de herói na capa de seu jornal. Uma foto de Raul carregado numa maca por soldados foi estampada pelo matutino. "É com grande satisfação que temos novamente entre nós o bom companheiro e jornalista de raça, que soube tão bem cumprir com sua árdua missão no *front* italiano junto à nossa gloriosa FEB", informava o jornal.[192] Vitória do "Veterano", que, assim, com a própria experiência, mostrou o drama de uma guerra para os leitores.

As pressões internas de empresas, da ditadura e das censuras não tiraram de Egydio Squeff, Rubem Braga, Joel Silveira, Thassilo Mitke e Raul Brandão, para citar os brasileiros, a emoção no registro de um momento singular da história, na produção da notícia ou sendo parte dela. Raul foi até o limite da experiência quase esgotada de repórter. Thassilo registrou momentos únicos dos pracinhas e foi o brasileiro que congelou, com uma câmera, as imagens do conflito. Rubem expôs o compromisso com a realidade simples da vida. Joel começou, ali, com narrativas antológicas da guerra, a carreira de "cobra" da reportagem. Egydio pregou seu nome na memória da imprensa, muitas vezes reservada a estrelas. No jogo de interesses multiplicados, cada um atingiu uma vitória na carreira, e o jornalismo brasileiro a sua primeira grande cobertura após o abolicionismo.

Com a queda da Alemanha, Roberto Marinho pediu que Rogério mandasse Cartier escrever um artigo comunicando o fim do *Globo Expedicionário* na capa do suplemento. Rogério alertou que Cartier estava acostumado a fazer textos tortuosos, uma característica do tempo do Estado Novo, para não sofrer danos da censura e, ao mesmo tempo, mandar um recado. Cartier escreveu o artigo. O texto foi publicado, mas o mercado não assimilou o fim do *Globo Expedicionário*.

Era o fim de uma era, de uma ditadura, dos textos tortuosos. Um novo artigo precisou ser escrito com objetividade.

O Globo Expedicionário acabou. Antes de seu fim, Pedro Motta Lima já assinava a direção de um jornal comunista com ataques aos capitalistas. A *Tribuna Popular* não deixou Roberto Marinho em paz no pós-guerra. Seções de humor da revista *O Cruzeiro* passaram a satirizar Horácio Cartier, senhor absoluto dos editoriais no tempo da ditadura e na influência de Roberto no jeito de se vestir e se comportar, e até o socialista Elói Pontes. "Apesar de ser um homem sério, o sr. Roberto Marinho publica em seu jornal últimas páginas humorísticas, como a história de Ferdinando, de Brucutu, os editoriais do sr. Horácio Cartier e as críticas literárias do sr. Elói Pontes."[193]

O fim da guerra foi comemorado de forma precipitada por Raymundo Castro Maya, que chegou a defender o fascismo, mas se tornou um simpatizante incondicional dos Estados Unidos na guerra. O amigo de Marinho era um sujeito metódico. Todos os dias, no horário do almoço, descia do prédio no Centro do Rio, onde tinha escritório, almoçava, voltava, parava numa banca, comprava o jornal e subia de volta para o escritório, cumprindo o roteiro religiosamente. Certo dia, Marinho mandou imprimir um jornal com a falsa manchete de que a guerra tinha acabado. Com *O Globo* falso e duas bandeiras nas mãos, ele apareceu para um jantar numa embaixada. Demorou para que percebesse a brincadeira. Ficou quatro meses sem falar com o amigo.

Naquele tempo de guerra, Raymundo comprou terras em Arraial do Cabo. Marinho fez o mesmo num trecho mais próximo do litoral, a Fazenda Cardeiros, numa ponta de São Pedro da Aldeia. Eles levavam cerca de oito horas para chegar à região. Os dois amigos mantinham uma aposta de quem fazia o menor tempo. Certa vez, Raymundo disse ter cumprido o trajeto em seis horas. Roberto o chamou de mentiroso. "Fiz em seis horas e não admito que desconfie. E farei neste fim de semana de novo e trago o cronômetro", disse Raymundo. Roberto, então, pediu a Joffre que o seguisse para entender o que ocorria. Com faróis apagados, Joffre foi atrás do carro de Raymundo. No caminho entre Niterói e São Pedro, numa serra com trecho de estrada enlameado, Raymundo parou o veículo, tirou correntes de ferro e colocou-as nas rodas, sob os olhares de Joffre, que estava escondido. No fim de semana seguinte, Roberto cumpriu o tempo usando o mesmo recurso.

Tempos depois, Marinho ia num pequeno hidroavião, com um amigo piloto, que aterrissava numa lagoa de Cardeiros. Atraído pelo perigo, o empresário ainda revivia os tempos de infância, do velho Plauchut, quando participou de um esforço para criar uma pista de grama no Iate Clube, onde costumava pousar num pequeno monomotor.

Marinho, Raymundo e Cesar de Mello Cunha formavam um trio fechado, de pescarias e aventuras de carro. Após os almoços de sábado, Roberto recebia os amigos no Cosme Velho. Castro Maya e Arthur Bernardes, outro assíduo frequentador da casa, filho do presidente que reprimiu Irineu Marinho, apareciam para o bridge. Mello Cunha não jogava. "Raymundo e Cesar foram os dois amigos mais íntimos de papai na vida", observa Roberto Irineu, filho de Roberto.

O bridge é um jogo de cartas praticado por duas duplas que valoriza a lógica, a memória e o cálculo de probabilidades. Distribuídas 13 cartas para cada participante, o jogador atua de acordo com as cartas na mão do parceiro, sempre atrás do trunfo, o naipe mais poderoso, maior que qualquer carta dos concorrentes, para vencer uma vaza e abrir outra rodada.

Sentado na escada, Roberto Irineu sabia a hora certa para arrancar do pai algum dinheiro. Ele esperava Raymundo ir à loucura, falar palavrões aos berros e acusar os adversários de trapaça para descer e fazer o pedido. O pai dava uma nota de cinco cruzeiros e Raymundo reagia:

"Você está ganhando uma fortuna, só vai dar isso ao garoto?"

A decisão de Marinho de colocar *O Globo* na trincheira pelo fim do Estado Novo ocorreu sem riscos. Buscou conciliar a postura contra a ditadura à preservação da imagem de Vargas. Marinho aderiu a uma transição sem conflitos, parte por sua fidelidade a Oswaldo Aranha, parte pela relação com Dutra, que se tornara mais próxima desde a publicação do suplemento voltado para os pracinhas. Um editorial ressaltou que "todo o curso da nossa história política revela como em dados momentos a opinião pública vence e domina as forças organizadas do poder". O artigo destacou o propósito "democrático" de Vargas em relação ao pleito.[194]

Sobral Pinto, advogado de Prestes e de Harry Berger, bem relacionado com Marinho e a Igreja católica, escreveu ao dono do *Globo* que o editorial era "monstruoso". Ele dizia que não estava disposto a fazer concessões a um tirano que torturou e assassinou para se manter no poder. Berger foi barbaramente torturado, a ponto de perder a razão. Ficou preso até 1947, quando voltou para a Alemanha. Passou o resto da vida num hospital psiquiátrico.[195]

Carlos Lacerda, sem emprego fixo, ainda chateado por não ir à guerra, tentou publicar uma entrevista bombástica de José Américo de Almeida, ex-ministro da Viação e Obras Públicas de Vargas, contra a ditadura. Procurou Macedo Soares, do *Diário Carioca*, que considerou inviável a publicação. Assis Chateaubriand, dos Diários Associados, também recusou o texto. Um grupo oposicionista que articulava a criação da UDN procurou Orlando Dantas, do *Diário de Notícias*, que se prontificou a divulgar a entrevista se os concorrentes divulgassem o texto naquele dia. Nivelados por baixo pela ditadura, os jornais diferenciavam-se pela força política do comandante de sua redação. O redator-chefe do *Correio* era o jornalista Pedro da Costa Rego, que tinha sido governador de Alagoas, exilado de Vargas e estivera na linha de frente da campanha frustrada de José Américo à presidência.[196] Costa Rego avaliou que o jornal tinha estoque de papel para o risco de sanções. Ele resolveu antes publicar uma entrevista mais branda, de Maurício Lacerda, pai de Carlos, para sentir o terreno. A entrevista de Maurício não causou reações. Costa Rego ainda vacilava.

Procurado por integrantes da UDN, Marinho demonstrou interesse em publicar a entrevista. Sem a influência dos demais jornais, *O Globo* estava ligado ao partido, que aglutinava em especial os velhos tenentistas. O empresário foi usado no jogo de pressão contra Costa Rego. Ao grupo, interessava a publicação no jornal mais influente. Um udenista voltou ao diretor do *Correio* para informar que a bomba estava nas mãos de Marinho. Pressionado, Costa Rego publicou a entrevista na manhã de uma quinta-feira. Era uma manchete fria, sem pontos de exclamação: "Declarações do sr. José Américo". Na entrevista, o ex-candidato disse que se pudesse estar com Vargas diria para ele não se apresentar novamente à presidência, pois lhe faltaria apoio político. Américo disse que, em nome da restauração democrática, apenas três homens não podiam ser candidatos — ele, o ex-governador de São Paulo Armando de Salles Oliveira e Vargas. Sem dar nomes, afirmou que as forças políticas já tinham um candidato. Nesse momento, o movimento do queremismo, pela permanência de Getúlio no poder, já estava nas ruas. "É um homem cheio de serviços à pátria, representa uma garantia de retidão e de respeito à dignidade do país", ressaltou.[197] O texto de cinco colunas foi um estrondo.

O furo histórico passara pelas mãos de Roberto Marinho. Ele mandou chamar Alves Pinheiro. O repórter foi encarregado de ir à casa de José Américo, no Jardim Botânico, para nova entrevista. Marinho cobrou que Alves Pinheiro conseguisse tirar da boca do ministro o nome do candidato da UDN à presidência, que não constava na matéria do concorrente.

Na edição das 12 horas, *O Globo* estampou a manchete que dizia que o "Nosso candidato é o major-brigadeiro Eduardo Gomes". Um desenho do brigadeiro e uma foto de José Américo ao lado de Alves Pinheiro foram publicados na primeira página.[198] Nessa edição, *O Globo* não reconheceu o furo do *Correio*, e tratou a matéria do concorrente como "entrevista desta manhã". Marinho se esforçou para tornar a entrevista de seu jornal mais bombástica, ressaltando que o *Correio* não revelara o nome de Eduardo Gomes.

No texto, Alves Pinheiro relatou que José Américo disse que não se recusaria a responder a nenhuma pergunta.

"O senhor se referiu, na entrevista desta manhã, a um candidato irrevelado..."

"O candidato será o major-brigadeiro Eduardo Gomes", disse José Américo, sorrindo.

Nos dias seguintes, os jornais estamparam matérias com a foto do agora candidato Eduardo Gomes. O *Correio* reivindicou o furo inclusive da divulgação do nome do candidato. Na capa, estampou foto do candidato com um fuzil na mão, tirada ainda no tempo da Revolta do Forte de Copacabana.[199]

Semanas depois, Marinho levou para o noticiário do seu jornal outro personagem proibido. Ele acionou Samuel Wainer, correspondente nos Estados Unidos, para localizar, no México, Anita Leocádia, filha de Luiz Carlos Prestes. O país mudava. Até ali, qualquer referência aos Prestes era proibida. Pelas páginas do *Globo*, Wainer contou a história de Anita e teve acesso a um cartão enviado pelo pai preso, com desenhos de pequenos animais.[200]

A tradição brasileira do esquecimento superou a mágoa. Donos de jornais e repórteres participaram de uma campanha em defesa de uma "anistia ampla e irrestrita para os crimes políticos e conexos", tanto para agentes da ditadura quanto para comunistas. "Não é perdão que se pede. Não é clemência que se aguarda", sinalizava um documento. "Deve-se traduzir bem: anistia é esquecimento. Se houve culpas ou incompreensões, nada mais haverá. A vida continua." O documento era assinado pelos capitães da imprensa Roberto Marinho, Horácio de Carvalho, Danton Jobim e Herbert Moses, por Samuel Wainer e pelos jornalistas comunistas Eneida de Moraes, Otávio Malta e Pedro Motta Lima.[201] "É preciso esquecer ódios mesquinhos", avaliou Pedro.[202]

Sob pressão, Getúlio assinou, em abril de 1945, o decreto-lei que concedia anistia política a envolvidos em disputas políticas desde o seu governo provisório, englobando os comunistas da insurreição da Praia Vermelha, de Natal e de Recife, os integralistas que invadiram o jardim do Guanabara e os envolvidos em crimes ocorridos no período do golpe do Estado Novo. As portas das celas dos prisioneiros políticos, especialmente as dos integrantes do PCB, estavam abertas.

Um dia após o anúncio da medida, Marinho franqueou a primeira página do *Globo* aos comunistas. Pedro Motta Lima usou o espaço para registrar de forma épica a saída de Luiz Carlos Prestes da Casa de Detenção, na rua Frei Caneca, após cumprir nove dos 46 anos de reclusão a que fora condenado.

Ele e o fotógrafo Indaiassú Leite, de 26 anos, foram para a cadeia registrar a saída de Prestes. Para se garantir, Indaiassú avisou ao irmão Nestor, fotógrafo da *Noite*. Cada um foi para uma portaria, com o acordo de que quem fizesse a imagem do líder comunista repassaria o negativo para o outro.

Por muitos anos, Indaiassú disse que antigas fontes lhe deram a informação sobre a saída de Prestes. É verdade que trabalhava na área de polícia do *Globo* havia anos, tinha boas relações com delegados, mas sua presença ali, na Casa de Detenção, fazia parte de um plano de cobertura montado por Motta Lima e Marinho. Na tarde do dia 18, Motta Lima acompanhou os dirigentes do partido Maurício Grabois, Agildo Barata, Carlos Marighella, Gregório Bezerra e o militante Trifino Corrêa na saída de Prestes da prisão.

Indaiassú fez o registro do momento em que, no começo da noite, Prestes pôs os dois pés para fora do presídio, a mão esquerda segurando um chapéu e uma valise e a direita ainda dentro.

A imagem foi publicada na primeira página do *Globo*. "Luiz Carlos Prestes, ao transpor a última grade, restituído, afinal, ao povo e a todas as forças nacionais que animaram a campanha da anistia", destacou a legenda da foto. No texto, Pedro tratou de forma triunfal o momento em que o "líder popular" conseguiu a liberdade. "A multidão o identifica, rompe o cordão de isolamento e ergue vivas ao 'Cavaleiro da Esperança'." A multidão tinha sido informada, minutos antes, da saída de Prestes pela Rádio Globo.

Pedro relatou que, ainda na prisão, o "relampaguear dos flashs" assustaram um gato criado por Prestes na cela. O jornalista ainda registrou que Prestes lia *O Cavaleiro da Esperança*, sua biografia escrita por Jorge Amado. Empolgado, Motta Lima pediu licença ao leitor para seguir o modelo de jornalismo "burguês": "Mais um detalhe para o leitor que tudo quer saber e reclama essas observações de puro sabor norte-americano, a quem as anota, contrafeito, por dever do ofício: Prestes usa chapéu. No entanto, não possuía nenhum. Trifino Corrêa empresta-lhe o seu", narrou o jornalista. "E a nossa reportagem, feita desde o primeiro momento com a vibração que perturba, chegava, assim, ao fim", escreveu. "Venceu o clamor popular, num estado de espírito que facilitará a saída pacífica para a democratização do país."

O jornalista registrou ainda o momento em que Prestes, dentro do carro que o levava para casa, pôde ver as luzes do Rio de Janeiro. Havia nove anos, contou, que os "antifascistas" não apreciavam esse "espetáculo" da cidade à noite. "O povo me espera", disse Prestes.[203]

Não há no texto de Motta Lima e nas narrativas do *Globo* nos meses seguintes qualquer referência à alemã Olga Benário, a mulher de Prestes que a ditadura de Vargas entregou aos nazistas.[204] Em carta a Prestes, antecipada ao jornal de Marinho, o jurista Sobral Pinto, que trabalhou na defesa do líder comunista, criticou as aproximações do PCB com Vargas. Prestes apoiou o queremismo e chegou a subir no palanque com Vargas.[205]

Mais de três décadas depois, *O Globo* publicou um desabafo de Prestes em relação às críticas por se alinhar ao ditador. "Quanto a mim, me chamam de insensível, de traidor, ao fazer acordo com Getúlio, que era o assassino de minha mulher alemã, Olga, que mandou para os campos de concentração de Hitler. Mas não havia outro jeito, e os que se opunham a Getúlio na época foram ainda piores que ele. Era muito importante que o Brasil deixasse o namoro com os nazistas e fascistas e lutasse ao lado dos Aliados."[206]

A decisão de Marinho de enaltecer a saída de Prestes da cadeia fazia parte de um esforço de Oswaldo Aranha para reorganizar a sustentação política de Vargas. O chanceler era um canal dentro do governo até para o advogado de Prestes, Sobral Pinto, que resistia a qualquer entendimento com Vargas. Aranha negociou uma visita, ainda em 1942, do líder comunista cubano Blas Roca e do diplomata brasileiro Orlando Leite Ribeiro à cela de Prestes.[207] A partir daí, o comandante do PCB consolidou uma aproximação com Vargas, soltando frases na imprensa que iam desde o apoio à posição do governo na guerra ao reconhecimento de erros no levante comunista de 1935. Em jogo estavam a vida de companheiros de partido que definhavam mais depressa que a ditadura nas cadeias fétidas do Estado Novo.

A queda da Urca

No fim de outubro de 1945, *O Globo* divulgou que Getúlio havia nomeado, na tarde do dia anterior, o irmão Benjamin chefe da Polícia do Distrito Federal.[208] Mas, na mesma tarde, reunidos no Ministério da Guerra, os chefes militares protagonizavam um fato que não estaria no jornal. Eles consideraram a nomeação do coronel Benjamin uma "afronta à nação". Era a gota d'água para tirar um homem que estava havia 15 anos no poder. Eles encarregaram o general José Pessoa, sogro de Rogério Marinho, a convidar o presidente do Supremo Tribunal Federal, José Linhares, a assumir o cargo e convocar eleições para dezembro. Vargas foi comunicado que estava deposto.

A aliança de Getúlio com os comunistas, costurada por Aranha, foi minada pela UDN, a legenda que reunia agora os liberais que pediam pressa na derrubada do governo.

Alves Pinheiro, editor do *Globo*, soube na polícia, onde tinha emprego, que Vargas seria deposto. Ele correu para a redação e reuniu repórteres e fotógrafos para cobrir os últimos momentos da ditadura. Também entrou na escala da equipe de reportagem e foi para as portarias dos palácios.

O jornal de Marinho foi o mais comedido da imprensa em relação ao apoio à candidatura do brigadeiro Eduardo Gomes e nas palavras para definir Getúlio. Ao contrário dos concorrentes, não chamou Vargas de "ditador", como o *Correio da Manhã*, nem classificou a destituição do presidente como um "golpe branco", o que fez o *Diário Carioca*. Naqueles dias, o jornal de Marinho publicou propaganda de página inteira do PTB. "Trabalhador! A Pátria, neste momento, mais do que nunca necessita de ti."

Na manhã do dia 30, o fotógrafo Antonio Monteiro e o repórter Geraldo Romualdo de Souza, do *Globo*, se posicionavam em frente ao Guanabara. Uma pequena multidão de jornalistas e outras pessoas aguardaram Vargas até as 12 horas, quando uma patrulha do Exército dispersou o grupo. A maioria dos jornalistas foi embora quando informada que o presidente não deixaria o palácio naquele dia. A equipe do *Globo*, porém, continuou de plantão. Às 13 horas, veio a "recompensa". Vargas apareceu na janela do palácio. O repórter lhe fez um sinal. O presidente respondeu. Em seguida, o fotógrafo mostrou a máquina fotográfica e pediu permissão para entrar. Vargas, sorrindo, permitiu. Os dois jornalistas entraram pelo jardim do Guanabara. Das escadarias laterais, o fotógrafo bateu uma chapa e perguntou depois ao presidente se poderia tirar fotos dele. Vargas aceitou — a foto estava garantida caso a resposta fosse outra.

Um simpatizante de Getúlio entrou junto e perguntou:

"Senhor presidente, por que fez isto conosco?"

"Foi para o vosso bem.'

O repórter pediu declarações.

"Não posso... não posso dizer nada agora", disse Vargas, sorrindo.

"E quando V. Ex.ª vai se dirigir à nação?"

"Amanhã... amanhã eu prometo falar ao povo."

Vargas escancarava a prática de posar tranquilamente para o fotógrafo sem responder a perguntas incômodas do repórter.

A dupla do *Globo* garantiu a primeira página da edição vespertina daquele dia. Marinho incluiu o nome do próprio jornal na manchete histórica:

"O 'Globo' diante do
presidente deposto!"

O "sensacional furo de reportagem", como destacou o jornal, foi ilustrado por uma foto de Vargas na sacada do Guanabara com amigos. Com a edição nas ruas, Alves Pinheiro voltou a escalar a dupla de jornalistas para a missão de uma entrevista mais longa. Ao apostar em Geraldo Romualdo, de 29 anos, o editor fazia uma jogada que não se posicionava nem à direita nem à esquerda. Ele optava por um repórter que escrevia sobre esportes. Foi na cobertura de uma viagem da seleção ao sul de Minas que Geraldo conheceu Vargas. A lembrança desse dia poderia garantir um tema para desanuviar a tensão na hora da entrevista.

Na tarde do dia 30, o repórter e o fotógrafo retomaram o "posto de observação", isto é, ao plantão na calçada da rua Paissandu para registrar os últimos momentos de Vargas no Guanabara. A rua tinha sido interditada. Os jornalistas insistiram em se aproximar. Os soldados da guarda vez ou outra os afastavam. Da janela, Vargas autorizou o repórter e o fotógrafo a entrar. Dentro do Guanabara, entre uma baforada e outra de charuto, perguntou se a equipe não estava satisfeita com as "novidades" que ele havia proporcionado. O repórter respondeu que não, e emendou uma entrevista.

"V. Ex.ª sente-se bem neste momento?"

"Muito tranquilo e muito satisfeito."

"V. Ex.ª pensa em alguma coisa neste momento?"

"Em que menos penso é em mim mesmo."

"Esperava deixar o governo nestas condições?"

"A minha partida foi apenas antecipada em dois meses para o descanso que sempre almejei."

Na despedida, a equipe pediu a Vargas uma pose. Um assessor que estava por perto — possivelmente um homem do DIP — entrou em cena:

"Pode ser sorrindo, Excelência?"

A dupla deixou o Guanabara, mas, não satisfeita, voltou à portaria, onde passou a noite. Às cinco horas da manhã do dia 31, os jornalistas viram as luzes dos aposentos presidenciais serem acesas. Caminhões do

Exército e da Polícia Militar entraram para carregar as bagagens do presidente. Às seis horas, chegou o padeiro, com dois sacos de pãezinhos. Às 6h50, Getúlio apareceu na escadaria do palácio ao lado da filha Alzira e do ministro João Alberto. Vestindo terno cinza-claro e chapéu da mesma cor, ele estava sorridente. Cumprimentou funcionários do Guanabara e depois entrou no veículo que o conduziria ao Aeroporto Santos Dumont. "O portão foi aberto e a guarda do Exército, que guarnecia o palácio, à medida que o carro passava, batia continência à passagem do ex-presidente, que com a mão agradecia", anotou o repórter.

Num "golpe de audácia", como registrou o jornal, o fotógrafo conseguiu carona num carro da comitiva — não precisaria parar em possíveis barreiras e semáforos. Ele chegou a tempo ao aeroporto para fotografar o embarque de Vargas. No hangar, Alzira se despediu do presidente deposto:

"Bem, até breve, pai!"

O registro do *Globo* não trazia conversas de bastidores de testemunhas privilegiadas e influentes. Era uma cobertura feita por repórteres de rua, sem acesso a palácios, que conseguiram, na esperteza, chegar ao hangar e registrar frases curtas dos protagonistas da história, uma cobertura que teve por base o acender e o apagar de luzes do palácio, a entrada e a saída de veículos oficiais. Só *O Globo* fez os flagrantes da despedida de Vargas. Outros jornais tinham equipes mais robustas de repórteres políticos, de oposição ou alinhados ao ditador. *O Globo* sobressaiu por ter repórteres preparados para o noticiário de portaria, na melhor tradição de vespertino. O jornal registrou o trivial, sem agressão a uma figura destituída do poder nem relatos que poderiam fazer a festa de historiadores no futuro. Ao contrário dos matutinos, o jornal de Marinho contava momentos humanos e pessoais de Getúlio. O repórter que conseguiu se aproximar de Vargas demonstrou, com suas perguntas indiretas, receio de um afastamento repentino da autoridade. Geraldo e Antonio Monteiro obtiveram informações possíveis apenas para quem estava no frio da madrugada. Mais tarde, Geraldo seria um repórter esportivo de destaque na fase de ouro do futebol brasileiro, publicando pela primeira vez o apelido Garrincha nas páginas de um jornal.

* * *

Os jornais não demoraram a estampar em suas primeiras páginas a campanha do brigadeiro Eduardo Gomes, pela UDN, à presidência. Do outro lado estava o ex-ministro da Guerra Eurico Gaspar Dutra, pelo PSD, um dos que depuseram Vargas, mas que acabou ganhando o apoio do ex-ditador na reta final da disputa. Os brasileiros votariam ainda para eleger os membros de uma nova Assembleia Constituinte.

Num processo eleitoral de apenas 33 dias, Roberto Marinho noticiou a disputa em apenas sete manchetes. Destas, quatro exaltavam o brigadeiro e nenhuma fazia críticas a Dutra. O dono do *Globo* até registrou as "indiscutíveis vibrações populares" no comício final do brigadeiro, no largo da Carioca, na sua primeira página. Também publicou um mapa astral do céu no dia da eleição para "confirmar" a vitória de Eduardo Gomes e registrou as reações do candidato a uma campanha da UDN de que ele não queria os votos dos trabalhadores "marmiteiros". E, dias depois do pleito, ainda antecipou uma possível vitória do brigadeiro com os resultados parciais do Rio de Janeiro.[209] Marinho, porém, não foi além disso, e fez uma jogada paralela para manter as relações com Dutra. Diferentemente dos concorrentes, o empresário não mergulhou na defesa da candidatura udenista. Não tomou partido de uma figura emblemática para a história da *Noite* e do *Globo*, o velho rebelde tenentista do Forte. Com a decisão de Vargas, isolado em São Borja, em lançar manifesto de apoio a Dutra, Marinho manteve os ataques à ditadura deposta, mas sem estender as críticas ao general, com quem tinha negociado diretamente a publicação do *Globo Expedicionário*. Dutra venceu a disputa, que não foi questionada pelo jornal. O partido do novo presidente garantiu ainda a maioria na Assembleia Constituinte, tanto na Câmara quanto no Senado.

Na expectativa de um novo governo, o empresário Joaquim Rolla levou adiante o audacioso projeto de um cassino em Petrópolis. Nas terras da antiga Fazenda Quitandinha, ele fez um hotel em estilo normando e uma hípica.

Depois de 14 natais com Vargas, sendo seis sob o clima da Segunda Guerra, a sociedade carioca reúne-se no Hotel Quitandinha para as festas do final de 1945. "Quitandinha está vivendo dias e noites inesquecíveis com o programa que organizou para assinalar este fim de ano e o início da temporada de verão", divulgaram os jornais. Em dezembro, ocorreu o encerramento do Torneio Interestadual de Hipismo na pista do Quitandinha, o primeiro em duas décadas fora da capital. Marinho venceu a disputa montando Joá, com a marca de 2,2 metros.[210]

No mês seguinte, em janeiro de 1946, *O Globo* mostrava sua adesão ao futuro governo Dutra ao noticiar, em manchete, que o novo presidente receberia o "diploma consagrador da vontade popular". Ainda registrou que estava "quase certo" que a UDN, derrotada, colaboraria com o governo.[211]

Pelas roletas e mesas de bacarás do Quitandinha passavam os udenistas que tinham conseguido, por meio dos militares, derrubar Vargas e que, depois, foram surpreendidos com a vitória na eleição presidencial de Dutra. Também marcavam presença no cassino Benjamin Vargas, irmão de Getúlio, e Lourival Fontes — o antigo chefe do DIP, braço direito de Lulu no controle da imprensa, na expectativa de estar no entorno do poder.

Numa noite de sábado de fevereiro de 1946, Marinho jantava com amigos no restaurante do Quitandinha quando Benjamin entrou "intempestivamente", acompanhado de Gregório Fortunato e outros capangas. Ao se aproximar de Roberto, que estava de costas, Benjamin desferiu um soco no rosto do empresário. "Marinho ficou sem reação", escreveu Alzira Vargas ao pai. Benjamin puxou um revólver, mas foi contido. Tiraram a arma da mão dele e a entregaram para Amaral Peixoto, marido de Alzira. Benjamin correu para fora do cassino, onde um carro estava estacionado com o motor ligado.

Na manhã seguinte, um repórter do *Diário da Noite*, de Chateaubriand, telefonou para Roberto, que teria resistido a relatar a agressão.

"Com todos os seus defeitos, sempre tive o sr. Benjamin Vargas na conta de um homem de coragem. Mas ele agiu comigo como um covarde. Duplamente covarde. Atacou-me pelas costas e com superioridade de armas. Imediatamente sacou um revólver, tentando alvejar-me, num local cheio de pessoas, inclusive de duas meninas, filhas de amigos meus."

O repórter perguntou o motivo da agressão. Marinho atribuiu a uma reportagem do *Globo* sobre um prédio que tinha caído no Centro do Rio, pertencente a Benjamin.

"Nunca fiz nada de pessoal contra o sr. Benjamin Vargas, nem permiti indagar como ele realiza as suas noitadas."[212]

A imprensa saiu em defesa de Roberto. O *Diário de Notícias*, de Orlando Dantas, publicou que os personagens getulistas amenizavam as "horas amargas do ostracismo" no "espocar" do champanhe e no "rodopiar" das roletas.[213] *A Ordem*, revista dos jornalistas Alceu Amoroso Lima e Gustavo Corção, relatou que, ainda no tempo da ditadura, Benjamin perseguiu de carro um desafeto, chocou-se com um poste e, neste instante, ouviram-se tiros. Um leiteiro atingido pela colisão foi assassinado no local.[214]

Em suas anotações, Joaquim Rolla relatou que ele e os "leões de chácara" do Quitandinha afastaram Benjamin para defender Roberto. Não foi o que o diretor do *Globo* entendeu. Magoado, Roberto deixou de aceitar anúncios do empresário no jornal.[215] Marinho se aproximou de dom Jaime de Barros Câmara — o cardeal se opunha ferozmente aos cassinos, assim como dona Carmela, a Santinha, mulher de Dutra.

O fotógrafo francês Jean Manzon subiu no telhado do Cassino da Urca e, numa fenda na claraboia posicionou sua Rolleiflex. Era proibido o uso de máquinas fotográficas em casas de jogos. Ele registrou funcionários do cassino contando dinheiro longe dos frequentadores e mais longe ainda dos fiscais do governo. Manzon levou as imagens para Chateaubriand. O empresário disse que não publicaria as fotos, pois os donos das casas de jogos eram seus anunciantes. O fotógrafo foi em seguida para *O Globo*, onde apresentou o material a Marinho. Cansado de esperar pela publicação das fotos, Manzon voltou ao jornal uma semana depois. O empresário demonstrou não ter gostado de ouvir a insinuação de que teria comprado as imagens para engavetá-las.

"O que o senhor me vendeu foi um pacote de dinamite. Já não é jogo, é política. O presidente Dutra está a par. É preciso escolher o momento para publicar seu material. Quem decide isso sou eu, dono do jornal."[216]

O Globo rasgou na primeira página de sua edição vespertina de 29 de abril uma foto do salão de jogos do Cassino da Urca. O jornal cobriu com desenhos de máscaras os olhos dos frequentadores retratados por Manzon. Em tons sensacionalistas, o texto destacou um "memorável esforço de reportagem" para desvendar os "segredos" do "maior negócio do mundo" e as "fábricas do vício e do crime". O jornal relatou, ainda, que era a primeira vez que um fotógrafo tinha acesso a um cassino do Rio.[217] Era um disparate. Afinal, repórteres e donos de jornais usavam a Urca como escritório.

Joaquim Rolla avaliou que Marinho lhe aplicara um "golpe". Os cassinos não eram apresentados mais como investimentos em turismo e glamour, mas "antros" de corrupção. Rolla tornava-se, da noite para o dia, um contraventor. Era carta fora da mesa.

A decisão do governo de acabar com o jogo trouxe desemprego, especialmente para o grupo do diretor artístico do Cassino da Urca, o português Eduardo Chianca de Garcia. Marinho alugou para o amigo, a preço modesto, o Teatro Carlos Gomes, imóvel do qual era dono no Rio. Era quem produzia os espetáculos de dançarinas na casa de jogos. Antes de se mudar para o Brasil, Chianca de Garcia produziu "A canção de Lisboa", primeiro filme sonoro de Portugal, um trabalho de resistência à invasão de produções norte-americanas e francesas no país europeu.

A proibição dos jogos foi comemorada por dona Chica. Ricardo, irmão de Roberto, vivia o vício da jogatina e as desilusões nas noites do Rio. Com seu bigode fino, o estilo formal e ao mesmo tempo desvairado, nas palavras do sobrinho Roberto Irineu, tornou-se refém de agiotas, a ponto de vender suas ações no jornal para o irmão Roberto. "O Ricardo se meteu com senhoras e jogos e fez uma dívida enorme. Aí ele pediu ao papai para comprar grande parte das ações dele. Com isso, perdeu poder no *Globo*", conta Roberto Irineu.

Alijados mais uma vez do jogo político dominado pelo PSD, pela UDN e pelo PTB, os comunistas e os ex-tenentistas que não se encaixaram nas alianças do pós-ditadura perceberam que a anistia de Getúlio limitava-se a tirá-los da prisão. Aos comunistas, porém, havia a expectativa da Assembleia Nacional Constituinte, onde teriam uma bancada de 15 membros, incluindo Prestes.

Foi um udenista, no entanto, quem levou à Constituinte o debate para efetivar a anistia política de fato. Euclides Figueiredo, da Guanabara, expulso do Exército e ferrenho opositor de Vargas, propôs a volta de militares revoltosos às Forças Armadas.

Um dos chefes da Revolução Paulista e do plano fracassado de golpe contra o governo de março de 1938, Euclides, pai de João Baptista Figueiredo, que mais tarde seria presidente, foi indicado para coordenar os trabalhos de anistia na Constituinte. No início, ele teve total apoio dos comunistas e rejeição por parte dos trabalhistas. Mas logo o PCB se opôs à UDN quando o legado de Vargas e o funcionamento do partido entraram em debate.

Roberto Marinho evitou tomar uma posição. O jornal se limitou a divulgar quase na íntegra os debates dos parlamentares. Era um vespertino atrelado ao factual e aos discursos de quem estava no poder. Naqueles dias, *O Globo* registrou que o deputado comunista Maurício Grabois subiu à tribuna para criticar a posição dos trabalhistas, acusando-os de tomar atitudes reacionárias sempre que se tratava de medida democrática.

Pedroso Júnior, do PTB de São Paulo, fez um aparte:

"Qual diferença que há entre o fascismo e o comunismo?"

Grabois respondeu que a diferença era conhecida nos campos da Europa, onde os comunistas morreram na defesa da democracia.

O Globo registrou o momento em que Luiz Carlos Prestes provocou reação da UDN ao criticar o brigadeiro Eduardo Gomes.

"Comandou o golpe de 29 de outubro ao lado do general Dutra. São ambos iguais, tão reacionários um quanto o outro."

"Para libertar o país da ditadura, para que aqui estejamos em Assembleia Constituinte", respondeu Otávio Mangabeira.[218]

Prestes afirmou que o gosto da UDN pelo golpe diferenciava a legenda do PCB. Ele omitia a insurreição comunista da Praia Vermelha.

Fracassou também projeto de Euclides Figueiredo para criar uma comissão com o intuito de passar a limpo os crimes da ditadura. O trabalho não teve apoio de seu partido, a UDN, do PTB e muito menos do PCB. Nem espaço no *Globo* ou nos concorrentes, muito menos na

Tribuna Popular, vinculada aos comunistas. Não interessava às forças políticas discutir o passado. Prestes não incentivou nem mesmo a apuração do caso Olga.

A disputa entre os liberais, que por ora se afastavam do esquema Oswaldo Aranha, os comunistas, sem espaço no governo cada vez mais autoritário de Dutra, e os trabalhistas, órfãos da ditadura Vargas, recrudesceu.

Mesmo sem um acerto de contas, Marinho foi questionado especialmente pela presença no Conselho Nacional de Imprensa. Orlando Dantas, do *Diário de Notícias*, foi à forra pela atuação do concorrente na decisão do CNI de proibir jornais de realizar sorteio de prêmios. Dantas escreveu que o dono do *Globo* foi um "destacado" membro do DIP. Roberto via seu nome ligado ao órgão máximo da arbitrariedade contra a imprensa, ao qual o conselho era subordinado. O empresário percebia, agora, que seu nome e o do jornal estavam associados a uma ditadura.

Marinho reclamou que o posto que ocupou no conselho não foi uma nomeação da ditadura, mas uma "designação livre e espontânea" do Sindicato dos Proprietários de Jornais. Ele ressaltou que o conselho era um órgão "superposto" ao DIP. A acusação era, para ele, "grave", pois ligava *O Globo* a um órgão que degenerou em "algoz" da imprensa. Ele citou o caso do *Estadão* como uma história "bem outra" de seu trabalho sem "esmorecimentos" pelas liberdades. "O que, essencialmente, me importa é recordar que não fui 'membro destacado do DIP', e que se algum destaque desfrutei no Conselho de Imprensa esse me veio só e exclusivamente da intransigência com que sempre ali defendi direitos e liberdades de classe."

Aos 44 anos, Roberto Marinho ainda não ignorava convites para duelos bizarros. Ele escreveu uma "última advertência": "Se o proprietário do *Diário de Notícias*, com a sua empedernida incompreensão, não se mantiver à altura da lealdade e do cavalheirismo com que o tratei, desde já me quero eximir das consequências que lhe poderão advir."[219]

A ditadura Vargas serviu de laboratório para Marinho aplicar a lição rigorosa que veio, em boa medida, por parte de Moses, de exercer a moderação nas relações com um governo até o último minuto deste, sem que isso significasse, no entanto, demora em apoiar o início do novo dono do poder.

A proximidade dos Aranha levou Roberto a se posicionar contra o fascismo e o comunismo. Afastado de extremos, adotou o discurso do meio-termo, que será a base do Grupo Globo. A relação dele com Lulu e Oswaldo agregou valor futuro ao seu negócio de mídia. Foi um escudo que impediu que a esquerda que saía dos presídios getulistas usasse contra ele palavras como fascismo e autoritarismo. A esquerda sobrevivente do tempo sombrio de Vargas tentava entrar no jogo político sem ataques aos Aranha. Com o fim da Segunda Guerra e a queda da ditadura, o Roberto Marinho construído pela esquerda se limitava a um capitalista representante do "império americano". Os ataques de concorrentes de gibis, que lembravam sua participação no Conselho Nacional de Imprensa, não faziam eco, até ali, nos jornais alternativos, que procuravam reforçar a imagem apenas de um "entreguista" internacional.

Marinho soube assinalar, sob o escudo dos Aranha, as idas e vindas de sua relação com o Estado Novo, colocando a sua empresa como corpo separado do regime, que ora estava próximo, ora afastado. Num discurso, tempos depois, ele ressaltou:

"Sob o regime fechado que se impôs ao Brasil com a pseudoconstituição de 1937, Oswaldo Aranha foi a preservação do liberalismo que animara os líderes civis da Revolução de 1930. Foi o contrapeso ao totalitarismo."[220]

O escudo dos Aranha aparava não apenas ataques ideológicos da rede de jornais comunistas de Motta Lima, mas investidas empresariais de Orlando Dantas. O dono do *Diário de Notícias* e o maior ideólogo da imprensa de esquerda tentaram jogar no colo de Marinho a memória da ditadura sanguinária. Menos sorte teve Maria Martins, escultora preferida de Marinho, que viu seus bronzes incorporarem o peso ideológico do Estado Novo. Os artistas e críticos comunistas que voltavam a respirar cobraram de Maria sua presença nos salões da ditadura. Os nus deformados, as cópulas gigantes e os seres em expressões eróticas da sra. Martins não se encaixavam num Rio de Janeiro agora mais conservador nos costumes e igrejeiro.[221] Mas as peças dos poderes político e econômico pouco mudaram no tabuleiro dos negócios e conchavos, aglutinando-se agora nos três partidos criados na redemocratização — o PTB dos getulistas, que reunia ainda sindicatos e tentava impedir o avanço do PCB na "classe trabalhadora", de discurso nacionalista e estatal; o PSD, formado pelos setores empresariais que nunca deixaram de dialogar com o Catete; e a UDN, para onde foram os bacharéis da agricultura, da indústria e do comércio contrários a Vargas.

No subúrbio, na Zona Norte e nos bairros da região central do Rio estavam a legião órfã do ditador e os leitores em potencial de Marinho, cada vez mais ligados ao rádio. Às 509 fábricas que existiam no Distrito Federal quando Vargas desembarcou na Central do Brasil para tomar posse se somaram, nos anos seguintes, outras 4.634, boa parte delas ao longo da avenida Brasil e de outras vias abertas. Eram as áreas de dormitório para a classe operária e os migrantes nordestinos que vinham no rastro da construção da Rio-Bahia.[222]

A ditadura dos burocratas varguistas, das práticas fisiológicas, dos agentes da tortura e dos assassinatos políticos saía de cena. Com a derrocada da elite estado-novista, o poder agora estava na mira de famílias sem votos, dispostas a alianças com matadores da periferia e dos sertões e *outsiders* populistas. Elas representavam um empresariado que enxergava no vazio político um liberalismo extremo e sem compensações. A cidade do Rio de Janeiro contava com 1,7 milhão de moradores. A energia elétrica chegava a 67% das residências dos cariocas.[223] Boa parte dos morros era iluminada por velas e lampiões. A Light era a maior empregadora do país, com cinquenta mil funcionários. A companhia fornecia 60% da energia consumida pelos brasileiros e parte considerável dos caixas da imprensa.[224]

3. A conquista de Copacabana

Mais que uma família, o grupo Aranha era agora uma confraria de empresários, lobistas e políticos com o interesse cada vez maior em parcerias com iniciativas americanas. Oswaldo Aranha, o guru do grupo, iniciou uma articulação direta com a cúpula da Light em Ottawa. Incentivou a instalação de uma embaixada do Canadá no Rio e discutiu formas de evitar que a onda nacionalista promovida por setores do governo tornasse ainda mais nebuloso o cenário de atuação no Brasil do "polvo canadense", como a companhia era chamada pelos jornais comunistas.

Foi a partir de conversas de Oswaldo e Ken McCrimmon, vice-diretor da Light, que a empresa passou a abrir espaço para executivos brasileiros nas suas decisões.[1] O advogado catarinense Antonio Gallotti, na época com 25 anos, começou a ganhar influência na estrutura da empresa. De uma família de imigrantes italianos, Gallotti foi um dos jovens integralistas que estiveram com Aranha, anos antes, para discutir a fundação de um partido revolucionário. Era ligado especialmente ao poeta e lobista Augusto Frederico Schmidt.[2]

Com Gallotti, a Light se "nacionalizou". O grupo Aranha, que sempre atuou na defesa do investimento estrangeiro, aproveitou o nacionalismo para chegar ao comando da principal empresa privada em atuação no país.

Formado no integralismo e no combate ao comunismo, Gallotti exibia seu poder num palacete na rua São Clemente, em Botafogo. Ali, em jantares concorridos, recebia Villa-Lobos, Manuel Bandeira e outras celebridades da cultura, que se misturavam com políticos, industriais, empresários da imprensa, militares e advogados influentes.

"O rei da cocada aqui era o Antonio Gallotti. Ele era o dono da eletricidade, da água, do gás, do telefone, de tudo", lembra o empresário Júlio Barbero. "O Tony vivia no maior palacete da São Clemente. Merece cinquenta livros. Era um homem da noite. A mulher dele tinha aulas com um professor de tênis. Botava o Tony para jogar tênis, botava uma bolinha ali e outra lá para ele morrer. 'Uuuhhh!' Porra, isso a sociedade dizia. Eu não estou falando irreverência nenhuma. Todo mundo sabe."

Numa conversa sobre as relações entre Marinho e Gallotti, Barbero observa que o dono do *Globo* era "pinto" diante do poder do executivo da Light. "Não sei dizer data, não guardo ano, não tenho ideia, mas a relação do Roberto Marinho com Gallotti vem daí. É interessante saber como o Roberto conviveu com o Gallotti. Eu não sei falar porque não é do meu tempo, eu ainda não estava nesse meio. Nessa época, o Gallotti foi uma pessoa fundamental para o Roberto."

A esquerda continuou a atacar o mito da empresa de energia estrangeira, símbolo do "imperialismo dominador". Na verdade, o "polvo" se transformou, aos poucos, em um bicho formado por gaúchos, cariocas e catarinenses que abocanhava parcerias e recursos no país e no exterior.

Nas lembranças dos filhos de Roberto Marinho, Antonio Gallotti era presença constante no Cosme Velho. Contudo, não estava o grupo de Raymundo Castro Maya e Cesar de Mello Cunha, os dois grandes amigos do pai. Nas lembranças da família Marinho, ficou a imagem de um Gallotti contador de histórias, que não perturbava o empresário por matérias contra a Light, diferentemente da maioria dos amigos de Roberto. "Ele entendia o papel do jornal. Acho que nunca constrangeu papai quanto a isso", relata João Roberto. "O Gallotti era uma das pessoas mais inteligentes que eu, garoto, vi na época. Ele era culto, falava bem e pelos cotovelos", afirma Roberto Irineu.

* * *

Roberto Marinho era figura constante nas corridas e galerias do Jockey Club, nas sessões de cinema da embaixada norte-americana, nas recepções dos embaixadores de Portugal e da Inglaterra e nas festas de amigos influentes em Copacabana e no Flamengo. Mas o status de empresário bem-sucedido não lhe franqueava as portas de alguns endereços emblemáticos da sociedade carioca.

Ele raramente era convidado para um *souper* ou um *drink* na mansão número 91 da rua Icatu, numa aprazível ladeira do Alto Humaitá, em Botafogo. Ali morava o casal José Thomaz Nabuco, advogado de grupos estrangeiros, filho caçula do abolicionista Joaquim Nabuco, e Maria do Carmo Mello Franco Nabuco de Araújo, a Miminha, filha de Afrânio de Mello Franco, ministro da Aviação do governo Delfim Moreira e das Relações Exteriores de Getúlio Vargas.

Desde os primeiros anos do século XX, os ricos optaram por moradias nos sopés de serras e altos de morros. A zona portuária, entrada do novo, dos costumes europeus, do contato com a "civilização", tornava-se cada vez mais um espaço comercial, de agitação, de grande circulação de pessoas, dos trabalhadores da cidade, dos mendigos, dos transeuntes.

A casa do Alto Humaitá era porto seguro de Carlos Lacerda. Depois do furo histórico da entrevista com José Américo no *Correio da Manhã*, e de assinar a coluna "Na tribuna da imprensa" no jornal de Paulo Bittencourt, Lacerda encontrou em Nabuco e Miminha apoio para deslanchar na política e se eleger vereador do Distrito Federal. Em 1949, o casal ajudou o jornalista a abrir o próprio jornal. A *Tribuna da Imprensa*, mesmo nome da coluna, foi instalada num sobrado da rua do Lavradio, no Centro do Rio. Era a primeira parede do *front* erguido contra o getulismo pela UDN — só mais tarde, por meio de programas de rádio e TV de aliados, Lacerda e seu partido ganharam musculatura na guerra midiática contra o Catete. A cúpula da UDN não se reunia na movimentada rua do Lavradio, mas na casa do Alto Humaitá.

José Nabuco defendia que qualquer mudança na vida brasileira tinha de partir da casa-grande e não da senzala: "Tirei dos ensinamentos de meu pai uma grande lição: ele fez a campanha abolicionista pregando aos senhores que deveriam soltar os escravos; e não pregando aos escravos que deviam se revoltar contra os senhores."[3]

Segundo a imprensa, o "mais hábil e mais temível político da família" era a mulher de Nabuco.[4] Se o PTB dos Vargas era criado sob a supervisão de Alzira, filha do presidente, a mesa de debates e reuniões da UDN era literalmente posta por Miminha. De baixa estatura, incisiva e furiosa, ela dava broncas em generais e parlamentares. Os getulistas a chamavam de Clotilde de Vaux do golpismo e do udenismo, uma referência à escritora francesa, de cabelos curtos como ela, que inspirou o filósofo Augusto Comte, do positivismo.[5] Três mulheres marcaram a vida de Lacerda: sua mãe, Olga, por quem rompeu com o pai, Maurício, que tinha se desquitado dela; a poetisa Cecilia Meireles, a quem dedicou uma sala de espetáculos quando governou a Guanabara; e Maria do Carmo Nabuco, sua base política, como lembra o amigo Pedro Paulo de Sena Madureira.[6]

A casa de Miminha, com forros de temas brasileiros e paredes tomadas por arcanjos e santos da mineração e telas de Cícero Dias e Di Cavalcanti, estava sempre cheia de udenistas em busca de consulta a José Nabuco. Quando o advogado resolveu reformar a casa, o amigo Candido Portinari propôs pintar um painel na parede da sala. Nabuco pediu que a obra fosse feita em tela, para, no caso de venda da mansão, levar a obra. O artista fez três grandes quadros de uma floresta, por sugestão de Miminha. As paredes da casa exibiam também pinturas de artistas estrangeiros sobre a vida no Rio e em São Paulo no tempo da Colônia, da Independência, da Regência e do Império. Um quadro do francês Arnaud Julien Pallière, que veio para o Brasil no navio da imperatriz Leopoldina, exibido na sala de jantar, mostrava uma jovem branca com o filho no colo cercada de mucamas. Do lado de fora, as plantas foram escolhidas por Burle Marx.

A matriarca, entretanto, nunca se candidatou. Ela se fazia representar pelos homens da casa. Entre os que redigiram o manifesto de criação da UDN estavam os irmãos, Virgílio de Mello Franco, o Virgilinho, uma das lideranças do movimento de 1930 em Minas, e Afonso. Quando deputado federal, Afonso foi autor da lei que tornava o preconceito por raça e cor uma contravenção penal.

O ápice de poder da família ocorreu ainda no governo Delfim Moreira, nos anos de 1918 e 1919. O presidente enlouqueceu e foi escondido da imprensa e dos adversários. Afrânio se tornou, na prática, chefe de governo. Em 1934, diante da recusa de Vargas em apoiar o filho Virgílio para o comando de Minas Gerais, Afrânio jogou a família na oposição.

Virgílio foi assassinado em circunstâncias até hoje não esclarecidas. Segundo a polícia, um ex-empregado da casa teria desferido o tiro que o matou e, em seguida, foi baleado. A família diz que uma terceira pessoa, do porão do Catete, matou os dois. Rumores diziam que Virgílio tinha um caso com a mulher do ex-empregado, que foi tirar satisfações. Nas três versões, a morte do empregado ocorreu em situação bem estranha.

Afonso fez alianças eleitorais com dois bons puxadores de votos: Lacerda, na região central da cidade, nas zonas Oeste, Norte e Sul e nos subúrbios, e o polêmico Tenório Cavalcanti, líder popular na Baixada Fluminense. Lacerda e Tenório tinham as chaves para penetrar no universo popular das ruas.

Tenório era também um homem do marketing político e interpretava uma oposição a Marinho como uma forma de se posicionar no jogo. Um exemplo de suas investidas foi o caso do Crime do Sacopã, nos anos 1950.

Para ganhar visibilidade, ele atuou como advogado no caso policial que marcou a crônica carioca. A morte de Afrânio Arsênio de Lemos, de 31 anos, funcionário da agência do Banco do Brasil no largo do Machado, virou uma novela em que até donos de jornais se transformaram em personagens. Numa manhã de abril de 1952, o bancário foi encontrado morto no banco de trás de seu carro, um Citroën preto, estacionado na ladeira do Sacopã, na lagoa Rodrigo de Freitas. Tinha levado três tiros no abdome e 14 coronhadas na cabeça. Ao lado do corpo, a polícia encontrou a foto de Marina Andrade Costa, de 17 anos, com uma dedicatória.

Agentes logo apontaram o namorado ciumento de Marina, o tenente da Aeronáutica Alberto Bandeira, de 22 anos, como o assassino. Porte atlético, bigode fino e pinta de galã, Bandeira ganhou a simpatia das leitoras de revistas. Walton Avancini, que se dizia conhecido de Afrânio, confessou à Justiça que testemunhou o momento em que o tenente matou o bancário. Alberto foi condenado a 15 anos de prisão.

À imprensa, Tenório apontou como matador Joventino Galvão da Silva, um pistoleiro supostamente contratado por um senador, Alencastro Guimarães, descontente com o namoro da filha com Afrânio.

Com seu chapéu de feltro, óculos de armações grossas e um charuto na boca, Tenório conquistou leitores por defender o militar. O julgamento foi cancelado. Migrante alagoano, Tenório fez fama nas ruas de terra batida da Baixada Fluminense, onde muitos nordestinos viviam. Jovem, foi segurança do presidente Washington Luís. Um presente do general e conterrâneo Góes Monteiro marcou sua personalidade: a Lurdinha, uma submetralhadora. Deputado federal por três mandatos pela UDN, Tenório foi acusado de matar o delegado de Duque de Caxias, Albino Imparato. Foi salvo pelos udenistas Oswaldo Aranha, Afonso Arinos e Nereu Ramos.

Numa aliança pouco comentada com Prestes, Tenório investiu contra os empresários da imprensa. A *Luta Democrática* usava o *know-how* comunista de fazer jornal. Ele aproveitou o caso Sacopã para entrar na briga com Roberto Marinho. Em artigos, escreveu que o dono do *Globo* era um "escroque", "covarde" e tinha sido "esbofeteado" pelo empresário Luiz Fernando Bocaiuva, o Baby, a quem chamou de "ladrão do Banco do Brasil".

> "Roberto Marinho, diretor do vespertino *O Globo*
> CHEFE DE 'GANG'
> que dá cobertura aos assassinos do Sacopã"

A *Luta Democrática* publicou que Roberto, certa vez, tentou "assaltar" Augusto Viana, presidente do Sesi: cinco milhões de cruzeiros para silenciar diante de supostas denúncias na instituição, um valor hoje correspondente a 458 mil dólares.[7] "Homem, não! Nem que o Roberto Marinho vista saia, é digno de um programa. Procure outros para merecer as honras de uma voltinha."

Nos ataques, Tenório recorria a questões pessoais e evocava figuras e supostas situações do passado de Marinho. O amigo Horácio Cartier, segundo um dos textos de Tenório, teria recebido um aviso para Roberto evitar um achaque, sob o risco de ter divulgado fotos dele em "bacanais". "Mulambo humano, na sua vida infantil e juvenil foi dado ao trato com meninas e donzelas para evitar brutalidades dos rapazes turrentos do seu tempo", escreveu.[8] Marinho continuou a chamar o udenista de "matador da Baixada".

Tenório tinha bronca pelas acusações do *Globo* de que estaria ligado a crimes na Baixada. No parlamento, Tenório fazia discursos acalorados. Num deles, contra Clemente Mariani, presidente do Banco Central e ministro da Fazenda, recebeu um aparte do deputado baiano Antonio Carlos Magalhães, que fez uma defesa de Mariani. Houve bate-boca e Magalhães levantou a voz:

"Vossa Excelência pode dizer de mim isso e mais coisas, mas na verdade o que Vossa Excelência é, mesmo, é um protetor do jogo e do lenocínio, porque é um ladrão!"

"Vai morrer agora", afirmou Tenório, com a arma apontada para o deputado baiano.

Diante do episódio, Marinho deu espaço no *Globo* para Schmidt entrar no tiroteio com artigo contra Tenório. Antonio Carlos ganhou a simpatia de Marinho ao apostar na intimidação por meio de gestos de valentia.[9]

Marinho estendia bandeiras udenistas em seu jornal, mas sem agitá-las como Lacerda. A relação do empresário com os Mello Franco e os Nabuco era marcada pela "cerimônia", como lembra João Roberto. "Vou passar até um pouquinho do meu estilo, mas acho que havia um certo nariz torcido da parte deles", afirma. "Era uma relação igual à com os paulistas, muita elite, eram a elite do Rio", completa o irmão José Roberto.

A relação dos Mello Franco e dos Nabuco com Lacerda era diferente. O jornalista tinha, como as duas famílias, sangue da aristocracia rural.

Longe dos salões de Miminha, mas atento como a UDN a novos espaços de poder nos bairros afastados do Centro e da Zona Sul, Roberto Marinho tinha seu foco no mundo que se formava em torno de uma classe urbana incorporada ao mercado de consumo. Ele continuava a apostar nas revistas em quadrinhos.

A *Tribuna Popular*, de Pedro Motta Lima, narrou a história de dois jovens da Tijuca, bairro da Zona Norte, que fugiram de casa e se enfurnaram na floresta, desejosos de experimentar a "sensação" de ser como Tarzan, do gibi publicado por Marinho. Uma equipe do Corpo de Bombeiros localizou os garotos no dia seguinte, perdidos na mata e famintos. "São mais duas vítimas da literatura infantil e juvenil da empresa *O Globo* procedente dos Estados Unidos e graças à qual o sr. Roberto Marinho tem enriquecido vastamente nestes últimos anos", destacou o jornal comunista. Em Joinville, Santa Catarina, meninos inspirados nos "ladrões e gângsteres" dos gibis se organizaram em quadrilha, com um quartel-general numa gruta próxima da cidade, para assaltar e roubar à noite. A publicação de gibis foi vista pelos comunistas como a "negação de tudo quanto é brasileiro".[10]

Os comunistas acusaram Marinho de violar a Constituição. "Ninguém lhes pode negar a principal responsabilidade não só pela depravação que conduz à constante nota do *sex appeal* como pelo envenenamento psicológico de uma boa parte da mocidade. Essas histórias aliadas aos filmes ianques, em particular as célebres fitas em série, são os maiores culpados pela delinquência juvenil, pelos casos de perversão entre jovens", ressaltaram.

As publicações "obscenas" e "nocivas" à educação e à saúde pública, na avaliação dos comunistas, precisavam de um boicote por parte dos leitores. "Robinson Crusoé, Tom Sawyer, Capitão Nemo, Tibicuera, Narizinho, Emília, Gulliver etc. não são os heróis da infância e da adolescência em nossos dias", destaca a *Tribuna Popular*. "Agora, são os mocinhos e bandidos das histórias em quadrinhos de importação *yankee* pelas empresas de Roberto Marinho."

A intelectualidade voltou a usar a receita do discurso da aculturação estrangeira para acusar Marinho de esvaziar o sentimento político da população.

Uma nova frente de ataque a Roberto Marinho veio de um adversário adormecido. O empresário Orlando Dantas, dono do *Diário de Notícias*, usou o discurso da direita católica e dos comunistas contra as revistinhas em quadrinhos para se vingar da decisão do Conselho Nacional de Imprensa de proibir sorteios de prêmios.

A mágoa de Dantas em relação a Marinho levou o dono do *Diário* a descobrir um filão para atrair leitores de todas as classes. Tanto Copacabana quanto o Engenho de Dentro tinham interesse no debate dos quadrinhos. Ele usou as páginas do seu jornal para criticar *O Globo Juvenil* e o *Gibi*. O mais surpreendente é que ele tinha sido um pioneiro na publicação de tiras do marinheiro Popeye.[11] Dantas pregou que o concorrente era um formador de criminosos. Também afirmou que o "dr. Marinho" era o "verdadeiro Moleque Gibi", que intimidava e chantageava.[12] A cada homicídio cometido por um menor no Rio, Dantas atribuía a Marinho a motivação do crime. A cada menino que se jogava de uma árvore para voar como o Superman, o gibi entrava no debate público. O gênero ganhava a fama de literatura prejudicial à formação das crianças.

Atordoado com as críticas ao seu jornal e à sua imagem pessoal, Marinho apelou para o moralismo e avaliou que as revistinhas de heróis desenvolviam a masculinidade dos garotos. "Que modelos de vida queremos dar aos nossos filhos? Queremos que eles cultivem objetivos de maricas, atitudes desfibradas? O nosso filho pode não ter músculos capazes de fazer os cem metros rasos em dez segundos cravados nem jogar numa equipe de futebol americano. Mas, se assim não for, mais será a razão para que ele cultive em linhas construtivas a sua vontade de poder, dentro dos limites das suas capacidades naturais", escreveu.[13] Não tinha jeito. A luta se prolongou por mais de uma década. Dantas não cometia apenas uma vingança, mas executava uma formidável jogada no tabuleiro do mercado de jornais.

Marinho saía da guerra com Dantas com a imagem destruída, associada ao oportunismo e à venda de manuais que prejudicavam o ensino e o intelecto. Tanto que teve que contratar Walter Poyares, um pioneiro da publicidade e do marketing, para melhorar sua situação e a do jornal na sociedade do Rio. Poyares se desdobraria em campanhas do Dia das Mães, dos Pais, em promoções diversas para atrair a atenção de leitores.[14]

Entre morros cobertos por mata, nos fundos e na frente, a residência do Cosme Velho impunha distância à cidade. O muro alto, o som dos pássaros e o barulho da queda do rio Carioca, que dividia o terreno, aumentavam o isolamento do lugar. O rio foi desviado para formar um lago de carpas.

A família Marinho viveu numa espécie de pequeno castelo, sem espaço para a vida mais íntima, sufocado por concorridas recepções políticas e culturais.

O palacete era, sobretudo, uma casa para festas e recepções. A residência era uma espécie de palácio cenográfico que servia aos propósitos de um homem austero nos gestos e no modo de viver. A família que Marinho formou teve que se adaptar à casa e não o contrário. "O papai montou o Cosme Velho com uma ideia de que ali era um lugar para relações públicas. A casa estava a serviço do *Globo*", observa Roberto Irineu. "As recepções que ele dava — e o Rio de Janeiro tinha muito disso por abrigar, como capital da República na época, o corpo diplomático, todos os eventos — , eram para fazer *O Globo* aparecer."

Quase para complementar o Cosme Velho, Marinho adquiriu, em 1944, a *Rio*, revista mensal voltada para a cultura e a festas sociais. A redação foi montada num apartamento do Edifício São Borja, no Centro da cidade. Para tocar a publicação, o empresário contratou o escritor e jornalista Henrique Pongetti, que fora do *Globo Juvenil* e passara uma temporada na Itália, para ser seu sócio e editor-chefe da *Rio*. Nos registros de Filinto Müller, Pongetti era um agente infiltrado do DIP de Lourival Fontes, que defendia os países totalitários europeus.[15]

Com capa sempre de um desenho de um grande artista plástico, *Rio* reunia entre seus colaboradores Rachel de Queiroz e Cecilia Meireles. Elas logo passaram a ser recebidas no "solar". A Souza Cruz, representada por Herbert Moses, arcou com o financiamento da revista, uma versão brasileira da *New Yorker*. Nas mãos de Marinho, *Rio* ganhou um espaço maior para o noticiário da sociedade carioca. A revista divulgava obras de artistas plásticos nacionais e internacionais e textos de nomes de peso da literatura, como Carlos Drummond de Andrade, José Lins do Rego e Dalcídio Jurandir.

O Cosme Velho e a *Rio* formavam uma união que atendia aos interesses de seu único dono. Por meio do casarão e da revista, Marinho atraía para si um universo de poder e sofisticação. Ainda que não circulasse ali os Guinle, os Nabuco, os Mello Franco, o cenário armado pelo empresário alimentava uma rede de poder, influência e cultura. Marinho abria a casa para quatrocentões paulistas em viagem à capital e artistas renomados do exterior. Amália Rodrigues se apresentou no salão da residência. O colunista Ibrahim Sued, um fotógrafo que descobriu o mercado da *society*, tornou-se um parceiro de Marinho, um relações-públicas do Cosme Velho, mesmo trabalhando no *Diário de Notícias*, do rival Dantas.

A mansão do Cosme Velho entrou para o circuito das casas de celebridades do Rio, em agosto de 1946, quando Marinho entregou as chaves da residência para a embaixada americana hospedar o general Dwight D. Eisenhower e sua esposa.

Os funcionários da residência puderam conhecer hábitos simples do casal. O homem que comandou em campo as tropas dos Aliados na Segunda Guerra deixava no criado-mudo uma revistinha de faroeste, a lanterna usada no conflito mundial, cigarros e fósforos. Em passeio pelo jardim da residência, a sra. Eisenhower relatou: "O que mais impressionou meu marido foi o fato de um jornalista brasileiro, o sr. Roberto Marinho, ter saído de sua casa particular, indo para um hotel, a fim de nos ceder a sua residência. Era a primeira vez que nos acontecia isso."[16]

Casamentos da Hípica

O negócio das corridas de cavalo movimentava o Rio de Janeiro desde o século XIX. Era no antigo Derby Club, área onde hoje é o estádio do Maracanã, que os cariocas iam assistir a páreos nos fins de semana. Em 1932, o Derby se juntou ao Jockey Club, da Zona Sul, para formar o Jockey Club Brasileiro, mais conhecido por Hipódromo, na Gávea. A entidade atraía o público que ia fazer apostas nas arquibancadas e homens da política e da economia, que se encontravam no salão luxuoso e numa sede na avenida Rio Branco, onde tomavam uísque e confabulavam.

Foi na Hípica que Roberto Marinho conheceu Stella, uma jovem famosa na Lagoa por ser sofisticada e, ao mesmo tempo, simples.[17] Era filha de Alba Marcondes e Paulo Goulart, advogado carioca que fez carreira em São Paulo e aficionado por cavalos. Paulo instalou a família no Leblon, na época uma região quase deserta onde o bonde parava para o maquinista tirar a areia dos trilhos. O advogado começou a ficar rico ao investir em placas de publicidade nos bondes.

Em 1941, Roberto venceu a prova "Paulo Goulart", da Sociedade Hípica Paulista.[18] E começou a namorar Stella. Na Hípica da Lagoa, Paulo ajudava o namorado da filha a comprar os melhores animais. Gostava de "fazer cavalos", e ensinou os filhos Stella e Rodrigo a montar. Rodrigo pensou em estudar química industrial, depois foi para Los Angeles ter aulas de cinema. Lá, frequentou a casa e a piscina de Carmen Miranda. Vivia na "superfície", avaliaria. Convocado para a guerra, acabou contraindo pneumonia. Stella tinha personalidade forte, diferente da do irmão. Aos 14 anos, era uma "mulher feita", lembrou o irmão Rodrigo. "Não era mulher de ficar em casa de braços cruzados."[19]

Às vésperas do Natal de 1946, Roberto e Stella se casaram na igreja de Nossa Senhora da Glória do Outeiro, uma ermida do século XVIII num morro em frente à baía de Guanabara, contornada de pedras-sabão e com painéis de azulejos brancos e azuis de ninfas e anjos portugueses. Todos os anos, obrigatoriamente, a irmandade imperial que cuida da igreja celebra missa nas datas das mortes dos imperadores brasileiros e pelos provedores que mais deram contribuições no período da Colônia. Ali foram batizados princesas e príncipes brasileiros.

É por uma ladeira estreita de três curvas que os carros têm acesso ao pátio do templo. A maresia que entra pelas frestas das janelas sempre fechadas dissipa o cheiro do benzeno, das flores e do que ainda resta dos jacarandás dos nichos dos santos. Nas paredes laterais, assim que se entra na construção, grandes conchas marinhas esculpidas em mármore vermelho armazenam água benta. À esquerda, o painel mostra uma senhora de semblante de sofrimento com uma espada fincada no peito. Dois anjos pequenos a olham e a consolam. Outros dois maiores conversam, indiferentes. Duas mulheres acompanham a agonia. E outros dois anjos menores se aproximam. Uma cruz de granito negro, afixada na parede da esquerda, traz inscrito que o Santo Padre Leão XIII concede cem dias de indulgência para quem beijar o símbolo cristão e rezar o pai-nosso.

Os convidados ocuparam os nove lances de bancos de madeira e couro de cada lado. Monsenhor Benedito Marinho concedeu a bênção ao casal. Foi uma cerimônia sóbria e de poucos convidados. Elizabeth Marinho, mulher de Rogério e cunhada de Roberto, lembraria da grinalda da noiva enfeitada com flores naturais. Os jornais só noticiaram o casamento dois dias depois. A revista *Rio* estampou fotos da cerimônia. Numa delas, Stella chegava à igreja ao lado do pai. Corpo de amazona, olhava para a frente sem esboçar ansiedade ou angústia. Em outra imagem, ela aparece com a cabeça voltada para o buquê. Foi com olhar sério também que posou, no altar, ao lado de Roberto, que, por sua vez, tinha à direita Herbert Moses, um dos padrinhos. Na foto, Stella não demonstra reações típicas do rito de passagem. Por sua vez, Roberto, com um terno justo, cabelos bem cortados e esguio, olha para a frente.[20]

Quando Stella foi morar no Cosme Velho, a sala de jantar ganhou um lustre de opalina azul, um cristal fosco, e as paredes do solar começaram a ser decoradas sobretudo com quadros de Candido Portinari e José Pancetti. Nesse tempo, Pancetti era um "liso".[21] Portinari fazia quadros a preços acessíveis para o bolso do empresário. Marinho não comprava artistas consagrados. Ele ia adquirindo telas de artistas que se tornariam clássicos. No início de sua coleção e do casamento com Stella, o empresário constituiria um acervo fabuloso do modernismo, possivelmente baseado em quem lhe era próximo. Era o caso do ex-marinheiro Pancetti, amigo do casal e que tinha seu ateliê bem perto do *Globo*, ou mesmo de Portinari, que fez o retrato de Stella. Ela influenciou o hobby de Marinho de colecionar quadros.

A compra de 32 telas de Pancetti, algo que hoje denotaria o acentuado poder de riqueza de alguém, deu-se logo nos primeiros anos de construção da casa do Cosme Velho. Cesar de Mello Cunha, autor do projeto da mansão, foi um dos primeiros a descobrir o talento do tenente reformado da Marinha que se especializou em retratar praias, cenas do litoral baiano, casas de Ouro Preto e visões quase apagadas da infância. Pancetti valia ainda pouco quando seus quadros começaram a chegar ao Cosme Velho.

A fama do pintor veio na mesma época em que Roberto Marinho passou a ser conhecido como um dos mais "ardorosos pancettistas". Uma espécie de clube de "solidariedade" e "apreço" por Pancetti se formou. Marinho, Cesar de Mello Cunha, os médicos David Adler e Aloysio de Paula, os jornalistas Henrique Pongetti e Francisco de Assis Barbosa e o escritor Marques Rebello integravam "uma fraternidade de um clube sem estatutos, interessados em ampliar cada vez mais o número dos associados".[22]

Uma das noites mais marcantes do Cosme Velho foi a recepção a Eva Perón. O jantar que reuniu autoridades e empresários influentes começou a ser construído por Roberto em 1947, quando *O Globo* investiu numa cobertura da inauguração de uma ponte de 1.419 metros que ligava Uruguaiana, no Rio Grande do Sul, a Paso de Los Libres, na província de Corrientes, na Argentina. Os presidentes Eurico Gaspar Dutra e Juan Domingo Perón inauguraram oficialmente a obra, considerada a maior construção de engenharia do continente. A ideia de Marinho era dar destaque ao general brasileiro, mas quem brilhou na cobertura foi Evita. Na época, a primeira-dama argentina despontava nas revistas internacionais pelo luxo e pela elegância.

Roberto Marinho mandou para cobrir o evento o repórter Ricardo Serran. Com audácia, o jornalista conseguiu furar o forte bloqueio de seguranças das duas comitivas presidenciais e se aproximar da mulher de cabelos loiros, quase dourados, que usava um grande chapéu com rendas e penas. Evita deu uma rara declaração ao jornal *O Globo*:

"Estou aqui pronta a colaborar na obra do presidente. Espero fazer tudo pela Argentina. Meu projeto inclui a defesa das classes menos favorecidas, fornecendo leite, agasalho e evitando as consequências do inverno. Trato das crianças enquanto o presidente procura erguer o nível de vida dos pais."

Ela ainda disse que "brasileiros e argentinos são verdadeiramente irmãos". Era o suficiente para Serran voltar vitorioso ao Rio e *O Globo* emplacar a primazia da entrevista exclusiva.[23]

Animado com o sucesso da entrevista de Evita, em agosto daquele ano Marinho montou um esquema especial para uma visita da celebridade ao Rio. Evita participaria de uma conferência de chanceleres sul-americanos. Em negociação com a embaixada argentina, o empresário conseguiu marcar uma entrevista exclusiva da primeira-dama na Rádio Globo e a presença dela num jantar no Cosme Velho.

* * *

Num sábado de tempo ensolarado, três aeronaves aterrissavam no Santos Dumont com a comitiva da primeira-dama, que trazia três toneladas de bagagens. Evita desembarcou usando um costume e uma bolsa azuis. Nos cabelos, uma travessa de ouro e um pequeno chapéu também azul. Na lapela, ela tinha pregado um "riquíssimo broche" em forma de um "passarinho alçando voo", cravejado de brilhantes. "A porta foi aberta e pudemos distinguir, no interior do aparelho, surgindo de uma moldura de cortina de veludo escuro, a mulher mais discutida nesses últimos meses", relata o texto. A um repórter do *Globo*, ela disse que estava encantada por sobrevoar o Rio de Janeiro. "Por certo, jamais se apagará da minha memória."

À noite, Evita apareceu no Cosme Velho para jantar. Ela usava um vestido decotado e dourado, com uma espécie de manto que cobria a parte de trás da cabeça e do corpo, com brincos grandes e pulseiras. Lábios pintados de um vermelho intenso, apareceu sempre sorrindo nas fotos. A revista *Rio* descreveu Evita como uma das "mais famosas criaturas que habitam o planeta", uma lista que incluía o duque de Windsor, Charles Chaplin, Marlene Dietrich e, para contentar a colônia portuguesa de anunciantes, o ditador Salazar. O Cosme Velho se tornava uma oficina de reportagens da revista e um "salão aristocrático", na definição do *Diário Carioca*.[24]

Na foto ao lado de Evita, a anfitriã Stella Marinho apareceu com um meio sorriso. A "sra." Marinho usava um vestido claro, fechado. Era uma mulher de semblante sério. Nos anos 1940, as mulheres de figuras influentes só eram chamadas pelo sobrenome do marido.

Foi com esse estilo discreto e distante que Stella aparecia nas imagens das recepções no Cosme Velho. Quando a mansão foi aberta em outra ocasião, para receber o presidente chileno Gabriel González Videla, a "sra. Roberto Marinho" apareceu na fotografia sentada num sofá ao lado do ministro Thompson Flores, com os braços cruzados. Ela olhava para o ministro com a atenção de uma anfitriã, mas sem demonstrar prazer pela conversa, ao menos no momento do clique da fotografia. O presidente brasileiro, Eurico Gaspar Dutra, estava presente e ficou na festa até a uma hora da madrugada. A recepção teve mesas com candelabros de cinco velas e arranjos de flores, e foi animada pela pianista Magdalena Tagliaferro.[25]

Como num jogo de bridge, Stella e Marinho começaram a formar um par na complexa busca por espaço social e político no Rio de Janeiro. Sem interferir nos negócios, ela expunha cartas de amabilidade e diplomacia, convidando figuras influentes para jantares no Cosme Velho. Diante das cartas mostradas pela mulher, Marinho atuava.

João Roberto Marinho avalia que a mãe tinha consciência do papel que desempenhava no projeto do pai.

> O Globo *não tinha um relacionamento estreito com a elite dominante. Durante o percurso de meu pai na vida, você percebe, em vários momentos, um esforço para ser aceito por essa elite. O jornal de elite era o* Correio da Manhã, *o* Diário Carioca. O Globo *sempre foi mais de classe média. Eu digo isso para mostrar a importância que a mamãe teve para ele. Papai também passou muito tempo solteiro, não tinha como receber em casa. Quando ele saía do jornal, do trabalho, estava mais na farra mesmo. Ele foi um farrista durante muito tempo, mas quando resolve se casar, se apaixona. Ele já tinha feito a casa, estava num processo de querer construir um relacionamento e algo mais estreito com a elite carioca. Mamãe teve um papel importante nisso.*

Stella era uma mulher de presença única. Na definição de Elizabeth Marinho, a Bebete, mulher de Rogério, ela era culta e com um enorme coração. Acompanhava a vida dos funcionários do *Globo*. Juntamente com Bebete, a cunhada Hilda e a sobrinha de Roberto Helena Velho da Silva Vasconcelos, a Lenita, filha de Heloísa e José Júlio Velho da Silva, realizava ações sociais na empresa. Organizou uma campanha para garantir todas as crianças do Rio na escola: "Ajude uma criança a estudar." Os patrocinadores, no entanto, começaram a cobrar vantagens em anúncios no jornal. Da campanha abortada, no entanto, ficou a garantia de que todos os filhos de funcionários do *Globo* teriam colégio pago.[26] Certa vez, entrou em depressão quando o filho de um empregado da família caiu num balde de água fervendo.

O filho João Roberto discorda da versão de que para a mãe a vida ao lado de um empresário influente era engessada por pressões política e social.

> *Ela adorava aquela relação dele. Gostava de estar junto, de fazer junto, nunca senti nada disso, nada. Ele dava espaço pra ela, seja no relacionamento com o mundo de cultura, seja nas campanhas do jornal, que ela organizava. Acho que tinha uma parceria muito boa ali. Ela tinha uma admiração enorme por ele, passava uma mensagem positiva. Era muito apaixonada e sempre, sempre, muito parceira. Procurava organizar coisas para ele. Ela recebia muito bem. A casa permitia isso. Papai fez a casa para isso. Ela recebia tanto a intelectualidade quanto as pessoas para o projeto dele. Mamãe nisso foi fundamental. Em uma ou outra desavença do papai, pois essa coisa de jornal causa sempre incômodos, ela fazia um trabalho de juntar as pessoas e de ter gente variada dentro de casa.*

As festas no Cosme Velho tinham o toque de Stella. Era assim no São João e nos aniversários das crianças, quando amarrava frutas e flores em arames e toldos no jardim. "Nossas mãos ficavam esbugalhadas", lembra Bebete.

Com Bebete, Stella foi conferir o retrato que Portinari fizera dela no estúdio do artista. O quadro sempre foi a menina dos olhos do filho, Roberto Irineu, que mais tarde também formou uma coleção.

Após enchentes na cidade, as demais mulheres da família e ela organizavam campanhas de coleta de agasalhos e cobertores na portaria do jornal. "A minha mãe sempre foi uma mulher forte e de personalidade. Sempre queria fazer alguma coisa pelo coletivo, seja num ambiente familiar, seja na parte de responsabilidade social", lembra João Roberto Marinho. "Ela montou campanhas como a 'Ajude uma criança a estudar'. Era muito voltada para a cultura, tinha amigos escritores, pintores. Ela sempre incentivava muito a gente a conviver com intelectuais."

A propósito, a presença esguia e aristocrática de Bebete na vida dos Marinho não se limitava à função de uma dama de companhia para Stella. Eram amigas próximas. O casamento de Bebete com Rogério, irmão de Roberto, também forjado na Hípica, trouxe dividendos políticos para a família. Ela era filha do general e depois marechal paraibano José Pessoa Cavalcante de Albuquerque. O auge de influência do militar ocorreu quando foi um dos chefes do Exército que tiraram Vargas do poder e acabaram com a ditadura do Estado Novo. O marechal esteve na França durante a Primeira Guerra, quando integrou a Missão Militar enviada pelo governo de seu tio, o presidente Epitácio Pessoa. Lá, comandou um pelotão de turcos que cortava orelhas de adversários para fazer colares. Num hospital de campanha, conheceu Blanche Mary Edward, enfermeira inglesa da Cruz Vermelha, com quem se casou. Em 1930, o irmão dele, João Pessoa, foi assassinado na Paraíba. Era o estopim para o golpe que culminou com a chegada de Vargas ao poder. O marechal caiu no ostracismo quando foi acusado de conspirar contra Getúlio.

Rogério e Albuquerque tinham em comum o drama de viver na sombra de um sobrenome. O militar era conhecido pela vaidade e pela irritação com os que alegavam que ele tinha feito carreira graças ao irmão político. Atacado na caserna, José Pessoa formou, no comando da Escola Militar de Realengo e com a criação da Academia Militar das Agulhas Negras, gerações de oficiais que estavam prestes a controlar o Exército. A experiência na Primeira Guerra lhe deu a oportunidade de conhecer novas visões militares. As ideias de Pessoa foram os alicerces iniciais da Doutrina de Segurança Nacional, que servirá de bússola para o poder da caserna.

Na casa do sogro, Rogério conviveu com todos os militares influentes. Os novos oficiais eram militares que prestavam continência ao marechal José Pessoa, uma relação de respeito que era aproveitada pela família Marinho. A relação de Rogério com o sogro passou a definir o seu papel nos negócios do *Globo*, sem, no entanto, tirá-lo da condição de sombra de Roberto

O caçula era um homem tranquilo, equilibrado, submisso dentro do *Globo* até mesmo diante de repórteres de personalidade, mais ousados ou linguarudos e que não tinham ambições na administração da empresa.

No jornal, Rogério esteve à frente da seção "Fatos Esportivos", entrevistava celebridades como Ary Barroso e Vitor Dumas — um navegador solitário —, e fazia críticas de cinema e ópera. Ele foi o criador da seção "O Bonequinho Viu", em que as avaliações dos filmes em cartaz nos cinemas do Rio eram ilustradas com desenhos do bonequinho aplaudindo de pé, sentado ou dormindo na cadeira. Depois, o irmão caçula de Roberto atuou como chefe dos revisores, até chegar ao cargo simbólico de diretor substituto. Mas o irmão nunca o preparou para substituí-lo no comando da empresa. "Eu era uma espécie de cumpridor dos objetivos dele, de ajudá-lo, não de substituí-lo", reconheceu num depoimento que deixou gravado, um testemunho marcado pela melancolia de uma vida passada na sombra de um irmão de personalidade forte, de passos adiantados para ele, 15 anos mais novo.[27]

O homem de voz rouca, grossa, sempre foi visto como contrário a Roberto Marinho na questão do empreendedorismo. Era uma construção fácil. Afinal, ali estava um Marinho sem poder. Entre gerações de jornalistas do *Globo*, construiu-se a imagem de Rogério como alguém que não ousava, falava baixo, quase sussurrando, com receio de que sua conversa irritasse o irmão. As pautas sem brilho foram personificadas na imagem do caçula — na maioria das vezes num claro mau humor dos jornalistas. Era o Marinho que insistia, por exemplo, em pautas sobre meio ambiente, um tema pouco comum no passado. Rogério era presença constante no jornal, longe da figura de um parasita ou de alguém que fugia do dia a dia da pauta. Ele interferiu, participou e viveu intensamente a vida do *Globo*. "Por ser mais velho, Roberto sempre tratou Rogério como um filho", afirma o jornalista Henrique Caban.

Ao contrário de Rogério, Ricardo frequentava as casas de escritores. Era amigo do romancista Guimarães Rosa e do ensaísta Franklin de Oliveira. Tornou-se ainda benemérito da Cultura Inglesa, no Rio. As relações de amizades na área surgiram a partir do momento em que ele passou a comandar o caderno cultural do *Globo*, criado por Roberto.

Mas Ricardo era um homem calmo, de posições mais firmes que Rogério. A saída de Ricardo do jornal ocorreu após um desentendimento com a área comercial. Um diretor foi mostrar a Ricardo o espelho da capa do Segundo Caderno com o anúncio de um varejista quando o editor reagiu. "Esse anúncio é de uma loja vagabunda", disse. O caso foi parar na sala de Roberto, que não teve dúvida em publicar o anúncio. João Roberto, afilhado de Ricardo, reconstrói um possível diálogo entre o tio e o gerente comercial e depois uma conversa com o pai.

Ao receber o espelho da página do Segundo Caderno do pessoal da área comercial, Ricardo não aceitou o espaço dado para publicidade. O gerente comercial foi falar com Roberto Marinho.

"Vai ter anúncio, imagina..."

Nesse dia, Ricardo avisou que não trabalharia mais no jornal.

"Se precisar de ajuda, eu venho todo dia. Estou à disposição, mas não quero uma coisa mais direta."

Ele ainda frequentava a redação pela manhã e continuou como sócio do jornal. "Com isso, ele se sentiu mal. Manteve uma sala no jornal, mas praticamente abandonou a empresa", conta Roberto Irineu.

Assim como o irmão mais velho, Rogério e Ricardo tiveram participações mais decisivas nos rumos das coberturas do *Globo* nas suas primeiras décadas no jornal. As imagens que ficaram deles foram construídas por profissionais que chegaram ao jornal nos anos 1970, quando os dois tinham papel menos atuante. "Ricardo e Rogério eram pessoas boas", lembra Luiz Garcia, que começou a trabalhar naquela década no vespertino. "Eu adorava os dois, tinha respeito por eles. Não entendiam de coisa alguma. O Ricardo tinha mania de dizer que tinha um pé na Inglaterra, fã de autores ingleses e tudo o mais. Um dia, eu descobri que ele não falava bem inglês. Já o Rogério não tinha essa ambição de dizer que era intelectual."

Por sua vez, Roberto crescia à sombra da imagem conjunta dos "irmãos Marinho", como "confrades" e diretores de outros jornais chamavam a cúpula do *Globo* e como registravam as notas nas colunas sociais e nos textos de cronistas como Rubem Braga.[28]

Em nenhum momento Roberto Marinho dividiu poderes com Ricardo e Rogério, tratados por ele em casa ou na redação como caçulas e auxiliares. Rogério, em especial, nunca cobrou a fatura do irmão mais velho pelas ingerências para atenuar crises envolvendo o jornal com a caserna e setores da política. Esse Marinho quase invisível teve, na maturidade, após a fase de batente dentro da redação, presença importante nos negócios da família em momentos cruciais do grupo.

* * *

Legalizado em 1945, o PCB retornaria à ilegalidade dois anos depois. Foi nesse curto intervalo que Pedro Motta Lima voltou a viver a aventura do jornalismo militante. Ele formou uma nova redação. A *Tribuna Popular* era a consolidação de uma escola de jornalismo, que ficou maior que a proposta de propagação de ideias do partido. Pedro voltou ao *front* contra o "imperialismo norte-americano", aos "entreguistas" e "gananciosos". Nas páginas da *Tribuna*, o jornal de Marinho era tratado como um "pasquim policial" que caçava comunistas. O empresário, por sua vez, era chamado de "provocador", termo bem mais brando que os usados para definir Chateaubriand: "vende pátria" e "cidadão Kane brasileiro". Paulo Bittencourt era apontado como um "parasita", Macedo Soares como um "velho gafado" e Carlos Lacerda como "desavergonhado".

Enquanto o jornal de Motta Lima, na rua do Lavradio, mantinha-se crítico ao governo e fiel à liderança do agora senador Luiz Carlos Prestes, Roberto Marinho, na redação do *Globo*, no largo da Carioca, comandava uma cobertura de ataques sem trégua ao movimento comunista internacional, sempre recorrendo a notícias de invasões da União Soviética pelo mundo ou supostas infiltrações dos "vermelhos" em órgãos públicos ou entidades civis no país. Em abril e maio de 1947, Marinho mergulhou fundo no debate da cassação do registro do PCB no Tribunal Superior Eleitoral.

Na manhã de 7 de maio daquele ano, o ministro relator Sá Filho, do TSE, votou contra a cassação, sendo acompanhado pelo colega Ribeiro da Costa. Quando este acabava de dar seu voto, *O Globo* saiu às bancas às 11 horas com a manchete sobre a "sessão memorável". O texto principal dizia que a decisão, fosse qual fosse, seria histórica, mas a Justiça Eleitoral estava em face de uma organização política acusada de "traição" à democracia e aos "sentimentos" cristãos do povo brasileiro.

"Em julgamento
o Partido Comunista!"

Na mesma edição, *O Globo* publicou pequena entrevista com o general Zenóbio da Costa, comandante da 1ª Região Militar, o qual avisou que as tropas estavam de prontidão. Um repórter enviado por Marinho ao TSE entrevistou o advogado Sinval Palmeira, que defendia o PCB. O advogado foi contundente:

"Vim assistir à resposta do Tribunal a essa imposição do fascismo indígena e do imperialismo *yankee*."

Momentos depois do *Globo* ir para as ruas, o ministro José Antonio Nogueira deu o primeiro voto pela cassação do partido. Por volta das 16 horas, com o placar de 2 a 1 pela permanência do PCB, o jornal rodava uma "edição final" com uma manchete baseada no voto de Nogueira:

"Pelo fechamento
do Partido Comunista"

No início da noite, *O Globo* rodou uma "edição extra" para anunciar que o placar tinha virado. Os ministros Rocha Lagoa e Candido Lobo votaram pela cassação do PCB. O placar terminava em 3 a 2 pela suspensão das atividades da legenda.

"Fechado
o Partido Comunista"

Antes do voto de Rocha Lagoa, o repórter do *Globo* viu o advogado Sinval Palmeira deixar a sessão.

"Então, já vai embora?"

"Não, estou apenas fugindo ao calor e ao assunto que não está interessando, pois o orador não está julgando o PC e sim a Rússia Soviética."

Pela informação do *Globo*, o senador Luiz Carlos Prestes esperava pela cassação. O líder comunista iria apresentar um pedido de criação de um novo partido para garantir as atividades políticas dos filiados do PCB. Em janeiro do ano seguinte, no entanto, Prestes e os deputados comunistas na Câmara tiveram seus mandatos cassados.

Pedro Motta Lima passou mais uma temporada no *Globo* até a poeira baixar. Mesmo na ilegalidade, o PCB voltou a imprimir jornais e manifestos. Com o mesmo espírito político crítico da extinta *Tribuna Popular*, Motta Lima trabalhou para levar às ruas uma folha que servia de núcleo para outras publicações comunistas país afora. Em 1948, nascia a *Imprensa Popular*. O jornalista mirou novamente nos "capitães da imprensa". Diante de notícias de agências estrangeiras sobre a Guerra da Coreia, em 1951, a *Imprensa Popular* atacou Marinho e os outros donos da chamada "imprensa sadia", que fazia um noticiário alinhado aos Estados Unidos. A *Imprensa Popular* publicou até telefones de empresários para que os "militantes da paz" ligassem para eles e manifestassem seus protestos. O jornal informou que Roberto Marinho morava na rua Cosme Velho, 803, e o telefone dele era o 258179.[29]

No Ar, a Rádio Globo

Roberto Marinho lançou sua rádio numa noite quente de primavera, quase verão, de dezembro de 1944.

"Aqui fala a Rádio Globo diretamente do Theatro Municipal do Rio de Janeiro, Brasil."

O locutor Gagliano Neto, narrador de Copas do Mundo, iniciou as transmissões da emissora PRR-3.

Marinho subiu ao palco do teatro para dizer que a rádio surgia para dar "voz" ao jornal fundado por seu pai. As reportagens do *Globo* seriam a partir dali lidas no ar.

"É o programa do jornal fundado por Irineu Marinho que há de inspirar os dos nossos estúdios... Senhoras e senhores, está inaugurada a Rádio Globo."

O *speaker* Rubens do Amaral, homem de estilo pomposo, informou, em seguida, que a frequência da rádio ultrapassava as divisas do estado do Rio de Janeiro. Nas galerias do teatro estavam o prefeito

Henrique Dodsworth, a viúva dona Chica e o embaixador canadense, Jean Désy.

Para o teatro lotado, a pianista Magdalena Tagliaferro tocou peças de Villa-Lobos, Chopin, Debussy e De Falla. A Orquestra Sinfônica Brasileira, sob a regência do maestro José Siqueira, apresentou uma canção de Alberto Nepomuceno.

A rádio estava no ar graças a uma negociação entre Marinho e a embaixada chilena. À época do embaixador Gabriel González Videla, o empresário conseguiu autorização para usar uma frequência de rádio que, por convenções internacionais, pertencia ao Chile e tinha grande potência na América do Sul. Pelo acordo, Marinho podia usar a frequência até as cordilheiras.[30]

O empresário planejava ganhar dinheiro transmitindo na rádio óperas e orquestras sinfônicas, uma programação elitista. A emissora começou a funcionar em um estúdio precário no Teatro Rival, na rua Álvaro Alvim, na Cinelândia. O som era precário e a recepção, terrível. Roberto Marinho adquiriu a estação da RCA Victor, que mantinha na rua do Mercado a chamada Rádio Transmissora Brasileira.

O dia seguinte à inauguração da rádio foi de contraste ao que ocorrera no Theatro Municipal. A jovem atriz Bibi Ferreira foi uma das primeiras artistas que se apresentaram na emissora. Num programa noturno, ela relatou a sua vida, o começo da carreira e o esforço do pai, Procópio, em exercitar a filha a repetir "bom dia" em 45 diferentes flexões de voz.

Por mais que anunciasse pelo jornal com estardalhaço apresentações da "nova" atriz e a novela *O passado não volta*, de Amaral Gurgel, com Zezé Fonseca e Deborges, às sete e meia da noite, a rádio teve pouca acolhida dos ouvintes. A Rádio Nacional dominava o setor.

Em cartas, Marinho relatava cansaço, fadiga e insatisfação com os rumos nos negócios, mas sempre no tom de que suas apostas foram acertadas. "Estou voltando de São Paulo. No jornal, na rádio e nas revistas, em tudo, encontrei problemas para resolver e que me demandam tempo e paciência. Principalmente muita paciência para enfrentar essa onda de mau-caráter que está assolando o mundo e que no nosso meio tem um ponto alto", desabafou em correspondência ao irmão Ricardo, que estava nos Estados Unidos.

Roberto Marinho em diversas fases da vida (1910, 1924 em Lisboa, 1935, 1941, 1950, 1960 no gabinete do jornal *O Globo*). ARM

33 ALMANACK DA "GAZETA DE NOTICIAS" — 1911 33

O NOVO DIRECTOR DA «GAZETA»

IRINEU MARINHO

Poucos jornalistas terão feito tão modestamente a sua carreira como esse que é hoje um dos directores da *Gazeta*.

Sendo a imprensa principalmente um instrumento de divulgação, os que o manejam, como os arautos antigos, estão por isso mesmo mais expostos ás attenções do publico. E este, guardando passageira lembrança do que o jornalista lhe annuncia, porque os factos se succedem uns aos outros, quasi numa vertigem, conserva a imagem do

Porta-retrato de Chica e Irineu Marinho, pais de Roberto. A peça é guardada por Elizabeth Marinho, sobrinha do fundador da Globo. LN

No comando da redação da *Gazeta de Notícias*, Irineu Marinho tornou-se uma celebridade do novo jornalismo. Ali, ele começou a testar fórmulas de reportagens que despertassem atenção dos leitores e envolvesse a cidade do Rio. À época, os jornais estavam mais voltados a Lisboa e a Paris.

Irineu Marinho em São Paulo, onde se refugiou por ocasião do estado de sítio decretado pelo governo do presidente Hermes da Fonseca. Da esquerda para direita: Roberto Marinho, Heloísa Marinho, Braz Martins Vianna, Francisca Marinho, Irineu Marinho e Ricardo Marinho (SP, 1914). ARM

Francisca e Irineu Marinho em São Lourenço (MG, 1921). F/ARM

Família Marinho na sua casa de campo, em Corrêas. Da esquerda para direita, de baixo para cima: Mário Magalhães, amigo de Irineu Marinho, em pé ao lado da escada; sua filha; e Irineu Marinho; no outro degrau, Roberto Marinho, em pé; (irmã de Francisca Marinho); no topo da escada, Christina Francconi, mais atrás; Francisca Marinho; esposa de Mário Magalhães e filho(a) de Mário Magalhães (RJ, 1921). ARM

Passeio a cavalo durante a estada da família Marinho em São Lourenço. Da esquerda para direita: Heloísa Marinho; Francisca Marinho; Irineu Marinho; Roberto Marinho e Castellar de Carvalho (MG, 24/10/1921). ARM

Da esquerda para direita: Roberto Marinho, Irineu Marinho e Ricardo Marinho, com a cidade de Florença ao fundo (Itália, 06/1924). ARM

Roberto Marinho remando no rio Arno (Florença, Itália, 01/06/1924). ARM

Da esquerda para direita: Velho da Silva, Heloísa Marinho, Hilda Marinho e Roberto Marinho, montado no burro, numa feira em Coimbra, Portugal (10/1924). ARM

Da esquerda para direita: Roberto Marinho, Hilda Marinho, Francisca Marinho e Rogério Marinho em Estoril, Portugal (02/1925). ARM

De cima para baixo: Aristoteles Colombo Dummond, Francisco Serrador e Roberto Marinho (Corrêas, RJ, 01/07/1926). ARM

Roberto Marinho salta em piscina (Corrêas, Petrópolis, RJ, 1926). ARM

Roberto Marinho (ao volante) e amigos. (Corrêas, RJ, 1927). ARM

Antonieta Fleury de Barros (década de 1920). ARM

A soprano Antonieta Fleury de Barros, a Nenete, era uma carioca da Tijuca que estudou em colégios de Paris. Era viúva quando conheceu Roberto Marinho. A diferença de quatro anos entre os dois, um problema detectado por Chica, foi "compensada" pela sofisticação e formação da cantora. Reprodução de folhetos musicais da Biblioteca Nacional. LN

Homenagem ao aviador Santos Dumont promovida por Irineu Marinho, o Aeroclube Brasileiro e a Aviação Naval, em 1921. Irineu Marinho é o primeiro sentado da direita para a esquerda, ao lado de Santos Dumont (2º). Irineu promoveu a criação do Aeroclube e tornou-se ícone de uma geração de militares que, mais tarde, criariam a Força Aérea Brasileira e a Aeronáutica. Estava firmada uma aliança entre a família Marinho e a Aeronáutica. D/ARM

Equipe de *A Noite*. Da esquerda para direita, sentados: Augusto Mosse de Castro, padrinho de Roberto Marinho (1º); Irineu Marinho (6º e último). Em visitas ao jornal, Roberto testemunhou o esforço do pai em conquistar leitores. Irineu promovia aventuras de carro e de aeronave para atrair a imaginação de adultos e crianças e, assim, enfrentar a concorrência dos grandes matutinos. No chão: Roberto Marinho (última criança) (Rio de Janeiro, RJ, 01/07/1911 a 05/1924). ARM

O soldado Roberto Marinho aparece de farda na antiga sede do jornal *O Globo*. Da esquerda pra direita: Pereira Rego; João Louzada; Antônio Leal da Costa; Válter Prestes; Herbert Moses; Póvoas de Siqueira; Eurycles de Mattos; Ricardo Marinho; Tite Soares; Roberto Marinho; Corinto da Fonseca; Henrique Gigante; Ernesto Francisconi; Severino Barbosa Corrêa; Manoel Antônio Gonçalves; Horácio Cartier; e Américo Facó (Rio de Janeiro, RJ, 01/01/1926). ARM

Roberto Marinho e colaboradores de *O Globo*. Da esquerda para a direita, em pé: Viggiani (2), Agenor Araújo (5), Costa Soares (7) e Válter Prestes (9). Sentados: Eurycles de Mattos (2); Roberto Marinho (3); Henrique Gigante (4) e Honório Neto Machado (Rio de Janeiro, s/d). É, possivelmente, uma das últimas imagens de Eurycles. Nessa época, ele e Roberto entravam em divergências editoriais e políticas. ARM

O ANNIVERSARIO
D' "O GLOBO"

22

Roberto Marinho diante do maquinário do jornal *O Globo* (Rio de Janeiro, RJ, década de 1930). AOG

O Malho divulga o aniversário de *O Globo*, no segundo ano de gestão de Roberto Marinho.

Sem dinheiro para contratar uma artista famosa, Assis Chateaubriand e Joaquim Rolla, sócios no Cassino da Urca, trouxeram de Paris a desconhecida Lily Lamb. Revistas e jornais de Chatô apresentaram a jovem como uma estrela internacional a caminho de Hollywood e disputada por marajá indiano e milionário americano. Na mesma noite de estreia no Rio, ela conheceu Roberto Marinho e Horácio de Carvalho Junior, dono do *Diário Carioca*. *O Cruzeiro*, 11 de junho de 1938.

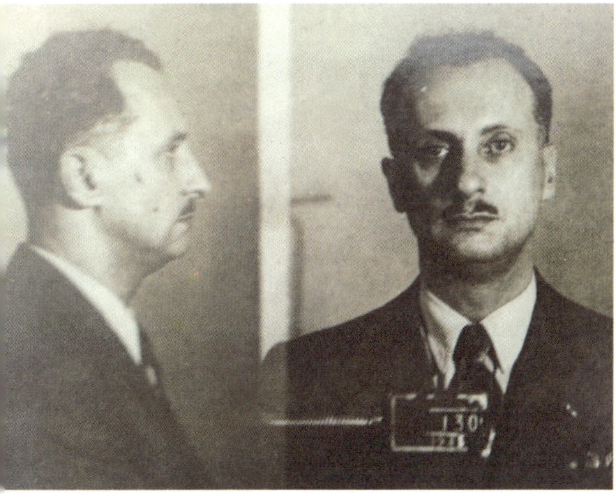

C.B.D.

Dr. Luiz Aranha

Amanhã, segunda-feira,

Chalé onde Roberto Marinho foi morar na Urca. Era uma extensão do cassino. Na casa, organizava festas para os amigos. LN

Uma reprodução da foto de Pedro Motta Lima de um inquérito da polícia do Estado Novo. Ele foi o maior formador de jornais comunistas e populares do país e um dos jornalistas mais próximos de Roberto Marinho. LN (reprodução)

Raro retrato de Luiz Aranha nos jornais. Com a influência na ditadura de Vargas, ele montou um cartel que comprava empresas falidas para reerguer com empréstimos do Banco do Brasil. Aranha foi o idealizador das famílias poderosas do Brasil atual.

O líder comunista João Antonio Mesplé foi um dos homens que definiram a linha editorial de *O Globo* nos anos 1940 e 1950. LN (reprodução)

O banqueiro José Luiz de Magalhães Lins deixou a reclusão de décadas e deu entrevista para este livro. Ele financiou a UNE, organizou a permanência e depois a deposição de Jango, ajudou Carlos Lacerda a criar uma editora e promoveu os filmes de Glauber Rocha e os dribles de Mané Garrincha. Estava perto do lance que definiu os rumos das famílias Marinho e Moreira Salles. LN

Herbert Moses, o "Mosquito Elétrico", estava no coração da ditadura Vargas e, ao mesmo tempo, na retaguarda dos adversários do regime. Acervo da Associação Brasileira de Imprensa. LN (reprodução)

ROMPIDAS AS PRINCIPAIS DEFESAS NAZISTAS - Confessam os alemães os sucessos de Koniev diante de Berlim, enquanto que poderosas forças blindadas soviéticas avançam sobre a cidade, e, no oeste, os americanos desenvolvem a última batalha pela posse da capital do Reich

EDIÇÃO DAS 11 HS.

ESTOCOLMO, 19 (R.) — A agencia alemã DNB divulgou que os alemães estão controlando os movimentos russos "mesmo depois que as forças do marechal Koniev romperam o nosso principal sistema de defesa".

A 20 KM DE BERLIM

MOSCOU, 19 (U. P.) — As forças soviéticas do 1.º Grupo de exército da Russia Branca, do marechal Zhukov, estabeleceram uma cunha de onze quilômetros de largura nas defesas alemãs de Berlim e chegaram a apenas 20 quilômetros da capital do Reich. Os despachos da frente informam que em Berlim lavra o panico e que praticamente a cidade está cercada pelos aliados.

(Mais telegramas na 3ª pág.)

ANO XX — N. 5813 — Rio — Quinta-feira, 19 de abril de 1945

O GLOBO

FUNDAÇÃO DE IRINEU MARINHO

COMO PRESTES RECONQUISTOU A LIBERDADE

Seus amigos e companheiros quiseram poupá-lo à emoção e à fadiga de um grande cortejo, em longo percurso

Luiz Carlos Prestes ao transpor a última grade, restituido, afinal, ao povo e a todas as forças nacionais que animaram a campanha da anistia. Vêem-se ainda as gravuras, o capitão Trifino Corrêa e o ministro Orlando Leite Ribeiro. Esse momento histórico foi fixado pelo fotógrafo d'O GLOBO, Indinazio Leite

(Reportagem de PEDRO MOTTA LIMA, com exclusividade para O GLOBO)

Defesa de Berlim de casa em casa

O PAN-AMERICANISMO

INVADIDA A ILHA DE MINDANAU PELOS NORTE-AMERICANOS

Conquistados cincoenta e seis quilômetros de costa — Arrasador bombardeio aeronaval precedeu o assalto — Em poder dos aliados a cidade de Chang, o maior centro produtor de petroleo da Birmania

BOLONHA AMEAÇADA POR TRÊS LADOS

Varias localidades capturadas na frente do importante baluarte nazista

GRAMOFONE STALIN

A nova arma automática soviética dispara 325 granadas por minuto

Cabeças de ponte soviéticas no Spree

MOTINS E SAQUES EM LEIPZIG

Reina confusão na grande cidade germânica com a entrada dos aliados — Patton, invadindo a Tchecoslovaquia, de cuja capital já se encontra a menos de cento e cincoenta quilômetros, lançou a última pá de cal no Pacto de Munique — Montgomery atinge o Elba

ULTIMO ATO do drama gigantesco

Goebbels dirige-se ao povo alemão na véspera do aniversario do Fuehrer

MIL E CEM TRABALHADORES RUSSOS QUEIMADOS VIVOS PELOS NAZISTAS

Apura a Policia Militar do 9.º Exército americano incriveis barbaridades praticadas pelos alemães

CONDECORADO PELO CHILE O CADETE BRASILEIRO WALTER MILTON REINAULD

Investem os aviões soviéticos contra Berlim

Atacam, tambem, pesadamente os bombardeiros britânicos — 750 aparelhos norte-americanos destroem as ferrovias da Tchecoslovaquia e do sul da Alemanha

Roberto Marinho franqueou aos comunistas a edição de *O Globo* que anunciou a saída de Prestes da prisão. O líder tenentista e comunista passou nove anos encarcerado. *O Globo*, 19 de abril de 1945.

Roberto Marinho e amigos. Da esquerda para direita: Roberto Marinho (3º) (1940). ARM

Roberto Marinho (à direita) é entrevistado pelo redator da revista *Diretrizes*. A entrevista foi publicada, com esta fotografia, no nº 41 da *Diretrizes*, de Samuel Wainer. (03/04/1941). A/AOG

Roberto Marinho (1940). ARM

Ele descreveu o interesse em fazer mudanças na rádio. "Malgrado não ter mais de um mês de vida, o rádio já é um sucesso. Só está precisando de uns retoques, pois quero dar-lhe a mentalidade do *Globo* nas falas dos *speakers*, nos *sketchs*, em todos os programas", relatou. Marinho lamentou não ter mais tempo para o hipismo. "A parte esportiva é que não vai muito bem. Tive um declínio de forma, muito comum aos cavaleiros em fim de temporada. Espero que, no próximo ano, a estrela volte a brilhar, pois sabes que a minha necessidade de competir encontra nos concursos uma esplêndida válvula."[31]

A Rádio Globo cumpria o objetivo de ser a "voz" do jornal, mas a programação estava longe de lembrar a visão jornalística de Irineu Marinho, um fazedor de jornal vespertino, voltado para os problemas da cidade. A emissora nascia num momento em que Roberto estava preocupado com a concorrência de outros jornais.

A Globo era também uma réplica radiofônica do Cassino da Urca, com a apresentação de cantores e cantoras internacionais, distante da realidade dos subúrbios cariocas.

A mudança da emissora de Marinho começou quando dois jovens radialistas do interior de São Paulo chegaram ao Rio.

Aos 22 anos, estatura baixa e bigode, Raul Brunini Filho deixou Rio Claro, no interior de São Paulo, onde trabalhava numa fábrica de tecidos dos Matarazzo e numa rádio da cidade para se aventurar no Rio. Ele era filho de um italiano que trabalhou de pedreiro e garçom em trens e de uma lavadeira de roupas. Com a morte do pai, Raul e quatro irmãos ajudavam a mãe a fazer marmitas para vender. Um dos irmãos morreu como voluntário da revolta dos paulistas contra Vargas.

No começo de 1945, Raul Brunini trocou a Tupi pela rádio de Marinho. Logo empregou o irmão Luiz no setor administrativo da emissora. Consumidor de revistas estrangeiras sobre comunicação, Luiz dizia que rádio era o som.

Sem a força das concorrentes Nacional e Tupi, a Globo era uma rádio "lida" e não "ouvida". Marinho chegou a pagar para a apresentação de grandes nomes que faziam tour pela América do Sul ou estacionavam nos palcos do Cassino da Urca, muito aproveitados pela Tupi. A Globo pagou apresentações do mexicano Pedro Vargas, cantor de "La negra noche", do maestro Gaó, o paulista que ficou famoso por difundir "Tico-tico no fubá",[32] do pianista Francisco Mignone e sua orquestra, do colombiano Carlos Ramírez, cantor lírico que depois faria carreira em Nova York e do também mexicano e galã de cinema Tito Guízar.

Quando Luiz Brunini, irmão de Raul, assumiu a administração da Rádio Globo, começou uma mudança não apenas na programação de uma emissora que estava bem atrás na audiência das potentes Nacional e Mayrink Veiga, no Rio de Janeiro, mas uma alteração no jogo político.

Luiz Brunini fazia o estilo de mafioso de filme americano: tímido, olhar desconfiado e de bigodinho. Em pouco tempo no Rio de Janeiro, virou um lacerdista fanático.

O escritório de Brunini era sóbrio e discreto. Havia apenas uma mesa, com tampo de vidro sem gaveta, para evitar o acúmulo de papéis que lhe entregavam para ler. Ele assinava ou se recusava a chancelar qualquer documento na mesma hora. "Foi a única pessoa que conheci que chamava o Roberto Marinho de seu Roberto. Todo mundo o chamava de dr. Roberto", lembra Djalma Ferreira, ex-funcionário da rádio. "Luiz era um grande administrador, mas muito recatado. O Raul, irmão dele, gostava de aparecer. Era deputado, era político."

O retrato de um Roberto Marinho quase profético nos negócios da comunicação não era tão evidente nesse período de transformação da Rádio Globo. A imagem dele, nesse momento, era de um empresário com visão passada, mas que não tolhia a criatividade e a juventude de seus subordinados. Marinho ouviu de Luiz Brunini que não fazia sentido adotar a receita das concorrentes de contratar estrelas da música se a emissora não tivesse um som limpo. Também escutou que a programação com óperas italianas, ao gosto da mãe, dona Chica, não fazia sentido em meio a uma demanda de informação de uma classe de trabalhadores do comércio e de fábricas que adquiriam aparelhos de rádio pela primeira vez. Os argumentos de Luiz chocavam com o intuito de Marinho de formar uma emissora para disputar audiência com o *Jornal do Brasil*, que tinha uma rádio voltada para a Zona Sul.

A Rádio Jornal do Brasil era comandada por um homem de um metro e noventa de altura, que se apresentava como um lorde no calor do Rio. Nascimento Brito, o Maneco, filho de uma britânica, tinha passagem pelo setor jurídico do Banco do Brasil, pela Força Aérea Brasileira e por academias de jiu-jítsu. Foi chamado para trabalhar na rádio pelo conde Pereira Carneiro. Depois, se casou com a enteada do chefe e filha da condessa, Leda. "A relação da condessa e do Brito era de sogra e genro, literalmente", lembra a jornalista Sônia Carneiro, sobrinha da dona do *JB*. "Brito era a personalização da empáfia. Já a condessa era uma mulher divertida e que falava muito. Uns queriam que usasse roupas modernas, outros, de senhora da sociedade."

A diferença de atitudes entre a condessa e seu genro em relação a Marinho era tão definida que muitos enxergaram nela a tática de um morder e o outro assoprar, relata a jornalista.

Nos primeiros encontros de empresários sobre radiodifusão, Brito não baixou os olhos para conversar com o baixo Roberto Marinho. Não houve a mínima química entre os dois. A relação de Marinho com a condessa, cada vez mais à frente dos negócios e com o marido adoentado e idoso, era diferente. "A condessa adorava o Marinho. Eles se davam muito bem", relata a jornalista Sônia Carneiro. "A condessa formava com o Roberto Marinho e o velho Julio de Mesquita Filho um clube de amigos próximos."

A rádio do conde Pereira Carneiro tinha o sistema do *Jornal do Brasil* para sustentá-la e garantir um volume considerável de anúncios, no rastro dos classificados do matutino. Nesse momento, o *Jornal do Brasil* ainda era um jornal voltado para o pequeno anunciante. O pequeno anúncio dava estabilidade econômica ao grupo. Não se tratava ainda do grande *JB*, do influente matutino dos fortes anunciantes de décadas depois. Do outro lado da nova concorrência, a rádio de Roberto Marinho despertava pouco interesse do grande público. As óperas e orquestras, a reprodução das noites do Cassino da Urca, uma programação de luxo que tinha a empatia pessoal de Marinho, não atraía anunciantes.

Ao voltar de uma viagem aos Estados Unidos, Luiz disse para o irmão Raul que iria "transformar" o perfil da Rádio Globo. Trazia exemplos de gravações americanas para os colegas ouvirem. Foi um intransigente adversário das locuções pomposas e das manchetes dadas com grito e euforia. Eliminou as aberturas "A Rádio Globo está apresentando" e impôs conversas coloquiais. Tirou a ênfase para colocar o locutor como o ouvinte. Luiz adotou o tripé música, esporte e notícia.

A Globo também adotou programas sociais como o "Ajude o seu irmão" e campanhas como a do agasalho e do leite. Começava a atingir as classes mais pobres.

Cansado de ouvir pedidos de Marinho para levar ao ar músicas clássicas, Brunini dizia, sem papas na língua, que Beethoven não dava dinheiro.

"Seu Roberto, diga à dona Stella que é mais barato ela comprar um aparelho de som e ouvir música clássica no aparelho em casa do que ouvir na rádio, que não tem qualidade."

Para concorrer com o Repórter Esso, os Brunini criaram *O Globo no ar*, um programa de notícias que era transmitido, inicialmente, quatro vezes ao dia. A regra imposta por Luiz era de que o programa não "especulava", apenas "dava" notícia. Era uma forma de garantir a rapidez e o fluxo da notícia e manter a disputa com o Repórter Esso.

Roberto Marinho se colocava como um "fiscal" da administração da rádio, na avaliação de Raul. O empresário costumava receber o radialista sentado num sofá de seu escritório, próximo de um aparelho de rádio.

"Você não acha que o som da Rádio Globo está ruim?", perguntou o empresário.

Enquanto Marinho tentava ir à frente com sua rádio, Chateaubriand dava a largada para a construção de sua TV. A obsessão do dono da Tupi influenciava Marinho. "Foi inspirado no seu complexo de comunicações que resolvemos montar o nosso, mas seguindo um novo modelo", escreveu o empresário.[33]

Em setembro de 1950, Chateaubriand pôs no ar a TV Tupi de São Paulo, canal 3. Em janeiro do ano seguinte, ele lançava a Tupi no Rio, canal 6. Nos seus primeiros meses, duas mil pessoas, no máximo, assistiam à programação da emissora na capital paulista e no Rio.[34] Esse era o número de televisores nas duas metrópoles. No começo do ano seguinte, mais cinco mil brasileiros adquiriam aparelhos.

A programação da TV Tupi era ao vivo. A tecnologia do videoteipe, com os rolos de fitas magnéticas que gravavam os programas, só começou a deslanchar nos anos seguintes nos Estados Unidos. O empreendedorismo de Chateaubriand animava outros empresários. O engenheiro Bernardo Kocubej, que montava aparelhos de rádio para a Casa Byington havia quase vinte anos, apostou no novo filão. Comprava kits no exterior e montava no Brasil os televisores. Nos Estados Unidos, o número de pessoas assistindo à TV ultrapassava a de ouvintes do rádio, graças à popularização de aparelhos da RCA. Chateaubriand e Kocubej enfrentavam a barreira quase intransponível do espaço rural. Cerca de 70% dos brasileiros viviam no campo, uma boa parte deles sem energia elétrica. Kocubej pôs no mercado um televisor de 17 polegadas, com metade das peças feitas no Brasil. A Fábrica Invictus, de Kocubej, em São Paulo, logo produziu um aparelho com 21 polegadas, que também servia de rádio e tinha 75% de suas peças produzidas no país. Um televisor Invictus custava três vezes mais que uma desejada radiovitrola de nogueira, que as famílias mais ricas tinham em suas salas. A partir daí, dezenas de montadoras brasileiras atuavam para atender à demanda por aparelhos de televisão, sobrevivendo mesmo com as investidas das empresas estrangeiras que começaram a se instalar no Rio e em São Paulo.

A entrada de Marinho no mundo do rádio não perturbou Chateaubriand. O filho de Irineu dava demonstrações de que aceitava compor um mercado em que o dono dos Associados tinha consciência de seu poder quase absoluto. Naquele momento, as rádios e os jornais de Chateaubriand dominavam os mercados nas capitais e a revista *O Cruzeiro* chegava a vender setecentos mil exemplares em bancas. Não havia a venda de assinaturas.[35]

Marinho se esforçou para manter uma relação tranquila com Chateaubriand. Ele abriu o Cosme Velho para uma cerimônia de rendição da sociedade carioca ao dono dos Diários Associados. Foi no salão da casa que o deputado Euvaldo Lodi entregou a Chateaubriand a tela *O retrato de Leopold Zborowski*, de Amedeo Modigliani, para o empresário pendurar no Museu de Arte de São Paulo, um prédio na avenida Paulista reduto das famílias quatrocentonas.[36]

Em discurso, Chateaubriand agradeceu ao "casal de domadores de feras", "sinhá" Stella e Marinho, por acolher no "Solar de Megahype" o "danado" do Modigliani. Ele lembrou que o pintor era perseguido pela polícia por expor quadros de nudez.

"Nosso colega de lides jornalísticas Roberto Marinho, nas lutas entre os anjos do bem e do mal da imprensa indígena, exerce ao meu ver um papel extra-humano. Sua ciência e seus filtros pertencem aos dos *charmeurs* de serpentes. As ferinhas tropicais, que são os rapazes da nossa taba jornalística, costumam dar trabalho."

Em meio a risos forçados ou espontâneos, Chateaubriand dizia sentir a atmosfera do açúcar e da mata pernambucanas.

"Esta selva tem os demônios mais destabocados da terra. Roberto, tal como Mefistófeles no prólogo do céu, que se lança à tentação de conquistar a alma do dr. Fausto, 'fala humanamente' com os pequenos satanazes da imprensa cabocla e logra o que parecia impossível: humanizá-los."[37]

No esforço para evitar choques na relação entre o marido e Chateaubriand, Stella aceitou ser a "madrinha" da Rádio Tamandaré, que os Associados inauguravam no Recife. Foi a oportunidade para o casal Marinho conhecer o Nordeste. Stella vestiu uma saia estampada numa apresentação do maracatu Nação Elefante. Roberto posou de bermuda numa jangada.

Num banquete de 150 talheres, Marinho arregalou os olhos quando os funcionários do dr. Assis colocaram em sua cabeça um chapéu de couro. Teve ainda que vestir um gibão de vaqueiro, ritual da Ordem do Jagunço, comenda estabelecida pelo megaempresário.[38] Stella ganhou uma pulseira de balangandãs colocada em seu braço pelo governador Agamenon Magalhães.

Ainda no roteiro das maluquices, Marinho ganhou uma faca de ponta embutida em marfim e ouro. Chateaubriand se presenteou com um bornal que teria pertencido a Lampião. Armas brancas foram distribuídas aos demais convidados. O dono dos Associados pareceu propor uma parceria:

"Estamos numa nova era de Getúlio Vargas. As almas se agitam num demoníaco frenesi."[39]

Chateaubriand queria Marinho a seu lado na briga com grandes anunciantes e nos inevitáveis choques com a volta de Vargas ao poder. Ele publicou no *Cruzeiro* uma defesa para a alfândega liberar um transmissor de cinquenta quilowatts que Roberto importou para a Rádio Globo. A revista destacou que a união das rádios era necessária para o setor sair do controle do "polvo do anúncio", uma referência à Light, "grande inimigo" do ouvinte.[40]

Pelo lado de Chateaubriand, não havia o que temer. Marinho não tinha mais relações estreitas com o Catete. Em março de 1951, dois meses após a posse de Getúlio Vargas, a Comissão Técnica de Rádio publicou no *Diário Oficial da União* um parecer favorável ao pedido feito formalmente pela Rádio Globo de concessão de um canal de TV. Mas, dois anos depois, em 24 de janeiro de 1953, um despacho do presidente cancelou o processo.[41]

Roberto Irineu avalia que a relação do pai e Chateaubriand não era fraterna, mas cordial. "Não precisa te dizer quem era o Chatô, né? Era um vigarista, um chantagista, um gângster. Então os processos eram bem diferentes. Não diria que havia um respeito por parte do papai ao Chateaubriand. No entanto, papai respeitava a obra dele."

Chateaubriand tinha inimigos que causavam mais preocupação. Assim, o mais influente empresário da comunicação do país tutelava, por meio de reportagens e solenidades públicas, o dono da Rádio Globo. Mas *O Jornal*, principal impresso dos Diários Associados, mandou um recado a Marinho por meio de um mensageiro de luxo. O romancista José Lins do Rego, autor de *Menino de engenho*, escreveu, em artigo sobre a visita de Marinho ao Recife, que o povo nordestino sabia receber visitas, sem a desconfiança dos mineiros nem a distância dos paulistas. Mas que a visita não poderia ir além do que só a amizade permite. "A faca de ponta corrige o abuso."[42]

A partir daí, Marinho e Chateaubriand fizeram uma parceria impensável. Eles dividiram uma mesma estrela em ascensão na política. O jornalista Carlos Lacerda falava nas emissoras de TV e rádio dos Associados e na Rádio Globo. Era o início do mandato, agora democrático, de Vargas.

No início de 1951, Getúlio voltou a tomar posse no Salão Nobre do Palácio do Catete, no segundo piso do prédio. O salão conta com oito grandes espelhos e dez portas, sendo três com acesso à sacada para a rua. O teto e o alto das paredes são uma profusão de formas e cores, 68 cabeças de deuses antigos, 16 anjos e centenas de abacaxis, laranjas e peras. Ainda há lugar para quatro lustres, de 41 luminárias, um em cada canto. O ambiente conta com poltronas verdes de apoio de braço no formato de felinos alados e pés no formato de patas de leões.

Vargas encontrou um Brasil com problemas econômicos e uma imprensa mais independente do governo. O Getúlio que retornou era o velho ditador que nos contatos com jornalistas dizia frases curtas e bem pensadas, sem aptidão para o diálogo, e demonstrava incômodo com críticas e falta de força para conter, agora, a tradição golpista e caudilhista que ele mesmo ilustrou. No retorno ao Catete, ele apostou no antigo instrumento das verbas e dos financiamentos para conter a imprensa, cada vez mais difusa em seus interesses. Os discursos de Getúlio continuavam enfadonhos. Nunca respondeu pelos crimes de tortura e morte conduzidos pelo seu chefe de polícia, Filinto Müller.

O Brasil do reencontro com Vargas era sobretudo um país de inflação e dificuldades para expandir sua indústria. A agricultura não era mais capaz de segurar as contas das cidades cada vez mais populosas. Os créditos externos estavam mais escassos. Os Estados Unidos focavam numa Europa em reconstrução. A embaixada americana se limitava a um escritório de grandes empresas, sem preocupações com questões de Estado.

Os barões

Egydio Squeff não podia ser considerado o tipo de jornalista que se diz independente e, ao mesmo tempo, mantém laços com governos. Afinal, o velho repórter-pracinha não poupou o Catete e seus aliados de críticas ferinas. Ele escreveu que Samuel Wainer fazia parte também da "imprensa sadia", grupo que reunia ainda o *Correio da Manhã*, *O Jornal* e *O Globo*. Squeff descrevia a *Última Hora*, de Wainer, como o "vespertino azul do Catete".[43]

Aliado naquele momento de Vargas, Wainer tinha uma tradição jornalística de criticar o poder. Ele criou a revista *Diretrizes*, que foi perseguida pela ditadura Vargas. Depois, trabalhou como correspondente do jornal *O Globo* nos Estados Unidos. Voltou para o Brasil em 1945, com o fim do Estado Novo, e reabriu *Diretrizes*. Logo em seguida, foi para o julgamento de Nuremberg (era o único brasileiro lá). Em 1947, vendeu *Diretrizes* e começou a trabalhar nos Diários Associados, de Assis Chateaubriand. Como repórter dos Diários, começou a cobrir Vargas. Foi depois da eleição de Getúlio que surgiu a ideia de criar a *Última Hora*.

Fazer jornalismo sem os recursos de governos e multinacionais era uma arte complexa num país que se urbanizava, mas mantinha velhos hábitos e práticas políticas e sociais por parte, especialmente, de sua elite abastada, refratária a normas e condutas.

No começo de uma tarde de maio de 1952, chegou à redação do *Globo* a notícia da morte de uma menina de oito anos num acidente de lanchas em frente à praia da Urca. O repórter do jornal que se deslocou ao local apurou que a garota, Elizabeth, estava na lancha do pai, o engenheiro João Garibaldi de Meira Lima, quando a embarcação se chocou com uma outra, a *Alex II*, pilotada por um homem que parecia "completamente distraído", acompanhado por uma "jovem". Elizabeth bateu a cabeça numa hélice.

O repórter do *Globo* identificou o dono do barco que se chocou com a lancha da família Meira Lima. Era o industrial e especulador financeiro John Henry Lowndes. O jornalista, então, foi até o apartamento dele, em Ipanema. O homem tinha "fugido".

No decorrer daqueles dias, *O Globo* sustentou a versão de que o barco de Lowndes trafegava em alta velocidade, de acordo com testemunhas. O jornal se baseou em dois inquéritos abertos pela polícia.

Descontente com os rumos dos inquéritos, Meira Lima passou a perseguir o banqueiro, com telefonemas e abordagens pessoais.

Lowndes buscou apoio de pessoas influentes para se defender. O banqueiro Walther Moreira Salles depôs a seu favor. Após alguns meses, *O Globo* publicou um laudo encomendado pelo banqueiro que responsabilizava o piloto da *Fargo* pelo acidente.

Na manhã de 29 de dezembro, Meira Lima foi à redação do *Globo* com uma carta e um canivete. Ele se apresentou a Roberto Marinho. O jornalista leu a carta e considerou os termos "impróprios". O engenheiro sacou o canivete e avançou sobre Marinho para tentar feri-lo no pescoço. Repórteres e editores que estavam perto o seguraram. A radiopatrulha, serviço policial conectado que atuava na cidade, foi chamada.

Na polícia, Meira Lima pediu que fosse levado até Marinho para se desculpar. Depois da discussão, Marinho mandou publicar uma carta em que Meira Lima reclama da "extrema baixeza moral".

> *Os camareiros de bordo, pagos pelo banqueiro para emitir a opinião, na nota que foi publicada em seu jornal, desconhecia o que há de mais elementar na profissão marítima: o artigo 495 do Regulamento da Capitania dos Portos. Por este artigo é facultativa a habilitação para dirigir embarcação de porto e recreio* [...] *Esta é uma das torpes explorações do barqueiro Lowndes e de seus camareiros de bordo, fantasiados de oficiais da Marinha Mercante. O banqueiro Lowndes, segundo consta no processo, tem apenas instrução primária e nada mais. Caráter, dignidade, são coisas que não se coadunam em certos indivíduos ditos "grã-finos". Matam, insultam e difamam, fiados no poder do dinheiro.*[44]

Paulo Bittencourt, do *Correio da Manhã*, e Pereira Carneiro, do *JB*, tinham sido formados em escolas europeias. Chateaubriand, dos Diários Associados, o mais forte integrante do grupo, cursou a Faculdade de Direito do Recife e, ainda que não fosse da nobreza do jornalismo, não se intimidava diante dos barões. Diferentemente deles, Marinho não cursou faculdade. A sua escola tinha sido a experiência na redação com o pai e os amigos dele.

Dos proprietários de jornais, Bittencourt era a figura mais admirada por Marinho, pelo estilo aristocrático e, ao mesmo tempo, aberto à cultura brasileira.

O dono do *Globo* estava no almoço promovido por Bittencourt para comemorar os cinquenta anos do *Correio da Manhã*, no prédio do jornal, na rua Gomes Freire, no Centro do Rio.

Na festa estava o eterno herói das areias de Copacabana e dos jornais, o brigadeiro Eduardo Gomes, com seu olhar sempre grave. Herbert Moses, serelepe, distribuía apertos de mãos e risos. Oswaldo Aranha, depois de ganhar destaque internacional na presidência da ONU, voltava ao ninho das cobras. O Catete mandou quatro ministros para o almoço: Horácio Lafer, da Fazenda; Simões Filho, da

Educação; Francisco Negrão de Lima, da Justiça; e João Cleofas, da Agricultura. Marinho aproveitou para confabular com Lafer. Carlos Lacerda, em outro canto, segurava um copo e tentava se aproximar dos figurões da festa.

Foi nesse momento que entrou um homem alto e magro, pele morena, afobado pelo atraso. Lacerda disparou de longe um olhar de soslaio.[45] Samuel Wainer tinha acabado de criar seu vespertino, a *Última Hora*. Com chancela do Catete, conseguiu um empréstimo do Banco do Brasil e de Juscelino Kubitschek, governador de Minas Gerais.

Na festa de Bittencourt, os barões se esforçavam para demonstrar normalidade. Wainer relatou que era visto naquele ambiente como um "judeuzinho do Bom Retiro que ousara se juntar ao clube".[46] Preso duas vezes no Estado Novo, no comando de *Diretrizes*, Wainer era filho de Haim, um rabino pobre do Bom Retiro, em São Paulo, que vendia bugigangas.[47]

Samuel Wainer irritava Lacerda, que não se esquecera das desavenças pessoais, ainda do tempo de militância comunista no Estado Novo, e preocupava Roberto Marinho, por abocanhar parte do mercado vespertino. Wainer entrava no tabuleiro de xadrez da imprensa, trazendo com ele a figura de Getúlio Vargas e o próprio governo, que alimentava boa parte dos caixas dos veículos.

Lacerda começou a atacar Wainer em artigos na *Tribuna da Imprensa*, jornal de tiragem diária que oscilava entre 25 mil e 40 mil exemplares. Depois, Marinho abriu a Rádio Globo para a cruzada dele contra a *Última Hora*. As tiragens do jornal de Wainer só aumentavam. O empresário informou ao mercado que a *Última Hora* chegou a 150 mil exemplares na segunda-feira, dia do noticiário de futebol, a mesma tiragem registrada pelo *Globo*.[48] Tanto Wainer quanto Marinho blefavam. *O Globo*, por exemplo, não passava de setenta mil exemplares diários.[49]

Wainer fisgou estrelas do jornalismo, oferecendo bons salários. Nelson Rodrigues e Vinicius de Moraes foram contratados. Em conversas reservadas, Marinho e Chateaubriand reclamavam que isso só era possível com a publicidade mais generosa do governo. Wainer convidou o artista plástico paraguaio Andrés Guevara para montar o projeto gráfico do jornal. Radicado na Argentina, Guevara tinha uma longa experiência na renovação gráfica da imprensa do continente. Em Buenos Aires, ele redesenhou o *Clarín*, que se tornara um tabloide. No Rio, renovou os jornais *A Manhã* e *Crítica*, de Mário Rodrigues, pai de Nelson.

A *Última Hora* estampou grandes fotos na capa, e tinha um layout limpo e colorido. O nome do jornal era publicado em azul. Cada texto tinha um tamanho estabelecido com antecedência. O diário dava um banho nas páginas confusas e pesadas do *Globo*.

Em suas memórias, Wainer escreveu que a primeira reação de Chateaubriand ao saber de seu propósito de criar um jornal foi a de um homem traído. O magnata da imprensa apostava em Wainer como um funcionário que facilitaria a reaproximação com Vargas. Chateaubriand, então, colocou a Rádio e a TV Tupi à disposição de Lacerda quando Wainer anunciou a revista *Flan*, para disputar mercado com *O Cruzeiro*. Por sua vez, Marinho abriu o microfone da Rádio Globo para o jornalista de voz empostada e estilo agressivo. A franquia das rádios foi um bombardeio contra Wainer e o governo.

A sede da *Última Hora* era um prédio de jardins suspensos e paredes revestidas de mármore na avenida Presidente Vargas, no Centro do Rio. As instalações foram feitas por Horácio de Carvalho para abrigar a nova redação do *Diário Carioca*. Diante de uma oferta de trinta milhões de cruzeiros, mais o pagamento de uma dívida de 22 milhões com o Banco do Brasil, ele repassou a Wainer a sede do *Diário* e mudou seu jornal para um espaço mais modesto na esquina da avenida Rio Branco com a rua São Bento.[50]

Em menos de um ano de circulação, a *Última Hora* passou de 15 para 150 mil exemplares em média, número só alcançado antes às segundas. Pela primeira vez desde o *Paiz*, de João Lage, um presidente tinha um representante direto no grupo dos barões da mídia.

Wainer foi educado numa família que falava iídiche. Nos bombardeios, os adversários diziam que o jornalista não era bom de escrita, mas não conseguiam negar o talento de formar gerações e criar jornais. Sofria complexo pelas críticas ásperas.[51] E se sentia humilhado pelos barões da mídia. Mais tarde, disse que a *Última Hora* veio romper a tradição oligárquica da grande imprensa.[52] Wainer galanteava banqueiros, para patrocinar a aventura do jornalismo, e mulheres. O dono da

Última Hora não era homem de uma linha ideológica definida. Era um empresário da imprensa ligado ao projeto de poder de Vargas.

O *Diário de São Paulo*, de Chateaubriand, publicou que Samuel Wainer nasceu na Bessarábia, hoje República da Moldávia.[53] O jornalista negou, embora tivesse mesmo aportado ao Brasil com seis anos de idade. A Constituição proibia que estrangeiros ou naturalizados fossem donos de jornais. Lacerda ocupava os holofotes da TV de Chateaubriand e o microfone da rádio de Marinho para vociferar contra o "bessarabiano". Wainer ficou preso durante um mês, acusado de falsidade ideológica. "A Rádio Globo teve papel fundamental nessa prisão", avalia o jornalista Henrique Caban. "Samuel era mesmo um estrangeiro que entrou naquilo em que doutor Roberto e Chateaubriand se consideravam donos absolutos."

Vargas controlava pessoalmente as verbas para a imprensa. Em fevereiro de 1953, Marinho tinha 11,8 milhões de cruzeiros de empréstimos vencidos e 41,8 milhões de cruzeiros de dívidas a vencer, num total de mais de 53 milhões — equivalente, hoje, a 19 milhões de dólares. Acima dele estavam Chateaubriand (144 milhões), Samuel Wainer (106 milhões) e Rubens Berardo, da Rádio Continental (56 milhões).[54] A inflação reduzia dívidas a pó.

Pressionado, Getúlio obrigou Wainer a pagar os empréstimos concedidos pelo Banco do Brasil. O jornalista recorreu a empresários, mobilizados pelo próprio governo, para saldar a dívida. Mas as críticas continuaram. Numa estratégia fatal para sua empresa em ascensão e o governo, Wainer incentivou a instalação de uma CPI para investigar a *Última Hora*. Acreditava na força da base governista no Congresso.[55]

A comissão parlamentar concluiu que Samuel Wainer montou seu jornal com dinheiro direto ou indireto dos cofres públicos. Foram citados como financiadores da *Última Hora* Walther Moreira Salles, que na época era diretor-executivo da Superintendência da Moeda e do Crédito (Sumoc), o deputado Euvaldo Lodi, presidente do Serviço Social da Indústria (Sesi), entidade mantida por recursos do governo, e Francisco Matarazzo Junior, empresário da família quatrocentona de São Paulo.

Só mais tarde Wainer revelou que o então governador mineiro Juscelino Kubitschek também facilitou a entrada de dinheiro público no negócio. A CPI ainda chegou ao nome do empresário paulista Ricardo Jafet, que comandava o Banco do Brasil. Jafet vendeu a Wainer a Cia. Paulista Editora de Jornais S/A, que garantiu a instalação da *Última Hora* em São Paulo, um negócio intermediado pelo deputado Lutero Vargas, irmão do presidente.[56] De todos os financiadores, Moreira Salles foi o único que exigiu sociedade no jornal. Ele deu um empréstimo para a compra de uma impressora. Em troca, Wainer convenceu Vargas a nomear o banqueiro como embaixador em Washington. Depois, num momento de ataques sofridos pela *Última Hora*, Walther negou novo empréstimo e ainda cobrou o pagamento do primeiro, para mágoa do jornalista.[57] "Quem arranjou para o Walther ser embaixador em Washington foi o Samuel", relata o banqueiro José Luiz de Magalhães Lins.

Os bombardeios sofridos por Samuel não reduziram a força de seu jornal, mas inviabilizaram o projeto de expandir seus negócios para a rádio e o setor de publicações dominicais. Ele chegou a publicar a *Flan*, um tabloide com marca de revista que aumentou a fúria de Chateaubriand. Ainda adquiriu a Rádio Club do Brasil.

No fim de 1952, Marinho comunicou a Luiz Brunini que não conseguiria manter os salários de jornalistas e atores do Departamento de Radioteatro, a espinha dorsal da emissora. Os lucros do *Globo* eram derretidos pela talentosa equipe da rádio. A PRE-3, quando foi inaugurada, em 1944, contratou a peso de ouro o melhor do teatro radiofônico, como a estrela Zezé Fonseca e o novelista Amaral Gurgel. Os artistas Feliz Cohen, Hemílcio Fróes, Lúcia Delos, Amélia Ferreira, Carlos Alberto e Nelma Costa entravam, aos poucos, em listas de demissões.

A crise econômica se agravou. Em meados do ano seguinte, Getúlio Vargas enfrentou uma divergência entre seu ministro da Fazenda, Horácio Lafer, e o presidente do Banco do Brasil, Ricardo Jafet. Enquanto Lafer defendia um plano austero de combate à inflação, Jafet avaliava que era preciso manter financiamentos. As manchetes do *Globo* destacavam aumentos dos preços do leite, do café, do açúcar e da passagem de bonde. Quando Lafer e Jafet deixaram o governo, uma leva de empresários se aglutinou em torno da UDN, à espera da derrubada de Vargas.

Depois de ganhar destaque internacional à frente da ONU, Oswaldo Aranha voltou ao comando do Ministério da Fazenda. Todo o plano de Aranha para diminuir a inflação, retomar o crescimento e colocar em funcionamento os parques industriais esbarraram na falta de apoio norte-americano. Ele não tinha mais um Getúlio ditador no Catete, como nos anos 1930, nem um Roosevelt na Casa Branca para lhe abrir as portas do crédito internacional. O governo Eisenhower retirou financiamentos diretos para países emergentes. A Comissão Mista Brasil-Estados Unidos, que garantia verbas para projetos de infraestrutura, foi extinta. Oswaldo mantinha a influência junto ao empresariado e aos jornais, mas o poder econômico agora estava fragmentado. As disputas no jogo da imprensa iam além dos drinques no Jockey Club.

"Estou otimista", declarou Oswaldo a jornalistas ao assumir o Ministério da Fazenda.[58] A frase virou manchete do *Globo*. Poupado do noticiário de críticas do jornal de Marinho, ele se tornou um instrumento usado pela imprensa para contrapor à figura do ministro do Trabalho, João Goulart.

O Globo divulgou artigo que acusou Goulart de criar um "ambiente de golpe" que prejudicava o país nas entrevistas à imprensa norte-americana. Com base numa matéria da agência UPI, que atribuía ao ministro a frase de que não via um governo peronista como mal, o jornal descreveu supostos rumores no exterior de um golpe militar por parte de sindicatos. "No momento em que o ministro da Fazenda procura resolver problemas gravíssimos de nossa economia, nada pode ser mais nefasto do que declarações infelizes."[59]

Diante da crise econômica e das contas no vermelho da Rádio Globo, Luiz Brunini iniciou uma mudança radical na emissora. Com a demissão de artistas e técnicos, o executivo acertou com Marinho uma fórmula mais barata para garantir o mínimo de anúncios e uma menor dependência dos recursos do jornal. Ele passou a estimular a equipe a produzir informativos, notas políticas e programas esportivos para tentar levantar a audiência.[60] Foi nesse contexto que Carlos Lacerda conseguiu espaço e independência editorial na rádio.

A virulência de Lacerda logo chamou a atenção do chefe da polícia do Distrito Federal. O general Armando de Morais Âncora, veterano da Segunda Guerra e leal a Vargas, anunciou em setembro de 1953 medidas de censura à Rádio Globo.[61] As ações não chegaram a silenciá-la. Dois meses depois, ele ameaçou cassar a concessão de Marinho. Samuel Wainer, no contra-ataque a Lacerda e a Marinho, cobrou o fechamento da emissora. Argumentou que por dever "grandes somas" ao Banco do Brasil, e não possuir bens para garantir o empréstimo, a rádio tinha que ser fechada.[62]

Marinho recebeu uma equipe da *Revista do Rádio* para contar que tinha feito um alerta ao general. "Fiz ver a Sua Excelência os graves inconvenientes para o governo e para a própria tranquilidade da nação que adviriam de qualquer ato visando, sobretudo, à Rádio Globo."[63]

Um homem duro, terno e amigo dos amigos. Todas as definições serviam para Lacerda. Ele não deu importância quando o escritor Antônio Carlos Villaça o descreveu, no romance *O livro de Antonio*, na figura do homossexual Montezuma, que impunha medo, autoridade e admiração entre aliados.[64] A bissexualidade estava exposta no texto. "Era um homem renascentista, um epicurista. Ele era um grego, é diferente", avalia o editor Pedro Paulo de Sena Madureira, amigo de Lacerda.

Certa tarde, Lacerda ficou preso no elevador do *Globo*. Armou um grande escândalo. Achou que estava na mira de uma conspiração. Foi preciso quebrar a parede para tirar o jornalista dali e acabar com os gritos. Marinho se identificou com a situação de Lacerda. O empresário costumava ir à Câmara para acompanhar discursos do amigo. Certa vez, estava na tribuna quando Lacerda foi chamado de "purgante" por um adversário. O deputado reagiu. "Vossa Excelência é o resultado desse purgante!"[65]

Os brasileiros acompanharam a fúria de Lacerda na Rádio Globo pelos grandes aparelhos de válvulas eletrônicas, pesadas e frágeis, instalados no canto da sala das casas. Não havia ainda o rádio a pilha, de pequeno porte, que se podia levar para qualquer local.

As vitrolas eram móveis de madeira sucupira na forma de uma cômoda. Em cima, havia espaço para rodar o disco. Uma das gavetas, aberta, virava um rádio de onda curta. Era preciso esperar as válvulas esquentarem para ouvir a programação, daí o apelido de "rabo quente". Enquanto as válvulas não esquentavam, só saía um ruído, seguido de uma fala embolada e, só depois, um som limpo.

A Rádio Globo funcionava na avenida Rio Branco no período em que um homem de voz mansa, mas firme, em uma locução clara após as válvulas esquentarem, atacava verbalmente Getúlio. O governo pressionou para tirar Carlos Lacerda do ar. Roberto chamou os irmãos Brunini para uma conversa.

"Estamos de mãos atadas. Ele garante a publicidade", respondeu Raul.

Roberto afirmou que os programas tinham se tornado exclusivamente de crítica ao Catete, o que não era correto, "principalmente do ponto de vista empresarial". Os irmãos sugeriram, então, que os pronunciamentos de Lacerda fossem compensados com depoimentos de aliados do governo. O palácio se animou, enviando nomes para falar. Depois, desinteressou-se e o espaço da rádio voltou a ser dominado por Lacerda.

Tancredo e Oswaldo Aranha procuraram Marinho para reclamar.

"Se quiserem tirar o Carlos do ar é um problema a menos para mim."[66]

Aliados de Getúlio Vargas observavam que a aliança de Lacerda com Marinho e Chateaubriand era marcada por interesse e pragmatismo. Lembravam que Lacerda costumava chamar o dono do *Globo* de "cretino" e "medíocre" e Chateaubriand de "maior chantagista do século".[67]

Luiz Lobo, que trabalhou com Marinho, relata que o empresário lhe disse ter sido traído por Raul e cercado pelos entraves da publicidade e da receita da emissora. "Quando percebeu a influência de Lacerda na rádio, não tinha mais jeito."

João Roberto Marinho, por sua vez, pondera que o pai gostava da performance de Lacerda. "Ele achava que estava fora do tom dos veículos dele, mas achava bom fazer aquela oposição ao Getúlio. Não estava incomodado com o proselitismo do Lacerda, não."

A aliança entre Lacerda e Marinho, por intermédio dos Brunini, não impediu que o empresário tivesse acesso ao Banco do Brasil. Em 19 de agosto, em meio a especulações de que o presidente seria derrubado, a diretoria do banco se reuniu para regularizar a situação de uma dívida contraída por Marinho no valor de Cr$ 41.960.000,00 para investimentos na rádio, cerca de 2,1 milhões de dólares na cotação da época.

As negociações se arrastavam por seis meses. Marinho não aceitava incluir imóveis particulares numa ampliação de garantias exigidas pelo banco, mas apenas dar como garantia sua fiança pessoal. Seus bens particulares totalizavam, no cálculo do próprio empresário, Cr$ 100 milhões, o equivalente a 5,3 milhões de dólares pela cotação da época (dólar cotado a Cr$ 18,72). A estrutura da Rádio Globo (Cr$ 20 milhões), um prédio na rua Itapiru (Cr$ 19 milhões) e as máquinas da Rio Gráfica Editora Ltda. (Cr$ 17 milhões) eram suficientes, na análise do banco, para complementar as garantias. Na avaliação dos técnicos, a dívida poderia, dentro dessas garantias, ser saldada em dez anos com juros incluídos em prestações mensais de Cr$ 600 mil.

Marinho ainda tinha uma dívida feita especificamente para o jornal que chegava a Cr$ 6.762.000,00. Herbert Moses, numa "proposta verbal", disse que essa dívida seria liquidada em cinco anos e teria garantias independentes, que seriam "satisfatórias". O empresário pediu que o banco incluísse como complemento de garantia apenas uma rotativa HOE que estava no jornal e que atingiria, segundo ele, valor próximo de Cr$ 30 milhões e outros bens que completariam a garantia. A diretoria do Banco do Brasil aceitou o acordo para o pagamento das dívidas e recomendou, para evitar "discriminações" que Wainer e Chateaubriand recebessem o mesmo tratamento nas negociações. A dívida de Chateaubriand chegava a Cr$ 92 milhões.[68]

Nos microfones da Globo ou nos comícios, Lacerda, candidato à reeleição para deputado, e Raul Brunini, que concorria a uma cadeira de vereador, aumentavam o tom de suas campanhas contra o governo. Raul lembrou que, num comício na Cinelândia, naqueles dias tensos, chegou a ser preciso moderar a voz e pedir que a multidão voltasse para casa em paz. "O povo estava querendo ir para o Catete depor o presidente", relatou.[69]

Em evento em Ouro Preto, em abril de 1954, Getúlio se comparou a Tiradentes, personagem da Inconfidência Mineira. Num discurso de desabafo sobre a crise, o presidente disse que o "apóstolo e mártir" não deveria ser apenas uma imagem do passado. "A luta dos nossos dias é a de um governo legitimamente construído, de base nacionalista e popular, contra a mentalidade negativista", afirmou. "Nada me desviará dos rumos que tracei, porque as vozes agourentas não conseguem fazer do branco preto, nem convencem de isenção", ressaltou. "Apelo à união e à concórdia de todos os brasileiros."

No dia seguinte, essa última frase foi estampada no alto da primeira página do *Globo*. Na capa, porém, um editorial criticou Vargas por usar o martírio do herói para expor seus "sofrimentos morais" e que o exemplo de Tiradentes apontava aos "patriotas" o dever de criticar o governo. "Aos mineiros, sobretudo, não há de ter parecido elegante o gesto do sr. Getúlio Vargas, procurando se situar no mesmo nível do protomártir, como se a simples invocação desse nome tutelar da nacionalidade bastasse para exculpar o atual governo dos seus erros sem conta."

Um dia depois, o *Jornal do Brasil* destacou que o discurso feito com "sincera emoção" foi uma forma de Vargas responder às críticas "impiedosas".

Ao abrir os jornais, Getúlio se irritou com o vespertino de Roberto Marinho e elogiou o jornal concorrente e pró-governo. Ele escreveu um bilhete a Lourival Fontes, chefe da Casa Civil: "Compare o artigo do *Jornal do Brasil* de hoje com o do *Globo* de ontem, sobre o discurso de Ouro Preto. A elevação do primeiro e a canalhice do segundo."[70] Nessa época, o conde Pereira Carneiro era morto. O *Jornal do Brasil* era comandado pela viúva Maurina. O genro dela, Nascimento Brito, se movimentava na estrutura da empresa em busca de mais espaço e poder.

Na madrugada do dia 11 de maio de 1954, o repórter policial Nestor Moreira, de 45 anos, do jornal *A Noite*, um homem grisalho e corpulento, saiu alcoolizado do Drink Bar, no Leme, num táxi. Ao chegar em frente ao prédio onde morava, na rua Nascimento Silva, em Ipanema, reclamou do preço da corrida. O motorista e ele foram parar no 2º Distrito Policial de Copacabana. Lá, depois de uma revista, Moreira foi espancado por três agentes. Ele era um conhecido na delegacia, pois apurava o assassinato da francesa Renée Aboab, encontrada nua num apartamento em Copacabana, sempre à frente da equipe policial. No dia seguinte, Moreira estava internado no Hospital Miguel Couto e sua história nas primeiras páginas do *Globo* e da *Última Hora*. No leito, ele narrou a violência que sofreu para o repórter Edmar Morel, da *Última Hora*, veterano de notícias sobre a repressão nos porões da ditadura Vargas.[71]

Moreira era amigo pessoal de Samuel Wainer. E a *Última Hora* usou termos mais contundentes que os demais jornais para narrar o episódio, que considerou um ato de "banditismo", e descreveu o inquérito para investigar o caso como uma "farsa". Quem também entrou na repercussão da história com virulência foi Carlos Lacerda. Wainer o acusou de aproveitar politicamente o caso para atacar o governo e o apelidou de "Corvo" — *Última Hora* publicava os quadrinhos do personagem "Mestre Corvo".

O comitê de imprensa na polícia cobrou explicações do ministro da Justiça, Tancredo Neves. Logo, Herbert Moses, da ABI, entrava na sala de Vargas. O presidente considerou o caso "lamentável e censurável", conforme descreveu o jornal de Marinho.[72] A história movimentaria o Catete. Vargas teve que marcar uma reunião com seus ministros. No início da tarde do dia 21, uma equipe do *Globo* entrou no quarto de Moreira, que estava lúcido, mas previa o pior. "Sei que não resisto. Estou morto." Também dizia que queria se levantar e ir para casa.[73] Durante sua agonia no hospital, Moreira teve alucinações. Eram momentos em que dizia frases e jargões do jornalismo diante de médicos e enfermeiros. "Furo, furo! Ninguém tem!".[74] Marinho e Wainer prosseguiram em críticas ao "poder público", mas o "Corvo" fez acusações diretas ao Catete, arrastando assim o noticiário sobre a morte de Moreira por quase três meses, precisamente até 5 de agosto.

Na madrugada de 5 de agosto, Carlos Lacerda foi surpreendido por dois pistoleiros em frente ao prédio em que morava na Tonelero, uma rua bucólica, escura e arborizada de Copacabana. A confusão em frente ao prédio chamou a atenção da vizinhança.

Aos 17 anos, Luiz Garcia, filho de Marcelo Garcia, pediatra da família Marinho e amigo pessoal de Lacerda, trabalhava como foca na *Tribuna da Imprensa*. Ele conversava com a irmã Maria Regina na sala quando Sérgio, filho de Lacerda, bateu na porta. Luiz desceu e ainda viu o major Vaz, que acompanhava Lacerda, agonizar na calçada. Também viu Armando Nogueira, repórter do *Diário Carioca*, primeiro a chegar ao local. "Eu vi o major fazendo uns barulhos, estava chorando, gargarejando e morrendo", lembra. Na garagem do prédio, Garcia encontrou Lacerda, que andava de um lado para outro em desespero. "Estava inteiramente alucinado, não tinha nada de estar na garagem", conta. Das lembranças daquela noite, Garcia lembra da vidraça da casa de muro de pedra, próxima a seu prédio, espatifada pelos tiros de um Lacerda sem pontaria.[75]

A morte do militar era apurada pela polícia civil quando um taxista relatou ter visto Climério Euribes de Almeida, da guarda presidencial, no local do assassinato. Um grupo de oficiais da Aeronáutica abriu um Inquérito Policial Militar para investigar a morte do major. As dependências do Correio Aéreo Nacional, no Aeroporto do Galeão, centro de triagem dos jornais que eram transportados para fora do Rio, viraram salas de uma delegacia. A sindicância ofuscou o trabalho da polícia. Estava formada a chamada República do Galeão, que começou a destrinchar a vida dos moradores do Catete. Os investigadores militares viram elo entre os matadores e a guarda presidencial chefiada por Gregório Fortunato, antigo funcionário da fazenda do presidente em São Borja.

Na tarde do dia 9, o deputado Afonso Arinos, da UDN, fez um discurso contundente na tribuna da Câmara: "O que se passou na rua Tonelero não foi o golpe do duelista romântico, não foi o bote do homicida apaixonado. Foi a espera, a tocaia noturna, foi a guarda do morcego repulsivo [...] Haveremos de acompanhar até o fim este caso, que será a coroa de louros ou o caixão da República."[76]

Na edição do dia seguinte ao discurso de Afonso, o jornal de Roberto Marinho escondeu o pronunciamento do parlamentar numa pequena matéria. O jornal mantinha o tom moderado na cobertura da crise, embora destinasse cada vez mais espaço à agonia de Vargas.

No comando da Fazenda, Oswaldo Aranha aplicou uma política orçamentária austera. Partiram do *Globo* pedidos de "serenidade" aos empresários. Enquanto o *Correio da Manhã* batia no ministro, o jornal de Marinho se colocou na defesa das medidas anunciadas por Aranha. "Revolução no comércio exterior do Brasil", anunciou *O Globo* com estardalhaço sobre o plano do ministro.[77] Entre ações anunciadas estava a extinção da Cexim, órgão que Lulu, irmão do ministro, mantinha seus operadores.

Pelas páginas do *Globo*, Aranha ocupou espaço de destaque no decorrer daquele agosto de tensão. O ministro dava entrevistas longas ao jornal. Ele "garantiu" que seu plano econômico permitiria ao Brasil vender mais no exterior.[78] Marinho se mantinha fiel a Oswaldo, mas estava mergulhado na campanha pela renúncia de Vargas. Ao se diferenciar do ministro quando o assunto era a ética do gabinete do presidente, o empresário ensaiava uma entrada no *establishment* que, naquele momento, se afastava de vez do velho caudilho e abandonava a interlocução de Aranha. Marinho não era mais um porta-voz absoluto dos irmãos gaúchos. O grupo Aranha derrotou o setor fascista do governo, mas atuava com menos limites na órbita do Catete. Uma nova geração de empresários do Rio e de São Paulo, de laços menos agrários, e o novo poder econômico que ajudou a criar, agora caminhava com as próprias pernas.

Dentro do governo, aumentou a pressão de um grupo palaciano pela retirada da Rádio Globo do ar. Silenciar Lacerda era visto como uma solução. A proposta foi rechaçada pelo ministro da Justiça. Tancredo Neves tentou diminuir a tensão por meio de conversa nos bastidores.

Numa noite daquele mês de agosto, Roberto Marinho foi ao Catete conversar com Tancredo e o general Agnaldo Caiado de Castro, chefe da Casa Militar. Durante a conversa cheia de tato, Marinho começou a ceder. Num momento de descuido da diplomacia, o general disse que poderia fechar a Globo. Marinho disse que precisava sair do encontro, pois precisava acompanhar a "invasão" na emissora. Após ponderações de Tancredo, Caiado de Castro deixou a reunião. O ministro, então, continuou o esforço de pedir cautela a Marinho.

Em conversa com o cunhado Mozart Dornelles, Tancredo desabafou:

"Tive hoje quase uma briga com Roberto Marinho, mas acho que não consegui demovê-lo dessa campanha que ele está fazendo contra o Getúlio."[79]

No Catete, o médico ortopedista Lutero Vargas, filho do presidente, reclamou que não entendia o motivo de os colegas do Hospital Miguel Couto engessarem Lacerda, paciente que, pelo que se contava, tinha um ferimento na perna, provocado por bala. Por sua vez, Getúlio perguntou ao filho:

"Estou com uma dor no peito. Mostre o ponto exato do coração."[80]

No dia 23 de agosto, *O Globo* propôs a renúncia conjunta do vice, Café Filho, e de Vargas em benefício da "salvação nacional". Pela proposta, o presidente da Câmara assumiria o poder e convocaria eleições dentro de um mês. O jornal de Marinho registrou uma conversa entre o ministro da Guerra, Zenóbio da Costa, e o general Mendes de Moraes. Zenóbio descartou a renúncia. "Getúlio só renunciará depois de morto!", teria dito o ministro.

A Rádio Globo estava sob censura.[81]

Na noite de 23 e madrugada de 24, Getúlio e seus ministros se reuniram no Catete. O clima na mansão da matriarca udenista Maria do Carmo Nabuco, na rua Icatu, era de festa pela iminente queda de Vargas. Espalhou-se a notícia de que Miminha abriu um champanhe e deu vivas ao Brasil e a Lacerda, que ergueu uma taça. Lacerda foi para a casa de Café Filho, onde um grupo se reunia. Um repórter do *Globo* estava na residência.

Num desencontro, Marinho foi de madrugada ao apartamento do jornalista, na rua Tonelero, ao receber a informação do repórter setorista do *Globo* no Catete de que o presidente havia renunciado. Em seguida, partiu em direção à residência do vice-presidente.

Antes de o sol nascer, Marinho deixou a casa de Café Filho, entrou no carro e deu ordem ao motorista, Joffre:

"Vamos para o Catete."

Em frente ao palácio, entre as quatro e as cinco horas da manhã, ele saltou do carro. Tinha um "monte" de gente sentada na calçada, lembrou o motorista. Roberto não entrou no palácio. Deu uma volta, entrou de novo no carro e bateu a porta:

"Vamos para *O Globo*."[82]

O dia tinha começado.

Inquieto, Marinho decidiu ir à casa de João Neves da Fontoura, integrante de primeira hora do movimento de 1930, ministro das Relações Exteriores de Vargas e de Dutra. O gaúcho João Neves era agora colunista do *Globo*, um conselheiro do dono do jornal.

Carlos Lacerda ainda estava na casa do vice-presidente. De lá, por volta das oito horas, um repórter da rádio de Marinho entrou ao vivo:

"A Rádio Globo está falando da casa do presidente Café Filho."

O repórter foi interrompido por palmas por chamar o vice de presidente. Depois, ele passou o microfone para o "bravo" Carlos Lacerda. Com sua voz lenta e aguda, Lacerda festejou a "renúncia" de Vargas e disse que era preciso varrer o "resto" da oligarquia.

O locutor Léo Batista, de 22 anos, tinha acabado o programa *O Globo no ar*. A rádio deixou o espaço aberto para Lacerda, que seguia com seus ataques ao governo. Foi quando um repórter da emissora no Catete telefonou nervoso, na descrição de Batista:

"Tira o homem do ar... Tira o Lacerda do ar!"

Léo Batista voltou a usar o microfone:

"E atenção, atenção, senhores ouvintes, atenção para essa edição extraordinária do *Globo no ar*. Acaba de se suicidar no Palácio do Catete o presidente Getúlio Vargas. Repito: acaba de se suicidar no Palácio do Catete o presidente Getúlio Vargas! Continue ligado. Mais informações a qualquer instante. Informa *O Globo no ar* edição extraordinária."

Vargas morrera por volta das oito e meia da manhã. A notícia só atingiu a maioria dos brasileiros depois que foi confirmada por Heron Domingues, do Repórter Esso, da Rádio Nacional.[83]

Ainda na casa de João Neves, Marinho decidiu voltar para a redação do jornal. Uma multidão começou a se concentrar no largo da Carioca.

"Vou para *O Globo*, que vai ser atacado pelos getulistas."[84]

O largo da Carioca virou epicentro da reação popular. Cartazes de candidatos da UDN foram destruídos. A cada canto, alguém subia num banco ou caixote para discursar.

"Vamos para *O Globo*!", gritou um manifestante.

E uma multidão cercou as duas saídas do jornal.[85] Os funcionários da oficina enfrentaram a ameaça de homens que tentavam levantar o portão. Duas caminhonetes que faziam a distribuição do jornal, estacionadas no meio-fio, foram incendiadas. Em certo momento, Roberto deixou o jornal. "Tinha que salvar o Roberto", lembrou o diretor Francisco Grael.[86]

Rogério Marinho recordou que alguém gritou da rua que haveria uma explosão no jornal. A multidão se afastou por um tempo e os homens da oficina aproveitaram para passar um cadeado no portão. Rogério telefonou para o general Odílio Denis, amigo do seu sogro, o general José Pessoa. Denys comandava a Zona Militar Leste, atual I Exército, e tinha sido incumbido naquela manhã de manter a ordem no Distrito Federal. No passado mais distante, na Revolta do Forte, o militar foi preso na mesma leva de Irineu Marinho. O comandante, que espalhara 12 mil soldados pelas ruas do Rio, mandou um pelotão vigiar o largo da Carioca.[87]

A polícia interditou para o trânsito de carros e pedestres um trecho da avenida Rio Branco e da rua do Lavradio, onde ficavam a Rádio Globo e a *Tribuna da Imprensa*, respectivamente.

Em defesa de Roberto Marinho, a revista *O Cruzeiro*, de Chateaubriand, classificou o distúrbio como obra dos "vermelhos".[88] De São Paulo, Julio de Mesquita Filho também dava apoio a Marinho. *O Estado de S. Paulo* afirmou que a manifestação foi organizada por "elementos" do PTB, que usaram uma linguagem "canalha" para pedir a "cabeça" de Marinho.

Mais tarde, Roberto reconheceu que o protesto foi espontâneo. Ele relatou que, na noite do dia 24 para 25, quando manifestantes ficaram de prontidão à porta do jornal, ele permaneceu na redação.[89]

A *Tribuna da Imprensa* não circulou. Por sua vez, Marinho decidiu que publicaria *O Globo* naquele dia. Era uma questão de honra garantir a edição no dia do suicídio do presidente que o jornal e a Rádio Globo tinham ajudado a tirar do poder. Às 18 horas, saía a edição noturna do *Globo*. Fizeram uma edição mínima para exibir *O Globo* nas bancas da Zona Sul.

> "Suicidou-se
> o sr. Getúlio Vargas"

Ainda deu tempo de escrever que Vargas "morreu de fisionomia serena, esboçando leve sorriso". O jornal não chegou a tirar uma nota ultrapassada do Catete sobre a licença pedida pelo presidente. "Mais uma vez as Forças Armadas vêm ao encontro do povo para salvar o Brasil." O modelo de jornal instantâneo que caracterizou o trabalho de Roberto Marinho nas revoltas e nos golpes de décadas apresentou falhas dessa vez, tamanho o sufoco da redação.

Pilhas de jornal foram colocadas no carro de Rogério, um Pontiac, carro da General Motors voltado para o público jovem e de grande poder aquisitivo, com capô acentuado, faróis em destaque e um porta-malas espaçoso, um desses carros com contornos arredondados, símbolo da extravagância de estilo dos anos 1950.

Grael foi no carona, de arma na mão. Distribuiriam apenas no Flamengo e num trecho de Botafogo. "O que podíamos levar (de jornal) no carro do Rogério? Nada", lembrou mais tarde Francisco Grael.

"Era um pinguinho moral." Eles queriam deixar claro que *O Globo* fez a "cobertura" no dia em que tentaram empastelar o jornal.[90]

Na edição do dia seguinte ao suicídio, *O Globo*, ainda com problemas de impressão e poucas páginas, reclamou que "bandos" de pelegos, comunistas e criminosos tinham participado dos protestos em frente ao jornal. Com sutileza e elegância, a *Última Hora*, de Samuel Wainer, noticiou a depredação dos automóveis do jornal de Marinho. "A multidão enfurecida atacou alguns carros dos nossos confrades de *O Globo* — por haver aquele jornal, de modo bastante ostensivo nos últimos dias, dado acolhida às vozes que inflamaram Vargas. Condenando toda e qualquer atitude que possa resultar em restrição à liberdade de imprensa, e por isso aqui registrado o fato objetivamente, acrescentamos que, felizmente, as autoridades tomaram todas as providências no sentido de garantir aqueles nossos confrades de possíveis excessos da multidão."

Diante do caixão de Vargas, no cemitério de São Borja, o ministro da Fazenda, Oswaldo Aranha, fez um discurso inflamado contra os adversários do presidente morto. "Juro continuar a luta", afirmou o ministro. A declaração virou manchete do jornal *Última Hora*, de Samuel Wainer.[91]

De volta a Porto Alegre, o ministro deu sua primeira entrevista sobre a tragédia justamente para um repórter do *Globo*, José Maria Neves. O jornal saiu com manchete exclusiva, furando o aliado de Vargas na imprensa:

> "Condena o sr. Oswaldo Aranha depredações,
> arruaças, greves ou quaisquer violências"

Na longa entrevista, Oswaldo em nenhum momento expôs objeções à atuação do jornal de Marinho durante a crise.

Num trecho contundente da conversa com o repórter, o ministro comentou sobre os distúrbios nas ruas. "O golpe foi profundo demais para não trazer desespero. O povo foi afrontado em sua vontade. Foi traído em seus interesses", disse. Aranha pediu ao repórter que anotasse uma declaração em especial. "Queremos a paz. Queremos o império das leis."[92]

Nas palavras de Alzira Vargas, seu pai e Aranha tinham relação de "namorados".[93] A análise é pitoresca. A falta de indício de mágoa com a imprensa pelo ministro, na entrevista para *O Globo*, ilustra uma autoridade que mantinha a fidelidade ao chefe até o túmulo, mas que soube preservar em duas décadas sua independência e fração no governo — um pedaço considerável do poder econômico — numa relação de idas e vindas com Getúlio. Os adversários de um não eram necessariamente os do outro.

A aliança invisível de Marinho com a Aeronáutica não se encerrava com a morte de Vargas. Ainda no clima de caça aos inimigos de Getúlio, *O Globo* investiu no registro histórico das investigações da República do Galeão. Em 26 de setembro, o jornal de Marinho publicou "O livro negro da corrupção", suplemento de 31 páginas, com trechos do Inquérito Policial Militar (IPM). A capa do caderno era ilustrada com o desenho de um pistoleiro apontando a arma para Lacerda, feito pelo artista haitiano André Le Blanc, que ilustrou livros de Monteiro Lobato.

Gregório Fortunato, chefe da guarda presidencial, foi o destaque nas páginas do especial. Segundo o jornal, a mulher dele contava com um "alto ordenado" dos Correios, carros oficiais e uma secretária. O suplemento era a continuidade dos ataques a Getúlio e uma forma de o jornal se posicionar nas eleições do mês seguinte para governos estaduais, Câmara e Senado e evitar uma vitória dos aliados do presidente morto.

O capitão-aviador Luiz Paulo Vasconcelos, marido de Lenita, sobrinha de Roberto Marinho, era o elo secreto entre os donos de jornais contrários a Vargas e a Aeronáutica. Uma das últimas missões dele foi desviar um avião do Correio Aéreo Nacional para a rota Natal-Santos a fim de levar *flans*, moldes de metal, do suplemento especial do *Globo* para Julio de Mesquita Filho, diretor do *Estado de S. Paulo*, que decidiu republicar o suplemento.

A disputa entre a imprensa e Vargas não estava encerrada. O tiro de agosto acertou o jornalista Samuel Wainer, mas não o derrubou. Ele cambaleava, mas tinha força suficiente para travar uma "guerra monumental" com Roberto Marinho, na definição do jornalista Luiz Gutemberg, pelo controle do mercado dos vespertinos.[94] Agora, porém, não tinha o duto varguista de fontes de recursos para financiar sua razão de viver. O pós-Vargas foi marcado pela disputa entre dois empresários que mandavam em seus jornais sempre de dentro das redações, participando intensamente da definição da pauta e do fechamento. Ao abrirem o jornal concorrente, liam até os menores anúncios. Faziam pressão para convencer comerciantes e industriais a mudar o destino de suas publicidades.

Passado o susto diante dos carros incendiados e do cerco à sede do *Globo*, Roberto Marinho vivia um momento de comoção, sobressalto e pura incerteza pela morte da mais importante peça do jogo político. Ao mesmo tempo, ele e os demais donos de jornais e revistas podiam comemorar o aumento das vendas e o envolvimento das empresas jornalísticas com a vida nacional de forma intensa. Chateaubriand festejou sem pudor a tiragem da revista *O Cruzeiro* sobre o suicídio, que nos seus cálculos chegou a oitocentos mil exemplares. Mandou que esperassem os executivos que pediam uma modernização das impressoras da revista. Em vez disso, o dinheiro que sobrou no caixa nas semanas de bombardeio ao governo foi gasto na compra do Castelo D'Eu, na Normandia, onde a princesa Isabel viveu seus últimos anos e ele pretendia criar um centro de estudos. Estava despejando recursos também no projeto do Museu de Arte Moderna de São Paulo.[95]

No jornal *O Globo*, o protagonismo da rádio e a movimentação frenética na redação do jornal ao longo da crise atingiram a veia de empresário de imprensa de Marinho. Envolvido havia um tempo em negócios imobiliários, ele voltou os olhos exclusivamente para o jornal.

A troca de governo coincidia com o plano alimentado por Marinho havia alguns anos de mudar a sede do *Globo*. As imagens do tumulto no largo da Carioca naqueles dias de crise seriam as últimas cenas dramáticas da história da família Marinho no coração do Rio. O prédio secular do Liceu, onde o jornal funcionava desde os tempos de Irineu, estava condenado a ceder espaço a um arranha-céu da Caixa Econômica Federal.

Em outubro daquele ano incendiário, o empresário decidiu construir um prédio de cinco andares na Cidade Nova, uma área de demolições e expansões. Ele lembrou das histórias vividas no prédio e dos mortos. "As picaretas já o rondam e dentro em breve dele não restará mais que um espaço vazio entre a terra e o infinito", escreveu. No texto de despedida do lugar, citou apenas o pai e os amigos falecidos Eurycles de Mattos, Rafael Barbosa, Hugo Barreto, Horácio Cartier, Pereira Rego e Leal da Costa, que atuaram na construção, segundo ele, de um jornal "vibrante" e "moderado". "Para aqui viemos pouco mais do que adolescentes e fomos, meia dúzia de anos depois, o mais jovem diretor de jornal carioca", relatou. "Daqui enfrentamos a ameaça totalitária, a insídia vermelha, o delírio dos liberticidas." Lembrou da censura no Estado Novo e, indiretamente, do último governo Vargas. "Nesta sala, há bem pouco, quando uma palavra de incentivo à mais truculenta arremetida ameaçava jogar brasileiros contra brasileiros, reunimo-nos todos, diretores, redatores, gráficos, companheiros de todas as idades e funções, dispostos a enfrentar, até as últimas, o ataque dirigido e insuflado pelos beneficiários da corrupção."

A mudança da sede do jornal era uma ruptura de Roberto especialmente com o peso da história de Irineu, inflado ou esvaziado ao sabor do momento e da disputa travada pelo filho no jogo econômico e político.[96] Ao se pronunciar sobre o pai, ele sempre recorria a mudanças tecnológicas para diferenciar o jornal que produzia e o publicado por Irineu, enfiando nos discursos alguma superioridade profissional. "Certamente o jornal de hoje é muito mais completo, como órgão de informação e de orientação, que as folhas de ontem."[97]

O Globo estava mais afastado de quarteirões de prédios e igrejas coloniais, onde o Rio político e popular era mais intenso. A nova sede do jornal se erguia num lado ermo e desvalorizado da cidade. No entanto, ali ficavam o Rio negro, o Catumbi e o Estácio da infância e juventude de Roberto e de seu pai. A Cidade Nova, para onde *O Globo* se mudava, era uma região, na época, menos povoada. No retorno para esse lado da cidade, porém, Roberto não veria mais a praça Onze, centro da boemia do tempo de amizade com Sinhô — a praça foi estrangulada pela abertura da avenida Presidente Vargas, na década anterior. A região dos imigrantes, das prostitutas, dos sambistas, de sapateiros, de judeus, de negros, de portugueses e de galegos ganhou vias largas, quase sem gente e construções.

Roberto pediu ao amigo arquiteto Cesar de Mello Cunha para fazer o projeto de uma construção funcional, de linhas sóbrias. O conceito francês de jornal de um dono só estaria presente não apenas no estilo centralizador de Marinho, mas nas linhas traçadas por Mello Cunha. No quinto andar, o arquiteto planejou uma *garçonnière*. Ficara para trás o tempo da Galeria Cruzeiro, do Bar Brahma e da Leiteria Mineira, locais das antigas conversas. Agora, era tempo de um espião em cada esquina.

Mais do que nunca o jornal havia se tornado a casa de Roberto Marinho. Dentro de seu *bunker*, um apartamento com salas, suíte e cozinha, Marinho se via mais seguro nas conversas políticas, nas negociações e mesmo nos encontros fortuitos da vida privada. Entrava pela porta do endereço de trabalho e tomava o elevador para a redação, o escritório ou o lugar de encontros íntimos ou de negócios sigilosos. Pelos registros mais confidenciais de amigos, no entanto, Marinho transformou o espaço num lugar de negócios por excelência. As ações e os arroubos do empresário sobressaíam à imagem do homem dos casos pessoais sigilosos. Foi nessa época ficou mais evidente seu lado empresário, de homem de negócios. Marinho não era exatamente um marido fiel. Em carta a Stella, reclamou que ela não soube perdoar suas "escapulidas".[98] Não há registro de uma grande dama fora do casamento em sua vida.

É notório que, daí para a frente, Marinho foi descrito em relatos de pessoas próximas como um homem que, nos momentos tensos ou extremos, evitava qualquer gesto de violência, ouvia mais do que falava, não alternava a voz e, uma vez furioso, olhava fixamente para a pessoa, arregalando os olhos. Eram as mesmas características do político que mais tempo permaneceu no poder na República e que agora estava morto.[99]

Entre os poucos documentos bancários do período de construção da sede está uma carta de Marinho solicitando ao governo, em 1956, um aumento de trinta milhões de cruzeiros de um contrato hipotecário firmado com a Caixa Econômica Federal.[100] Era preciso se reposicionar na disputa com o *Jornal do Brasil*, o *Correio da Manhã* e as publicações dos Diários Associados. "Roberto Marinho lutou como um desesperado pelo jornal *O Globo*. Lutou pela organização de sua empresa como Paulo Bittencourt não lutou, como João Dantas não lutou, como Ary Carvalho não lutou. Era homem das sete horas da manhã. Era homem das dez horas da noite", afirma o empresário Júlio Barbero, num tom um pouco exagerado.

Em jogo estava a avalanche de recursos da publicidade tanto do *boom* imobiliário no Rio de Janeiro, que Marinho conhecia, como o crescimento vertiginoso da indústria automobilística e o surgimento dos supermercados. Anúncios de páginas duplas tornavam o negócio do jornalismo mais lucrativo. Os recursos da publicidade forçavam uma melhoria gráfica e editorial. Mas Marinho não entrava numa disputa que estivesse muito longe da estrutura de sua empresa. O *Jornal do Brasil*, da condessa Pereira Carneiro e de seu genro Nascimento Brito, abocanhava um pedaço da influência do *Correio da Manhã*, investindo na contratação de articulistas e grandes nomes da imprensa, de olho no leitor da Zona Sul.

O engenheiro que comandou a montagem da nova rotativa do *Globo* era um antigo colega de Rogério Marinho do Ginásio São Bento. Rogério contou que sugeriu o nome do amigo a Roberto.[101] Francisco Grael era filho de um espanhol, também chamado Francisco, dono de fábrica de chapéus em Botafogo que tinha sido amigo de Irineu Marinho. Quando o pai morreu, aos 36 anos, a família ficou em situação financeira difícil. Grael se formou em engenharia de eletricidade. Trabalhou na Light e na construção de hidrelétricas. *O Globo* nesse universo era apenas uma "firma" menor no conceito do engenheiro.

"Rogério, pede ao seu gênio para vir aqui", disse Roberto.

Como quem teme ser ouvido por outros, Rogério disse para Grael:

"Olhe, Grael, vai devagar, não fale muito. O Roberto vai te convidar para ser gerente."

Grael era homem da lógica, sem conhecimento de jornal. Chegou ao *Globo* e disse a Roberto que queria "um problema para resolver". Ouviu como resposta que o jornal precisava levar o maquinário para a nova sede sem interromper a circulação. Ouviu que deveria atuar apenas na oficina.

"Você entra como gerente, dando ordens, mas não vai fazer críticas."

Embora conhecesse a família Marinho havia anos, o engenheiro relatou ter ficado surpreso com os olhos de Roberto, que "magnetizavam como cobra".[102]

Para desconforto de Rogério, que o havia indicado, Grael passou a ser o homem que assinava as decisões do *Globo* nas ausências de Roberto. Ele tomou de Rogério um poder que este nunca alcançou. Em treinos na academia de jiu-jítsu de Carlos Gracie, Grael surpreendia o caçula dos Marinho pela técnica e pela força. O engenheiro percebeu logo que, embora os irmãos Marinho fossem chefes, apenas Roberto mandava. "Aquilo era democracia. Todo mundo opinava, mas a decisão era sempre dele."

A gráfica do *Globo* era uma unidade caótica. Uma parte dos homens da oficina era do tempo de Irineu Marinho, sem preparo para operar as novas máquinas. Naquele momento, o jornal tinha três impressoras: as rotativas HOE, Marioni e Goss High Speed. Depois a empresa comprou a HOE Super Production, fabricada especialmente para o jornal.[103]

Ao conhecer a visão objetiva do engenheiro e seu distanciamento natural do mundo político e jornalístico, Roberto se abriu para Grael e começou a aceitar críticas. Mais importante do que ter a maioria das ações de uma empresa, como ensinou Rochinha para Irineu, era preciso ter o controle do grupo.

"Você pode falar o que quiser comigo, mas quando nem o contínuo estiver por perto."

Grael instalou as máquinas, montou um manual dos operários. Nas horas de folga, dedicava-se ao zodíaco, ao estudo de 72 estrelas que pintou na parede de casa e ao hábito de ler enciclopédias. O engenheiro contribuía na construção do grupo sem entrar nos assuntos políticos.[104]

Um dos nomes que Marinho recorreu para mudar a cara do jornal da família estava, paradoxalmente, na sua lista de parentes e na República do Galeão. Luiz Paulo Vasconcelos, casado com a sua sobrinha Lenita, filha da irmã Heloísa, era um militar de estatura baixa, magro, com olhos bem vivos e uma fala incisiva e moderada. Era um sujeito falante, esperto, risonho e com uma rotina militar. O pai, o capitão e mais tarde general Vicente de Paulo, acompanhou o amigo Cândido Rondon em expedições pelos cerrados e cerradões de Mato Grosso, nas duras viagens em batelões de mulateiras e cascos de jatobás pelos rios da bacia do Xingu, onde travou contatos com índios. Na infância vivida em Salvador e Natal, Luiz Paulo era o encarregado de cuidar dos macacos que o pai ganhava no interior. Iniciou a carreira na Aeronáutica pilotando num Esquadrão de Caça um P-47, aeronave usada pelos brasileiros na Itália. Vivia uma vida modesta e austera com Lenita numa pequena casa na base militar de Natal.

A relação de Luiz Paulo com Roberto se estreitou quando o dono do *Globo* pediu a ele que investigasse uma possível má vontade do pessoal da Aeronáutica em transportar o jornal.

"Roberto, eu posso dar uma espiada para você."

Ao conversar com os colegas, Luiz Paulo ouviu que *O Globo* não cumpria horário de entregar os jornais no Santos Dumont com antecedência para o transporte nos aviões do Correio Aéreo Nacional. Raramente os caminhões chegavam às 11 horas ao aeroporto, horário estipulado para o embarque quarenta minutos depois. Ele soube também que o pessoal da oficina fazia pacote de vinte quilos de jornal e registrava 15 quilos nos embrulhos para reduzir a tarifa. A esperteza era percebida no momento da régua de balanceamento dos aviões. A conversa com Roberto foi difícil:

"Em primeiro lugar: o pessoal não está cumprindo horário. Em segundo: vai ser meio chato o que eu vou te dizer. Os caras pesam todos os pacotes. Não adianta colocar 15 quilos."

Numa conversa na oficina, Luiz Paulo foi mais direto:

"Não adianta dar esse golpezinho."

Ele teve que flexibilizar quando percebeu que todo o processo era viciado. Foi constrangedor para Luiz Paulo ser informado da existência do esquema da "marreta" no aeroporto. Para embarcar jornal nos aviões, as empresas pagavam propina a fim de furar fila em dias de movimento de cargas. Era a forma de não encalhar os exemplares.[105]

Roberto Marinho pediu a Luiz Paulo que assumisse a gerência de circulação do jornal. Mas o oficial disse que tinha planos de servir no Esquadrão de Transportes do Galeão.

"Luiz Paulo, pense bem. Você vai enfrentar uma vida diferente."

Luiz acabou sendo chamado por todos na empresa de "capitão Luiz Paulo", não só pela função, como também pela patente na Aeronáutica. Na função de "capitão" do *Globo*, Luiz Paulo começou a brigar pelo cumprimento de horários. Ele convenceu Rogério a entrar numa luta com a "instituição" do jornal, o secretário de redação, Lucílio de Castro. O jornal rodava só a partir das dez e meia. Mas os primeiros exemplares precisavam ser carregados nos caminhões às 11 horas.

Para reduzir o tempo de chegada nas bancas da Zona Sul, dois caminhões de jornais sairiam ao mesmo tempo para levar exemplares às bancas da região. Um começaria a entrega a partir do Leme, no começo de Copacabana, e outro do Posto 6, no final do bairro. Nessa época, os reis das bancas e da influência política eram o *Correio da Manhã* e o *Jornal do Brasil*. Nessa época, o *Correio da Manhã* era o jornal de mais prestígio na cidade.

Havia outros desafios. A lista de nomes de jornaleiros que pegavam os exemplares para distribuir nas bancas era oral. Os velhos funcionários argumentaram que sabiam de "cor" a relação, na ordem de chegada dos que começaram a trabalhar com *O Globo*. Também não havia uma lista dos nomes dos agentes do jornal nos estados. Quando Luiz Paulo perguntou onde estava a relação dos nomes dos agentes, um funcionário respondeu:

"Dona Edileuza sabe."

Luiz Paulo se reuniu com a mulher baixinha e encorpada. Perguntou quem era o agente em Petrópolis. Ela respondeu e ainda passou o endereço. Quis saber sobre o representante do jornal em Natal. A resposta veio na hora.

"E se a senhora tirar férias?"

"Nunca tirei."

Pediu a ela que se sentasse ao lado de uma secretária e a informasse do nome e do endereço dos agentes, para serem repassados a uma lista datilografada.

A mudança que resultou numa economia direta foi a transferência do arquivo com os nomes dos assinantes do jornal da redação para a sala da secretaria. Assim, o acervo não podia ser alterado por repórteres e editores.

Roberto costumava chamar Luiz Paulo para ver *O Globo* nas ruas. Os dois iam à esquina da Marquês de Pombal para contar quantos passageiros do bonde passavam lendo *O Globo* e *Última Hora*.[106]

Focado no jornal, Luiz Paulo ficou mais distante das investigações dos agentes secretos das Forças Armadas para alimentar *O Globo* de informações sobre os militares. Na época, porém, naquele final de anos 1950, um investigador autodidata se aproximou de Roberto Marinho.

Libanês radicado desde criança no Rio, Bechara Jalkh tinha assistido à revolta da multidão no largo da Carioca pela morte de Vargas. Viu os carros do *Globo* serem tombados e queimados. Ainda ouviu os tiros da polícia ao longo da avenida Rio Branco para dispersar um grupo que queria entrar na rádio de Marinho. Esperto, caiu fora antes que fosse confundido com getulistas ou lacerdistas.

O mundo dos microfones e flashes atraíam o garoto baixo, franzino, nascido em Beirute, filho do dono de uma pequena fábrica de bolsas no Rio. Nos cinemas da cidade, buscava os filmes de espiões. As revistas de detetives enchiam seus olhos. Conseguiu comprar uma Minox, uma minúscula câmera alemã da Segunda Guerra.

Bechara se aproximou de Marinho quando fazia cobrança de inadimplentes na cidade. O estilo desconfiado chamou a atenção do empresário. Não demorou para Marinho descobrir que o jovem despachante se esforçava para ser um personagem das histórias da Guerra Fria.

O sequestro de um menino de quatro anos, Sérgio Haziot, à porta do Colégio Barilan, em Copacabana, causou comoção na cidade. O colégio recebeu um bilhete supostamente escrito pelo pai da criança para entregar o estudante a um homem que apareceria na escola. Um dia depois, o menino tinha sido libertado em Jacarepaguá após a família pagar o resgate. A foto da criança no colo de um repórter do *Globo*, logo depois da sua localização, foi o máximo que o jornal conseguiu na cobertura do caso. A polícia também não foi longe na investigação.

Marinho desafiou o jovem pretendente a detetive.

"Não quer pegar esse negócio?"

Bechara fez cópia dos documentos que a rádio e o jornal tinham levantado. O repórter Rubens Amaral lhe entregou a gravação da conversa que fez do telefonema da mãe da criança com o sequestrador. A partir da gravação, do bilhete do sequestrador e da cronologia da saída da criança do colégio, o jovem detetive iniciou a apuração. Com sua Minox, passou a acompanhar uma funcionária do colégio. Chegou ao marido dela,

Júlio Mota de Carvalho, de Nova Iguaçu. Tirou fotografias escondido do homem e conseguiu indicações dos gastos elevados do sujeito.

Havia sete meses que a polícia trabalhava no caso. A princípio, Roberto Marinho orientou Bechara a mostrar as provas que recolheu para a equipe policial que investigava a história. Não queria problema com a polícia. Ao noticiar que Júlio era o autor do sequestro, o jornal distribuiu afagos para administrar egos. *O Globo* destacou que Rubens Amaral tinha dado "o maior furo radiofônico dos últimos tempos", que um dos agentes que prenderam o sequestrador recebeu os "maiores" elogios da sua chefia e, em seguida, que Bechara Jalkh "descobriu" o sequestrador de quem "a polícia estava atrás havia muito tempo".

O chefe da polícia, o sisudo general Amauri Kruel, marcou entrevista no Palácio da Relação, para oficializar o fim da investigação. Júlio foi levado para lá. Bechara também estava na coletiva. Trajava um terno azul-marinho, sapatos pretos com galochas e blusão branco. Tinha 25 anos. Trazia no rosto avermelhado um pequeno buço à guisa de bigode, registrou o jornal.

Repórteres desconfiaram do salto repentino da polícia na investigação. Kruel exibiu as fotos do sequestrador tiradas por Bechara. Um fotógrafo perguntou com que câmera a polícia tinha feito as imagens. Com voz baixa, o general pediu a Bechara a máquina usada. O detetive lhe entregou a Minox.

"Não pedi isqueiro."

"Isso é a minha máquina."

As atenções se voltaram para Bechara Jalkh. Os repórteres quiseram saber por qual meio ele tinha chegado ao sequestrador. A resposta causou mais constrangimentos na polícia.

"Pelo *Globo*, pô!"

Diante de uma polícia bronca, modorrenta, Bechara Jalkh virou estrela do *Globo*.

Poucas pessoas que conheceram Roberto Marinho na intimidade podem ser encontradas no Rio de Janeiro. Uma delas é o cearense José Mário

Pereira. O editor da Topbooks era bem jovem quando começou a frequentar o gabinete da presidência da Globo, apresentado a Marinho por Jorge Serpa, amigo e conselheiro do empresário.

Nunca teve emprego na emissora, mas se tornou um amigo de Marinho. Era o sujeito que sabia o horário exato da solidão do poder. Aos sábados, entre as 8 e as 12 horas, telefonava para conversar com o empresário sobre livros e artigos de filósofos liberais ou de intelectuais conhecidos por ambos.

Filho de um funcionário do Departamento Nacional de Obras Contra as Secas (Dnocs) de Quixadá, José Mário era o menino franzino, de óculos de lentes grossas, que se aproximava de médicos e advogados para ter acesso às bibliotecas da cidade. Uma das táticas era saber quem mais comprava revistas na banca da praça, pois geralmente estes eram também donos de muitos livros.

A mãe não gostava quando ele "incomodava" o dr. Antonio, um médico pedante que tinha uma vasta biblioteca. Por terminar o ano na escola com nota máxima, foi o neto escolhido para acompanhar a avó Etelvina numa viagem em busca de tratamento no Rio de Janeiro. Na primeira semana na cidade, comprou um *Dicionário Aurélio da Língua Portuguesa*, pegou um ônibus e foi para a Academia Brasileira de Letras tentar um autógrafo. Fez amizade com o lexicógrafo e virou assessor dele. Logo conheceria Serpa, Rachel de Queiroz, Darcy Ribeiro, João Cabral e Marly de Oliveira.

O adolescente pobre permaneceu na cidade. Sobrevivia de revisões, assessorias e também de trabalhos de escola para jovens da Zona Sul. De camisa de mangas curtas, frequentou as últimas rodas de conversa do tempo de ouro da literatura. Desconfiou certa vez das escapadas de Carlos Drummond de Andrade. Quando o poeta deixou um encontro de escritores, seguiu seu rastro que levava a uma elegante senhora. Viveu o Rio quando ainda se compravam nos sebos livros de primeiras edições a preço baixo, capas marmorizadas e *ex-libris*, um desenho para marcar a posse, de nomes influentes. Hoje trabalha numa grande sala, de pé-direito alto, na Visconde de Inhaúma, no Centro. As estantes guardam obras raras, cuidadosamente plastificadas. A coleção tem a marca inconfundível de uma biblioteca de trabalho. Fala com intimidade de cada exemplar. Ainda hoje, José Mário entra em mansões edificadas em morros com vistas para as praias famosas, que possuem telas valiosas até nos forros dos elevadores, sem se vestir como os donos.

Há poucos anos, numa banca de revistas antigas do Rio, uma senhora de idade, de estatura baixa e pele morena, Neire Lígia Egídio de Souza Melo, deixou três volumes, com seu nome grafado em dourado nas capas, com edições da revista *Rio*. Paulista de Santos, dona Lígia foi secretária da revista de Marinho. Ela chegou ao Rio com o sonho de ser atriz de radionovela. O pai, que trabalhava no comércio de café, havia atuado como locutor do movimento paulista contra Vargas. A mãe tinha sido enfermeira dos combatentes. Em um depoimento, ela contou que conheceu Marinho quando esteve no gabinete dele no esforço de arrecadar dinheiro para comprar, na Colombo, um bolo de confraternização dos repórteres. O empresário telefonou para o diretor da revista, Henrique Pongetti:

"Será que essa moça poderia ser minha secretária?"

"Pode, mas ela tem um problema: fala muito ao telefone."

Lígia se tornou, a partir daquele dia, a secretária fiel de Marinho.

A decoração da sala de Roberto no *Globo* naquela época ficou na memória da secretária. Era uma sala espaçosa, com lambris de madeira, tapeçarias de Jean Lurçat e cortinas verdes. A mesa de Roberto ficava no canto esquerdo. Na direita, havia outra mesa, com uma máquina de escrever.

"Prefiro que a senhora fique do meu lado, pertinho de mim."

A secretária passou a trabalhar na mesa ao lado. "Causava estranheza nos visitantes ver a secretária ao lado de Roberto", relatou. "Eu saía apenas quando percebia que ele queria ficar só. Ou quando pedia: 'Dona Lígia, a senhora pode nos dar licença rápido?'"[107]

A sala tinha uma porta dupla de madeira que abria para a redação. Ali, Lígia passou a viver ao lado de um homem "educado" e "delicado", segundo suas palavras. O patrão almoçava sempre no jornal. Era Lígia quem pedia que o carrinho da refeição subisse. Fazia a sesta no apartamento do quinto andar.

Do outro lado da ampla sala ficava uma mesa reservada a Herbert Moses, que, no entanto, gostava de despachar na gerência, onde analisava planilhas e gastos. O dr. Moses, nessa época, era um senhor que ia em cadeira de rodas para o jornal. "Eu tinha pena do doutor Moses. Ele não quis se entregar."[108]

Ela contou que Roberto era um homem centralizador, que queria acompanhar os movimentos do jornal. "Queria tomar conta de tudo. Eu ficava perdida", relatou a secretária. Era preciso ter cuidado com a mesa "desarrumada" de Roberto, que lhe dava um "pito" quando não encontrava algo. A mesa era um "amontoado de papéis e documentos".[109]

Era Lígia quem balanceava os gastos de um homem de "mão fechada", que gostava que os outros pagassem ou ao menos dividissem a conta. O editor José Mário Pereira relata que, certa vez, a secretária tentou esconder um papel do chefe. Era a nota de uma despesa de compra de um terno para Roberto. "Caiu na mão dele uma cobrança de alfaiate e ele achou aquilo caríssimo. 'Eu não tenho condição de comprar um terno deste preço.' Queria devolver."[110]

Antes de Marinho viajar para algum estado, a secretária colocava duas cédulas de valores altos na carteira dele. O empresário voltava com as notas.[111] Não precisava pagar almoços, cafés nem jantares. Era só para ele dar uma gorjeta. "Não era safadeza dele. Ele era assim", diz Júlio Barbero.

No restaurante, Barbero conta que, na maturidade, Marinho não era de beber em público ou mesmo entre amigos. "Quando eu e minha mulher, Gilda, viajávamos com ele e a Ruth para Paris, almoçávamos dentro do quarto do Ritz, na Place Vendôme. Ele só comia peitinho de frango ou peixe e batata cozida. E tomava água", relata. "Ele não bebia. Quando pedia uma garrafa de vinho para o grupo, não botava a bebida na boca. Quem pagava era eu."

Nos anos 1950, no tempo da boate Sacha's, point de celebridades, artistas e políticos do Rio, Marinho raramente era visto às mesas. O lado austero do empresário ficou evidente na maturidade dele. Na avaliação de Danuza Leão, Marinho era um dono de jornal "sem graça". "Nunca vi o dr. Roberto em restaurante."

A Sacha's era o centro da política e da economia. Ali, os homens faziam negócios e conspiravam. Naqueles anos dourados, Marinho não era mais um jovem para se esbaldar pelo Rio. "Nessa época, ele não era da noite", diz Júlio. "A juventude tinha passado há muito tempo para ele, ao menos na sua parte noturna."

Foi Schmidt quem apresentou Barbero, na época com vinte anos, a Marinho e ao círculo de poder do Rio.

Crítico mordaz da mesma sociedade que demonstrava curtir, Barbero parecia conservar, entre um gole e outro de vinho, sua identidade de migrante do interior paulista para ironizar a vida mundana dos endinheirados cariocas. Foi amigo e operador de Roberto Marinho, uma relação que sobreviveu a uma disputa por mulher. Eles se afastaram por um tempo quando Roberto começou a sair com uma secretária de Schmidt.[112]

Barbero conta que Schmidt também escreveu artigos que Marinho assinava no *Globo*. A relação entre os dois era marcada por "ciúmes". "Roberto tinha ciúmes do Schmidt porque este era, há um bom tempo, grande amigo do Paulo Bittencourt", conta. "Ninguém gostava mais do Roberto Marinho do que o Schmidt, e ninguém gostava mais do Schmidt que o Roberto Marinho", diz Barbero. "Era uma amizade imbatível."

Num poema publicado no livro *O galo branco*, Schmidt descreveu a dificuldade de um certo "capitão" do Império Britânico que se recusava a narrar seu passado. "O comandante Roberto não nos quer contar as suas histórias. 'É melhor esquecer', me diz ele... as coisas que viu, o que sentiu, os perigos que enfrentou, não contam, pois, segundo ele, 'tudo é sempre igual'... e declara a sua vida uma página em branco." Schmidt, muito menos, deixou escrito histórias de seu amigo.

A secretária Lígia demonstrava incômodo com a figura daquele homem gordo, expansivo, com a calça acima do umbigo e cobrindo parte da gravata, que deitava no sofá da sala de Roberto Marinho como se estivesse num divã. Dois anos mais novo que o dono do *Globo*, Augusto Frederico Schmidt tinha modos que não condiziam com a sobriedade e a austeridade de palavras e gestos de Marinho. "A senhora tem pés bonitos", dizia para a secretária, que ficava encabulada e perdia parte da falta de boa vontade com aquele que se tornava um "grande amigo" de seu patrão.

Marinho gostava das conversas animadas com Schmidt, que misturava política, negócios e até poesia. "Falávamos várias vezes por dia. Em vários dias da semana almoçávamos juntos, no pequeno apartamento que tenho no meu jornal", relatou o empresário.[113]

Schmidt também marcava presença nas recepções no Cosme Velho. A *Última Hora*, jornal de Wainer, registrou em tom de zombaria que, durante um jantar, na hora do cafezinho, Schmidt aproveitou que todos estavam na sala de visitas para recitar, ao som do piano, um de seus poemas.[114]

Neto do visconde de Schmidt, importador que fez fortuna na venda de produtos europeus na rua da Alfândega, Schmidt teve uma infância marcada pelas figuras da mãe, de avós e de tias quando Copacabana era um bairro de chácaras que chegavam ao mar, de cajueiros e pitangueiras. Com a mãe, Anita, passou um tempo num sanatório da Suíça. Ele era adolescente quando o pai, Gustavo, dono de loja, morreu.[115] Sem perspectiva nos estudos, foi trabalhar numa loja na rua da Quitanda. "Entrar para o comércio constituía uma confissão de fracasso", escreveu. A cabeça estava sempre na Livraria Briguiet, ao lado.[116] O amor ao livro seria desenvolvido em paralelo aos negócios.[117]

Foi dono de rede de supermercados, amigo de políticos e facilitador de empréstimos para empresários. Ninguém como ele seria mais incentivador da entrada de dinheiro estrangeiro no mercado interno, o mais perfeito amigo do "Tio Sam", na visão da esquerda. Os primeiros romances de Jorge Amado e Graciliano Ramos foram, no entanto, publicados pela editora do "Gordinho Sinistro", apelido dado pelo jornalista Gondin da Fonseca.

Escreveu o livro de poemas *Estrela solitária*, uma referência ao Botafogo, clube que presidiu. Schmidt escolheu a estrela do escudo do clube como o símbolo de sua poesia, no sentido de algo eterno, que não está sujeito a mudanças nos processos que ocorrem abaixo da literatura.

João Roberto Marinho relata que o pai tinha encanto por Schmidt, achava o poeta uma cabeça privilegiada. "Ele se beneficiava da cultura, do preparo e da inteligência do Schmidt. Também se divertia muito. Eu me lembro dele falar do amigo sempre rindo." Schmidt manteve uma coluna no jornal de 1958 a 1965.

Fora da revolução editorial da imprensa

Ao mesmo tempo que profissionalizou as estruturas administrativa e gráfica do *Globo*, Roberto Marinho optou em manter os mesmos nomes que comandavam seu jornal desde o Estado Novo. *O Globo* continuava a ser "*O Globo* do Alves Pinheiro". A fotografia permanecia nas mãos de Indaiassú Leite, redatores, revisores, repórteres, os velhos "companheiros" continuavam. De acordo com alguns repórteres e editores, Alves Pinheiro sufocava quem chegava com ideias novas.

As inovações surgiam nas redações concorrentes. No pequeno e sempre influente *Diário Carioca*, Luiz Paulistano comandava de forma pioneira a absorção de textos de pirâmide invertida, com lide e sublide, da imprensa americana. Era uma mudança brusca. A partir daquele momento, o texto começava com o fato considerado mais importante pelo repórter, pelo editor ou pelo dono do jornal, seguido da segunda notícia relevante. Era o início do declínio do "nariz de cera" como regra fundamental, um longo texto de amenidades para atrasar o assunto principal, e a primazia da pirâmide invertida. Um parêntese: de certo ângulo, os vespertinos, mais populares, flertavam desde o começo do século com aquilo que ficou conhecido por lide, com seus títulos e resumos objetivos e diretos.

O *Diário* ainda inovou chamando o sr. Juscelino Kubitschek de apenas "JK" e o sr. Jânio Quadros de "JQ", o que facilitava o trabalho de titulação. O jornal ganhava títulos atraentes e diretos. As mudanças no matutino do "barão" Horácio de Carvalho Júnior foram adotadas na reforma do *JB*, matutino da condessa.[118]

A partir de meados dos anos 1950, o *Diário Carioca* era um jornal limitado ao círculo intelectual e político do Rio que se constituiu, porém, numa quarentena de ideias surgidas na imprensa brasileira que estouraram no *JB* e, em seguida, nos demais jornais.

Horácio de Carvalho Júnior se tornou um "barão" com dinheiro a partir do jornal. O *Diário* apoiou a campanha de Juscelino à presidência. Logo após a eleição, o empresário ganhou do governo federal concessão para explorar minério. Pelos depoimentos de jornalistas que trabalharam no *DC*, Horácio de Carvalho Júnior era um patrão que não pagava em dia e costumava "limpar" as gavetas do caixa do jornal para se divertir em Paris. Tradição secular de nobreza, ternos bem cortados, postura reta, gostava de beber até a madrugada com os amigos. Um deles era João Goulart. Horácio seria o responsável pela aproximação de Jango com Juscelino.[119]

Assis Chateaubriand vivia mergulhado na fortuna que adquiriu com seus jornais e suas revistas. A absorção das mudanças tecnológicas e práticas de gestão nos Diários Associados vinha agora quase por osmose, sem demonstrações de envolvimento direto de seu dono. O jornalista Pery Cotta lembra que, nessa época, estava numa fila para receber um vale pelo trabalho na redação de *O Jornal* quando Chateaubriand apareceu. "O dr. Assis chegou e perguntou para o caixa: 'Menino, tem quanto aí? Passa para cá.'"[120]

Marinho não assaltava o caixa do seu jornal. Responsável pela implantação da editoria de economia no *Globo*, o jornalista Pery Cotta relata que as relações entre os funcionários e a empresa, no entanto, estavam marcadas por baixos salários, uso de vales e reconhecimentos patriarcais, como o pagamento de salário extra no aniversário do jornal. "Eu assinava metade dos vales para os caras receberem no caixa, um a um. Uma vez conversei com o Luiz Paulo Vasconcelos, o "Capitão", que se mostrou favorável a mudar, e com o Rogério Marinho. 'Olha, isso é uma bobagem. Se a pessoa juntar esses troços seis meses vocês terão que assinar a carteira'", conta.

O Globo também viu a concorrência sair na frente na mudança visual dos jornais, lembra o poeta e jornalista Ferreira Gullar. Foi na redação de Adolfo Bloch, na *Manchete*, que ocorreu, em 1955, a mudança na tipografia. A revista dirigida por Otto Lara Resende se tornou incubadora de uma revolução no jornalismo brasileiro. Inspirada pela francesa *Paris-Match*, *Manchete* foi às bancas com páginas limpas e textos curtos. A equipe de Jânio de Freitas, Amílcar de Castro, Gullar e Borjalo assustou Bloch. O empresário se desesperou ao ver duas páginas da revista com poucas palavras.

"Isto é um esculacho! Vocês querem destruir minha revista."[121]

Em pouco tempo, Otto foi demitido por Bloch. Em solidariedade ao companheiro, os renovadores da revista deixaram a empresa.

Por indicação de Carlos Castello Branco, Ferreira Gullar foi para o *Jornal do Brasil*. E levou com ele Jânio de Freitas e Amílcar de Castro.

No "jornal das empregadas domésticas", com sua primeira página tomada de pequenos anúncios, Reinaldo Jardim criou o Suplemento Literário, com layout ousado. Amílcar e Ferreira Gullar estavam na equipe, para recriar a experiência da *Manchete*. O time era composto ainda por Mário Faustino.

O *Jornal do Brasil* se sustentava com os classificados. As inovações que chegavam à redação por meio de talentos do jornalismo assustaram a condessa e seu genro, Nascimento Brito. No entanto, ela comprou uma passagem para Londres em busca de conselhos de amigos do *Times*, que tempos antes tinha substituído os pequenos anúncios na capa para divulgar reportagens. Voltou ao Rio com o conselho de que não perderia seu público fiel. Maneco, cada vez mais dr. Brito, resistia. Ele considerou um absurdo o Suplemento Literário. "A situação ficou a nosso favor quando a condessa começou a receber elogios pelo caderno nos almoços e jantares de embaixadas e salões e da política", relata Gullar.

A renovação, que teve foco inicial no suplemento, chegou à primeira página, sob a coordenação de Jânio de Freitas. Após tirar os classificados da capa, o jornalista deixou de usar a receita clássica de iniciar um texto na primeira e continuar nas folhas internas. Ele decidiu publicar na capa um resumo das principais matérias, atraindo a atenção especialmente dos leitores de bancas. A publicação estava mais leve, com textos atraentes e fotos que ocupavam boa parte das suas páginas.

O *Jornal do Brasil* agora era apenas o *JB*. A linha editorial permanecia conservadora, como *O Globo* e o *Correio da Manhã*, mas o jornal pavimentava o caminho para se tornar o mais influente entre as elites cultural, política e econômica do Rio de Janeiro. Por sua vez, *O Globo* continuava a aposta nos grupos de Alves Pinheiro, à direita, e de Pedro Motta Lima, à esquerda, na atração de leitores. A decisão de Roberto Marinho de manter o seu velho quadro ocorria em meio à construção da parceria política com o estridente Carlos Lacerda.

No sábado 5 de agosto de 1955, *O Globo* publicou cópia de uma carta atribuída a um deputado argentino, Antonio Jesus Brandi, sugerindo que o ex-ditador Domingo Perón prometeu dar armas ao ministro brasileiro do Trabalho, João Goulart, para instalar no Brasil uma "República Sindicalista". O documento foi divulgado na véspera por Carlos Lacerda na TV Rio.

A *Última Hora* denunciou que "Roberto Cavalo Marinho" e o "Corvo" Lacerda participaram da *produção* da carta. O ministro da Guerra, general Lott, mandou investigar. *O Globo* admitiu que houve uma "grosseira farsa" montada por falsários de Uruguaiana.[122] Marinho ressaltou em manchete, porém, que Lacerda foi "iludido" e cabia apenas às autoridades apurarem a autenticidade do documento.

A "barriga" da Carta Brandi foi um duro golpe à credibilidade de Marinho, que estava em guerra pelo controle do mercado dos vespertinos com a *Última Hora*. Também esfriou a tentativa da UDN de impedir o avanço dos candidatos à presidência Juscelino Kubitschek (PSD), governador de Minas, e seu vice, João Goulart (PTB).

Em outubro, Juscelino venceu a disputa com 35,68% dos votos.[123] A UDN resgatou a proposta da exigência de maioria absoluta de voto para impedir a posse do eleito. O presidente Café Filho, a dissidência do PSD e os setores militares aderiram à campanha.

Por meio de editoriais, Marinho apoiou a UDN. Os Diários Associados, de Assis Chateaubriand, e o *Correio da Manhã* rejeitaram a tentativa de melar o jogo.

Em meio à pressão, Café Filho se internou num hospital no Rio. Para o grupo de Juscelino, o presidente forçou uma internação na tentativa de criar um clima para um golpe. Marinho se esforçou para publicar laudos médicos a fim de tentar provar que o presidente sofria de um problema no coração.

O presidente da Câmara, Carlos Luz, da dissidência do PSD, ocupou interinamente a cadeira.

O ministro da Guerra articulou o que chamou de "contragolpe". Lott mandou o repórter Octávio de Castro, setorista do *Globo* na área militar, avisar Marinho que aceitava um convite para almoço no jornal, feito uma semana antes. Surpreso, o empresário recebeu a resposta.

No dia seguinte, Lott e os generais Odílio Denis, comandante do I Exército, no Rio, e Mendes de Moraes chegaram ao jornal. Lott percorreu a redação e a gráfica ao lado de um Marinho ressabiado. O clima era tenso. Roberto levou o grupo ao "UDN", como era conhecida uma ala do restaurante do jornal onde almoçava com visitantes. Denys relatou que haveria um golpe se Carlos Luz demitisse o ministro da Guerra.

Para Lott, a ida ao jornal era uma forma de demonstrar poder à imprensa ligada à UDN. Escolheu Marinho para evitar um almoço com buchada de bode com Chateaubriand.

Ainda naquela tarde, Marinho correu ao hospital para conversar com seu amigo Café Filho. O presidente licenciado tentou usar *O Globo* para evitar a saída de Lott do ministério e, consequentemente, a própria degola. Marinho decidiu publicar uma edição extra para divulgar a mensagem. Antes de chegar à redação, ele passou na Câmara. Entrou na galeria do plenário no momento em que Carlos Luz fazia um discurso para defender a demissão de Lott. Marinho, então, desistiu da edição extra. "Errei ao ter me convencido com o brilho do discurso (de Luz). Se não tivesse cancelado a edição extra, o Brasil poderia ter escapado de um golpe", escreveu o empresário.[124]

Alves Pinheiro estava no *Globo*, à espera de mais um golpe. À uma hora da manhã, ele recebeu o telefonema de uma fonte, um oficial do Exército:

"A Vila Militar está descendo."

O jornalista pegou o gancho de um dos sete aparelhos telefônicos em sua mesa e ligou para o gabinete do chefe de polícia. Estava confirmada a deflagração de um golpe. Alves Pinheiro telefonou para o Cosme Velho.

"Roberto, o Carlos Luz foi deposto."[125]

Alves Pinheiro e sua equipe começaram a preparar a edição extra.

Às quatro horas da madrugada do dia 11, jipes e caminhões entravam com homens do Batalhão de Guarda do Exército no jardim do Catete. Carlos Luz tinha deixado o palácio. Ainda pela manhã, *O Globo* chegava às bancas, agora para anunciar na manchete que a cidade estava ocupada pelo Exército, sob as ordens do general.

Lott deu posse a Nereu Ramos, vice-presidente do Senado. *O Globo* tentou se equilibrar diante de um golpe dado por seus adversários políticos. Uma segunda edição expôs uma manchete tranquilizadora de que "reinava" a ordem no país. O jornal divulgou ainda três fotos do almoço "amistoso" e "descontraído" de Marinho e sua diretoria com Lott, no dia anterior. Carlos Luz e Carlos Lacerda embarcaram no cruzador *Tamandaré*, um navio da Marinha, rumo a São Paulo, onde o governador Jânio Quadros prometia recebê-los. O objetivo de Lacerda e Mamede era estabelecer um governo na capital paulista.

A Câmara e o Senado aprovaram o afastamento relâmpago de Carlos Luz. O processo de impeachment não seguiu ritos nem cronogramas.[126] Nereu Ramos assumiu a presidência. Depois, Café Filho foi afastado definitivamente do cargo. *O Globo* não deixou de reclamar que a *Tribuna da Imprensa*, de Lacerda, tinha sido fechada, e a *Imprensa Popular*, de Pedro Motta Lima, circulava normalmente. O jornal comunista apoiara as ações de Lott.[127]

Menos de duas semanas depois da posse de Juscelino, *O Globo* noticiou na quarta-feira de Cinzas de 1956 que dois oficiais da Força Aérea pegaram no sábado de Carnaval um bimotor no Campo dos Afonsos, no Rio de Janeiro, com plano de voo falso para Varginha, Minas Gerais, e rumaram para a Amazônia.

Marinho estava inclinado a uma cobertura favorável a Juscelino. No entanto, a velha relação dos Marinho com a Aeronáutica levou Roberto a aliviar o tom da cobertura para os insurgentes. *O Globo* criticou a revolta, mas tratou os conspiradores com benevolência. O major Haroldo Veloso e o capitão José Chaves Lameirão foram descritos como militares de "muito bom conceito".[128]

Os órfãos da República do Galeão estavam sufocados desde os golpes dados pelo general Lott para garantir a posse de Juscelino. Veloso e Lameirão aterrissaram na pista de Jacareacanga, um lugar remoto na serra do Cachimbo, no Pará, e ali montaram uma base com apoio dos militares que serviam no local e de moradores das redondezas. Tonéis e troncos de árvores foram colocados na pista para impedir a chegada de aeronaves. Em Belém, a Aeronáutica se recusou a reprimir o movimento. Mas foi o máximo de apoio moral que o grupo recebeu.

Sem força dentro da própria Aeronáutica, o movimento deflagrado pelos dois oficiais se sustentou por uma semana no noticiário, mas sem a adesão dos donos dos jornais. Antes de Juscelino, em início de governo, abafar a revolta com um perdão aos oficiais, Marinho soltou um editorial reconhecendo que o movimento não tinha "envergadura" para derrubar um governo nem as instituições. No entanto, ele aproveitou a situação para escrever que Juscelino não deveria dar a impressão de "esmagar" o grupo, mas "desarmar" a rebelião "acantonada" nos "espíritos" dos setores político e econômico. Marinho aproveitou o golpismo da moçada para cobrar do governo o fim de atos de censura nos jornais e rádios e, como defendiam empresários, medidas para controlar a inflação e o orçamento.[129]

Havia uma corrida de mecenas e colecionadores de obras de arte. Os empresários da imprensa entravam nessa disputa que envolvia influência e poder. Uma exposição era garantia de movimentação na cidade, de presença do presidente da República, de notas e matérias nos jornais da concorrência.

Carioca *bon-vivant*, educado em Oxford, fumante de cachimbo e amigo de Pixinguinha, Paulo Bittencourt, do *Correio da Manhã*, resolveu oficializar a relação com a amante, Niomar Moniz Sodré, uma baiana de personalidade. A maior façanha do casal no jogo dos salões foi a abertura de um museu na orla da baía de Guanabara.

O Museu de Arte Moderna do Rio de Janeiro, um projeto do arquiteto carioca Affonso Eduardo Reidy, é uma caixa de vidro suspensa e mantida por 14 colunas em forma de V expostas, em concreto armado. Enquanto Chateaubriand instalava em São Paulo o Masp, um conjunto de obras compradas numa Europa falida e com pressões e chantagens no mundo empresarial, as famílias de dinheiro no Rio também se movimentavam. As irmãs Ema e Eva Klabin montavam uma coleção particular. Walther Moreira Salles e a mulher, Elizinha, faziam a deles. A ideia de um museu público no Rio de Janeiro era levada à frente por Raymundo Ottoni de Castro Maya, amigo de Marinho. No entanto, foram Niomar e Paulo Bittencourt que compraram a ideia.[130]

A festa de inauguração do prédio racionalista do museu que abrigava quadros de Picasso, Miró, Salvador Dalí, Manabu Mabe e René Magritte foi marcada por uma briga digna do Brasil arcaico. Ao receber um convite, o senador Juracy Magalhães, da UDN, que naqueles dias era denunciado por corrupção pelo *Correio da Manhã*, exibiu o papel para jornalistas e assessores. Aos gritos, dizia aos repórteres que aproveitaria o evento no museu para enfrentar o dono do jornal. Juracy alegava que o jornal o atacava desde o tempo em que ele, no governo da Bahia, tinha se recusado a pagar publicidade.[131]

Ao saber que Juracy tinha recebido o convite da exposição, Paulo Bittencourt o desconvidou publicamente pelo jornal.

O deputado Armando Falcão pediu à polícia que acompanhasse a abertura da mostra. No museu, Marinho, amigo de Juracy e de Bittencourt, liderou a turma do "deixa-disso". Armado, Juracy estava dentro do prédio quando Bittencourt se aproximou, também portando uma arma. Trocaram socos.[132]

Juracy e Bittencourt ainda anunciaram um duelo. Um repórter perguntou se seria de faca ou bala. O encontro chegou a ser negociado. O político cearense enviou ao *Correio da Manhã* os senadores Daniel Krieger, gaúcho, e Dinarte Mariz, potiguar, para definirem, na condição de padrinhos, as regras do duelo. Por sua vez, Bittencourt escolheu como padrinhos os jornalistas Antonio Callado, que tinha voltado da Europa após passagem pela BBC de Londres, e Álvaro Lins.

À exceção de Krieger, um gaúcho bronco que tratava com naturalidade pelejas de fronteira, todos propunham "tapinhas" nas costas.[133] Por fim, Paulo desistiu e evitou talvez repetir o caminho do pai, Edmundo, que saiu ferido na região glútea num duelo no areal de Copacabana com o senador Pinheiro Machado, mandão da política no começo do século XX.

No início do governo Juscelino, Roberto Marinho mantinha seu jornal numa severa ofensiva aos comunistas. *O Globo* priorizava manchetes sobre a Guerra Fria, sempre a favor de americanos contra soviéticos. Sem dar pausa à guerra contra o PCB, Marinho aderiu a uma campanha pela anistia ao amigo comunista Pedro Motta Lima. Na volta do exílio, o jornalista agradeceu pessoalmente a Marinho e voltou a atacar *O Globo*.

Marinho mantinha contato frequente com Carlos Lacerda, que estava num autoexílio desde a conjunção de tentativas de golpe no final do governo Café Filho. *O Estado de S. Paulo* informou que Lacerda acertou com Marinho o envio de artigos semanais sobre a vida americana e a política internacional.[134] Marinho mandou um aparelho de TV para o amigo, que vivia nessa época com a mulher e os filhos numa casa desconfortável e sem aquecedor em Norwalk, nos Estados Unidos.

De lá, Carlos Lacerda escrevia para *O Globo* a coluna "Um brasileiro na terra do Tio Sam", com o pseudônimo de Júlio Tavares. Narrava situações do cotidiano norte-americano e, claro, da política brasileira, com ataques a Juscelino. Nada que estivesse à altura das repercussões de seus discursos no rádio no tempo de Vargas. Dom Hélder Câmara, amigo dele e de Roberto Marinho, manifestou apoio a Juscelino nos jornais e disse que Lacerda deveria "ficar calado".[135]

Em carta ao irmão Ricardo, Roberto Marinho confidenciou sua contrariedade a João Neves da Fontoura, ex-ministro das Relações Exteriores de Vargas, que fez carreira no PSD e passara então a publicar artigos no *Globo*, com ataques a Juscelino.

> *O nosso caríssimo João Neves mandou-me outro dia um artigo, que ele havia combinado comigo por telefone, sobre os exageros das missões oficiais. A segunda parte estava estupenda, objetiva. A primeira apresentava um quadro tal que no fim só se podia tirar uma conclusão: o Juscelino não podia governar. Devia ser deposto. Aproveitei apenas a segunda parte. Desse dia em diante, o nosso amigo não me telefonou mais. À parte essa questão jornalística, somos amigos de longo tempo. Sempre fui muito positivo em relação à minha orientação no jornal: oposição sem demolição. O meu ponto de vista de que o Juscelino não devia ser apeado do poder, reiterei-o várias vezes. Certa vez, cheguei a dizer-lhe que a pessoa que eu mais tinha admiração até hoje no jornalismo era papai. Mas que se papai ressuscitasse, eu, como diretor do jor-*

nal, alteraria o que ele escrevesse, se achasse que devia fazê-lo. Portanto, que O Globo *devia ficar adstrito às normas que eu tinha traçado, naquele sentido. É claro que não pegarei o pião na unha. Não tenha dúvida, passaremos muito bem sem ele.*

Numa conversa por telefone, Roberto relatou ao irmão que disse a João Neves que "tudo" que ele escrevia era verdade, mas tinha a agravante de ser exposto num jornal de "prestígio" e "grande penetração nas massas". "Que o Juscelino é um suicida. Cada ato seu contribui para a sua deposição. Que eu não queria contribuir para isso, antes preferia lutar pela sua permanência no poder, dentro, naturalmente, de limites e de normas razoáveis."[136]

Duas semanas depois da carta de Roberto ao irmão, uma medida de Juscelino pegou de surpresa o empresário. O Ministério da Viação e Obras Públicas, que tratava da concessão de emissoras de radiodifusão, divulgava a portaria nº 899, que, em dois artigos, estabeleceu a suspensão por trinta dias de emissoras e, na reincidência, cassação da outorga em casos de transmissão de discursos que colocassem em risco a ordem pública.

Num escancarado desrespeito à liberdade de expressão, sem censura prévia, como estabelecia o artigo 5º da Constituição de 1946, a chamada "Portaria Rolha" combatia quem provocasse a animosidade das Forças Armadas, incitasse trabalhadores à greve e cometesse injúria contra autoridades. Era uma arma direcionada para a cabeça de Carlos Lacerda, que, depois da temporada no exterior, desembarcava no Santos Dumont. Lacerda poderia usar contra Juscelino a mesma receita que deu certo no governo Vargas.

No editorial "Entre o diabo e o profundo mar azul", *O Globo* classificou a portaria de liberticida.[137]

Os cinemas do Rio exibiam o filme *The deep blue sea*, com o título no Brasil de *O profundo mar azul*, do diretor Anatole Litvak. A personagem Hester Collyer, interpretada pela atriz Vivien Leigh, era uma mulher que traía seu marido e sofria preconceitos sociais na busca de realizar seus desejos.

O jornal abriu suas páginas para a UDN reclamar da portaria. O deputado Afonso Arinos afirmou que a medida afrontava a inviolabilidade parlamentar no momento da chegada de Lacerda. O também deputado Mário Martins chamou Juscelino de chefe da "fera de quatro patas" que representava os "instintos" de quem tinha por hábito estrangular as liberdades.[138]

O governo agiu rápido quando se espalhou a notícia de que Lacerda estava de volta à programação da Rádio Globo. O assessor do ministro da Viação e Obras Públicas, Lúcio Meira, telefonou a Marinho para lembrá-lo da penalidade prevista de trinta dias de suspensão pela "Portaria Rolha" e que o DOPS gravaria todos os pronunciamentos.[139]

O momento da entrada em vigor da portaria não poderia ser mais simbólico. O segurança de Vargas, Gregório Fortunato, estampava a primeira página do *Globo*. Ele era julgado pela morte do major Rubens Florentino Vaz. Se Lacerda aproveitou o fato para retornar ao país, Juscelino declarava que não seria um novo Getúlio. O Brasil da "Portaria Rolha" era um país de um eleitorado analfabeto, sem pluralidade de vozes na opinião pública e onde qualquer reputação poderia ser massacrada em minutos. Morosa, a Justiça levou dois anos para derrubar a norma.[140]

Foi o tempo suficiente para Juscelino prosseguir seu governo, sem a metralhadora verborrágica de Lacerda. Com as críticas limitadas aos jornais, voltados para parte menor da população, o presidente refez pontes com o empresariado, garantiu a continuidade da gestão e apagou as tintas na imagem de mais um repressor e censor da República. Marinho teve que esperar a análise de seu pedido de concessão. Não tinha o rádio para pressionar o governo.

Com Lacerda longe do microfone da Globo, os aliados do "Corvo" continuavam firmes na produção dos programas. Luiz Brunini se esforçava para que a rádio produzisse informação e não apenas programas de auditório e radionovelas, modelo adotado pela Nacional e pela Mayrink Veiga, que começavam a perder audiência. Nesse momento de queda de influência das grandes rádios, Assis Chateaubriand instalava a TV no Brasil.

Nos Estados Unidos, o surgimento do transistor no pós-guerra permitiu a produção do rádio de bolso. O rádio deixava de ser um aparelho da sala de poucas famílias. Por meio de antenas instaladas em

Niterói, a Rádio Globo chegava mais potente em Copacabana, um mercado publicitário disputado. As transmissões dos jogos do Botafogo de Garrincha e outros times no Maracanã iam além do público do bairro e começavam a atrair ouvintes país afora.

Após uma série de grandes matérias, Alves Pinheiro passou a ocupar o cargo de chefia de reportagem. Ficava cerca de 16 horas por dia no jornal. Era dono de uma mesa com muitos aparelhos de telefone e um cinzeiro para seus charutos. Aquele era o seu universo. Parecia flutuar naquele espaço em que ele mesmo ditava um ritmo de pressa e urgência. Quando uma nova geração chegou ao *Globo*, décadas depois, Alves Pinheiro não era mais o repórter sagaz que saía às ruas para fazer reportagens. Era um senhor identificado a um jornal arcaico, ultrapassado, que se arrastava num momento em que outros veículos mostravam vitalidade. O homem que dizia que "é preciso reabilitar o repórter no momento em que o mercado jornalístico se inunda de supostos profissionais, presumidos cronistas e empafiosos articulistas" agora simbolizava a velha imprensa.

No auge de seu reinado na chefia de reportagem do *Globo*, ele contou em uma entrevista à *Folha do Dia* que "não entendia jornalismo sem reportagem". "Nós todos, que vivemos na intimidade do jornal, entre as misérias e os aparentes esplendores da profissão, sabemos que a reportagem é a vida, a palpitação, a exuberância, a força, o dinamismo, o entusiasmo, a cavalheiresca e audaciosa cruzada do jornalismo."[141]

Alves Pinheiro vivia tão intensamente *O Globo* que comprou uma casa próxima ao prédio do jornal. Visitas noturnas frequentes à gráfica, porém, alimentaram a versão de que ia conferir se anúncios vendidos por fora, sem consentimento de Roberto, estavam grafados corretamente.

O amigo da mesma geração de Roberto havia ficado para trás. Roberto continuava dono de seu jornal, agora abrindo a redação para mudanças. Otto Lara lembrava que *O Globo* do largo da Carioca parecia incorporado ao seu nome. Era o Pinheiro do *Globo* ou *O Globo* do Pinheiro.

O velho editor gostava de repórter "furão" e mandava embora repórter "analítico", escreveu o colunista Ibrahim Sued, figura constante em suas equipes. Foi dele a ideia, hoje bem simples, de colocar mais de um repórter num caso de repercussão e de realizar reuniões de pauta na redação no início de semana, quando os chefes aproveitam para dar boletins burocráticos em meio a pautas que são apoiadas ou criticadas entre os repórteres, de acordo com as afinidades com quem teve a ideia. São encontros em que os repórteres se dividem entre os que apresentam histórias que servem para se posicionarem e os que passam o tempo em dúvida se revelam a carta que têm na manga.

De uma geração pós-Alves Pinheiro, o jornalista Luiz Lobo considera o editor baiano uma das maiores influências para Roberto Marinho dentro da redação. "Eu não sei até que ponto, mas ele ouvia muito o Alves Pinheiro, que tinha muita força e poder no jornal", relatou. "Alves Pinheiro sempre foi de direita, mas foi ficando cada vez mais. Se quisesse, tinha sido um homem muito poderoso no Brasil. Era um udenista enrustido. *O Globo* caminhou para a frente e ele caminhou para trás."

Roberto Marinho percebeu que Alves Pinheiro envelheceu com o jornal. Tornou-se símbolo do jornalista resmungão, que reclama de todas as pautas. Na secretaria de redação, passou a enviar cartas de queixas para Roberto. Certa vez, estava de férias quando mandou uma carta para pedir outro mês de folga e o afastamento do cargo de chefe da reportagem. Ficou revoltado por não ter resposta. "Embora você não se dignasse a responder à minha carta, o que recebo como um desapreço a um velho companheiro que consagrou a mocidade a *O Globo* [...] volto a escrever-lhe para reafirmar o meu propósito de afastar-me da chefia de reportagem e reiterar o pedido que lhe formulei repetidamente de conceder-me o segundo período de férias a que tenho direito."

Roberto respondeu que não conseguiu enviar carta antes porque *O Globo* estava lhe "absorvendo todas as energias". "A sua ideia não mereceu a minha aprovação, e muito menos a do Ricardo e do Rogério, que, como eu, estão ansiosos pela sua volta", escreveu. "Espero que v. aproveite bem nessas paragens. Descanse, adquira reservas, que serão rapidamente consumidas no posto onde v. é um leão."

Com seu jeito conciliador, Rogério entrou no circuito para alertar Alves Pinheiro que seu pedido de duas férias, aparentemente, sem o direito propagado pelo jornalista, "chocaram profundamente" Roberto.

"Como sei que v. e o Roberto, além dos entendimentos diários sobre questões de serviço, por mais de vinte anos assinalados, é evidente, por alguns dos choques inevitáveis e sem consequências de uma redação de jornal, são velhos amigos, conhecendo, com a intimidade que tenho com o *capo*, o carinho e a amizade que ele sempre lhe dedicou, o prestígio de que ele sempre o cercou, acho que v. deve dirigir-lhe uma palavra, demonstrando que não teve a intenção de magoá-lo com aquele pouco diplomático intuito da última carta."

Alves Pinheiro voltou ao batente e às picuinhas de redação. Ele atacou o jovem Mauro Salles, que estaria tentando roubar seu lugar no jornal. "Em junho do ano passado, quando comecei a falar em férias, Rogério convidou imediatamente o Mauro para substituir-me. Somente depois do convite, deu-me ciência de sua decisão. Fiquei chocado", reclamou. "Desleal, o jovem vivia a vomitar sapiência, a salivar teorias, a traduzir revistas com normas sobre jornalismo, a criticar-me e a, em suma, impingir-se como um gênio pouco aproveitado. E, ao ocupar o meu lugar, tomou ares de substituto efetivo. Começou, então, a subversão: modificações e um esforço desesperado para demonstrar que 'Pinheiro não faz falta'."[142]

A redação do *Globo* perdera a vitalidade nas grandes coberturas policiais, uma especialidade do jornal. Alves Pinheiro responsabilizava os colegas pelos furos tomados. Em 1960, quando os jovens Ronaldo Guilherme de Souza Castro e Cássio Murilo Ferreira, de 19 e 17 anos, respectivamente, foram a júri pelo assassinato da estudante Aída Curi, de 18 anos, jogada do 12º andar de um prédio na avenida Atlântica, o vespertino de Marinho sofreu um duro golpe. Ao contrário da concorrência, os fotógrafos do *Globo* não conseguiram imagens dos réus.

Alves Pinheiro responsabilizou Indaiassú Leite, chefe de fotografia, pelo fracasso. Tanto o chefe de reportagem quanto Indaiassú entraram jovens no jornal. Eles tiveram o batismo de fogo na insurreição comunista.[143] Numa carta a Marinho, o chefe de reportagem escreveu que tinha dado ordens para que os fotógrafos ficassem no tribunal, mas o fotógrafo do *Globo* foi almoçar no intervalo da sessão. Profissionais de outros jornais aproveitaram uma "despreocupação" dos guardas e tiraram as fotos dos réus. Ele disse que Indaiassú cometeu "numerosos" lapsos de organização. O jornalista relatou ainda a Marinho que os fotógrafos estavam sempre preocupados com o horário de entrada em seu segundo emprego, em alguma repartição pública. Aproveitou para enaltecer os fotógrafos da concorrência, que teriam se passado por advogados ou levaram câmeras "minúsculas", "superando" a rotina, para obter as imagens. Por fim, pediu a transferência da chefia de reportagem, onde estava havia vinte anos.[144]

Marinho evitava mudanças bruscas na redação. Um mês depois, durante uma viagem de Alves Pinheiro à Europa, o empresário avaliou, numa carta ao jornalista, que *O Globo* precisava fazer alterações em sua estrutura. "No seu regresso, que espero não esteja longínquo, trataremos de fazer algumas novas reformas no jornal, principalmente na parte de organização interna, que está um pouco tumultuada com o crescimento vertical destes últimos tempos", avaliou. "O Lucílio, que é esplêndido companheiro que v. conhece, está falhando em certos momentos, não vindo trabalhar, sem ao menos dar um aviso prévio."[145]

Mas essas mudanças não ocorreriam tão cedo. Marinho manteve Lucílio na secretaria da redação, assim como Indaiassú Leite no comando da fotografia e Alves Pinheiro na chefia de reportagem, apesar dos sucessivos apelos do jornalista para trocar de cargo. Em julho de 1961, Alves Pinheiro voltou a pedir para sair do cargo. "Permito-me fazer-lhe mais um apelo, talvez o último, no sentido de que me dê um substituto definitivo na chefia da reportagem. Com 51 anos de idade, sendo 26 em *O Globo*, no exercício desta árdua, penosa, ingrata e dramática função, não me sinto com forças suficientes para execução cabal e satisfatória das tarefas que me são atribuídas", relatou. "Este lugar é para moços, Roberto."

Alves Pinheiro fazia jogo de cena. Ele não escondia a fúria diante do risco de sair do cargo e atacava impiedosamente Mauro Salles, seu provável substituto. Num trecho seguinte da carta, escreveu que experimentou colocar um companheiro para ajudá-lo no serviço, mas que a medida se tornou "inútil".[146]

Roberto Marinho não perdia a oportunidade de ironizar o tom dramático das cartas de Alves Pinheiro. "É curioso que v., tendo tantas oportunidades para conversar comigo, prefira sempre as cartas para tratar de certos assuntos", escreveu. "Estou pensando seriamente numa reorganização que nos permita atender ao seu angustiante apelo de afastar-se da chefia da reportagem, até agora centralizada num único homem, obrigando, para atendê-la, a fazer esforços sobre-humanos, nocivos à sua própria saúde."

Na mesma carta, Marinho aproveitava para atiçá-lo na disputa com Mauro Salles. "Disse-me o Mauro que v. havia se queixado, em carta, da não publicação das suas correspondências. De acordo com o que deixei bem claro, estamos publicando uma por dia. Em hipótese alguma poderemos alterar essa decisão, pois o problema do espaço está cada vez mais grave. Estamos marchando para uma nova condensação, ainda mais dramática. Os nossos companheiros ainda estão deformados pela época do câmbio a 18 cruzeiros. Hoje o nosso dólar é de 260 cruzeiros, tendo-se verificado um aumento de 1.440%!"[147]

Por decisão de Marinho, Salles foi contratado como auxiliar de Alves Pinheiro. O jovem jornalista era filho de Apolônio Salles, agrônomo do Recife que fora ministro da Agricultura de Vargas.

Mauro começou na oficina do *Globo*. Com o próprio Marinho, aprendeu a trocar clichês de chumbo e ler de cabeça para baixo e ao contrário. Teve passagem pela Rio Gráfica. Nos concursos de misses, organizados pela empresa, manipulava para candidatas que podiam render melhores capas de revista. Jogava fora os votos dos jurados. Foi assim na disputa em que Terezinha Morango venceu o Miss Cinelândia e Adalgisa Colombo o Miss Radiolândia. Sem manipulações claras, Terezinha e Adalgisa faturaram depois o Miss Brasil. Adalgisa ficou ainda em segundo no Miss Universo.

Na posse de Juscelino, Alves Pinheiro precisava de um repórter que falasse inglês para conversar com as autoridades que chegavam ao Galeão. Ao andar pela pista do aeroporto entre os cargueiros, Mauro fotografou caixas de lagostas importadas pelo Itamaraty para a festa.

"Só nós temos?", perguntou Alves Pinheiro.

A pergunta de Marinho ao repórter foi outra:

"Mas a gente precisa dar?"

"Precisa. É melhor para *O Globo*."

A resposta, que incluía a preocupação com o jornal, tinha efeito mágico.

"Então tenho que avisar o meu amigo."

* * *

A Marinho, Schmidt não escondia a mágoa por não ter sido escolhido ministro das Relações Exteriores. De Juscelino, ele obteve apenas a missão de criar uma Operação Pan-Americana para reunir outros países das Américas e unificar pedidos de apoio econômico aos Estados Unidos. A proposta foi criticada pela oposição e sofreu reação contrária dos norte-americanos. Era o legado de Oswaldo Aranha que ele tentava, com apoio de Marinho, levar à frente. Sem o suporte dos Aranha, tudo que vinha agora daquela visão de país construída pela família, por meio de Schmidt, era recebido como maluquice

A visão profética ou megalomaníaca de Schmidt, assim como os seus projetos, eram tratados ironicamente por críticos na imprensa. Isso resultou num dos maiores cadernos publicados no período Juscelino. Quatro repórteres do *Globo* percorreram o continente para entrevistar presidentes, embaixadores e empresários. O suplemento sobre a Operação Pan-Americana foi publicado com 48 páginas recheadas de anúncios de multinacionais e empresas brasileiras.[148] Outra versão, em espanhol, sem anúncios, foi colocada à disposição de jornais de países vizinhos. Além de anúncios, o jornal publicou matérias favoráveis a empresas, bancos e estatais. Entre os anunciantes estavam Esso, Mercedes-Benz, Klabin e Banco da Lavoura de Minas Gerais.

Marinho estimou que a edição "continental" teve uma tiragem de dois milhões de exemplares, sendo quatrocentos mil destes divulgados em parceria com o *Clarín*, de Buenos Aires.

O Globo publicou uma mensagem atribuída a Juscelino para elogiar o caderno: "A compreensão que revela o jornal de Irineu Marinho para os problemas do país, mais uma vez, se manifesta nesse empreendimento jornalístico de repercussão internacional, pois se põe a serviço de uma causa nobre do Brasil, que, em momento oportuno, ofereceu ao exame dos países irmãos do Continente uma revisão das bases da política pan-americana."

Marinho mantinha relações pessoais com parceiros comerciais do *Globo*. Um deles era o industrial Wolff Klabin. Após a morte de Klabin, seu filho, Israel, tomou conta da fábrica de papel da família e se tornou mais próximo de Roberto. Os Klabin respondiam por 40% da demanda da imprensa brasileira.[149]

A amizade de Marinho com Israel não tornava o dono do *Globo* um privilegiado em meio ao setor. Mas era uma relação importante para um empresário em franca expansão. Israel tinha trabalhado na Casa Branca, e sua experiência nos Estados Unidos interessava a Marinho. As conversas sobre políticas interna e internacional eram intercaladas com eventos esportivos. Os dois gostavam de esportes náuticos e mergulhos.

Ao telefone, Schmidt falava em códigos. Carlos Lacerda era a "ave", uma variante do apelido "Corvo" dado por Wainer. O lobista reuniu em torno de si homens de livro e poder. A mudança que Roberto faria no *Globo* e a entrada dele no negócio da televisão tinham como lastro o poder de Schmidt. Participar do grupo do mais influente botafoguense da época era estar no *grand salon* do poder. Do tímido Carlos Drummond de Andrade ao boêmio Vinicius de Moraes, Schmidt reunia em seu apartamento da rua Paula Freitas, em Copacabana, figuras influentes.

Por lá passavam nomes do jornalismo e das artes, como Otto Lara Resende, Álvaro Americano, Fernando Sabino, Manuel Bandeira e Tonia Carrero. Da política, Schmidt recebia visitas do jovem deputado baiano Antonio Carlos Magalhães, de contemporâneos do movimento integralista, como o advogado San Tiago Dantas e o padre Hélder Pessoa Câmara, e de uma geração mais nova, como o advogado Jorge Serpa Filho e os investidores Júlio Barbero, Eliezer Batista e Israel Klabin. Nas festas de amigos, Schmidt se levantava da poltrona e, com os braços abertos, recitava seus poemas.[150] "Não se elegeria vereador, mas tem mais força que o Congresso", diziam os críticos.[151]

No governo Juscelino, Schmidt era a principal aposta de Marinho para convencer o palácio a lhe dar um canal de televisão. Afinal, o poeta-lobista era iminência parda, *ghost-writer* do presidente e autor dos poemas que o mineiro de Diamantina gravaria nos mármores de Brasília.

Schmidt vivia em viagens de retiro e tratamento de saúde na França e na Suíça. De lá dava conselhos e atuava nos bastidores a favor de Marinho. Em um dos vários telegramas trocados com o amigo, Roberto escreveu: "Apresse regresso, pois não suportamos mais sua ausência."[152]

Numa carta redigida a mão em um sanatório da pequena comuna suíça de Mammern, Schmidt demonstrou ciúmes das amizades de Marinho.

"Roberto, já ando sabendo de alguns almoços seus. Se houver outros, teremos uma briga de morte. E eu terei razão!", escreveu. Schmidt oscilava entre a poesia e o lobby, a melancolia e a euforia. "Roberto, estou magoado e espantado com sua atitude. Nem uma notícia. Meu estado de espírito é péssimo, desalento, desesperança. Tristeza. Envelheci depressa."[153]

4. O grande salto

A versão de que Roberto Marinho foi um empreendedor incansável e um nato apostador de risco ao se lançar no negócio da TV, aos sessenta anos, ganha ponderações quando se analisa a lentidão do processo de concessão da Globo. Dessa forma, a idade em que entrou no setor cai para 46 anos, época em que ele requereu ao presidente Eurico Gaspar Dutra, em janeiro de 1951, uma concessão de canal de televisão.

No caso de Marinho, a intuição nada tinha a ver com a Divina Providência. Era a velha arte de captar sinais, compreender o tempo, dar vazão à voz interior e utilizar a sabedoria formada de experiências. Ele desconhecia o funcionamento de uma TV, mas vivia num meio em que a imagem em movimento fascinava os cariocas desde o tempo dos documentários de sucesso de Paschoal Segreto. Não precisava ser um homem viajado ou ocupar posição privilegiada para ouvir de publicitários as cifras elevadas dos primeiros contratos e perceber a empolgação que a chegada dos televisores despertou em profissionais do rádio e militares da engenharia. Foi a partir de um não começo que ele passou a acreditar e concentrar os esforços no projeto de uma emissora de televisão.

No governo Juscelino, Marinho se movimentou para reconquistar a concessão cassada por Vargas. No esboço de uma carta datilografada para Schmidt, ele reclamou da dificuldade de obter empréstimos para o jornal e a editora e da indecisão do presidente em relação ao sinal da TV.

> *Como você sabe, falharam todos os esforços para conseguir o financiamento dos ágios para aquisição de maquinaria para* O Globo *e para a Rio Gráfica. Tive de raspar todas as reservas das duas empresas* [...] *Não há mistério algum na minha atitude paciente em relação ao canal de TV. Você sabe o quanto eu sou razoável até que se esgote o limite do tolerável de espera.*

Em outro trecho da correspondência, que riscaria antes de enviar, Roberto escreveu: "As consequências da ação mais forte do *Globo* contra esse governo fraquíssimo que você, iludido pelo fascinante plano de desenvolvimento que apresentava o Juscelino, ajudou a implantar no país, seriam muito graves." No trecho seguinte, ele mostrou-se vítima: "É claro que percebo a desvantagem que levo sobre qualquer outro diretor de jornal, que consegue tudo quanto quer com simples ameaças. Você sabe melhor do que ninguém que sempre coloquei a concessão do canal como um direito da Rádio Globo, que um governo decente não poderia deixar de atender. Por outro lado, não tenho ninguém com bastante intimidade para atuar junto do presidente. Tenho de falar com reservas às pessoas que o cercam."

Roberto admitiu que Lacerda, no uso da Rádio Globo, dificultava a negociação com o governo. Tinha consciência de que esse podia ter sido o motivo, lá atrás, para o governo Vargas ter cancelado a concessão do canal.

> *A última vez que falei com o Juscelino disse-me ele que o decreto já estava assinado e aguardava, na sua mesa de trabalho, o momento certo de ser dado à publicidade. Que eu esperasse mais alguns dias até que se resolvesse a questão do rádio, que estava agitando o Parlamento. Na melhor das hipóteses, esse canal virá quando já estou desencantado e sem meios materiais para enfrentar o lançamento da TV Globo. Além do mais, com a nova lei de tarifas, o novo preço do dólar, aumentado de 45 para 52 cruzeiros, o empreendimento ficará oneroso.*

Do Hotel Plaza, em Nova York, Schmidt respondeu em carta manuscrita que o relato do amigo era algo "inacreditável". "Sou testemunha que v. é cinturão de ouro de ambiciosa e digna paciência. Paciência que poderá se esgotar, segundo depreendo de sua carta. Não acredito, porém, que o Juscelino deixe de cumprir o que te reiteradas vezes prometeu."

Uma boa notícia foi comunicada por Roberto em carta ao irmão Ricardo, que estava em viagem aos Estados Unidos:

> *V. sabe que a televisão é uma necessidade imprescindível. Quem não tiver uma emissora de TV amanhã poderá ficar completamente manietado. V. sabe também que sempre afirmei que iria para o sacrifício de alguns anos, com déficits, preocupações etc. Pois bem: encaminhei a coisa de uma maneira estupenda, que mudará completamente a feição da iniciativa. A Rádio Nacional tinha assegurada para a sua TV um adiantamento de trinta milhões de seus futuros anunciantes, que prometiam também publicidade mensal na ordem de vinte milhões. Mas o Juscelino, premido principalmente pelo Chatô, resolveu não mais permitir que a R.N. fizesse televisão. O desgosto do pessoal foi enorme, porque a sua maior preocupação é o acesso à televisão, que fatalmente liquidará o grande rádio, feito nos moldes da Nacional. Consegui articular com o Moacyr Areas o seguinte, já com o apoio governamental: o governo cancela a concessão à R.N. O canal 4 será concedido à Rádio Globo, que é o mais antigo pedido existente na Comissão Técnica de Rádio. Mas o próprio decreto obriga o novo concessionário a estabelecer um convênio com a Rádio Nacional para o aproveitamento de artistas, técnicos, etc. julgados necessários pela Rádio Globo à sua programação... Morou?*[1]

Roberto recebeu indicações do governo de que receberia o canal 4, antes reservado à Rádio Nacional.[2] A notícia se espalhou e causou revolta, especialmente no *JB*. A condessa e Nascimento Brito tinham solicitado uma concessão a Juscelino, que, irritado com as críticas do jornal em relação ao governo, resolveu rejeitar o pedido.[3] Atento ao concorrente,

Brito mandou seus editores criticarem a jogada do "crioulo". Tinha agora o poder do *JB* nas mãos para dar voz aos funcionários da Nacional. Um grupo de artistas liderado pela cantora Marlene, uma das rainhas do rádio, e pelo ator Paulo Gracindo foi ao Catete cobrar o canal 4.

"Nem que eu tenha de dormir aqui. Não saio sem falar com o presidente", disse Marlene ao general Nelson de Melo, chefe da Casa Militar.

"Há muito tempo que Roberto Marinho vem lutando para isso", disse o general.

Após cinco horas de espera, os artistas foram recebidos por Juscelino. Na audiência, Marlene perguntou se a decisão iria demorar.

"Bem, isso não se resolve assim da noite para o dia."[4]

O presidente não temia entregar o sinal para Marinho, mas dar a concessão à Nacional, o que jogaria os Diários Associados na trincheira oposicionista. Chateaubriand pressionava o governo contra a Nacional, pois temia que a Tupi fosse devorada pela emissora das rainhas do rádio, dos galãs de radionovelas e dos locutores influentes.[5] Numa mesma jogada, Juscelino neutralizaria o arsenal getulista e avançaria em seu projeto de ocupar o vazio deixado pelo ex-presidente. Ao entregar o sinal a Marinho, de quem não gostava, Juscelino freava o grande magnata da imprensa, Assis Chateaubriand, e tirava uma parte do espólio de Vargas das mãos de Goulart e Brizola. No imaginário das ruas, a Nacional lembrava o "Velho".

Sob o risco de perder a concessão, Marinho procurou os chefes militares, que, no entanto, decidiram não entrar na briga. O empresário costurou uma rede de apoio na opinião pública para se pronunciar a favor da concessão por meio do *Globo*. Uma das cartas publicadas foi enviada por Carlos Lacerda, que, embora fosse um adversário do governo, era voz influente em setores conservadores. "Não há, pois, irregularidade na concessão que se anuncia. Haveria, ao contrário, um ato de justiça. Na forma pela qual são dadas tais concessões no Brasil, seria das mais honestas e das mais compreensivas", ressaltou Lacerda.

Amigo de Marinho, dom Hélder Câmara fez lobby em missa celebrada no jornal. "A Rádio Globo já era poderosa e forte, nobremente respeitada. E agora é a televisão, que não podia faltar a *O Globo*, que a merecia, mesmo porque nas suas mãos ela será nossa, da cidade, das famílias, porque a TV Globo entrará com grande sossego nos nossos lares."[6] O cardeal dom Jaime Câmara manifestou também apoio à concessão e disse, em entrevista, esperar que a emissora ajudasse a "moralizar os costumes".[7]

Ao longo do processo de concessão da TV, Marinho seguia à risca as orientações de dom Jaime. Nos revéillons, *O Globo* chegava a implicar com os espíritas que levavam flores e presentes para Iemanjá nas areias da Zona Sul. Numa passagem de ano, o jornal criticou a tradição de lançar barquinhos com oferendas no mar. "O que se vê nas praias do Leme, de Copacabana, do Leblon e de Ipanema não é mas o ritual dos bantos, geges, fulas e de outros povos africanos que começaram a chegar ao Brasil, em navios negreiros — Vê-se, apenas [...] encenação de ritual mistificado, como forma de diversão pública, nunca como ato religioso", destacou. "A grosseria ridícula a que se expõem os macumbeiros deve limitar-se aos 'terreiros' particulares."[8]

Sem poder de fogo para entrar no negócio da TV, se arrastando com o pouco dinheiro da publicidade do governo, Samuel Wainer acusou "Roberto Cavalo Marinho", o "comendador de Isabel, a católica", de "sacrificar" os cariocas que aguardavam a entrada da TV Nacional no ar. "É evidentemente um crime! Mas quem o comete não é o Roberto, e sim o governo."

Quatro meses depois, o decreto da concessão ainda não tinha sido publicado. Juscelino protelava, num jogo de paciência com Marinho. Não estava claro para o presidente uma garantia do empresário de uma cobertura mais favorável ao governo. Marinho se mostrava pouco aberto ao governo, na avaliação de ministros e pessoas próximas de Juscelino. A concorrência apostava que o presidente "dificilmente" assinaria a concessão. Juscelino estaria "profundamente irritado" com a pressão por parte dos diretores da rádio.[9] Ele acabou assinando o decreto em dezembro de 1957.

As TVs Tupi, canal 6, e Rio, canal 13, eram as únicas emissoras que funcionavam no Rio de Janeiro. Horácio de Carvalho Júnior, dono do *Diário Carioca*, tinha uma concessão no Rio. Além do canal 11, da

TV Carioca, Horácio ganhou de Juscelino outros 16 sinais em outros estados. O empresário reclamava que era uma "retribuição" por não ter ganhado uma boa fatia de publicidade oficial.

"Então, o presente do Juscelino foram esses canais de televisão, mas como montar isso?"[10]

Quem também não estava animado com concessões de TV era Rubens Berardo, que tinha o canal 9, com sede na rua das Laranjeiras. Ele ofereceu a Marinho o sinal e chegou a negociar com Carlos Lacerda a compra da emissora. Como o negócio não se concretizou, Berardo usou o sinal para criar, em 1958, a TV Continental. Lacerda disse que não investiria em empresa. O foco dele era uma candidatura à presidência.

Marinho enfrentava o monitoramento de Chateaubriand e também queria saber os passos do concorrente. De um lado e de outro havia espionagem, tentativa de saber de compras no exterior e com quem o outro conversava. Valia aproveitar até as relações desenvolvidas no fundo do mar para obter informações.

Nessa época, Marinho começou a praticar caça submarina. Tornou-se amigo do paulistano Carlos Tavares, um praticante da pesca que frequentava o Clube dos Marimbás, em Copacabana, e que era chefe da seção de importação da Cacex, do Banco do Brasil. "O Roberto gostava muito de pescar, de forma que ele acompanhava a caça submarina e a mim, e tal. Aí que começou a amizade dele", lembra Tavares.

Na Cacex, operada por Oscar Santa Maria, Tavares atendia empresários da imprensa. Trabalhava de auxiliar no gabinete de Luiz Simão Lopes, diretor do órgão, quando recebeu a ordem de que o chefe não atenderia visitas repentinas. De repente, um homem atarracado, de chapéu e sobretudo, bateu forte na porta do gabinete, abriu bruscamente e entrou. Era Assis Chateaubriand, embaixador em Londres. Tavares conta a seguinte história:

"Quero falar com o dr. Simão Lopes", disse Chateaubriand.

Tavares entrou na sala do diretor e informou sobre a presença do empresário. Simão Lopes se descontrolou:

"Esse camarada é um contrabandista safado. Não quero falar com ele."

O diretor erguia as mãos abertas de fúria quando Chateaubriand entrou na sala. Sem baixar as mãos, Lopes tentou mudar o semblante:

"Chateaubriand, você por aqui! Que prazer!"

O dono dos Diários Associados conseguiu autorização para importar seiscentos mil dólares, em cotação oficial, de equipamentos de TV, com taxas de câmbio mais baixas. "Esse pedido entrou, normalmente, na Cacex, e foi parar na minha mão. Eu dei parecer contrário, lógico. Ele queria comprar material usado, e esse dólar estava fora da realidade. Mas ele conseguiu em outras instâncias o que queria."

Tavares lembra que havia cinco categorias de taxas de importação. A primeira era para artigos considerados essenciais, como máquinas agrícolas, produtos de saúde e trigo. Os equipamentos de TV se enquadravam em eletrodomésticos, com taxa de dólar entre duzentos e quinhentos. "Havia o problema do tempo de uso dos equipamentos. O Chateaubriand resolveu montar uma emissora só com peças velhas. Queria dinheiro do Banco do Brasil para comprar transmissores com muitas horas de uso, que sairiam logo de circulação. Aí no caso não era superfaturar. Quanto mais barato ele comprava, mais podia trazer."

Ao saber da pretensão de Chateaubriand, Marinho foi até Carlos Tavares. O diretor da Cacex recomendou que ele fizesse o mesmo:

"Agora que ele conseguiu, você também pode."

O ministro da Fazenda, José Maria Whitaker, teve de dar explicações sobre importações de equipamentos de TV em situações suspeitas. *O Estado de S. Paulo* divulgou que Marinho havia importado cinco válvulas. Whitaker informou que o empresário havia feito a importação pagando todos os tributos. O mesmo ocorreu com a TV Tupi, que aproveitou uma viagem do cantor Cauby Peixoto ao exterior para trazer duas válvulas, e a TV Rio, que, por meio de Beatriz Amaral, trouxe outras duas válvulas. Nesses casos, também foram pagos os impostos, informou o ministro.[11] A Rio, canal 13, instalada no antigo Cassino Atlântico, em Copacabana, pertencia ao empresário João Batista do Amaral, o Pipa do Amaral, sócio de Paulo Machado de Carvalho, antigo dono de emissoras de rádio em São Paulo e atuante no mundo do futebol.

Por um momento, Marinho tirou o foco da TV. Ele viu na compra da revista *O Mundo Ilustrado* a oportunidade de avançar em seu projeto de conglomerado de mídia. Era mexer num vespeiro da história pessoal. O velho Geraldo Rocha, ex-sócio de Irineu na *Noite*, era o dono da revista, que só perdia para *O Cruzeiro*, de Chateaubriand, em circulação. Com essa iniciativa, o dono do *Globo* demonstrava ter perdido a memória da polêmica venda da *Noite*.

Não havia dinheiro em caixa para a aquisição de equipamentos de televisão e, ao mesmo tempo, de um prédio recém-construído, de sete andares. Geraldo Rocha pôs também à venda uma lista de oitocentos representantes país afora e as máquinas de impressão — 12 rebobinadoras e quarenta linotipos. A joia desse patrimônio era um acervo de textos e fotografias de jornais e revistas que formavam, de certa forma, a continuidade do projeto e da vida de Irineu Marinho. Estavam nas mãos de Rocha a memória e a produção de uma equipe formada pelo fundador da *Noite*.

A amigos, Roberto Marinho contou que Geraldo Rocha, aos 76 anos, queria deixar o jogo da imprensa e lhe estava oferecendo prioridade na venda.[12]

É possível que o negócio, pelo volume de recursos, adiasse ou mesmo impedisse, por alguns anos, o avanço das conversas de instalação da TV Globo. Em poder da empresa O Mundo Gráfico Editora S.A., Roberto Marinho garantiria um espaço que nunca teve no mercado de revistas e se tornaria, de fato, o segundo empresário mais diversificado do setor da comunicação, perdendo, claro, para Chateaubriand.

Roberto Marinho estava certo de que fecharia negócio quando Geraldo Rocha lhe comunicou, de forma fria, que venderia o patrimônio para João Dantas. Marinho, no entanto, não se deu por vencido e tentou salvar o negócio com Rocha. Ele insistiu para que o empresário desfizesse o acordo com Dantas.

Era um duplo ataque a Marinho. Além de reviver a punhalada desferida por Rocha ao velho Irineu, Roberto via o empresário fazer negócio com o filho de seu grande adversário até ali, Orlando Dantas, que no *Diário de Notícias* havia impregnado nele a fama de "formador" de criminosos, por conta da publicação de gibis. Orlando tinha falecido anos antes, deixando seu jornal para o filho e para a viúva, Ondina, uma mulher baixinha, de voz firme, cumprimento forte e que defendia com fúria a memória do marido. Era crítica de música do jornal e conhecida de Marinho nas tribunas do Theatro Municipal, onde trocavam impressões sobre ópera. Ela assinava uma coluna sob o pseudônimo D'Or, De Orlando. O negócio deixado pelo marido foi entregue ao filho, que não tinha sido preparado para suceder o pai.

Não foram só a mágoa de juventude ou as querelas com Orlando que subiram pelas veias de Marinho. Ele não esquecera da última briga travada com o *Diário de Notícias*. Nove dias depois da morte de Orlando, o jornal, agora nas mãos da viúva e de João, entrou em sintonia com a *Última Hora* para atacar a concessão de empréstimos do Banco do Brasil para Marinho durante o governo Vargas. João Dantas noticiou que uma dívida ainda de 1946 feita pelo empresário, com aval de Moses, junto ao banco, vinha sendo sucessivamente reformada nos vencimentos e chegava ao montante de 380 mil cruzeiros. Por meio de inquérito de sindicância do banco, Dantas afirmou que Marinho não dispunha de limite cadastral para ter uma dívida desse porte e pedia o fechamento das empresas do adversário.[13]

João Dantas anunciou a vitória no *Diário de Notícias*, não perdendo a oportunidade de ironizar o antigo adversário do pai. Descreveu detalhes da disputa com Marinho pelo controle de *Mundo Ilustrado*, que considerou "a maior corrida jornalística que já teve lugar na imprensa brasileira em matéria de revista". Ele tinha nas mãos uma equipe de estrelas dirigida por Joel Silveira e Newton Freitas, que incluía Sérgio Porto, Rubem Braga, Jânio de Freitas, Paulo Mendes Campos, Eneida e o jovem alagoano Luiz Gutemberg.

Num ataque pouco sútil à memória de Irineu, Dantas escreveu que Geraldo Rocha deu uma visão empresarial à *Noite* após uma fase de "improvisação".[14] Por sua vez, Geraldo Rocha afirmou que Dantas era o "único" com capacidade de ser seu sucessor nos negócios do jornalismo, numa crítica a Roberto Marinho.[15]

Um parêntese: Rocha viveu seus últimos dias ao lado da francesa Jeanne Laville, num palacete no Rio Comprido. Antes de morrerem, eles passaram parte dos bens para a Ordem Terceira de São Francisco de Paula, inclusive o jazigo em que foram enterrados no cemitério do Catumbi. Pouco tempo depois, a entidade religiosa resolveu vender o túmulo para terceiros e jogos os ossos deles fora.

João Dantas tinha agora estrutura física e maquinário para fazer as melhores publicações em papel e uma dívida difícil de pagar.

O nacionalismo do seu jornal, limitado aos interesses imediatos dos militares, como concursos e promoções, e dos servidores, antecipando informações do *Diário Oficial*, marcou o noticiário do matutino. Dantas se transformou, mais tarde, num cabo eleitoral de Jânio Quadros e defensor de João Goulart. Passou a falar de uma "revolução brasileira", com limites ao capital estrangeiro e uma reforma agrária. Deixou de lado ataques extremados ao comunismo para defender o comércio com China, Cuba e União Soviética. Exibia fotos ao lado de Che Guevara e Mao Tsé-tung. Repórteres do *Diário de Notícias* avaliavam que o empresário dilapidava a empresa deixada pelo pai e entregava de forma inocente o jornal para Jânio.[16] "Ninguém levava João Dantas a sério. Herdeiro é uma desgraça", avalia a jornalista Ana Arruda Callado. "Roberto Marinho soube se comportar, porque ele não recebeu o jornal do pai simplesmente como herança. Trabalhou no *Globo* desde jovem."

Marinho desistiu de se tornar o maior empresário de revistas do país e fazer sombra a *O Cruzeiro*, de Chateaubriand. No entanto, estava mais livre nas finanças para apostar no negócio da TV. Também se dedicou a melhorar o jornal. Seu lance mais ousado foi a contratação de Ibrahim Sued, colunista dos Diários Associados. Os dois eram velhos conhecidos. O jornalista ganhou prestígio ao publicar no *Globo* uma coluna com seu nome. Filho de árabes pobres, Ibrahim dizia que se tornar nobre era mais honroso que nascer nobre, mas com uma ressalva: "É muito mais cômodo nascer nobre. É ou não é?" Durante a ditadura Vargas, trabalhou no DIP, onde aprendeu a usar máquina fotográfica. Conseguiu um emprego na *Folha Carioca*. Depois, foi "frilar" nos plenários dos palácios Monroe e Tiradentes. Nesse tempo, servia de secretário para endinheirados que precisavam ir a Nova York.

Na Câmara, fez a fotografia de Otávio Mangabeira beijando a mão de Eisenhower. A imagem polêmica foi vendida para Marinho, que publicou no *Globo*, e também foi publicada no *New York Times*.[17] Era o início de uma amizade e uma parceria.[18]

Ibrahim alimentou jornais e revistas com fotografias da sociedade carioca até perceber que poderia ocupar o espaço de colunistas como o pioneiro Jacinto de Thormes, pseudônimo de Manoel Muller, o Maneco, que se arrastava, sem empolgação, e Jean Pouchard, considerado inconveniente nas rodas sociais. Ibrahim não tinha texto final, mas escrevia termos que cativavam os leitores, como café-society e dama-de-preto. Quando não conseguia notas numa festa antes do fechamento do jornal, enrolava: "Depois eu conto." Um dia, tomou coragem e mostrou a Marinho um projeto de coluna no estilo de Walter Winchell, americano que retratava celebridades e a vida pessoal de figuras públicas na cadeia de jornais de William Randolph Hearst. Marinho avaliou que o gênero não "pegaria" no Brasil. Sued foi trabalhar nos Diários Associados. Tempos depois, voltou à sala de Marinho, agora convidado para comandar a coluna "Reportagem Social", no *Globo*. Ele dividia seu trabalho no jornal com o de relações-públicas nas festas do Cosme Velho. Estava em todas as recepções. Roberto e Stella foram seus padrinhos de casamento. Buscava aprender com quem lhe pudesse ensinar formas de entrar na sociedade carioca. Recebeu lições até de Ricardo Marinho, reconhecido pelo estilo *blasé*, que não era procurado por ninguém para isso.[19]

Ibrahim não necessariamente entendia de estilo. Escrevia notas confusas. "Hoje ofereço também uma definição do que é ser 'lady': é usar o vestido suficientemente justo para mostrar a forma feminina e suficientemente largo para evidenciar uma 'lady'", escreveu certa vez.[20]

O colunista dava "foras" em eventos no Copacabana Palace, como na recepção à norte-americana Dorothy Dandridge, primeira negra indicada ao Oscar de Melhor Atriz. Num discurso lido, ele disse que a cantora "fazia um ano de idade" em vez de "mais um ano de idade". Roberto Marinho se enfureceu com a confusão de seu colunista e exigiu que, nos eventos seguintes, ele gravasse os textos.[21] Ibrahim se impunha pela sensibilidade jornalística. "Ele era um sujeito inculto, faziam brincadeira com ele", avalia o empresário e amigo de Ibrahim Paulo Fernando Marcondes Ferraz.[22]

A coluna de Sued na *Manchete* mapeou os ricos do Rio de Janeiro levando em conta o tamanho dos barcos ancorados no Iate Clube. Ele anotou todos os tamanhos, espessuras e tipos de barcos ancorados. Depois, fez um ranking dos proprietários dos melhores, que, sob o ângulo da ostentação e do requinte, era também uma hierarquia da elite carioca. A ressalva é que o ranking só incluía quem gastava dinheiro em barcos, e não apenas em bancos.

No começo de 1958, Roberto Marinho comprou *Miss Globo*, um barco rápido, propício a viagens de mergulho. Estava na categoria das "pequenas lanchas", um time que incluía Monteiro de Carvalho, Leite García, Raja Gabaglia e Mario Slerca. Numa categoria mais elevada, a dos "iates de luxo", estavam Antonio Galdeano, com seu *D. Quixote*, Jorge Matos, com *Castalia*, Adalberto Ferreira do Valle, *Igarati*, Willian Bragalle, *Aibee*, e Plácido Antonio Rocha Miranda, *Dezoito*.[23] Depois trocou por um barco argentino, o *Arisco*, até adquirir, em 1963, o *Tamarind*, um iate de 32 metros.[24]

A aquisição do *Tamarind* causou rebuliço no *Globo*. A marca "nosso companheiro" foi abalada. Espalhou-se que Marinho estava milionário. O empresário convocou uma reunião de emergência na redação. Editores, repórteres e até contínuos foram chamados.

"Dr. Roberto quer falar!", anunciaram.

Diante dos jornalistas, ele justificou:

"Realmente, eu comprei. O iate não é meu. O iate é do *Globo*, é dos funcionários."

Um grupo saiu em defesa de Marinho, com aplausos e resmungos de concordância. Outro tentou segurar o riso. "Aí, não", conta, rindo, Pery Cotta, jornalista que estava na redação. "Ele não queria parecer como uma dessas figuraças de empresários de hoje, que se sustentam pela aparência. Mas imagina se alguém dissesse: 'Ah, nesse final de semana é meu.' A gente sabia também que o iate não era apenas para suas pescas. Era para conversar com pessoas, fazer política", relata. "Ele tinha cuidado no trato com os jornalistas, porque achava que *O Globo* precisava dos bons."

Naquele ano de aquisição do *Tamarind*, Ibrahim Sued entrou em colisão frontal com Sérgio Lacerda, filho do governador da Guanabara. Marinho não entrou na briga, mas publicou no jornal uma carta enviada por Sérgio com críticas a Ibrahim, sem dar direito de resposta ao colunista. Ibrahim sentiu o orgulho ferido e foi trabalhar no *Diário de Notícias*.

A saída de Ibrahim do *Globo* levou Marinho a tentar fazer uma coluna sem a assinatura de uma celebridade, com notas dos jornalistas da redação.

Salles e Marinho discutiam um nome para a coluna quando chegou Schmidt. O poeta olhou para os nomes que estavam na mesa e disse:

"Estão uma merda. Vocês estão atrás do tempo perdido. É a coluna do Swann."

Ao ouvir a sugestão de título da coluna inspirada na obra do escritor francês Marcel Proust, Marinho foi lacônico:

"Mande registrar."[25]

Em janeiro de 1959, as notícias internacionais predominavam nas primeiras páginas dos jornais. *O Globo* publicou informação da agência norte-americana Associated Press que afirmava que um grupo do líder revolucionário Fidel Castro descia as montanhas e começava a derrubar a ditadura de Fulgencio Batista. Uma foto de manifestantes com lenços vermelhos foi publicada na capa.

Em Havana, os confrontos entre os revoltosos e as tropas legais resultaram na morte de cinquenta pessoas, nas contas apresentadas pelo *Globo* no dia 5. O jornal relatou com entusiasmo a ascensão de Fidel. "O programa do novo governo compreende numerosas reformas sociais, mas nenhuma nacionalização ou confisco de propriedades estrangeiras", anunciou.

Uma mudança brusca no enfoque do vespertino ocorreu no dia seguinte. A "revolução" começou a ser mostrada sob outro ângulo nas páginas do jornal de Marinho. Um texto da UPI informou que um delegado de polícia acusado de matar um estudante revolucionário, no tempo do governo Batista, foi fuzilado pelos homens do novo regime. Quatro dias depois, o *Globo* publicou foto que mostrava um oficial armado pronto para atirar no delegado.

Antes de qualquer discurso anticapitalista de Fidel Castro, *O Globo* publicou editorial pondo fim a uma lua de mel que durara apenas duas semanas. No dia 14, o jornal ressaltou que não era mais possível ter esperança no governo que substituiu uma ditadura que "envergonhou" o hemisfério.

Uma trégua do *Globo* em relação a Fidel ocorreu em maio, quando o agora primeiro-ministro cubano fez uma visita ao Brasil. Para desespero dos jornais de esquerda e trabalhistas, a festa de recepção ao cubano no Rio foi na "Bastilha da reação", como se referiam à mansão de Maria do Carmo e José Nabuco, o advogado dos "trustes estrangeiros", no Alto Humaitá. Entre uma taça de champanhe e outra, Fidel fez longos discursos contra o imperialismo norte-americano.[26] *O Globo* relatou a festa e a viagem do líder cubano em detalhes. A questão dos fuzilamentos foi abordada apenas em relato sobre uma conversa rápida entre Fidel e o governador paulista Ademar de Barros. No jardim, o cubano disse que no seu país os ladrões eram fuzilados. "Vocês são uns bandidos", disse, em tom de deboche, Ademar.[27]

Notícias de fuzilamentos de soldados e policiais e expulsões de altos funcionários do regime de Batista em Havana continuavam sendo distribuídas por agências internacionais. Em agosto daquele ano, o ditador da República Dominicana, Rafael Trujillo, com apoio de Washington, tentou invadir Cuba. O plano fracassou. Fidel levou à frente sua política de nacionalização de empresas e bancos, pôs para fora membros da Igreja Católica e sinalizou alinhamento com Moscou, o que ficaria mais nítido em 1960, ao fazer um duro discurso contra o "imperialismo" norte-americano na Assembleia das Nações Unidas, em Nova York. Em seguida viriam o embargo comercial decretado pelos Estados Unidos e a invasão fracassada na Baía dos Porcos por exilados cubanos, auxiliados pela CIA. *O Globo* passou a retratar um Fidel sanguinário.

Uma terceira fase da linha editorial do jornal em relação ao líder cubano só ocorreu mais tarde, nos anos 1990, quando o ditador visitou o Cosme Velho. Era tempo de declínio da União Soviética. Fidel começou a rodar o mundo em busca de novas fontes de recursos. Foi presente dele uma parte dos flamingos que adornavam o jardim da residência, os mais vermelhos.[28]

A sucursal do fim do mundo

Roberto Marinho começou a tratar como uma história de romantismo e aventura a ideia defendida por deputados sem expressão de Goiás e Minas Gerais para mudar a sede do governo para o Planalto Central.

No esforço de adular o baixo clero da Câmara, Café Filho mandou instalar uma Comissão de Localização da Nova Capital. Era uma das tantas propostas sem relevo no dia a dia do Parlamento. No decorrer do teatro burocrático, o presidente convidou um militar aposentado para apresentar, a longo prazo, muito além de seu mandato, a área da futura sede do governo, em Goiás. O marechal José Pessoa, veterano da Primeira Guerra, da campanha "O petróleo é nosso" e sogro de Rogério Marinho, aceitou o convite como uma missão de vida. Brasília nascia do empenho do militar em implantar uma Doutrina de Segurança Nacional. Ele argumentava que Vera Cruz, como queria batizar a cidade, estava longe das confusões políticas e do influente Comando Militar do Sudeste, com sede no Rio de Janeiro. No momento que pensava apenas na instalação de sua TV e jamais imaginava construir um escritório distante para seu jornal, Roberto Marinho teve susto maior ao perceber que o presidente havia passado a direcionar para Brasília recursos do Vale do São Francisco, da Amazônia, de moradias da Caixa Econômica Federal e da Previdência. "Brasília ou Brasil", afirmava editorial publicado pelo *Globo*. O jornal argumentou que o projeto não poderia ser feito a toque de caixa, em menos de quatro anos, durante um momento de crise política.[29]

Era tarde demais. Roberto Marinho se arrependeu profundamente de ter se dobrado à imagem de respeito do marechal e permitido que *O Globo* gestasse aquela ideia maluca.[30] "O general Pessoa constrangeu o dr. Roberto duas vezes", lembra, rindo, José Roberto Marinho, referindo-se tanto à construção de Brasília quanto à campanha de criação da Petrobrás. Ele observa que, antes de Pessoa ser nomeado presidente da comissão para localizar o sítio da nova capital, o pai não concordava com a transferência da sede do governo. "Papai fez campanha contra Brasília. A partir de um certo momento, arrefeceu por causa do general e depois se arrependeu", disse. "Então o pessoal já sabia: 'Chama o general Pessoa que o Roberto fica quieto!'"

Na busca da concessão da TV, Roberto Marinho diminuiu as críticas à mudança da capital. O noticiário moderado do *Globo* sobre a gastança nas obras levou a imprensa alternativa a afirmar que Juscelino "comprou" a opinião "venal" do empresário. O *Semanário* ressaltou que o jornal de Marinho passou a fazer "elogios" a Brasília que até as vésperas atacava.[31]

Mergulhado no projeto da TV, Marinho mantinha as pontes com o governo Juscelino. Schmidt e até o velho Moses se encarregaram de publicar no *Globo* artigos em defesa da nova capital.[32] O empresário ainda pagou viagens de repórteres pelas estradas abertas para integrar Brasília a Belo Horizonte. O repórter Bernardino de Carvalho foi um dos escalados para enfrentar "poeira e cansaço (no) rumo de Brasília".[33]

Marinho não abria mão, porém, de textos opinativos críticos à "pirâmide de Kubitschek", como descrevia Brasília. "Não houve um só edifício, uma única obra feita por concorrência pública", destacou um editorial.[34] O jornal narrou, inclusive, as dificuldades enfrentadas por meninos e meninas da nova capital. "Pobres crianças de Brasília, que são menos favorecidas que as do Rio, uma vez que estas, pelo menos, têm as lindas praias cariocas."[35] *O Globo* ainda publicou artigo do economista Eugênio Gudin que associava as obras ao aumento do déficit público.[36]

No avião da companhia Real, era possível fazer o trajeto Rio-Brasília em duas horas e meia, uma a mais do que se faz hoje. O *Jornal do Brasil* sugeriu que a capital construída por Juscelino estava longe de simbolizar um novo país.

Marinho optou por viajar de carro para a festa de inauguração de Brasília. Foi acompanhado pelo filho Roberto Irineu e o motorista Joffre. Na cidade, Marinho conheceu o escritório da sucursal do *Globo*, na Asa Sul. Os jornalistas contratados para trabalhar na cidade e os que estavam ali para reforçar a equipe disputavam cadeiras e mesas.

Ele não suportou dois dias ao clima seco de cerrado, ao calor e à precariedade das instalações do hotel, o Brasília Palace, um bloco branco construído a poucos metros do Palácio da Alvorada. À noite, acordou Joffre e Roberto Irineu para voltarem ao Rio.

"Horrorosa", disse na viagem de volta.

Colunista do *Globo* e assessor do gabinete de Juscelino, Schmidt visitou a Cidade Livre, uma invasão feita por trabalhadores que hoje é a cidade de Taguatinga. O lugar abrigava os migrantes que não tinham conseguido casa no Plano Piloto. O poeta considerou que o acampamento no cerrado estava mais próximo dos núcleos da corrida do ouro do oeste norte-americano que das favelas cariocas. Para ele, as favelas eram estáticas, de uma vida "vegetativa", uma pobreza em tom de "dolência", diferente do agrupamento em torno de Brasília, onde havia "esperança".[37]

De certa forma Schmidt estava certo. O governo não dava motivos para quem vivia nos morros cariocas vislumbrar dias melhores. Os recursos do Banco Nacional de Habitação, o BNH, e da Previdência migraram quase em sua totalidade para a construção de grandes apartamentos destinados à nata do serviço público, nas superquadras do Plano Piloto. A cidade nascia como uma estatal.

Durante jantar no Rio, Marinho questionou Juscelino:

"Mas, presidente, o Rio de Janeiro tem vários lugares para fazer construções. Tem a Barra da Tijuca, vazia."[38]

A transferência da capital significava a mudança para o cerrado de uma boa parte do mercado do lobby. Moses era personagem das ruas estreitas do Rio de Janeiro, costumava andar a pé de um escritório a outro, no máximo entrava num carro para saltar na frente de um palácio ou de uma mansão em Botafogo. Na nova capital, era impossível para o velho lobista estar em todos os lugares ao mesmo tempo. O lobby das empresas começava a ser dividido por setores, com a presença de um número maior de profissionais, cada um numa área. No eterno clima de um golpe militar à vista, Brasília representava uma barreira para o lobby. O personalismo e a dinâmica das relações tinham que ocorrer, agora, numa cidade de grandes espaços vazios, de um céu engolindo o planalto de árvores tortas, de palácios brotados no deserto. As recepções no novo prédio do Itamaraty não tinham o clima das noites políticas do Rio. O "Mosquito Elétrico", figura exclusiva do *grand salon* do Rio das festas, dos discursos da ABI, estava mais distante do novo tabuleiro de xadrez. O Rio, que deixava de ser capital federal, ainda era o centro cultural do país. Era a cidade maravilhosa: o Rio da Bossa Nova, do Cinema Novo, das vanguardas artísticas, do movimento neoconcretista, do teatro experimental, do Centro Popular de Cultura (CPC), da música de protesto.

Roberto Marinho, com pressa de voltar para casa, tinha o instrumento da televisão, que, sob certo ângulo, fazia do Rio de Janeiro a capital ao menos do grupo de entretenimento que começava a ganhar vida no Jardim Botânico. Brasília, por sua vez, tornava-se mais uma aposta do empresário Luiz Severiano Ribeiro Júnior, que, em parceria com o lobista da indústria americana de cinema Harry Stone, inaugurou a primeira sala de exibição de filmes na nova capital com a presença do presidente. Stone era um ex-soldado americano que chegava ao Rio para fazer lobby nos salões do poder em favor da The Motion Picture Association of America, a entidade que controlava a venda de filmes de Hollywood — quase um Departamento de Estado, na definição da *Última Hora*.[39]

O Brasil moderno de JK tinha seu cinema atrelado a Stone. O lobista desdobrava-se para distribuir películas nos palácios inacabados e acompanhar os passos dos produtores brasileiros nos corredores do Congresso. Ele pagava o preço que fosse preciso para estar ao lado do poder. De ciceronear a família de Juscelino em visita aos estúdios da Califórnia a defender os gastos do governo nos canteiros do cerrado. "Ninguém tem direito de criticar Brasília, a obra do século", declarou com seu forte sotaque à *Última Hora*, de Samuel Wainer.[40]

Era tempo de surgimento de um novo galho na árvore torta da cerrada elite brasileira, regado pelo Estado. Juscelino Kubitschek inventava as empreiteiras para pôr em prática o projeto de uma capital de largas e inconclusas rodovias pela floresta. Andrade Gutierrez, Mendes Júnior, Camargo Corrêa e Odebrecht ganhavam protagonismo nos sistemas de infraestrutura e financiamento político. Uma elite se ergueu na poeira e na lama do Planalto Central. Os construtores entregavam um caminhão de areia e diziam que despejaram duas caçambas, instalavam uma estaca e recebiam por três. Sob a omissão ou parceria entre as elites do Rio e de São Paulo, as empreiteiras e seus parceiros no Executivo e no Legislativo estavam blindados em relação ao movimento social nas metrópoles para tocar megaobras e promover a barbárie nos rincões do Centro-Oeste e da Amazônia. As redações dos jornais e revistas apenas começavam a atuar na nova capital. Não havia condições para um acompanhamento minucioso do que se negociava nos palácios em obras.

Em 1960, o Rio de Janeiro, que deixara de ser capital do Brasil, tinha uma população de 3,3 milhões de habitantes, quatro vezes mais que no ano do nascimento de Roberto Marinho.[41]

O empresário continuou a frequentar os salões sociais e de poder, mas sem dinheiro para ousadias. Num leilão no Museu de Arte Moderna, viu, a contragosto, o industrial Ciccillo Matarazzo adquirir uma tela de Djanira. Ao lado do amigo Raymundo Castro Maya, limitou-se a ouvir os lances.[42]

Militantes do PTB não tiravam o olho dele. Em um comunicado divulgado na imprensa, o Sindicato dos Trabalhadores da Petrobrás cobrou do governo Goulart a oficialização do nome de Eduardo Sobral como diretor comercial da empresa, uma nomeação criticada por Roberto Marinho nas páginas de seu jornal. "Repudiamos a intromissão [em] assuntos da Petrobrás [de] Roberto Marinho, diretor do *Globo*, inimigo do monopólio estatal de petróleo." Entidades estudantis entraram na briga para reclamar da "interferência" do "nefando".[43]

Em Brasília, uma brincadeira de jornalistas do comitê de imprensa do Palácio do Planalto incluía Marinho na lista de "pior gabinete" de governo. A relação citava ainda Ademar de Barros, Filinto Müller e Carlos Lacerda.[44]

Enquanto Juscelino construía e tentava consolidar Brasília, Roberto Marinho estava focado no projeto de televisão. "Eu ainda vou ter uma TV", dizia, como um mantra, nas raras vezes em que falava durante as viagens ao lado do motorista. Joffre se lembrou da escolha do terreno para a construção da emissora, onde antes havia uma antiga fábrica, no Jardim Botânico. "Na hora de entrar dentro do carro, disse: 'É aqui'", relatou. A partir desse momento, o motorista passou a fazer mais o transporte das crianças do Cosme Velho, se afastando de Marinho. O empresário começou a dirigir sozinho, num Fusca. É ilustrativo que o fim de uma relação que vinha dos tempos da Urca coincidisse com o momento do grande salto na vida e nos negócios de Marinho.[45]

Às vésperas de a TV Globo ir ao ar, o Roberto Marinho tinha um patrimônio formado pelos negócios imobiliários, pelos gibis e pela rádio. Tinha também outros empreendimentos, como a fábrica de geleias de mocotó Imbasa. O jornal *O Globo* operava no azul, lembra o filho João Roberto, não perdia dinheiro. Era época do apogeu do amigo Chateaubriand, com quem se dava bem e de quem gostava e achava graça. Se não era considerado um exemplo de empresário pela elite carioca, Chateaubriand era um modelo de sucesso na área almejada por Marinho. Não havia dinheiro suficiente, porém, para o dono do *O Globo* seguir no rumo da televisão. "A ideia de se criar uma rede de comunicação estava na cabeça do meu pai. Ele conseguiu alguma musculatura para fazer a TV, mas quase quebrou", afirma João Roberto.

Aos sessenta anos, Marinho fazia sua aposta de maior risco. Os irmãos Rogério, Hilda e Heloísa chegaram a ter os nomes escritos nos papéis da sociedade da TV Globo, mas nunca se efetivaram como sócios da emissora. Pelo contrato de constituição inicial do grupo, Roberto tinha 60% das ações, Stella, 28,8%, e cada um dos três irmãos do empresário, 3%.[46]

A decisão de não arriscarem o patrimônio numa emissora de TV resultaria, tempos depois, na divisão de poder dentro da empresa familiar. *O Estado de S. Paulo*, por exemplo, ainda nos anos 1950, já tinha três donos, os filhos de Julio de Mesquita. No caso do grupo Globo, Roberto Marinho não viveria disputas na família. Ele se impôs como pai dos irmãos Ricardo e Rogério e como figura insubstituível diante dos filhos que nasceram quando ele tinha passado dos quarenta anos.

Em depoimento, Rogério demonstrou desconforto com a pergunta sobre a decisão de Roberto de criar a emissora. "É uma pergunta que eu não sei responder. Eu não tinha muito entusiasmo. Eu não tinha razão. Quem tinha razão era o outro lado", afirmou, fazendo em seguida um longo silêncio.[47] O banqueiro José Luiz de Magalhães Lins é implacável na descrição de Rogério: "Uma boa pessoa, mas não era do ramo."[48]

A amigos, Roberto Marinho nunca deixou de relatar esse momento emblemático em que ele e os irmãos mostram divergências em relação ao projeto da TV. "Quando comprei a televisão, ninguém quis entrar. *Que televisão coisa nenhuma! Besteirada! Vai perder dinheiro, vai quebrar*, diziam. Eu vendi meu carro, comprei um Fusquinha. Ninguém sabia o que iria ocorrer em 64. Ninguém sabia."[49]

Em abril de 1959, Herbert Moses abriu as portas da ABI para o lançamento do Movimento Popular Pró-Jânio Quadros. A candidatura do ex-governador de São Paulo ao Planalto nascia "sem" cor partidária nas notícias do *Globo*. A disputa pela cadeira de Juscelino só ocorreria em outubro do ano seguinte, mas o grupo "apartidário" se apressou.

A longo do seu governo em São Paulo, Jânio tinha um bom relacionamento com Café Filho, o que facilitou sua aceitação por parte de Marinho, um jogador dúbio, que buscava as verbas federais de Juscelino e, ao mesmo tempo, estava sintonizado à UDN, que criticava o governo. Roberto Marinho deu sinal de que faria um noticiário simpático a Jânio ao dizer, numa entrevista à TV Itacolomi, em Belo Horizonte, que o candidato era uma "mística" da política.[50] *O Globo* deu espaço a Jânio, sem paixão, mas sem críticas.

O Globo estampava manchetes favoráveis às candidaturas de Jânio Quadros à presidência, Milton Campos à vice-presidência e Carlos Lacerda ao governo da Guanabara. Marinho mandou que os redatores da primeira página registrassem os "delírios" das multidões nos comícios dos aliados.[51]

Quase um ano antes das eleições, Jânio era retratado nas páginas do jornal de Marinho como um sucessor consumado de Juscelino. A qualquer crise política nacional, o candidato aparecia no *Globo* para comentar a situação ou no papel de bombeiro de crises.

Foi assim quando, numa manhã de dezembro de 1959, três aviões saíram do aeroporto do Galeão sem rumo conhecido. Repórter do *Globo* no Senado, José Ribamar Castello Branco procurou o senador maranhense Vitorino Freire para pedir ajuda. A filha do jornalista, Leila Araújo, estava dentro de um dos aviões. Freire telefonou para Juscelino e depois passou o aparelho para José Ribamar. O presidente informou que o Constellation não tinha caído nem estava sumido. O avião foi sequestrado por um grupo de rebeldes da Aeronáutica e estava em Aragarças, uma localidade na divisa de Goiás com Mato Grosso. Mais uma tentativa de golpe chegava às páginas do jornal de Marinho.[52]

Marinho tinha interesse em manter a relação morna com Juscelino, que acabava de lhe dar uma concessão de TV e garantir a continuidade do processo sucessório que apontava a vitória de Jânio Quadros à disputa pela presidência, no ano seguinte.[53] Diante de sinais na UDN em apoio ao movimento, Marinho partiu para o ataque aos revoltosos. Num editorial, ele disse que "compreendia" o inconformismo da nova geração e o "descalabro" financeiro do país, mas classificou os aviadores de "maus brasileiros". "O levante não servia à pátria", destacou. Marinho aproveitou para dar voz a Jânio Quadros, que pedia, nas páginas do *Globo*, para os rebeldes "confiarem" nos destinos do regime.[54] Numa entrevista para jornalistas credenciados no Catete, Juscelino afirmou que não indultaria os oficiais da Aeronáutica. "As eleições estão aí. O problema do Brasil não se resolve mais à bala, e sim pelo voto", disse, numa frase que saiu publicada no jornal de Marinho.[55]

Quando a crise envolvendo a Aeronáutica diminuiu, Carlos Lacerda entrou para valer como candidato da UDN na eleição para o governo do recém-criado estado da Guanabara, contra Sérgio Magalhães, do PTB. Com a transferência da capital para o Centro-Oeste, o novo estado ocupou a área do antigo Distrito Federal do Brasil. Oswaldo Costa, veterano do nacionalista *Semanário*, pregava que a campanha de Lacerda era paga pela Light, de Antonio Gallotti.[56]

Marinho pôs *O Globo* para apoiar Lacerda abertamente. Ele escolheu Mauro Salles, amigo de Magalhães, para coordenar a cobertura.

"Mas, dr. Roberto, eu voto no Sérgio", disse Salles.

"Eu já combinei com o Carlos. Ele sabe que você vota no Sérgio."

Durante a cobertura, Lacerda telefonava, sempre pela manhã, para Salles.

"O que podemos fazer contra o seu candidato, Mauro?"[57]

Lacerda contou ainda com o empurrão de Tenório Cavalcanti, que ao se candidatar pelo Partido Social Trabalhista (PST) ao governo da Guanabara arrancava votos certos do PTB nos bairros populares.

Às vésperas das eleições, Marinho aprovou manchete do jornal com uma frase em que Lacerda prometia governar sem "rancores".[58] O candidato da UDN venceu o oponente do PTB por diferença de apenas 24 mil votos. Tenório tinha arrancado um número considerável de eleitores de Magalhães.[59] Na eleição para o Planalto, Jânio foi eleito presidente. O vice de Juscelino, João Goulart, que disputou a vice na chapa de Lott, ganhou nas urnas o direito de permanecer no mesmo cargo.

O governador eleito procurou demonstrar gratidão com os salões e a imprensa. Ao assumir o cargo, Lacerda disse que *O Globo* teria uma "imensa parcela de responsabilidade" na obra do novo governo. "Trago a esse jornal que Irineu Marinho fundou e seus filhos consolidaram, e elevaram tanto, aos seus companheiros e aos seus leitores, o testemunho do meu compromisso de trabalhar pelo povo e pelo Estado, sem servir a ninguém em particular para poder servir a todos, em geral."[60]

Lacerda não demorou a quebrar a relação amistosa com Juscelino. Mas o presidente o neutralizou, aproximando-se de Paulo Bittencourt, Assis Chateaubriand e Roberto Marinho.[61]

Ao final do mandato, Juscelino fincou na lapela do paletó de Marinho a Comenda do Mérito e o nomeou presidente da Comissão do Livro do Mérito, pequenas honrarias de final de governo para sinalizar que estava no jogo para a próxima disputa sucessória.

"Fiz justiça a uma das altas figuras da inteligência do país."

Roberto Marinho agradeceu:

"O gesto de Vossa Excelência dá margem a considerações. Refiro-me ao fato de haver Vossa Excelência optado pelo redator de um órgão que procurou manter uma linha de independência e crítica nestes anos de seu governo."[62]

Em volta dos amigos, Schmidt relatava que a campanha presidencial estava pesada, e Juscelino não estava nada satisfeito pelo tom agressivo contra seu governo por parte de Jânio Quadros, que prometia varrer a corrupção.[63]

Na véspera da posse de Jânio, Schmidt soube que o novo presidente atacaria Juscelino no discurso no parlatório do Planalto. Telefonou, então, para Juscelino. O presidente respondeu:

"Meu caro Schmidt, se o Jânio cometer esse desatino, passo-lhe a faixa e dou-lhe um soco na cara."[64]

Jânio se comportou na festa da posse, mas logo causou polêmicas. Em junho de 1961, Marinho foi informado de que o presidente pretendia proibir as revistas de quadrinhos estrangeiros. O empresário acabara de renovar o contrato para publicar as tiras norte-americanas de Ferdinando e Brucutu. Numa matéria com o título "Brucutu", a revista *Mundo Ilustrado* divulgou que Roberto "sigilosamente" fora ao gabinete do ministro da Educação, Brígido Fernandes Tinoco, a fim de evitar o "golpe" em seus negócios.[65]

O ALQUIMISTA

De um quarto do Hotel George V, em Paris, Schmidt escreveu a Marinho carta de cinco folhas com timbre do estabelecimento para criticar o deputado federal San Tiago Dantas, figura que ganhava influência na política externa, e Jânio. Para o lobista, o presidente era um "louco" e "falso". "O conceito do Brasil no exterior desceu a zero. Ninguém quer nada mais com o Brasil. É um país considerado idiota", escreveu.[66]

Em outra carta de cinco páginas, Schmidt escreveu sobre o fato de os brasileiros "continuarem indiferentes a tudo". Criticado pelos jornais pelo diletantismo e pouca eficácia de ideias, Schmidt começou a fazer autoavaliações e ataques à guinada "antiamericana" que dizia enxergar por parte de Jânio e Goulart. "Estou triste comigo mesmo de ter dado tanta importância ao desenvolvimento e tão pouca aos problemas de ética [...] Jango vai para a Rússia e China sendo vice-presidente. A Câmara e o Senado consideram coisa normal e aumentam os seus próprios vencimentos."[67]

No Rio, a imprensa simpática a Goulart mirava em Lacerda, chamando-o de governador "Rio-Light", por suas relações com a companhia de energia elétrica.[68] Lacerda, por sua vez, rompeu a relação amistosa com Jânio e disparou contra o presidente. O governador da Guanabara levou Marinho junto para o tiroteio. As críticas de Lacerda ao governo foram alimentadas pela decisão de Jânio de uma política externa "independente". Na prática, o Planalto acertava acordos e empréstimos nos Estados Unidos. Os afagos a Cuba e à União Soviética, porém, tinham espaço na agenda de Jânio e de seu ministro de Relações Exteriores, Afonso Arinos. Os defensores de Jânio acusavam Lacerda de vingança pelo governo ter negado um empréstimo de trinta milhões para a *Tribuna da Imprensa*. Clemente Mariani era o ministro da Fazenda, pai de Maria Clara, esposa de Sérgio Lacerda, filho de Lacerda.[69]

Numa noite de agosto daquele ano, duas figuras influentes desembarcavam na pista poeirenta do aeroporto de Brasília. Ernesto "Che" Guevara, então ministro da Indústria e Comércio de Cuba, chegava para receber uma condecoração no Planalto, e Lacerda aparecia para um encontro com o presidente no Alvorada. Enfrentando um processo sigiloso de impeachment na Assembleia Legislativa da Guanabara e sem recursos para tocar obras, Lacerda chegou à residência oficial da presidência para pernoitar e avisar da possibilidade de sua renúncia. Depois de sair para um encontro com o ministro da Justiça, Pedroso Horta, acertado por Jânio, o governador se surpreendeu com sua mala na portaria do Alvorada. Voltou revoltado ao Rio. Em pronunciamento em cadeia de rádio e TV, denunciou que foi convidado pelo governo a participar de uma "trama palaciana", que *O Globo* entendeu como um plano de ditadura.

Parceiro de Lacerda na disputa, Marinho calculou rápido a jogada exposta pelo colega e apresentou a carta K como trunfo. Ainda de madrugada, mandou um repórter telefonar para Juscelino, que, de acordo com a conveniência, era tratado por comunista ou rei moderador, para comentar o pronunciamento de Lacerda. Kubitschek afirmou ao jornal que a "nação" precisava saber o "destino" que Jânio queria lhe dar.[70]

O jornal de Marinho levava dois dias para chegar às bancas da Asa Sul, pontos de encontro de parlamentares em Brasília. Mas, na manhã de sexta-feira, 25 de agosto, Dia do Soldado, a Rádio Globo já divulgava que o presidente Jânio Quadros havia anunciado no Planalto a renúncia ao mandato e, em seguida, embarcara para São Paulo. Antes, Jânio mandou a carta de renúncia ao Congresso para ser avaliada. Pelas condições normais, o documento provocaria dias de tensão e discussão. Não foi isso que ocorreu.

Auro Moura Andrade, presidente do Senado e adversário de Jânio, mandou fechar o aeroporto da capital para garantir que os poucos parlamentares que passavam o feriado na cidade soubessem da carta e fossem avisados da posse do cargo "vago" do presidente da Câmara, Ranieri Mazzilli, primeiro da linha sucessória depois de Goulart, que estava fora do país. Em Santos, Jânio ouviu estupefato a notícia.

A Rádio Globo deu o furo da renúncia. Uma edição extra do *Globo* começou a ser preparada com as notícias transmitidas de Brasília. Às 18 horas, o jornal saiu às bancas para informar da renúncia. Na capa, o vespertino lembrou que, pelo artigo 79 da Constituição, o substituto do presidente era o vice. "Jango presidente!" destacou o título da nota.

A chegada da informação na rádio tem duas versões. Rogério, que sempre teve bons contatos com os militares, contou ter recebido um telefonema de um oficial da Marinha sobre a renúncia e repassado para o irmão Roberto, que reagiu: "Você está maluco?" Em outra versão, o próprio Roberto recebeu a notícia durante visita naquela manhã ao Planalto.

"Que coisa, hein!", disse a um assessor do governo no elevador.[71]

Na edição matutina do dia 26, o jornal destacou que a nação estava na "expectativa" da posse de João Goulart. Marinho não disfarçava que a renúncia de Jânio foi uma "surpresa", pois o presidente não enfrentava oposição forte do Congresso, menos ainda das Forças Armadas.[72]

João Goulart estava com uma acompanhante numa suíte no Hotel Rafles, em Cingapura, quando o assessor Raul Riff e o jornalista João Etcheverry, que fazia a cobertura da viagem, bateram na porta. A agência Associated Press tinha informado sobre a renúncia de Jânio. Minutos depois, Goulart atendeu o telefone e desligou imediatamente quando um repórter da agência United Press International se apresentou do outro lado da linha. O vice disparou telefonema para Horácio de Carvalho em busca de informações.[73]

Num primeiro momento, Marinho apoiou sem restrições a posse de Goulart. O empresário, porém, no dia 28, flertou com o movimento golpista que emergia mais uma vez na Aeronáutica. Uma entrevista do ministro da Guerra, Odílio Denis, à agência UPI chegou à redação do *Globo* nas primeiras horas da manhã daquele dia. Marinho jogou a declaração do ministro na manchete da edição matutina.

> "Estamos na encruzilhada:
> democracia ou comunismo"

O *Globo* reproduziu trecho da entrevista em que o militar teria afirmado que nada tinha contra a "pessoa" de João Goulart, mas "apenas" contra a forma de governo que ele representava. Denis foi o general que, na crise do suicídio de Vargas, mandou soldados salvarem a redação do jornal de Marinho.

O flerte de Marinho com os golpistas das Forças Armadas durou até a edição seguinte do jornal, que chegou às bancas com uma nota da pasta da Guerra para desmentir a declaração do ministro Odílio Denis.

O general e os colegas ministros da Marinha, Sílvio Heck, e da Aeronáutica, Gabriel Grün Moss, eram os porta-vozes da conspiração. Não havia unanimidade na caserna para impedir a posse do vice-presidente. Dois dias depois, a 30 de agosto, Marinho se incorporava a um plano de tirar poderes do presidente, vendido como solução para o impasse. A fórmula era a adoção do parlamentarismo, o que permitiria a posse de Goulart como presidente. Por meio de seu jornal, Marinho defendeu uma "fórmula negociada" entre o Congresso e os militares, pedindo o fim de "interferências" unilaterais das Forças Armadas. "Desta vez, a sua bandeira é a de evitar que assuma o poder um presidente comprometido com ideologias contrárias à índole e aos interesses do povo brasileiro." Numa edição seguinte, o jornal dava como certo o parlamentarismo e publicou, na manchete, que Goulart era o presidente.

Em Porto Alegre, onde João Goulart tinha mais apoio, o Exército tirou os cristais de transmissão das rádios ligadas ao governador Leonel Brizola. No Piratini, Brizola recebeu Maurício Sirotsky, dono da Rádio Gaúcha e, mais tarde, do grupo RBS. Sirotsky recomendou que ele encampasse a Rádio Guaíba, a mais potente do estado e que não tinha sido silenciada.

"Excelente ideia, índio velho."[74]

Brizola instalou os equipamentos da rádio no porão do Piratini. Depois, requisitou as rádios Gaúcha e Farroupilha. Ele ordenou ainda que uma brigada militar vigiasse as antenas. Assim, começou a transmitir discursos em defesa da posse de João Goulart em ondas curtas e médias. Aos poucos, dezenas de emissoras país afora aderiram à cadeia da legalidade. O êxito de Brizola se deu, sobretudo, a partir da retransmissão pela Rádio Mayrink Veiga, do Rio, que só perdia na antiga capital em audiência para a Nacional e a Tamoio.[75] Depois de anos de queda, a Mayrink Veiga voltava a atrair ouvintes.

A família Mayrink Veiga fabricava armas para o Exército desde a Guerra do Paraguai e operava estaleiros.[76] Antenor Mayrink Veiga vendeu sua metade nas ações da rádio para o deputado federal Miguel Leuzzi, do PTN de São Paulo, ligado a Jânio Quadros. Brizola fez acordo com Leuzzi para garantir a frequência da rádio.

O general Machado Lopes, comandante do III Exército, em Porto Alegre, aderiu ao movimento de apoio a Goulart.

Goulart fez uma série de escalas a fim de atrasar a chegada ao Brasil. Era o tempo necessário para seu grupo costurar um acordo entre governadores e ministros militares. *O Globo* noticiou que, na viagem entre a Cidade do Panamá e Lima, Goulart confidenciou a um repórter, Jean Porterelle, de *La Dernière-Heure*, que queria a paz, mas muitos no Brasil desejavam vê-lo preso. Ali, ele já aceitava o acordo para implantar o parlamentarismo, que reduzia o poder presidencial. "Jamais concordaria em subir à presidência se soubesse que, no dia seguinte, a luta estivesse nas ruas." Em Montevidéu, o vice deu entrevista a Renato Pinto Amando, do *Globo*, publicada no dia 1º, para dizer que assumiria "nos precisos termos da Constituição".

No dia 4, o jornal de Marinho anunciou em manchete que, de Porto Alegre, "João Goulart aceita o parlamentarismo". *O Globo* informou que "cenas patéticas" foram vistas no Rio Grande do Sul. Homens e mulheres "choraram" com a decisão de aceitar o novo regime por parte de Goulart, e que, da sacada do Palácio do Piratini, o vice ouviu a multidão gritar "poltrão", "covarde" e "palhação". "Desapontados os gaúchos com a aceitação de Jango." *O Globo* ainda informou que tanques e blindados da Tropa da Brigada Gaúcha e do 17º Regimento de Infantaria chegaram a Laguna, em Santa Catarina. O jornal relatou que Brizola pôs a tropa na rua depois do acordo entre os chefes militares e os governadores. "O governador Leonel Brizola preferiu rebelar-se contra o novo estado de coisas, provando assim à nação que o seu verdadeiro objetivo não era o de defender a Lei."

Brizola encampou empresas estrangeiras como a Companhia de Energia Elétrica Rio-Grandense e a Companhia Telefônica Rio-Grandense, atraindo a revolta de multinacionais e a crítica de jornais.

Mauro Salles tinha acabado de trabalhar na edição especial do *Globo* sobre a renúncia de Jânio quando recebeu um telefonema de Tancredo Neves.

"Mauro, eu queria passar aí no *Globo*. Dá para você descer? Estou indo para o Galeão."

O jornalista entrou no carro.

"Mauro, já falei com o dr. Roberto que você está indo comigo para Brasília. Os militares não querem que Jango assuma."[77]

Marinho voltou a usar a máquina de fabricar editoriais para garantir a posse de Goulart. No artigo "Paz e legalidade!", o jornal criticou as tentativas de sublevações contra o vice-presidente e defendeu o acordo do parlamentarismo, costurado pelo Congresso. "Podem ficar certos os que se sublevem que se estão sublevando contra o Brasil."

A posse de Goulart, marcada para o dia 5, foi adiada. O jornal de Roberto Marinho e outros veículos anunciavam que uma "Operação Mosquito", de oficiais da Aeronáutica descontentes com a posse, derrubaria o avião de Goulart. Na edição matutina daquela terça-feira de setembro, o *Globo* informou que um complô estava armado na Aeronáutica, inclusive com "equipes suicidas". A informação sobre uma suposta "Operação Mosquito" era sustentada pelo presidente interino, o deputado Ranieri Mazzilli, em Brasília.

Em defesa da posse, Marinho mandou publicar no *Globo* que impedir a posse de um "presidente constitucional" era um crime contra a pátria.

Luiz Paulo Vasconcelos, gerente de circulação do *Globo*, relatou mais tarde ter recebido telefonemas de amigos da Aeronáutica. Um deles teria dito que esse "negócio" de "Operação Mosquito" era "balela" para enfraquecer a Força Aérea e criar uma "onda" de dificuldades.

Quando *O Globo* ainda começava a rodar, Roberto dormia no apartamento do 5º andar do prédio do jornal. Luiz Paulo acordou o empresário.

"Roberto, não é o caso de fazer um segundo clichê? Não existe 'Operação Mosquito'. É confiável a fonte que tenho."

A intervenção de Luiz Paulo não surtiu muito efeito. O jornal chegou a destacar que "boatos" de sublevação de oficias da FAB adiavam a posse do presidente. Mas a reportagem manteve os detalhes sobre a possível operação. O chefe da insurreição seria o coronel aviador Marcio Cesar Leal Coqueiro.[78]

Os ministros militares deram garantia, por meio de nota assinada pelo ministro da Guerra, Odílio Denis, de que não haveria ataques ao avião da Varig. Às cinco e meia da tarde, Goulart embarcou para Brasília, num voo tenso, de baixa altitude, para não ser interceptado por caças.

Chegou à noite na capital federal. Era fato que havia um clima de insubordinação dos militares, especialmente da Aeronáutica, em relação à posse. Na mesma edição, o jornal publicou declaração atribuída a Goulart, agora empossado na presidência, de agradecimento pela "resistência heroica" da imprensa na defesa das instituições. "Os jornalistas", frisou, "constituíram-se em sentinelas nesta luta que empolgou o povo brasileiro."

A renúncia de Jânio, as críticas sofridas pelo chanceler Afonso Arinos e a dificuldade de Goulart para assumir o poder envenenaram as relações entre os empresários da imprensa. Num ataque agora público, o *Correio da Manhã* acusou *O Globo* e a *Tribuna de Imprensa* de aderirem ao macartismo, a patrulha ideológica nos Estados Unidos de repressão aos comunistas e obsessão por supostas espionagens soviéticas no país. Na visão de Paulo Bittencourt e de uma equipe de articulistas chefiada pelo jornalista Luiz Alberto Bahia, Marinho aderiu às "inconsequências" de Lacerda. O *Correio* avaliou que o senador republicano Joseph McCarthy, incentivador das investigações repressivas, ressuscitou no Brasil como um "monstro de duas cabeças". "A *Tribuna da Imprensa* e *O Globo* denunciam como comunistas todos aqueles que não conspiram, como eles, contra a democracia e o país", atacou. "Grande é o poder da mentira. Mas é maior o poder dos fatos. Toda a nação observou a ausência total do comunismo e dos comunistas na crise."[79]

Num contra-ataque, Marinho passou por cima da parceria de seis décadas entre a família e os Bittencourt. Em editorial, *O Globo* afirmou que o "matutino local" não vivia mais os "dias de glória" e "boa vendagem". O texto enfatizou que o *Correio* buscava polemizar para fazer frente a sua "lamentada" decadência. Marinho calculava que o jornal tradicional não tinha cartas Às ou Rei de Espada na mão. Paulo Bittencourt estava cada vez mais afastado da redação, passando por tratamento de saúde em Paris, e seus executivos que tocavam o *Correio* não tinham como dar as regras do jogo. Marinho, então, criticou a atuação dos diretores do jornal. "Têm os franceses a expressão 'la cachete de la reine mère' [o esconderijo da rainha mãe], que aplicam às coisas que são feitas às escondidas da dona da casa. No matutino acontece isto: abusam e aproveitam os domésticos na ausência da patroa. Fingem-se de senhores."[80] Na réplica, o *Correio* enfatizou que tinha feito uma crítica de caráter "editorial", mas Marinho respondeu como se fosse um "balconista" que só sabia comentar vendas. "O sr. Roberto Marinho não é jornalista. Só sabe falar a linguagem de um alquimista em circulação."[81]

Um mês depois, o *Correio* voltou a atacar Marinho, acusando-o de atuar como "papagaio" de Lacerda, chamando os críticos do governador de "comunistas". "Para Roberto Marinho, é comunista quem não beija as mãos criminosas de Carlos Lacerda. Mãos criminosas, sim: desse censor ilegal de jornais, falsificador de documentos, espancador de presos políticos, conferencista antibrasileiro no estrangeiro, empregador falido e apropriador de dinheiro da previdência", atacou. "Que direito moral tem o sr. Roberto Marinho para opinar sobre política? Diante dos dias de crise foi ele golpista", sentenciou. O jornal de Bittencourt ainda o chamou de "negociante" de histórias em quadrinhos, revistas populares e de obter empréstimos "excessivamente vantajosos" no Banco do Brasil.[82]

Com o apaziguamento temporário da política em Brasília, Roberto Marinho focou o noticiário do *Globo* na ilha de Fidel Castro. O jornal enxergou no líder cubano, agora aliado à União Soviética, a principal referência da "ameaça" comunista no Brasil. Fidel passou a ser mais citado que João Goulart nas manchetes.[83]

A presença de Cuba no noticiário do jornal era alimentada pelas agências norte-americanas e pelas cartas enviadas a Marinho por dissidentes cubanos radicados em Miami. O empresário pediu ao ministro San Tiago Dantas, das Relações Exteriores, para interceder por 12 condenados à morte, incluindo o jornalista Alfredo Izaguirre de la Riva, filho de um ex-magnata da imprensa de Havana que participou de um plano para matar Fidel. "Como a intercessão que me é solicitada coincide com o sentimento unânime do povo brasileiro, que assiste com profunda tristeza e indignação o incessante desfile de patriotas cubanos em direção aos pelotões de fuzilamento, permito-me, em nome dos princípios humanitários que formam as nossas tradições nacionais, invocar a ação do ilustre ministro e amigo para que sejam sobrestados os referidos fuzilamentos", escreveu. San Tiago respondeu que solicitou à embaixada em Havana para interceder por Riva.[84] Em meio à pressão internacional, Cuba comutou a pena a trinta anos de prisão.

Nos últimos meses daquele ano, *O Globo* tratou João Goulart como um "anticomunista", mas que estaria levando o país para o comunismo. O presidente afirmou não acreditar em "perigo comunista", mas sua declaração foi considerada "lamentável" pelo *Globo*, que disse não ver uma postura clara do governo contra Moscou.[85]

Em outra carta, escrita num papel do Hotel Excelsior, em Roma, Schmidt voltou a falar mal de Goulart para Marinho. "Não estou mais exaltado. De longe vejo tudo melhor: agora estou convencido que o J.G. é a pior das desgraças que caíram sobre o Brasil. Todas as outras são pequenas desgraças. Ele é o máximo. Está estrangulando o país e a nós todos [...] Parece que o Brasil oferece o pescoço (não sei escrever pescoço. Será assim?) para ser assassinado. Trata-se de uma figura sinistra, de olhos baixos."

Naquele momento, Marinho abriu uma frente de ataque ao governador do Rio Grande do Sul. *O Globo* cobrou do Ministério da Justiça um posicionamento em relação a uma entrevista de Leonel Brizola ao *Il Tempo*, de Roma, na qual afirmou estar em preparação pelos militares, em consonância com uma potência estrangeira, um golpe de Estado. Brizola respondeu que não reconhecia o jornal de Marinho nem a "autoridade moral" do empresário para fazer qualquer interpelação.[86]

Filmes políticos

Roberto Marinho mirava no público que sintonizava o rádio para assistir ao futebol, acompanhar revistas de entretenimento, receber informações sobre políticos, saber dos casos de polícia e ouvir histórias de artistas de cinema. Em 1953, ele criara a revista *Radiolândia*, para abocanhar parte do mercado da *Revista do Rádio*, que, em meados dos anos 1950, só perdia para *O Cruzeiro* em vendas nas bancas do Rio. Editada por Anselmo Domingos, a publicação de pequeno porte relatava a vida dos artistas, contava fofocas, divulgava histórias inusitadas e tiras de fotonovelas.

Foi a partir das boas vendas de *Radiolândia* que Roberto Marinho criou, ainda no governo democrático de Vargas, a Rio Gráfica Editora, para separar as revistas do jornal da família.[87] O segmento deixava de ser um apêndice do *Globo* para se transformar numa de suas linhas de negócios. Ele pretendia usar o mesmo nome do jornal, mas já existia em Porto Alegre a histórica Editora Globo. A Rio Gráfica era um novo passo de Marinho no seleto clube dos "capitães da imprensa".

Radiolândia enfrentou a fúria de setores conservadores e ataques da *Última Hora*. O colunista Leon Eliachar, que escrevia sobre a indústria cultural no jornal de Samuel Wainer, atacou a publicação de Marinho logo na estreia. Eliachar escreveu que o objetivo da revista era "vender" Emilinha Borba, Angela Maria e Marlene, adotando a estratégia de um "rodízio" de capas entre as cantoras. "*Radiolândia*, tão imbecil, que é difícil ser mais, quanto a sua inspiradora (*Revista do Rádio*) e outras destas revistas que podemos chamar de 'auditório', isto é, feitas para cozinheiras, copeiras e paus de arara", afirmou. "Não queremos dizer com isso que eles saibam ler, absolutamente, mesmo porque isso não faz a menor diferença: os redatores da revista também não sabem escrever."[88]

Marinho ainda criou a *Cinelândia*, voltada a filmes. Os textos e as fotos eram comprados da imprensa norte-americana. A ascensão do empresário no grupo dos barões da imprensa se dava pela parceria com duas figuras que comandavam a indústria do cinema no Brasil — o lobista de Hollywood Harry Stone e o empresário cearense Luiz Severiano Ribeiro Jr.

Luiz Severiano Ribeiro Jr. herdou do pai a principal cadeia de salas de cinema do Rio. O Grupo Severiano Ribeiro se consolidou a partir de uma decisão tomada pelo governo Dutra que obrigava os cinemas a exibir pelo menos três filmes nacionais por ano.[89] A Severiano Ribeiro Jr. comprou a empresa Atlântida Cinematográfica, que produzia filmes para, a custo baixo, garantir a cota nacional em suas salas. Era o monopólio em todo o setor, da produção à exibição. De repente, o empresário tinha em suas mãos os principais artistas e grande público. O modelo reservado à produção nacional foi praticamente o da chanchada e da comédia, histórias sempre engraçadas.

Harry Stone era um ex-soldado americano que fazia lobby para a The Motion Picture Association of America, que controlava a venda das produções de Hollywood. No Carnaval, trazia artistas para comer feijoada na Zona Norte e passear nas praias da Zona Sul. Instalou uma sala de projeção na Embaixada dos Estados Unidos. Na "Cinemastone", cabia "todo mundo" — getulistas, larcerdistas, cantores da Bossa Nova, militares e empresários da imprensa. Marinho e sua mulher, Stella, eram figuras constantes nas sessões de sábado. Foi lá que Lincoln Gordon, que chegou em 1961 para assumir a embaixada, tornou-se próximo de políticos e empresários brasileiros. Em 1962, Stone promoveu um tour do presidente João Goulart pelos Estados Unidos, que incluiu um desfile em carro aberto com chuva de papel picado na Broadway. A viagem de Goulart foi um divisor de águas na cobertura comandada por Marinho no *Globo*. O jornal tratou Goulart de forma positiva, ressaltando uma frase do presidente americano John Kennedy de que o brasileiro era um "grande aliado".[90]

Na sequência, a cobertura sobre a reforma de base de Goulart, em 1962, ao menos nos títulos das matérias principais de capa, eram relatoriais, sem julgamento de valores. Isso ficou evidenciado na reportagem sobre um discurso do presidente na tarde de 1º de maio, Dia do Trabalhador, em Volta Redonda, durante evento com funcionários da usina siderúrgica da cidade da região Sul do estado do Rio de Janeiro. O discurso incluiu a defesa de reformas "urgentes" no campo, no setor bancário, no sistema eleitoral e no modelo de impostos.[91]

A figura de João Goulart estava fora da mira de ataques que atingiam o seu governo. No ano seguinte, 1963, até o final do mandato, em março de 1964, ele não recebeu críticas diretas nas maiores letras de capa do *Globo*. O presidente foi tratado como um defensor da "liberdade" e da "democracia", mas, ao mesmo tempo, tornava-se, sob o ângulo do jornal de Marinho, uma figura menor no debate sobre a "ameaça" comunista. Suas ações de governo e seus discursos, a favor da "harmonia" e do "respeito às instituições", sua visão sobre o país, tiveram um espaço inferior ao espaço dado à instabilidade interna e externa.

"As luzes da TV me assustam"

A viagem cinematográfica de Goulart aos Estados Unidos não freou os trabalhos de uma central de notícias e artigos de opinião contra o governo montada com recursos de empresas nacionais e norte-americanas. Aos poucos, o Instituto Brasileiro de Ação Democrática, o Ibad, começou a financiar políticos e criar entidades para atacar comunistas e supostos comunistas e desestabilizar o Planalto.[92] Em meio a ações para financiar campanhas de deputados e senadores, especialmente da UDN, o Ibad fomentou a criação do Instituto de Pesquisas e Estudos Sociais, o Ipês, que atuava como um irmão siamês, ainda que sem ligação formal com o instituto, na formulação de análises. À frente do Ipês estava o coronel Golbery do Couto e Silva, que foi para a reserva como general e que tinha sido nomeado ainda no governo Jânio para a chefia do gabinete do Conselho Nacional de Segurança.

O Ibad e o Ipês floresceram sob as bênçãos do embaixador americano Lincoln Gordon e do executivo da Light Antonio Gallotti. A entrada da produção de conteúdo do Ibad nas páginas dos jornais foi imediata. Intelectuais como Rubem Fonseca e Rachel de Queiroz foram arregimentados.[93] Ao mesmo tempo que formava uma estrutura de lobby no Congresso, o instituto dinamizava o discurso anticomunista.

A guerra pela sucessão de João Goulart foi antecipada por disputas pelo controle de instituições com voz na opinião pública. Dessas batalhas, a da UNE e do Clube Militar, ambas em julho de 1962, parecem ser as mais emblemáticas. Nas duas, Marinho se posicionou de forma explícita.

A disputa no Clube Militar envolvia os generais Peri Constant Bevilacqua, taxado de esquerdista, e Augusto da Cunha Maggessi Pereira, que contou para sua vitória com o apoio dos também generais Costa e Silva, que se fortalecia na política dos quartéis, Dutra, Odílio Denis e Amaury Kruel. Maggessi foi o vencedor. A máquina da entidade ficou azeitada para ataques ao governo, campanhas para aumento salarial e críticas à política econômica.

Em carta a Schmidt, Marinho deixou claro seu papel de jogador:

> *O nosso Brasil vai daquele jeito. É um país infeliz porque não tem reservas morais, não possui homens a quem recorrer na hora do perigo. De qualquer modo, está havendo uma reação ao comunismo da parte*

dos ministros militares. Houve a vitória do Maggessi, por cuja causa nos empenhamos. Imagine. V. que os oficiais simpáticos à sua causa não tinham sequer passagens de avião para visitar as unidades nos Estados! Agora, precisamos pensar em modificar a situação na UNE, onde os estudantes comunistas têm todos os recursos que são negados aos estudantes democratas.[94]

Em 1962, a UNE estava fechada à força de Marinho e outros homens da imprensa ligados ao movimento anticomunista. O estudante mineiro Vinícius José Caldeira Brant, ligado a sindicatos rurais, foi aclamado presidente da entidade numa eleição sem adversários. A entidade criada no Estado Novo chegava a sua boda de prata no momento de uma aliança com intelectuais do cinema, do teatro, da música, das artes plásticas e da literatura, com a criação do Centro Popular de Cultura, tocado por Ferreira Gullar e Oduvaldo Vianna Filho. As fases das brigas internas entre os "pelegos" ligados ao Ministério da Educação e os "antifascistas", nos primeiros anos, e do nacionalismo da campanha "O petróleo é nosso", do predomínio de direitistas e da ascensão do grupo de estudantes católicos ficaram para trás.[95]

Os projetos da entidade estudantil eram bancados por repasses do Orçamento da União, com contribuições e financiamentos que incluíam uma linha de crédito do Banco Nacional de Minas Gerais, dirigido por José Luiz de Magalhães Lins. A partir dali, no entanto, o movimento de profusão de experiências culturais — que tinha reflexos no Cinema Novo, nos poemas da arte concreta, nas músicas interpretadas por Nara Leão e nos roteiros teatrais de Vianninha e nas rusgas com o próprio Darcy Ribeiro, ministro da Educação de Goulart — cedia espaço para o duelo entre esquerda e direita.

No clima de caça aos comunistas, Marinho ofereceu um almoço, no final de agosto de 1962, na sede do jornal, para homenagear o centenário do nascimento de Julio de Mesquita, o jornalista que tornou o *Estado de S. Paulo* o jornal mais influente de seu tempo. Julio de Mesquita Filho participou do evento em homenagem ao pai. À mesa estavam a condessa

Pereira Carneiro, Nascimento Brito, os governadores da Guanabara, Carlos Lacerda, e da Bahia, Juracy Magalhães, deputados, senadores e juízes. Não era apenas o momento de turbulência na política que movimentava o grupo. Meses antes, em dezembro, jornalistas paulistas haviam feito uma greve que mostrara a força da categoria e assustara os empresários.[96] A "ameaça" comunista deu um leve sinal de trincar a relação entre os patrões e seus funcionários integrantes do PCB.

Roberto Marinho leu um discurso:

"'A República não é isto', dizia Julio de Mesquita. Podemos repetir a afirmativa: Isto que aí está, o país flagelado pelos mais estúpidos 'slogans', destinados apenas a tornar-lhe impossível o desenvolvimento e a recuperação, a ordem prejudicada pela impunidade dos agitadores que invadem a administração pública, as universidades, as organizações sindicais e já se aproximam dos quartéis, as finanças arrasadas por uma inflação incontida [...] a demagogia abusando da pouca informação das classes trabalhadoras, atualmente denominadas 'massas', e dos homens do campo, que passaram a ser chamados de 'camponeses', tudo isso é a contrafação da República. Não é a República de nossos sonhos."

Ao usar o microfone, Julio de Mesquita Filho citou os militares:

"Nós não podemos de maneira nenhuma deixar de confiar nas Forças Armadas brasileiras. Elas viram perfeitamente, em 1945, que a continuidade da ditadura não era possível [...] E em 1954 elas também se levantariam para que não se estendesse sobre todo o país aquele mar de lama."[97]

Tanto Mesquita quanto Marinho faziam discursos conexos à maioria do Congresso, formada por senhores de terra e a um momento em que os investimentos da imprensa em reportagens de Brasil estavam em baixa. Os jornais eram reféns das informações e visões de deputados e senadores eleitos pelos grandes proprietários de terra sobre a situação no campo. *O Globo*, que no passado difundiu a odisseia de Luiz Carlos Prestes pelos sertões, mostrando mazelas e injustiças, agora estava próximo dos grupos que combateram o ex-líder tenentista.

A Idade Média das chuvas de barbeiros e dos trabalhadores do campo vendo suas mulheres arrastadas pelos patrões em noites de violência não tinha sofrido golpe algum com a reforma e os avanços trabalhistas do estancieiro Getúlio Vargas, limitados aos brasileiros das cidades. Naquele momento, a vida no interior do país não era um foco nem mesmo dos pequenos jornais, mais à esquerda. Uma exceção foi o *Semanário*, lançado pelo jornalista paraense Oswaldo Costa, veterano do movimento modernista de São Paulo. Simpático a Goulart, o jornal chamava a condessa Pereira Carneiro de "racista", Nascimento Brito, de "paspalhão", e Roberto Marinho, de "falso cristão".[98]

No mês seguinte ao encontro, Roberto Marinho e os demais empresários da imprensa carioca foram surpreendidos com a decisão do Sindicato dos Jornalistas do Rio de Janeiro de aderir a uma paralisação dos profissionais das gráficas. O movimento do Sindicato dos Gráficos arrastou os repórteres da cidade para a sua primeira greve geral.

Visto como patronal pelos colegas do sindicato e da ABI, Fernando Segismundo, jornalista do *Diário de Notícias*, propôs uma paralisação "civilizada". Ele disse que avisaria a Orlando Dantas que cruzaria os braços, para que o patrão arrumasse um substituto com antecedência. João Antônio Mesplé, um dos nomes mais fortes do PCB na imprensa, editorialista de economia do *Globo*, "adorado" por Marinho, discordou. Segismundo relatou o seguinte diálogo que teve com o colega:

"Mesplé, fale com o Roberto, não custa nada."

"Mas fazer uma greve assim não tem graça."

"Nós estamos bem perante o sindicato. Mas se a gente deixar o patrão na mão, os operários talvez não ganhem."

Mesplé não avisou a Marinho que entraria em greve. No *Correio da Manhã*, Carlos Heitor Cony foi para a oficina garantir a tiragem do jornal. Outros editores e editorialistas fizeram o mesmo nos demais periódicos. Ana Arruda Callado, repórter do *JB*, lembra da passeata "incrível" que a categoria fez na Rio Branco, passando pela sede do jornal da condessa e por bancas, que não tinham o vespertino de Roberto Marinho.

O Tribunal Regional do Trabalho considerou a greve ilegal. Os gráficos e os repórteres voltaram ao serviço. Depois de três dias sem circular, *O Globo* ressaltou em tom dramático que a greve "desnecessária" deixou o Rio de Janeiro "subitamente" privado de serviço público essencial.[99]

O Globo destacou que o "triste fato" foi insuflado por uma "minoria de agitadores impatrióticos e subversivos". Para o jornal de Marinho, os grevistas atropelaram um acordo em curso de reajuste. "Isso mostra que o objetivo visado não era um acordo salarial, mas a greve", ressaltou. Por fim, o jornal enxergou dentro da sua redação a ameaça da esquerda e que a equipe do *Globo* foi "indiscutivelmente" parte integrante da desordem geral no país."[100]

Ana e outros 14 colegas do *JB* foram demitidos.[101] Os Diários Associados puseram na rua trinta profissionais. No *Globo*, a sangria atingiu o arquivo e a gráfica. Um total de 15 pessoas teriam sido demitidas de acordo com as contas do *Semanário*.[102] O jornal divulgou que um dos demitidos foi Amadeu Guerra, que trabalhava no arquivo desde a fundação do vespertino, irmão de dona Chica. Foi uma festa. O *Semanário* publicou em manchete que "Roberto está matando o tio de fome" e brincou com o nome inglês de uma marca de sapato. "O velho Amadeu Guerra, parente consanguíneo de Roberto Marinho, pois é irmão da mãe do dono do *The Globe*, tem sobrevivido graças à solidariedade dos companheiros."[103]

Segismundo conta que encontrou Marinho saltando de um carro na rua.

"Vocês me armaram uma, hein", disse o empresário.

"O que houve?"

"Teu amigo Mesplé. Sabe que eu estou zangado com ele?"

"Não sabia, não."

"Estou zangado mesmo. Ele vai ver agora o que é bom comigo."

"Mas o que é isso, Roberto?"

"Esperei por ele. O jornal não tinha quem fizesse o editorial."

Mesplé foi demitido. A Segismundo, Marinho disse:

"Eu era amigo dele. Quando as pessoas quiseram botar ele na rua pelas ideias dele, eu confiei."

Marinho orientou os advogados a protelar ao máximo o processo de Mesplé. Ao saber que o antigo amigo estava precisando de dinheiro, mandou avisar:

"Se ele precisar de um empréstimo, que venha falar comigo, eu empresto. Mas dinheiro do *Globo*, enquanto não esgotar na Justiça, não dou."[104]

* * *

Desde que se firmou como dono de um jornal conservador, Roberto Marinho tinha se tornado uma ponte entre os sindicalistas e os demais "capitães" da imprensa. Essa ligação entre o reportariado e o patronato era uma das estratégias usadas por ele na conquista de espaço num clube fechado, que nunca o teve como sócio de primeira linha. As negociações de reajuste costumavam ocorrer no começo do ano. Segismundo conversava com Marinho antes de uma visita "oficial" ao *Globo*, para demonstrar que havia negociação.[105]

Goulart jogava água na fervura da política. Em outubro seguinte, ele visitou o Clube Militar, na Cinelândia, para tentar uma aproximação com Maggessi. Em discurso, enfatizou a "missão" das Forças Armadas com a garantia da Constituição. Citou o "inesquecível" presidente Vargas e a "urgência" de reformas para modernizar as estruturas econômicas e sociais, em meio ao crescimento demográfico."[106] Na cola de Jango estava, cada vez mais, Brizola.

Por meio do *Globo*, Marinho acusou Brizola de querer derrubar o parlamentarismo, o sistema político que garantira a posse de Goulart no ano anterior.[107] O presidente tentava caminhar entre o cunhado e os donos de jornais. Pela campanha da legalidade, o presidente viu Brizola ocupar um espaço maior no PTB. O cunhado de Goulart partiu para o plano de consolidar a travessia da fronteira política do Rio Grande do Sul. Em outubro de 1962, ele se candidatou pela coligação PTB-PSB a uma cadeira na Câmara dos Deputados pela Guanabara. Para alavancar a campanha, fez acordo novamente com o deputado federal paulista Miguel Leuzzi, dono de metade da Mayrink Veiga, que divulgara a campanha pela posse do presidente.

Um dos locutores da rádio, em especial, se recusou a gravar programa de Brizola quando, há poucos minutos da entrada no ar, o apresentador titular ainda não tinha comparecido.

"Para ele eu não gravo."

Paulista de Taubaté, Cid Moreira era filho de um bibliotecário simpatizante da UDN. A forte personalidade e, mais ainda, a voz grave e inconfundível também levariam o jovem locutor a outros trabalhos no rádio carioca. Ele chegou a participar da Campanha do Agasalho, de Carlos Lacerda.

No Rio, Brizola contava com o jornalista Franklin de Oliveira, que tinha assessorado o governo dele no Rio Grande do Sul e publicava artigos no *Diário de Notícias*.[108] Brizola tinha ainda o apoio da *Última Hora*, de Samuel Wainer, mais ligado a Goulart. O restante da imprensa estava contra ele. O *Correio da Manhã* abriu uma temporada de críticas a Brizola fazendo associações entre ele e o regime cubano. Marinho apelou a notas da Igreja para questionar a candidatura. "Por Deus, pelo Brasil, pela democracia!", bradou uma manchete do jornal dias antes das eleições. Era um pedido de dom Jaime Câmara para os fiéis não votarem em comunistas.[109] Brizola fez poucos comícios na cidade, mas seus eventos lotaram praças.

Abertas as urnas, Brizola teve uma vitória avassaladora. Um em cada quatro eleitores da cidade votou nele. O petebista recebeu 269 mil votos, dez mil a mais que a soma dos seis candidatos eleitos pela adversária UDN. A bancada do PTB-PSB elegeu 11 deputados. O udenista Afonso Arinos de Mello Franco, filho de Afonso Arinos, perdeu. A velha UDN era humilhada dentro de casa, assim como o *Correio da Manhã*, o *Jornal do Brasil* e *O Globo*. Brizola teve a façanha ainda de arrancar um naco considerável do PTB de Goulart, que perdia a hegemonia partidária para um cunhado faminto pelo controle do espólio getulista. Era uma derrota, em especial, do Ibad, que gastara dinheiro em campanhas derrotadas.

A vitória de Brizola era uma surpresa num momento em que o governo de Carlos Lacerda na Guanabara atingia expressiva popularidade. Lacerda construiu o sistema de abastecimento de água do Guandu, realizou obras em todas as zonas da cidade. Os críticos lembram que ele transferiu favelas da Zona Sul para regiões afastadas. Os aliados observam que o governador democratizou as praias ao abrir túneis entre a Zona Sul e a Zona Norte e construiu o Aterro do Flamengo, que se tornou destino de lazer dos cariocas do subúrbio e da Baixada.[110] Marinho, aparentemente, não se beneficiou das intervenções de Lacerda. O governador mandou que os engenheiros do projeto do Túnel Rebouças, obra que se arrastava havia anos, ligando o Catumbi a Laranjeiras, não tivesse saída para o Cosme Velho, obrigando os motoristas do empresário a fazerem um grande retorno.[111]

Para evitar o avanço de Brizola e do PTB no Rio, Lacerda intensificou as críticas a João Goulart, a quem voltava a acusar de ligações com o comunismo. O PCB apoiava boa parte das reformas de Goulart, mas existiam discordâncias. A UDN de Lacerda queria a queda do presidente.

Acossado especialmente pelo governador da Guanabara, João Goulart enviou ao Congresso, no começo de outubro de 1963, um pedido de estado de sítio, para aumentar os poderes e "restabelecer" a ordem. "Levanta-se o país contra o estado de sítio", anunciou manchete do *Globo*.[112] O pedido foi rejeitado, e o presidente perdeu mais força.

Para complicar a situação do Planalto, o coronel de Artilharia do Exército Francisco Boaventura Júnior, comandante de um grupo de paraquedistas, denunciou que havia recebido ordens para prender Lacerda a "qualquer custo".[113]

O Globo enfatizou que o artigo 89 da Carta Magna estabelecia o crime de responsabilidade do presidente da República quando ele atenta contra o livre exercício dos poderes constitucionais dos estados, e uma norma previa como pena a decretação do impeachment.[114]

Goulart iniciava uma aventura solitária em defesa de seu mandato. Labaredas de fogo passaram a ser arremessadas contra ele de fora e de dentro de sua casa. Nunca um presidente enfrentou uma frente tão ampla de líderes personalistas, antidemocráticos, radicais e histéricos das mais diferentes correntes políticas, da direita à esquerda.

O momento de acirramento das relações entre os jornais e o governo Goulart era também de problemas financeiros para as empresas. Meses antes, Roberto Marinho fizera um retrato negativo da situação da imprensa em carta escrita a Alves Pinheiro. "Toda a imprensa paulista, talvez com exceção do *Estado de S. Paulo* está no vermelho. Aqui, a situação é péssima. O próprio *O Globo*, para não soçobrar, teve de tomar uma atitude heroica: elevar os seus preços ao dobro, sem companhia de qualquer outro vespertino. O nosso espaço na parte editorial tem de ser medido a conta-gotas. Matérias que mereciam grandes proporções hoje terão de ser escritas em poucas linhas."[115]

Marinho não era dono de um dos quatro maiores jornais de prestígio do país. O *Correio da Manhã*, o *Estado de S. Paulo*, o *JB* e *O Jornal* tinham mais influência na capacidade de movimentar círculos políticos e econômicos e na atração de anúncios. Mas não foi surpreendente que Brizola tenha escolhido Marinho como seu principal opositor. O empresário tinha nas mãos uma rádio de audiência e leitores fiéis de regiões de interesse do político gaúcho. O jornal e a rádio de Marinho eram influentes no eleitorado da região central, da Zona Norte e do subúrbio, áreas também de presença da *Última Hora* — mas o jornal de Wainer estava sob controle de Goulart.

Em entrevista ao programa *Noite de Gala*, apresentado por Heron Domingues e produzido por Abraão Medina, na TV Rio, Brizola acusou *O Globo* de receber financiamentos com taxas baixas de bancos oficiais e defender interesses dos Estados Unidos. A crítica ao empresário era um filão em potencial.

Heron Domingues convidou Marinho para rebater as críticas. O empresário enfrentou a timidez e a dificuldade de falar pela primeira vez num programa de televisão.

O apresentador abriu a conversa ressaltando que era um "tento", em 12 anos de programa, trazer Marinho para a frente das câmeras.

"Meus amigos, preparem-se para ver uma personalidade que jamais compareceu aos programas de televisão... companheiro Roberto Marinho, você é inimigo da televisão?"

"De modo algum, sou de temperamento retraído, e as luzes e as câmeras da TV me assustam. Estou, aliás, montando uma emissora de televisão, a TV Globo, que espero dirigir a uma certa distância."

Domingues perguntou a Roberto como ele reagia às críticas de Brizola.

"É difícil acreditar que um governador seja capaz de cometer tantas leviandades. Estamos em uma época em que há receptividade para tudo."

"Mas o governador Leonel Brizola mostrou-se muito ofendido com a denúncia publicada em *O Globo*. Você teria alguma animosidade pessoal contra ele?"

"Os nossos leitores sabem que não temos animosidade contra ninguém. O governador gaúcho, no fim do seu programa, falou em Deus, aliás, com péssimo gosto, associando o nome do Criador à campanhota."

"Mas o governador Leonel Brizola diz que justamente *O Globo* é que não defende os interesses nacionais, pois está preso a interesses estrangeiros."

"O sr. Leonel Brizola queixa-se ter sido agravado pelo *Globo* pelo simples fato de ter o nosso jornal veiculado denúncias de exportadores gaúchos de arroz, mas o que o sr. Brizola faz é a maior afronta que se pode fazer a um brasileiro: admitir que ele possa estar a serviço de outra nação."

"O governador fala muito na prosperidade de *O Globo*, companheiro Roberto Marinho."

"É, o governador Brizola dificilmente compreenderá uma empresa privada que graças ao seu trabalho tenha chegado à situação de *O Globo*. Mas ele se esquece que *O Globo* representa o trabalho de duas gerações de jornalistas... só os países que se desenvolvem possuem grandes jornais."

"Pode-se saber de que vive um jornal como *O Globo*?"

"*O Globo* vive exclusivamente de sua venda avulsa e da sua carteira de publicidade. Não tem receitas marginais, pois em sua vida não há segredos."

"E que espécie de benefícios dos poderes públicos, vamos dizer, subvenções, recebe *O Globo*?"

"Bem, *O Globo* é o jornal de quem se pode falar menos em subvenções, que nós não temos de forma alguma. Talvez o governador Brizola se queira referir ao preço do dólar-papel, que durante muitos anos protege, exageradamente, a meu ver, a imprensa. Aliás, *O Globo* sempre fez protestos contra esse privilégio, que achávamos absolutamente descabido."

"Se *O Globo* era contra, por que aceitou essa taxa favorecida?"

"*O Globo* aceitou porque não podia viver em desigualdade de condições com os demais órgãos de imprensa."

Heron comentou que Brizola exibiu na TV uma recomendação da Câmara do Comércio norte-americana pedindo publicidade para um suplemento do *Globo* sobre a Aliança para o Progresso.

Marinho admitiu que recebeu a publicidade, mas que era preciso conhecer as funções de uma Câmara de Comércio.

Heron perguntou sobre financiamentos de bancos oficiais obtidos pelo *Globo*. O empresário respondeu:

"*O Globo* é um jornal que, graças a Deus, tem crédito em todos os bancos. Mas acontece que esses bancos só operam a prazo curto, são justamente a Caixa Econômica e o Banco do Brasil, com os quais fizemos operações para a expansão da nossa organização jornalística, e devo dizer, sem vaidade, que somos considerados nesses dois estabelecimentos pagadores modelares e que oferecem garantias reais, palpáveis, seguras."

"É verdade, companheiro Roberto Marinho, que *O Globo* é uma fortaleza impenetrável, com portas de aço corrediças, com polícia interna, já me falaram até em metralhadoras..."

"Diariamente, milhares de pessoas vão à redação de *O Globo* e ao auditório, onde realizamos grandes espetáculos. Ainda nesses dias, os elevadores de *O Globo* estavam cheios de lindas meninas que iam ensaiar um ballet. O policiamento que porventura existir dentro de *O Globo* é muito menor do que o que existe no palácio do sr. Leonel Brizola."

"Uma última pergunta: o governador Brizola, quando fez o convite aos diretores para um debate na TV, recomendou, com ironia, que deixassem por uma noite a 'champanhe' e o 'uísque' e viessem à TV. Que tem a dizer a isto?"

"Se o sr. governador Brizola soubesse a hora em que eu e meus irmãos chegamos ao *Globo* e o tempo que passamos lá diariamente, verificaria que não sobra ânimo para essas noitadas de 'champanhota' e 'uísque'."[116]

Um jovem banqueiro se destacava no meio político e jornalístico do Rio de Janeiro. José Luiz de Magalhães Lins, que administrava o Banco Nacional de Minas Gerais para o tio, o governador mineiro Magalhães Pinto, construiu um círculo de poder que incluía donos de jornais e repórteres influentes. Uma das mais discretas eminências pardas do país, na descrição do jornalista Mário Sérgio Conti, José Luiz financiou do movimento estudantil aos filmes do Cinema Novo, muitas vezes sem cobrar pagamento do empréstimo, de empresas a clubes. Foi empresário de Mané Garrincha e de gênios da literatura e das artes plásticas.[117] É um homem com mania de perseguição. Costuma andar num carro, com outro atrás, para caso o veículo enguice ter uma opção rápida de fuga. João Roberto ficou impressionado quando testemunhou seu ritual de acender um cigarro. "Ele sempre anda com um maço de vinte cigarros e uma caixa com o mesmo número de palitos de fósforo. Queima um fósforo e apaga. Ele pega um cigarro do maço e joga fora para ficar cigarros e fósforos na quantidade igual."[118]

O banqueiro é casado com Nininha, a moça que foi cortejada por Fidel Castro numa festa na mansão dos Mello Franco Nabuco no Alto Humaitá.

O casal vive numa residência decorada com obras de arte dos tempos da Colônia e do Império. O teto da sala de jantar é de uma capela do barroco mineiro, e a biblioteca é ampla.

Ele tem o hábito de arrancar folhas de trechos de livros que lhe interessam. Aos amigos, explica que é apenas uma forma de facilitar a leitura. Quando acha o livro importante, compra dois exemplares, deixando um intacto para sua biblioteca.

A caixa-d'água de sua casa é suficiente para atender a um clube. A memória de uma infância de privações em Arcos, cidade do interior mineiro onde nasceu, deixou em José Luiz preocupações com problemas de abastecimento. Ainda criança, acompanhou a família na mudança para o Engenho Novo, no Rio, onde o pai conseguiu emprego de operário da Light. Embora pobre, a família tinha um vínculo com o poder: o avô paterno de José Luiz, Edmundo Lins, presidiu a Corte Suprema que, em 1936, rejeitou pedido para evitar a deportação de Olga Benário.

Na juventude, José Luiz vendia de apólices de Assis Chateaubriand até se alistar e servir ao Exército. Aproximou-se do tio materno José de Magalhães Pinto, chefe do ramo rico do clã, e passou a representar o banco dele no Rio. Ele expandiu o Banco Nacional e mergulhou no projeto de tornar o Tio Juquinha presidente da República. Aprendeu com Magalhães Pinto a manter um estilo simples e austero de viver.

Em 1962, José Luiz iniciou a trajetória de articulador de movimentos políticos. O teste de fogo ocorreu no plebiscito para a escolha do sistema de governo, marcado para janeiro do ano seguinte. Aliado de João Goulart, o dono da *Última Hora*, Samuel Wainer, procurou José Luiz e lhe pediu que organizasse a campanha contra o parlamentarismo, para restabelecer o presidencialismo. O governo avaliava que poderia vencer, mas precisava do comparecimento maciço de eleitores para fortalecer a consulta. O diálogo abaixo é descrito pelo banqueiro:

"Zé Luiz, sem dinheiro, não teremos comida para atrair eleitor."

O banqueiro relata que Wainer sabia do interesse de Magalhães Pinto, pré-candidato ao Planalto, de restabelecer os poderes do presidente.

"Estou disposto a atender a circunstância", respondeu José Luiz.

"Tá bom. Então eu vou te levar ao palácio."

Wainer e José Luiz foram ao Laranjeiras para encontro com Goulart. Desse encontro, o banqueiro relata o perfil de um presidente "doce" e "finíssimo". "Eu fui gostando dele e ele de mim."

José Luiz montou o comitê da campanha em salas alugadas no Hotel Aeroporto, próximo ao Santos Dumont. Escolheu como seu braço direito o jornalista Jânio de Freitas.

Certa noite, um táxi parou em frente à casa em que morava, no Leblon. Um homem tocou a campainha. Era Eugênio Caillard Ferreira, secretário de Goulart.

"O presidente mandou entregar essas duas malas para as despesas do plebiscito."

"Não posso aceitar, porque a minha condição foi não mexer em dinheiro", respondeu José Luiz, temendo que uma eventual denúncia atingisse o Banco Nacional e Magalhães Pinto.

"Ah, José Luiz, pega isso aí, essas malas pesam toneladas."

Pela manhã, José Luiz foi ao escritório de Antonio Balbino, consultor-geral da República, entregar as malas.

Ao mesmo tempo que articulou a captação de recursos no setor privado, José Luiz costurou um empréstimo do Banco do Brasil para garantir o apoio dos empresários da mídia. "Alguns eram da minha intimidade. Era o caso do Brito, do *Jornal do Brasil*, falava com ele todo dia. O Roberto, nem procurei para falar sobre isso. Ao Serpa, que era como se fosse o dono do *Correio da Manhã*, eu disse: 'Como é que vai ser?'"

A vitória do presidencialismo por 79% dos votos foi conveniente a lideranças do PSD, do PTB e da UDN, que se posicionavam para a próxima disputa sucessória.[119]

O Globo tinha feito campanha contra o presidencialismo. O jornal de Marinho reconheceu, no entanto, que o resultado das urnas exigia "revogação imediata" do ato adicional que estabeleceu o parlamentarismo. *O Globo* pediu que Goulart nomeasse seus ministros da era presidencialista sem ouvir os "chês" de "copa e cozinha".

Na prática, Goulart continuou um presidente sem poder. O empresariado e os militares não reconheciam seu governo. Era um peso morto no processo de sucessão marcado pela estridência de Brizola e Lacerda e pela ânsia de Juscelino.

Ainda durante o debate do presidencialismo, João Goulart partiu para sua aposta de consolidação no poder. Ele encomendou ao economista Celso Furtado um programa de desenvolvimento nacional. Em dezembro de 1962, o governo divulgou o Plano Trienal de Desenvolvimento Econômico e Social. O plano foi recebido com frieza e ilustrava um governo inexistente, em avaliação posterior feita pelo próprio Furtado.[120]

O processo de divulgação do plano foi o pior possível. Antes do lançamento, o gabinete do ministro não repassou notas e indicações do rumo que o governo pretendia seguir. Os jornais passaram o mês de dezembro especulando. *O Globo* destacou que o plano foi gerado em "segredo". A trajetória de Celso Furtado na Cepal, a Comissão Econômica para a América Latina, das Nações Unidas, alimentava rumores de uma guinada antiamericana na economia. O órgão tornou-se um centro de debates de jovens economistas que analisavam o desenvolvimento histórico da região e as relações de seus países periféricos com os industrializados.

Quando tiveram acesso ao documento, em meio às festas de fim de ano, os jornais perceberam que se tratava de um plano ortodoxo, uma tentativa do governo de conter as reações críticas do mercado e da direita. Celso Furtado enumerou uma série de medidas para controlar o déficit público e segurar a onda inflacionária. O plano cortava subsídios e aumentava impostos para a classe de alta renda, mas previa incentivos a setores exportadores que mantinham a economia do Rio e de São Paulo.

Diante da demora no acesso ao conteúdo do plano, *O Globo* focou seu noticiário no "Czar da economia", como chamou Celso Furtado. O jornal iniciou o ano de 1963 noticiando que novas portarias davam ao economista o status de "superministro".

O Planalto perdeu o tempo exato para segurar o ímpeto da imprensa e do mercado. O plano estava associado definitivamente ao comunismo. A partir do momento em que avaliou o teor das medidas, *O Globo* fez uma cobertura mais moderada. Mas manteve a linha de ataque a Celso Furtado. "Não alimentamos preconceito contra o plano.

Temos reservas apenas sobre as ideias públicas e notórias de alguns de seus autores", destacou um editorial. O jornal criticou ainda a "chocante" ausência de "discriminação exata" de fontes de recursos a serem obtidos. "A condição fundamental de êxito do Plano Trienal passa a ser a possibilidade de obtenção de 1,1 bilhão de dólares de financiamento do exterior, a ser conseguido de área americana ou, em alternativa excludente, da área russa", ironizou.[121]

O plano de Goulart e Furtado dependia de recursos externos. O governo esperava buscar fora cerca de quinhentos milhões de dólares anuais. A inflação, que chegou a 25% nos cinco primeiros meses de 1962, ficou, na meta do governo, nos mesmos patamares no ano seguinte.

Goulart conseguiu respaldo popular para exercer o poder. Mas seus interlocutores nos Estados Unidos, San Tiago Dantas e Walther Moreira Salles, não obtiveram a aprovação dos bancos internacionais para investir num plano que evitasse a bancarrota. A inflação continuou a bater na porta do palácio. A fragilidade na base de apoio político e o descontrole de gastos minavam o governo.

O Globo descreveu um suposto clima de "terror" nas usinas e nos engenhos de cana de Pernambuco, foco de atuação das Ligas Camponesas, movimento de trabalhadores liderado pelo advogado e deputado Francisco Julião.[122] Mas a cobertura da presidência ganhava tons mais mornos. As viagens internacionais de João Goulart eram momentos de trégua na cobertura política do *Globo*. A figura do presidente, poupada pela linha editorial do jornal, se sobressai numa viagem oficial, naturalmente. Em sua viagem ao Chile e a Montevidéu, Goulart foi tratado nas páginas do jornal de Marinho como um chefe de Estado que pedia ao continente para assumir "todos os riscos" na preservação da liberdade[123] e defensor do "desenvolvimento com democracia".[124]

Goulart era a referência do *Globo* até para as críticas do jornal ao modelo de reforma agrária "na marra" pregado por Francisco Julião. *O Globo* reproduziu discurso em que o presidente disse a seus ministros que uma reforma agrária deveria ser "democrática" e "cristã".[125] Naquele momento, o governador de Pernambuco, Miguel Arraes, e o presidente buscavam o fortalecimento de sindicatos no campo para reduzir o poder das Ligas Camponesas de Julião. O jornal de Marinho tratou o tema recorrendo a discursos de José Bonifácio e Mem de Sá, parlamentares da bancada de proprietários de terra chamados de latifundiários, a mais influente de um Congresso em que Julião era figura solitária.[126]

Os empresários da imprensa tinham fresca na memória a bem-sucedida Campanha da Legalidade, rede de rádios criada pelo então governador gaúcho Leonel Brizola para defender a posse de Goulart. Agora, radicado no Rio, Brizola era um adversário especialmente de Marinho no microfone da Mayrink Veiga nas noites e madrugadas de sexta-feira. Fazia sucesso com discursos e explicações didáticas sobre problemas econômicos.

Em outubro de 1963, Roberto Marinho, Nascimento Brito, do *JB*, e João Calmon, deputado federal pelo PSD do Espírito Santo e braço direito de Assis Chateaubriand nos Diários Associados, lançaram a Cadeia Radiofônica da Democracia, uma programação noturna unificada de uma hora e meia com entrevistas, debates e opiniões das rádios Globo, Jornal do Brasil e Tupi para o combate ao comunismo. Uma centena de emissoras país afora, segundo os organizadores, retransmitiria os programas, transcritos depois nas páginas dos grandes jornais.

Prevista inicialmente para ir ao ar na segunda-feira, 21, daquele mês, a Rede da Democracia, como passou a ser chamada, teve problemas técnicos, e a transmissão só foi possível às dez e meia da noite da sexta-feira, 25. Os donos de rádios e jornais deixaram as intrigas de lado e se uniram contra um adversário em comum.

Naquela noite, a cadeia de rádio transmitiu um discurso de Marinho. Ele afirmou que a rede não tinha "o menor caráter político partidário", estando aberta a todos, desde que defendessem princípios da "democracia".

"Venham os homens do PSD, da UDN, do PTB, do PDC ou qualquer outro partido difundir os ideais democráticos. Venham lutar contra facções extremadas que, sob a liderança do ilegal Partido Comunista, pretendem instalar um sistema semelhante ao que faz a desgraça da República de Cuba."[127]

O dono do *Globo* construía novas pontes com o governo Goulart. Numa noite de agosto de 1963, ele e Stella abriram a casa do Cosme Velho para exibir novos quadros e peças de prata. Um palco foi montado no jardim para a exibição dos artistas de Carlos Machado. O ator Grande Otelo, Monsueto Menezes e suas cabrochas e *girls* foram contratados.

Na festa estavam o ministro da Justiça, Abelardo Jurema, Arminda e Antonio Gallotti, Nininha e José Luiz de Magalhães Lins. Também acompanhados de suas mulheres compareceram João Calmon, Adolfo Bloch e Eugênio Caillard, secretário particular do presidente.[128]

Em luta cotidiana para se mostrar um dos líderes do bloco dos empresários da comunicação, Marinho buscava canais para tirar o jornal, seu negócio principal, das amarras impostas pelo clima belicoso do setor com o governo, agravado em especial pela atuação, agora no Rio, do cunhado do presidente, o deputado Leonel Brizola.

Caillard Ferreira era o canal de Marinho com o Planalto. O *Globo* estava na oposição ao presidente, mas o secretário marcava encontros entre o empresário e Goulart. Marinho entrava no Palácio Laranjeiras, no Rio, sem ser percebido. O assessor tinha postura conservadora e, vez ou outra, se chocava com "comunistas" e "pelegos" que procuravam "empolgar" o presidente, avaliou certa vez Marinho.[129]

O colunista Ibrahim Sued, do *Diário da Noite*, publicou notas para mandar recados ao governo. "Não há dúvida de que há um dispositivo no palácio para afastar Eugênio Caillard de Jango. Não há dúvida, também, que ela parte da célula comunista que existe em Brasília. Desmascaradas as tentativas de calúnias e injúrias, que não surtiram efeitos, eles, agora, usarão outros recursos. Aliás, o secretário de Jango que se operou recentemente, continua sendo visitado por nossos VIPs, entre os mais recentes, Roberto Marinho."[130] As opiniões de Sued eram recebidas pelos aliados do governo como declarações formuladas pelo dono do *Globo*. Para Samuel Wainer, o colunista era um "boneco" fabricado pelo "cientista" Roberto Marinho.[131]

O banqueiro José Luiz de Magalhães Lins lembra:

Eu vou te contar uma coisa que o Roberto me contou. Naquele período do Jango, que estava todo mundo contra o Jango, ele frequentava lá [*o presidente*]*, escondido. Não era pra pedir favor, não. Era para conversar, até para neutralizar qualquer coisa. Ele me dizia: "Quem me ajuda em tudo, porque preciso fazer a coisa em sigilo, é o Caillard. Eu telefonava pra ele e dizia: 'Quero falar com o presidente.' Ele arranjava naquele dia ou no dia seguinte uma maneira de eu ir no Laranjeiras, ninguém vê, e eu entro por uma porta lá, converso com ele, saio, pego o meu carro, e ninguém sabe. É um homem que tem sido precioso pra mim."*

Almino Affonso, ministro do Trabalho de Goulart, observa que a relação do presidente com os jornais se dava por intermédio de Raul Riff, secretário de Imprensa de "absoluta" confiança. Ele diz que não percebia em Caillard um canal de contato com Marinho. "Caillard era um homem que levava a pasta do presidente. Não fazia uma mediação política. No máximo, dava um telefonema. É uma novidade saber que Caillard fazia uma ponte entre o presidente e um empresário do nível de Roberto Marinho. Mas todo governo tem essas figuras."[132]

Roberto Irineu ressalta que o pai não tinha objeções em relação ao presidente Goulart. "Se eu lembro alguma coisa, o papai não desgostava do Jango. Ele desgostava da desordem que vinha junto com o Jango. Mas ele achava que o Jango podia ser boa pessoa [...] É, essa é a sensação que ficou na minha cabeça. Agora, não me lembro de nenhuma conversa dizendo isso."

Marinho entrava escondido no Palácio Laranjeiras sempre que o presidente João Goulart estava no Rio, e no Alvorada e no Planalto, nas viagens discretas a Brasília. Décadas antes, Irineu, pai de Roberto, mantinha contatos quase escondidos com os antigos proprietários do Laranjeiras, os Guinle, que duelavam com a Light pelo controle das concessões públicas.

Os encontros entre Goulart e Marinho — alguns citados nas agendas oficiais e públicas do presidente — causavam irritação em amigos próximos do empresário. Em viagem a Suíça, Schmidt escreveu uma longa carta para reclamar. "Foi com o coração pequeno que vi v. visitando Jango", afirmou em meio a lamúrias de problemas de saúde e constatações pessimistas sobre o Brasil. "De cabeça fria — na Europa, tendo melhorado da diabete que está compensada com menos quilos e serenidade, o digo: é o homem que mais inimigo foi de seu país até hoje. Nenhuma desculpa serve para servi-lo. É falso e tal, ou tão burro que não tem limite. Sei que ele o mandou chamar, mas você só deve ir debaixo de segredo, em hora especial. Lembre-se que ele não se solidarizou com você na hora em que o cunhado (Brizola) na Câmara afirmou que o encontrava no palácio fazendo pedidos. A vida é pequena demais para a perdermos com esses personagens que se vingam com a nossa desaparição."

Marinho acusava Brizola de usar a Rádio Mayrink Veiga na organização de uma guerrilha. O deputado gaúcho iniciou pela emissora uma campanha de formação dos "Comandos Nacionalistas" ou "Grupos de Onze Companheiros", para, segundo ele, apoiar as reformas estruturais.[133] O empresário questionou o negócio de transferência das ações da rádio para Miguel Leuzzi. Havia outro componente no posicionamento de Marinho: o governo chileno queria de volta o sinal internacional disponibilizado para ele.

A catedral

Na turbulência política, dom Jaime Câmara surpreendeu Marinho ao anunciar a construção de uma nova catedral para o Rio de Janeiro. Parceiro do empresário nas pelejas contra os comunistas, o cardeal cobrou apoio. Enquanto os homens de negócios discutiam a deposição de Goulart, o arcebispo importunava a cidade, ricos e pobres, para levar à frente a obra.

A Igreja Nossa Senhora do Carmo, a catedral católica da cidade, é um templo de paredes brancas e talhas douradas, da época da Colônia, onde um rei e um imperador portugueses, D. João e D. Pedro, e um imperador brasileiro, D. Pedro II, foram sagrados. Na sua pia de mármore, a princesa Isabel foi batizada. A Capela Imperial fica em frente ao Paço. No tempo do cardeal Câmara, os poderes político e econômico estavam longe. Ele queria uma catedral na rua Chile, uma área plana da cidade, onde antes existia o morro de Santo Antônio, que ganhava arranha-céus da Petrobrás e de bancos federais.

No centro havia ainda uma infinidade de igrejas coloniais que não satisfaziam à sanha megalomaníaca do homem que comandava o arcebispado carioca desde os anos finais da ditadura Vargas. Pelo projeto, o templo "monumental" em forma de cone abrigaria dez mil pessoas. O "trono arquiepiscopal" ficava no centro da construção.[134]

Marinho escreveu ao cardeal que teria dificuldades de explicar aos leitores o apoio a um projeto daquele porte num momento de inflação e crise política. "É difícil, de fato, numa hora que deveria ser de austeridade para todos, estabelecer uma rígida linha de demarcação entre o essencial e o acessório, entre o supérfluo e o indispensável, entre os gastos que são realmente inadiáveis e os que podem ser deixados para mais tarde."[135]

O empresário observou que o Rio tinha uma catedral "digna de suas tradições e de suas exigências" e não faltavam igrejas no centro, onde a frequência costumava ser "mínima", enquanto os bairros, que cresceram, não tinham templos.

No dia seguinte, dom Jaime mandou uma "carta-pastoral" de 19 páginas a Marinho para responder a cada item apresentado por ele. O cardeal lembrou que Jacó fez um altar para Deus numa pedra. "Deus o aceitou, mas nem por isso dispensou o povo hebreu de Lhe erigir o majestoso templo de Jerusalém, tal como Ele o exigia, e nada menos." O religioso ressaltou que havia muitos outros gastos desnecessários no Rio. "Quantas toneladas de jornais e revistas se desperdiçam todos os dias nesta cidade?"[136]

Um lobista bem próximo do cardeal era a preocupação de Augusto Frederico Schmidt. Numa carta escrita do exterior a Roberto Marinho, o poeta demonstrou ciúme e incômodo com a atuação de Jorge Serpa, um advogado forjado em seu círculo pessoal. A correspondência fez comentários ao aprendiz de lobista Jorge Serpa Filho, mais tarde apelidado de "guardião das trevas" pelos filhos de Marinho. "Que notícias me dá do tardonho e incerto Serpa? Continua ele a trançar e a esvair-se às principais luzes da manhã?"

Nas rodas de conversa, Darcy Ribeiro, que fora ministro da Educação e do Gabinete da Casa Civil de Goulart, acusava Serpa de colaborar com a CIA. Pelos documentos até aqui conhecidos, a embaixada americana não sabia para quem o advogado jogava. "O Darcy era completamente louco. De jeito nenhum, nem pensar", reage o banqueiro José Luiz de Magalhães Lins. Serpa, por sua vez, diz que Darcy ajudava Brizola a colocar minas explosivas no colo de Goulart. Outro que defende Serpa é o jornalista José Silveira: "Todo mundo desconfiava do Serpa. Mas ele era fiel e amigo do Jango. Ele, o Jango e a Maria Teresa deitavam na cama, os três, para conversar. Serpa era assessor do Jango, sem que ninguém soubesse. Não ganhava por isso. Ele dava uns conselhos, ia muito no sítio que o Jango tinha aqui, em Jacarepaguá."

Na imprensa, a maior ligação de Serpa era com Paulo Bittencourt. A notícia do câncer que atingiu o dono do *Correio da Manhã* abalou o lobista. Ao pressentir a morte, Bittencourt marcou viagem sem volta para Paris e procurou um novo comandante para a redação do jornal. A Serpa e ao banqueiro José Luiz de Magalhães Lins, ele disse que não queria deixar o *Correio* entregue à "quadrilha" que lá estava, numa referência a um grupo de editores. José Luiz lhe apresentou Jânio de Freitas, seu assessor no Banco Nacional, por quem "botava a mão no fogo".

Jânio procurou pessoas de confiança para tocar a redação, uma delas foi José Silveira. "Ele me disse: 'Vou assumir o *Correio da Manhã*. Quando o Paulo Bittencourt morrer nós saímos. Nossa última manchete no jornal vai ser o sepultamento dele'", relata Silveira. Jânio tinha atritos com Niomar, mulher de Bittencourt. "Serpa passava pela redação para monitorar. Era um cara maneiro, manipulador das coisas. Tinha sempre uma solução."

O jornalista paranaense José Augusto Ribeiro, repórter que atuou também no *Correio da Manhã*, observa que o projeto de Jânio de Freitas de formar um jornal mais à esquerda não se sustentava com a presença de Niomar, uma mulher mais inclinada aos jornalistas de direita e a um sobrinho — Antônio Muniz Sodré —, que não se entendiam com a redação. "Jânio apostava que a burguesia industrial brasileira, como dizia, desse sustentação ao seu projeto. Mas sem a presença física do Paulo Bittencourt isso era impossível."

No noticiário de fúria sobre o "risco" comunista, Marinho procurava manter uma cobertura das ações do governo com deferência a Goulart. O empresário acompanhava atentamente os grupos conspiratórios e, ao mesmo tempo, um governo que lutava para continuar rastejando até as eleições, sem sustentação política. As portas, sempre as do fundo, nas horas de mais privacidade, estavam abertas de um lado e de outro. Era uma tradição, ainda do tempo do velho Eurycles, *O Globo* reconhecer um presidente enquanto este estivesse no poder, sem tirar os olhos da nova configuração do jogo. Marinho era um espectador, mais que um jogador certo de sua aposta. Ele foi recebido por João Goulart em oito viagens que o presidente fez ao Rio. O empresário participou de audiências no Palácio Laranjeiras, de reuniões no sítio de Goulart em Jacarepaguá e de uma sessão do filme *Experiência culminante*, no Cine Palácio, na Cinelândia.[137] Brizola teria dito que não iria mais procurar o cunhado por estar "farto" e "enojado" de esbarrar em Marinho.[138]

Uma indicação da existência de momentos próximos de Marinho com o presidente ocorreu quando Goulart encarregou o empresário de convidar o banqueiro Walther Moreira Salles, que se criou no grupo de Lulu Aranha, a assumir o Ministério da Fazenda.[139] Era uma deferência a Marinho, pois Salles e Goulart se conheciam bem desde o segundo governo Vargas, quando um era embaixador em Washington e o outro, ministro do Trabalho.

Marinho ainda tinha boas relações com um dos homens importantes do governo Goulart, o embaixador em Washington Roberto Campos. O diplomata aprendeu a jogar pôquer na Casa Branca quando era jovem, levado pelo então embaixador Carlos Martins, no tempo de Roosevelt. Na viagem de Goulart aos Estados Unidos, em abril de 1962, Campos se aproveitou de sua relação próxima a Marinho para pedir, por telegrama, que não publicasse informações exclusivas do repórter do *Globo* que cobria a viagem.

> *URGENTE ROBERTO MARINHO JORNALISTA DESSE JORNAL APROPRIOUSE HOJE INDEVIDAMENTE DO TEXTO DISCURSO PRESIDENTE REPUBLICA PRONUNCIARAH DIA QUATRO CONGRESSO AMERICANO ET TRANSMITIU TRE-*

CHOS AA REDACAO PT DIVULGACAO ANTECIPADA REFERIDO DOCUMENTO CONSTITUIRAH DESRESPEITO NÃO SOH PRESIDENTE MAS TAMBEM AQUELE CORPO LEGISLADORES ENCAREÇO PREZADO AMIGO PROVIDENCIAS SENTIDO SUSTAR PUBLICACAO ANTECIPADA PT

Marinho respondeu com um telegrama sucinto:

EMBORA LOUVANDO ESFORÇO JORNALISTICO MEU COMPANHEIRO SUSTEI PUBLICACAO ANTECIPADA DISCURSO PRESIDENTE DIANTE SUAS JUDICIONAS PONDERACOES PT[140]

Naquele momento de crise, José Luiz e Wainer foram convidados para almoço no Palácio da Alvorada. Na residência, Goulart puxou o banqueiro pelo braço e, mancando devido a um antigo problema na perna, caminhou para os fundos da residência:

"Zé Luiz, vamos lá para a piscina comer um churrasco."

Após passarem por uma escultura erótica de bronze de Maria Martins, a artista associada ao Estado Novo que Niemeyer resgatou na arquitetura modernista de Brasília, o presidente perguntou qual era a impressão do banqueiro em relação a Jorge Serpa.

"O senhor só vai lucrar."

Dias depois, Serpa telefonou para o banqueiro da Granja do Torto, uma propriedade da presidência em Brasília, para pedir sugestão de um nome para a pasta de Indústria e Comércio. Surpreso pela rapidez com que Serpa "tomou conta do homem", José Luiz folheou boletins bancários e chegou ao nome de Egídio Michaelsen, do Banco Agrícola Mercantil, do Rio Grande do Sul. Michaelsen foi nomeado ministro.[141]

Próximo de Goulart, Serpa atuou para derrubar o ministro da Fazenda, Carvalho Pinto, e colocar Nei Galvão na pasta. "Serpa nomeava ministro, demitia ministro", relata Júlio Barbero. "Era um hipnotizador desses que não existem mais."

Os críticos de Serpa concordam que o lobista foi o homem de negócios mais próximo de Marinho. Na avaliação do jornalista Henrique Caban, que juntamente com Evandro Carlos de Andrade travou um duelo com Serpa na esfera do *Globo*, o advogado era o maior conselheiro de Marinho. "Eu não sei a fonte da força do Serpa. Ele era a pessoa de mais confiança. O dr. Roberto gostava muito de um vigarista, muito."

No comando do jornal a partir dos anos 1970 e depois da TV, Evandro satanizou Serpa especialmente para os filhos de Roberto, destacando a participação do lobista em todos os maus acordos do empresário. "Jorge Serpa foi a pior coisa que ocorreu na vida de Roberto Marinho", sentenciou mais tarde, segundo jornalistas do *Globo*. Evandro controlou o jornal com mão de ferro, mas o advogado entrava no gabinete de Marinho sem passar por ele.

Era briga de poder. José Luiz relata que tentou uma aproximação: "Os filhos acham que o Serpa se aproveitava da amizade para faturar um pouco. Eu insisti muito."[142] A nova geração dos Marinho queria distância de um certo passado.

Manhã de sol. Ladeira da Gávea, um caminho de casas históricas sufocadas por prédios residenciais do Rio. Jorge Serpa Filho mora num sobrado com a fachada encoberta por plantas. O editor José Mário Pereira, uma das poucas pessoas com acesso à residência, me leva até lá.

Serpa nunca foi figura de ser encontrada facilmente. Numa ocasião, Marinho perguntou a José Mário como fazia para falar com o advogado.

"Dr. Roberto, se o senhor não consegue falar com o dr. Jorge, imagine eu."

José Mário diz enxergar em Serpa o "grande conselheiro" de homens influentes como Marinho, Paulo Bittencourt, João Goulart, uma figura mais próxima da do advogado Tom Hagen, de *O poderoso chefão*, interpretado por Robert Duvall, que, aliás, guarda semelhanças físicas com Serpa.

Nascido em 1923, o sempre recluso Jorge Serpa apareceu em poucas fotos e evitava entrevistas. Chamá-lo de pioneiro do lobby é ignorar dois ramos que tiveram influência em sua vida: Lulu Aranha e Schmidt.

Também é aproximar, de forma simplória, sua figura à dos lobistas que atuam hoje nos gabinetes de Brasília e nos escritórios do Rio e de São Paulo. Ao comandar o *Correio da Manhã*, por exemplo, Serpa estava à frente de uma equipe de pesos-pesados do pensamento: Otto Maria Carpeaux, Antonio Callado, Rubem Braga, Carlos Heitor Cony.

Logo na entrada da casa, é possível ver um senhor sentado à mesa de uma sala no fundo do corredor comendo um mamão. A luz que entra numa janela permite ver a fisionomia do dono da casa. É mesmo parecido com Robert Duvall — o rosto comprido e, ao mesmo tempo, largo.

A atriz Vicentina Novelli, a Tina, esposa de Serpa, nos recebe.

"Ele está acabando de tomar café. Podem esperar um pouquinho?"

Tina passou parte da infância e da adolescência na ala residencial do Catete. A mãe dela era enteada de Dutra.

Ela nos acompanha ao escritório. As estantes de livros ocupam as paredes da casa. Num corredor, entre retratos de santos, está um quadro dos formandos em direito da PUC-Rio, em 1946. Lá estão Serpa, Hélio Jaguaribe e Alberto Faria.

Minutos depois, a passos lentos, o advogado chega ao escritório. É um homem curvado, com pernas visivelmente arqueadas e que deve ter mais de 1,90 metro de altura.

"Vamos sentar, por favor", diz Serpa.

Diante da primeira citação ao nome de Roberto Marinho, o advogado, quase enterrado na cadeira, se joga levemente para a frente e diz, com ênfase:

"Grande amigo!"

Serpa estabelece um limite para nossa conversa logo na pergunta sobre o momento exato em que se aproximou de Marinho.

"Veja bem, datas eu realmente não costumo lembrar. Desculpe, tenho quase cem anos."

A idade será uma forma de agilizar a troca de assunto.

"O Roberto foi totalmente meu amigo. Não fazia nada sem me ouvir. Eu mandava nas Organizações Globo. Eu estava numa situação que você pode imaginar, um advogado com os melhores clientes do país."

Na afirmação de sua parceria com o dono da Globo, Serpa destaca em especial o processo de concessão da TV.

"Trabalhei com isso. Tudo passou por mim. Então, eu tinha uma posição excepcional."

Sobre a influência na linha do jornal e no exercício de auxiliar Marinho, ele ressalta:

"Todo dia, todo dia, todo dia."

É preciso observar que Schmidt foi o principal apoio político de Roberto no trabalho de convencer Juscelino a lhe dar a permissão de operar a TV. Mas Schmidt não era ligado aos detalhes jurídicos, daí a possibilidade de Serpa ter tido participação importante no processo.

O lobista não economiza na avaliação de que ninguém no lobby e na política do Rio se comparava a ele, especialmente nas relações dos donos de jornais e revistas com o governo.

"Chateaubriand era meu amigo, gostava muito de mim, você tá entendendo? Roberto tinha ciúme dele. A Niomar [Bittencourt, dona do *Correio da Manhã*] era minha paixão. Recíproca, entende?"

O lobista lembra sua ampla rede amizades e contatos:

"Eu me dava com todo mundo. Eu me dava com os generais todos, entende, sem nunca ter cargo público, entende? Eu tinha uma posição muito estranha, entendeu? Me dava com os donos de jornal, me dava com os políticos, né? As lideranças políticas, o mundo empresarial todo. Walther Moreira Salles era meu amigo fraternal, o velho Wolff Klabin, né?"

É de maneira sucinta que ele fala sobre sua condição de amigo dos homens da imprensa e aliado de Goulart, figura atacada pelos jornais.

"Não, porque aí o Jango fez loucuras. Eu acalmei [donos de jornais]. Mas acalmei como pude, entende? Eu pus o Paulo Bittencourt com o Jango. Eu pus o Roberto várias vezes. Eram encontros cordiais. Tentei tudo, né?"

O governo ficou em situação dramática, insustentável na estrutura formada pelos banqueiros e industriais.

"Ficou porque o Jango fez loucura, entende? Veja bem, os tenentes de 1922 fizeram aquela revolução. Depois, houve o acordo, voltaram para o Exército e todos ficaram no quartel, mas agora cada general tinha o seu Exército, isso ninguém entende."

Quando perguntado se sua relação com generais que atuariam no golpe era conhecida por Goulart, Serpa responde:

"Ele sabia disso. Eu só fiz contatos, composições. Só fiz integrar. Eu era criador de comunicação."

Pelos documentos produzidos pela Embaixada dos Estados Unidos, Serpa foi um assessor de Goulart que se colocou como nome de grande influência — algo posto em dúvida por Lincoln Gordon —, disposto a trabalhar junto ao embaixador para convencer o presidente a realizar um governo mais afastado da esquerda. A imagem retratada do lobista não é a de um infiltrado americano, como pregava Darcy Ribeiro.

O segundo semestre de 1963 foi marcado nas páginas do *Globo* por uma insurreição de sargentos em Brasília. A cobertura da rebelião na capital, em setembro, rendeu nove manchetes. Começava uma onda de matérias sobre tentativas de rebeliões e motins dentro da caserna. A opinião cedia terreno para a informação. As crises militares ultrapassavam em espaço as matérias de greves, custo de vida, ameaças comunistas e propostas de reforma do governo.[143] A turbulência brasileira só deixou o alto da capa do jornal em novembro, quando o assassinato de Kennedy, em Dallas, "abalou" o mundo, como destacou manchete do *Globo*.[144]

Ao longo dos primeiros três meses de 1964, o noticiário do jornal de Marinho, com informações sobre greves e supostas infiltrações comunistas, era desfavorável ao governo. Mas a figura pessoal de Goulart era preservada dos ataques históricos contra os "vermelhos".[145] Em fevereiro, *O Globo* noticiou a decisão do governo americano de reescalonar a dívida brasileira, o que mostraria uma boa relação entre os dois países, e simpatia ao programa de Goulart para conter a inflação.[146] O jornal deu cobertura favorável a decretos assinados pelo presidente no Rio nas áreas de remédios, tecidos, livros escolares e calçados. Goulart foi descrito como um governante que se destacava por buscar a "paz" e a "tranquilidade social". No mesmo dia dessa publicação, Marinho pediu ao Planalto audiência com o presidente.[147]

Ao mesmo tempo em que mantinha uma postura crítica ao governo, o empresário tentava contornar as dificuldades junto a Goulart para implantar a TV Globo. O *Diário de Notícias*, do concorrente João Dantas, destacava que "rumores" davam conta de que Marinho desistira de levar a TV Globo ao ar.[148]

João Goulart protelava a regulamentação do Código Brasileiro de Telecomunicações para permitir que aliados se preparassem em processos de concessões. Por outro lado, buscava criar entraves para as investidas de empresários afastados do governo. Era o caso de Marinho.

Sem normas específicas, a entrega de concessões de TV e rádio ficava centralizada no gabinete do presidente da República. A lei de comunicações, aprovada definitivamente em 1962, criou órgãos para regular o setor. O Conselho Nacional de Telecomunicações, Contel, e o Departamento Nacional de Telecomunicações, Dentel, foram instalados no Rio.

O tráfico de influência e as jogadas políticas bateram à porta dos novos órgãos. Funcionários do Dentel tentavam agilizar uma infinidade de processos de concessões de rádios e TVs a pedido de João Goulart ou de aliados do Planalto que possuíam estações. A Comissão Técnica de Rádio, que fazia as avaliações, não tinha gente suficiente para dar vazão aos processos.

Por se tratar de um setor técnico, o governo Goulart teve dificuldade para aparelhar os novos órgãos. Oficiais da Marinha, da Aeronáutica e do Exército foram chamados. As Forças Armadas entravam no setor estratégico das concessões. Era uma meta antiga, especialmente da Marinha, que buscava o controle da área desde a Segunda Guerra.

O ministro da Justiça, Abelardo Jurema, nomeou o coronel pernambucano Ademar Scaffa de Azevedo Falcão, da Aeronáutica, para o comando do Contel. Durante a crise de 1954, ele foi escalado para "auxiliar" o inquérito do atentado da Tonelero e, assim, conter o grupo de oficiais ligado a Lacerda que queria imputar a autoria da morte do major Vaz a um membro da família Vargas. A missão de Scaffa em 1964 era controlar rádios e emissoras de televisão, especialmente a TV de Chateaubriand, que bombardeava o governo Goulart.

Às vésperas do golpe militar, a lista de bens de Roberto Marinho incluía a casa no bairro do Cosme Velho, a Fazenda Cardeiros, em São Pedro da Aldeia, a Fazenda Remanso, o Sítio Pedra Bonita, terrenos nas margens do rio Araguaia, em Goiás, em Brasília, em Angra dos Reis e na serra da Bocaina, parte de um prédio na Ladeira da Glória, um apartamento no edifício Santos Vahlis, na rua Senador Dantas, no Centro do Rio, um lote no Jardim Gavelândia, também no Rio, e um terreno na Lapa.

A relação de bens contava ainda com um Volkswagen 1962, um Mercedes-Benz 300 ano 1954, um Mercedes-Benz SL-190 1961, uma caminhonete Chevrolet 1961, um iate, ações, depósitos nos bancos Nacional, Boavista, Prolar, Banco do Brasil e Lar Brasileiro. Também tinha títulos nos mais importantes clubes sociais da Zona Sul do Rio.

Na declaração do Imposto de Renda, ele relatou pratarias, imagens sacras, tapetes e quadros no Cosme Velho. A prataria era formada por castiçais, tabaqueiras, leiteirinhas, canecões, cálices, potinhos de bala do século XVIII, bandejas portuguesas, baixelas, faqueiros e poncheiras.

A mansão ostentava peças de destaque. Logo no jardim, doze estátuas de pedra e três fontes de mármore compunham o ambiente. Dentro da casa, foram instalados bronzes de Bruno Giorgi, o "Escultor de Brasília", Mario Cravo e Zélia Salgado e uma tapeçaria de quase três metros do francês Jean Lurçat.

A mobília da casa tinha arcas barrocas, cadeiras do Império e biombos da China Antiga. Nas mesas de jacarandá, havia uma infinidade de imagens sacras e crucifixos do tempo da Colônia.

O cofre do Cosme Velho guardava 28 relógios de ouro e platina e joias de Stella — broches de ouro, brilhante e esmeralda, brincos de rubi e pérola, caixas de rapé de ouro, anéis de safira e cigarreiras de ouro e esmalte.

A coleção de quadros incluía 15 telas de José Pancetti, 14 de Darel Valença, sete de Cândido Portinari, oito de Guignard, seis de Ivan Moraes, quatro de Carlos Scliar e dois de Iberê Camargo. As paredes ainda tinham obras de Noemia Cavalcanti, Orfeo Tamburi, Santa Rosa, Santomasso, Paul Signac, Tadeus Kulisiewicz, Lasar Segall, Naboru Yamashita, Haynes King, Maria Polo, Jean Cocteau, Heitor dos Prazeres, Djanira, Giorgio de Chirico, Lynn Chadwick, Marc Chagall, Clóvis Graciano e Oswaldo Goeldi.[149]

Naquele eterno momento de conturbação política, Alberto da Veiga Guignard, o pintor de camisas sempre limpas e engomadas, gravata-borboleta e fascínio pelas montanhas de Minas, começou a diminuir o uso de tintas nas telas. Nas obras do artista, Ouro Preto ficou mais dramática. Ao pensar que o amigo estava com dificuldades financeiras, Marinho mandou uma quantidade grande de tinta. Mas Guignard continuou a dar pinceladas cada vez mais ralas.

* * *

Após atuar como tesoureiro do plebiscito que restabeleceu os poderes de João Goulart, o banqueiro José Luiz de Magalhães Lins traçou as linhas de um movimento para a deposição do presidente. Ele fazia a ligação entre o tio, o governador de Minas, Magalhães Pinto, o governador da Guanabara, Carlos Lacerda, e o general Castelo Branco. O golpe contra Goulart, a UNE pós-getulismo e o cinema dos jovens Glauber Rocha, Nelson Pereira dos Santos e Ruy Guerra eram forjados no mesmo plano elaborado pelo banqueiro e com os mesmos recursos da campanha de Magalhães Pinto ao Planalto. Com dinheiro do Banco Nacional, Nelson tinha lançado *Vidas secas*, e Ruy, *Os fuzis*. Glauber preparava *Deus e o Diabo na Terra do Sol*. O dinheiro que produzia filmes de visões sociais era o mesmo que bancava as negociações para a tomada do governo Goulart.

José Luiz minimiza a participação de Marinho no grupo em torno de Magalhães Pinto. "Nesse negócio de conspiração, ele não tinha nenhuma. Zero, absolutamente", relata. "Ele e Magalhães Pinto se viam às vezes, eram pessoas amigas, mas não conviviam."

Nessa época, Marinho era dono de um jornal insignificante fora do Rio, mas influente na antiga capital. Com cerca de setenta mil exemplares, disputava com a *Última Hora* os leitores que saíam do trabalho no final da tarde e início da noite. Também era proprietário de uma rádio de boa audiência e com trânsito nos meios empresariais.[150]

Se estava fora do grupo mineiro, Marinho era figura constante em reuniões noturnas no Cosme Velho ou em casa de amigos com militares ligados ao general José Pessoa. Era por meio desse grupo que o dono do *Globo* acompanhava as movimentações na caserna, alimentava o fluxo de notícias e editoriais do jornal e buscava se articular com os oficiais que almejavam a tomada do poder. Marinho ainda participava de encontros na casa de Castelo Branco, levado pelo irmão Rogério. "Nessa época, tive até problemas em casa. Passava horas na casa do Castelo, que nos pedia para não falar", relatou certa vez Marinho ao editor José Mario Pereira.[151]

A estrutura concreta do golpe foi gestada por Magalhães Pinto, em Belo Horizonte, com seus secretários estaduais. No Rio, o seu representante era o sobrinho José Luiz de Magalhães Lins. O executivo do Banco Nacional trabalhava num prédio na esquina da avenida Rio

Branco com a rua do Ouvidor. Era o ponto de encontro de homens que atuavam em silêncio, longe dos discursos do governador Carlos Lacerda ou das palavras de intolerância de articulistas e políticos na imprensa. O Palácio Guanabara, ocupado por Lacerda, estava no mapa da conspiração, assim como os grandes jornais, as rádios e as emissoras de TV e as entidades empresariais. Magalhães Pinto buscou um nome influente nas Forças Armadas para consolidar o golpe. José Luiz e o tio governador foram à casa do general Eurico Gaspar Dutra, na época com oitenta anos, na rua Redentor, em Ipanema.

"Não quero me envolver. Procurem o vizinho."

O general Humberto de Alencar Castelo Branco, chefe do Estado-Maior do Exército, que morava ao lado, tinha se destacado meses antes na imprensa com declarações contra o governo. Ele se tornou presença constante nos jantares das mansões da Zona Sul.

No começo da noite de 13 de março, Marinho deu ordens para o motorista Joffre desviar do caminho do jornal para a casa e passar próximo à Praça da República, em frente à Central do Brasil, onde haveria o comício de Goulart por reformas.

"Vamos passar..."

O presidente subiu no palanque acompanhado do assessor Eugênio Caillard. A multidão que estava lá para ouvi-lo era formada por militantes do getulismo, sindicalistas, lideranças do movimento estudantil, simpatizantes comunistas em defesa de reformas e da legalidade do PCB e pessoas que chegavam para pegar o trem.

A área estava "fechada" de gente, lembrou o motorista. Joffre passou próximo para que o chefe olhasse "se tinha muita gente". Pelo relato truncado do motorista, o empresário não chegou a descer do veículo. "Ele era meio comunista, né? Esse negócio de 'João Goulart é isso e não sei o quê'", relatou Joffre, um fiel funcionário de Roberto que se limitava a viver a política de dentro do carro. O chefe, segundo ele, "só queria ver o ambiente".[152]

Após o discurso, o presidente desceu do palanque. Cambaleou, quase sem ar, até o carro sob forte escolta e, ao entrar, bateu a cabeça na porta. Se jogou no banco traseiro, com a mão na cabeça, enquanto a primeira-dama Maria Thereza soltava-lhe a gravata e o abanava.[153] O país vivia uma grande expectativa de um desfecho histórico, com uma onda de conversas conspiratórias nos salões do poder e paralisações e agitações nas ruas com interesses políticos e econômicos diferentes.

Outro que passou em frente à Central do Brasil naquela noite foi o professor do Instituto Militar de Engenharia Herbert Fiuza, que trabalhava na montagem da Globo. Ele voltava do trabalho para casa em seu Fusca quando viu o movimento. Não parou. "Procurei me afastar o mais rápido possível, ainda mais eu, militar, não queria que um polícia me pegasse e pedisse a minha identidade", lembra.

Fiuza avalia que a posição contrária do *Globo* a Goulart dificultava, "inclusive", a obtenção de apoio financeiro externo para fazer a televisão andar. Ele estabelece limites, porém, a uma análise de que a adesão de Marinho ao movimento que derrubou Goulart ocorreu devido ao obstáculo para a implantação da TV. "O jornal era o grande veículo da vida dele. Acho que ele nunca imaginou que a televisão chegasse a um ponto de grande importância."

A Marcha da Família com Deus pela Liberdade, no dia 19 de março, no centro de São Paulo, rendeu manchete e foto da Praça da Sé na primeira página da edição do *Globo* no dia seguinte. O jornal de Marinho ressaltou que São Paulo estava de "pé" em defesa da democracia.

No dia 20, o evento chegou também à capa do *Estado*, da família Mesquita, que passava por uma transição para noticiar assuntos nacionais na primeira página.[154] O jornal estampou uma foto, tirada de helicóptero, da rua Barão de Itapetininga tomada por uma multidão, na parte esquerda, de alto a baixo. "Enquanto há liberdade" era o título da reportagem que serviu de farol para o movimento dos demais veículos da imprensa. O jornal informou que meio milhão de pessoas participaram do protesto. Uma outra matéria no interior do jornal mostrava Julio de Mesquita Filho, diretor do *Estado*, e Carlos Lacerda sendo recebidos na residência de Assis Chateaubriand na rua Polônia, na capital paulista. O texto ressaltou que eles se encontraram "após longos anos afastados". O *Estado* lançava o nome do governador à sucessão presidencial.

O *Jornal do Brasil* foi outro a dar manchete para a manifestação, que considerou a "maior" realizada na história da capital. A foto que ilustrou a primeira página também foi tirada na Praça da Sé. Menos enfático, o título contabilizou quinhentas mil pessoas na "passeata".

Na contramão, o *Correio da Manhã* limitou a notícia do protesto promovidos por "senhoras" a uma nota na página seis. O jornal optou por abrir a primeira página com a informação de que o PSD lançaria, naquele dia, Juscelino à presidência.

A 23 de março, Marinho almoçou, no Rio, com outros empresários da imprensa. O encontro foi descrito, no dia seguinte, como "segredo" pela coluna de Ibrahim Sued, no *Diário da Noite*, de Chateaubriand. "Entre mim, vocês e dois milhões de leitores: Jango está conseguindo até a união dos diretores de jornais, que era uma das classes mais desunidas do país", afirmou. Sued relatou que os empresários não se falavam "há muito tempo". "O assunto vocês já sabem: há um plano de estatização do papel de imprensa, que é o meio eficiente de amordaçar jornais e jornalistas. O 'professor' Darcy Ribeiro é muito mais inteligente do que vocês imaginam, e Jango é muito mais raposa do que se imaginava."[155]

Dois dias depois, marinheiros liderados pelo cabo José Anselmo dos Santos se reuniram na sede do Sindicato dos Metalúrgicos do Rio de Janeiro, contrariando decisão do ministro da Marinha, Sílvio Mota, para comemorar dois anos de uma associação não formalizada da categoria. Mota mandou um destacamento de fuzileiros para prender os líderes do grupo. A invasão do sindicato não ocorreu. Os fuzileiros seguiram orientação do contra-almirante Cândido Aragão, seu chefe superior, ligado a Brizola, o que mostrava uma divergência na força. Marinheiros que foram prender os colegas chegaram a jogar no chão armas e capacetes e se juntaram aos revoltosos. O ministro se demitiu. Goulart concedeu anistia aos marinheiros, o que revoltou a cúpula das Forças Armadas.

No dia 30, o presidente compareceu a um encontro de sargentos da Polícia Militar do Rio de Janeiro, no Automóvel Clube do Brasil. Uma parte das quinhentas cadeiras estava vazia e outra parte ocupada por mulheres de policiais. Eram poucos os sargentos das Forças Armadas no evento. Sem transmissões ao vivo de rádio ou TV, um agente militar pôs o comandante do II Exército, em São Paulo, Amaury Kruel, por telefone para acompanhar os discursos. Do outro lado da linha, Kruel só demonstrava espanto.

"Mas existem sargentos do Exército nessa reunião?"

Em longo discurso, Goulart enfatizou que a crise era provocada por uma "minoria" que temia a inclusão de milhões à vida econômica e política. Ele ressaltou que a "cegueira" de ricos era um problema pior que o comunismo. Disse que buscava uma reforma dentro dos limites da Constituição e que a crítica "bem paga" na imprensa não tinha mais o argumento de que ele não revelava qual reforma pretendia para o país.

As capas do *Globo*, do *JB* e do *Correio da Manhã*, no dia seguinte, terça-feira, 31 de março, destacaram um pedido do presidente:

— A minha palavra, o meu apelo, é para que os sargentos brasileiros continuem cada vez mais unidos, cada vez mais disciplinados, naquela disciplina consciente, fundada no respeito recíproco entre comandantes e comandados.

Naquela terça-feira, o *Globo* publicou a foto do presidente no Automóvel Clube do Brasil. A íntegra do discurso foi publicada numa página interna. A manchete do jornal, no entanto, era uma declaração do líder do PSD na Câmara, Martins Rodrigues, sobre uma suposta infiltração comunista na Marinha. Era quase uma repetição da manchete que previa, no distante 1935, um plano russo de implantar o comunismo no país.

"Criou-se um soviete na Marinha de Guerra"

O jornal de Marinho propôs uma união entre a "nação" e as Forças Armadas, e ainda incitou os "democratas" a se unirem para que o episódio dos marinheiros não levasse à anarquia, à guerra civil e a um regime com o terror policial e o fuzilamento de paredão, nos moldes do governo cubano. Não foram feitas referências a Goulart. Do primeiro ao último dia de mandato do presidente, *O Globo* manteve uma posição de crítica ao governo, não necessariamente um noticiário de ataque à figura pessoal de Goulart.[156]

O Globo relatou ainda que, numa outra reunião no Rio entre os oficiais da reserva da Marinha e do Exército, esses militares estavam "perfeitamente identificados na defesa da lei e da disciplina". O texto não explicou que os homens, porém, eram, em sua maioria, do quadro da polícia.

Nas páginas internas, a edição do *Globo* apresentou um mosaico de histórias que reforçavam a constatação de um momento de crise econômica e política e uma possível ditadura comunista. No Cariri, trabalhadores que tinham virado proprietários de terra deixaram de trabalhar, o que teria resultado no aumento do preço da rapadura. O vigário de Copacabana, Aloisio Ewerton, negava ter pedido aos fiéis para que não comparecessem à Marcha da Família, contra o governo. A cantora Elizeth Cardoso e o general Lott marcariam presença nas manifestações seguintes. Em Governador Valadares, um tiroteio "exclusivamente" de responsabilidade do sindicalista Francisco da Silva Paixão, o Chicão, e do jornalista comunista Carlos Olavo Cunha Pereira terminou com um morto e três feridos. Um parêntese: uma milícia de fazendeiros cercou a casa de Chicão. Durante a troca de tiros, morreram dois homens ligados ao sindicato e um do grupo dos fazendeiros.

Sem ponderações, o *Correio* publicou um editorial em que pedia logo no título um "Basta!". "Até que ponto o presidente da República abusará da paciência da nação?", perguntava. O *Jornal do Brasil* também fez referências diretas a Goulart em editorial. "O presidente da República sente-se bem na ilegalidade", destacou.

Perdido no noticiário daquele dia, *O Globo* publicou trechos de uma entrevista do governador Magalhães Pinto, no Palácio da Liberdade, em Belo Horizonte, em que o político rebateu uma acusação do CGT de que estava preparando um golpe em conjunto com os governadores de São Paulo, Ademar de Barros, e da Guanabara, Carlos Lacerda.

"Não dou a ninguém o direito de me chamarem de golpista, pois sempre me empenhei na defesa dos postulados democráticos. O que faço, no momento, é exercer o direito dado pelo povo mineiro de defender o mandato de governador a mim confiado."

Magalhães Pinto e Odílio Denis estiveram em Juiz de Fora para conversar com o general Mourão Filho, da 4ª Região Militar. Pelo acerto, o militar esperaria alguns dias para colocar seus homens na rua enquanto o governador acertava detalhes do golpe com o general Carlos Luiz Guedes, comandante da 4ª Divisão de Infantaria, em Belo Horizonte.

Às duas da madrugada de 31 de março, o banqueiro José Luiz de Magalhães Lins estava em seu apartamento, no Leblon, quando recebeu um telefonema de Castelo Branco.

"O senhor pode dar um pulo aqui?"

Mourão Filho decidira não esperar Magalhães Pinto e acabara de anunciar que, nas primeiras horas do dia, colocaria a tropa rumo ao Rio.

Em sua casa em Ipanema, Castelo fez um pedido a José Luiz:

"Isso é uma imprudência. O senhor telefona para o governador recuar."

José Luiz telefonou para o tio.

"O Castelo mandou recuar."

"Não há mais condições, já soltou tudo", respondeu Magalhães Pinto.[157]

Por volta das dez da manhã daquele dia 31, Roberto Marinho telefonou para José Luiz, que estava no Banco Nacional, entre a avenida Rio Branco e a rua do Ouvidor. Começaram a circular no centro da cidade rumores de conflagração de um movimento em Minas.

"Zé Luiz, eu preciso conversar com você para saber o que está acontecendo."

Marinho e o gerente de circulação do *Globo*, Luiz Paulo Vasconcellos, estavam no escritório de José Luiz quando a secretária abriu a porta para dar um aviso ao banqueiro. Ela disse:

"O general Castelo Branco está ao telefone."

Marinho demonstrou surpresa e, dirigindo-se a José Luiz, comentou:

"O Castelo telefonou para você..."

"É, porque eu sou Minas aqui", respondeu o banqueiro

Castelo avisou que ficaria fora de circulação nas horas seguintes.

Antes de sair, Marinho ouviu um conselho de José Luiz:

"Você tome cuidado. O Aragão quer te pegar."

Na noite de 31 de março, a redação do *Globo* foi invadida por fuzileiros navais, a mando de Cândido Aragão, militar brizolista da Marinha. Também entraram na *Tribuna da Imprensa*. Por fim, chegaram à sede do *Diário de Notícias*, na rua do Riachuelo. Era quase uma ajuda a João

Dantas, que chegou a publicar uma entrevista com ele e mantinha seu jornal a favor do governo.

Ainda naquela noite, o coronel Scaffa, do Contel, deu ordens para o engenheiro Djalma Ferreira ir à Tupi avisar ao diretor que a TV estava fechada.

"Doutor, vim aqui por ordem do governo para fechar a emissora."

"Só à força. Não tiro a Tupi do ar."

Djalma telefonou para Scaffa. O coronel mandou esperar reforço militar. À meia-noite, o engenheiro foi orientado a voltar. Não havia mais militares para atender à ordem do governo Goulart.

Quando amanheceu, Goulart estava no Palácio Laranjeiras. Nas primeiras horas daquele dia 1º, ele se assustou com os editoriais dos jornais contra seu governo e a notícia que vinha de Juiz de Fora. Em conversa por telefone com o general Amaury Kruel, comandante do II Exército, em São Paulo, ouviu que deveria se afastar do CGT, que reunia os sindicatos mais influentes.[158]

Os fuzileiros navais voltaram a invadir, na manhã de 1º de abril, a redação do *Globo*. Às 8h10 daquele dia, três dezenas deles, liderados por um tenente, entraram no jornal de Marinho. Também entraram nas sedes do *Jornal do Brasil* e da *Tribuna da Imprensa*. Cinquenta minutos depois chegou ao *Globo* Cândido Aragão, chefe dos fuzileiros.

A um sargento, ele disse:

"Um jornal como *O Globo* só poderá voltar às bancas dos jornaleiros se Kruel vencer essa parada."

Depois, desceu à oficina e afirmou, bem-humorado:

"*O Globo* não vai circular. Bem melhor para vocês, que assim ganharão o dia sem trabalhar."[159]

O velho Lucílio de Castro era, formalmente, o secretário de redação do jornal, posto que ocupava desde os primeiros dias do Estado Novo. Era o responsável pela pauta, pelo comando dos repórteres e pela hierarquia das matérias. Só respondia a Marinho. Ricardo Serran, subsecretário, comandava na prática a redação.

Meio embriagado, como de rotina, Lucílio acompanhou Aragão, com o braço no ombro do militar, no périplo pela redação.

"Grande general! Com que alegria nós o recebemos aqui! Finalmente chegou a liberdade!"

Houve um abraço entre Lucílio e Aragão.

"Está tudo bem aqui?"

"Tudo sob controle. Os trabalhadores estão de acordo com vocês."

Em seguida, Lucílio ponderou:

"Eu só aceito ordem do capitão!"

Nesse momento, o diretor Luiz Paulo Vasconcellos, o capitão, chegava à redação e, imaginando que tinha sido entregue, correu.

"Que capitão?", perguntou Aragão.

"Capitão Luiz Carlos Prestes!"

Lucílio levou os fuzileiros para almoçar no restaurante do jornal.[160] Ele não conseguiu rodar a edição do *Globo* prevista para sair no final da manhã do dia 1º. O secretário encerrava um ciclo no jornal que durou 26 anos e 152 dias, do início de uma ditadura ao começo de outra.

O jornalista Henrique Caban avalia que a postura de Lucílio só revoltou Rogério Marinho e Luiz Paulo. "Não haveria resistência alguma", afirma. Por sua vez, o jornalista Milton Coelho da Graça afirma que o secretário evitou a destruição. "O dr. Roberto compreendeu que o Aragão tinha ido lá para incendiar o *Globo*, era essa a intenção dele, e achou que o Lucílio tinha salvo o jornal. Esse troço, para mim, é a chave para entender o Roberto Marinho: ele achou que foi a esperteza do Lucílio que evitou um incêndio. Então, mandou o Lucílio, que tinha um câncer, para casa e continuou pagando o salário dele."

No momento em que soube da presença de Aragão no jornal, o general reformado Lauro Augusto de Medeiros, que trabalhava para Marinho na montagem da TV Globo, no quarto andar do prédio, telefonou para seu assistente, o engenheiro e militar Herbert Fiuza.

"Não venha, porque os fuzileiros ocuparam aqui o jornal."

Na lembrança do motorista Joffre, Marinho deu ordem para que os filhos fossem levados de Kombi da casa do Alto da Boa Vista para um apartamento no Flamengo.[161] José Roberto, filho do empresário, relata que a família foi para a casa de amigos. "Eu senti que era uma coisa diferente que estava acontecendo naquele dia", lembra. "A Kombi era o máximo para os meninos. Foi uma coisa meio escondida, meio coisa de filme."

Quando a TV Rio, de Pipa do Amaral, pôs no ar mensagem de Lacerda anunciando de forma triunfal uma vitória do movimento contra o governo, ainda no dia 1º de abril, Goulart deixou, ao meio-dia, o Palácio Laranjeiras e foi de automóvel para o Aeroporto Santos Dumont. Os assessores Raul Riff, Augusto Graeff e Eugênio Caillard e o lobista Jorge Serpa o acompanharam.

A saída do presidente do Rio deixava de ser um acontecimento rotineiro, como nas demais viagens dele à antiga capital, para se tornar uma despedida do governo. O Viscount estacionado na pista do aeroporto estava pronto para decolar com destino a Brasília, um lugar estrangeiro para os cariocas e o resto do país. Era a desistência do presidente. Serpa conta que conversou com o embaixador americano sobre a saída de Goulart do Rio:

> *Acertei com Lincoln Gordon. Eu era a pessoa, talvez, mais importante deste país. Me dava com os generais, cada um tinha o seu Exército. Me dava com a classe política. Os donos de jornais me disputavam. Os grandes escritórios de advocacia eram meus. Os embaixadores se davam comigo. Tentei de tudo para avisar ao Jango das loucuras dele, mas ele fez aquele discurso [na Central do Brasil] e ficou foda. Você tá entendendo? O Jango fez besteira. Ele só escapou porque bebia muito, entende? Eu consegui colocá-lo no avião. As mãos dele estavam geladas.*

O lobista não acompanhou o presidente a Brasília porque tinha pânico de avião. À noite, João Goulart deixou a capital, rumo a Porto Alegre. Ele ainda estava em território nacional quando o presidente do Senado, Auro Moura Andrade, anunciou que o cargo presidencial estava vago. O golpe estava formalizado. O presidente da Câmara, Ranieri Mazzilli, assumiu interinamente.

No Rio, os conspiradores se reuniram no gabinete de Castelo Branco, chefe do Estado Maior do Exército, no Palácio Duque de Caxias, na Central do Brasil. Orlando Geisel, subordinado direto do general, pôs toda a "corriola" dele, nas palavras de José Luiz, para comparecer, fazer claque e garantir que o poder fosse entregue ao grupo.

O Exército não era apenas Castelo. Foi nesse momento que Magalhães Pinto percebeu que, dentro das Forças Armadas, havia o grupo de Costa e Silva, um general que despachava no mesmo prédio, chefe do Departamento de Produção e Obras, uma figura rude que ilustrava o grupo de linha dura que media forças com Castelo.

Durante o encontro, Costa e Silva teve uma discussão "brutal" com Carlos Lacerda e Juarez Távora e avisou que o comando revolucionário era dele. "Quando eu conto sobre o Costa e Silva tenho até de ser cuidadoso, porque as pessoas acham que é mentira. Ninguém sabia quem ele era. Ele assumiu o comando do ministério ali, no peito", relata José Luiz de Magalhães Lins. O banqueiro conta que a reunião prosseguiu tensa. Ele estava na antessala quando viu José Maria Alkmin passar. "Vamos para casa, senão vamos ser presos aqui", alertou Alkmin. A suposta visão dos civis que participaram da tomada do poder de que os militares formariam apenas um governo tampão se esfarelou. A eleição prevista para o ano seguinte desapareceu do horizonte de Magalhães Pinto e do grupo mineiro. O golpe era civil-militar, mas o governo que começava tinha militares de um lado e do outro.

Desconhecido por boa parte dos empresários e lobistas cariocas, Costa e Silva se instalou na casa de um amigo em Botafogo. Nos primeiros dias do golpe ele passou a receber oficiais na residência, na tentativa de reduzir o espaço de influência de Castelo Branco. Marinho não era presença na casa, mas era amigo do dono, o empresário Paulo Fernando Marcondes Ferraz, filho de Mariano Ferraz, negociante da área de comércio exterior.[162]

No dia 2, *O Globo* voltou às bancas para anunciar que João Goulart tinha "fugido". A referência contumaz de Marinho à Divina Providência estava no editorial "Ressurge a democracia!", na primeira página do jornal.

> *Vive a Nação dias gloriosos. Porque souberam unir-se todos os patriotas, independentemente de vinculações partidárias, simpatias ou opinião sobre problemas isolados, para salvar o que é essencial: a democracia, a lei e a ordem.*

> [...] *o Brasil livrou-se do Governo irresponsável, que insistia em arrastá-lo para rumos contrários à sua vocação e tradições.*
>
> [...] *Poderemos, desde hoje, encarar o futuro confiantemente, certos, enfim, de que todos os nossos problemas terão soluções, pois os negócios públicos não mais serão geridos com má-fé, demagogia e insensatez.*
>
> [...] *Mais uma vez o povo brasileiro foi socorrido pela Providência Divina, que lhe permitiu superar a grave crise, sem maiores sofrimentos e luto. Sejamos dignos de tão grande favor.*

Mazzilli ficou pouco tempo no gabinete presidencial do terceiro andar do Planalto. No dia 15, o jornal de Roberto Marinho publicou que "o Brasil estava em festa" pela posse de Castelo. Antes de ocupar o palácio, o general foi à sede do *Globo* visitar especialmente Rogério Marinho, que conhecia da casa do marechal José Pessoa, a quem fora subordinado no Estado-Maior do Exército. Castelo chegou de jipe. Na saída, sem o carro, foi levado por um funcionário do jornal para casa, em um Fusca.[163]

Lígia, secretária de Roberto Marinho, lembrou o dia em que o general apareceu no *Globo*. "Ele sentou-se no sofá com o Castelo. Se não era de oposição aberta, tinha bom relacionamento."

Quando perguntado sobre a relação de Roberto Marinho com o novo governo, o advogado Jorge Serpa, que estava até então com Goulart, responde:

"Total."

A 6 de abril, *O Globo* publicou discurso de dom Jaime Câmara no programa de rádio *A voz do pastor*. O cardeal defendeu, diante da vitória do movimento militar, a "punição dos culpados": "Deus nos deu a vitória sem sangue derramado. As lições da história devem ensinar. Sim, nenhuma perseguição deverá exercer-se, pois a vingança é indigna de corações nobres. Mas a repressão ao mal, sim, pois, sem a punição dos culpados, estamos arriscados a perder a batalha final, isto é, a salvação da pátria."

O jornalista Luiz Garcia, formado em redação lacerdista e depois com longa atuação no *Globo*, avalia que os militares não confiavam em

Marinho. "Ele não ajudou no golpe militar. Ele aderiu. É diferente de ajudar. Na verdade, os militares chegaram ao poder, naquele momento, com o maior desprezo pelas instituições e com imposições. Eles botaram militares em tudo que é lugar, só não colocaram nas redações porque nunca souberam escrever."

A característica do *Globo* também tinha diferenças em relação a outros jornais, como o *Correio da Manhã*, de um "coração" absolutamente político. "Na sua essência, *O Globo* era ainda um jornal de cidade, de polícia, de economia, de futebol. A política não era uma índole do jornal", afirma Garcia.

"Os militares não gostavam muito dele. Ele se arrumou, se deu bem."

Roberto Irineu diz que o *Globo* seguiu uma linha editorial contra o governo Goulart e que o pai se empolgou com Castelo. "Ele era fã do general, achava que o Castelo era um grande estadista. Depois, quando não houve, afinal, a eleição do Castelo, é que ele abandonou. Na verdade, não abandonou, mas botou os pés para trás e se trancou. Ele não se dava com a turma do Costa e Silva. Quem era próximo era o Rogério. Aí papai pediu a ele para intermediar. Os militares jamais fizeram qualquer concessão para nós."

João Roberto, por sua vez, afirma que o pai via em Castelo uma possibilidade de travar o movimento dos sindicalistas. "Ele enxergava Castelo como um presidente de convicção democrática, apesar de ter assumido daquela maneira. Papai imaginava que teria eleição logo em seguida, e o Castelo acabou com aquela 'bagunça' do Jango, aquela possibilidade de virar uma ditadura de sindicalistas. Esse projeto de 'vamos fazer eleição em seguida' não deu certo."

Os militares chegavam ao poder sem apresentar uma proposta definida de Estado e país. Improvisavam em seus discursos o anticomunismo forjado desde a insurreição militar na Praia Vermelha e a crítica à oligarquia política, que motivou a Revolta dos 18 do Forte e a Coluna Prestes. Marinho apontou, em editorial, tempos depois, que a derrubada de Goulart era a continuidade do movimento tenentista.

Em 1930, ao se instaurar a nova estrutura política, defrontava o Brasil com a necessidade de equacionar a questão social que então aflorava e

> *para cuja solução despontavam as propostas extremistas da esquerda e da direita.*
>
> O Globo *pugnou pelos anseios da Revolução, mas em nenhum instante deixou de repudiar o surgimento do comunismo e do fascismo. Nunca nos iludimos com a possibilidade de se defender a pessoa humana à custa da dignidade essencial. Mantivemo-nos na primeira linha de combate à Aliança Nacional Libertadora e à Ação Integralista.*
>
> *Em 31 de março de 1964, a Nação se reencontrou: os tenentes, então generais reformados, os expedicionários, então responsáveis pela chefia das Forças Armadas, e os líderes políticos herdeiros das tradições de várias décadas de lutas pela democracia uniram-se, sob pressão das grandes marchas populares, para uma nova Revolução.*[164]

Um grupo de jornalistas de direita aproveitou o golpe para tirar os colegas comunistas da ABI. Diante da pressão, o velho Moses, doente, foi afastado da direção da entidade. Os comunistas perderam a figura que lhes servia de escudo.

Antes do golpe, Juscelino aproveitava a posição de expectador das dificuldades do governo. Num primeiro momento, os militares não demonstraram interesse em tirá-lo de cena. No cargo arranjado de senador por Goiás, o ex-presidente estava sempre em jantares e coquetéis das altas rodas do Rio. O lobista de Hollywood, Harry Stone, divulgava abertamente em conversas na noite carioca o projeto de trazer ao país o ator Kirk Douglas para interpretar JK num filme épico que estaria sendo produzido por um diretor brasileiro.

O interesse da ditadura em cassar o mandato de senador de Juscelino pegou os aliados mais próximos de surpresa. Quando o nome dele começou a ser ventilado nas listas de apostas para a cassação, Roberto Marinho dedicou uma página do *Globo* para o início de uma série de reportagens em defesa do ex-presidente. Em jogo estava a candidatura até ali dominante de Juscelino à presidência em 1965. O drama de JK era uma reviravolta rápida no jogo. Após o golpe, ele chegou a prometer apoio da bancada do PSD na eleição indireta e formal do general no Congresso.[165]

Marinho anunciou no *Globo* a publicação do "Livro branco de JK", uma reportagem a favor do senador. "Em resposta às calúnias assacadas contra o governo do sr. Juscelino Kubitschek, inicia-se hoje uma série de documentos do arquivo do ex-presidente. São provas de que ele jamais ficou desatento à boa norma administrativa, à perfeita correção na aplicação dos dinheiros públicos, determinando que seus subordinados apurassem qualquer denúncia de irregularidade que chegasse ao seu conhecimento."

O jornal anunciou que documentos inéditos responderiam aos ataques dos "inimigos" do ex-presidente, "temerosos" do julgamento das urnas ou "invejosos" de seu governo. Num artigo na mesma página, Danton Jobim atacou o ministro da Guerra, Costa e Silva, e escreveu que Castelo Branco era o responsável maior, diante da história, pelo processo de "ódio". "O país não vai lembrar-se, amanhã, dos coronéis que instruíram o inquérito dos políticos odientos que instigam essa caçada humana, na qual um dos maiores brasileiros do nosso tempo é perseguido como um criminoso vulgar. Ninguém se recordará daqui a vinte ou trinta anos do nome do atual ministro da Guerra, o bravo general Costa e Silva."

A reportagem ficou apenas com um capítulo. A ditadura ameaçou retaliar Marinho se a série não fosse interrompida.

A 4 de junho, *O Globo* fez um relato da dramática noite em que Juscelino subiu à tribuna do Senado, em Brasília. Passava das 21 horas quando ele se pronunciou sobre a informação de que seria cassado. As galerias estavam lotadas. Companheiros do PSD tentaram demovê-lo de falar. O Senado assistia a um de seus momentos mais emocionantes, e o país enfrentava uma de suas noites mais trágicas. A voz grave e uma profecia do senador abafaram ecos na cúpula de concreto armado.

"Não sei exatamente do que me acusam. Só recolhi boatos e murmúrios de velhas histórias, já desfeitas e desmoralizadas. Já a nação vive sob os efeitos do terror... Sei que nesta terra brasileira as tiranias não duram... o golpe que na minha pessoa de ex-chefe de Estado querem desfechar atingirá a vida democrática, a vontade livre do povo."

No dia seguinte, após Juscelino reconhecer a perda de direitos, o *Globo* cedeu à pressão do regime e defendeu o ato de Castelo. O jornal tentou explicar o motivo de, só agora, com a cassação certa, se posicionar contra o ex-presidente. "Aguardamos que surgissem as provas que deveriam preceder qualquer medida violenta ou acusação contra o sr. Juscelino. Mas tais provas, que deveriam ser insofismáveis, não surgiram até agora. Verifica-se que o fundamento da medida anunciada não é o moral, mas o político."

Até ali, *O Globo* tinha evitado publicar trechos do Inquérito Policial Militar contra Juscelino. Os agentes da ditadura acusavam o ex-presidente de morar num apartamento no segundo andar de um prédio na avenida Vieira Souto, em Ipanema, construído por empreiteiras. O imóvel estava em nome do empresário Sebastião de Paes Almeida, ex-ministro da Fazenda e amigo de Juscelino. A promiscuidade entre um político e empresas que vendiam serviços para o governo era clara; a arbitrariedade da cassação, cristalina.

Na noite de 8 de junho, o locutor da *Voz do Brasil* anunciou a cassação de Juscelino. Naquele momento, uma multidão se concentrou em frente ao prédio onde o ex-presidente morava. A tropa de choque da polícia posicionou-se em frente ao edifício. Nas ruas próximas, "juscelinistas" e "lacerdistas" entraram em confronto. Dentro do apartamento, o ex-presidente, sua família e seus amigos choravam.

O jornal de Marinho se disse "chocado" com a cassação e manteve sua posição quanto à defesa da integridade moral do ex-presidente, mas, de forma pragmática, apoiou a decisão de Castelo. "Para o Brasil, para a democracia, para a revolução e para o governo teria sido muito melhor se o afastamento do sr. Juscelino Kubitschek da vida pública fosse promovido, desde o princípio, com fundamentação exclusivamente política, não se levando em conta S. Ex. a onda de agravos, imputações e injúrias que tanto feriram a sensibilidade dos muitos milhões de brasileiros que nele confiaram e mesmo de parte daqueles, como nós, que não gostariam de vê-lo novamente na chefia da nação."

Pelas páginas do jornal, o grupo de Lulu Aranha, capitaneado agora por Schmidt, demonstrava sua contrariedade à decisão de Castelo. Um de seus integrantes, Sobral Pinto, que representava o Instituto dos Advogados Brasileiros, lembrou as tentativas de golpe contra Getúlio e o próprio Juscelino no passado. "Esse ato representa apenas uma vingança dos vencedores em 1954 e 1955, porque as Forças Armadas, que naqueles anos tinham se colocado ao lado da democracia, hoje estão colocadas ao lado do autoritarismo." A denúncia de que Juscelino havia usado o nome de um intermediário para comprar apartamento começou a aparecer no jornal. *O Globo* fez referências também a uma denúncia apresentada na TV por Amaral Neto de uma casa na margem do rio Paraná, no Paraguai, que teria sido presenteada pelo ditador Augusto Strossner ao ex-presidente brasileiro.[166]

A revista *O Cruzeiro*, de Chateaubriand, estampou, de forma cruel, uma foto de Augusto Frederico Schmidt com as duas mãos segurando a mão esquerda de Costa e Silva, ministro da Guerra do novo regime, num jantar oferecido ao novo embaixador em Washington Juracy Magalhães. O evento ocorreu na casa de Drault Ernanny, em Copacabana, na mesma noite da cassação de Juscelino. Na imagem, que ocupa uma página, Schmidt olha para o general num gesto que sugere subserviência. A conversa com o general teria acontecido logo após o lobista demonstrar tristeza num rápido encontro com Juscelino no apartamento do ex-presidente na Vieira Souto. "A poesia pouco antes juscelinista, agora vigorosamente revolucionária", destacou o texto ferino.[167] A revista contou que Schmidt era o autor do discurso lido por Juscelino no Senado, antes da cassação. O nome de Schmidt era ligado definitivamente ao do "inimigo número um da revolução vitoriosa".

O embarque de Juscelino para o exílio na Europa foi traumático. O jornalista Mário Martins e o empresário Adolpho Bloch procuraram Magalhães Pinto para negociar uma saída segura do ex-presidente. José Luiz de Magalhães Lins participou da operação. "Eles tinham medo do Juscelino se suicidar. Magalhães foi ao Eduardo Gomes, que arrumou a aeronave", relata o banqueiro. "O presidente estava humilhado, aquilo não se faz. Foi uma brutalidade. Ele ficou com dificuldade de dinheiro, mas disseram que ele tinha roubado. É aquela coisa: um horror."

Num artigo, Schmidt escreveu que um galo branco voltou ao seu poleiro e só ele poderia ouvir seu pranto diante de uma "revolução" que enganava a todos. O poeta observava, porém, que a ave era invisível.

Marinho relatou ter visto o amigo Schmidt em conversas com os militares durante o processo que culminou com o golpe em Goulart.

"Vi-o falar aos chefes militares, apelando, clamando, pedindo-lhes intervenção patriótica e decisiva."[168]

A queda de Juscelino era a queda das palavras bem escritas de Juscelino. Mas por ter se empenhado no golpe, Schmidt ainda alimentou o sonho de ocupar o Ministério das Relações Exteriores. Ele pediu a Paulo Fernando, filho de Mariano Marcondes Ferraz, um sócio, que marcasse um jantar para conhecer o general Costa e Silva, amigo da família. No encontro, os presentes se assustaram com gritos que vinham da sala onde conversavam o lobista e o general. Quando Paulo Fernando abriu a porta de correr, o poeta estava sentado na beira da cadeira, e o militar, na frente dele, confessava que escrevia poemas. Schmidt se irritou:

"General, em vez de escrever poesia, pense em coisas mais sérias."[169]

A consolidação da ditadura coincidiu com a morte definitiva de Schmidt. Marinho já tinha sido avisado por um médico que o amigo estava com graves problemas cardíacos. "Creio que eu era dos poucos que conheciam a gravidade de seu estado de saúde. E porque considerava um homem essencial ao meu país, levei-lhe a esse jovem sábio que é o dr. Jaime Rodrigues", relatou tempos depois.

Pelos relatos dos jornais, em fevereiro de 1965, Schmidt estava no carro com seu motorista, Oscar Ferreira, quando começou a colocar a mão na testa. Pediu para ser levado ao apartamento de Júlio Barbero, na rua General Ribeiro da Costa, no Leme, que lhe franqueava o imóvel. Schmidt se deitou na cama de um dos quartos, assistido pelo motorista e por uma empregada. Pediu água para lavar as mãos. Sorriu, bateu a cabeça de leve no braço de Oscar e morreu. O relato foi uma fantasia criada por Marinho e outros amigos do poeta. Ao lado do poeta morto na cama, uma senhora da sociedade carioca telefonou para pedir ajuda a Serpa.

"Então te veste e vai embora. Deixa a porta entreaberta."

Minutos depois, Serpa e Marinho entravam no apartamento.

O Globo lembrou a proposta do lobista de criar um "Brasil Grande, grande mesmo". O obituário sugeriu que a oposição de Schmidt à "revolução" era propositiva. O barbeiro Geraldo e o jurista Sobral Pinto, amigos nos quais o lobista mais confiou na hora de pôr sua garganta em risco, fizeram os discursos de despedida no cemitério. Costa e Silva, que esteve no velório, lamentou não ter tido tempo de conhecê-lo melhor. O país perdia o lobista que, naquele momento, mais sabia unir os extremos.

Ao lembrar a missa de um mês de morte de Schmidt, Júlio Barbero lamenta que a igreja de Nossa Senhora da Glória do Outeiro estivesse quase vazia. Lá estavam Armando Falcão, Carlos Medeiros da Silva, cotado para ser ministro da Justiça, e Rodrigo Otávio.[170] O silêncio, interrompido apenas pelas palavras arrastadas do padre, não correspondia ao homem ruidoso. "Poucos mortos resistem sete dias", escreveu Schmidt, décadas antes. "Depois que nos choram, depois que esgotam todo o sofrimento que nos reservavam, passam-nos à categoria de imagem."[171]

As sineiras da torre quadrangular do outeiro, que ostenta em seu topo um galo mudo de bronze, balançavam agora num ritmo quase imperceptível. Com o padre já no altar, Barbero percebeu a aproximação de alguém. Um homem sentou-se ao seu lado.

"Julinho."

Era Roberto Marinho.[172]

Após a morte de Schmidt, Marinho perdeu a compostura em ataques a adversários e no tratamento a Juscelino, agora cassado. *O Globo* passou a citar com frequência o caso do apartamento do ex-presidente em Ipanema.

A brutalidade na política moveu peças no tabuleiro do jogo da comunicação. O braço de Juscelino na imprensa, Horácio de Carvalho Júnior, do *Diário Carioca*, alegou ser impossível fazer jornal numa ditadura, e resolveu se desfazer do veículo.

Horácio foi responsável por duas alianças importantes feitas por Juscelino. Na primeira, o dono do *Diário Carioca* conseguiu que o grupo do ex-presidente Arthur Bernardes apoiasse a candidatura de Juscelino ao governo de Minas. Depois, fez com que o amigo de noitadas João Goulart fosse vice de Juscelino na disputa pela presidência. Num encontro no Rio, Juscelino bateu na perna de um dos diretores do jornal e apontou para Horácio:

"Este moço que está aí me fez governador de Minas e presidente da República do Brasil."

Ao seu advogado, Délio de Matos, Horácio disse:

"Com a ditadura que está aí, não temos condições de manter o jornal."

Antes de fechar o matutino, Horácio orientou Délio a negociar com Nascimento Brito uma fusão com o *Jornal do Brasil*. Brito não topou.

Horácio ainda resolveu se desfazer do canal da TV Carioca, que recebeu de Juscelino. Outros sinais repassados pelo ex-presidente foram tomados por Jânio Quadros, que enfrentou oposição do *Diário* durante a campanha presidencial.

Délio, você oferece o sinal ao Brito, que é um jornalista. O Roberto já tem o canal dele."

Nascimento Brito, que duelou com Juscelino para obter uma concessão de TV, simplesmente não demonstrou interesse pelo canal oferecido a custo zero por Horácio.[173]

Marinho e Horácio de Carvalho Júnior se diferenciavam especialmente porque o primeiro focava no negócio, e o segundo, nas costuras políticas. "Roberto Marinho não se comportava apenas como dono de jornal, ele vivia a notícia. Não era só político, não", avalia o advogado Délio de Matos, fiel escudeiro de Horácio. "O Horácio era um homem eminentemente político."

A relação entre Marinho e Horácio se limitava a conversas no Jockey Club. Eles tiveram certa aproximação em 1966, quando o filho de Horácio e Lily, Horacinho, de 27 anos, e a namorada Silvinha Teles, cantora da Bossa Nova, morreram numa colisão do Fusca em que viajavam na estrada para Maricá, no Rio. "Meu caro Horácio, nossas vidas se desencontraram nestes últimos tempos. Mas a notícia que recebi, de volta de uns dias no mar, do desastre que privou você e Lily do seu querido filho, tocou-me profundamente e veio demonstrar que perdura em mim aquela velha estima."[174]

O grande salto econômico de Horácio ocorreu após ele deixar o *Diário Carioca* e comprar, em sociedade com Walther Moreira Salles, as ações da São João d'el Rey Mining Company por uma libra na bolsa de Londres. O governo brasileiro, por meio de um decreto, isentou a

Mineração Morro Velho — como a empresa foi rebatizada — de impostos e concedeu subsídios. O argumento era que ali trabalhavam 18 mil pessoas. O grupo enxugou o quadro para 12 mil funcionários, sem perder os subsídios.[175]

Após um período no exílio, o professor Caillard foi encontrado morto no apartamento em que residia no Rio. Ele tinha sido cassado de suas funções no Ministério das Relações Exteriores. A ditadura afirmou que foi suicídio. Legistas disseram ter encontrado comprimidos brancos ao lado da cama e um pó castanho nas vísceras do diplomata. Era um homem que não deixou dinheiro para seu enterro. *O Globo* foi o único jornal a noticiar a morte. Marinho carregou o caixão do ex-assessor de Jango pelas alamedas do cemitério São Francisco Xavier. O banqueiro José Luiz de Magalhães Lins relata:

> *Bom, a morte do Caillard pode ter sido tortura, porque ele tinha sido secretário particular do João Goulart. O que faz* O Globo *no dia? Primeira página, canto direito, embaixo: "Faleceu o professor Eugênio Caillard." Fotografia do caixão sendo levado e o Roberto Marinho segurando a alça. "Nosso companheiro", como ele usava a coisa, "acompanhou o cadáver até a sepultura". Ele era agradecido a Caillard. Era preciso coragem para carregar um sujeito que deve ter morrido no porão. Se não fizesse nada, ninguém ficaria sabendo, porque ninguém conhecia o Caillard. Tenho um depoimento do Roberto, das vezes que foi lá no palácio e o Caillard fazia tudo para ele. Empurrar o caixão, que coragem. Acho até que os meninos [filhos de Marinho] são capazes de não gostar disso, porque tem o negócio do Caillard, e tal. Mas é importante até para a imagem do pai deles, isso é positivo.*

Marinho foi um homem forjado num tempo em que um velório era o início de um novo tempo, momento de reposicionamentos sociais. A presença na homenagem era uma forma de marcar posição diante dos enlutados ou de quem estava à espreita.

Um castelista no comando da redação

Roberto Marinho chamou um jovem ligado a Castelo Branco para escrever editoriais no *Globo*. Moacir Padilha, um homem alto, de olhos grandes e verdes, foi o primeiro jornalista a escrever, nas primeiras horas do golpe, que Castelo era a "solução". O texto, publicado no *Jornal do Commercio*, selou a entrada de Padilha no clube de amigos da nova ordem.

"Era um intelectual de muito estofo", lembra Pery Cotta, que trabalhou no *Jornal do Commercio* sob o comando de Padilha. "O pessoal dizia: 'Ele é um direitaço. Como você pode ser amigo desse cara?' O Moacir era uma das pessoas mais cultas e respeitosas dos direitos das pessoas."

Visto no meio como jornalista à esquerda, Pery Cotta diz que Padilha não chamava ninguém de "comunista". "Foi chamado para comandar a redação por ser um grande profissional e intelectual", avalia.

Padilha não tinha estrada na reportagem, uma lista de grandes matérias no currículo, experiência em redação nem reconhecimento dos jornalistas por sua trajetória. Mas era um homem polido nos salões, com sobrenome tradicional, que não levantava a voz nas discussões políticas e não fazia resistência a pedidos superiores. Era uma figura perfeita para acalmar a tropa e não aborrecer anunciantes e políticos.

Era o homem certo para chefiar o jornal na visão de Marinho. Tratava-se de um liberal que passava uma imagem de doçura, extremamente fácil de conversar, lembra o jornalista Luiz Lobo.

Paulo Jerônimo, o Pajê, que trabalhava no *Globo*, relata que chegou animado à redação com uma reportagem sobre o bispo de Crateús, dom Antônio Batista Fragoso, que formava com dom Hélder Câmara e Dom Pedro Casaldáliga a trinca da defesa dos direitos humanos na Igreja Católica. Era tempo de apreensões e mortes. Pouco antes do golpe que depôs Goulart, dom Hélder foi transferido do Rio para Olinda, e Fragoso, que estava em São Luís, no Maranhão, foi enviado para a pequena Crateús por suposta ligação com o comunismo. Pajê conta que passou dias na pequena cidade cearense ouvindo fiéis e adversários do religioso. Lá, Fragoso pôs em prática uma "Teologia da Enxada", pregando direitos de trabalhadores rurais. Ao ler o texto da reportagem, Moacir Padilha sentenciou:

"Não. Esse bispo é comunista."

A atuação de Padilha no comando do *Globo* foi logo elogiada por Marinho. "Creio ser desnecessário dizer o quanto estou apreciando a sua colaboração, que fez o nosso jornal retornar à sua melhor fase editorial", escreveu o empresário em carta. No envelope, Marinho colocou um cheque de dois milhões de cruzeiros,[176] hoje algo em torno de sete mil dólares.[177]

Não havia mais espaço para Alves Pinheiro. O jornalista passava a noite "inteira" trabalhando, com charuto na mão, lembrou Lígia, secretária de Marinho. "Ele não aguentou a dureza da vida."[178] Ao se despedir da redação, o jornalista escreveu que deixava o *Globo* após viver 31 anos ao calor do espírito, do coração e das máquinas do "regaço espiritual".[179] Anos depois, cometeria suicídio.

Uma planta exótica no Jardim Botânico

Um centro de tecnologia foi montado em Jacarepaguá, na Zona Oeste do Rio, pela International Telephone and Telegraph, a ITT. A companhia norte-americana apostava que a encampação de sua subsidiária no Rio Grande do Sul, a Companhia Telefônica Nacional, por Brizola, era apenas uma batalha perdida de uma guerra que parecia certa diante do pacto do empresariado brasileiro com os militares para uma nova ordem. Os engenheiros em eletrônica formados pelo ITA eram absorvidos pela empresa num serviço de ligações internacionais via satélite. A meta do grupo era controlar o setor. Do outro lado da concorrência, a Light não se dava por vencida na batalha contra o governador Lacerda, que só não tomou o comando da sua subsidiária, a Companhia Telefônica Brasileira, porque Goulart interveio. Nesse tempo, havia apenas um telefone para cada cem brasileiros. A média mundial era de cinco aparelhos para cada habitante. De um milhão de telefones, 70% estavam no Sudeste, controlados pela Light. Era esse o adversário do futuro que os americanos da ITT enxergavam.

Enquanto um golpe não ocorria, a ITT e a Light enfrentavam Goulart e uma aguerrida bancada nacionalista no Congresso que já no governo Juscelino debatia a criação de um Código Brasileiro de Telecomunicações.[180] Eram lideranças de diferentes correntes.[181]

Militares dos quadros da engenharia do Exército e da área de segurança nacional estavam em volta, engrossando a pressão contra as empresas.

Ao contrário do que ocorreu no debate sobre a Petrobrás, na década anterior, Roberto Marinho estava sem força para qualquer movimento no jogo. O empresário dependia do governo para concluir os processos de concessões e receber autorizações para instalar a TV Globo. De forma discreta, ele, porém, deixou transparecer sua aposta na Light, de Gallotti, para levar o sinal da emissora país afora. Quando o Senado começou a discutir uma emenda ao projeto do Código que previa a criação de uma estatal para monopolizar o serviço de telecomunicações, ele abriu espaço para o senador Cunha Melo, do PTB do Amazonas, reclamar do "fanatismo" e do "preconceito" contra investimentos canadenses.[182] Foi o máximo de crítica de Marinho à instalação da Empresa Brasileira de Telecomunicações, a Embratel.

Marinho silenciou diante da aprovação do Código Brasileiro de Telecomunicações. A norma estabelecia um sistema de órgãos reguladores e fiscalizadores, como o Conselho Nacional de Telecomunicações, Contel, e o Departamento Nacional de Telecomunicações, Dentel.[183] Ele permaneceu quieto quando Goulart discutiu detalhes da criação da Embratel. Mas tanto os americanos da ITT quanto o grupo de Gallotti continuaram suas movimentações para explorar o setor. "A pressão contra a estatal por parte das multinacionais foi muito grande", lembra Rômulo Villar Furtado, engenheiro contratado na época pelos norte-americanos.[184]

À distância dos executivos da ITT e da Light e dos conspiradores das Forças Armadas, o grupo de militares da engenharia em torno dos nomes do capitão de mar e guerra Euclides Quandt de Oliveira e do general Lauro Medeiros operava na discrição para colocar em prática o sistema de comunicação definido pelo governo Goulart. O debate no grupo estava impregnado por uma necessidade de renovação e do discurso da soberania nacional. Os oficiais engenheiros avaliavam, por exemplo, que, se houvesse no país um sistema de comunicação eficiente, Goulart não teria caído. Temiam que o governo militar sofresse o mesmo drama. "Se a Embratel estivesse instalada no tempo dele, teria sido mais difícil tirá-lo do poder", observa o hoje coronel reformado do Exército Herbert Fiuza, da equipe que montava a TV Globo.

O golpe sepultou os interesses da Light e dos norte-americanos. Roberto Campos, ministro do Planejamento do governo Castelo Branco, não teve espaço nem no noticiário de Marinho para defender a presença estrangeira na telefonia. Um oficial da reserva da Marinha com o tradicional corte de cabelo militar, olhos azuis, esguio e descendente de alemães estava na dianteira do grupo da caserna que atropelou Campos e convenceu Castelo a levar à frente a estatal janguista e brizolista. "O coronel Quandt era extremamente afável, mas rigoroso e firme nas suas posições", lembra Rômulo Villar Furtado.

Quando o governo Castelo completou seis meses, *O Globo* registrou o momento do "grande salto" das telecomunicações no país, como avaliava o coronel-engenheiro Dirceu de Lacerda Coutinho, presidente da Embratel.[185] A estatal definida pelo governo Goulart estava criada. Marinho deixou de lado seu parceiro Antônio Gallotti para se enquadrar na linha nacionalista do regime. O empresário enxergava na promessa do governo de acabar com as reclamações dos clientes de telefonia uma porta para a Globo, que agora dependia da Embratel para levar o sinal às capitais.

Marinho apostou que o novo regime não imporia entraves à emissora no Dentel, mas não foi bem assim. O órgão passou para o comando da Marinha, que desenvolvia com velocidade pesquisas na área das comunicações. O Dentel tinha no seu comando justamente o capitão de mar e guerra da reserva da Marinha Euclides Quandt.[186]

A relação entre Marinho e o novo governo não foi suficiente para o empresário obter um canal de TV em São Paulo, praça decisiva para a formação de uma rede nacional. Marinho então partiu para a compra de uma emissora na capital paulista. "Compramos uma rede falida, que era uma coisa horrorosa", relata Roberto Irineu, filho mais velho do empresário.

Numa madrugada de novembro de 1964, Marinho fechava negociação com as Organizações Victor Costa para a compra de uma cadeia de emissoras de rádio e televisão — o pequeno conglomerado incluía as rádios Excelsior e Nacional na capital paulista, repetidoras de televisão em Santos, Campinas e Itapera, uma pequena emissora de TV em Bauru e um canal de televisão — mais tarde Globo Recife — e quatro rádios em Pernambuco.

A TV Paulista, sintonizada no canal 5 de São Paulo, a joia do acordo, fora concedida por Getúlio ao empresário e deputado federal Osvaldo Junqueira Ortiz Monteiro, do PTB, para tirar espaço da Tupi, de Assis Chateaubriand. Junqueira Ortiz passou o controle da emissora para Victor Costa, que fora diretor da Rádio Nacional. O radialista morreu antes da finalização do processo de transferência. O herdeiro Victor Costa Júnior, por conselho de seu padrastro, o banqueiro Jorge Araújo, vendeu a empresa para Roberto Marinho. A TV levava ao ar os programas do apresentador Silvio Santos, com sua alta carga de carisma e aceitação popular. A emissora, porém, estava falida e decadente, com a mesma estrutura física precária de seu início. A programação tinha buracos e os salários dos funcionários estavam atrasados.

Marinho contratou uma empresa de auditoria para entender as contas da emissora. Antes da compra, havia focado apenas na concessão, ignorando balancetes. Nesse momento, o empresário se aproximou do auditor José Aleixo, migrante português nascido na aldeia de Reigada, na serra da Estrela, quase caindo na Espanha, que veio para o Brasil ainda criança com os pais.

"Mande chamar o português guarda-livros", dizia Roberto Marinho, lembrando de certa forma do avô paterno João Coelho, que também foi migrante e contador.

Aleixo afirma que a empresa de Victor Costa era uma "desorganização total". "Ele era um sujeito inteligente e prático, mas desorganizado. Era uma bagunça que você não faz ideia. Não conseguíamos descobrir o prejuízo e lucro real daquele negócio. Dr. Roberto não estava preocupado com isso, porque ele confiava na melhoria econômica e no crescimento da televisão."

O auditor lembra que a TV Paulista nessa época era uma sociedade aberta, com ações vendidas como bilhete de loteria no viaduto do Chá. Aleixo recomendou que Marinho fechasse a sociedade anônima para facilitar a administração. O auditor calculou que 18% das ações estavam nas mãos de pequenos investidores. Após estimar o valor de cada uma, a empresa colocou no banco, à disposição dos acionistas, o dinheiro. "Ficaram só as do dr. Roberto." Nascia, assim, a emissora embrião do grupo televisivo de Marinho, mais tarde chamada Globo Paulista e finalmente Globo de São Paulo.

Aleixo atuou ainda para centralizar os caixas das empresas que Marinho começou a comprar para formar a Rede Globo. "A TV Globo São Paulo era uma empresa, a TV Globo Rio, outra, Belo Horizonte, Brasília. Meu Deus do céu, era um absurdo. O faturamento grosso estava em São Paulo e os custos no Rio. Começamos, então, a fazer um consórcio de produção para distribuir os custos de acordo com as vendas de cada unidade. Transformamos depois a TV Globo Rio na matriz e as outras em filiais, uma única empresa."

Com a morte do ex-deputado Osvaldo Junqueira Ortiz Monteiro, primeiro dono da TV Paulista, a família dele foi à Justiça para reclamar que Victor Costa foi apenas um presidente, e não um acionista. A família argumentava que, na finalização do processo de transferência, Roberto Marinho apresentou ao Dentel recibos entregues por Osvaldo com assinatura de terceiros e datas supostamente falsas.

Os herdeiros de Osvaldo reclamaram na Justiça que Marinho conseguiu anular, por influência e mudanças na composição acionária, a participação de sócios minoritários, que correspondiam, nas contas deles, a 48% da sociedade. Esses números apresentados foram rebatidos por José Aleixo.

Décadas depois, a jornalista Elvira Lobato, uma das mais destacadas repórteres investigativas do país, tratou o episódio da aquisição da TV Paulista como um exemplo de prática de "negócio de gaveta" entre empresários.[187] Ela descreveu que o acordo envolveu 3,7 bilhões de cruzeiros, algo hoje em torno de dois milhões de dólares.

Marinho encarregou Luiz Brunini de comandar as empresas de São Paulo e iniciar o trabalho de integrar os diretores da antiga TV Paulista. Brunini se adiantou às conversas ao pagar salários atrasados de funcionários. Roberto Marinho nomeou os amigos Rangel Pestana e Júlio Barbero para serem os diretores provisórios da TV na capital paulista.

No dia em que Marinho comprou a TV Paulista, a secretária Lígia chegou ao trabalho às nove horas da manhã e saiu às duas da tarde do dia seguinte. Foi ela quem bateu os contratos. "Na hora do almoço eu comia um sanduíche e continuava batendo", relatou. "A Globo nasceu no meu colo."[188]

Lígia se manteve fiel a Marinho até a morte. Guardou segredo e silêncio em relação a todos os negócios que acompanhou. Quando uma equipe da Globo foi colher depoimento, a secretária demonstrou desconforto. À pergunta da pesquisadora Ana Paula Goulart sobre os fatos mais marcantes da vida de Marinho, Lígia pôs uma mão em cima da outra no colo e demonstrou surpresa:

"Eu nunca quis ir além do que devia."

Na época, os concorrentes de Marinho diziam enxergar na compra da TV Paulista um projeto "ambicioso". "O projeto do grupo Marinho é organizar um sistema de divulgação política, em condições de assegurar influência na política brasileira e posição decisiva especificamente em São Paulo e na Guanabara", registrou o *Jornal do Brasil*.[189]

Enquanto a equipe do general da reserva do Exército Lauro Medeiros montava a TV, Jorge Rodrigues fazia o trabalho de lobby em duas frentes: nas autorizações no Dentel e nas liberações de importação de equipamentos pela Cacex. "Ele fazia essas ligações do Roberto Marinho com todas as repartições públicas", lembra Djalma Ferreira, que trabalhava na equipe de Quandt.

Djalma estava no Dentel quando Marinho chegou para se apresentar ao oficial da reserva da Marinha. O empresário levou junto o advogado Jorge Rodrigues. "O Quandt me apresentou ao Roberto Marinho e me orientou a dar atenção aos problemas da Globo. Foi aí que ele [Marinho] disse: 'O Jorge é meu representante, tudo que ele pedir aqui é pedido meu'", relata Djalma. "Jorge era o despachante-mor do Roberto na área burocrática e administrativa."

Engenheiro, o paulista Djalma era um braço direito de Quandt. Na fundação de Brasília, ele comandou a implantação da TV Nacional na cidade. Também tinha passado pela Comissão Técnica de Rádio, no governo Goulart.

Djalma conta que, no tempo em que Marinho visitou o Dentel, num prédio na av. Presidente Vargas, esquina com a rua Miguel Couto, a TV Globo estava com uma "porção" de dificuldades burocráticas. "Os processos não andavam, estavam encalhados", lembra Djalma. Quandt pediu ao diretor para dar andamento nos processos do empresário, ou pelo menos não atrasá-los. "Quandt pediu para dar uma certa atenção."

Um parêntese: Jorge Rodrigues levou Djalma para trabalhar na parte técnica da Rádio Globo. Na emissora, uma das primeiras tarefas do engenheiro foi "desenrolar" o processo de compra de um sinal de TV em Belo Horizonte que pertencia a Pipa do Amaral, a futura Globo Minas.

No Dentel, Jorge Rodrigues soube cativar secretárias e prolongar as conversas com os militares que o recebiam. Analisava papéis sem precisar de procuração. Mas o advogado não teve vida fácil com Euclides Quandt. O capitão de mar e guerra da reserva dava início ali a uma política de telecomunicações, que promovia a formação de redes e tentava obstruir tentativas de monopólio privado. Ele e Marinho começavam uma disputa silenciosa dentro do regime militar. Para o empresário, era, de certa forma, uma repetição do jogo cuidadoso que travou com o general Góes Monteiro, sogro de Quandt, no tempo da ditadura Vargas.

Certo dia, uma secretária de Quandt chamou o advogado de Marinho num canto.

"Jorge, estou batendo a cassação da TV Globo."

O advogado foi para a redação do jornal e pediu que localizassem o patrão. Em pouco tempo, Marinho chegou de smoking, acompanhado de Stella, que vestia longo. Eles tinham saído às pressas de uma festa. Por telefone, o empresário apelou para Castelo Branco, pedindo que suspendesse o processo.

Em outubro de 1964, a TV Paulista, rebatizada de Globo de São Paulo, ia ao ar sob o controle de Marinho.

Ao mesmo tempo, ele recorria a antigos colaboradores para dar vida à emissora no Rio. Tinha na manga o nome dos Brunini. Podia contar pouco com Raul, que deslanchou carreira partidária. Às vésperas do golpe, chegou a assumir a presidência da Assembleia Legislativa da Guanabara e, depois, entrou na mira da ditadura. Luiz, irmão dele, estava próximo, na rádio. Em suas mãos, a Globo tinha alcançado o primeiro lugar em audiência no Rio. Era homem de confiança do empresário no projeto decisivo.

Sem titubear, o radialista iniciou o processo de formação da equipe da TV Globo. Ele convocou para a empreitada seu braço direito na rádio para questões tecnológicas. O general reformado Lauro Medeiros, um pioneiro nas comunicações no Exército e com passagem pelo comando dos Correios, estava disposto a se aposentar quando recebeu o convite.

Medeiros se enfurnou numa sala do quarto andar do prédio do jornal, na rua Irineu Marinho. No espaço, as mesas dele e de outros três membros de sua equipe não tinham divisórias. Era um trabalho comunitário e aberto. Era também uma espécie de miniquartel. Medeiros comandava a equipe com a disciplina e a burocracia que vivenciara na caserna. O grupo contava com oficiais da ativa, que faziam um trabalho por fora, sem conhecimento de seus superiores nos quartéis.

A TV de Marinho começou a ganhar vida pelas mãos de um general aposentado e jovens capitães da engenharia do Exército, alheios a conspirações.

Mais que a meta de criar uma emissora influente, a prioridade inicial de Marinho era levar o canal ao ar para não perder a concessão. "Quando fui lá em 1963, a primeira vez, a preocupação do general Lauro é que eles tinham um prazo para não perder. Ele [Marinho] ia perder o canal", lembra Herbert Fiuza, engenheiro formado no Instituto Militar de Engenharia. "Como empresário, um homem que já tinha um jornal e uma rádio, não ter uma televisão, como Chateaubriand, era algo destruidor."

Fiuza conheceu Marinho em 1963, na rua Von Martius — nome de um naturalista que desbravou os sertões, no antigo campo do Carioca Esporte Clube —, no Jardim Botânico, uma pequena ladeira que termina no sopé da montanha. Marinho e Medeiros tinham escolhido o campinho para construir o primeiro prédio da emissora. Fiuza foi vistoriar o local. No terreno ao lado havia um cemitério de ônibus elétricos deixados pelo governo.

Ao ver o projeto do prédio de três andares, Marinho ficou escandalizado.

"Vocês estão malucos. Como é que vão fazer um negócio desse tamanho? Não precisa."

A escala do empresário levava em conta a Rádio Globo, que ocupava um "pedacinho" do quarto andar do prédio do jornal, lembra o engenheiro.

Logo, um novo prédio de apartamentos inconclusos foi adquirido na rua Lopes Quintas, paralela à Von Martius.

O empenho de Fiuza para a escolha do Jardim Botânico se baseava na proximidade do Alto do Sumaré, na serra da Carioca, um cume de setecentos metros de altura onde as antenas de televisão da cidade estavam instaladas. A vista era livre, sem bloqueios, entre os dois quilômetros que separavam o futuro prédio da emissora e o Sumaré.

A presença da Globo no bairro não agradou aos moradores, que viram carros serem estacionados em calçadas e um movimento intenso de pessoas.

Na Von Martius foram instalados os estúdios de programas inspirados na televisão americana. Dali, a jornalista carioca Edna Savaget, com experiência em rádios e TVs do Rio, montou uma grade de programas vespertinos. O *Sempre Mulher*, o primeiro da Globo voltado ao público feminino, era chefiado por Edna e apresentado pela atriz paulista Célia Biar.

Lauro Medeiros mandou um subordinado aos Estados Unidos conversar com o engenheiro Robert Brockway, da estação WFBM em Indianápolis. Depois, Brockway foi ao Rio e, junto com a equipe da Globo, desenhou o projeto da TV. A equipe também fez viagens aos Estados Unidos, à Itália e à Inglaterra para conhecer as experiências da BBC, da CBS e da RAI.

Quando começou a fase de montar a emissora, em novembro de 1964, Fiuza tirou licença do Exército e passou a se dedicar integralmente à missão. Ali, trabalhava de sete da manhã até a madrugada do dia seguinte.

A equipe administrativa da emissora era formada por Rubens Amaral, seu coordenador — o pomposo locutor do tempo de ouro do rádio —, Lauro Medeiros, chefe da equipe técnica, Herculano Siqueira, diretor comercial, e Mauro Salles, que vinha da redação do jornal e estava antenado à publicidade que se alargava no rastro da industrialização.

O processo de montagem da Globo consumia um dinheiro do caixa já em dificuldades do jornal. Empréstimos nos bancos do Rio eram feitos por Marinho para tapar buracos no orçamento. Ele via possibilidade de fechar contratos de publicidade para amenizar as dificuldades, mas as agências exigiam uma data rápida para a entrada da emissora no ar. Na noite de 15 de março de 1965, ele se reuniu com Medeiros e os funcionários Abdon Torres, Herculano Siqueira, Mauro Salles, Pareto Neto e Rubens Amaral para pressionar. Alberto Hernandes Catá, executivo enviado pelo grupo americano Time Life, parceiro da Globo, estava também no encontro.

No início da conversa, Marinho tentou demonstrar tranquilidade. Ele foi informado por Medeiros de que o sinal havia chegado a Teresópolis, na serra fluminense.

Não demorou para o empresário perguntar, de forma enviesada:

"Como estão as condições do departamento técnico para a inauguração no dia 5 de abril?"

"O departamento depende de equipamentos pedidos à fábrica da Phillips, em São Paulo. Mas a demanda vem sendo retardada."

O desconforto de Marinho ficava claro.

A montagem da grade era outro desafio. Mauro Salles disse que era difícil negociar a compra de filmes das empresas de Nova York.

"E como está a equipe de jornalismo?", perguntou Marinho.

"Temos dois terços do pessoal em treinamento e notícias para os dois telejornais."

Salles avaliou que o melhor horário para o primeiro jornal era às 19 horas. O locutor do telejornal já estava escolhido. Reinaldo Dias Leme tinha longa experiência em locuções de rádio.

Em seguida, o jornalista relatou que um dos telejornais seria o *Se a cidade contasse*, com 25 minutos. O programa exploraria notícias como pipas e "peladas" de rua e teria uma diversidade de entrevistas. Salles ressalvou que a programação jornalística dependia da TV em São Paulo. Ele reclamou dos diretores da emissora e disse que não podiam depender da empresa.

Marinho quis saber sobre as primeiras vendas de anúncios. Herculano Siqueira, do comercial, expôs que tinha encontrado receptividade maior do que esperava por parte das agências de publicidade. O departamento comercial chegou a oitenta milhões negociados, mas pendentes de contratos. Só a Shell era um cliente com verba de duzentos milhões anuais. O Banco Predial do Estado do Rio de Janeiro demonstrou interesse no telejornal.

Siqueira observou que estava tendo dificuldades para responder perguntas sobre a programação da TV. As agências avaliavam que não havia grandes artistas na grade. O diretor aumentou a pressão ao estimar a entrada, até 5 de abril, de duzentos ou mais milhões de cruzeiros em contratos. Algumas agências tinham entregue, inclusive, carretéis de filmes de comerciais das empresas interessadas.

Marinho, porém, não levou em conta a pressão de Siqueira para aumentar a contundência de suas próprias palavras. Num tom de voz baixo, ele pediu informações sobre a qualidade da imagem da TV Paulista. Lauro Medeiros disse que a imagem tinha melhorado. Os problemas na emissora eram de ordem administrativa, explicou o general.

A tensão era latente. Rubens Amaral teve a fala cortada por Marinho quando defendeu o adiamento em três semanas da inauguração da emissora. O empresário insistiu que a data deveria ser a mais próxima possível do dia 5. Herculano Siqueira reforçou a pressão:

"Um adiamento iria pôr em risco o esquema do comercial."

Lauro Medeiros disse que 15 de abril era o "Dia D".

A reunião chegou a um momento dramático.

"A data de 5 de abril foi marcada sem base realista", afirmou o general.

Rubens, por sua vez, achou que não seria nem dia 15. Abdon Torres disse que poderia ser 26 de abril. Marinho reclamou:

"O problema é gravíssimo, porque do ponto de vista comercial demonstra falta de profissionalismo, e diante da crise que atravessamos devemos adotar o ditado que para os grandes males, grandes remédios."

Herculano Siqueira voltou a entrar na conversa e avisou que as agências compreenderiam um pequeno adiamento. Mas a postergação para o fim do mês não garantia que manteriam os anúncios. Marinho propôs, então, um plano de emergência pelo menos na grade, substituindo alguns programas por filmes.

A reunião terminou à meia-noite e meia.[190] Mas o problema da grade não estava resolvido. A Globo tinha comprado um lote de duzentas histórias da Herbert Richers. Mas só dois filmes tinham sido dublados, e, de repente, a equipe descobriu que um editor tinha registrado programas no próprio nome, o que complicaria a vida da empresa nos órgãos de fiscalização.

Num telefonema, Marinho disse a Rubens Amaral:

"Então faz o seguinte: manda o Mauro demitir. Daqui a meia hora, eu passo aí. Se ele estiver ainda, vou esperar a polícia subir primeiro."

Na imprensa, a tensão entre Marinho e funcionários da TV chegou da pior forma possível. A *Tribuna da Imprensa* registrou um "clima de agitação" que por pouco não resultou em "pancadaria". O empresário chegou a ser acusado de "coação". O jornal ressaltou que, se não recebesse mais técnicos especializados e recursos dos Estados Unidos, a Globo não conseguiria ir para a frente. "Por pouco a nova emissora não passou para o noticiário policial."[191]

Lauro Medeiros e Fiuza foram a Roberto para pedir um adiamento mais longo. Eles explicaram que o equipamento eletrônico produzido nos Estados Unidos precisava de prazo para se adaptar às condições ambientais. Sem uma "tropicalização" das peças havia risco de pane.

"Dr. Roberto, vai ser um fracasso", avisou Lauro Medeiros.

Nesse momento, Mauro Salles era o número um na área da programação. Abdon Torres, que era o primeiro diretor de programação, se desentendeu com Rubens Amaral e deixou a emissora, sendo substituído por Salles.[192]

Salles conseguiu filmes de testes no consulado dos Estados Unidos e da Inglaterra. Um deles era de um pequeno barco subindo o rio Mississippi, tocando a música "Moon River".

Na noite de 31 de março, quando completava um ano do golpe, Castelo Branco convocou cadeia de rádio e TV, formada pela Excelsior, pela Tupi e pela Rio. A equipe da Globo não recebeu comunicado e passou, no horário, o vídeo do barquinho — o sinal da Globo já divulgava imagens. Quem entrava no canal 4 tinha uma alternativa ao pronunciamento enfadonho do ditador. Marinho e seus funcionários tiveram de dar explicações ao governo.[193]

Durante vinte dias de testes, o transmissor não deu pane. A programação, em preto e branco, em circuito fechado, no dia 25, apresentou problemas. Alberto Catá definiu uma programação que começava às 11 horas com o *Uni Duni Tê*, um programa nos moldes americanos voltado para crianças de até seis anos, apresentado por uma professora, a Tia Fernanda, um telejornal à uma da tarde, e o principal jornal, às sete e meia, o *Jornal da Globo*. A programação terminava com o *Show da Noite*, de Gláucio Gil.

No folheto "Nasce uma planta no Jardim Botânico", destinado ao mercado, a emissora apresentou-se como um "novo modelo de TV comercial". "Esse conceito é agora oferecido a anunciantes e homens de agência, para que possam multiplicar o rendimento de suas mensagens publicitárias."[194]

Marinho remarcou o lançamento da emissora para 19 de abril.

"Dr. Roberto, não dá para estrear neste dia", disse Mauro.

"Como é que é? Eu já dei entrevista. Quantas horas temos de jornal?"

"Quatro de jornal e três de programação."

Na semana seguinte, Mauro conseguiu produzir mais três horas de programas.

"Só?", reagiu Marinho.

Técnicos montaram receptores na mansão do Cosme Velho, no apartamento do governador Carlos Lacerda e na casa de dom Jaime Câmara. A simulação, no domingo, 25 de abril, para o grupo, foi um festival de falhas. Os locutores tropeçaram, os slides de comercial entraram na hora errada, os filmes foram apresentados de cabeça para baixo.

Na manhã de segunda-feira, por volta de 11 horas, a Globo entrou finalmente no ar ao público. Um vídeo com um depoimento de Roberto Marinho, lido por Rubens Amaral, foi a primeira imagem oficial da emissora. Nele, o empresário repetia o discurso de inauguração da rádio, 21 anos antes, com um apelo ainda mais claro da defesa do liberalismo econômico. O teatro agora ia além da Cinelândia e da cidade do Rio.

"A nova emissora herdará as tradições do jornal, seu amor à causa pública, sua permanente luta em defesa da iniciativa privada, das liberdades públicas, da causa da democracia."

Rubens Amaral informou que a imagem e o som da TV estavam chegando com nitidez a 14 milhões de consumidores na Guanabara, no estado do Rio e nas cidades de São Paulo, Minas Gerais e Espírito Santo.[195] O pronunciamento de Amaral estava mais perto de uma perspectiva futura do que um produto pronto. Não havia antenas de TV em boa parte da área citada. O sinal chegava muito mal à Barra da Tijuca.[196]

Uma torre metálica de sessenta metros foi construída no Sumaré para retransmitir o sinal da emissora que tinha por símbolo um cata-vento.[197] O círculo de alcance era de cinquenta quilômetros de raio. O sinal chegava à Baixada Fluminense, mas não ultrapassava o morro Dois Irmãos, onde ficava o colégio do dr. Armstrong, onde Marinho estudou quando adolescente.

Herbert Fiuza lembra que o conceito da Globo era de uma TV local. "Falávamos de uma televisão para o Rio de Janeiro", relata. "Nós entramos no ar apanhando pra burro, sem audiência. Todo mundo derrubava a gente."

A meta de Marinho era atingir o terceiro lugar no mercado da televisão. Naquele momento, era impensável se aproximar das líderes Tupi e Rio, mas era possível tirar o lugar da Excelsior, que estava em terceiro, e da Continental, que ocupava o quarto. O caminho não seria reto. Logo que foi ao ar, a Globo virou alvo de críticas nos jornais. Ivan Lessa, colunista da *Última Hora*, apontou excesso de comerciais da Fiat Lux e avaliou que a emissora de Marinho foi ao ar "aos trancos e barrancos". "Nenhuma estação até hoje, que eu saiba, abusou tanto em um só dia do uso dos comerciais", escreveu.[198]

Em junho, os jornais informaram que a emissora vivia uma fase de reprises de filmes.[199]

A 10 de agosto, menos de quatro meses depois da inauguração da TV, Mauro Salles pediu demissão. Antes, propôs a Marinho uma sociedade no negócio e, diante da recusa, abriu uma agência de publicidade.

Naquele mês, a Globo viveu uma tragédia. Gláucio Gil apresentava o programa *Show da Noite*, por volta de 23 horas, quando sentiu uma estafa. "Hoje é sexta-feira, 13 de agosto. Dia aziago. Mas até agora tudo vai caminhando muito bem, felizmente", disse ao público. Momentos depois, ele saiu do ar. Os técnicos chamaram o comercial. A atriz Elizabeth Gasper, que estava ao seu lado, viu que Gil passava mal.

O apresentador teve um ataque cardíaco. Quando Marinho chegou ao estúdio, Gil estava morto.

Time-Life

Um momento crucial do império de Marinho foi aquele dia de mormaço no Rio em que o escrivão de um cartório na rua do Rosário, uma via de sobrados de azulejos azuis e arcos de pedras, lavrou a carta de contrato entre o empresário e o Time Life. O grupo norte-americano se comprometia a construir um prédio para montar um grande estúdio, um estúdio menor e uma área dedicada ao jornalismo.

> *Saibam quantos este virem que no ano do nascimento de Nosso Senhor Jesus Cristo, de mil novecentos e sessenta e cinco, ano do quarto centenário da cidade do Rio de Janeiro, aos 11 do mês de fevereiro, perante mim, dr. Seraphim Gonçalves Pinto, tabelião interino do décimo primeiro ofício de notas, como outorgante e promitente vendedora, TV Globo Ltda, representada por seu diretor presidente Roberto Marinho, brasileiro, casado, jornalista, residente na rua Cosme Velho, nesta cidade, e, como outorgada e compradora, Time Life Brasil, sociedade anônima, com sede em Rockefeller Center, na cidade de Nova York, Estados Unidos da América do Norte.*

O vocabulário empolado do tabelião não era resquício isolado do tempo em que Pero Vaz de Caminha descreveu o Brasil ao rei. Quando Marinho e o Time Life assinaram o contrato, a maioria dos brasileiros vivia em casas de estuque e folhas de palmeiras. Os romances eram relatados na tradição oral, dos cordéis e, mais recentemente, no rádio. Quase metade das crianças que começavam o ensino não completava um ano de escola.[200]

Desde a abertura do mercado brasileiro, ainda no governo Juscelino, o país era uma das praças potenciais de redes de televisão norte-americanas. A NBC, a ABC e a CBS buscavam parceiros mundo afora. Sem experiência em TV, o grupo Time Life Broadcasting Inc., também dos Estados Unidos, que editava as revistas *Time*, *Life*, *Fortune* e *Sports Illustrated*, dava os primeiros passos na área de TV, associando-se a grupos de comunicação no Líbano, na Argentina, na Venezuela, na Austrália e em Hong Kong.[201] Foi nesse período que começou a ser gestada a parceria entre o Time Life e Marinho. [202]

A Globo não era a primeira opção do Time Life. Desde o tempo em que Oswaldo Aranha estampava a capa da *Time* pelo esforço de aproximar a ditadura Vargas de Washington,[203] e seu amigo de juventude e sucessor na embaixada na capital americana, Carlos Martins, jogava pôquer na Casa Branca com Roosevelt, Henry Luce mantinha contatos com os brasileiros da imprensa, de Samuel Wainer a Carlos Lacerda.

Cada vez mais empenhado em seu projeto de disputar a presidência, Lacerda fez a ponte entre o grupo e a família Mesquita, um parceiro histórico dos liberais americanos.[204] A família paulista que, por meio de seu jornal, moldou uma elite, continuou apostando apenas no impresso. O *Estado de S. Paulo* estava sob o controle de Julio de Mesquita Filho, que não tinha o tino empresarial do pai.

Depois dos Mesquita, Marinho era o empresário próximo a Lacerda mais apto a fazer uma parceria. Nos relatórios de riscos do Time Life, ele era o brasileiro que fez certa fortuna com os quadrinhos e, um fato que estava esquecido, acertou com Oswaldo Aranha, tempos antes, espaços generosos no *Globo* à carreira política e diplomática de Clare Luce, que chegou a flertar com o cargo de embaixadora no Brasil.[205]

Enquanto costurava acordo com os americanos, Marinho ganhou um selo que ia além do Super-Homem e do Brucutu. A embaixada americana no Rio trabalhou juntamente com Lacerda para que a Universidade Columbia, de Nova York, lhe desse o prestigiado prêmio Maria Moors Cabot. Ele e Herbert Moses foram incluídos numa lista com outros doze jornalistas.

A concorrência de Marinho movimentava-se com indecisão. Nascimento Brito, do *Jornal do Brasil*, manteve contato com o grupo ABC para fazer um acordo nos moldes da parceria entre a Globo e o Time Life, mas a conversa não prosperou.[206] Brito culpou Golbery do Couto e Silva, chefe do Serviço Nacional de Informações, o "ditadorzinho de Jacarepaguá", como chamava, de atrapalhar a jogada e passou sua concessão, a TV Carioca, para o apresentador Silvio Santos. Quando as notícias do acordo entre Globo e Time Life vieram a público, Marinho foi poupado de críticas pelo *JB*.[207]

Roberto Marinho começou a detalhar de fato o acordo com Andrew Heiskell, principal canal de interlocução de Lacerda no Time Life, braço direito de Henry Luce e presidente do Conselho de Administração. Era um italiano grandão, ligado a máfias que operavam em Cuba e no México. No Rio, Marinho o levava a restaurantes num velho Fusca — uma recepção austera e morna. Quando chegava ao Brasil para costurar o contrato, o especialista em esperteza Andrew Heiskell não ficava refém de Marinho e Lacerda. Ele buscava refúgio e glamour na residência de um casal conhecido de Henry Luce. O ex-embaixador Carlos Martins e a mulher Maria moravam num palacete onde viveu o Barão de Rio Branco, em Petrópolis. Ali, reproduziam o estilo das festas estadonovistas promovidas em Washington, ocasiões em que a deputada republicana Clare, mulher de Luce, bradava contra o comunismo.[208] Nessa época, Carlos complementava sua aposentadoria de diplomata com cargos em conselhos de estatais e da *Última Hora*, de Wainer, que estava atento aos passos de Marinho na TV.

O Volkswagem de Marinho não levava Heiskell a todos os lugares do Rio que o executivo queria ir. Antes de assinar contrato com a Globo, Heiskell pôs bilhetes de recomendação de Carlos Martins no bolso do paletó e foi apresentar a proposta nos gabinetes do governo Goulart.

Depois de conversar com o ministro da Fazenda, Walther Moreira Salles, amigo de Martins, o executivo formalizou, por carta, pedido ao Banco do Brasil para realização de *swaps*. No papel, ele explicou a metamorfose do Time Life: "Durante os últimos anos expandimos também para o campo da televisão e temos cinco estações nos Estados Unidos, além de outras em países estrangeiros, que estão sendo operadas com sucesso." Na sequência, comentou sobre um obstáculo jurídico: "De acordo com a Constituição brasileira, não podemos fazer o mesmo no Brasil. Entretanto, estamos desejosos de proporcionar a estações brasileiras a experiência e os conhecimentos adquiridos e de colaborar com parte do custo de instalação mediante suprimentos em conta de participação nos lucros, sem participar da orientação intelectual ou administrativa."[209]

A tentativa do Time Life de buscar novos mercados, atrelada à expansão da influência norte-americana no mundo, pode ser ilustrada pela história do executivo Charles Douglas Jackson. Ele trabalhava na empresa desde os anos 1930, alcançando o posto de vice-presidente. Paralelamente, escreveu discursos para o candidato e depois presidente Dwight D. Eisenhower.[210] Em 1961, quando era *publisher* da revista *Life*, Jackson foi contatado por empresários argentinos, brasileiros, colombianos, chilenos, peruanos, venezuelanos e norte-americanos para formar uma frente contra o avanço da propaganda comunista na América Latina.[211] Temendo a hostilidade à influência norte-americana, o grupo pregava uma ação imediata para abrir espaço a acordos com empresas dos Estados Unidos. Era uma tentativa da iniciativa privada de complementar o esforço de propaganda de Washington — que atuava por meio da United States Information Agency (USIA).

Jackson recebeu um detalhado programa que seria o embrião do Latin American Information Committee (LAIC).[212] Na avaliação do grupo, a adesão de Fidel a Moscou tinha ocorrido diante da falta de uma ação efetiva não apenas do governo, mas também das empresas americanas para bloquear o avanço comunista. O LAIC viria para coordenar e centralizar as ações de relações públicas das empresas americanas que investiam ou viessem a investir na América Latina.[213] A direção cabia a Enno Hobbing, ligado a Jackson. O plano do LAIC era concentrar ações primeiro na Colômbia para depois expandir aos demais países da América Latina.[214]

Pelo acordo com a Globo, o Time Life daria assistência técnica, formaria pessoal, financiaria equipamentos, construiria um prédio de estúdios no Jardim Botâncio e participaria dos lucros. O Time Life ainda concordou em construir um prédio de estúdios no Jardim Botânico.[215] Em contrapartida, Marinho hipotecou as casas do Cosme Velho e do Alto da Boa Vista. Evitou, assim, comprometer propriedades do jornal, que também pertenciam aos irmãos. "Quando ele ficou rico, todos ficaram felizes. Mas quem teve visão foi ele", recordou o advogado Jorge Rodrigues, que trabalhou na costura do contrato.[216] Em tempo de instabilidade política e econômica, a hipoteca das mansões era um risco. Dentro delas, a coleção de arte formada por Marinho e Stella reluzia, de *Lugar para o implacável*, bronze de Maria Martins, a *O boneco*, presente de casamento de José Pancetti.

5. O mulato e o banqueiro

Os interesses empresariais de Roberto Marinho e os políticos de Carlos Lacerda compensavam o estrelismo das duas figuras personalistas. O dono do *Globo* tratava Lacerda como uma estratégia de audiência na rádio. E o líder udenista sabia que a boa relação com o empresário se limitava ao negócio de mídia. Em 1958, o governador chamou Marinho ao Palácio Guanabara para propor a candidatura dele ao Senado, na onda do Caminhão do Povo, caravana udenista que percorria a cidade.[1] Diante da recusa de Marinho, Afonso Arinos foi eleito. Para Lacerda, o pleito selou a ligação com os Nabuco e Mello Franco e evidenciou que não teria facilidade de amarrar ao seu projeto de poder o principal aliado.

Uma batalha fratricida começou a surgir entre Carlos Lacerda e Roberto Marinho no momento em que o governo Castelo se consolidava.

Em junho de 1964, Lacerda estava numa viagem aos Estados Unidos para divulgar o novo governo quando resolveu antecipar a volta. Por meio da *Tribuna da Imprensa*, ele manifestou que pretendia "reassumir" a liderança civil da nova ordem. "O marechal Castelo Branco fala pela revolução, e em seu nome procura governar e administrar. Mas é preciso que alguém fale pelo povo", afirmou.[2] A declaração foi recebida pelo Planalto como uma ameaça e por Marinho como sinal de que uma boa relação com o governo significava o afastamento de focos de oposição.

Na volta ao país, o governador manteve uma linha altiva. Procurou Castelo Branco, que despachava no terceiro andar do Planalto, para tratar de assuntos econômicos e políticos e deixou de subir mais um lance de escadas para conversar com Golbery do Couto e Silva. Lacerda ainda desqualificou Golbery ao desmarcar, em cima da hora, encontros no Rio. O antigo diretor do IPES, no entanto, era agora chefe do recém-criado SNI. O Serviço Nacional de Informações era um superministério que, no silêncio, na espionagem e na parceria com órgãos secretos do exterior, influenciava decisões do presidente, mudava votações no Congresso e definia quem deveria ser limado da vida pública.[3]

Nos primeiros torpedos visando o SNI, Lacerda criticou jornalistas que estariam a favor do chefe do órgão.[4] Ele direcionou sua metralhadora verbal diretamente para Castelo ao perceber um complô para adiar a disputa pela presidência e prorrogar o mandato do marechal. Esse movimento ganhou forma nas mãos de um político próximo do governador — o senador Afonso Arinos, irmão de Miminha Nabuco, um dos autores da proposta de emenda constitucional. Era um difícil momento para Lacerda, que, desde a cassação de Juscelino, liderava as apostas para a sucessão. A cúpula da UDN entrou no grupo pela permanência de Castelo no poder. O advogado José Nabuco, cunhado de Afonso Arinos, ganhou notas na imprensa por apresentar palestra em defesa da ditadura num congresso jurídico na distante Bancoc.[5]

Sem frequentar a casa de Nabuco e Miminha, Roberto Marinho estava no bloco de apoio ao ditador. Era previsível, pois a formação do governo Castelo confluiu em paralelo aos interesses do empresário. Castelo teve uma atitude de deferência a Marinho ao pedir que ele convidasse Juracy Magalhães para a pasta da Justiça. O marechal, depois, fez o convite diretamente.[6] Marinho logo ficou próximo de Roberto Campos, ministro do Planejamento. Na época, o *Estado de S. Paulo*, aliado de Lacerda, informou que o advogado Nascimento e Silva ocupava uma diretoria do Banco Nacional de Habitação e assessorava Marinho.[7] Silva era do conselho fiscal do *Globo*.

Mortificado pelo posicionamento da cúpula da UDN e dos frequentadores da casa de Miminha, Lacerda intensificou os ataques a Castelo. O governador reclamou da proposta de derrubar a eleição no ano seguinte e prorrogar o mandato de Castelo até 1967. *O Globo* enfatizou que Lacerda se opunha ao projeto porque desejava se candidatar ao Planalto.[8]

A 22 de julho, o Congresso aprovou, por 294 votos a 100, a emenda constitucional que prorrogava o mandato de Castelo Branco. A ditadura não permitiria eleições presidenciais.

No mês seguinte à decisão do parlamento, Castelo jantou no apartamento do ministro Roberto Campos, na rua Francisco Otaviano, próximo ao Arpoador, no Rio, com Marinho, Nascimento Brito e Golbery. Nas conversas, Castelo avaliou que Lacerda não tinha apoio das Forças Armadas nem da UDN. Na edição do dia seguinte, *O Globo* omitiu em seu noticiário sobre o encontro as análises do marechal sobre Lacerda. A Coluna do Swann criticou o general Golbery, que não tinha a simpatia de Marinho. Um oficial teria dito para o outro que o SNI, comandado por Golbery, deveria ajudar na divulgação das "boas notícias". O outro respondeu que aquilo era difícil, pois Golbery só vivia fazendo mapas.[9]

Lacerda tornou pública sua divergência com Marinho num discurso no Cinema Pax, em Ipanema. O governador reclamou que virou alvo do empresário ao defender a desapropriação do Parque Lage, um terreno de Marinho no Jardim Botânico. O empresário pretendia construir edifícios residenciais no local. Lacerda disse que, três anos antes de enviar a proposta à Assembleia, tentou sem sucesso negociar a aquisição da área.[10]

Marinho respondeu pelas páginas do *Globo* que se afastou de Carlos Lacerda quando este usou "linguagem violenta" e "críticas injustas" contra o governo. Ele enfatizou que não houve "interesse ferido" e que os ataques de Lacerda eram uma vingança por falta de apoio político. O ataque foi da cintura para baixo. "Desde algum tempo, não podemos contar no equilíbrio psíquico do sr. Carlos Lacerda."[11]

O governador enviou carta de resposta ao *Globo* para ser publicada na primeira página, como a crítica de Marinho. Mas o texto saiu na parte interna. "Não posso apreciar a crueldade com que *O Globo* confunde o meu estado de saúde, que é bom, com o de minha mulher, que me tem dado muita preocupação. Quando não estão em jogo os seus interesses financeiros, o sr. Roberto Marinho costuma ser mais delicado", escreveu. Ele citou indiretamente Irineu Marinho. "Só mesmo um louco seria capaz de contrariar os interesses do sr. Roberto Marinho, que tem a defendê-los um grande jornal, fundado por quem foi só jornalista e feito por jornalistas e não por corretores de sepulturas."

Lacerda associou o apoio do jornal ao plebiscito do presidencialismo, de dois anos antes, que devolveu poderes a Goulart, a um empréstimo concedido pela Caixa Econômica ao vespertino de Marinho. "Quando *O Globo* recebeu um empréstimo da Caixa Econômica, nos dias do plebiscito, certamente não estava conspirando contra o sr. João Goulart, que autorizou o empréstimo e foi chamado, nos mesmos dias do empréstimo da Caixa, de estadista."[12]

Marinho argumentou que não fez referências à mulher do governador e que o Parque Lage não foi o motivo do rompimento. Ele avaliou que Lacerda "misturou" as coisas, como era de seu "hábito", para confundir, e negou denúncia de ter vendido apoio a Goulart. "É ridículo. Todo o Brasil era a favor do plebiscito", afirmou. "O sr. João Goulart — nem é preciso dizer — nunca teve apreço pelo *Globo*. Dependesse dele, teríamos fechado as portas, e a TV Globo viu atrasar-se sua instalação foi porque o ex-presidente fez para prejudicar. Isto, entretanto, não nos impediu de procurar alentar o sr. Goulart no sentido de que se afastasse dos agitadores e subversivos."[13]

Mesmo no clima de hostilidade, Marinho esteve no apartamento de Lacerda para o aniversário de Letícia, mulher do governador. O empresário foi um dos poucos que ficaram calados durante a festa, esquivando-se, quando procurado, a falar de política. Não demonstrou empolgação quando o televisor da casa foi ligado para que os convidados acompanhassem um discurso de Lacerda, que estava nos estúdios de uma TV. O governador tentava impor, pelo instrumento que melhor sabia dominar, o microfone, o mote de que ele era, para o povo, a "verdadeira revolução".[14]

O boato de que Marinho pretendia construir um cemitério no Parque Lage foi assimilado até por Lígia, secretária do empresário, que defendeu o suposto projeto. "Não era para ter túmulos enormes, era para ter chapas no chão como aqueles cemitérios americanos."[15] Para Henrique Caban, jornalista próximo de Marinho, a origem do rompimento do empresário e Lacerda foi econômica. "Ele queria fazer um puta investimento imobiliário."

* * *

Roberto Campos apresentou o Plano de Ação Econômica do Governo, o PAEG. Num quadro de inflação elevada, o programa foi apresentado como uma arma para reduzir os gastos públicos, restringir o crédito e o consumo, eliminar subsídios cambiais para importação e estimular a poupança. A meta era voltar ao patamar médio de crescimento de 6% do pós-guerra. Um acordo nos Estados Unidos para reescalonar a dívida externa e um empréstimo do FMI reduziram o impacto negativo das medidas austeras do plano pela opinião pública. Era época de influxo nos financiamentos contraídos no exterior pelas empresas. Foi nesse contexto, com a publicação de normas restritivas do Banco Central, que Roberto Marinho costurou seu acordo com o Time-Life para iniciar seu projeto de televisão.

Em maio de 1965, Lacerda bombardeou a política econômica de Roberto Campos. O governador chegou a escrever uma carta a Castelo Branco para dizer que o programa econômico era retórico, difícil de ser cumprido, que acabaria com a "revolução" ou colocaria o país diante de uma ditadura.

Antes de uma resposta de Castelo, o ministro convocou cadeia de rádio e televisão para uma exaustiva explicação, ponto a ponto, das críticas do governador. No estúdio da Globo, onde o programa foi gravado, o tímido economista intercalou explicações repletas de citações a Marx, dados estatísticos, frases de cunho pessoal, ataques e ironias para defender seu plano, apresentado havia um ano e sem resultados.

Em seu pronunciamento, o ministro disse que era tímido e via como tarefa "ingrata" dar respostas a Lacerda pela TV. Ele enfatizou que todos os países que combateram a inflação precisavam enfrentar um período de desemprego e queda de produção.

O ministro atacou a proposta de Lacerda, que, para dar eficiência à Rede Ferroviária Federal, teria sugerido uma demissão em massa de funcionários.

"Para torná-la rentável, para diminuir despesas?"

Campos disse que Lacerda não confiava no programa econômico do governo "revolucionário", como não confiou em nenhum outro anterior nem confiaria em nenhum no futuro. Ele chamou o governador de "albatroz de tempestade", que sempre apresentava clima de catástrofe para em seguida aparecer como salvador.

Após assistir à entrevista do ministro, Lacerda mandou outra carta a Castelo para reclamar das "mentiras". Ele reiterou que não era possível uma contenção dos preços em pouco tempo sem prejuízo para a população e aproveitou para atacar o inimigo número um. "A Constituição está sendo violada para proteger os interesses de grupos como o do sr. Roberto Marinho, associado a interesses norte-americanos no Brasil, em frontal violação das leis e do Código de Telecomunicações", criticou.[16]

Ao atacar o contrato entre Marinho e o grupo norte-americano Time-Life para instalar a TV Globo, Lacerda observou que a Constituição, vigente desde 1946, proibia, em seu artigo 160, que pessoas ou empresas estrangeiras fossem acionistas ou proprietárias de empresas noticiosas e de radiodifusão.[17] Lacerda acusava os dois Robertos de serem "entreguistas".

Sob fogo de Lacerda, Marinho se desentendeu com o Time-Life. A relação do empresário com a empresa começou a se deteriorar quando chegaram os primeiros técnicos e executivos americanos para ajudar na montagem da emissora. Marinho não gostou especialmente do principal deles, o cubano Alberto Hernandez Catá, filho de Hernandez Catá, que foi embaixador de Cuba no Brasil. Fugido com a família de Havana desde a tomada do governo por Fidel, Alberto foi designado para chefiar a grade de programação.

Alto, vistoso, elegante, de ternos sempre bem cortados, Catá gostava de fumar ao estilo Marcelo Mastroianni, com o cigarro caído, no canto da boca. Chegava às nove da manhã e saía às cinco da tarde, uma rotina imperdoável para Marinho, que nasceu e se formou numa redação de jornal, lugar de trabalho que encerra as atividades a altas horas.

Os Estados Unidos monitoravam de perto a ebulição política no Brasil. A 30 de abril de 1965, a embaixada americana enviou relatório semanal que tinha como um dos tópicos a Globo.[18] "Este grupo é conservador e tem uma posição amigável/amistosa [*friendly*] com relação aos Estados Unidos", destacou o memorando.[19]

Como era costume, os relatórios da embaixada apresentavam, ao final da narrativa, um comentário subjetivo, com classificação de confidencialidade mais elevada. No caso, em especial, de um documento sobre a estreia da TV Globo, o comentário citou o financiamento da emissora pela empresa americana. "Não é segredo para ninguém que a TV Globo está sendo parcialmente financiada pelo grupo Time-Life, Inc."[20]

Em junho, a emissora de Marinho voltou a ser citada em relatório americano. Mas dessa vez havia um tom de surpresa, pelo modo inesperadamente antiamericano com que a organização teria se comportado. O despacho enviado pelo consulado dos Estados Unidos em São Paulo relatou que duas rádios e um canal de TV, todos da Globo, transmitiram fala do coronel Francisco Caamaño Deñó, presidente da República Dominicana, em que ele ataca com veemência a intervenção americana em seu país e pede apoio dos brasileiros. A matéria havia sido enviada pelo correspondente Paulo Mansur.[21]

No mês seguinte, os americanos também se chocaram com o espaço que a emissora em São Paulo concedeu a críticas à presença dos Estados Unidos no país da América Central. "Muito embora a TV Paulista tenha sido comprada pela democrática e pró-EUA organização *O Globo*, que tem laços com Time-Life, há alguns imponderáveis que ficam sem reposta", avalia o documento. "Possivelmente, o controle editorial ainda não está sendo exercido ou os arranjos financeiros deixam os operadores com certa autonomia."[22]

A disputa entre Marinho e Lacerda ferveu quando a polícia da Guanabara prendeu Alberto Catá. O executivo do Time-Life na Globo foi levado pelos agentes e passou por um interrogatório de três horas. Em carta ao ministro da Justiça, Milton Campos, Lacerda disse que Catá não chegou a ir para o "xadrez" e, pela apuração, não tinha laços com o Partido Comunista de Cuba. Entretanto, para seu "estarrecimento", revelou a existência do "contrato" entre a Globo e o Time-Life.[23]

O Globo noticiou que o cubano foi preso depois que o jornal denunciou irregularidade na reforma do apartamento de Lacerda no Flamengo. A repercussão do caso Catá foi relatada pela embaixada americana para o Departamento de Estado.[24] "O objetivo de Lacerda parece ser destruir o poder financeiro e político de Marinho, limitando, dessa forma, e talvez até eliminando, os duros ataques de *O Globo* contra ele".[25]

Numa nova etapa da briga, o governador mandou comunicado à Globo mudando a classificação de filmes. O *Super-Homem* exibido no final da tarde, horário de grande audiência, passou para depois de 22 horas. *O Globo* chamou Lacerda de "Pequeno Hitler" de ambição "sem limites". "Depois de prender por várias horas nosso companheiro Alberto Catá, lança-se o sr. Carlos Lacerda contra o *Super-Homem*."[26]

Lacerda enviou ofício a Milton Campos pedindo a suspensão da TV Globo. Para o governador, os norte-americanos estavam à frente da programação da emissora. Ele ainda anexou na carta depoimento de Catá, que relatara à polícia receber vinte mil dólares anuais do Time-Life, além de um salário mensal.[27]

Ao mandar a polícia interrogar Alberto Catá, o governador da Guanabara se deparou com um rosto familiar na defesa do executivo cubano do Time-Life. O advogado José Nabuco, seu porto seguro na vida política e social, foi quem tirou Catá das mãos do DOPS. Lacerda, porém, não arrefeceu a batalha contra o acordo com os americanos, representados por Nabuco. Lacerda foi para o vale-tudo.

A condução de Catá ao DOPS assustou o executivo, que exigiu do Time-Life o retorno aos Estados Unidos. Nessa época, a empresa vivia às turras com Marinho, que se recusava a assinar promissórias e dar garantias de pagamentos previstos no acordo. Marinho, por sua vez, reclamava da atuação do parceiro no negócio e cobrava uma distribuição dos prejuízos.

O governador mirou em outra figura ligada a seus antigos adversários. Era o advogado Jorge Serpa, que enfrentava um inquérito policial em Belo Horizonte por emissão de títulos públicos no mercado paralelo pela Mannesman, uma siderúrgica alemã.

Quando a Mannesman começou a se implantar no Brasil, Schmidt pediu a Serpa que assessorasse a empresa. Serpa descobriu que a União tinha incorporado bens de alemães no Brasil na época da Segunda Guerra e passou a cobrar pela devolução. Como honorário pelo serviço, Serpa ganhou uma das diretorias da empresa, lançando títulos para arrecadar dinheiro e alavancar os negócios. A jogada tinha a participação da cúpula da empresa. Lacerda começou uma perseguição não apenas a Serpa, mas a amigos do advogado que atuaram para destravar o empreendimento no país, dentre eles o jurista Sobral Pinto, que recebeu ações na companhia por seus honorários.

A polícia da Guanabara conseguiu autorização da Justiça de Minas Gerais e trouxe Serpa de avião para o Rio. Para o advogado, uma viagem aérea era uma tortura à parte.

Serpa e Lacerda eram desafetos desde o tempo em que o advogado assessorava o general Mendes de Moraes, prefeito do Distrito Federal. No distante abril de 1948, Lacerda acusou o grupo de Mendes de Moraes de tentar assassiná-lo na saída da Rádio Mayrink Veiga, onde tinha um programa, por denúncias de desvios nas obras do Maracanã.

A prisão de Serpa foi criticada pelo *Globo*. Na avaliação do jornal, Lacerda "forjou" um escândalo para envolver o governo. O governador pretendia mostrar, segundo o *Globo*, que uma antiga parceria da Mannesman com a empresa Montreal, presidida por Tomás Magalhães, sobrinho de Juracy Magalhães, fazia o elo entre o esquema dos títulos e a cúpula do regime.[28]

Em entrevista à TV Excelsior, o coronel Gustavo Barroso, secretário de Segurança de Lacerda, disse que Marinho adotou métodos "comunistas" ao dar a versão da tortura e se "apressou" em telefonar para pedir a soltura do "estelionatário" e "farsante".[29]

Lacerda uniu seus inimigos. Marinho e Samuel Wainer publicaram no *Globo* e na *Última Hora*, respectivamente, relatos de tortura feitos por Serpa.[30]

O jornalista José Silveira relata que Serpa não sofreu tortura, mas humilhação. "Ficou pelado, nada mais que isso."

Júlio Barbero considera a versão da tortura do lobista uma "mentira fabulosa". "Ele ficou preso três dias. No primeiro, tinha dominado o quartel. Contava histórias. Serpa não é babaca."

Em entrevista para este livro, Serpa reafirma que foi alvo da violência de Carlos Lacerda. O advogado sugere que tudo começou quando recusou um antigo "negócio" com o governador, que ia contra seus princípios ou interesses, sem entrar em detalhes sobre a proposta. "Eu disse: 'Carlos, vamos deixar isso. Está indo bem assim. Vamos levar.' Ele não gostou."

Barbero dá pistas. Ele diz que Lacerda não perdoou a ligação de Serpa com Goulart durante o governo petebista, possivelmente recusando conchavos.

Serpa relata o episódio sem esconder a mágoa. "Uma loucura do Carlos. Mandou me prender, né? Eu fui torturado, levei choque. Eu fiquei pregado na parede e caí desmaiado. Eu me lembro que um sujeito disse: 'Ih, o homem morreu. Vamos levar o corpo pra Caxias.' Mas aí veio a maca, eu ainda me lembro. O sujeito que vinha com a maca me disse: 'Fica firme, doutor, que o doutor Jango volta.' Nunca mais esqueci isso."

O advogado relata que contou com a ajuda de uma amiga em especial para evitar violência maior. Edith Gentil, amante de Castelo Branco e frequentadora da casa de Serpa, convenceu o general a mandar um carro do Exército para acompanhar o comboio que levou o advogado da prisão para o aeroporto, de onde seria embarcado para Belo Horizonte. "Edith era muito amiga minha desde o tempo do Ceará."

A posição do *Globo* no caso Mannesman aproximou Serpa em definitivo de Marinho. Em baixa no mercado, o lobista era, agora, um substituto de Schmidt no posto de conselheiro de Marinho. O empresário ganhava um filósofo no seu time de editorialistas e um catalizador de suas eventuais decisões polêmicas. "A Mannesmann, que se desentendeu com Serpa, pagava para o *Jornal do Brasil* dar pau nele dia sim e dia não. Roberto Marinho não fazia matéria contra o Serpa", observa José Silveira. "Desde a morte de Paulo Bittencourt, o Serpa escrevia artigos para *O Globo*. Marinho dizia mais ou menos o que queria e o Serpa desenvolvia. Marinho precisava de alguém que orientasse suas influências."

Serpa sempre alimentou visões folclóricas e uma imagem de homem misterioso, que nem sempre combinava com a figura cerebral e comedida. Certa vez, pediu a Júlio Barbero que lhe apresentasse ao dono do Hotel Othon Palace.

"Qual o problema? Vai lá, assina a ficha e entra."

"Não, eu queria que você me levasse até o dono."

Barbero levou Serpa de carro ao hotel. Um ano depois, o gerente telefonou para Barbero, que pensou tratar-se de cobrança de dívida.

"O pagamento está em dia. É que desde o dia que você o trouxe aqui ele não pega correspondência. Nunca dormiu no hotel."

Quando resolveu morar sem discrição numa ampla cobertura na avenida Atlântica, Serpa montou um galinheiro perto da piscina. De madrugada, hora do galo cantar, colocava uma ave ao telefone para acordar Roberto Marinho.[31] Não tinha hora para o lobista conversar com o empresário.

Jorge Serpa tinha a habilidade de manter apoio até mesmo dentro do *bunker* lacerdista. Ao longo do escândalo dos títulos, a *Tribuna da Imprensa*, entregue por Lacerda ao comando de Hélio Fernandes, fez malabarismo para manter a posição a favor do governador da Guanabara e um discreto apoio a Serpa. À repórter do jornal Ana Arruda, que apurava o escândalo, Hélio avisou:

"Mannesman não existe para a *Tribuna*."[32]

Hélio, porém, transformou-se num adversário de Marinho no jornalismo após o empresário defender sua prisão pela ditadura. O diretor da *Tribuna da Imprensa* passou a acompanhar os passos de Marinho com lupa, visão crítica e ironia ácida. De erros do *Globo* sobre detalhes de batalhas de Napoleão a possíveis negócios de Marinho, Fernandes registrava sempre o dia a dia de um empresário, na sua avaliação, obcecado por dinheiro. Não sobra nem mesmo a crítica para o hábito de funcionários do *Globo* e amigos de Marinho de chamar o empresário de "doutor". "Ele não fez faculdade, mas sempre exigiu que todo mundo o chamasse de doutor", ironiza.

Hélio chega a apagar sua relação social com Marinho antes da briga. "Nunca estive com ele. Nunca falei com ele. Nunca encontrei com ele. Nada. Nada. Nada", ressalta.

Quando a relação entre Lacerda e Marinho era boa, no final dos anos 1950 e começo da década seguinte, Hélio assinava no *Diário de Notícias*, de João Dantas, a coluna "Fatos e rumores em primeira mão".

Nela, Lacerda, Moreira Salles e Marinho brilhavam. Numa ocasião, Hélio cobriu um evento em homenagem ao dono do *Globo*. "O jantar a Roberto Marinho, no Copacabana [Palace], foi uma consagração total. Tudo o que há de melhor na política, na indústria, no comércio, na medicina, na cátedra, no jornalismo, enfim, no país estava presente. Muito aplaudido o seu discurso sobre os grandes lutadores da imprensa, onde se destacou o perfil exemplar de seu próprio pai, Irineu Marinho, e mais Orlando Dantas e Edmundo Bitencourt."[33]

Hélio e Marinho se encontraram também no tradicional hotel para um show de Ella Fitzgerald. Sentados em mesas próximas, Hélio, Roberto Marinho e figuras como José Luiz de Magalhães Lins, João Dantas, Otávio Guinle e Cesar de Mello Cunha ouviram a artista cantar "Lullaby of Birdland".[34]

Após defender a prorrogação do mandato de Castelo, Marinho almoçou com o embaixador americano Lincoln Gordon. Em agosto de 1965, Marinho fez um relato a Gordon sobre como teria sido sua atuação para convencer o presidente a permanecer no poder.

O teor da conversa "altamente confidencial" foi relatado por Gordon em telegrama ao Departamento de Estado. Pelo relato do embaixador, Marinho estava diretamente envolvido na articulação pela permanência de Castelo Branco no cargo. O empresário participava de um grupo em torno do general Ernesto Geisel e do coronel Golbery para incentivar Castelo a estender seu mandato e suspender as eleições de 1966. "Há alguns meses, Marinho diz ter se convencido de que a manutenção de Castelo Branco como presidente por mais um mandato é indispensável para a continuidade das políticas do atual governo e para que se evite uma desastrosa crise política por aqui", relata o embaixador.[35]

Com o argumento de que "eleições presidenciais diretas sem Castelo como candidato correriam o grave risco de entregar o destino do país aos "insatisfeitos" antigos adversários, Marinho teria dito ao embaixador que tentou convencer Castelo Branco a não deixar o poder.

Em seu relato, Gordon descreveu uma preocupação de Marinho e do grupo do empresário diante da indicação do Marechal Lott pelo PTB para concorrer ao governo da Guanabara nas eleições de outubro daquele ano, 1965, o que ilustraria a "ousadia dos antirrevolucionários". Lott teve a candidatura impugnada. Marinho também teria conversado com Castelo sobre o interesse do general Costa e Silva pela presidência. Castelo atribuiu menor importância à vontade de seu ministro da Guerra, mas concordou que era preciso dialogar. O grupo político do dono da Globo se aproximou de Costa e Silva para propor a reeleição de Castelo. A princípio, o ministro teria se mostrado relutante em desistir de sua candidatura, mas concordou. Marinho disse ainda que era "arriscada" uma eventual eleição direta de Lacerda.

No telegrama do embaixador, Marinho aparece como agente plenamente comprometido com a estratégia de reeleger Castelo. O empresário disse ao general, segundo Gordon, que simpatizava com o desejo de Castelo de sair de cena para um "merecido" descanso, mas isso custaria um retorno ao "passado" e a violação da "confiança" que o país havia depositado nele. "Marinho ficou satisfeito quando Castelo não mais se opôs com firmeza [à proposta] e até se dispôs a cooperar para tornar possível sua reeleição, provavelmente por meio de alguma forma de eleição indireta."

Ao fim da carta, Gordon disse que confiava nas informações de Marinho. "Enquanto as colunas de fofoca estão cheias de especulações sobre vários tipos de movimentos para mudar o regime, muitas vazadas por políticos com interesses pessoais, eu considero a informação de Marinho muito mais confiável."[36]

O plano de Marinho e seu grupo teve sucesso parcial: não houve eleições diretas em 1966, como eles queriam. O tempo mostrou, no entanto, que o grupo foi derrotado por Costa e Silva.

Pressionado por repórteres no embarque de uma viagem a Washington, no mesmo voo do ministro Roberto Campos, o embaixador Lincoln Gordon disse que, "pessoalmente", considerava "perfeito" o contrato da Globo com o Time-Life. "Tudo foi muito estudado para evitar qualquer conflito com a lei."[37]

A briga de Roberto com Lacerda estava longe de um desfecho.

Foi a José Luiz de Magalhães Lins que Roberto Marinho recorreu para obter um empréstimo para comprar a Rádio Mundial de Alziro Zarur.

O empresário pretendia expandir o Sistema Globo de Rádio. Rogério quis vetar o negócio por falta de recursos. Roberto recorreu ao banqueiro, que garantiu um empréstimo com vinte meses para pagar. Marinho não pediu apenas dinheiro:

"Você poderia conversar com o Rogério? Ele acha que é mau negócio."

Marinho emancipou o filho mais velho, Roberto Irineu, para colocar no nome dele a Rádio Mundial. O problema viria quando o filho se alistou no Exército. Roberto queria que o jovem servisse num quartel para ganhar disciplina. Roberto Irineu passou nos exames, mas disse aos avaliadores que não queria ser militar. O alistador perguntou onde ele trabalhava. Respondeu que era proprietário da Rádio Mundial — um dono de empresa não podia ser aceito, pois dele dependia a família. Em casa, Roberto Irineu repetiu a frase que ouvira: "Mais útil à vida do país como civil do que como militar." Ao saber que o filho tinha sido dispensado, Marinho disse que telefonaria para um general na tentativa de rever a decisão.[38]

A amigos, Carlos Lacerda afirmava que sua divergência com Marinho surgiu quando contrariou negócios do empresário. Herdeiro de Lacerda no comando da *Tribuna da Imprensa*, o jornalista Hélio Fernandes situa como início da briga um pedido de Marinho para aumentar o gabarito de um prédio na avenida Princesa Isabel, rejeitado pelo governador. A gota d´água teria sido, na opinião de Fernandes, a decisão de Lacerda em brecar o projeto imobiliário do Parque Lage. "O que prevalecia no Roberto Marinho em toda e qualquer hipótese era o dinheiro. Ele não tinha compromisso nem com ele mesmo. É aquilo que eu digo: se tratou de dinheiro, Roberto Marinho virava fera", ataca Hélio Fernandes.

Quando Lacerda enviou o projeto de desapropriação da área do Parque Lage à Assembleia Legislativa da Guanabara, no entanto, em setembro de 1964, a divergência já estava deflagrada. O projeto aguardava autorização de órgãos públicos do Estado desde o final dos anos 1950, então o mais razoável é supor que o governador usou o Parque

Lage para dar o troco por não ter conseguido a adesão do antigo aliado na política e no jornalismo.

Em sociedade com Arnon de Mello, Marinho tinha comprado parte das terras do Parque Lage, uma área equivalente a nove campos de futebol numa região nobre do Rio, tombada em 1957 pelo Iphan, nos pés do Corcovado. Era a antiga propriedade de Henrique Lage, o megaempresário da navegação. Uma parte das terras eles adquiriram diretamente da viúva Lage, e outra, em leilão do Banco do Brasil. Por volta de 1964, Arnon de Mello saiu da sociedade, ficando seus 50% de ações para a empresa Caser, do banqueiro Moreira Salles. As terras estavam nas mãos da família Lage havia cem anos. Henrique Lage e a esposa, Gabriella, construíram o palacete em estilo eclético, evocando a Roma Antiga. Em dimensões e estilo cenográficos, a mansão tinha vinte quartos. Anos depois, Glauber Rocha transformou a chácara na sede do governo imaginário de Alecrim, no filme *Terra em Transe*, financiado por José Luiz de Magalhães Lins. Com a morte de Henrique, deu-se a derrocada do grupo Lage, que teve navios torpedeados na Segunda Guerra. Em 1942, o governo Getúlio Vargas desapropriou os bens do espólio e das empresas de Henrique Lage. Após o fim do Estado Novo, o governo decidiu devolver parte dos bens e indenizar os de interesse para a União. A parte do Parque Lage que incluía a mansão, então chamada de Chácara da Gávea, ficou com a viúva Gabriella Besanzoni. Outra parte passou para o Banco do Brasil em troca da quitação de dívidas do espólio.

Roberto comprou a propriedade por meio da empresa Comércio e Indústria Mauá Ltda., que mantinha em sociedade com Arnon, depois rebatizada de São Marcos Comércio e Indústria de Materiais de Construção. O terreno se valorizara após Juscelino Kubitschek decidir pelo destombamento da área, sob pressão de Marinho, o que permitiu a venda de lotes.

A polêmica do projeto do Parque Lage é anterior ao desentendimento entre Lacerda e Marinho. Antes, o ex-deputado federal Mário Martins, da UDN, passou a dirigir a *Noite*, jornal criado por Irineu Marinho que estava agora nas mãos de Frederico C. Mello. O “gordo e espertalhão" Frederico, nas palavras de Martins, investia na folha decadente em busca de prestígio, enquanto tocava postos de gasolina na cidade. Para tirar o jornal da decadência, Martins resolveu atacar Marinho, "pois jornal só cresce brigando".[39] O contra-ataque de Roberto à *Noite* veio no clássico modelo adotado pelo pai, Irineu, de expor uma fragilidade do adversário e não insistir em respostas às acusações. O *Globo* publicou denúncia de que os postos de combustíveis de Frederico vendiam gasolina com água. Teve suíte no dia seguinte. Frederico respondeu que o Serviço de Metrologia não tinha detectado fraude.[40] Mas, em seguida, se rendeu e demitiu Martins.[41]

Augusto Frederico Schmidt, que não se dava com o governador, reprovou a briga entre o dono do *Globo* e Lacerda. O poeta e lobista avaliava que a disputa era um "desperdício" para os dois. "Isso é discussão de alecrim com manjerona".[42] Schmidt referia-se a uma peça escrita pelo luso-brasileiro Antonio José da Silva, no século XVIII, que conta a história de dois jovens que, na tentativa de conquistar duas irmãs ricas, viram concorrentes. Schmidt temia que Marinho e Lacerda tivessem o mesmo destino do autor do espetáculo, um cristão-novo morto pela inquisição.

Foi nessa época, no vazio provocado pela morte de Schmidt, que o deputado Armando Falcão, do PSD, surgiu na história de Marinho como um interlocutor do empresário na política.

Falcão promoveu um almoço em sua casa para que Marinho e Lacerda se acertassem. Marinho aproveitou para reclamar da desapropriação do Parque Lage.

"Que líder democrático é você, Carlos, que defensor da economia privada, que campeão da defesa do direito de propriedade contra a espoliação do presidente João Goulart, que defensor das leis é você, quando não cumpre a lei e não permite a urbanização do Parque Lage, com projeto aprovado e com alvará pago para início das obras?"

Lacerda teria respondido que estava impossibilitado de permitir a execução do projeto, pois como candidato se manifestara publicamente contra a proposta. Mas que se deveria encontrar uma solução harmônica. Em seguida, o governador perguntou qual seria o candidato do *Globo* à presidência. Marinho respondeu que, no momento próprio, quando se apresentassem os demais candidatos, o jornal tomaria uma posição, escolhendo o melhor. Mais uma vez discutiram a questão do Parque Lage e, novamente, Lacerda desviou para o tema das eleições e quis saber quem era o futuro candidato de Marinho.[43]

Ao filho João Roberto, Marinho relatou que Lacerda ainda mandou Falcão ao Cosme Velho para sondar se o empresário lhe daria apoio numa candidatura à presidência. João Roberto avalia que a divergência sobre o Parque Lage foi apenas consequência da decisão do pai de não aderir ao projeto político de Lacerda.[44] Ele reconstrói um possível diálogo entre Marinho e o governador ocorrido nesse dia:

"Armando, pelo amor de Deus, o Lacerda, com o temperamento dele, até governador, tudo bem, está sendo um ótimo governador, mas não pode ser presidente da República, ele não tem o controle de que o cargo precisa."

"Oh, Roberto, mas ele quer ser. Preciso dizer alguma coisa para ele. "

"Diga que não vou fazer oposição, não."

João Roberto conta que, a partir desse dia, Lacerda virou "bicho". "Aí enlouqueceu. Eu não sei como o Armando levou o recado de volta. Aí começaram todas as perseguições", relata. "Ele nunca me fez uma referência de desconfiar do Armando, de como o Armando teria levado a resposta. Ele gostava do Armando, tinha boa relação, que só deteriorou mais lá na frente."

Em carta ao governador de Minas, Magalhães Pinto, Lacerda reclamou de sabotagem da candidatura pelo governo e que Castelo apoiava os negócios de Roberto Marinho. "O governo da revolução não é revolucionário. Por isso, obtém apoio para continuar, para 'enfrentar' o povo. Obtém apoio de *O Globo*, por exemplo, exatamente na medida em que permite que o seu dono viole a Constituição e sirva impunemente a interesses contrários às leis do país."[45]

Ao empresário Nascimento Brito, do *JB*, Lacerda fez ataques a Marinho. "Sem a peruca loura com a qual, dizem, se escondeu no dia da Revolução, até ver no que dava, ele realiza o ideal de outro jornal que fez da calúnia a sua arma contra a minha vida. Pois, enquanto o outro só dava aos leitores calúnia, o jornal do Roberto Marinho dá duas coisas juntas: informação e calúnia."[46]

Ainda em setembro, a Assembleia Legislativa da Guanabara aprovou a desapropriação do Parque Lage. Lacerda aproveitou para atacar em púbico Marinho e o Banco do Brasil.

"Eis que numa semana de Carnaval, subitamente, sem aviso público e notório como manda a lei, o Banco do Brasil, instruído por mãos poderosas, faz um edital de encomenda, violando a lei do Patrimônio Histórico Nacional, em cujo rol de preciosidade se encontrava registrado este parque e este prédio. Para a venda e, ainda mais, para o despedaçamento de ambos, exige a lei seja dada preferência ao Poder Público antes que ao particular."[47]

O processo de desapropriação foi parar na Justiça. Marinho se considerou vítima de uma "espoliação".

No final de setembro de 1965, Lacerda atraiu uma multidão para inaugurar o Parque do Povo, como batizou a nova área pública.[48] Em discurso, ele reclamou que Marinho o chamava de "violento", "hitlerista" e "paranoico". O governador disse que era anticomunista porque os comunistas não deixaram haver justiça social. Já Marinho, ressaltou Lacerda, era anticomunista porque se posicionava contra a justiça social.

"Para cada insulto de Roberto Marinho haverá o sorriso de uma criança sob essas árvores."[49]

A briga de Marinho e Lacerda atingiu a cobertura do *Globo*. Num jantar com Alberto Dines, diretor do *Jornal do Brasil*, Roberto perguntou:

"O que você está achando do *Globo*?"

Dines se abriu:

"Olha, dr. Roberto, vou lhe falar com franqueza. *O Globo* é um jornal da cidade. Mas sinto que a sua briga com o Lacerda prejudica a cobertura. O jornal não está cobrindo a cidade como sempre cobriu."

"Ah, é?"

Dines se deparou com o olhar "penetrante" do empresário, olhos escuros direcionados para o interlocutor. O jornalista conta ter sentido que sua declaração foi quase uma gafe. Então, Marinho pegou o telefone de linha direta que estava numa mesinha da sala e telefonou para o Leonídio de Barros, secretário de redação do *Globo*.

"Ô, Barros, eu quero te dizer uma coisa: o fato de eu estar brigando com o Lacerda não quer dizer que *O Globo* vai deixar de cobrir bem a cidade. Tá bom? Temos que continuar dando tudo. A briga é a briga."[50]

Naquele momento, o jornal de Marinho era um cavalo que corria por fora do mercado de imprensa, paralelo a outros animais portentosos. Principal vespertino do Rio de Janeiro, *O Globo* tinha layout um pouco mais leve. A contundência na crítica a governos se perdia no desenho de um jornal que relatava os dramas mais íntimos da cidade. Na melhor tradição dos vespertinos, ainda tentava se impor como um jornal de emoções, de um robusto noticiário policial e de cidades, para ser gritado pelos jornaleiros.

Mesmo diante do empenho para garantir que a TV deslanchasse, Marinho procurou demonstrar que seu foco era o jornal. Numa festa no apartamento de Walter Clark, jovem diretor da TV, na Lagoa Rodrigo de Freitas, Marinho foi cercado por convidados. Um deles perguntou:

"Roberto, é verdade que os militares te chateiam por causa da TV?"

"É... de vez em quando recebo coisas desagradáveis. Mas não ligo."

O convidado perguntou:

"Mas você não tem medo de uma intervenção?"

"Eu admito perder a televisão. O jornal é que ninguém me tira."[51]

No final de uma manhã, Lacerda se revoltou com uma crítica na coluna Reportagem Social, do *Globo*. O governador telefonou para a casa do Cosme Velho. Victorio Berredo, assessor de Roberto Marinho, atendeu. Depois, relatou ao chefe que Lacerda ameaçou fazer ataques à imagem de Stella. Marinho ligou para o amigo em comum Armando Falcão para saber se, de fato, Lacerda estava furioso com ele. Falcão pôs fogo na história e confirmou a "ameaça torpe". Marinho argumentou que não tinha conhecimento prévio da nota que envolvia Lacerda e a esposa, Letícia, nem tinha interesse de envolver a primeira-dama na disputa política. Em seguida, o empresário pegou uma arma e disse a Victorio:

"Vamos pra casa do Lacerda."

Entraram num Fusca. Victorio pegou o volante.

Armando Falcão avisou a Lacerda que Marinho pretendia lhe dar um tiro. O governador teria achado graça e saído do apartamento. "Eu não vou me expor ao ridículo de levar um tiro de graça."[52]

Os seguranças permitiram a entrada de Marinho no apartamento do governador, que não apareceu.

Em casa, ainda transtornado, Roberto escreveu uma carta para ser entregue "em mãos" a Lacerda. "Quero dizer-lhe uma coisa: se por qualquer motivo ou interpretação, alguém lançar mão de infâmias contra a minha mulher, o meu revide será um tiro na cara do caluniador."

Armando Falcão foi encarregado de levar a carta a Lacerda. O governador evitou abrir a correspondência. Ele escreveu no envelope: "Devolva-se ao remetente."[53]

Não houve tentativa de reconciliação de parte alguma. João Roberto relata que o pai perdoou "todo mundo", à exceção de Lacerda, e costumava lembrar da história e reclamar das ameaças de ataques verbais a Stella.

"Graças a Deus, à obra da Divina Providência, não encontrei o Lacerda, porque eu teria acabado com a minha vida. Meu Deus do céu, que risco que eu corri."

Os discursos de Carlos Lacerda no rádio e na TV desequilibravam Roberto Marinho. O filho Roberto Irineu relata ter visto o pai angustiado, preparando-se em casa para uma entrevista na televisão contra Lacerda. "Era um desespero. Papai falava mal pra burro. O Lacerda era um tribuno daqueles de dominar o Senado Romano. Aí, coitado do papai", relata. "Ele ficou alucinado com os discursos do Lacerda, isso sim."

Criança na época, João Roberto se lembra da mãe tentando proteger os filhos dos "horrores" que o governador falava de Marinho. "A gente não via televisão em casa, ela não deixava. Ela montou um cerco para não deixar a gente ser atingido por essa briga. Não me lembro de viver diretamente essa situação, conheço a história contada por meu pai muitas vezes", relata.

Roberto Marinho não comentava com os filhos, nessa época, a disputa com Lacerda. O adversário recorreu até a compra de espaço nos outdoors do Rio para atacá-lo, deixando clara sua autoria.

> "Roberto Marinho
> Al Capone da Imprensa
> Carlos Lacerda"

* * *

Nas eleições para a sucessão do governador na Guanabara, *O Globo* fez campanha para o oposicionista Negrão de Lima, do PSD de Juscelino, contra Flexa Ribeiro, da UDN. Ex-secretário de Educação do estado, Flexa Ribeiro não era o nome preferido de Lacerda. O governador não demonstrou empolgação e habilidade de negociar a candidatura do sucessor no âmbito do partido. Também não entrou de corpo e alma na campanha. Manteve uma relação fria com Flexa Ribeiro. Nas páginas do *Globo*, Marinho se desdobrou, por sua vez, para neutralizar a versão de que Negrão era um subversivo comunista, embora tivesse até participado do gabinete de Francisco Campos, no Ministério da Justiça, e comandado a pasta no período do Estado Novo.

Foi um arranjo político complexo. Negrão de Lima tinha sido ainda prefeito do Distrito Federal e ministro de Relações Exteriores do governo Juscelino. No ano anterior, trabalhou para que o ex-presidente apoiasse Castelo na eleição indireta no Congresso. O marechal aceitou a candidatura de Negrão para acalmar os ânimos dos pessedistas que não se conformavam com a cassação de Juscelino. O ex-presidente tinha indicado Henrique Lott para a disputa na Guanabara, mas o regime impugnou a candidatura, alegando que o velho general morava em Teresópolis, fora do estado. Também impediu a candidatura de Sebastião Paes de Almeida, indicado por Juscelino ao governo de Minas, por suposto abuso do poder econômico.

Lacerda acusou Moreira Salles de financiar a campanha do "fascista caboclo". Ele afirmou que Negrão, antigo defensor do Estado Novo, aglutinava o "negocismo" de Salles e Marinho e o "comunismo" de Prestes, Goulart e Brizola.[54]

Nos bastidores da candidatura de Negrão de Lima estavam Jorge Serpa, que mal esquecera a prisão ordenada por Lacerda, e Augusto Frederico Schmidt, leal a Juscelino. Os lobistas se esforçaram para evitar percalços na cobertura do *Globo* sobre a disputa. O jornal intensificou acusações contra o governador e se esforçou para mostrar que a candidatura oposicionista não era uma afronta a Castelo. A dois dias do pleito, *O Globo* publicou na capa uma foto da multidão que participou de uma caravana de Negrão de Lima da Praça Mauá à Cinelândia, entoando a música, segundo o jornal, "Está chegando a hora" e com comentários à denúncia propagada de que Lacerda tinha feito uma reforma ilegal num triplex que possuía. A manchete deu voz a Castelo, destacando uma frase do discurso do ditador de que a segurança da "revolução" não estava a perigo porque o povo queria falar.[55]

Negrão foi eleito num domingo de outubro com 52,68% dos votos. Lacerda renunciou logo depois para não passar o cargo a seu adversário. A derrota de Flexa Ribeiro era um tiro fatal na campanha que realmente motivava Lacerda. Ficou difícil para o governador sustentar sua candidatura à presidência. Num arranjo de Marinho, Juscelino e oficiais castelistas nos bastidores, o Rio de Janeiro tinha um governador de oposição à ditadura.

Na manhã da segunda-feira, um dia após as eleições para o governo da Guanabara, *O Globo* noticiou que o pleito ocorreu na "absoluta" calma. Roberto Marinho mudou a capa para uma edição vespertina com manchete informando que eram "Favoráveis a Negrão as primeiras urnas". Mas foi uma foto mais abaixo que ilustrou a mudança do jogo político. A edição substituiu uma matéria sobre a vitória de Israel Pinheiro, também do PSD, em Minas, para colocar a foto de Juscelino e sua esposa, Sarah, desembarcando de um Air France no Galeão, para o delírio de simpatizantes e a tensão de militares.[56] A presença de Negrão no aeroporto enfureceu os castelistas e alimentou o oportunismo do grupo de Costa e Silva, que imputava ao presidente a imagem de derrotado nas eleições tanto na Guanabara quanto em Minas, onde Israel Pinheiro tinha vencido.

Lacerda chamou os jornalistas ao Guanabara para atacar Marinho e Castelo.

"Tenho carta do presidente da República no meu arquivo em que ele assumiu o compromisso de mandar investigar as relações do grupo Roberto Marinho com o grupo Time-Life. Até hoje não teve coragem de cumprir esse compromisso, porque tem medo de *O Globo* e porque precisa de *O Globo* para o seu projeto de privar o povo do voto direto."[57]

A disputa na Guanabara não deixou rusgas entre Marinho e o regime, pelo contrário. Por deferência, Castelo Branco deu ao empresário a missão de ir, naqueles dias de outubro, a Washington anunciar ao embaixador da ditadura nos Estados Unidos, Juracy Magalhães, que ele seria nomeado ministro da Justiça.[58] Um dos primeiros eventos do novo titular da pasta ocorreu na sede do ministério no Rio. Era uma reunião com empresários da imprensa.

Antes mesmo da posse dos novos governadores, Castelo Branco editou o Ato Institucional Número 2, com mais cassações e o fim das eleições para presidente e governador. Era o segundo expurgo de civis da política. Em 9 de abril, o governo tinha baixado o primeiro ato. Juscelino estava fora da próxima eleição. Lacerda também saiu do jogo.

Um dia após o ato, a 28 de outubro de 1965, Juracy reuniu donos e representantes de jornais para dar detalhes da norma que proibia o trabalho de cassados nas redações. No encontro, enfatizou que o governo incentivava a autocensura, que cabia aos diretores e donos de jornais e emissoras de rádio e televisão. Ele *enfatizou*, no verbo empregado pelo jornal *Correio da Manhã*, que muitos dos presentes à reunião eram seus amigos íntimos, mas que as relações pessoais não impediriam o cumprimento "integral" das punições.[59]

Após a fala de Juracy, os diretores dos jornais fizeram perguntas. Danton Jobim, da *Última Hora*, foi o primeiro:

"Vossa Excelência quer significar que nós não podemos publicar quaisquer pronunciamentos feitos por pessoas que tiveram os seus direitos políticos suspensos?"

"Foi exatamente isso que eu disse. Você é um velho amigo meu, mas será punido se se opuser a isto. Está claro?"

"Muito claro."

Ainda pelo relato do *Correio da Manhã*, Marinho foi o próximo a falar.

"Eu não estou de acordo que um jornalista que tenha perdido os seus direitos políticos deva ser punido. Eu assumo responsabilidade integral por tudo que é publicado no meu jornal. E protestarei com veemência se o senhor tentar me obrigar a despedir alguns dos jornalistas que trabalham para mim."

"A lei será respeitada. Tanto você quanto o jornalista serão punidos. Vocês são ambos responsáveis."

"Mesmo que o artigo não seja assinado?"

"Não, pois é óbvio que se ele escreve um artigo não assinado nós não sabemos disso. A lei significa que esses jornalistas que perderam os seus direitos políticos não podem usar a imprensa para provocar ou desafiar o governo ou para propagar a subversão. É simplesmente isso."

"Oh! Ok!"

Nascimento Brito, do *Jornal do Brasil*, foi o próximo.

"Como poderemos saber se estamos desafiando o governo? Isto significa que não podemos comentar os atos do governo?"

"Não. O governo não tem intenção de restringir a sua liberdade, mas apenas de impedir a subversão. Nós temos um critério para decidir o que é provocação e o seguiremos sem hesitar."

Presente à reunião, o então diretor do *Diário Carioca*, Délio de Mattos, relata sua versão sobre o encontro.

> *O ministro virou-se e disse: "Estão presentes alguns companheiros de outras revoluções e alguns meus amigos até hoje, mas quero dizer a todos os senhores que não titubearei em prender qualquer um que desrespeitar os mandamentos do Ato Institucional publicado hoje pelo marechal Castelo Branco. Determino que demitam os seus funcionários comunistas, porque o governo não quer que nenhum comunista esteja na imprensa escrita e falada." Aí de repente ouve-se uma voz rouca, um trovão: "Ministro, quero dizer a Vossa Excelência que quem nomeia e demite os meus funcionários sou eu e mais ninguém." Foi aquele impacto. O próprio Juracy ficou espantado e profundamente desapontado, porque viu que tinha caído numa ratoeira. Alguns minutos depois foi encerrada a reunião, boa tarde e todos caímos fora.*

Havia um repórter na reunião do ministro com os diretores de jornais, Paulo Jerônimo, o Pajê, de *O Jornal*, dos Diários Associados. Estava lá por um mal-entendido. A chefia dele achou que era uma entrevista coletiva e mandou o repórter cobrir.[60]

> *O Juracy entrou na sala com uma garra. Ele discursou uns trinta minutos até dizer uma frase impactante: "De agora em diante, nenhum comunista pode trabalhar em jornal." O Armando Nogueira, jornalista*

*da TV Rio, reagiu: "Isso é censura, ministro." O Juracy o calou em voz alta: "*É censura, *sim." Aí, levantou da cadeira o Roberto Marinho, que era pequeno e ficou com dois metros de altura. "Ministro, no meu jornal mando eu." Ele peitou o ministro. Juracy ficou calado, sem reação. Todo mundo ficou estupefato. Depois, o ministro falou: "Então você assume a responsabilidade." "Eu assino os editoriais." A lenda é que ele disse que "nos meus comunistas mando eu".*

O episódio repercutiu no mercado jornalístico. A *Luta Democrática*, de Tenório Cavalcanti, que naquele momento estava cassado, suspendeu os ataques ao dono do Globo. "Marinho foi o ÚNICO dono de jornal a repelir a monstruosidade com altivez e dignidade", escreveu. "Os demais diretores de jornais caíram de cócoras diante de Juracy."[61]

O estopim da divergência entre Marinho e Juracy foi a decisão do *Globo* de contratar o jornalista maranhense José Ribamar de Oliveira Franklin da Costa, de 49 anos, com longa experiência na imprensa carioca, onde atuou como editorialista e autor de críticas literárias no *Correio da Manhã* e no *Cruzeiro*. Franklin contou em suas memórias que o relato do *Correio da Manhã* foi "atenuado".[62] Ele escreveu que *O Globo* foi o único jornal que lhe abrigou num "obscuro tempo de caçada às feiticeiras".

Amigo de Guimarães Rosa, Franklin foi um dos primeiros na imprensa a valorizar o escritor mineiro. Gago e discreto, Franklin era homem de textos líricos, ternos e eruditos sobre a cultura brasileira. Ele se considerava um "humanista socialista". Na primeira passagem pelo *Globo*, foi próximo de Ricardo Marinho, editor de cultura.

Um ataque à contratação de Franklin por Marinho veio do deputado João Calmon, fiel escudeiro de Chateaubriand. Calmon se afastara de Marinho, com quem mantinha relação fraternal, desde a formação da Rede da Democracia, quando as rádios Globo, Tupi e Jornal do Brasil se uniram para neutralizar Leonel Brizola.

Agora numa cruzada contra o acordo Globo-Time-Life, atacou a contratação de Franklin por Marinho. O *Estado de S. Paulo* também criticou. "Nos círculos militares, considera-se da maior gravidade o pronunciamento do sr. João Calmon, inclusive na parte relativa à colaboração do novo editorialista de *O Globo*, sr. Franklin de Oliveira, autor de discursos escritos de João Goulart e Brizola."[63]

O currículo dele incluía também a assessoria a Leonel Brizola no governo do Rio Grande do Sul. Com o golpe, teve ajuda do escritor e, sobretudo, diplomata Guimarães e a esposa Aracy, com influência no Itamaraty, para se exilar.[64] Em pouco tempo voltou ao Brasil. Antônio Olinto, um amigo dele, procurou Mauro Salles para pedir emprego a Franklin. Mauro riu, mas levou o nome do jornalista a Marinho.

"Você está louco?", reagiu o dono do *Globo*.

"Ele não vai te trair."

"Manda chamá-lo."[65]

O *Globo* havia apontado Franklin como mentor de Brizola e idealizador de focos "guerrilheiros".[66] Anos antes, o jornalista deu de ombros a partidos de esquerda que queriam lançá-lo na vida partidária no Rio e, em São Luís, apertou a mão de Vitorino Freire, chefe da oligarquia maranhense, e se lançou candidato a deputado federal pelo PST. A campanha chamou a atenção pelos recursos empregados, mas ele não se elegeu.

Roberto Marinho ainda foi chamado a explicar a contratação de Franklin no Ministério da Guerra.[67] O jornalista Newton Carlos, da linha crítica ao *Globo*, escreveu que o empresário disse "secamente" no encontro que as redações do *Globo* e da TV estavam sob o seu controle e não aceitou fazer demissões.[68]

O ministro Juracy Magalhães deixou a reunião com os empresários de jornais para preparar o mandado de segurança de cancelamento da concessão da Rádio Mayrink Veiga. Era a emissora que divulgava os pronunciamentos e manifestos de Brizola, muitos deles preparados por Franklin.

Para um dono de jornal, é preciso ter gente que arrume problemas, perturbe o poder. No jogo do poder, o empresário da imprensa desempenha a função de conciliar extremos. É o homem que se coloca como a solução do conflito. Gravitando em torno do dono do jornal, uma geração estará nos limites do aceitável no enfrentamento ao governo. É necessário ter repórteres que vão mostrar para os donos do poder seus limites e dar a eles a consciência da negociação. "Ele aumentava o prestígio do *Globo* na classe jornalística ao chamar comunistas", avalia José Augusto Ribeiro, ex-editor do *Globo* que recorria ao empresário para contratar profissionais de esquerda.

Hélio Fernandes ironiza a fama de Roberto Marinho de proteger comunistas. "Era uma farsa aquilo. Todo mundo tinha comunista na redação. Tinha muito comunista na redação, como tinha muito fascista", critica. "Era uma farsa para poder parecer com a esquerda. Não. O Roberto Marinho não garantiu nada! Garantiu só a fortuna colossal."

O jornalista relata um suposto encontro em que Marinho lamentou com Assis Chateaubriand. "Ele disse: 'Dr. Assis, eu não sei mais o que fazer. Meu jornal está cheio de comunistas.' Aí, o Chateaubriand, que era muito mais realista, afirmou: 'Ô, Roberto, o que você quer? Não se pode fazer jornal sem comunista, a mesma coisa que não se pode fazer balé sem veado.'"

A propósito, o jornalista Evandro Carlos de Andrade, que depois se tornou diretor de redação do *Globo*, fez, certa vez, uma comparação entre comunistas e lacerdistas de redações. "Jornalistas comunistas têm consciência de quem manda no jornal e fazem o que o dono manda. Os lacerdistas acham que o jornal é deles e fazem o que querem."[69]

O PCB ajudou na construção do grupo de Marinho. Ao mesmo tempo, garantia a vida de seus quadros, que sobreviviam por meio dos salários pagos pelo empresário e sob um escudo às ofensivas da repressão. Marinho, por sua vez, contava com profissionais de qualidade e experiência. "A direita não sabe fazer jornal", avaliava o empresário.[70]

A esquerda que se aliou a Marinho foi a dos integrantes do setor do PCB que queria esquecer a experiência armada em Porecatu, no Paraná, nos anos 1940 e 1950, em Trombas, em Goiás, nos anos 1960, e, num tempo mais longínquo, na insurreição no Rio, em Natal e no Recife, em 1935.

Os "companheiros" — termo adotado nas redações da família Marinho antes mesmo dos "camaradas" de Prestes ou mesmo dos "companheiros" de Lula — eram os homens que garantiam a existência do jornal, sua diferença para o poder político de Brasília e sua capacidade criativa. Roberto Irineu afirma:

> *Eu me lembro do papai dizendo o seguinte: "Eu nunca fui traído, ao longo da história do* Globo, *por um redator comunista. Eles nunca tentaram passar nenhuma informação falsa no jornal. Já de outras pessoas eu não posso falar nada, porque já fui traído muitas vezes. Nós tivemos aqui dentro sujeito de extrema-direita, de extrema-esquerda, comunista. Enquanto outros diretores de jornal aceitaram demitir gente, papai jamais aceitou demitir e várias vezes foi ao Exército defender o nosso pessoal. Se você for ver a lista dos comunistas, você vai ver a lista dos caras que fizeram a Rede Globo e que ajudaram a construir a TV. Isso ajudou brutalmente o desenvolvimento da Globo. Não foi uma atitude espertalhona, mas acabou sendo uma atitude positiva.*

Com a Mayrink Veiga fora do jogo, a rádio de Roberto Marinho, que estava em segundo lugar de audiência, passou para o primeiro. O administrador Luiz Brunini contratou o radialista Mário Luís Barbato, um jovem profissional que deu uma nova dinâmica à programação, com o tripé música, esporte e notícia.[71] A rádio deixou de lado a política e começou a ganhar dinheiro com música e esporte. Era o início do reinado de Mário Luís. "Ele era um gênio. Tudo que fazia dava certo. Ele se dava bem com todos os grandes cantores", lembra Djalma Ferreira. Nos aniversários da rádio, Mário Luís chamava o cantor Roberto Carlos para comandar da festa. "Era o Boni da rádio", avalia Djalma, numa referência a José Bonifácio de Oliveira Sobrinho, que se destacou, tempos depois, na TV.

Diante da nova Rádio Globo, longe das disputas de poder, Roberto Marinho voltava a usar apenas o seu vespertino impresso para divulgar seu noticiário político. Fora dos estúdios da emissora, Carlos Lacerda era o alvo principal do jornal de Marinho.

O GLOBO QUESTIONA SÍTIO E TRIPLEX DO ADVERSÁRIO

O governo Castelo Branco começou a analisar uma proposta para estatizar a indústria do papel. Nascimento Brito, do *Jornal do Brasil*, e Chagas Freitas, do *Dia*, encabeçaram a campanha. Avaliavam que

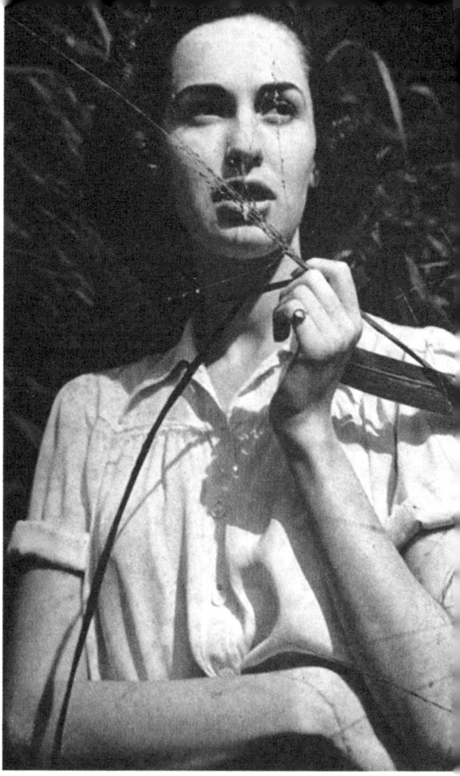

Stella e Roberto Marinho durante a cerimônia do seu casamento, realizada no Outeiro da Glória, pelo monsenhor Benedito Marinho. No canto esquerdo da foto, Herbert Moses, padrinho do noivo. Moses era conselheiro pessoal e dos negócios de Marinho (Rio de Janeiro, RJ, 24/12/1946). ARM

Stella Marinho. Ela contrabalançou o estilo competitivo do marido na formação dos filhos e ajudou na inserção de Roberto nas elites do Rio. (Rio de Janeiro, RJ, 1950). ARM

Família Marinho nos jardins de sua residência, no Cosme Velho. Da esquerda para direita: Paulo Roberto Marinho; Stella Marinho, com o recém-nascido José Roberto Marinho no colo; Roberto Irineu Marinho; e Roberto Marinho, com João Roberto Marinho no colo (26/12/1955). ARM

José Roberto Marinho com sua mãe e seus irmãos no dia do seu aniversário de quatro anos, comemorado na residência da família Marinho, no Cosme Velho. Da esquerda para direita: João Roberto Marinho; Stella Marinho; à sua frente José Roberto; Paulo Roberto Marinho; e Roberto Irineu Marinho, sentado (26/12/1959). ARM

Primeira comunhão de João Roberto Marinho, no Outeiro da Glória. Da esquerda para direita: Paulo Roberto Marinho; Roberto Irineu Marinho; Roberto Marinho; e João Roberto (24/12/1962). ARM

Primeira sede de *O Globo*, na década de 1950. Vê-se a Rua Almirante Barroso e o prédio do Liceu de Artes e Ofícios, no Largo da Carioca, onde estavam a redação e as oficinas do jornal. Arquiteto de D. Pedro II, Bittencourt da Silva construiu o prédio para instalar cursos profissionalizantes. Ele foi um dos pensadores do grupo em torno de Nilo Peçanha, o "mulato" que quebrou uma sequência de presidentes eleitos pela força do acordo entre as oligarquias agrárias de Minas Gerais e São Paulo. Em jogo estava a conquista de uma nova classe social que se formava com a chegada às cidades de famílias de ex-escravos. Ainda distante de uma industrialização, intelectuais e jornalistas como Irineu Marinho apostaram no "nilismo" para ocupar espaço político e social. ARM

Redação do Jornal *O Globo* em seu primeiro endereço, na Rua Bittencourt da Silva, transversal à Almirante Barroso (Rio de Janeiro, 1950). Roberto Marinho é o homem calvo sentado à mesa e encostado à parede, perto de um cabide de paletó. Ele trabalhou nessa mesma posição e nesse mesmo espaço durante 29 anos. ARM

Da esquerda para a direita: os irmãos Ricardo Marinho; Rogério Marinho e Roberto Marinho em *O Globo* (Rio de Janeiro, RJ, década de 1950). ARM

Roberto Marinho na antiga sede de *O Globo* (Rio de Janeiro, RJ, década de 1950). AOG

D. Helder Câmara e Roberto Marinho no batismo das instalações da Rio Gráfica e Editora, no Rio de Janeiro (Rio de Janeiro, RJ, s/d). EG

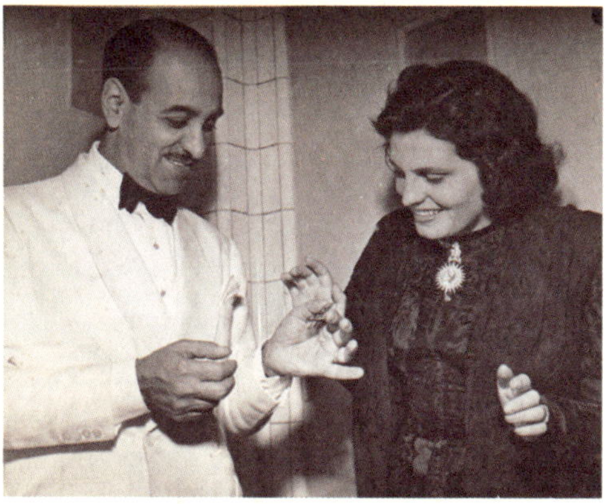

Marinho construiu casa no Cosme Velho, bairro onde viveu Machado de Assis, no Rio, para atrair a sociedade carioca, empresários e políticos. LN

Jantar em homenagem ao ator francês Jean Louis Barrault, na residência de Roberto Marinho, no Cosme Velho. Da esquerda para a direita, em pé: Meira (no violão); Pixinguinha (saxofone); e Benedito Lacerda (flauta). Entre os convidados, Cyro de Freitas Valle e Ana Guilhermina, mulher de Afonso Arinos (Rio de Janeiro, RJ, 06/1950). ARM

Marinho conversa com Lorival Fontes, um dos homens influentes do Estado Novo, numa apresentação de Dorival Caymmi na residência do Cosme Velho (Rio de Janeiro, RJ, outubro de 1946). ARM

Recepção na residência de Roberto Marinho, no Cosme Velho, com apresentação da cantora Amália Rodrigues. Roberto Marinho e Amália Rodrigues (Rio de Janeiro, RJ, 1946). ARM

Jantar de doações para o museu Assis Chateaubriand, na residência de Roberto Marinho, no Cosme Velho. Da esquerda para direita: Clemente Mariani; Assis Chateaubriand; Roberto Marinho; e Evaldo Lodi. A entrada de Marinho na área do rádio não perturbou Chatô. O dono da cadeia dos Diários Associados, porém, monitorava os passos do concorrente. (Rio de Janeiro, RJ, 12/08/1950). ARM

Recepção em homenagem à Eva Perón, na residência de Roberto Marinho, no Cosme Velho. Da esquerda para direita, à frente: Eva Perón; Roberto Marinho; e Stella Marinho (Rio de Janeiro, RJ, 09/1947). ARM

Roberto Marinho dançando, em festa na residência do Cosme Velho (07/1951). AOG

Jantar em homenagem ao presidente de Portugal Craveiro Lopes, na residência de Roberto Marinho, no Cosme Velho. Da esquerda para direita: Roberto Marinho (2º); Juscelino Kubitschek (3º); e Craveiro Lopes (4º) (Rio de Janeiro, RJ, 06/1957). ARM

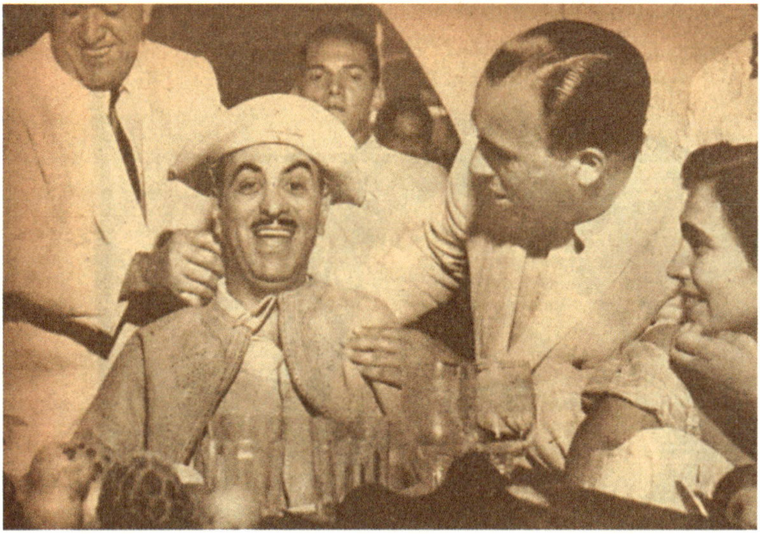

Roberto Marinho recebe Getúlio na Sociedade Hípica Brasileira em 1º de fevereiro de 1945. Herbert Moses, de terno branco, participa do evento. Ainda naquele mês, a ditadura do Estado Novo começava a cair. (Rio de Janeiro, RJ). AOG

Num esforço para manter uma relação amena com Assis Chateaubriand, Roberto Marinho foi ao Recife receber a Ordem do Jagunço. Teve de usar chapéu e gibão de vaqueiro. *O Cruzeiro*, 19 de maio de 1951.

NA calada da noite, numa rua de Copacabana, tentaram matar um jornalista da oposição, que foi apenas levemente atingido. Caiu morto, porem, um jovem oficial da Aeronáutica, que acompanhava Carlos Lacerda. Os autores do atentado foram o chefe e outros componentes da guarda pessoal do Presidente, formada de assassinos, subornados dos bicheiros, falsarios — a pior malta já reunida fora das prisões do Estado e que vivia nababescamente no Palacio do Governo. Este "livro negro", ainda que incompleto, é um documento para a Historia. Oxalá, no futuro, seja apenas uma triste lembrança do pesadelo por que passaram os brasileiros!

O LIVRO NEGRO da Corrupção

EXTRA O RELATORIO DO INQUÉRITO DO GALEÃO

CR$ 2,00

O GLOBO Edição Extraordinaria

Semanas depois da morte de Getúlio, *O Globo* publicou "O livro negro da corrupção", que foi divulgado também pelo *O Estado de S. Paulo*. *O Globo*, 26 de setembro de 1954.

Soldados em frente ao prédio do jornal *O Globo* após o suicídio de Getúlio Vargas (Rio de Janeiro, RJ, 24/08/1954). A/AOG

Veículos do jornal *O Globo* atacados durante o enterro de Getúlio Vargas (Rio de Janeiro, RJ, 25/08/1954). A/AOG

GLOBO
O GLOBO
SPORTIVO
O GLOBO

O GLOBO

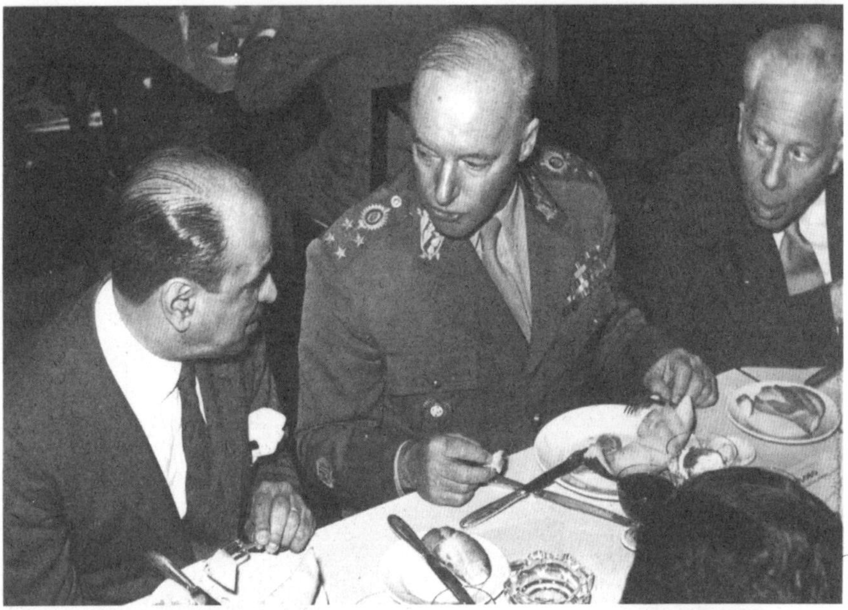

Da esquerda para a direita: Roberto Marinho; general Teixeira Lott; e Herbert Moses almoçam durante a visita do general ao jornal *O Globo*. O general foi dar um recado à UDN e aos jornais que estavam contra Juscelino Kubitschek." (11/1955). AOG

Roberto Marinho em Paris, em pose de JK. Era tempo de Bossa Nova, grandes obras e apostas (França, 1955). ARM

Visita aos estúdios da Warner Bros., em Hollywood, durante as filmagens do filme "The Wrong Man", de Alfred Hitchcock. Da esquerda para direita: Roberto Marinho, Alfred Hitchcock, Rogério Marinho, Victor de Carvalho, Pierre Loeb, Elza Loeb, Henry Fonda, Liliane Bernardes Vieira de Souza, Lúcia Bernardes Santos, Luís Serrano, Stella Marinho e Elizabeth Marinho (Califórnia, Estados Unidos, 07/1956). AOG

Distribuição do jornal *O Globo* nas bancas da cidade (Rio de Janeiro, RJ, s/d). A/AOG

Provas de hipismo da Federação Metropolitana. Em primeiro plano: Augusto Frederico Schmidt (de óculos) conversa com Roberto Marinho (à direita) (1960). A/AOG

Roberto Marinho junto à torre de transmissão da TV Globo no Sumaré (Rio de Janeiro, RJ, 1960). ARM

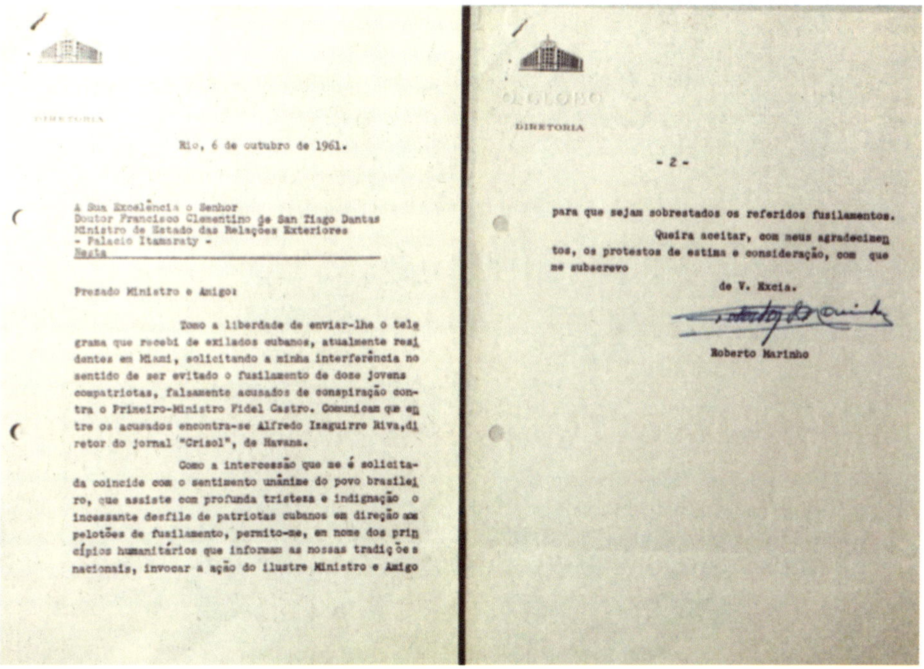

DIRETORIA

Rio, 6 de outubro de 1961.

A Sua Excelência o Senhor
Doutor Francisco Clementino de San Tiago Dantas
Ministro de Estado das Relações Exteriores
- Palacio Itamaraty -
Nesta

Prezado Ministro e Amigo:

Tomo a liberdade de enviar-lhe o telegrama que recebi de exilados cubanos, atualmente residentes em Miami, solicitando a minha interferência no sentido de ser evitado o fusilamento de doze jovens compatriotas, falsamente acusados de conspiração contra o Primeiro-Ministro Fidel Castro. Comunicam que entre os acusados encontra-se Alfredo Izaguirre Riva, diretor do jornal "Crisol", de Havana.

Como a intercessão que me é solicitada coincide com o sentimento unânime do povo brasileiro, que assiste com profunda tristeza e indignação o incessante desfile de patriotas cubanos em direção aos pelotões de fusilamento, permito-me, em nome dos princípios humanitários que informam as nossas tradições nacionais, invocar a ação do ilustre Ministro e Amigo

O GLOBO

DIRETORIA

- 2 -

para que sejam sobrestados os referidos fusilamentos.

Queira aceitar, com meus agradecimentos, os protestos de estima e consideração, com que me subscrevo

de V. Excia.

Roberto Marinho

Roberto Marinho em *O Globo* (Rio de Janeiro, RJ, 1960). ARM

Aspectos da construção do prédio da TV Globo, na rua Lopes Quintas, Jardim Botânico, RJ (26/10/1962). V/AOG

Roberto Marinho manteve relações com grupos de adversários da ditadura de Fidel Castro. Ele foi interlocutor de perseguidos do regime junto ao governo de Jango. Reprodução de documento guardado pelo Arquivo Nacional. LN

Almoço oferecido por *O Globo* em homenagem a *O Estado de S. Paulo* e que reuniu políticos e representantes da imprensa do país. Da esquerda para a direita: J. E. de Macedo Soares, do *Diário Carioca*; Condessa Pereira Carneiro, do *Jornal do Brasil*; Juracy Magalhães, então governador da Bahia; Francisco Mesquita, de *O Estado de S. Paulo*; Roberto Marinho (discursando); Julio Mesquita Filho, de *O Estado de S. Paulo*; Carlos Lacerda, então governador da Guanabara; Raul Fernandes; e Herbert Moses, da ABI e de *O Globo*. No canto esquerdo, o deputado Aliomar Baleeiro (31/08/1962). A/AOG

Roberto Marinho e Julio Mesquita Filho se cumprimentam durante o almoço. A/AOG

O jornalista Alves Pinheiro, na redação de *O Globo*. Ele foi um dos entusiastas da grande reportagem. Ao final da carreira, estava na defesa do regime de Salazar, em Portugal (Rio de Janeiro, 18/07/1962). AOG

Nos anos 1960, o empresário passou a dedicar mais tempo ao mergulho e à pescaria. Ele dizia que entrava no mar com um problema e saía com uma solução. ARM

Roberto Marinho salta com o cavalo Sagitarius, no Torneio Hípico Internacional (17/04/1977). AOG

Roberto Marinho durante mergulho (1970). ARM

Óculos que pertenceram a Roberto Marinho. LN

Peso de papel que fazia parte do gabinete de Roberto Marinho na redação de *O Globo*. LN

Ex-libris (selo usado para personalizar biblioteca) do empresário. O empresário foi um dos participantes da Sociedade dos Cem Bibliófilos do Brasil, que publicou clássicos da literatura com desenhos de artistas renomados. LN

A/AOG | Arquivo / Agência O Globo
AOG | Agência O Globo
ARM | Acervo Roberto Marinho
D/ARM | Darilío / Acervo Roberto Marinho
EG | Editora Globo
F/ARM | F. Lopes / Acervo Roberto Marinho
LN | Leonencio Nossa
V/AOG | Vasco / Agência O Globo

negociar com o governo permitiria preços mais baixos. Na contramão, Roberto Marinho procurou Israel Klabin, dono da maior fábrica de celulose do país.

"Estou contigo."

O Globo iniciou uma campanha em defesa de Klabin. Por meio do ministro da Justiça, Adroaldo Mesquita da Costa, e de Marinho, Israel conseguiu acesso a Castelo Branco. O ditador marcou um encontro. A data, porém, coincidia com o Yom Kipur.

"Dr. Adroaldo, se eu for e quebrar o jejum, meu pai não ficará satisfeito."

Castelo marcou outra data. Em Brasília, Israel foi recebido pelo general. O jovem empresário lembra que o momento era de nervosismo e falta de experiência.

"Meu filho, sente aqui. Hoje eu sabia que ia te receber. Então fui ao cemitério visitar o túmulo da minha mulher."

Argentina, a mulher de Castelo, tinha sido amiga em Belo Horizonte da mãe de Israel, a francesa Rose Haas Klabin. Na juventude, Castelo namorava Argentina na porta da casa da família de Rose.

"Você pode ir tranquilo, que darei ordem ao Senado para rejeitar esse projeto."

Nesse momento, Marinho estreitava suas relações com o governo militar, servindo, em alguns momentos, de ponte entre empresários e o Planalto. Uma reforma ministerial promovida por Castelo pavimentou ainda mais o acesso do empresário ao poder. Os novos ministros do Trabalho e Previdência Social, Luiz Gonzaga do Nascimento e Silva, e da Justiça, Carlos Medeiros da Silva, foram seus advogados.

Marinho estava também atento ao crescimento do general Costa e Silva no governo. Enquanto consolidava estúdios e programas, a Globo colocava no ar o regime militar e os artistas. Yolanda Costa e Silva, a polêmica esposa do general postulante à presidência, era convidada para entrevista no *Noite de Gala*, programa de variedades.[72] Logo depois, a TV Globo anunciava o Festival da Música Popular Brasileira, numa parceria com a TV Record e a Paulista. Vinícius de Moraes, Dorival Caimmi, João do Vale, Millôr Fernandes e Carlos Lira eram alguns dos compositores inscritos.[73]

A ascensão de Costa e Silva, cada vez mais clara no noticiário, levou Lacerda a partir para o tudo ou nada. Ele rompeu com a direita que o construiu. Com poucas armas, mirava em Castelo, Costa e Silva, Moreira Salles e Marinho. Para Lacerda, o grupo "americanalhava" o país e traía a "revolução". Em carta a Hélio Fernandes, ele escreveu:

> *A tentativa terrorista obedeceria ao propósito de eliminar um líder político incômodo, considerado inconveniente pelos que então dominavam o Brasil. "Nesse sentido, vistavam a desautorizá-lo, humilhá-lo, prendê-lo e, se houvesse resistência à prisão, eliminá-lo fisicamente. É o que consta do processo."*
>
> *À parte da eliminação física, que é um pormenor, pergunto: não foi isso o que fez, contra a mesma pessoa, o sr. Castelo Branco?* [...] *Numa palavra, não acabou com a candidatura à presidência da República pelo voto do povo a pretexto de respeitar... o voto do povo?*
>
> *Este me parece um crime bem maior do que o de que são acusados os ex-paraquedistas* [...] *Acresce que o coronel Boaventura, que entre os paraquedistas resistiu à ordem recebida e frustrou o êxito do plano de prisão, sequestro e morte do governador e candidato à presidência, foi punido pelo sr. Castelo Branco. Este primeiro o afastou de seu gabinete militar por ter criticado o Roberto Marinho, o testa de ferro do grupo americano que está controlando fontes de informação no Brasil.*[74]

Em pleno bombardeio, Lacerda afirmou que a "revolução" era necessária, mas não apoiava um governo "nefasto".[75] Ele disse que Castelo não cassou a parceria de Marinho com o Time-Life devido ao apoio "incondicional" do *Globo* ao governo. "Pudera! Por sete milhões de dólares e a certeza da impunidade, Roberto Marinho apoia qualquer um. Por muito menos já chamou João Goulart de estadista."[76]

Depois de alguns dias em silêncio, Lacerda afirmou que a sua saída momentânea da arena política levou os adversários a pensarem que estava com medo ou cansado. "Até Roberto Marinho, que nunca foi, virou valente. Só não conseguiu virar inteligente — também já era prodígio demais!", escreveu.[77]

Lacerda começou, então, a construir uma narrativa que ligava o plano para "eliminá-lo", de 1963, à parceria de Marinho com o Time-Life e aos negócios de Walther Moreira Salles, que também virou seu desafeto. Embora Marinho tenha atuado, no episódio do "complô", na defesa de Lacerda, agora seria acusado pelo ex-governador de ser responsável pela demissão do coronel Boaventura, que tinha denunciado o plano. Os artigos de Lacerda na *Tribuna da Imprensa*, que passara a ser dirigida por Hélio Fernandes, indicou que o grupo fazia um plano para exterminá-lo da vida pública. E deixou no ar uma tentativa de assassinato.

Lacerda escreveu que Walther era "peixinho" e Marinho, "cupincha" do presidente.[78] "Desde quando Walther Moreira Salles é um negociante honesto? Desde quando Roberto Marinho tem direito de receber o que nenhum brasileiro pode receber — uma concessão oficial para entregá-la a estrangeiros que, por lei, são proibidos de explorá-la?", atacou.[79]

O governador escreveu que Costa e Silva, o futuro presidente, aproveitava a luta contra a inflação para comandar a "desnacionalização da economia". "Fica assim de mãos livres para se entender com o grupo que usa Castelo e não podendo conservá-lo aderirá ao outro, como aderiu, mal ou bem, a todos os governos que o Brasil tem tido, os Walther Moreira Salles, os Roberto Marinho, para dar apenas dois exemplos típicos."[80]

Em sua campanha contra Lacerda, o jornal de Marinho recorreu a todos os adjetivos possíveis para classificar o adversário nos editoriais de primeira página. Burguês bastardo, alucinante agitador, desequilibrado, oportunista. Era um vale-tudo. *O Globo* deu ênfase a declarações em que Lacerda afirmara que Costa e Silva não entendia de política e Castelo Branco era o "Macbeth de Mecejana", uma referência ao personagem de Shakespeare que trucidou reis e amigos. A campanha incluía ainda matérias sobre as obras polêmicas de um "triplex luxuoso" no Flamengo e um "sítio hollywoodiano" em Petrópolis. Nada teve, porém, o efeito político obtido com a definição de que o ex-governador da Guanabara era um "ciclotímico", um homem que alternava momentos de euforia e depressão — uma característica que derrubava qualquer um no jogo da opinião pública.[81]

Traição em família

A disputa entre Roberto e Carlos Lacerda abriu feridas dentro da família Marinho. Ligado ao governador, Rogério entrou em atrito com o irmão. "Vou confessar a vocês que estive a ponto de brigar com Roberto por causa do Lacerda", contou Rogério em depoimento. "Ele [Lacerda] fez muita camaradagem comigo."[82] Foi mais do que isso. Rogério procurou Lacerda para conversar, o que causou a fúria do irmão mais velho. Roberto perdeu para sempre a confiança no caçula. Numa conversa tensa com Rogério e Ricardo, que também era amigo de Lacerda, Roberto disse:

"Olhem aqui. Se vocês quiserem se acertar com o Lacerda, vou fazer o que o nosso pai fez. Quando ele fez a viagem com a gente para a Europa, o sócio dele passou a perna e ficou com *A Noite*. Mas papai criou *O Globo* para acabar com *A Noite*. Então, se vocês querem apoiar Lacerda, eu vou fazer outro jornal para acabar com *O Globo*."[83]

João Roberto lembra que Rogério demonstrava gostar muito de Roberto, mas tinha, sim, uma frustração de viver à sombra do irmão. "A partir do conflito com Carlos Lacerda, a relação trincou um pouco. Eles mantiveram a relação pessoal, mas nunca mais foi a mesma coisa. O tio Rogério achou que devia resolver a briga indo ao Lacerda. Ele fez algum gesto junto ao Lacerda sem falar com papai."

Houve uma segunda divergência na família. Rogério liderou uma ação para impedir repasses dos lucros do jornal para a TV, que, sob certo ângulo, limitaria o poder de Roberto dentro do grupo. O caçula procurou unir os demais irmãos e também diretores acionistas. Na TV, Roberto tinha maioria absoluta, mas, no jornal, os parentes formavam cerca de 40% da sociedade. Rogério conseguiu a adesão de Luiz Paulo e Grael, que foram vistos por Roberto como incentivadores do movimento. Depois, tentou conquistar Ricardo. Ele fez coro com Rogério na avaliação de que o irmão mais velho estava louco. A irmã Hilda, mais próxima de Roberto, resistiu a entrar na manobra, mas acabou sendo convencida por Grael. "O Roberto vai quebrar *O Globo* com essa história de televisão", teria dito o diretor a Hilda. Lenita, mulher de Luiz Paulo, também concordou. Stella ficou indignada com Rogério.

A partir daí, Roberto passou a arcar com todos os investimentos na emissora, reduzindo a participação dos parentes, que saíram da sociedade. Marinho vendeu imóveis e dois Mercedes para equilibrar as finanças da TV. Começou a andar de Fusca. Stella trocou um Chevrolet Impala — caminhonete americana — por uma Kombi.

Num momento em que buscava se aproximar de militares influentes, Roberto procurou tirar o irmão de conversas decisivas com setores do governo e da caserna. A partir dali, o irmão mais novo do empresário se limitou a uma função que já tinha exercido no Estado Novo — acompanhar jornalistas do *Globo* nos interrogatórios militares. Rogério volta e meia estava na delegacia. "Vou chegar tarde", costumava dizer para a esposa.[84]

As mágoas da família chegaram às páginas da concorrência. O implacável repórter e colunista David Nasser, parceiro do editor Roberto Marinho em muitas reportagens no *Globo* e repórter do jornal entre os anos 1930 e 1940, o atacou na revista *O Cruzeiro*, de Chateaubriand. "De dono de um quinto [do *Globo*], hoje, Robertinho, que não é o caçula da família, mas é o mais vivo, conseguiu milagrosamente o controle."[85]

Enquanto se defendia com a publicação de notícias sobre supostas movimentações financeiras ilegais e problemas com a Receita por parte dos Diários Associados, Marinho era chamado de "demônio" por Nasser, o mais ferino dos jornalistas sob o comando de Chateaubriand. "Não seja um Brizola-azul-Marinho", escreveu o jornalista. Na defesa de Chateaubriand, Nasser disse que o chefe "nunca fez o que a TV Globo faz: enfiar a pátria numa prateleira e vendê-la aos seus anunciantes". "Não posso dizer que sou antinatural, antinacional ou anti qualquer coisa que não cheire a decência."[86]

A briga de Marinho e Lacerda resultou na decisão de Luiz Brunini, principal executivo da rádio e da TV Globo, de se afastar do empresário. A contragosto, Roberto escolheu Armando Queiroz, indicado por Brunini, para o comando da rádio. Mas Armando não ficou muito tempo. Teve um derrame e morreu de repente. No enterro no São João

Batista, Roberto pediu a Luiz para considerar a volta à rádio. O radialista deixou claro que tinha Lacerda como ídolo, mas aceitou retornar.

Não havia mais afinidades de interesses políticos e comerciais entre Marinho e Lacerda. "O doutor Roberto não tinha cerimônias em dizer que a única pessoa que ele odiou na vida foi o Carlos Lacerda", contou o secretário Cláudio Mello e Souza.[87]

Lacerda morreu anos depois no leito de um hospital. "Consta uma parada cardíaca brutal. Afirmava-se que, por conta de problemas cardíacos, ele não podia tomar remédios para emagrecimento. Não posso dizer isso [uso de cocaína], embora se comentasse", disse o amigo Pedro Paulo de Sena Madureira.[88]

Por muitos anos, quando falava de Lacerda, Marinho demonstrava ódio, fúria e rancor. Era um semblante de ira. Quando alguém perguntava sobre o que faria se visse Lacerda, Marinho respondia rápido: "Eu atirava nele."

A CPI

Em carta ao amigo arquiteto Cesar de Mello Cunha, que estava em Paris, Roberto Marinho lembrou que o presidente francês Charles de Gaulle teve de enfrentar um golpe de antigos companheiros do Exército contrários ao acordo de independência da Argélia. "Ele teve de voltar-se contra os antigos amigos. Esse é que é o dever de um chefe de Estado, o qual, parece-me, diante dos interesses maiores de seu país, não pode ouvir as vozes da consciência."[89]

Naquele tempo de exceção no Brasil, de correspondências abertas e extraviadas, Marinho citava o caso do "Putsch des Généraux" na mesma carta em que lamentava o aparente desdém de Castelo Branco em defendê-lo no caso Time-Life, que tinha no lado oposto Lacerda e Chateaubriand.

Doente, Chateaubriand estava representado na briga pelo seu braço direito nos Diários Associados. Em discursos, o deputado João Calmon atacava os comunistas e, ao mesmo tempo, disparava críticas aos investimentos estrangeiros nos negócios dos concorrentes. Ele cobrava de

Castelo Branco providências para combater "testas de ferro" dos grupos estrangeiros.[90]

À disposição de Calmon estava o canhão dos Diários Associados, o *Jornal do Brasil* e o *Estado de S.Paulo*, que rompeu uma relação fraterna com Roberto Marinho para se manter alinhado a Carlos Lacerda, amigo próximo de Julio de Mesquita Filho. A Globo tinha um poderio armado de comunicação inferior ao de Calmon e Lacerda. Entre Mesquita e Roberto Marinho, a Condessa optava pelo diretor do *Estadão*. Além da boa relação com Lacerda, Julio de Mesquita Filho mantinha a coerência de se opor à entrada dos norte-americanos no mercado jornalístico brasileiro. Rodrigo Mesquita, neto de Julio, afirma que a decisão do grupo em recusar a parceria com o Time-Life, anos antes, levava em conta o obstáculo constitucional, o risco de flexibilizar o noticiário para o governo militar e a falta de uma visão mais empresarial.

> *Quando o grupo Time-Life decidiu fazer investimento no Brasil procurou primeiro a gente. Não aceitamos porque não era constitucional. Meu avô achava que se fosse se meter numa coisa dessas ia abrir um flanco para o governo fazer pressão e conduzir. E não tinha a intuição empresarial que Roberto Marinho tinha. Quem foi o grande empresário da família Mesquita foi o primeiro Julio, meu bisavô. Roberto Marinho viu, topou, peitou e construiu a Globo, virando o imperador da mídia na época dele, como meu bisavô tinha sido lá atrás. Meu avô pensava o Brasil. Via o jornal como uma ferramenta para o aperfeiçoamento das instituições. Era um trabalho calcado em valores. Meu bisavô também fazia isso, mas era também empresário. Se Roberto Marinho tivesse essa postura, não tinha montado a sua TV. Estava no papel dele como empresário. Mas não era coisa que minha família faria. Eu faria. Mas faria hoje, na época eu não faria. Ele foi um visionário.*[91]

A campanha de Calmon e Lacerda para investigar o contrato de Marinho com o Time-Life surtiu efeito em Brasília. A Câmara instalou uma Comissão Parlamentar de Inquérito para apurar irregularidades no acordo. Pedida pelo deputado Eurico de Oliveira, do MDB da Guanabara, a CPI foi formada por três deputados do partido oposicionista e nove da governista Arena.

Os caciques da Câmara tiveram dificuldades de convencer um nome influente para presidir os trabalhos de investigação. Os parlamentares mais experientes não queriam jogar suas fichas na CPI. Havia o receio de que o trabalho fosse longo e exaustivo e naufragasse diante de uma mudança brusca de rumos de seus fiadores. Também temiam se indispor com Marinho, que, embora sem o estofo político e econômico de Chateaubriand, tinha potencial revigorado de crescimento no mercado da notícia.

Um grupo de parlamentares se aproximou do jovem Roberto Saturnino, deputado em primeiro mandato do MDB da Guanabara. Engenheiro do quadro do BNDE, hoje BNDES, Saturnino iniciou carreira no PSB. Era de uma família ligada ao grupo do ex-presidente Nilo Peçanha, assim como a família de Roberto Marinho. O parlamentar era o único eleito ainda pelo PSB de Miguel Arraes na Câmara depois das cassações.[92] Ele nunca tinha demonstrado animosidade contra Marinho nem aproximação com Lacerda e Chateaubriand, mas não queria se transformar num joguete das raposas.

Quando propôs o nome do colega Djalma Marinho, 58 anos, da Arena do Rio Grande do Norte, um professor de direito constitucional, para a relatoria da CPI, Saturnino não viu resistência. O parlamentar potiguar era visto como um jurista respeitado e sem problemas com o governo. Djalma tinha a função de introduzir os questionamentos e definir a pauta de trabalho. O relator era um ex-udenista de paradoxos. Na insurreição comunista de 1935, atuou incisivamente para tirar das masmorras getulistas os presos políticos de Natal. Num período mais recente, o nome do parlamentar apareceu na lista dos políticos financiados pelo Ibad, o grupo de empresários criado em torno da embaixada americana para desestabilizar o governo Goulart.[93]

A CPI criada sob inspiração da fúria de Lacerda e Chateaubriand tinha uma base ligada ao PSD. Os sete nomes que logo se sobressaíram nos trabalhos da comissão desenvolveram carreira no grupo do ex--presidente Juscelino Kubitschek, cassado pela ditadura. Mesmo quem não era do grupo, como Saturnino, tinha suas ligações com os pessedistas. O pai do presidente da CPI, Francisco Saturnino, tinha sido deputado pelo partido de Juscelino.

Naquele momento, o governo militar consolidara o bipartidarismo, extinguindo os tradicionais PTB, PSD e UDN. Agora, os políticos estavam aglutinados apenas entre a Arena governista e o MDB oposicionista. Com o bipartidarismo, a Arena governista foi logo associada à antiga UDN. Mas, na comissão, a maioria dos arenistas vinha do também extinto PSD, adversário da UDN. Dos integrantes do velho PSD na comissão, cinco estavam agora na Arena e dois no oposicionista MDB. Nos governos Dutra e Juscelino, o PSD nunca teve relações umbilicais com Roberto Marinho, embora tivesse entre seus integrantes nomes próximos do diretor do *Globo*, como Armando Falcão. A legenda não esqueceu o apoio do jornal ao movimento udenista que resistiu à posse de Juscelino nem à oposição velada ao presidente mineiro. O que estava fresco na memória dos pessedistas era a cobertura do processo de cassação de Kubitschek no *Globo*.

O pedido de Calmon, representante dos Diários Associados, à comissão para investigar Marinho ocorreu numa hora favorável. A cobertura do *Globo* priorizava os desdobramentos da cassação de Juscelino. Calmon soube aproveitar a fúria dos parlamentares do antigo PSD contra Marinho.

Numa manhã de abril, Roberto Marinho viajou na companhia do irmão Rogério para Brasília.[94] À tarde, ele entrou na Câmara com uma maleta repleta de papéis. Antes da sessão da CPI começar, ele foi para uma sala de espera. Lá estava Saturnino Braga. Sem esconder a tensão, Marinho surpreendeu o presidente da comissão com uma reminiscência:

"Estudei com seu pai no Colégio Aldridge."

Não era blefe. Saturnino passou a vida ouvindo histórias do pai, Francisco Saturnino Braga, sobre o colégio em Botafogo, reduto de filhos de aliados do ex-presidente Nilo Peçanha. O avô do deputado, o médico Ramiro Braga, foi eleito deputado com apoio do ex-presidente. Nunca saiu da memória de Saturnino a dificuldade de Marinho, naquele momento da CPI, de encontrar as palavras. Nem de sua tentativa de mostrar que não havia preconceito contra a Globo nem ranço nacionalista. Mas, ali, o jovem deputado já estava formando a convicção de que era preciso condenar o acordo pela "inconstitucionalidade".[95]

Os fotógrafos registraram a imagem de um homem de terno e gravata, com os punhos sobre a mesa, o olhar fixo nos parlamentares que pediam para falar. Tinha as mãos entrecruzadas e o polegar da direita encostado na boca. Na descrição dos Diários Associados, estava "nervoso", "pálido" e "tartamudeante".[96]

Marinho contou aos parlamentares que enviou um ofício com os termos do contrato para o então presidente João Goulart e que, meses depois da queda do governo, o coronel João Batista de Oliveira Figueiredo, do SNI, lhe devolveu o documento. Gaguejando, na versão da revista *O Cruzeiro*, ou muito nervoso, pelos seus relatos, Marinho disse não entender o "escândalo" protagonizado por Carlos Lacerda.

"É tão grande a minha tranquilidade de que nada de errado fizemos que vim a esta comissão desacompanhado de assessores e advogados. Vim para o esclarecimento de toda essa trama urdida contra quem há mais de 41 anos trabalha e pensou lançar uma nova iniciativa, criar empregos, servir à população de seu país, com uma televisão tecnicamente modelar. Esquecia-me de que é maior do que se imagina o número de pessoas que acham mais fácil destruir as obras alheias do que consertar seus empreendimentos."

Ele contou que, diante das barreiras da Constituição, ele e o parceiro norte-americano fizeram dois contratos que não ferissem as leis. Assim, em 1962, assinaram um Contrato de Assistência Técnica, em que o Time-Life se comprometia a treinar e pagar pessoal para instalar os estúdios e orientar na obtenção de filmes, e um outro, o Contrato Principal, que seria, nas palavras de Marinho, um acordo de participação, uma *joint venture*, sem direito de direção ou propriedade. O financiador "participaria" de lucros e prejuízos. Esse contrato garantia ao Time-Life 30% dos lucros líquidos, mas acabou cancelado. Em 1965, um Contrato de Arrendamento do prédio da Von Martius foi firmado. Tratava-se especificamente da construção do prédio com dinheiro do Time-Life. Nos seus detalhamentos, porém, o contrato estabeleceu os termos definitivos da parceria entre os norte-americanos e a Globo. Foi esse documento, considerado principal, que virou alvo de Carlos Lacerda, do Contel e da CPI. Em linhas gerais, o contrato definiu que, em dez anos, o Time-Life ficaria com 45% dos lucros líquidos e, pela assistência técnica, 3% da receita bruta da emissora.

Marinho leu o Contrato de Assistência Técnica para argumentar que a palavra "orientação" referida no contrato visava aperfeiçoar a construção e a operação da estação de TV, e não orientar na parte jornalística.

Roberto Saturnino perguntou se Marinho desejava descansar por alguns minutos antes de se submeter a novas indagações.

"Senhor presidente, além de ter o hábito de trabalhar intensamente há 41 anos, tenho sido, também, esportista e tenho suportado bem, fisicamente, provações maiores do que esta."

O relator Djalma Marinho pegou o microfone:

"O Contrato de Assistência Técnica, feito entre as duas empresas, é considerado investimento estrangeiro na interpretação do depoente?"

Marinho reagiu:

"Não, porque investimento estrangeiro faz pressupor a entrada de capital no país, e no caso do contrato de assistência técnica ocorre o contrário. A TV Globo é quem paga ao Time-Life por serviços prestados."

"Pode informar se o Time-Life, no Brasil, tem recebido dólares, e se esse dinheiro tem sido posteriormente entregue à empresa *O Globo*?"

"Não, porque a TV Globo não completou um ano de operação e ainda se acha em regime deficitário."

"Não é nesse sentido que faço a indagação. Desejo ser esclarecido sobre se, porventura, a empresa *O Globo* recebeu algum dinheiro do Time-Life, além dos trezents milhões de cruzeiros.

"Sim, recebemos financiamentos mediante assinatura de promissórias."

"Tem Vossa Senhoria algum constrangimento em dizer o montante desses financiamentos?"

"Deseja o senhor que leia a relação que trouxe?"

"Pode lê-la."

Marinho citou 16 empréstimos. Em seguida, reclamou que os ataques de Calmon desprestigiavam a imprensa.

"Francamente falando, o meu depoimento, forçado pela necessidade de defender-me, também não contribui para a elevação do conceito da imprensa, e ele se tornará público, talvez ainda hoje mesmo, graças ao milagre do rádio, da televisão, do telex. Sou filho de jornalista,

jornalista e espero que meus filhos também sejam, e não julgo que isso seja útil.”

Mario Piva perguntou a Marinho por que a Globo não registrou os contratos no Contel. O empresário respondeu:

“Há uma razão muito simples. O Contel não existia naquela época.”

Calmon observou, no entanto, que na época existia a Comissão Técnica de Rádio, e Marinho também não tinha feito registro no órgão.

Piva perguntou a Marinho se era verdade que a Globo exibia diariamente três filmes, comprados por preço elevado, sem comerciais.

“Senhor deputado Mario Piva, Vossa Excelência verificará que todas as nossas empresas — com exceção, naturalmente, da TV Globo, pela sua origem recente — dão superávit. Quer dizer: são bem administradas. Tenho ouvido falar, e achava até certa graça, na questão dos filmes. Realmente eu não desejo confessar os nossos segredos comerciais. Mas nada do que se diz sobre isso é verdade.”

O deputado Elias do Carmo, antigo udenista agora na Arena de Minas Gerais, disse que o Time-Life passou a conceder empréstimos “não previstos”, uma prática incomum, na avaliação dele, para empresas organizadas.

“Sr. Roberto Marinho, quero confessar que me espanto ante essa improvisação, por isso temo pelo destino da TV Globo e, ao mesmo tempo, não fico acreditando muito na sapiência de Time-Life.”

Roberto Marinho pediu a palavra:

“Senhor deputado, se me permite uma ligeira irreverência... Vossa Excelência está quase falando como um diretor de Time-Life, porque os diretores de Time-Life estranham muito as coisas que se passam no Brasil. A vida das empresas americanas é pautada em regras que seguem um curso muito natural. Como Vossa Excelência sabe, há uma grande estabilidade econômica nos Estados Unidos, de modo que eles não compreendem, como Vossa Excelência não compreende, que tenha havido essas alterações todas. Eles não sabem o inferno que representa para o empresário brasileiro todas essas distorções causadas pela inflação.”

Depois de mais de três horas de depoimento, Marinho saiu da CPI como entrou. Não mudou a visão dos parlamentares, que estavam decididos a condenar o acordo da Globo com o Time-Life.[97]

* * *

A chegada de Joseph Wallach, 42 anos, à Globo para substituir Alberto Catá, em agosto do ano anterior, mudou o rumo da história da emissora e de Marinho. Filho de donos de uma lavanderia em Nova York, Wallach se alistou no Exército dos Estados Unidos, na Segunda Guerra, e combateu na Bélgica. Após o conflito, se formou em administração de empresas, com especialização em contabilidade. Trabalhava no escritório do Time-Life em San Diego.

Sem falar português, o aplicado Joe se empenhou na função. Num primeiro momento, Marinho não tinha a mínima confiança no executivo, mas já reconhecia a disposição dele para o trabalho. Wallach saía tarde do serviço. Estava sempre na Globo quando Marinho, no final do dia, após trabalho na redação do jornal, aparecia na emissora.[98]

Além do desafio do idioma e da cultura dos trópicos, Joe tentava colocar ordem administrativa e operacional numa empresa em que poucos entendiam o que era TV. As práticas de contabilidade e orçamento usadas em redações de jornais eram consideradas ultrapassadas e amadoras pelo executivo. O estilo de Joe se confrontava com a informalidade brasileira.

Convocado pela CPI, o executivo deixou a atmosfera de problemas técnicos e operacionais na Globo e o calor e a umidade do Rio para desembarcar em plena seca do cerrado em Brasília. Na Câmara, a guerra propagada era a dos "nacionalistas" contra os "invasores". Ele era acusado de fazer a ligação entre o "império americano" e Marinho. O executivo levou como companhia a tradutora Marta Carvalho.

Ele recusou o pedido dos deputados de fazer o depoimento em inglês e ser integralmente traduzido. No decorrer da sessão, no entanto, Wallach irritou os parlamentares. A dificuldade da língua se somou a afirmações do executivo de que deveria limitar seu depoimento a fatos ocorridos sob sua responsabilidade, para evitar problemas ao Time-Life e a Roberto Marinho.

Wallach foi indagado sobre sua atividade.

"Eu sou um homem profissional na *television*. Eu faço *application* técnico de novas ideias, novos equipamentos de técnico, de sistema, de procedimento, de plano de trabalho, de plano de layout, *the know how*, de este tipo de *television*... Eu sugiro ideias de promoção, de coisas de vários *sectors* de *television*, que eu sei de "meu empresa" nos Estados Unidos."

Moderado e gentil nas atitudes, Wallach passou a impressão de arrogante e autossuficiente, depois confuso e, mais adiante, nervoso. Os deputados pouco entendiam o que ele dizia.

"O dinheiro que vai aqui não vai só comigo. Eu só faço poucas coisas, como mensageiro aqui."

Djalma Marinho se mostrou paciente:

"Vamos ver se apreendi bem a resposta do depoente. Então vai ao banco para onde é enviado esse dinheiro. Recebe o dinheiro, ou emite um cheque, com que paga os funcionários da TV Globo, que em contrapartida lhe dão promissória... é depositado o dinheiro em sua conta?"

"Eu só assinei o cheque."

"O senhor tem conta?"

"Não. Eu só endossei."

O depoimento de Wallach irritou até um aliado de Marinho na comissão. O deputado Eurípedes Cardoso de Meneses, da Arena da Guanabara, um ex-integralista ligado a dom Jaime Câmara, interveio irritado:

"Talvez fosse aconselhável o depoente falar em inglês."

Com temor de que depoimento em língua estrangeira fosse questionado juridicamente, Saturnino continuou ouvindo Wallach em português.

O relator disse compreender que Wallach vinha determinado a não causar prejuízos às empresas, mas avisou que ele não podia "vacilar" nas respostas e questionou:

"Eu só quero fazer uma última pergunta: qual o nome do banco?"

"Até agora eu respondi a todas as perguntas quando têm referências à minha profissão. Acho que a comissão pode facilmente conseguir essa informação, mas eu não posso neste momento responder."

O deputado Medeiros Neto, da Arena alagoana, disse a Wallach que não caberia a ele mostrar normas de comportamento à comissão:

"Senhor presidente, já foi convocado o ilustre advogado de Time-Life, doutor José Thomaz Nabuco?"[99]

Após o desastre do depoimento do executivo, os deputados chamaram Nabuco. Na abertura da nova sessão e na presença do advogado, Roberto Saturnino explicou que insistiu na presença de Nabuco devido à "pobreza" do testemunho de Wallach. Para frustração da

CPI, Saturnino relatou que o Time-Life liberou Nabuco para falar, mas o estatuto da OAB impedia o depoimento por questão de sigilo profissional.[100] Um advogado não podia correr o risco de criar provas contra o cliente. Aos deputados, Nabuco disse que estava "ansioso" para falar, mas avaliou que não deveria, mesmo no caso de um cliente condenado à morte.

O deputado alagoano Luís de Medeiros Neto, da Arena, fez deferência a Nabuco:

"Muito honrados estamos com a sua presença, dadas a sua condição de grande advogado e as raízes históricas que o ligam a este país."

Nabuco destacou o "respeito" pelo parlamento e pelas "tradições da família" na casa, onde o pai, o abolicionista Joaquim Nabuco, foi deputado.

Se o silêncio da CPI se devia ao cumprimento irrestrito à legislação, a deferência ao advogado mostrava o peso de um sobrenome num espaço de acirrado embate, a força de uma família aristocrática que, graças ao velho Joaquim, associara-se à imagem da abolição dos negros.[101] A figura de José Nabuco na defesa do acordo entre Marinho e o Time-Life trazia para a negociação o peso da elite tradicional. Marinho, porém, mantinha-se na reserva em relação ao advogado, que continuava próximo a Lacerda, com quem almoçava no Country Club.[102]

José Nabuco enviou à CPI um memorial de defesa do contrato Globo e Time-Life.[103] No documento, o advogado escreveu que, antes de fazer contato com Marinho, foi procurado nos fins de 1961 pelos dirigentes do grupo estrangeiro. Na ocasião, explicou que, de acordo com a Constituição, eles não poderiam ser acionistas na empresa nem ter qualquer parte na administração.

Diante da vontade do Time-Life em formalizar a parceria, mesmo sem esses direitos, Nabuco se dispôs a "pensar" sobre o modo pelo qual poderiam firmar o acordo. Daí, decidiu-se pelo modelo de sociedades em conta de participação, um negócio que se generalizou na Europa ainda na Idade Média. "O sócio capitalista, habitualmente chamado 'sócio oculto' ou, na Inglaterra 'sócio calado' [*silent partner*], entregava seu dinheiro ao sócio ostensivo [*active partner*, em inglês], para que ele o gerisse. Se houvesse lucro, seria dividido em proporção combinada. Caso contrário, a perda seria mútua."

Nabuco disse que, sem a possibilidade de o Time-Life imiscuir-se na administração da empresa, que ficaria nas mãos exclusivamente de Marinho, a figura do sócio "ostensivo" era a forma de adaptar o acordo à Constituição. O advogado incluiu no contrato uma cláusula para estabelecer que o grupo estrangeiro não participaria da administração. "Fica claro e expressamente convencionado que a contribuição financeira da Time à sociedade em conta de participação não lhe dará o direito de possuir ações do capital da TV Globo nem quaisquer direitos, que as leis brasileiras atribuam às ações do capital", destacava o texto. "Fica também expressamente entendido que Time não terá qualquer interferência direta ou indireta na direção ou administração da TV Globo."

Em outra cláusula, o texto estabeleceu que, durante a vigência do acordo, as partes concordavam que as atividades de transmissão seriam responsabilidade da Globo. Marinho se comprometeu a assegurar que todas as ações da TV Globo seriam sempre pertencentes a brasileiros natos.

Nabuco observou que, até 1934, o jornalismo era livre a estrangeiros. Citou João Lage, português proprietário do *Paiz*; o desenhista italiano Angelo Agostini, editor de revistas no tempo do Império, e os também portugueses Comendador Botelho, diretor do *Jornal do Commercio*, e Duarte Felix, diretor do *Correio da Manhã*. Ainda citou Carlos Malheiros Dias, fundador da revista *O Cruzeiro*, que passou para Chateaubriand.

O advogado lembrou que a legislação do setor se limitava à "radiodifusão", não abrangia a TV, que, em 1946, na promulgação da Constituição, estava iniciando nos Estados Unidos e não existia na Europa e no Brasil, onde a pioneira Tupi, de Chateaubriand, só foi inaugurada quatro anos depois. "No mais, desde a encenação até a imagem que aparece ao telespectador, a televisão se aproxima, nos seus efeitos, do cinema, e não do jornal", ressaltou. "E sobre o cinema não pesam restrições nacionalistas, de qualquer espécie."

A CPI recrudesceu com a decisão do Banco Central de enviar um relatório sobre as movimentações financeiras entre a Globo e o Time-Life.

Entre 24 de fevereiro de 1963 e 12 de maio de 1966, o Time-Life Brasil, a TV Globo e Roberto Marinho receberam do Time-Life Inc. parcelas num valor total de seis milhões de dólares.[104]

Nabuco argumentou que as movimentações em dinheiro tiveram "pleno conhecimento" das autoridades e que o *swap* realizado pelo Banco do Brasil garantiu ao Time-Life apenas participação de 30% nos lucros. O agravamento da inflação e a montagem da estrutura da estação, em vez de lucros, exigiram novos aportes. Para dar garantias aos americanos, Marinho, então, transferiu a propriedade do edifício da emissora e aumentou a participação do Time-Life para 45%, sob forma de aluguel. "Se o jornal-papel pode sair de uma oficina de estrangeiros, por que não pode subir ao ar um programa de televisão, saído de um estúdio, que não seja da própria emissora?"

Por fim, Nabuco afirmou que fugia ao "sério" e ao "razoável" supor que o Time-Life, com milhares de acionistas a prestar contas, se permitisse fazer investimento de vulto, nas "areias movediças" da fraude e da simulação.

Marinho via os problemas internos de sua TV se avolumarem. O pequenino e discreto Joe Wallach não entendia o português do pavão Rubens Amaral. Muito menos o diretor-geral, responsável pela programação da emissora, entendia o estilo do americano.

Os adversários de Marinho mantiveram Wallach como trunfo. O executivo, por sua vez, vivia entre as tentativas de manter relação amistosa com Marinho, garantindo que o Time-Life não perdesse os investimentos que viravam bola de neve no verão carioca, e a ameaça de prisão ou expulsão repentina do país.

Wallach procurou Roberto Montoro, homem de vendas de anúncios da TV Rio, de Pipa do Amaral, no mercado paulista, para trabalhar na Globo.

"Gosto da ideia, mas só irei se eu levar o Walter Clark."[105]

Entre um gole e, demoradamente, outro, de champanhe, Marinho comemorou no apartamento de Walter Clark a contratação do diretor. Aos 29 anos, Clark conquistara fama no mercado por padronizar, na TV Rio, o tempo dos comerciais, impor uma grade de programas de acordo com faixas etárias de público e aumentar a audiência com artistas do tempo de ouro das radionovelas e atrações de auditório da Nacional.

"Hoje, estou fazendo 61 anos", disse Marinho. "Você sabe, eu tenho mais dez anos de vida útil. Estou me matando nesse negócio de comunicação e quero deixar um império plantado."[106]

Filho de um funcionário da companhia aérea Panair e consertador de rádios de grã-finos do Rio e de uma descendente de americanos, o paulistano Walter Clark Bueno tinha uma experiência em emissoras de rádio e TV que a idade escondia. Com passagens pela rádio Tamoio, de Chateubriand, e por uma agência de publicidade, soube integrar, num processo de dez anos na Rio — onde fez de tudo um pouco —, o comercial, a programação e a aceitação do público. A emissora patinava no avanço de sua estrutura e audiência. O dono, Pipa do Amaral, não sinalizava voos maiores e parcerias para aumentar investimentos em tecnologia. A grandiosidade, uma busca incessante de Clark, se limitava cada vez mais ao prédio da sede. O jovem diretor trazia para a Globo de Marinho o universo dos artistas mais destacados do Rio; um universo que o empresário viveu, com mais intensidade, no tempo em que frequentava o Cassino Atlântico com sua noiva Antonieta.

Marinho procurou Rubens Amaral para um encontro.

"Rubens, vou ter uma conversa revolucionária com você. O que você acha da contratação de Walter Clark?"

"Eu acho que o senhor acaba de demitir um diretor-geral."

Amaral estava havia 22 anos no grupo de Marinho, onde começou no trabalho de tirar poeira de discos da rádio. Ele sabia, como poucos, as formas diplomáticas usadas pelo empresário para fazer anúncios de decisões tomadas.

Marinho demonstrou não querer magoar o velho colaborador e propôs a demissão de Clark, que ainda não tinha tomado posse. A conversa do empresário segurou Amaral ainda por alguns meses até ele deixar definitivamente a Globo.[107] Clark chegou impondo uma nova equipe e um estilo diferente de fazer TV. Ainda na primeira semana, comunicou ao amigo paulistano Jorge Adib, distribuidor dos filmes da americana CBS, quem seria seu braço direito na organização da emissora.

"Jorge, o primeiro cara que eu contratei foi o Boni."[108]

Na Globo, Walter Clark demonstrou força especialmente no jornalismo de cidade, essência do grupo fundado por Irineu Marinho. Em janeiro de 1966, o Rio de Janeiro sofreu uma enchente de grande proporção. Mais de duzentas pessoas morreram, sendo metade delas no deslizamento de pedras e barrancos num morro em Laranjeiras. As sedes do jornal e da TV foram usadas para uma campanha de arrecadação de agasalhos e alimentos para os desabrigados. Na emissora, em especial, o jovem diretor espalhou equipes com câmeras pelas ruas e bairros para mostrar o trabalho dos bombeiros e policiais e o drama e a solidariedade dos moradores. Uma câmera foi instalada de frente para uma cascata que se formou na descida de uma grande pedra atrás do prédio da Globo no Jardim Botânico e ficou ligada, transformando-se num ícone da tragédia. "Foi ali que Walter iniciou a interação e a identificação da TV Globo com a cidade do Rio de Janeiro", avaliou o jornalista Armando Nogueira, da equipe do diretor.[109]

Sempre na companhia de intelectuais e artistas nos restaurantes do Rio, Walter Clark era um sujeito objetivo e que não entrava em divididas nas conversas de negócios. Tirava da memória lembranças, devidamente editadas, para convencer. À CPI que apurava o acordo entre Marinho e os americanos, ele se limitou a dizer, por exemplo, que Rubens Amaral lhe disse que saiu da Globo por uma decisão administrativa de Roberto Marinho. Os parlamentares só souberam de uma versão diferente no dia seguinte, quando interrogaram Rubens Amaral.

A presença de Walter Clark na CPI mostrou um homem escaldado em relação a perguntas dos parlamentares. Ele tinha sete meses na Globo e, oficialmente, havia sido promovido apenas quatro dias antes para o cargo de Amaral quando se sentou no banco do interrogatório da comissão. O relator Djalma Marinho perguntou de supetão se ele sabia da soma "avultada" de dólares remetidas pelo Time-Life à emissora de Marinho e se Wallach assessorava a aplicação do dinheiro. Clark respondeu que o executivo americano era só um consultor:

"Quando há necessidade de ser contratado determinado artista, sou eu quem decide, embora, eventualmente, sendo o sr. Wallach um técnico no assunto, eu possa trocar ideias com ele, porque ninguém é infalível."

"Sim, mas não é bem isso que eu desejo saber."[110]

O impasse no diálogo entre Clark e Djalma indicava que a conclusão da CPI seria desfavorável à Globo. E a resposta de Clark dava, em poucas palavras, o estilo de autossuficiência do diretor e a fonte que usaria para tentar tirar a Globo das últimas posições da audiência e acabar com a dependência dos americanos no jeito de fazer TV. Clark não respondeu se seria o homem do dinheiro, mas deixou claro seu foco nos artistas e nos jornalistas em evidência.

No momento de calmaria na guerra da CPI, Marinho foi surpreendido com nova frente de ataque. O *Estado de S. Paulo*, dos Mesquita, afirmou que a parceria da Globo com o Time-Life provocava "influência alienígena" e ameaçava a "segurança nacional".[111] O jornal paulista divulgou relatório do procurador da República Gildo Ferraz sobre a "infiltração" estrangeira. Ferraz chefiava uma comissão criada pelo Ministério da Justiça para investigar o contrato. Uma reportagem da sucursal do *Estado* em Brasília reproduziu a avaliação do procurador de que havia "contradições" e "anormalidades" no processo. Os Mesquita deixavam claro que, no Rio, o amigo deles era Lacerda. No relatório, o procurador sugeriu que a compra da TV Paulista e das rádios em São Paulo pelo empresário faziam parte de um plano do grupo norte-americano que colocava em risco a segurança nacional.[112]

O posicionamento do procurador exigiu novos esforços de Roberto Marinho para evitar o fechamento da sua emissora pelo regime. Ele guardou mágoa de Ferraz. Em uma carta escrita a Armando Falcão, escreveu: "Você sabe que considero o Gildo Ferraz vil, perseguidor, monstruoso. Ele é capaz de todas as baixezas para atingir as suas vítimas. Não tem o menor escrúpulo. Senti na própria carne do que ele é capaz. Recorre a todos os processos, forja situações, insinua-se, força as pessoas para alcançar seus objetivos."[113]

* * *

Numa conversa para este livro, na sala que pertenceu a Roberto Marinho no Jardim Botânico, os filhos do empresário falaram de uma admiração do pai pela família Mesquita e o tratamento recebido dos paulistas no imbróglio do Time-Life.

João Roberto Marinho diz:

"Papai tinha admiração pelo *Estado de S. Paulo*, e o pessoal de lá desprezava *O Globo*. Era a aristocracia paulista, talvez seja a melhor expressão."

Roberto Irineu complementa:

"Não confunda o sentimento lá de dentro, a alma, do relacionamento público. O pessoal de lá desprezava isso aqui, não considerava. O paulista até hoje acha o Rio um balneário."

Os Marinho rejeitam qualquer impacto da formação e da origem da família na visão das elites de São Paulo sobre a Globo. Mas Roberto Irineu solta uma queixa:

"Tem um jornalista de lá, que não vou falar quem é, que chamava a gente de família de mulatos do Rio."

José Roberto intervém, sempre com o verbo no passado:

"A aristocracia paulista tinha dessas coisas. Olhava a gente como a turma mulata, mais popular."

Ao unir membros dos extintos PSD e UDN e dos atuais Arena e MDB, a CPI que investigava Marinho era uma prévia da até então inimaginável Frente Ampla, que reuniria lacerdistas e juscelinistas. A comissão se tornou um laboratório da articulação no Congresso das principais figuras das oposições à ditadura. Era um desafio ao tacão violento do regime, que dispunha de Atos Institucionais para engessar aproximações de velhos oponentes.

A CPI continuava agitada quando o clima político voltou a esquentar. Isolado dentro do país, Carlos Lacerda procurou Juscelino e Goulart, exilados, para criar uma Frente Ampla contra o regime militar. Mesmo diante das dificuldades com os deputados do antigo PSD na comissão de inquérito, ele jogou *O Globo* contra o novo grupo que se formava. "O povo tem boa memória e não aceita a união dos contrários", destacou o jornal.

Na mesma edição, o jornal começou a publicar uma série especial contra os adversários da ditadura. "O que o Brasil não pode esquecer" tinha por intuito recontar histórias ocorridas nos anos anteriores ao golpe militar.[114] Era a desconstrução da história recente do país que o próprio noticiário do *Globo*, nos anos anteriores, ajudou a narrar.

A história do Comício da Central do Brasil abriu a série. Pelo título, o jornal abandonou a descrição moderada: "O Comício da Central, o exemplo mais deprimente da subversão oficializada." Se na matéria publicada no *Globo* em março de 1964 Goulart foi descrito como um presidente que buscava as reformas de forma pacífica, no texto da nova série, ele apareceu como um governante marcado pela "agressividade demagógica. "Finalmente falou João Goulart, em discurso longo e suado. Pregou a reforma da Constituição e anunciou que enviaria ao Congresso projetos de reformas agrária, tributária e eleitoral. Exigia a distribuição das terras e o direito de voto para os analfabetos." No texto sobre o comício de 1964, Goulart foi apresentado com perfil mais conciliador: "No comício, o presidente afirmou que tudo continuará fazendo para que o processo democrático siga o caminho pacífico, para que sejam derrubadas as barreiras que impedem a conquista de novas etapas e do progresso."

A série foi publicada até a primeira semana de outubro, quando o Congresso elegeu por 295 votos o marechal Costa e Silva presidente da República, sendo 294 da Arena e 1 do MDB.[115] Em foto publicada na primeira página, o militar, no discurso no plenário da Câmara, apareceu numa expressão dramática. O jornal explorou uma frase em que o general se pôs como o salvador de um país abalado.[116]

Lacerda escreveu que Marinho esteve em Belo Horizonte e Salvador para negociar publicidade com os governadores de Minas, Israel Pinheiro, e da Bahia, Lomanto Junior. O empresário, segundo ele, buscava recursos para imprimir um suplemento especial sobre a posse de Costa e Silva.[117]

Roberto Marinho se enfureceu ao ver uma foto de um cumprimento de Carlos Lacerda, de óculos escuros, e Juscelino, em Lisboa, divulgada por agências internacionais. Se até ali suas críticas e seus contra-ataques às investidas de Lacerda compunham o figurino de um empresário da imprensa moderado, um aliado do "apaziguador" Castelo Branco, a consolidação da Frente Ampla, que reunia ainda João Goulart, expôs a fúria do dono do *Globo*. Marinho chegou a fazer desafios ao regime e tentou impor uma repressão a seu principal adversário. Schmidt, desafeto de Lacerda, mas amigo em comum do diretor de Marinho e de Juscelino, não estava mais vivo para aparar arroubos.

Numa edição vespertina de novembro de 1966, a primeira página do *Globo* exibiu, além da foto dos dois adversários, a imagem do cadáver do major Vaz, no momento em que chegou ao Hospital Miguel Couto, após o atentado na Tonelero, em Copacabana, em que Lacerda saiu ferido. O jornal ressaltou que a aliança era "espúria" e "conspurcava" o "sacrifício" de Vaz na luta contra a corrupção e a subversão. O *Globo* lembrou que Lacerda chamou Juscelino de "ladrão público".

Marinho foi além. O editorial da primeira página de seu jornal exigiu uma "resposta" da "Revolução" e observou que o AI-1 proibia, por parte de cassados, como era o caso de Juscelino, atividades e manifestações políticas. Ao expor o ódio em relação a Lacerda, Marinho atacou inclusive a figura pessoal de Juscelino. "Ambos entraram pobres na política e fizeram fortuna sem que possam dar explicação clara desse êxito financeiro."[118]

Dois dias depois, *O Jornal*, de Chateaubriand, divulgou carta da família do major Vaz em defesa de Lacerda e crítica à decisão de Roberto Marinho de publicar a foto do corpo do militar. Os parentes do oficial morto disseram que *O Globo* foi "covarde" e "bruto" e defendeu Lacerda. "Sentimos que a nossa Lei de Imprensa mantenha impune jornalistas como o senhor, que age como um criminoso comum, tirando a paz e fazendo sofrer uma família inteira, com a torpe exploração do cadáver de um herói."[119] A *Tribuna da Imprensa*, nas mãos de Hélio Fernandes, escreveu que Marinho merecia uma surra de "chicote" ou "relho".[120]

O jornal de Marinho atacou a Frente Ampla também nos seus espaços de informalidade. O caderno Ela, editado pela jornalista paranaense Nina Chaves, trazia aos sábados uma coluna de pequenas notas separadas por asteriscos chamada "Palavras cruzadas", com ataques irônicos, divertidos, quase indefensáveis, a adversários de Marinho. Ao mesmo tempo em que informava que Tom Jobim e Chico Buarque estavam cada um "vidrado" no talento do outro, que Caetano Veloso faria parceria com um grupo de iê-iê-iê argentino e Elis Regina fecharia contrato com a TV Globo, a coluna registrava que Carlos Lacerda recebeu o título de cidadão de Cachoeiro de Itapemirim, no Espírito Santo, sem ninguém na plateia. A coluna registrou que Magalhães Pinto arrumou uma desculpa bem ao estilo mineiro para não participar da frente com Juscelino e Goulart: "Gostaria muito, mas não posso assinar, porque acho que o manifesto deve ficar em nível presidencial", disse o governador mineiro. A coluna relatou ainda que Castelo Branco escreveria num livro de memórias um capítulo especial a quem ele chamava de "minha grande decepção", que não era outro senão o ex-governador da Guanabara.[121]

A CPI se aproximou de seu desfecho. Com prazo para apresentar o relatório final, sob risco de encerrar os trabalhos sem uma conclusão, Saturnino via no deputado Eurípedes Cardoso de Menezes um entrave. O aliado de Marinho tentava, na visão de Saturnino, protelar as ações. "Ele era um parlamentar sério, mas foi eleito com apoio da Globo. Desde o início, ele mostrou que estava ali para retardar ao máximo os trabalhos, para a comissão não apresentar seu relatório", lembra Saturnino.

Em seu relatório, Djalma Marinho condenou o acordo Globo-Time-Life. Só havia uma semana de prazo para a comissão votar o relatório. Eurípedes, ligado a Marinho, poderia pedir vista e, assim, inviabilizar a votação. A comissão se reunia às quartas-feiras. "Pensei: 'Só tem um jeito. Convocar todos os membros para uma sessão na segunda ou terça, mas esquecer de chamar o Eurípedes'", relata o presidente da comissão, Roberto Saturnino. "Dei o golpe antes de ele dar o golpe."

Sem o deputado aliado da Globo por perto para influenciar a votação, a CPI aprovou a 22 de agosto de 1966, após quase cinco meses de discussões, o relatório que concluía que o Time-Life tinha participação de capital na emissora.[122] Por oito votos a zero, a comissão considerou que a parceria feriu a Constituição, cabendo ao governo punir a emissora de Marinho.[123] A Globo teve de desfazer o contrato. "A CPI teve um procedimento normal, à exceção desse golpe final para garantir o relatório", afirma Saturnino.

Em novembro daquele ano, Roberto Saturnino teve sua candidatura à reeleição impugnada pelo SNI. A primeira instância da Justiça Eleitoral aceitou argumento do deputado de que não era comunista, mas entendeu que o serviço de informação mereceria "fé". No TSE, instância superior, o parlamentar ganhou por unanimidade o direito de se candidatar. Mas como as eleições estavam próximas, ele não teve tempo de refazer os apoios políticos. "*O Globo* era da sustentação da ditadura. Mas muita gente da Arena votou contra a emissora. Operou entre os governistas o espírito crítico à interferência dos Estados Unidos em 1964. Aquilo talvez tenha sido um espírito de brasilidade diante dessa americanização da imprensa brasileira."

Com a aprovação do relatório da CPI contrário a seus interesses, Marinho começou a peregrinação a Brasília e ao Laranjeiras numa nova rodada do jogo de cartas.

Ao analisar o Contrato de Arrendamento, o presidente do Contel, o capitão de mar e guerra da reserva Euclides Quandt de Oliveira, determinou mudanças nos termos do acordo num prazo de noventa dias para se adequar ao artigo 160 da Constituição, que proibia a sociedade ou a propriedade de empresas jornalísticas por estrangeiros. Ao estabelecer que o Time-Life ficaria com 45% dos lucros líquidos da TV, além de 3% do bruto por assistência técnica durante dez anos, o contrato sugeria participação ainda que indireta da empresa na administração da Globo.[124]

Marinho recorreu a Castelo Branco da decisão. O Contel, então, voltou a analisar o processo e, mais uma vez, por unanimidade, condenou o contrato. Num ofício ao presidente, Quandt ressaltou que o Time-Life fez empréstimos em valor "bastante elevado" e sem data de vencimento à Globo, era proprietário do prédio onde funcionava a TV, tinha um funcionário na emissora com qualificações correspondentes às exigidas para um gerente geral e orientava a emissora na obtenção de material de programas.

Castelo rejeitou o pedido de reconsideração da Globo. O general, porém, enviou o processo para análise do consultor-geral da República. Adroaldo Mesquita da Costa avaliou que os contratos firmados não violavam a legislação. Castelo, então, pediu ao Contel que esclarecesse se realmente houve ingerência do Time-Life na Globo.

Em resposta a Castelo, Quandt ponderou que, ao que tudo indicava, não existia na prática intromissão do Time-Life na administração e orientação intelectual da TV. "Isso não altera as conclusões acima feitas, porque, se tivesse sido apurada a existência dessa intromissão, o remédio a aplicar teria de ser outro: a cassação da concessão", escreveu. Ele sugeriu a reformulação dos contratos.

Quandt não dava mostras de estar diante de pressão de seus superiores. O seu parecer, em reservado, tinha caráter apenas consultivo para o presidente. Também não dava mostras de alinhamento aos propósitos de Marinho.

Castelo ainda pediu informações ao Banco Central sobre possíveis irregularidades nas transações entre a Globo e o Time-Life. O banco informou que foram registradas operações de empréstimos à TV Globo, Time-Life Brasil Inc. e Roberto Marinho, ao longo de 1965, no valor total de US$ 4,7 milhões. Também registrava que a Rádio Globo e *O Globo* tinham feito financiamento na ordem de US$ 1,1 milhão para aquisição de bens.[125]

A 15 dias de deixar o poder, Castelo Branco baixou uma norma que definiria os rumos das comunicações no país. O governo estabeleceu um teto de emissoras de televisão para cada grupo privado — dez estações de imagem e som, sendo cinco em frequência VHF — e proibiu a presença de controle estrangeiro nas empresas do setor.[126]

O jornalista Fernando Morais escreveu, na biografia de Chateaubriand, que a norma parecia redigida para confirmar as suspeitas de uma conspiração para destruir o dono dos Diários Associados.[127] Essa versão está em sintonia com o depoimento do tesoureiro da Globo, José Aleixo, que atuou como assessor financeiro de Marinho. "Me falaram que o doutor Roberto conversou com o Castelo Branco e pediu para limitar o número de estações por pessoa física. Eu nunca comprovei isso, mas essa limitação que existe hoje na lei foi um pedido, dizem, né, para evitar que um único órgão dominasse a coisa toda. O que a Globo fez? Criou as afiliadas, que não são empresas que exibem a nossa programação. E como funciona isso? É mais ou menos isso: eu te dou a programação e o anúncio nacional é meu. O anúncio local é teu."[128]

Essa versão, no entanto, reduz a conduta técnica e alinhada ao regime militar de Euclides Quandt de Oliveira no comando do Contel.

O órgão desenhou o modelo de redes de TV estabelecidas em torno de um pequeno núcleo de propriedade de um grupo, sendo as demais emissoras afiliadas. Na visão do coronel, o modelo de inspiração norte-americana visava justamente combater o monopólio do setor.[129]

Naqueles dias, Roberto Marinho escreveu ao arquiteto Cesar de Mello Cunha, um de seus amigos mais próximos, que os embates lhe custaram um desgaste nervoso. Também confidenciou que conseguiu finalmente vencer os Associados. Cunha, também amigo de Castelo Branco, ajudou nas conversas com o governo, naquele momento, bem mais que Rogério Marinho.

> *Para dormir as horas necessárias, deu-me o Jayme Rodrigues um calmante, que resolve. Mas, para escrever, tenho de recorrer à máquina, já que a minha letra, tão legível no passado, está muito tremelicada. Como as coisas estão todas melhorando a galope, é possível que muito brevemente possa voltar a fazer uso da Parker... O presidente, graças também à sua colaboração, tratou-me com um extraordinário carinho* [...] *O Contel já resolveu permitir a participação estrangeira, na base de 30%, o que é muito bom para mim, moral e materialmente. E consagrou o meu ponto de vista favorável à limitação do número de emissoras, de seis para cada organização. V. está vendo a que ficarão reduzidos os Diários Associados, já em situação desesperadora.*[130]

Meses depois, no entanto, o Contel proibiria a participação estrangeira no setor, não confirmando a informação de Roberto Marinho. A interpretação mais hegemônica nos estudos e nos depoimentos é que a decisão de Castelo Branco que impôs um teto de emissoras controladas por um mesmo grupo foi um complô para destruir os Diários Associados. Essa decisão dos militares não representou, no entanto, uma vitória de Marinho a curto prazo nem total. O próprio empresário diz na carta que considerava que precisava de pelo menos seis emissoras para formar a sua rede. Naquele momento, ele possuía sete emissoras.[131] É possível enxergar na carta de Marinho certa bravata. Sob intensa pressão, qualquer ganho para o empresário, naquele momento de guerra com os

Diários Associados, era lucro. O decreto lhe obrigou, numa situação difícil, a comprar a parte do Time-Life no negócio. Ele estava endividado na praça e com obrigação de honrar promissórias para manter o negócio. O relatório da CPI o jogou num cipoal. Se a participação de 30% das empresas de comunicação nas mãos de estrangeiros, como Marinho descreve na carta, tivesse sido aprovada, a situação lhe seria favorável. Assim, o Time-Life seria efetivado como sócio. Logo, ele não precisaria sair em busca de financiamentos e hipotecas de bens. Pelo decreto, só brasileiros natos poderiam ter ações em empresas de radiodifusão.

Marinho adquiriu uma anipnia. O uso descontrolado de remédios o levou a ter sonos descontrolados. Na avaliação do médico, o problema podia estar associado à prática do mergulho submarino, iniciada ainda nos anos 1950 e que passou a ocupar espaço maior na vida do empresário na década seguinte, época em que começou a abandonar a imagem de homem de decisões bruscas, atitudes ríspidas, propostas de duelos físicos. Aos amigos, dizia que, ao entrar no mar com um problema, emergia minutos depois com uma solução. Ele observava que o mergulho era a oportunidade de ficar só. O passatempo que lhe trazia tranquilidade, porém, tinha seus efeitos colaterais.

A paz obtida na água muito menos diminuía seu ímpeto competitivo. Quando a sobrinha Elizabeth o acompanhava em mergulhos, ele incentivava a menina, que respirava pela boca, a permanecer mais e mais tempo.

"Vamos ver quanto tempo você vai aguentar."

Elizabeth prolongava o tempo. Ele insistia:

"Não, não, vamos botar mais tempo."

Com os primeiros sintomas de problemas cardíacos, Assis Chateaubriand conheceu uma grande derrota no jogo da imprensa, mais tarde chamada de mídia. Ele disse que Marinho era um cafuzo, crioulo, mameluco e débil mental. "O presidente Castelo Branco deixou apodrecer essa imundície de *O Globo* a ponto de ela contaminar-lhe de pus a pessoa e de lama o governo. Ele está no dever de cancelar o canal de *O Globo*, bem como fazer um sumário processo criminal do sr. Roberto Marinho, despachando-o para Fernando de Noronha, com a cabeça raspada", escreveu.[132] Chateaubriand ainda viu o governo silenciar a Tupi por 24 horas por levar ao ar a denúncia de que o próprio filho Gilberto, diplomata de carreira, teria lhe roubado uma tela.

Naquele momento, o empresário afirmou que a Standard Oil estava por trás de um grande complô para acabar com os Associados e dar poder à Globo, que incluía a ditadura e até Samuel Wainer, ligado a Goulart. Nas contas de Chateaubriand, 70% dos anúncios em seus veículos por parte da Esso tinham migrado para a Globo.[133]

No começo de 1967, Marinho voltou a ser atacado por João Calmon. Por meio dos microfones da TV e da Rádio Tupi, bem como das páginas dos Diários Associados, Calmon vinculou o acordo Globo-Time-Life a uma estratégia do governo dos Estados Unidos em dominar a opinião pública brasileira, indo muito além de uma parceria empresarial. Diante dos holofotes, Calmon recorreu à mística do império americano disposto a conquistar o Terceiro Mundo. Nos bastidores, apostava num gesto político do republicano Richard Nixon, em campanha declarada à Casa Branca, ocupada pelos democratas. Num encontro no Rio, Calmon pediu apoio a Nixon, que não entrou na briga.

Marinho escreveu carta a Nixon para se queixar de uma "intriga internacional" promovida por Calmon. Ele relatou matéria da jornalista Georgie Anne Geyer, publicada pelo *Washington Post*, que atribuiu a diplomatas norte-americanos no Brasil a constatação de que o grupo dos Diários Associados estava "mergulhado" em dívidas.[134] Calmon teria procurado a embaixada para obter dinheiro. Ante a negativa do então embaixador Lincoln Gordon, ele "jurou" vingança. "Consta que ele se aborreceu porque seus jornais haviam combatido o ex-presidente João Goulart, a quem também se opunha o presidente dos Estados Unidos. Por esse motivo, achava, devia ter o apoio norte-americano", escreveu o jornal americano, na citação de Marinho.

Calmon enxergou a mão de Lincoln Gordon na matéria e pediu explicações ao diplomata. Gordon lhe enviou, então, uma carta em que mencionou conversas sobre a situação financeira dos Diários Associados, bem como seus planos para fortalecer a organização. "Entretanto, jamais o senhor solicitou que a embaixada lhe desse dinheiro para 'salvar' os 'Diários Associados', e isto, em nenhum momento, seria por nós cogitado. Do mesmo modo, o senhor nunca ameaçou vingar-se, atacando a política dos Estados Unidos, se tal dinheiro não lhe fosse dado", escreveu Gordon.

Na avaliação de Marinho, Gordon confirmou que Calmon pediu dinheiro, embora o embaixador tenha negado a história de forma "diplomática". "Essas revelações coincidiram com as informações que eu tinha de que o sr. João Calmon estava procurando tirar partido junto às autoridades do Departamento de Estado norte-americano, de sua esplêndida atuação para a derrubada do governo subversivo do presidente João Goulart", escreveu Marinho. "Ele achava que o Departamento de Estado tinha o dever de salvar os 'Diários Associados' de uma possível falência", completou. "O sr. João Calmon esteve num almoço, no Clube Americano, perante o Comitê da Câmara de Comércio Norte-Americana, onde fez um apelo para que dessem uma publicidade maciça. Parece que não foi feliz."[135]

Marinho foi beneficiado por uma decisão de Costa e Silva baseada num parecer do consultor-geral da República que garantiu o funcionamento da Globo, sob a condição de se firmar novo contrato.

Enquanto isso, Costa e Silva aparecia sóbrio, sem resquícios de bebedeira, e sua mulher, dona Yolanda, exibia vestidos brilhosos nas colunas de Ibrahim Sued, no *Globo*.

No governo de um militar que não gostava de Marinho, muito menos de outros donos de jornais, Ibrahim mantinha viva sua coluna com as figuras do poder. Era um jornalista de autoestima elevada.

Certa vez, Ibrahim telefonou para Júlio Barbero.

"Fui demitido."

O motivo da demissão teria sido uma nota "pesada" contra o deputado Ulysses Guimarães, de São Paulo.

Barbero telefonou para Serpa. O lobista soltou um lacônico "tá bem" e foi conversar com Marinho. Ele sabia as palavras para demover o amigo de demissões. O empresário tinha facilidade de demitir quem quer que fosse, o que ocorria de manhã, quando lia o jornal.

"Roberto, Ibrahim é seu amigo... é jornalista."

A palavra "jornalista" derrubava Roberto, lembra Serpa.

"Mande ele às 11 horas ligar para mim."

À noite, de porre, o colunista encontrou Júlio Barbero, que esperava um agradecimento.

"Você sabe, *O Globo* não podia prescindir do meu nome."

De uma sala em Copacabana, Ibrahim e uma equipe de jornalistas continuavam a apurar e mandar notas para *O Globo*. Era nos gabinetes e nas festas restritas, porém, que ele atuava nas renovações dos canais da emissora de Marinho em São Paulo, no Rio e em Brasília. "O Costa e Silva não gostava do dr. Roberto. O Ibrahim conseguiu com o general, que bebia pra burro, as autorizações", relata Henrique Caban.

O Turco, como Ibrahim era conhecido, ajudou numa operação para unir à rede de televisão montada por Marinho o canal 12 de Belo Horizonte, comprado do empresário Pipa do Amaral, que estava com problemas financeiros. A compra teve de passar pela autorização de Costa e Silva. Foi pagamento à vista. O dinheiro foi usado por Pipa para sanar parte das dívidas da sua emissora no Rio.[136] "A compra de um canal é igual adquirir título no Country Club, que precisa ser autorizado pelos demais sócios", observa Caban. "Se o governo não aprovar, não leva."

Os ataques a Marinho transformaram a sócia da Globo em financiadora. O Time-Life, a partir dali, tornou-se apenas uma prestadora de assistência técnica — uma forma de garantir que o negócio desse certo e a empresa pudesse resgatar parte do que investiu na sua aventura no Brasil. Jorge Adib, executivo da área de distribuição de filmes e amigo de Marinho, avalia:

"O João Medeiros Calmon foi o maior anjo que Roberto Marinho teve na vida. Ele o libertou do Time-Life. Doutor Roberto estava sozinho. Quer dizer, não estava sozinho. Agora estava com o Walter Clark e o Boni, sem perder o *way of life* americano, dos filmes da CBS que eu distribuía."[137]

Walter Clark não garantiu dinheiro no país e no exterior a Marinho, mas trouxe para a Globo a irreverente Dercy Gonçalves, nomes de audiência como Abelardo Barbosa, o Chacrinha, e Chico Anísio, e o jornalista Armando Nogueira. A chanchada e a intelectualidade do Rio eram apostas para transformar a emissora desenhada para um público seleto pelo Time-Life numa TV de massa em que artistas e jornalistas falariam uma língua nacional, mais precisamente carioca, na interpretação de personagens sertanejos ou na divulgação de notícias da Amazônia.

Walter Clark, o homem dos artistas, posicionava-se como um estrategista nas relações comerciais. Marinho começou a acertar a entrada do executivo na sociedade que se formava agora com parceiros nos estados. Clark tornava-se sócio dos contratos regionais com as afiliadas. Não era do feitio de Marinho dividir os negócios, mas o momento era de estafa, e o jovem diretor comercial surgia como uma figura ideal para dividir a ânsia em tirar a emissora do buraco e expandir o negócio país afora.

Em queda, Chateaubriand não aceitou uma transição de poder para os filhos. Ele repassou o controle dos Diários Associados para um "condomínio" de 22 executivos. Esses funcionários destruíram o império. A mansão em estilo enxaimel de Chateaubriand na avenida Atlântica, em Copacabana, foi à leilão. Empresários espalharam que Marinho se esforçou, sem sucesso, para que o imóvel não fosse vendido e, assim, Calmon, presidente do condomínio, não conseguisse pagar dívidas do grupo. A residência foi demolida pelas construtoras que venceram a disputa. Parceiro dos Diários no bombardeio contra Marinho, o *JB* considerava que campanhas como a de que participou eram riscos à empresa e se encolheu diante de novas propostas de parcerias para levar à frente um canal de TV.[138]

A situação econômica em 1967, último ano do governo Castelo Branco, era confusa. A sucessão presidencial que ocorreria em julho deixava em dúvida especuladores do mercado. O ministro da Fazenda, Octávio Gouvêa de Bulhões, estava de saída e deveria deixar o cargo antes do fim do mandato do presidente. A guerra pelo comando da pasta estava declarada.

Grupos empresariais passaram a atacar os banqueiros e especuladores e a marcar posição frente à composição da nova equipe econômica. Em fevereiro, durante uma mudança cambial que aumentou de forma repentina a cotação do dólar, Marinho pôs *O Globo* no *front* para denunciar um esquema de informação privilegiada que teria permitido a especuladores se anteciparem e comprarem dólares dias antes da desvalorização do cruzeiro.

Numa reportagem com enfoque opinativo, *O Globo* destacou que o Banco Central, que tinha o controle "exato" de dólares vendidos nas praças na semana anterior ao aumento de 23,9%, não revelava os números que poderiam esclarecer se houve especulação.[139] O jornal estimou, com base em depoimentos de "experts" do mercado, a venda de quarenta milhões de dólares no Rio, outros quarenta milhões em São Paulo e mais vinte milhões em outras capitais. Lacerda aproveitava cada manchete do jornal para alimentar a guerra contra o adversário. "Roberto Marinho e *O Globo* confirmam a velha e genial definição do Barão de Itararé: 'Negociata é um negócio formidável, para o que não fomos convidados.' Mas tomem cuidado: não há nada pior do que o ódio e a frustração do canalha — cúmplice — passado para trás."[140]

O jornal de Marinho irritou setores do governo, especialmente o ministro da Fazenda, Delfim Netto. "Confirmados esses números, para se ter uma ideia da sua significação, basta dizer que é mais do que o montante de divisas da exportação de café em um mês."[141]

Naquele momento, o caixa do *Globo* era abastecido especialmente por anúncios da Esso, controlada no Brasil pelo executivo Paulo Barbosa, da Volkswagen, da Phillips e de cadeias de lojas de departamentos. Marinho estava afinado com o empresariado aglutinado em associações de classe pelos estados. Ele próprio reclamava da situação financeira das empresas de seu grupo, como a Inbasa, Indústria Brasileira de Alimentos, que produzia geleia de mocotó em copo e amargava prejuízos — anúncios da geleia ajudavam os fechadores do jornal a preencherem espaços vazios.

Com a TV Globo atuando no vermelho, Marinho não conseguia aumentar o volume de anúncios do jornal. O declínio do *Correio da Manhã* favorecia o *JB*, não apenas em aumento de leitores na Zona Sul, mas também publicidade. Em dezembro de 1967, o jornal da condessa publicou a foto da estilosa atriz Joan Crawford, 63 anos, com uma garrafa de Pepsi-Cola na boca, no Copacabana Palace. A reportagem era acompanhada de anúncios do refrigerante. No mesmo dia, *O Globo* estampou a ilustração de um homem alcoolizado com uma garrafa de aguardente na mão. Crawford, viúva do ex-CEO dos refrigerantes Alfred Steele e conselheira da empresa, estava no Rio para inaugurar uma grande fábrica em Inhaúma. Era uma infeliz coincidência para Marinho. O desenho do bêbado no jornal do empresário anunciava uma nova coluna de Nelson Rodrigues. As diferenças das edições dos dois jornais levaram o empresário a dar murros na mesa.

A agência de publicidade J. Walter Thompson publicou anúncio de página inteira na 5 do *JB*.

Pepsi é vida!
Pepsi é juventude!
Pepsi é urbano!
Pepsi é gostosíssima!

Na página 7, também ocupando todo o espaço, a agência publicou outro anúncio da fábrica em Inhaúma. Duas páginas depois, para mais sofrimento de Marinho, o *JB* estampou um anúncio casado da Pepsi com a Ford, que fornecia os carros para transportar os refrigerantes. Na 11, a fábrica Corona Cortiças anunciou que fornecia as tampinhas. A Vidraçaria Cisper, na página 13, informou que fornecia as garrafas. Era uma série de anúncios articulados. Até a Serraria Musso, fabricante de estrados, e a Madeireira Germano Pisani, que produzia as caixas para as garrafas, deram publicidade.

A opção da agência de publicidade pelo jornal *JB* foi um duro golpe para Marinho. A diretoria da Pepsi e a agência escreveram cartas para explicar os anúncios no concorrente. Argumentaram que os fornecedores pediram que a J. Walter Thompson reunisse as publicidades num único jornal. "Se tivéssemos de escolher um líder, por motivos óbvios, essa escolha recairia em *O Globo*", destacaram. Como a inauguração da fábrica ocorreria às 11 horas da manhã, não teria sido possível anunciar num vespertino.

As explicações dos publicitários ao comercial do *Globo* foram publicadas na primeira página da edição seguinte do jornal, antecipada para as primeiras horas do dia. Marinho mandou destacar na capa que se tratava de uma versão matutina.[142] No jogo da imprensa até ali, o jornal e a TV de Marinho não tinham a força do *JB*. O empresário não representava uma das quatro maiores cartas da mesa. Estava longe de simbolizar um Ás, de assombrar o governo como Assis Chateaubriand. Não se comparava aos Mesquita, os reis do liberalismo econômico paulista. Nem tinha a influência do *Correio da Manhã*, agora sob o comando da dama Niomar Moniz Sodré.

Stella Marinho

Todos os filhos de Roberto Marinho e Stella Goulart receberam o nome do pai — Roberto Irineu, Paulo Roberto, João Roberto e José Roberto. Em meados dos anos 1960, o empresário vivia literalmente no prédio do jornal, na sala da administração e no pequeno apartamento. "À noite, ele até dormia lá no jornal, tá? Porque o negócio dele era a redação. Era impressionante. Às vezes, tirava cochilo na cadeira da sua sala, um cochilo rápido ou mais demorado", relata José Aleixo, que foi auditor da Globo.

Rodrigo Goulart, irmão de Stella, credita a ela a influência no comportamento dos filhos. "Ele era ausente, trabalhava como mouro. Os meninos têm o caráter da mãe. São muito amigos. Isso é bom dizer, porque na família do Chatô foi uma tragédia grega."[143]

Esse distanciamento entre pai e filhos era visível aos editores e repórteres do *Globo*. "Eu acho que a relação dele com os filhos nunca foi carinhosa. Os filhos se ressentiam disso", avalia o jornalista Milton Coelho da Graça.

Stella e o *staff* montado por ela no Cosme Velho evitaram que *O Globo* simbolizasse para os filhos a ausência da figura paterna. A nova geração dos Marinho não rejeitou o jornal como ocorreu, por exemplo, com os filhos de Roberto Civita em relação à *Veja*, que enxergavam na revista o motivo de viverem longe de um pai voltado ao trabalho. "A gente admirava a coisa", afirma João Roberto. "Papai trabalhava feito um condenado na minha fase de criança e adolescência, vamos dizer assim. A gente se encontrava na hora do jantar na mesa e ele já estava exausto. A imagem que tenho é ele chegando atrasado, ainda de terno. Na educação da gente, minha mãe foi muito mais."

A relação de carinho de Stella com os filhos não encobria certo distanciamento no cotidiano. Ela contou com a presença marcante de Maria Rubini, a governanta de origem francesa que estava no Cosme Velho desde o tempo de solteiro de Marinho. Um parêntese: nos anos 1920, certa mademoiselle Robine atuava como atriz de teatro e das películas em movimento nas casas de espetáculos da cidade.[144]

A figura severa e, ao mesmo tempo, terna da governanta ditava o ritmo da vida na mansão. Estava na faixa dos cinquenta anos quando os filhos de Stella e Marinho eram garotos de quatro a 16 anos.[145] "Era conservadora nos costumes. Botava a gente para rezar antes de dormir", lembra José Roberto. O filho caçula da família, certa vez, "nocauteou" a governanta com a brincadeira de colocar um balde em cima da porta. Quando Rubini abriu a porta, o balde não virou e acabou caindo na cabeça dela. "Achei que tinha matado."

Rubini disciplinava. Stella priorizava a formação de valores. Não ficou lembrança de surra dada por ela. João Roberto lembra o chinelo acolchoado da governanta. "Rubini era bem *old-fashioned* quando a gente aprontava."

Com os pais pouco presentes na rotina da casa, os garotos viviam soltos no jardim e na ladeira do Cosme Velho. Não havia aparato de segurança na infância deles. "Eu me lembro de, garoto, ter sido criado solto. A minha presença não era fiscalizada. Éramos quatro homens. Fazíamos misérias."

Naquele momento, o pai dos garotos era um empresário influente, mas estava longe da figura emblemática do poder. "Na época, Marinho não era um nome grande na cidade, não. Acho que o Brito era muito mais", avalia Roberto Irineu, numa referência ao dono do *Jornal do Brasil*.

Se dentro da mansão do Cosme Velho quem mandava era Rubini, do lado de fora, no jardim, estava o motorista Joffre. Quando Roberto Irineu, Paulo Roberto, João Roberto e José Roberto saíam para brincar, Joffre estava lá para acompanhá-los, com seu sorriso descontraído. "Como o papai trabalhava muito, o Joffre me criou muito mais. Era um sujeito com valores preciosos", relata José Roberto. "O Joffre era muito companheiro, mas era severo. Não gostava de bagunça dentro do carro. Tinha um cassetete que ele chamava de carequinha, que ganhou de um guarda. Ele nunca bateu em ninguém, mas batia no banco. Era uma autoridade sobre a gente impressionante."

Joffre parou de fumar quando Stella ficou grávida de Roberto Irineu. Eram as pequenas delicadezas que ligavam o motorista à vida íntima do Cosme Velho. "Tenho pouca memória antes dos sete, oito anos de idade, não me lembro muito bem das coisas, não", diz Roberto Irineu. "Para começar, o papai trabalhava num horário esquisito. Nessa época, *O Globo* saía às duas, três, quatro horas da tarde, então papai saía de casa às cinco horas da manhã. Então, ver o papai era um acontecimento de fim de semana."

Ele fala sobre o Cosme Velho. "A casa era imponente para chegar, mas não era grande, não. Eu e o Paulinho dividíamos um quarto, e o João e o José dividiam outro. O quarto do papai era pequenininho, normal."

O caçula José Roberto lembra das festas na mansão. "A gente ficava espiando da janela, de cima. Eu ajudava a mamãe a gravar as fitas das danças, ajudava na escolha das músicas. Eram coisas de Frank Sinatra, Duke Ellington, jazz, músicas dançantes. Tinha aquele gravador de rolo da Sony. Nas festas mais formais vinha grupo de fora para tocar."

José e João Roberto se acostumaram a herdar os brinquedos dos irmãos mais velhos. "A gente pegava os brinquedos já quebrados. O carro elétrico não andava mais, só descia a ladeira. Lá embaixo tinha que empurrar", lembra. "A gente vivia ali, no Cosme Velho, no jardim, na casa que era uma imensidão para crianças. Tinha uma janelinha que dava acesso ao telhado. A gente ia na beira do telhado olhar lá para baixo. Era uma coisa arriscada e assustadora."

José Roberto foi o filho que mais tempo viveu no Cosme Velho. "Na época de garoto, a minha mãe saía muito de casa. Ia para bazar, obra social, não sei o quê. Inventou um monte de coisas para fazer. Então, eu ficava lá brincando com os filhos do garçom, o Leopoldo. Brincava com o Leopoldinho e o José Manoel. Não tive uma vida social igual aos meus colegas que iam para clubes. Eu fiquei tímido. A primeira vez que fui a um clube eu não sabia o que fazer. Só comecei a engrenar com turmas aos 14 anos", lembra. O caçula começou a ser levado pelo pai nas pescas submarinas. "Era sempre uma temeridade. Ele só gostava de pescar onde estava o mar batido, arrebentando na pedra."

Quando adolescente, Roberto Irineu, o filho mais velho, decidiu passar um tempo num colégio interno na Tijuca para que a mãe se acostumasse a deixá-lo dormir fora de casa. Ficou seis meses interno e outros seis no semi-interno. Nas noites de quarta-feira, o motorista aparecia embaixo do colégio, para levar o adolescente, escondido, para a farra. Devolvia o garoto ao colégio de madrugada. Joffre o protegia e era cúmplice de suas aventuras.

Ao voltar para casa depois da temporada no colégio interno, a relação de Roberto Irineu com a mãe tinha mudado. Ele estava mais independente. Chamava a mãe, agora, de dona Stella. O pai não lhe dava mais mesada. Ele recebia um pequeno salário na rádio para sair à noite com os amigos.

Aos 16 anos, ele começou a trabalhar na inspeção das impressoras do jornal. Participava da montagem de chumbo na página para tirar a prova e imprimir. Ao iniciar na redação, sentava ao lado de Nelson Rodrigues, mais atrás, perto dos redatores. Não era um repórter influente para ocupar uma cadeira à frente. Era tempo do trabalho dos copidesques, jornalistas que transformavam os textos dos repórteres em histórias fabulosas de polícia e de cidade, com apelo popular. Uma das estrelas do copidesque era Aguinaldo Silva, mais tarde escritor de novelas da Globo.

Certo dia, perguntaram na redação quem falava inglês. Acanhado, Roberto Irineu levantou o dedo. Recebeu a incumbência de entrevistar a atriz italiana Claudia Cardinale, que estava no Rio. "Eu abri a boca e não consegui emitir um único som, fiquei assim, completamente idiotizado. Era linda, tinha acabado de fazer *Il gattopardo*, lembra. O fotógrafo Jorge Peter fez as fotos da atriz.

De volta ao Cosme Velho, Roberto Irineu conseguiu que a mãe permitisse que ele dormisse num quarto que servia de depósito próximo ao bar da piscina. Ninguém controlaria sua hora de sair e chegar.

Stella convidava professores, filósofos e artistas para cursos e discussões que fugiam do universo de negócios do marido. Dentro de casa, ela diminuiu a influência do estilo competitivo de Marinho entre os herdeiros.

O professor Luiz Alfredo Garcia-Roza passou a dar um curso de filosofia no Cosme Velho a pedido de Roberto Irineu. Stella e amigas passaram a assistir às aulas. Ela ainda organizou um curso de história da arte. O curso era dado por Flexa Ribeiro. Mãe e filho se aproximavam por meio dessas aulas. Tornaram-se amigos. "Aos 16, 18 anos, eu passava as noites discutindo filosofia. E era um negócio curioso, muito engraçado, que não chegava em lugar nenhum. Mas aquelas discussões metafísicas, o que é o ser, empolgava", relata. "O único esporte que eu fazia às vezes era esqui aquático, mas não era um esportista. Levantamento de copo... Tomei um porre uma vez na minha vida e nunca mais. Depois aprendi a beber devagarzinho."

Roberto Marinho não soube do porre do filho. Quem cuidou de Roberto Irineu foi o motorista da família. "O Joffre que começou a cuidar de mim de vez, o famoso Joffre. Mas de qualquer maneira, foi uma vez, aí aprendi a beber um uisquinho com água e tal. Na realidade, a gente ficava noites e noites a conversar. No fim da conversa, se alguém fazia charme para alguém, sinto muito, mas algo além de conversa, nunca vi nada."

O filho mais velho enfrentava o pai. Paulo Roberto, o segundo filho, também tinha brigas constantes com Marinho. O garoto que tinha a imagem de "rebelde" e "menino complicado" na família, porém, se afastava de embates diretos. Já João Roberto, o terceiro, evitava qualquer choque com o pai.

Roberto Irineu estudava pela manhã e, à tarde, ia para o jornal. À noite, "batia ponto" no Zunzum, na rua Barata Ribeiro, em Copacabana, onde artistas da Bossa Nova se apresentavam. Joffre costumava levá-lo à boate. A volta era no lotação do Cosme Velho ao Leblon. Era tempo do Quarteto em Cy. Rosinha de Valença e Norma Bengell, integrantes do grupo, o protegiam nas blitzes da polícia. Ele se escondia no camarim, embaixo das mesas de maquiagem. "Todas elas de calcinha e sutiã, e eu escondido embaixo."

O filho adolescente de Roberto Marinho ignorava as regras e graus de poder do submundo de Copacabana. Quando a Globo encerrou um programa de Darlene Glória, de baixa audiência, ele foi até o camarim da atriz levar flores e iniciou ali um romance. A atriz namorava o investigador Mariel Mariscot de Matos, uma lenda do noticiário policial que buscava o controle da noite de Copacabana. Era um integrante da Scuderie Le Cocq, grupo criado por motociclistas da segurança de Vargas que se transformou num "Esquadrão da Morte". Certa vez, teve de sair nu do apartamento de Darlene, porque o marido dela chegou de repente. Quando a atriz saiu de casa, fugindo, pôs as malas no carro de Roberto Irineu.

Roberto Irineu mostra fotografias antigas. "Aí tem fotos de aniversário... Eu me lembro dos eventos. Lembro muito bem de uma viagem que eu, papai e o Paulinho fizemos aos Estados Unidos. Isso foi em maio de 64. Eu tinha 16 anos, portanto tem um salto enorme aí no meio. O Paulinho tinha 14."

Um parêntese: essa viagem foi monitorada pelo regime militar. Em 1965, agentes anotaram que "testemunhas oculares" relataram que Marinho viajou "bastante nervoso e agitado" para Nova York, onde se encontraria com executivos do Time-Life. Antes de embarcar, manteve contatos com o Contel para saber se era verdade que o órgão tinha emitido parecer contrário à "venda" da TV Globo ao grupo norte-americano. Havia fortes indícios, segundo relatório secreto, que o Time-Life repassou à Globo "grande soma extra" de dinheiro que não teria sido contabilizada pelo Banco Central. Essa informação chegou ao comando do I Exército e ao SNI e foi arquivada.[146]

Marinho tinha encontro marcado com Andrew Heiskell, executivo do Time-Life, para discutir problemas com a empresa. O motivo da preocupação do empresário, registrada pelos agentes, no entanto, seria outro. "O Heiskell nos levou para jantar no último andar do prédio do Time-Life, que tinha um restaurante com vista para a cidade", relata Roberto Irineu. "Jantamos na mesa da diretoria. Calcula se tinha tensão ali? Ele estava tenso porque tinha acabado de ter uma briga com a mamãe", conta. "Lembro dele, no hotel, escrevendo uma carta para ela. Esses agentes secretos são péssimos aqui e lá fora."

José Roberto volta a falar dos encontros de família no Cosme Velho. "Lembro dele chegando em casa, de terno. Eu gostava de invadir o quarto dele para olhar os armários, ver as coisas dele. Eu era bem guri. O momento do jantar. Tinha o jantar em família. Até que, no final, a gente já sentia um clima ruim entre ele e mamãe."

O grande salto de Roberto Marinho, a vitória sobre os adversários, o início da consolidação da TV ocorriam em meio ao desgaste do casamento com Stella. Eles estavam mais afastados. Na maturidade, Marinho passou para pessoas próximas e funcionários graduados do jornal a imagem de que tinha uma relação do tipo "até que a morte os separe" apenas com o jornal. "Ele era casado com *O Globo*", afirma o jornalista Milton Coelho da Graça.

Os irmãos Marinho apontam como estopim do fim do casamento dos pais um caso de Roberto com uma secretária de Schmidt. "Foi uma trapalhada", afirma Roberto Irineu. "Eles saíram do escritório do Schmidt, os três, no carro do papai. Depois de deixar o Schmidt em casa, ele foi levá-la. Ela o seduziu. Foi uma besteira, uma coisa fortuita. Não era um caso, mas um tropeção. Minha mãe foi intransigente, acho."

A história do suposto envolvimento de Marinho com a funcionária de seu amigo veio à tona na imprensa pela pena de David Nasser, dos Diários Associados. "Conheci uma ex-secretária de Augusto Frederico Schmidt, que era ledora fanática de *O Globo*. A cândida mocinha lia toda matéria não assinada como se de autoria de Roberto Marinho. O sr. Roberto Marinho é o escritor mais volumoso da língua portuguesa, o mais fértil e inédito."[147]

Ao mesmo tempo que era acusado pela esposa de traição, Roberto construía a imagem de uma Stella que tinha outros relacionamentos. Esses supostos casos eram relatados em conversas com os amigos próximos. O banqueiro José Luiz de Magalhães Lins, por exemplo, lembra da "grande dama", da "mulher extraordinária", mas também do casamento "imperfeito" descrito pelo amigo.

Os relatos sobre as divergências entre Marinho e Stella se fundem com tentativas de relacionamentos dela pós-separação com supostos casos do tempo do casamento. É nessa mistura de tempos diferentes que surge a figura de um Roberto possessivo, que tenta controlar a vida da ex-mulher, parte até então indissociável de seu projeto de jornalismo, influência e poder.

A convicção de Marinho sobre possíveis relacionamentos de Stella, no enredo do mouro, de Shakespeare, ou do Bentinho, de Machado de Assis, está na memória de amigos próximos. José Luiz fala do drama da separação. "Tem um problema ali complicadíssimo com a Stella, mulher [por quem] ele era apaixonado. A mulher, você sabe, que o traiu com o maior amigo do filho. Você imagine o que é isso, um negócio meio grego", conta. "Não sei se o filho ficou um pouco com a mãe, contra o pai. Sabe como é isso, é uma coisa que não dá para entrar. O Roberto Irineu nunca fez segredo dessa dificuldade. Eles quase tiveram coisa física. A coisa chegou a esse ponto, teve que entrar gente para separar", relata. "O Roberto fazia acusações contra o filho, que trabalhava na Rio Gráfica, que foi o primeiro patrimônio dele, de gibis. Enfim, uma tragédia. Mas foi tudo superado, o Roberto Irineu depois ficou muito bem. A TV Globo está no apogeu. Roberto Irineu não tinha relação com ele. Não sei se já te falaram isso. Eles não tinham convivência, não se davam bem."

Roberto Irineu fala sobre os pais:

> *Disseram que papai se relacionou com uma atriz em início de carreira. Quanto à mamãe, eu nunca soube de nenhum relacionamento dela. Teve a fofoca sobre um amigo meu. Mas é muito difícil [isso ter ocorrido]. O único lugar onde todo mundo se encontrava era dentro de casa. Todo mundo falava pelos cotovelos. Mas o papai cismou que houve e ficou apreensivo. O papai era um sujeito muito complicado, não era um cara muito fácil.*

O processo de separação se arrastou. Roberto Irineu comenta:

> *Papai não queria separar porque achava que podia atrapalhar as empresas. Estava preocupado com o cardeal, preocupado com isso, preocupado com aquilo. Ele vivia muito na construção das empresas. Por que ele fez a casa do Cosme Velho? Era uma casa para as empresas poderem chamar as pessoas, para multiplicar. Ele se tornava uma referência na*

cidade, recebia as pessoas do exterior, sempre para movimentar e promover o Globo. Eu me lembro na época que ele não queria separar por causa disso. A mamãe queria separar logo. Mas ficou muito complicada a convivência em casa.

Roberto Marinho e Stella não entraram em divergências por conta de divisão de patrimônio. Os problemas se limitavam a mágoas pessoais.

João Roberto conta que estava com a mãe e Gina, esposa de Cesar de Mello Cunha, na casa do Alto da Boa Vista, quando Gina disse:

"Tem uma coisa que sempre tive vontade de perguntar. Você não se arrepende de ter acabado com o casamento com o Roberto?"

"Eu me arrependo."

O fim da relação de Stella e Roberto era também o afastamento da mulher que atuou em dupla nas cartas do jogo travado pelo marido, criando pontes na intrincada vida social do Rio de Janeiro. "Stella era a companheira de um projeto. Por isso, a traição [de Roberto] pegou forte. Você pode se dar muito bem com a sua mulher e dizer: 'Olha, hoje estou a fim de sair fora' e ela perdoar isso com naturalidade. Mas não era o acordo que eles tinham", completa Roberto Irineu.

Marinho sugeriu, segundo amigos próximos, manter de forma pragmática o casamento. Stella, no entanto, decidiu se separar do empresário. A decisão assustou Marinho, acostumado a vencer disputas e nunca se deparar com a rejeição, especialmente da mulher que mudou seu comportamento social. A atitude de Stella em recusar uma relação de conveniência entrava em choque com um Rio de Janeiro machista e patriarcal. Ela deixou o Cosme Velho sem se importar com as perdas da posição no império que ajudou a construir nos movimentos dos salões e jardins da residência.

Após a separação do casal, José Roberto continuou morando com o pai, e João Roberto procurou manter-se neutro. O processo afetou em cheio o filho mais velho. "Eu e o João não nos envolvemos muito nessa história. Já o Roberto Irineu, primogênito, ficou mais no embate, defendendo a mamãe. Ele sofreu um desgaste maior", afirma José Roberto.

* * *

Roberto Irineu tem estilo despojado. Usa calça jeans, camisa esportiva preta de manga curta e tênis. Ele difere dos irmãos por ser corpulento e demonstrar mais ansiedade, um sujeito que parece impulsivo. Se preparou para tocar os negócios. É o mais emocional dos Marinho e o que fala mais, sem policiamento. Ao longo da formação na Globo, foi pisoteado e julgado como o inverso do pai administrador e empreendedor ousado. Na sala onde trabalha, não há um único quadro de sua coleção particular que, segundo alguns, supera a do pai em obras de artistas europeus. A mesa e as prateleiras da estante da parede são de madeira clara. Ali estão alguns retratos, livros, balanços da Globo, um pacote de café que ele produz numa fazenda em Minas e troféus do Emmy e de outros prêmios de TV exibidos sem destaque.

Ele construiu a figura, na empresa, de um homem informal e de atitudes duras. Logo no início da conversa, interrompe uma pergunta para ressaltar: "Deixe eu te dizer: pergunte à vontade, não faça cerimônia. Se eu não quiser responder, não respondo. Não tenha constrangimento, pergunte à vontade, respondo o que eu quiser."

O empresário lembra que teve relação tranquila com o pai até a separação do casal. Observa que tanto ele quanto Marinho eram homens turrões, de sangue quente, que não davam o braço a torcer. "E por mais que a gente depois tenha conversado, nunca mais foi a mesma coisa. Até morrer, nunca mais nos entendemos 100%. Não era coisa de empresa, não. Era sempre um pé atrás."

Marinho quis que o filho mais velho o defendesse em situações de confronto com Stella. Roberto Irineu não aceitou:

"Essas coisas que você está pedindo eu negocio, mas te defender, eu não vou. Não posso defender nem um nem outro. Tenho que ficar absolutamente no meio."

Vez ou outra, Roberto pedia, de forma direta, o apoio do filho, dizendo: "Mas eu estou correto ou não estou correto?"

Roberto Irineu avalia que o pai considerou que o filho recusou a ajudá-lo. "Ele ficou ofendido até a morte", relata. "Papai queria que eu dissesse que ele tinha razão. No fundo é isso, é coisa de italiano. Em briga de marido e mulher, nem o marido se mete. Essa é uma frase velha, mas muito boa. Então, deu zebra — deu ruim, como a criançada diz."

Em outro momento, Roberto Irineu retorna ao tema da relação com o pai e observa que não contou tudo. "Eu não contei bem a história. Não é só que ele queria que eu fizesse a defesa. Da mesma maneira que ele era às vezes um sujeito estourado, eu fui um sujeito bastante estourado. Hoje em dia mais controlado. Ele chegou um dia, na sala dele no *Globo*, e começou a falar mal dela, e usou uma terminologia que eu não gostei", relata.

Roberto Irineu conta que se levantou e disse para o pai: "Pare de falar nesses termos, porque eu não admito. Eu não admito que ela fale de você nem você dela."

O pai insistiu no uso de palavras duras contra Stella. Roberto Irineu se aproximou, pôs as mãos no paletó dele, próximo ao colarinho da camisa.

Roberto Irineu fica em silêncio por um tempo, com semblante de desconforto. "Eu peguei o paletó [dele], subi assim e larguei. Aí deu zebra", conta. "Foram momentos diferentes da vida. O que vou fazer? Foi uma coisa horrorosa. Me demitiu do *Globo*. Quem foi que interferiu a meu favor... acho que foi o João. Você fica com raiva. Quando você tem setenta anos de idade, diante de termos duros, você diz: 'Tá ótimo, não enche o saco'. Quando você é jovem, com 15 anos, e estão falando da sua mãe, você não gosta muito. É complicado examinar bem as coisas. Ele nunca me perdoou, a vida inteira, por eu ter afrontado. Depois nos relacionamos bem, mas se houvesse discussão, ele ficava armado para me bater de volta, porque achava que eu ia bater nele."

Roberto Irineu reclama do temperamento orgulhoso do pai. "A frase que eu disse foi: 'Eu não admito que você fale isso, assim como não admito que ela fale de você.' Mas ele só escutou a primeira parte. Eu conheço bem o temperamento dele. Hoje eu compreendo perfeitamente que eu devia ter arrumado uma outra maneira para tratar do assunto, mas isso é difícil de se pensar quando se tem 15 anos."

Ele aponta fragilidades na capacidade executiva do pai. "O papai era excelente criador de veículos, mas não de empresas. As empresas do papai não tinham boa gestão, é uma coisa meio paradoxal, mas é verdade", afirma. Diante de um comentário sobre a coerência de Marinho na execução de um projeto de comunicação, ele pondera que os veículos do pai são "espetaculares". "Ele criou uma rede nacional com afiliadas. Nós só temos cinco emissoras que a lei permite. Houve todo o sistema de franquia. Tudo isso foi bem construído, um trabalho de formiguinha."

É nesse momento que o lema de Robinson Crusoé de rejeitar a experiência do pai e partir para uma aventura própria entra na conversa do neto de Irineu Marinho.

Um dos homens que mais conviveram com Marinho nos últimos anos de vida do empresário, o auditor José Aleixo relata que nunca o viu mais irritado que no dia em que Roberto Irineu entrou na sala do pai e discutiu com ele. "Foi numa situação em que o Roberto o peitou e o filho reagiu. Quando eu entrei, dr. Roberto estava, assim, com a unha."

Aleixo chegou a intervir para que o empresário deixasse de se machucar. "Chegou a arrancar um pedaço da unha. Eu peguei na mão dele: 'Dr. Roberto, vai se machucar.' Dali a pouco voltou. Chamei a secretária, que passou merthiolate", conta. "Não sei se a palavra é irritação. Era uma raiva de alguma coisa que estava lhe perturbando. Ele tinha esse vício de machucar o dedo."

A relação de Roberto com o segundo filho, Paulo Roberto, também era marcada por desentendimentos. De temperamento incisivo, Paulinho, como era chamado na família, não abaixava a cabeça. Paulo Roberto morreu num acidente automobilístico, em 1970, na Região dos Lagos, no Rio de Janeiro.

O relacionamento tenso de Marinho com os filhos mais velhos abria janela para uma convivência fraternal com a João Roberto e José Roberto. "Vamos dizer assim: dos três filhos, o João era talvez o que tinha mais paciência com ele. Era o mais querido. Até porque o dr. Roberto sempre gostou muito de política, e o João é o mais político de todos. Já o Zezinho [José Roberto] era um cara da vida", conta Aleixo, rindo.

Henrique Caban relata que o empresário chegou a ver o caçula como seu principal sucessor. "Ele achava que o José Roberto deveria se preparar, mas não se deixou preparar", conta. "O João fez mais o dever de casa, se aproximou. Não tinha a cabeça quente do Roberto Irineu."

José Aleixo fala das divergências entre o filho mais velho e o pai. "O Roberto Irineu peitava o dr. Roberto, muitas vezes com razão. Ele e o pai tiveram um conflito, não era uma coisa de não se falarem, de não se visitarem, não chegava a isso. Dissabores talvez do passado."

1968

Com a relação desgastada, Roberto Marinho e Stella foram passar o réveillon de 1967 para 1968 na casa do Alto da Boa Vista. No Cosme Velho, ficou Roberto Irineu, que abriu a mansão aos amigos. Em volta da piscina, dez casais se divertiam. O grupo dançava e bebia quando um dos amigos de Roberto Irineu, bom tocador de violão, se afastou, subiu a elevação que dá numa pequena construção no jardim, onde Roberto Irineu tinha um quarto. Logo depois, ouviu-se um tiro. O estampido vinha do quarto. A arma que Roberto Irineu possuía foi acionada.

> *Estávamos todos dançando na piscina. Esse amigo meu tinha relacionamento familiar difícil. Enquanto nós estávamos dançando, ele saiu brigando com a namorada e entrou na casa que está fechada. Volta e meia, morava lá em casa, passava uma semana. Ele sabia onde tinha uma arma no meu quarto, sabia tudo. Ele pegou a arma para fazer uma cena de que iria se suicidar, alguma coisa assim, para fazer um drama com a menina. Só que deu um tiro em si mesmo. Aí a menina voltou aos prantos, correndo. Aí saímos correndo para ver. Eu estava dançando, por acaso, com a minha namorada. Disseram que eu estava apaixonado pela mulher dele e, portanto, dei um tiro nele. Eu estava no meio da festa. Aí liguei para o papai, que estava no Alto da Boa Vista, que ligou para a polícia, para o hospital, ligou para não sei o quê, foi a coisa. Agora não me lembro de todos os amigos que estavam lá, mas alguns eu lembro. Meu amigo passou muito tempo no hospital.*

Numa outra conversa, Roberto Irineu mostra fotos do tempo de juventude para tentar saber o ano em que ocorreu o episódio na piscina. "Eu tenho a foto dele, aqui, para você. Esse episódio é tão esquisito. Esta foto é de um festival de cerveja, em São Cristóvão. Aqui estamos nós e a Dadala. Nunca namorei a Dadala. Era uma moça de beleza deslumbrante", relata. "Fui pegar minhas fotos de colégio para ver qual era a que batia com a minha cara naquele ano. Essa daqui é mais ou menos daquela época, deve ter dois, três meses de diferença", avalia. Numa foto tirada com uma turma do colégio, ele é o mais magro. "Você repara a atitude. Os caras fortões e eu, aqui, magrinho." A história ocorreu na noite de 31 de dezembro de 1967.

Um *Globo* dividido partia para a cobertura mais difícil de sua história desde o tempo da ditadura de Vargas. No final de março, iniciava-se uma onda de protestos estudantis contra a política de ensino do regime. Uma manchete noticiosa do jornal de Marinho assinalou uma mudança no curso da história:

> "Estudante morre a
> tiro no Calabouço"

No restaurante universitário Calabouço, próximo ao Aeroporto Santos Dumont, o jovem trabalhador Edson Luís de Lima Souto, de 18 anos, foi atingido por uma bala numa invasão do local pela polícia, que reprimia uma manifestação pela precariedade das instalações e da comida servida aos estudantes. Na mesma edição, *O Globo* informou que o governador demitiu o general Osvaldo Niemeyer Lisboa, chefe da Polícia Executiva. Um editorial na primeira página saiu em defesa de Negrão de Lima. "Governa a Guanabara um político ponderado, adversário tradicional da violência", ressaltou. "Essa circunstância dá aos cariocas uma certeza: a de que a tragédia será investigada, com isenção e honestidade. E que os responsáveis por ela serão entregues à Justiça."

Um diferencial na cobertura do *Globo* foi uma foto 3 x 4 de Edson Luís, ainda criança, de óculos escuros, obtida pelo repórter Luarlindo Ernesto. Diante do clima tenso entre os estudantes, que não queriam a presença da imprensa, vista como apoio irrestrito à ditadura, ele convenceu a liderança do movimento a conversar.[148]

No dia seguinte, o jornal descreveu na primeira página o cortejo do corpo do jovem até o cemitério São João Batista, acompanhado por milhares de pessoas, em meio a "inflamados" comícios e "conclamações" à luta armada. O texto adotou um tom emotivo ao relatar que estudantes assobiavam e cantavam a "Valsa do adeus", improvisando chamas de papéis de jornais. O jornal usou a página seguinte para dar o "outro lado", em que o general Niemeyer afirmava que mandou a tropa agir com rigor. Na terceira página, *O Globo* voltou ao velho modelo anticomunista ferrenho ao falar de violência "vietcongue" num protesto de estudantes em Brasília. A quarta página relatou que pessoas foram feridas nessa manifestação.

O assassinato de Edson Luís tornou-se assunto nacional. No dia 1º, Marinho publicou uma análise de "microscópio" sobre o crime. Por um lado, o texto descreveu a comoção que atingiu "todas" as classes sociais, a trégua nas disputas ideológicas e a inexperiência da Polícia Militar. Por outro, avaliou que não se podia afirmar a origem do disparo. O texto citou a "pronta reação" do governador da Guanabara ao afastar agentes envolvidos no assassinato e formar um grupo com a presença da OAB para apurar o crime. O jornal criticou a política de ensino da "revolução". Por fim, flertou com a repressão aos "agitadores profissionais". "O 28 de Março mostra às 'pombas' que os 'falcões' preparam-se para o ataque. O governo precisa encontrar a unidade interna para enfrentar um inimigo que se mostrou suficientemente ousado."

Em jogo estavam a sobrevivência de Negrão de Lima, um adversário da ditadura, ainda que com canais em setores moderados do governo, e a aproximação do fantasma da linha dura.

O assassinato de Edson Luís provocou, nos meses seguintes, uma onda de violência e protestos. Ao noticiar as mortes dos trabalhadores Davi de Souza Meira, 30 anos, e Jorge Aprígio de Paula, 20 anos, na manifestação de 1º de abril, *O Globo* culpou infiltrados e tirou a responsabilidade da polícia e do governador. Para o jornal, a violência nas ruas era um "ensaio" da guerrilha urbana.[149]

Na matéria sobre a possibilidade de Costa e Silva reagir a protestos com medidas de exceção, *O Globo* responsabilizou Lacerda por parte dos conflitos e defendeu um "basta" à agitação.[150]

Marinho freou o impulso pela defesa do recrudescimento do regime quando chegaram à redação fotos do momento em que a cavalaria da polícia reprimia estudantes após a missa de Sétimo Dia de Edson Luís. O noticiário dos protestos continuou tão quente que, no dia 5, o jornal noticiou o assassinato de Martin Luther King Jr. e a morte de Assis Chateaubriand, que havia oito anos enfrentava problemas de saúde. A primeira página exibiu fotos da celebração, na Candelária, em memória ao jovem assassinado. Numa delas, um padre diante da cavalaria manda a tropa parar em "nome de Deus". Numa outra, religiosos formam um cordão para impedir que a polícia se aproxime dos estudantes. E em outra a cavalaria ocupa a frente da igreja. Marinho trabalhou à exaustão no texto de seus articulistas para afirmar que a intervenção "dramática" dos padres impediu um conflito de graves proporções. A missa não tinha sido permitida pela ditadura. O editorial "Milagre na Candelária", trabalhado por diversas mãos do jornal e tendo a palavra final do dono, oscilou entre o elogio ao clero e a crítica aos "agitadores".

Uma matéria do jornal do dia seguinte destacou que a repressão policial incidiu sobre profissionais da imprensa, incluindo três fotógrafos do *Globo*, que foram agredidos e tiveram os equipamentos destruídos. O jornal publicou nota da associação dos fotógrafos cariocas com críticas ao governo estadual e aos empresários da imprensa.

> *A Associação dos Repórteres Fotográficos do Rio de Janeiro* [...] *condena a falta de providências das autoridades estaduais, que ao invés de protegê-los, espanca-os e, não satisfeitos com isso, retira-lhes o material, repetindo cenas históricas só vistas na época da Inquisição: queimando em praça pública seus filmes, além de quebrarem suas máquinas, pisoteando-as, depois de encurralá-los como cães ferozes, ferindo gravemente um deles.*
>
> *Lembramos aos dirigentes do País* [...] *que somos chefes de família responsáveis pelo futuro de nossos filhos, que poderiam inclusive estar no meio daqueles que o governo do Estado, através de sua máquina repressora, vem massacrando.*
>
> *Finalmente, aos senhores diretores das empresas a que servimos, lembramos que a nossa contribuição depende de um mínimo de condições de trabalho, que se fundamenta na nossa segurança profissional*

e funcional, sem o que poderá gerar a falta de estímulo e consequentemente prejuízos na qualidade dos serviços e no próprio rendimento do jornal.

A *Tribuna da Imprensa* criticou o "corporativismo" na decisão do *Globo* de publicar a nota dos repórteres-fotográficos. "Os jornalistas não podem se constituir numa classe privilegiada que só reage quando o perigo ronda a sua casa."[151]

Nas páginas do *Globo*, dom Jaime aparecia como negociador. Poucos dias depois, o cardeal foi recebido por Costa e Silva. Em conversa por telefone com Marinho, relatou declarações do general. Depois, mandou um cartão para o empresário. "Naturalmente, houve, em nossa conversa telefônica desta noite, pormenores dos desabafos do sr. Presidente da República que devem ficar entre nós. Mas confio na sua ética de jornalista experimentado, que sabe distinguir entre palestra amistosa e o que convém divulgar."[152] O cardeal usava suas relações para obter informações e repassá-las a quem o ajudava na construção da catedral.

Naqueles dias tensos, Costa e Silva atendeu ao convite de conselheiros da ABI, feito dois meses antes, para um almoço de aniversário da entidade. No dia 8 de abril, um domingo de sol no Rio, 26 anos depois de Getúlio ser recebido em festa, um outro ditador chegava para dividir a imprensa.[153]

Doente, Moses não estava presente para pôr panos quentes num racha. Na calçada da ABI, os jornalistas Antonio Callado e Otto Maria Carpeaux estenderam uma faixa: "Não se almoça com quem quer nos jantar."[154] Lá dentro, duzentas pessoas estavam à espera do ditador. Fernando Segismundo relatou que, juntamente com Danton Jobim, presidente da entidade, propôs o almoço para tentar dissuadir Costa e Silva de fazer uma Constituição "às escondidas".[155] A jornalista Ana Arruda Callado afirma que Segismundo era figura dúbia que se gabava de jogar pôquer com o ditador.

A receita de Moses de adular ditador, adotada à exaustão no Estado Novo, foi colocada em xeque.

Roberto Marinho, a condessa Pereira Carneiro e Niomar Moniz Sodré passaram pelo protesto, subiram o elevador do prédio e se sentaram à mesa. O governador Negrão de Lima entrou com discrição. Costa e Silva chegou minutos depois, acompanhado de nove ministros.

Num pronunciamento, Danton Jobim disse que a recepção ocorria em "circunstâncias excepcionais". "Insistimos, porém, em realizar este almoço, porque em circunstâncias como estas é que a ABI se firma confiante em si mesma", afirmou.

De óculos escuros, o general se levantou da cadeira, pegou um calhamaço de folhas de papel das mãos de um ajudante de ordens e encostou o microfone na boca. Ele abriu o discurso afirmando que "tomamos" a decisão de viver em "democracia". "A imprensa nos ajudou nessa determinação e nos ajuda ainda hoje a não abandoná-la", disse. Citou a história do papa Adriano VI, que deu ordens para que fosse jogado no rio Tibre a estátua do Pasquino. Era no corpo da escultura que os críticos da Igreja afixavam seus pasquins e mensagens. Um assessor, porém, o demoveu da ideia. "Senhor, o pasquim é da espécie de rãs, que debaixo da água coaxam mais", debochou Costa e Silva.

O discurso do ditador foi interpretado como sinal de distensão pelos grandes jornais do Rio. *O Globo* afirmou que o almoço na ABI foi "brilhante" numa hora "delicada" e que o general reiterou suas disposições de manter intactas as liberdades democráticas. O texto enalteceu a figura de Moses. "A qualquer hora da noite, sob as piores crises nacionais, Moses deixava o lar não somente para protestar contra violências, mas para tirar do cárcere humildes repórteres, vítimas de perseguições políticas."[156]

Sem o "dr. Moses", a ABI ficou sem o discurso único que encobria antigas divergências e visões. O espaço de reação a governos autoritários, frequentado por liberais e comunistas, esvaziava-se. O pragmatismo, que era associado à personalidade de Moses, dava lugar à descrição de uma "zona intermediária" de interesses e omissões da entidade.[157]

No episódio da morte de Edson Luís, *O Globo* registrou o clima de um Rio de Janeiro subjugado e que reagiu à repressão policial. O comportamento de Marinho e seu jornal, no entanto, jamais tinham exposto uma ambivalência tão acentuada ao isentar a polícia da violência em boa parte da cobertura, pedir medidas duras contra os "agitadores" e defender uma "revolução" que cerceava direitos. O espaço de notícias não sucumbiu à censura. Os mortos pelas "balas" foram citados, e seus últimos momentos, registrados, mas não ficou claro, nas matérias, o trajeto dos projéteis, do disparo ao alvo.

No final daquele mês de abril, Costa e Silva acertou com o ministro do Trabalho, Jarbas Passarinho, a entrega da Ordem do Mérito do Trabalho no grau de Grande Mestre a Roberto Marinho, Julio de Mesquita Filho, do *Estado de S. Paulo*, e, *in memorian*, ao conde Ernesto Pereira Carneiro.[158]

Os protestos estudantis foram retomados em junho de 1968. No dia 20, o jornal de Marinho publicou nota do general Syzeno Sarmento, comandante do I Exército, no Rio, advertindo os pais dos "verdadeiros estudantes" para não deixar seus filhos servirem de "escudo" à "desordem" e à "tentativa de implantar a anarquia". O jornal comentou os protestos que agitavam Paris. "O governo terá o apoio da nação para liquidar no nascedouro esses alienados que pretendem importar o pior produto da pauta de exportações da França: o caos."

No dia 22, o jornal noticiou as mortes do operário Fernando da Silva Lembo, de 15 anos, e do comerciário Manoel Rodrigues Ferreira, de 18, por armas de fogo durante manifestações na cidade, e de um soldado da Polícia Militar, Nelson de Barros, que foi atingido por um balde lançado de um prédio, num protesto, na Esplanada do Castelo, também no centro.

O regime reforçou a censura. A ação foi sentida nas redações do Rio, que receberam telefonemas e avisos de agentes do Exército. Ainda assim, no dia 25 daquele mês, sob a fiscalização dos homens da repressão, os jornais noticiavam que, na manhã seguinte, ocorreria uma manifestação de estudantes para criticar a política de educação da ditadura.

Por volta de 11 horas, milhares de pessoas saíram da Cinelândia e seguiram, sem tumultos e incidentes, pela Rio Branco, até chegarem, cerca de seis horas depois, à Candelária. O pacifismo da multidão quebrou os argumentos do governo, que recorria ao discurso da subversão e do comunismo para desqualificar protestos país afora. *O Globo* noticiou na sua edição que a passeata ocorreu sem incidentes.

Até ali, a censura não tinha controle absoluto da imprensa, que ainda noticiava críticas ao governo. Em editorial de primeira página, o jornal de Marinho afirmou que o governo e a "revolução" sofreram uma "considerável" derrota. "Foram à rua não apenas as minorias extremistas guiadas por 'slogans' subversivos, mas também gente que pacificamente fez questão de manifestar seu desagrado pelo rumo atual do país."

O discurso da ameaça "terrorista" não estava vencido. Criticado pela gestão desastrosa, Costa e Silva recorreu ao instrumento do medo.

Em outubro, a repressão militar voltou às ruas com mais truculência. Uma bala atingiu mortalmente o estudante de medicina Luiz Paulo da Cruz Nunes, 21 anos, em frente ao Hospital Pedro Ernesto, em Vila Isabel. *O Globo* procurou desvincular o jovem dos protestos. O jornal destacou que ele era "democrata" e contra "badernas". Pelos relatos, Luiz Paulo estava "tranquilamente" dentro da escola quando, atraído pelos tiros, saiu para ver o que se passava. Uma manifestação seguiu de Vila Isabel para o cemitério do Caju, onde ocorreria o sepultamento. O protesto foi desviado para o centro e chegou à Presidente Vargas e à rua de Santana. Vinte quatro anos depois de getulistas incendiarem carros do *Globo* no largo da Carioca, Marinho via a segunda sede do jornal ser alvo de manifestantes. Um grupo com pedaços de ferro e pedras quebrou vidros, jogou rojões e tentou incendiar o prédio.

Pouco antes da passeata chegar ao jornal, dois jovens foram mortos por bala de fogo, o comerciário Luís Carlos Augusto, 23 anos, que trabalhava no escritório do segundo andar de um prédio na avenida Presidente Vargas, e o operário Clóvis Dias Amorim, 22. "Luís estava no escritório onde trabalhava quando viu tiros. Correu à janela e foi atingido. Clóvis morreu na rua, na Praça Onze, baleado na cabeça. O Hospital Pedro Ernesto tinha em suas sacadas grandes faixas pretas onde se lia: 'A polícia assassinou nosso colega.'"[159]

O jornal voltou a cobrar do governo ação contra a "inércia". A palavra "guerrilha" ressurgia na cobertura do vespertino de Roberto Marinho. "É preciso separar reivindicação de guerrilha."[160]

No início de outubro de 1968, o *Correio da Manhã* publicou uma investigação do repórter Pery Cotta sobre um plano no coração da Aeronáutica para liquidar os principais opositores da ditadura. A denúncia foi feita pelo capitão Sérgio Ribeiro Miranda de Carvalho. A seus superiores, Sérgio Macaco disse que a ideia do oficial João Paulo Burnier era empregar a estrutura e os homens do Para-Sar, esquadrão de salvamentos da Aeronáutica, para detonar bombas e provocar mortes de civis e, depois, sequestrar e matar Lacerda, Juscelino e dom Hélder Câmara. As vítimas seriam jogadas ao mar. Burnier era o militar que, no governo Juscelino, organizara as revoltas de Aragarças e Jacareacanga. O brigadeiro Eduardo Gomes tentou levar o caso ao presidente Costa e Silva. O ministro da Aeronáutica Márcio de Sousa Melo abafou o episódio.

Uma das estrelas da CPI do Time-Life, o deputado Djalma Marinho virou alvo do Planalto ao apresentar relatório propondo a rejeição de um pedido feito pelo governo para cassar o mandato do colega Márcio Moreira Alves, do MDB da Guanabara, que fizera duro discurso contra a invasão da Universidade de Brasília pela Polícia Militar. A Câmara aceitou os argumentos de Djalma.

No final da ensolarada manhã de 13 de dezembro, os repórteres aguardavam, no saguão de entrada do Laranjeiras, notícias do governo. O ditador estava com ministros dentro do palácio.

Na saída para o almoço, seguranças fecharam as portas laterais e cercaram os jornalistas, para que os ministros deixassem o palácio sem abordagens. Só depois que o último deles deixou o Laranjeiras, os repórteres puderam sair.

Ao voltarem para o palácio à tarde, para cobrir mais reuniões, os repórteres não puderam entrar. Poucos saíram da portaria. Às quatro, os ministros começaram a retornar. Também entraram no palácio o locutor Alberto Cure e técnicos da Agência Nacional. A presença dos jornalistas da imprensa oficial aumentou a expectativa dos repórteres do lado de fora.

À noite, Costa e Silva se reuniu com o Conselho de Segurança Nacional. O encontro terminou às 21h55. Mais um Ato Institucional tinha sido aprovado por todos, à exceção de Pedro Aleixo, vice-presidente.

O governo solicitou duas câmeras da Globo, a emissora melhor equipada naquele momento no Rio, para transmitir, por videoteipe, do Laranjeiras, um pronunciamento do ministro da Justiça, Luís Antonio da Gama e Silva, e uma declaração do locutor Alberto Cure para explicar o AI-5. A ditadura colocou o Congresso em recesso, confiscou bens, suspendeu o habeas corpus e retomou as cassações.

O ministro comentou que o governo não aceitava a decisão da Câmara em não autorizar um processo contra Márcio Moreira Alves.

"A revolução não podia ser traída."

A reprodução da imagem de Gama e Silva na TV ilustrou as edições do *Globo* e de outros jornais. É simbólico que a imagem principal da cobertura no Laranjeiras não tenha partido de um fotógrafo em campo, com seu olhar a capturar sombras e fisionomias.

Pela manhã, militares armados chegavam às redações. No Rio, o aparato foi maior na sede do *Correio da Manhã*. O diretor Osvaldo Peralva foi jogado dentro de um camburão. Em São Paulo, o *Estado*, da família Mesquita, teve a sede cercada e exemplares apreendidos. O editorial "Instituições em frangalhos", publicado ainda no dia 13, fazia duras críticas ao regime. Julio de Mesquita Filho decidiu informar na primeira página da edição do dia seguinte que o "O Estado é apreendido". O governo colocou um censor dentro da redação.[161]

Nos dias seguintes à edição do AI-5, *O Globo* não publicou seus tradicionais editoriais de primeira página. Não houve artigo com a opinião do jornal nem mesmo no dia 31, quando o vespertino noticiou o fim político do único adversário que Roberto Marinho jamais perdoaria. Numa edição factual, *O Globo* noticiou que o governo suspendeu os direitos políticos por dez anos de Carlos Lacerda. Também foram cassados mandatos de outros 11 políticos, dentre os quais Márcio Moreira Alves.

Na lista de cassados, o radialista e deputado federal Raul Brunini procurou Marinho. Embora não tivesse deixado a folha de pagamento da Rádio Globo, perdera espaço na emissora. Marinho o "readmitiu".

"Vamos ter uma conversa. Você fala e eu falo. E nós apagamos isso."

"Eu acho que o senhor e Carlos Lacerda juntos representam uma grande força. Separados, ambos saem enfraquecidos."

Marinho interrompeu:

"Carlos Lacerda me prejudicou."[162]

* * *

Bombardeado por denúncias de corrupção pelo *Globo*, Lacerda enfrentava dificuldades financeiras. Possuía um apartamento na Praia do Flamengo, uma dívida pessoal acima do valor do imóvel e as páginas da *Tribuna da Imprensa*, comandada pelo fiel aliado Hélio Fernandes. Estava longe do poder do microfone do rádio e da câmera da TV. Um amigo avisou ao banqueiro José Luiz de Magalhães Lins sobre a situação financeira do ex-governador. Um dos alvos da *Tribuna*, Magalhães Lins montou para Lacerda a Imobiliária Nova York, com carro e motorista. "Eu neutralizei o Lacerda em relação ao Banco Nacional, porque ele era nosso inimigo político. Ficou me devendo um favor enorme."

A criação da imobiliária dava sustentação financeira para o *enfant terrible* da mansão da rua Icatu, político adorado por Miminha e José Nabuco. Ao mesmo tempo, preservava uma carta do grupo da extinta UDN para um possível processo de abertura política.

Depois, Magalhães Lins reuniu empresários e outros banqueiros para ajudar Lacerda a montar a Nova Fronteira. O nome da editora foi ideia de Nininha, esposa de Magalhães Lins. Uma boa parte do dinheiro veio do banqueiro Antonio Carlos Almeida Braga, o Braguinha.[163] Era um tempo em que Lacerda vivia entre remédios para emagrecer, o vício em cocaína, diziam uns, e um silêncio em relação ao dono do *Globo*.

Marinho questionou o socorro dado ao seu adversário:

"Zé Luiz, como é que você fez um negócio desses, devia deixá-lo quebrar, ficar na miséria."

"Ah, Roberto, salvei minha pele. Tenho a impressão de que ele apagou."

É possível que o AI-5 tenha pegado *O Globo* de surpresa e deixado a chefia indecisa, a ponto de não arriscar editoriais. Um jornal em dúvida estava à mostra num artigo publicado 22 dias depois da fatídica reunião no Laranjeiras. No editorial "O salto e o atleta", o jornal avaliou que os "erros políticos" não tinham partido apenas do Congresso, mas também da "órbita" do Executivo. "O Brasil está diante de uma esquina histórica. O 13 de Dezembro poderá representar um passo de gigante — para a frente — ou um funesto retrocesso." O editorial disse que um salto tinha sido dado e o êxito da prova dependia do atleta. Marinho e sua equipe de editorialistas ensaiaram uma crítica às prisões ocorridas a partir do AI-5. "O hiato em que vivemos, se aproveitado sem mesquinhez — e sem prisões miúdas — poderá representar uma saída para o impasse brasileiro. Mas também — arma de dois gumes que é —, se mal 'administrado', redundará numa trágica aventura."

No texto ambivalente, o jornal hesitou em deixar claro sua preocupação com a parte repressiva do ato. "O governo está condenado a não errar. Perdeu esse direito. Um erro agora será como que a pena de morte sem o benefício do indulto. O Ato 5 foi a última instância. A trincheira derradeira. Não se pode afirmar ainda se terá sido um erro ou um acerto. Isso depende do uso que dele fizerem. Por isso, é prematuro apoiá-lo ou condená-lo (embora algumas providências na órbita econômico-financeira hajam sido felizes). Poderá ser um bem para o Brasil como poderá representar a maldição suprema."

No dia 8, *O Globo* voltou a publicar um editorial sobre o AI-5, dessa vez para falar de "desvios de rotas".

> *Não será temerário — antes que se promova uma completa limpeza no aparelho policial — entregar a certos detetives, comissários e mesmo delegados, os superpoderes conferidos pelo AI-5? O que esses péssimos elementos que compõem a minoria da classe não estarão fazendo agora com humildes botequineiros?*
>
> *Sabemos que as Forças Armadas encaram com apreensão essas atividades a esses riscos a que — sem recurso a "habeas corpus" — estão expostos comerciantes. E, mais do que comerciantes, a própria Revolução.*
>
> *É em nome desta que reclamamos um pouco mais de cuidado na execução de certas medidas que desviam a Nação dos rumos fixados pelos próprios governantes.*
>
> *Há necessidade de energia. E energia não é sinônimo de violência.*

No final de abril do ano seguinte, o jornal de Marinho destacou em manchete que o Conselho de Segurança Nacional bateu recorde de cassações. Entre os 107 nomes da lista, *O Globo* apresentou na primeira página fotos de três pessoas de comportamento moderado, que não estavam na linha de frente de ataques à ditadura — o presidente da Federação Paulista de Futebol, Marcelo Falcão, o editor do *Jornal do Brasil* Antonio Callado e o músico e diplomata Vinícius de Moraes. No editorial intitulado "O país do medo?", aparentemente sobre a política tributária, *O Globo* questionou, de forma enviesada e com metáforas, o endurecimento.

> *Será o Brasil um país pujante e feliz no dia em que o pai que puxar do bolso um maço de cigarro americano for denunciado à polícia fazendária pelo filho "patriota"?* [...] *A sociedade democrática é, por definição, pluralista* [...] *Uma grande nação faz-se com a boa convivência entre grandes e pequenos artistas e artesãos, com grandes soldados, com santos e pecadores, com gente frívola e austera, com inteligentes e medíocres.*"[164]

Os espaços dos colunistas do jornal foram usados para debater o drama do editor do *Jornal do Brasil*. Nelson Rodrigues, que apezinhava Callado, disse que era "espantoso" negar a alguém o direito de trabalhar. "Alguém pode conceber um Callado açougueiro, ou quitandeiro, ou quebrando pedras? Teoricamente, ou ele vai para o açougue, a quitanda ou a pedreira ou morre de fome. Eis um homem que só existe como escritor."[165]

Ibrahim Sued escreveu que não concordava um "milímetro" com as teorias políticas de Callado, mas discordava da decisão que o proibia de exercer sua profissão. "Como jornalista e amigo pessoal do presidente, eu não poderia deixar de fazer este protesto público", destacou a nota. Em seguida, o colunista informou que a primeira-dama Yolanda Costa e Silva usaria um vestido plissado preto e branco num banquete oferecido ao governo uruguaio.[166]

Demitido do *Correio da Manhã* depois da matéria sobre o caso Para-Sar, o repórter Pery Cotta foi empregado por Moacir Padilha como repórter de polícia do *Globo*. Aos 29 anos, ele se destacava pela altura. Era faixa preta em caratê e visto como um "maluco" por, vez ou outra, entrar no Palácio da Relação, onde funcionava o DOPS, para ver colegas, desafiando os guardas da portaria. Nem a fama de ser um esquerdista foi um empecilho à contratação. Se *O Globo* era uma casa ligada à Aeronáutica, os elos da força que tinham influência na redação e na direção do jornal, como o brigadeiro Eduardo Gomes ou mesmo o diretor Luiz Paulo Vasconcelos, estavam do lado de Sérgio Macaco.

Certa manhã, Cotta entrou no Ministério do Interior, na rua das Palmeiras, em Botafogo, quando o amigo do *Globo* Paulo Jerônimo, o Pajê, o alertou que agentes da Aeronáutica estavam do lado de fora para prendê-lo. Um coronel que trabalhava no ministério deu seu carro para que Pajê saísse por uma portaria lateral com Pery abaixado na parte de trás. Foram para *O Globo*. Minutos depois, Roberto Marinho telefonou para a Aeronáutica.

"Olhe, vocês estão querendo prender um funcionário meu. Amanhã, ele vai depor acompanhado do meu irmão."

Anos depois, Rogério Marinho disse ter ficado "impressionado" com a perseguição sofrida pelo jornalista. "Toda noite ele era chamado para interrogatório. Queriam saber quem tinha dado as informações [sobre o caso Para-Sar]. Eu percebi que estava emagrecendo e chamei para uma conversa. Burnier era maluco."[167]

Pery passou por nove prisões. Numa ocasião, montava a editoria de Economia no *Globo* quando um tenente à paisana, acompanhado de dois homens armados, chegou para prendê-lo. Ele não viu que no corredor um grupo de agentes aguardava. O jornalista relata o seguinte diálogo travado com o tenente:

"O senhor está preso."

"Quem deu a ordem?"

"Não te interessa."

"Quero um documento de ordem de prisão. Se não tiver, não me leva. Talvez leve um cadáver. O senhor guarda essa arma, pois se tentar me levar na marra, um de vocês vai comigo para o inferno."

Momentos depois, chegou o documento com a ordem de prisão. Quarenta e seis anos depois de a repressão do governo Arthur Bernardes tirar à força jornalistas da redação da *Noite*, um repórter saía preso do jornal da família Marinho. Pery Cotta foi levado para a Aeronáutica, no Aeroporto Santos Dumont. Burnier deu ordens para que o repórter fosse colocado num banco no hangar vazio, onde depois ocorreu um treinamento de combate a manifestações. A todo momento, agentes se aproximavam aos gritos de Cotta. O repórter tirou um lenço do bolso, rasgou em pedaços e colocou os retalhos na boca. Tinha receio de perder os dentes. O que mais angustiava o jornalista, no entanto, era a sensação de ter sido pivô da queda do mais influente jornal brasileiro de seu tempo.

O espírito do demônio

O *Correio da Manhã* adotou uma postura de crítica à ditadura. Anunciantes se afastaram. Jânio de Freitas e seu grupo cumpriram a promessa de se retirarem. O matutino estava agora sob o comando de Niomar, esposa de Paulo e nora de Edmundo, criador do jornal. Diferentemente da condessa do *JB*, ela não vinha de uma tradição familiar de imprensa nem tinha vivido a experiência de outras ditaduras. Num interrogatório, fez ataques duros aos "milicos", ainda que sexistas.[168] Um militar reagiu dizendo que não gostava de ouvir "mulher".

"Quem não gosta de mulher é corno ou veado", respondeu.

A força de Niomar era dividida entre o jornal e a criação do Museu de Arte Moderna do Rio de Janeiro. Lutava pela obra que herdara e pela que criara. Tempos depois, um incêndio devorou as peças mais caras do museu no Aterro do Flamengo. Os problemas administrativos se acumularam, as dívidas implodiram. A ditadura matou por sufocamento o *Correio da Manhã*, avalia o jornalista Henrique Caban.

Niomar repassou aos empreiteiros Maurício de Alencar e Federico Gomes da Silva o controle da folha por quatro anos e cinco meses. A fim de fechar negócios com a ditadura, eles se responsabilizariam pelos passivos trabalhistas e previdenciários. Meses depois, ela tentou reaver o jornal. Em carta a deputados e senadores, ela afirmou que o jornal virou um "boletim" de empreiteiras e, citando editorial do *Globo*, reclamou que o *Correio da Manhã* estava posto "a serviço de interesses econômicos vicejantes nas antessalas das concorrências para obras públicas".[169]

Ela disse que perdia o jornal por imposições dos militares. "O destino do *Correio da Manhã* não nos pertence. Sua vida, suas inquietações e amarguras não são apenas nossas [...] Sabemos que seus problemas são problemas da própria vida da imprensa brasileira e da liberdade de informar, de dizer, de opinar, de influir."[170]

Aos poucos, Marinho e Niomar se afastaram. "Primeiro você, depois eu, recebemos o espírito do demônio, empenhado em separar dois grandes amigos", escreveu o empresário a ela mais tarde.[171]

Niomar estava cada vez mais isolada no seu apartamento em Copacabana decorado por telas de Picasso e Mondrian. A cada rodada do jogo de cartas distribuídas agora pela ditadura, os trunfos diminuíam.

Ela reclamou a Nascimento Brito que o *JB* tinha se recusado a publicar suas denúncias contra a nova direção do *Correio*. O empresário respondeu por carta que "existe mesmo uma proibição para a divulgação jornalística de qualquer matéria sobre a questão que envolve o *Correio*".[172] Ela escreveu que desconhecia a proibição, porque o *Estado de S. Paulo* e o *Diário de Notícias* ainda davam informações sobre o "imbróglio" do jornal.[173]

Júlio Barbero conta que foi convidado a integrar o conselho administrativo do *Correio da Manhã*, ao lado de Nelsinho Barbosa, o presidente, e o jornalista Fernando Gasparian. "Eu não tive coragem de dizer não. Que colaboração eu podia dar? A reunião era fantástica. Chegava lá, uma garrafa de uísque, dez pratinhos de biscoito, e se falava de sacanagem, de tudo, a Niomar ali. Aí, uma vez eu perguntei: 'Escuta, está acabando o mês, e o fim do mês?' Eu tinha indústria, sabia o que era isso. 'Como é que está o *cash*?' Ninguém sabia. Nelsinho era da cana. Foi definido que cada conselheiro teria de arrumar uma cota de publicidade." Os esforços "desconexos" dos executivos não foram suficientes para evitar a queda do matutino.

A jornalista Ana Arruda Callado observa que Niomar não tinha ideologia, mas temperamento forte. "A Niomar não ligava para o jornal. Ligava para as coisas dela, o museu. Ela aguentou a pressão dos militares, rasgou o uniforme da prisão. Ficou pelada. A ditadura foi uma grande parte responsável pelo fim do *Correio*, mas o jornal poderia ter resistido. Niomar entregou. Assim, como o Roberto queria o jornal e a TV, ela optou pelo museu."

* * *

De olho nas imagens que abriam as primeiras páginas do *Correio da Manhã*, Roberto Marinho chamou Erno Schneider, gaúcho que revolucionava a editoria de fotografia do jornal de Niomar, para uma conversa. Tinha sido clique de Erno a cena de Jânio Quadros com os pés em rumos diferentes, feita numa passagem anterior pelo *Jornal do Brasil*. Marinho convidou o fotógrafo a trabalhar no *Globo*. Num clima de suspense, Erno se reuniu com os amigos da editoria no *Correio*.

"Eu disse que não podia abandonar minha equipe."

"O que ele respondeu?", perguntou Amicucci Gallo.

"Traz todo mundo."

Anos depois, funcionários da Globo organizavam um velho arquivo da empresa quando se depararam com uma caixa de madeira com forro de veludo, de cerca de um metro. Ao abrirem, eles encontraram um saxofone de prata. O instrumento foi um presente de Paulo Bittencourt para Pixinguinha, em 1955. Com esse saxofone, o músico animou as noites da nobreza do Rio e os salões da Zona Norte. O instrumento foi repassado a Marinho por parentes do artista. A Globo o comprou para ajudar a família em dificuldades financeiras.

O espólio editorial e de leitores do *Correio da Manhã*, porém, ficou em boa parte com o *Jornal do Brasil*. A alma da Zona Sul ainda não era de Roberto Marinho. Enquanto o empresário partia para consolidar sua TV, o *JB* reforçava seus vínculos com os leitores de Botafogo ao Leblon. Era um universo em que Marinho ainda não estava interessado ou pelo qual sabia que não tinha condições de brigar.

Quem deixava também o jogo era Samuel Wainer. O empresário que travou com Marinho a longa Guerra dos Vespertinos vendeu a Antonio Gallotti, da Light, painéis de Di Cavalcanti que decoravam a sede da *Última Hora*, para sustentar por mais um tempo o seu jornal.[174] Entre *O Globo*, o *Estado de S. Paulo* e o *Jornal do Brasil*, sobreviventes da imprensa do eixo Rio-São Paulo, havia a característica em comum de, mesmo nas trevas de um regime de exceção, buscar traços de pluralidade — nesse tempo, a *Folha de S.Paulo* não tinha o mesmo grau de influência. Traziam para seu ringue de batalha uma legião adversária e crítica a seus posicionamentos. Marinho mantinha um jornalismo engessado de apoio ao regime e iniciava uma parceria com atores, dramaturgos e diretores de telenovelas e minisséries, ligados à esquerda. O *Jornal do Brasil* atuava com mais sofisticação no noticiário, seu único produto. "A relação do *JB* com a ditadura era de troca. O jornal dava o que os militares queriam. E de forma mais inteligente que Roberto Marinho. As capas do *JB* tinham marca de independência. Marinho, não; se afundou, acabou se metendo com os pés e a cabeça", observa o jornalista Henrique Caban.

No ar, o *Jornal Nacional*

No formato de um moinho de vento, uma antena hiperparabólica de trinta metros de diâmetro foi instalada pela Embratel em Itaboraí, a quarenta quilômetros de Niterói, para receber transmissões e repassar sinais por meio de um satélite no espaço. A ditadura tinha feito convênio com a americana RCA Global Communication para participar do International Telecommunications Satellite Consortium, formado por outros nove países. Era o fim dos cabos submarinos na telefonia para o exterior.[175] O Intelsat III, um cilindro de um metro e meio de comprimento e um metro de largura que flutuava sobre o Atlântico, permitia transmissões ao vivo de imagens.

Marinho e executivos dos Diários Associados estavam no descampado onde o governo gastou quatro milhões de dólares na montagem da antena para acompanhar o discurso de inauguração do general Costa e Silva. Naqueles dias, a publicidade dos dois grupos mostrava que a Globo e a Tupi transmitiriam juntas em cadeia o lançamento da Apollo 9, no Cabo Kennedy, nos Estados Unidos, e um pronunciamento do papa Paulo VI, direto de Roma, onde estava o apresentador Hilton Gomes, da emissora de Marinho. Depois do duelo Time-Life e da morte de Chateaubriand, a Tupi sobrevivia como um gigante de espinha quebrada, perto do abismo.

Uma gripe na tripulação da Apollo 9 adiou o lançamento da nave e impediu que os brasileiros pegassem carona no avanço espacial americano. Pelo Brasil afora, a vida continuava rural e árida. Um surto de gripe nas aldeias isoladas no Xingu e outro na periferia de Belém ganhavam espaço no noticiário. Sem astronautas, a Igreja podia demonstrar ainda mais sua ligação com o projeto de poder da ditadura. Quando dez televisores instalados na estação foram ligados, Paulo VI, num português fluente, disse que o Brasil vivia, sim, um "clima de paz verdadeira".[176]

Com lenço na testa para enxugar o suor, Costa e Silva comparou o sol escaldante com o combate que travava com opositores. "Até hoje vencemos a hostilidade climática e havemos de vencer a indiferença dos que descreem num Brasil Grande. Isto custe o que custar", afirmou. O modelo de país liberal de Schmidt ressurgia, agora com adaptações estatizantes na economia e na violência. "O povo está nos compreendendo", afirmou o ditador.[177]

No momento em que Costa e Silva inaugurava a estação, morria num leito de hospital o fotógrafo Indaiassú Leite, um dos mais antigos jornalistas das relações de Marinho. O empresário correu de volta ao Rio para participar do enterro. O fotógrafo que retratou cenas da Insurreição Comunista, da liberdade de Prestes, de autoridades e da antiga capital e que escolheu as imagens que vinham da Europa ou dos Estados Unidos pelas transmissões em cabos no fundo do mar não presenciaria o tempo dos sinais via satélite. Leite era da última fase do marechal Rondon, o militar que percorreu cerrados e florestas para instalar postes telegráficos. Agora, a ditadura mandava seus agentes e técnicos ao interior para fincar altas torres de aço fabricadas na usina de Volta Redonda, enfileiradas em três grandes linhas de transmissões do sistema de micro-ondas, ou para caçar guerrilheiros.

O novo mapa do poder no Brasil era formado a partir de uma linha troncal que saía de Itaboraí rumo ao sul, passando pelo Vale do Paraíba, São Paulo, Curitiba, Florianópolis e Porto Alegre. Na capital paulista, um tronco avançava para o interior do estado, chegava em Campo Grande e Cuiabá e se prolongava para Porto Velho, Rio Branco, Manaus e Boa Vista. Uma segunda linha, no sentido norte, ia para Campos, Cachoeiro de Itapemirim, Vitória, Salvador, Aracaju, Maceió, Recife, João Pessoa, Natal, Fortaleza, Teresina e São Luís. A terceira linha, a oeste, se direcionava para Belo Horizonte, Uberlândia, Uberaba, Goiânia, Anápolis, Brasília, Gurupi, Imperatriz e Belém.

Os militares executavam o plano de interligar o país por telex, dados, fonia e voz. Mas seria por meio exatamente de um subproduto, a TV, que a Embratel começaria a faturar dinheiro. Num país de poucos aparelhos de telefone, a estatal passou a vender espaço nas linhas para emissoras de televisão privada, com base em uma estrutura que se expandia, como a construção de antenas, estradas, geradores e a linha de micro-ondas que servia à telefonia ainda sem grande demanda de interurbanos.

O engenheiro Herbert Fiuza lembra que a Globo não aceitou os primeiros preços estipulados para usar seu sinal na "estrada" de micro--ondas ociosa. Os anúncios na TV ainda eram inexpressivos. "Como não tinha tanta gente telefonando interurbano, eles [reduziram os preços] para arrecadar uma grana a mais que precisavam. Você podia até chamar de subsídio."

Quase um paradoxo, os militares, ao mesmo tempo que instalavam antenas de micro-ondas Brasil afora, não apostavam na transmissão de imagem, mas de voz, na propagação direta de suas doutrinas e ideias. Eles investiram na potência da Rádio Nacional para atingir a Amazônia e o semiárido, e Marinho apostava na televisão — e Clark nos jornalistas e artistas da emissora de rádio do governo. Uma nova frente de poder estava agora no sistema de micro-ondas da Embratel. Num primeiro momento, só a TV Globo se interessou por transmitir seu sinal de Itaboraí.

O jornalista Elio Gaspari relatou, em sua série de livros sobre a ditadura militar, que, naquele momento, um decreto levado pelo ministro Delfim Netto a Costa e Silva isentava empresas de rádio e TV de impostos sobre equipamentos importados. A medida estava ao alcance de todas as emissoras, mas só Marinho, aproveitando a oportunidade, buscava benefícios. O incentivo garantiu que a empresa dele se equipasse com o dólar oficial e atenuasse, com a diferença de câmbio, o custo da liquidação do contrato com o Time-Life. Daí para a frente, sobraram editoriais no *Globo* para defender o governo até de críticas do *New York Times* à censura da imprensa e à prisão de jornalistas brasileiros.[178] A ambivalência de Marinho demonstrada nas coberturas da morte de Edson Luís e do AI-5 ficava menor. Gaspari observa que o empresário era o homem de maneiras gentis que virava um adversário feroz pela astúcia e um aliado insuperável no sentido da oportunidade.[179]

Os sinais retransmitidos da grande antena tinham chegado a apenas 14 capitais quando, na última manhã de agosto de 1969, uma outra "gripe" mudava o jogo político. Costa e Silva sofreu isquemia cerebral, um problema minimizado pelo telex que chegou da sucursal do *Globo* em Brasília à sede do jornal. O comunicado do Planalto informou que o ditador estava gripado.

Uma Junta Militar formada pelos ministros da Aeronáutica, Márcio Melo, do Exército, Lyra Tavares, e da Marinha, Augusto Rademaker, apelidados de "três patetas" pelos críticos do regime, impediu a posse do vice-presidente. Pedro Aleixo, da Arena de Minas, só foi informado do estado de saúde do general e do golpe no final do dia. Estava proibido noticiar até declarações de Yolanda Costa e Silva.[180] Ibrahim Sued, e consequentemente Marinho, viu bloqueada sua fonte de informação no palácio.

Às 19h40 do dia seguinte, 1º de setembro, o *Jornal Nacional*, da TV Globo, entrou ao vivo, via Embratel, com links no Rio, em São Paulo, em Curitiba e Porto Alegre. O programa foi apresentado por Hilton Gomes e Cid Moreira, que abriu o noticiário:

"Primeiro jornal realmente nacional da TV brasileira. É o Brasil ao vivo, na sua casa."

Em sua estreia, o telejornal mostrou imagens dos três ministros militares numa reunião no Palácio Laranjeiras, no Rio, e depois um pronunciamento do ministro da Fazenda, Delfim Netto. Uma nota oficial lida no programa ressaltava que Costa e Silva estava "lúcido".

O nome do telejornal surgiu naturalmente, levando em conta a abrangência que se buscava. Se não foi um merchandising estrondoso, o título ao menos fisgou a família Magalhães, dona do Banco Nacional.

Uma parceira decisiva nas primeiras edições do *Jornal Nacional*, a família Sirotsky estaria ligada daí para a frente à história de Marinho. No momento em que dois presidentes do Rio Grande do Sul estavam no centro do debate — Costa e Silva, em sua agonia — e Médici, comandante do III Exército, prestes a assumir o governo —, a TV Gaúcha, do janguista e brizolista Maurício Sirotsky, forneceu de Porto Alegre as notícias e imagens mais fortes da cobertura.[181]

Num editorial na manhã seguinte, *O Globo* afirmou que a Junta Militar tinha o apoio "nacional". Ao aderir quase de imediato ao grupo, Marinho acompanhava mais uma ruptura nas regras do jogo. Dos 18 golpes ou tentativas fracassadas de tomada do poder à força desde que começou a atuar para valer no *Globo*, em 1930, até o impedimento de

Aleixo, na democracia ou na exceção, ele aderiu a sete dessas investidas, se posicionou contra nove e ficou neutro em duas. Ele manteve linha governista em dez situações e fez oposição em seis momentos. Apoiou seis investidas vitoriosas e uma fracassada. Não era de conspirar, mas de aderir quando enxergava o vencedor. A matemática não define, porém, o perfil democrático ou ideológico de Marinho. No emaranhado de paradoxos, ele mostrou coerência, em todos esses momentos, ao defender a sua empresa.[182]

A crise política se agravou na tarde de 4 de setembro, quando o carro do embaixador americano Charles Burke Elbrick foi abordado ao dobrar a rua Marques, no Humaitá, na Zona Sul, por homens armados. Roberto Marinho deu seu aval a um editorial que pedia aos "brasileiros" que dessem as mãos para livrar a "terra cristã" dos "monstros".[183] O jornal, a rádio e a TV de Marinho sentiram um baque. Os sequestradores do diplomata escolheram o *JB* para divulgar cartas, bilhetes e uma mensagem exigindo a libertação de 15 presos políticos em troca da soltura de Elbrick. Eles ligaram para o jornal avisando que tinham depositado mensagens para o governo numa caixa de esmolas da Igreja Nossa Senhora da Glória, no largo do Machado, e numa urna de sugestões de clientes no Supermercado Disco, no Leblon. A Rádio Jornal do Brasil divulgou os documentos. *O Globo* republicou as mensagens sem dar crédito à concorrência.

Depois de receber informação dos sequestradores de que uma nova mensagem tinha sido deixada na praça do Russel, o *JB* informou que o embaixador seria libertado assim que o avião Hércules C-130, levando os ex-presos políticos, aterrissasse no México. No início da tarde do mesmo dia, *O Globo* noticiou em manchete de letras grandes que o embaixador estava "salvo".[184]

O jornal de Marinho noticiou uma proposta de setores do regime de instituir a pena de morte para casos de homicídios da "guerra revolucionária". Personalidades com posições diversas se posicionaram no *Globo*. A Igreja Católica se dividiu. O cardeal Rossi afirmou que a pena de morte era "lícita" desde que o crime fosse comprovado. Dom Jaime Câmara avaliou que a medida era "admissível", mas ponderou que a aplicação exigia "critério". Dom Vicente Scherer afirmou que parecia "líquido" e "certo" que a pena de morte, em determinadas circunstâncias, fosse "necessária." O arcebispo de Salvador, dom Eugênio Sales, e o bispo auxiliar de Porto Alegre, dom Ivo Lorscheider, se posicionaram contra.[185]

Diante dos reveses na cobertura, Roberto Marinho entrou pessoalmente na apuração do caso do sequestro para compensar os furos do concorrente. Ele visitou Elbrick para tirar dúvidas sobre a estrutura do cárcere em que o embaixador permaneceu, durante o cativeiro, numa casa da rua Barão de Petrópolis, no Rio Comprido. O embaixador foi conciso nas palavras e pouco acrescentou. Marinho buscava dados para publicar um desenho da prisão.[186]

Nas redações dos jornais, os repórteres narravam uma disputa sem freios nos bastidores da ditadura pela cadeira do ditador moribundo. Marinho adiantou-se na campanha para a Junta Militar acelerar a escolha do novo presidente. Após ouvir generais próximos, o empresário decidiu que era hora de seu jornal informar que Costa e Silva não estava em condições de governar.[187]

Marinho deixou a divergência com o *JB* de lado e se encontrou, numa noite daquele mês de setembro, com Nascimento Brito para discutir a sucessão. O encontro em tom de sigilo ocorreu na casa do banqueiro José Luiz de Magalhães Lins. Roberto Campos e Magalhães Pinto, convidados do jantar, buscavam reunir forças na área civil para evitar a repetição de mais um general bronco como Costa e Silva no poder. A missão era agora ainda mais difícil, com o descolamento dos donos do Exército do empresariado.

A conversa se estendeu para um almoço, depois, na casa de Nascimento Brito. Uma solução civil era a mais apropriada para os empresários, mas não havia, naquele momento, um nome forte como alternativa a eventuais surpresas da caserna.

Marinho e Brito avaliaram que o melhor candidato militar era o general Orlando Geisel, com quem mantinham relações. Mas Orlando dava demonstrações de que não colocaria o nome na disputa e abria caminho para o irmão, Ernesto, ainda sem influência. Para os empresários, o general Afonso Albuquerque Lima, que se postulava ao Planalto, era uma assombração. Sobrevivente das revoltas dos anos 1920, o militar mantinha no Exército o gene inalterado do tenentismo, aglutinando jovens oficiais. Não tinha o apoio dos jornais. O general nacionalista se colocava como um crítico ferrenho dos grupos empresariais ligados aos norte-americanos. Para piorar a relação, Albuquerque caiu nas graças da Frente Ampla de Lacerda e Juscelino. O general não negou o laço. Após defender o AI-5, ele deixou o governo em meio a ataques aos ministros Delfim Netto e Roberto Campos. Ele pregava vida longa à ditadura.

Entre a linha dura nacionalista e a linha dura pró-capital estrangeiro, Marinho ficou com a segunda.

Um grupo militar começou a se articular em torno do nome do general Emílio Garrastazu Médici, comandante do III Exército, no Rio Grande do Sul, que tinha chefiado o SNI. Sem ligações com a imprensa do Rio, Médici abriu mão da força de um matutino para se posicionar por meio das páginas do vespertino de Marinho. Assim, *O Globo* partiu para cobrar de Albuquerque Lima uma resposta a ações de "esquerdistas", "grupelhos" da área empresarial e políticos "desacreditados" que estariam na sua campanha.[188]

Na manhã de 29 de setembro, o Alto Comando do Exército se sentou a uma mesa de jacarandá no antigo prédio do Ministério da Guerra, perto da Central do Brasil, no Rio, para definir o sucessor de Costa e Silva. Médici, com cigarro na boca, era o foco de fotógrafos. Os jornais ignoraram Albuquerque Lima. No dia seguinte, o *Estado de S. Paulo* e o *JB* informaram que os generais Médici, o favorito, Antonio Carlos da Silva Muricy e Orlando Geisel foram indicados para a cadeira de presidente. *O Globo* ignorou a lista tríplice e apresentou, na primeira página, uma reportagem sobre a família e os amigos de Médici no Rio Grande do Sul. "*O Globo* com os Médici em Bagé", do repórter Carlos Pinto, enviado à cidade gaúcha, relatou histórias pitorescas da infância do general.[189]

Marinho foi escolhido pela Federação Hípica Metropolitana para fazer as honras a Médici num concurso em homenagem ao ditador. Meses antes, ele tinha se desentendido com a direção da Hípica e se afastara do lugar. Agora, o empresário resolveu comparecer e sentar-se ao lado do general. Também estava lá um antigo conhecido de hipismo, o coronel João Batista Figueiredo. "O cavalo aproxima muito as pessoas. Costa e Silva não era da cavalaria. Figueiredo era. Geisel era mais distante", relata Paulo Fernando Marcondes Ferraz, presidente da federação na época.

Delfim Netto lembra da ação de Marinho na escolha de Médici. "O Roberto, na verdade, apoiava o governo. Ponto final. Foi muito importante na transição do triunvirato para o Médici. *O Globo* praticamente comandou de fora para dentro. Era preciso estabelecer um governo mais uniforme."

Houve uma caça a Jorge Serpa. Júlio Barbero reclama que passou a ser visto por Delfim como "testa de ferro" de Serpa por ter cedido o escritório que tinha no centro do Rio para o amigo.

Ainda com o nome associado a João Goulart e atingido pelo escândalo da Mannesman, Jorge Serpa tentava reconquistar influência na ditadura. E se jogou no esforço para aproximar *O Globo* e o empresariado de Médici. Um editorial do jornal, escrito por Serpa, sugeriu que, sob o comando de Médici, "o Brasil reencontrará a normalidade institucional com a reabertura do Congresso e a retomada gradual do processo democrático".[190]

Dias antes de Médici assumir o poder, Serpa infiltrou um coronel dentro do gabinete do general para fazer os discursos. A ousadia chegou ao clímax já no discurso do general após a reunião do Alto Comando das Forças Armadas que o escolheu como presidente. Antes de entregar o discurso para o coronel Manso Neto, seu infiltrado, Serpa se encontrou com o amigo José Silveira e disse:

"Vou te dar uma alegria."

Depois, orgulhoso, começou a pronunciar o discurso que Médici faria. O lobista incluiu no texto uma frase com promessa de restabelecimento da democracia. Era uma contradição num texto que anunciava punição para quem atentasse contra a "tranquilidade" e a "segurança nacional".

Em cadeia de rádio e TV, Médici leu o discurso de 25 minutos, pensando que tivesse sido escrito pelo "fiel" Manso Neto.

"Sei o que sente e pensa o povo, em todas as camadas sociais, com relação ao fato de que o Brasil ainda continua longe de ser uma nação desenvolvida, vivendo sob um regime que não podemos considerar plenamente democrático. Não pretendo negar essa realidade. Desse modo, ao término do meu governo, espero deixar definitivamente instaurada a democracia em nosso país."[191]

Jorge Serpa Filho conseguiu o feito de incluir a palavra "democracia" no discurso do general. Nesse momento, os negócios do empresariado, que tinha em Serpa um de seus articuladores, não estavam em sintonia com o autoritarismo do regime na parte econômica. A burocracia da ditadura era agora um obstáculo para o capital. *O Globo* jogou a palavra "democracia" para a manchete do dia seguinte ao discurso. "Médici promete implantar a democracia plena no Brasil", destacou.[192]

Júlio Barbero credita a Serpa outro discurso de Médici. "É dele a frase: 'A economia vai bem, mas o povo vai mal'", diz. "O Delfim um dia foi ao Médici e disse: 'Presidente, esse artigo foi escrito pelo Jorge Serpa.'" "Como o senhor pode provar?" Daí, no relato de Barbero, Delfim combinou com Médici de deixar sobre a mesa uma proposta de reforma cambial falsa para atrair o coronel Manso Neto, que repassaria a informação a Serpa. "Quatro dias depois saiu no jornal a suposta reforma cambial."

Documentos apontam outra história sobre a saída de Manso Neto. A relação de Serpa com o coronel começou a ser investigada pelos generais Carlos Alberto da Fontoura e João Figueiredo, do SNI.[193] A conclusão da investigação sobre Jorge Serpa deixou Médici irritado. De próprio punho, o general escreveu no relatório que Serpa era "safado" e "desonesto" e tinha a inteligência de Oswaldo Aranha. "É o principal responsável pelo escândalo da Mannesmann. É um falsário", avaliou.

Médici escreveu que, ao término do encontro do Alto Comando, entregou o que tinha escrito a Manso Neto. "Nessa altura jamais poderia passar por minha cabeça qualquer resquício de deslealdade. No documento final, há conceitos que me são até hoje cobrados... 'espero deixar definitivamente instaurada...'"

O cavalo dispara

No jardim que o banqueiro Walther Moreira Salles e sua esposa, Elisa Margarida Gonçalves, a Elisinha, encomendaram ao paisagista Burle Marx, se sobressaía uma escultura de bronze de Maria Martins. A Iara, mulher-peixe, de corpo contorcido, com um rosto sem olhos e nariz, parecia tocar uma arpa formada por cabelos que saíam da região pélvica. Um motor na base girava a obra. De traços modernistas, a mansão, numa grande área verde na parte elevada da rua Marquês de São Vicente, no Alto Gávea, seguia as linhas austeras de um homem que chegou ao Rio já com a elegância e a economia de gestos e roupas. Filho de um pequeno banqueiro de Poços de Caldas, Minas Gerais, Walther começou a ganhar dinheiro na especulação do café na crise da Bolsa de Nova York e, sobretudo, a partir da relação com Lulu Aranha.[194]

Anos depois, Stella Marinho comandou a construção de uma nova residência para a família, também num lugar elevado, o Alto da Boa Vista, e de linhas modernistas. Ela comandou pessoalmente cada etapa da construção. A residência de sete quartos estava cercada pelo verde luxuriante da Mata Atlântica. Rogério e a esposa Elizabeth, a Bebete, alugaram uma casa próxima para fazer companhia especialmente nos finais de semana. As partidas de bridge animavam as tardes de domingo dos adultos.

Na boca pequena da sociedade carioca, Roberto Marinho e Moreira Salles eram citados como integrantes da "turma dos sapatos de salto de carrapeta", que garantia alguns centímetros a homens vaidosos. "A relação entre os dois era a melhor possível", lembra o jornalista Henrique Caban.

Amigos formais nas recepções do poder, eles tinham em comum a restrição de gestos e a ausência na noite e nos almoços nos restaurantes do Rio. As pessoas mais próximas do banqueiro eram recebidas na casa da Gávea por abraços "esfuziantes" de Elisinha, lembra Júlio Barbero. "Ela abraçava, beijava. Mas o Walther era 100% o oposto. Andava só de meia vermelha, falava baixinho. Nunca foi de aparecer em público em restaurante. Chegava a ir algumas vezes aos almoços do Hotel Ouro Verde, que era moda. Roberto nem isso."

Mineira da histórica Santa Luzia, Elisinha era uma mulher esguia e sofisticada. A simplicidade, sempre na medida certa, deixava atônitas as senhoras das "elites brutas" do Brasil. Nada sobrava, nada faltava no estilo da esposa de Moreira Salles. Ela fazia jantares e almoços levando sempre em conta a combinação de cores, sabores e luzes. A nomeação de Walther para a embaixada em Washington a tornou conhecida nos salões internacionais. Causou espanto quando se noticiou que suas joias seriam expostas na Inglaterra, e a rainha Elizabeth, para retribuir, permitiria que as dela fossem exibidas no Rio.[195] Quando as mulheres dos ricaços da cidade escolhiam os colares mais caros, ela dava entrevista para tripudiar: "Joia é um troço jequíssimo."[196]

Era na discrição que tanto Walther quanto sua esposa mantinham suas relações pessoais em separado. Ele iniciou, nessa época, uma história privada com Lily de Carvalho, esposa de seu amigo Horácio de Carvalho Júnior. "Quem passeava com a Lily era o Walther", diz Júlio Barbero, amigo e parceiro de negócios. "Passearam por sete anos. Só quem é idiota não sabe. A mulher dele também fazia seus passeios. Todo mundo no Rio vivia assim."

Marinho, por sua vez, não conseguia fugir dos comentários sobre sua cor de pele que surgiam em notas de jornais ou conversas nas altas rodas. O "mulato" não mantinha amizades fora do Rio. Sem inglês, Marinho recorria ao francês aprendido nas escolas, que dava para fazer leituras de discursos. Por sua vez, Walther conversava com Greta Garbo, Aristóteles Onassis e Henry Ford II. O banqueiro usava ternos feitos sob medida das lojas da Savile Row, rua sofisticada de Londres. Marinho tinha uma coleção de milhares de gravatas, muitas delas jamais usadas.

O estilo e a "nobreza" do banqueiro encantavam o empresário. "Ele achava o Walther um homem do mundo, super bem relacionado, sofisticado. Nunca percebi ciúmes. Ele tinha encantamento mesmo", diz João Roberto Marinho. "O papai era humilde, queria ter vida simples, despojado intelectualmente. Ele era uma pessoa que sentava com você para conversar e queria ouvir o que você tinha para dizer. Qualquer pessoa para ele tinha alguma coisa para acrescentar", ressalta. "Ele era um grande ouvidor, uma qualidade que foi fundamental na vida dele. Ele queria estar conectado com esse povo sofisticado, com um pé em cada canto."

Júlio Barbero conta que, no tempo da abertura da Globo, Schmidt foi encarregado por Roberto Marinho de ir ao escritório de Walther na rua do Carmo, centro do Rio, pedir empréstimo. "Como banqueiro, Walther quis cobrar juros." Barbero relata que Marinho chamou Schmidt e Serpa para reclamar. "O Walther está me cobrando juros", disse, revoltado.

Desde que conseguiu a concessão da TV de Juscelino, Marinho mantinha conversas com Walther sobre o financiamento do negócio. Os primeiros tempos da Globo foram difíceis. A emissora não dava lucro. "Ele era muito amigo do Walther, eles se frequentavam, um ia na casa do outro. Os casais eram amigos. Mamãe se dava bem com a Elisinha, uma mulher de temperamento difícil", relata João Roberto.

Pelo contrato firmado com os americanos, o prédio onde funcionava a estação de TV, no Jardim Botânico, pertencia ao Time-Life. A Globo pagava o aluguel. Diante das pressões e para se adequar às exigências do governo, Roberto Marinho resolveu comprar o contrato de assistência técnica e o prédio, no valor total de cerca de 4,8 milhões de dólares.

No começo de 1971, ele recorreu ao Banco do Estado da Guanabara, o BEG, que se tornou o Banerj, para afiançar até o limite de 5,79 milhões de dólares, parcelados num prazo de três anos e 11 meses, e, assim, pagar aos americanos. O empresário listou dez imóveis para garantia de pagamento. A casa do Cosme Velho, um sítio na região da Pedra Bonita, a Fazenda Cardeiros, em São Pedro da Aldeia, o prédio onde ficava a Rio Gráfica e seis salas comerciais no centro do Rio.

Os imóveis foram avaliados em CR$ 42.392.100,00 (US$ 4,91 milhões, no câmbio da época) pelos peritos do BEG, presidido por Octávio Gouvêa de Bulhões. Só a residência do Cosme Velho foi orçada em US$ 1,2 milhão. Assim, Marinho assinou 16 promissórias no valor total de US$ 4,8 milhões, com taxa de juros de 7,3% ao ano.[197] Com essas hipotecas, o BEG deu aval para Marinho emitir notas promissórias ao Time-Life, que venderia as mesmas ao First National City Bank, em Nova York.

No valor previsto no empréstimo estava incluído US$ 1,5 milhão, que era o restante de outro financiamento, feito pelo Time-Life e por Marinho, no valor total de US$ 2 milhões, também ao City Bank. Das 16 parcelas, seis eram para quitar o restante desse empréstimo. O empresário se comprometeu a pagar duas parcelas em um único mês, quando teve de repassar US$ 250 mil para o antigo empréstimo e US$ 178 mil para o novo.[198]

Marinho procurou Walther para um novo financiamento com intuito de rolar a dívida com o City Bank. A cerca de dois meses do prazo de uma das parcelas, Walther teria tranquilizado o empresário. A poucos dias do limite para honrar a dívida, no entanto, Walther informou que não conseguiu aprovar o crédito no conselho do seu banco com a taxa de juros solicitada.

Do tipo que só recebia presentes, Marinho se sentiu traído. O coronel Idyno Sardenberg relata que, a pedido de Roberto, acompanhou Jorge Serpa numa visita a Walther para convencer o banqueiro a liberar juros menores. Nem mesmo a interferência de Serpa, ligado a Walther, convenceu o banqueiro.[199]

Com as mãos sobre o peito, se jogando para trás na cadeira, Walther explicou: "Mas eu só vivo disso!"

A surpresa de Roberto Marinho com a negativa de Walther, relatada por pessoas próximas ao empresário, ocorria devido à longa relação de negócios travada com o banqueiro. Walther acompanhava seu vínculo com o Time-Life desde o início da parceria, quando era embaixador do governo Goulart nos Estados Unidos. Marinho não usou seu jornal ou sua influência nas rodas sociais do Rio para dar uma cartada. Ele sabia que o banqueiro tinha nas mãos espadas e copas. Sem trunfo maior, calculou que era preciso silenciar.

Alto do Humaitá. Sentado num sofá na sala de sua casa decorada com obras do barroco, José Luiz relata o dia em que se tornou para sempre um dos amigos mais próximos de Roberto Marinho. O banqueiro é um homem aristocrático até começar a falar. Ao iniciar a conversa, mostra a mineiridade, com o riso maroto, a prosa calma, pronto para arrancar algo do interlocutor, sem pressa. Acende um charuto e, metódico, tira de uma pasta 26 fichas com registros datilografados de temas que não pode deixar de citar na conversa. A primeira ficha que ele lê apresenta uma recomendação de narrativa: "Um bom livro precisa de música de fundo". Devolve a ficha para a pasta. "Já li muito livro de histórias boas que não tem musicalidade. O seu vai ter?"

Uma outra ficha registra a capacidade de Roberto de "guardar segredo". Outras apresentam nomes importantes na história do empresário, como Augusto Frederico Schmidt. "Você vai falar do Schmidt? É fundamental." José Luiz anotou também numa ficha que deveria me "perguntar sobre entrevista c/ Serpa — como foi?". Em outro registro, dá outro conselho, que seria uma marca de Marinho: "Máximo 49% de racionalidade e mínimo de 51% de intuição". Também cita uma característica adotada pelo empresário: "Humildade, algo de Roberto. Se não tem, deve ser cultivada."

Agora, ele retira a ficha que estava em primeiro lugar na ordem inicial. O tópico cita o momento decisivo na sua relação de amizade com Marinho: "Empréstimo para RM p/ TV Globo. Nunca comentei a ninguém."

Ele relata que sua amizade com Roberto ocorreu quando o empresário ficou "quebrado". "Você não sabia disso, não?", pergunta. José Luiz conta que Marinho telefonou numa tarde para pedir um encontro. Por volta das 19 horas, Marinho chegou à casa do banqueiro acompanhado de Walter Clark e Joe Wallach.

Na sala decorada com oratórios mineiros, o empresário disse:

"Zé, estou na ameaça de perder a minha casa, que está hipotecada. Mas a casa vá lá, compro outra. O negócio é perder a Globo. Amanhã vence o meu débito com os americanos. Se eu não pagar até as duas horas da tarde, as ações passam para o Time-Life."

"Mas como é que faz um negócio desses?"

"O Walther me ligou, à tarde: 'Roberto, lamento sobre aquele negócio que tinha prometido. O banco está sem dinheiro.'"

"Isso aí no interior dá tiro. Não se faz com cachorro. Vou dar um jeito."

"Você não precisa consultar ninguém lá no banco, não?"

"Não. Se consultar não vai ter adesão, porque o pessoal tem medo de coisa de imprensa. Você me manda amanhã cedo a promissória. Vou fazer um redesconto no Banco Central."

O valor emprestado pelo Banco Nacional a Marinho foi da ordem de US$ 1 milhão, pela memória de José Luiz. Era o valor próximo da antiga dívida de Roberto com o City Bank. O banqueiro refuta a versão de que teria pedido autorização a Magalhães Pinto para conceder o empréstimo.

João Roberto Marinho relata ter ouvido do pai a versão de que o banqueiro, na conversa que salvou o empresário, disse que comunicaria a operação a Magalhães Pinto. "É a história que papai me contou. Eu amo o Zé Luiz, de paixão, porque tive muita convivência com ele e com todas as esquisitices dele, uma pessoa extraordinária, uma cabeça genial, mas eu sei que a versão dele, de que não chegou a levar o caso para o Magalhães, é difícil. O que papai contava é que o Zé Luiz disse: 'Está bom, Roberto, vou ver com o Magalhães. Depois, ele telefonou de volta: 'Amanhã está na tua conta.'"

José Luiz relata que Walther Moreira Salles tinha comprado o empréstimo do City Bank.

"O Walther disse: 'Se não fosse o Zé Luiz, a TV Globo era minha.'"

Na avaliação do ex-executivo do Banco Nacional, Moreira Salles poderia fazer um redesconto e ter o dinheiro. Zé Luiz também contou essa história para o jornalista Pedro Bial, que em 2005 lançou uma biografia de Roberto Marinho. A família pediu, no entanto, para que esse relato não fosse publicado, evitando assim mal-estar com os Moreira Salles, com quem tem boas relações.

A amigos, Walther argumentou anos depois que tentou tomar a Globo para se vingar de Marinho, que teria proposto a compra da parte do banqueiro no Parque Lage depois de saber em primeira mão de uma medida do governo da Guanabara de rever a desapropriação do lugar — o que aumentaria o valor. Vale observar, no entanto, que essa sociedade não sofreu mudança na época e Marinho só adquiriu a parte do sócio no imóvel três anos depois.[200] O coronel Idyno Sardenberg afirma que o único argumento que ouviu do banqueiro, na ocasião, para não emprestar o dinheiro foi mesmo o valor da taxa. "O juro é a minha mercadoria."[201]

A desistência de Moreira Salles em não conceder o dinheiro esfriou a relação entre Marinho e o banqueiro. Os filhos dos dois continuaram amigos. Roberto Irineu afirma que o pai não costuma interromper relações. "O papai era um sujeito sofisticado em certas coisas. Mas sabia que não podia confiar mais. Se ele rompesse, ficaria prejudicado", diz Roberto Irineu. "Uma televisão que dava prejuízo monumental não podia brigar com um banqueiro."

A relação entre Marinho e Walther tinha passado por abalos. Em carta manuscrita, Walther reclamou de uma nota na coluna do Swann, que registrou uma "esticada" do "casal" Moreira Salles no Zum-Zum na noite de réveillon. "Na boate superlotada, o ambiente era animadíssimo e a confraternização geral foi até de manhã."[202]

> *Roberto, quando v. me deu o prazer de sua visita, na véspera de Natal, tive a oportunidade de pedir sua atenção no sentido de ser minha pessoa esquecida pelas colunas sociais de seu jornal. Disse-lhe mais que não achava justo que, para efeitos sensacionalistas, pessoas fossem expostas sob uma falsa luz, quase sempre demeritória* [...] *Acontece que há já duas semanas, seu jornal insinua fatos que não só não exprimem a verdade, como causaram grave mal não só a mim, como à minha família. Ainda mais pessoa que mal conheço mas que me prestou espontânea colaboração em problema de interesse coletivo* [...] *Estou não somente triste, mas pensativo que v. não tenha dispensado maior consideração a quem não só procura sempre ser seu amigo como à própria responsabilidade profissional q. tenho e que deveria ser respeitada.*[203]

Marinho rascunhou em uma máquina de escrever uma resposta à carta de Walther. Pelas sucessivas correções, o esboço da mensagem parece ter sido datilografado por ele mesmo.

> *Nenhum detalhe do nosso encontro da véspera de Natal foi esquecido. Ambos nos emocionamos porque tinham o mesmo problema sentimental, mais sofrido naqueles dias tão propícios às alegrias do lar.*
>
> [...] *Foi um desses mal-entendidos que motivou a sua carta de alguns dias atrás. Ao contrário do que lhe pareceu, dispensei a maior consideração ao que v. me disse e diz, não só aos colunistas sociais do jornal, como aos companheiros que os reveem, recomendações categóricas.*
>
> *Lamento profundamente que o nosso jornal, apesar da minha inequívoca atitude, tenha causado desgosto a v. e à sua família. Creio que ambos fomos enredados por maldosa e estranha trama.*
>
> *Aquela seção de linhas cruzadas, como v. não ignora, fazia enorme sucesso entre os leitores, mas estava se desvirtuando a ponto de servir de instrumento para acirrar a desunião entre casais. Resolvi sepultá-la.*[204]

A Iara de bronze que girava no jardim dos Moreira Salles foi vendida por Elisinha a Marinho, numa negociação misteriosa. O empresário levou a escultura para uma casa que comprou em Angra dos Reis, litoral sul fluminense — a Globo começava a dar dinheiro. Marinho tinha sob seu controle uma peça que fascinou o Rio por anos.

As figuras híbridas de Maria foram marcas do Estado Novo, período decisivo nos negócios de Marinho e Walther, e dos palácios construídos pelos empreiteiros de Juscelino. Agora, movimentavam-se no Brasil Grande dos militares. O mercado da comunicação, aliás, passara por um divisor de águas desde setembro de 1969. Cinquenta e oito anos depois de Irineu publicar o vespertino *A Noite*, o filho mais velho tinha nas mãos o principal produto jornalístico do país. "O Walther pode ser o mais rico, mas eu sou o mais poderoso", passou a dizer Marinho a amigos.[205]

Na noite em que o *Jornal Nacional* foi ao ar, Roberto Marinho passava à frente dos Bitencourt, dos Mesquita, do *Jornal do Brasil* e dos Diários Associados num raro final de corrida entre os frequentadores do Hipódromo da Gávea. Logo, assessores do governo perguntariam, antes das entrevistas, se o repórter e o cinegrafista da Globo estavam presentes para iniciar as coletivas. Só o *Correio da Manhã* atingira esse grau de influência.

Os concorrentes de Marinho se deram conta de que o negócio da TV mudava a influência em Brasília, onde *O Globo* não era lido, e no próprio mercado de jornais impressos. O baque foi sentido pelo *JB*, quando Marinho decidiu publicar uma edição aos domingos, de olho nos anunciantes do comércio varejista e nos classificados. Nascimento Brito reagiu ao publicar, pela primeira vez, o seu jornal na segunda-feira seguinte, dia em que o *Globo* se destacava na cobertura de futebol.

Com anúncios mortais da edição dominical do *Globo* nas noites de sábado na TV, o "mulato" sinalizava o interesse na publicidade do *JB*. Nascimento Brito o acusou de fazer vendas casadas de publicidade na televisão e no jornal e praticar *dumping*.[206] O abatimento no preço chegava a 80%.[207]

O sucesso da edição de domingo do *Globo* foi discutido numa reunião da diretoria-executiva do jornal. No encontro, os diretores Luiz Paulo Vasconcelos e Francisco Grael reclamaram do aumento das despesas de circulação e do encarte *Jornal da Família*, que abrigava boa parte dos novos anunciantes.[208] Rogério Marinho apoiou os dois diretores:

"Temos de acabar com o domingo para não diminuirmos a publicidade da segunda-feira."[209]

Roberto riu.

No *JB*, Nascimento Brito pediu a Otto Lara Resende para tentar costurar com o "crioulo" um acordo. Ele propôs que o seu jornal deixasse de sair às segundas-feiras e o *Globo* não fosse mais publicado aos domingos.

Mais tarde, Otto relatou ao jornalista Matinas Suzuki que, num encontro no Cosme Velho, Marinho usou metáfora para responder a Brito:

"Otto, você já viu numa corrida de cavalo, quando aquele que está atrás, de tão desesperado em passar adiante, encosta e começa a morder a anca do da frente? Esse cavalo sou eu."[210]

No entanto, o jornal da condessa tinha fôlego suficiente para se manter na disputa, que seria longa.

Epílogo

Quando o sinal da Globo foi ao ar, apenas seis dos 23 jornais do Rio de Janeiro do tempo de infância de Roberto Marinho ainda estavam em circulação. Nesse momento de implantação da TV, ele era um jogador sem idiossincrasias.

O lançamento da emissora ilustrou o término do processo de unificação geográfica de vários Brasis por meio das parabólicas. A rede de emissoras de Marinho, com os sinais micro-ondas dos militares, se tornaria um ícone na integração nacional.

Marinho começava a atingir ali uma longevidade no poder que nenhum outro brasileiro de seu tempo conseguiu. Juscelino Kubitschek teve apenas quatro anos na presidência, tempo em que construiu a capital com o discurso de que ligaria o país. Depois, os generais golpistas que tomaram os palácios inconclusos de Brasília optaram por uma ditadura de alternância, afastando-se do personalismo. Suas estradas da "integração" eram delírios de Estado. Os presidentes civis do período democrático muito menos tiveram a mesma influência.

No período histórico relatado neste livro, o empresário teve relação de atritos e aproximações com sete grupos de esquerda de perfis distintos — tenentista pré-prestes, prestista, getulista, operária antivargas, nacionalista-janguista, brizolista e dissidente comunista que entrava para a luta armada. A esquerda aglutinada em torno do PT ainda não existia.

Do lado do centro e da direita, travou duelo com integralistas, pessedistas, extremistas da UDN, lacerdistas e setores da Arena.

O início da alavancada do *JN* e da Globo era a etapa decisiva de uma grande empresa erguida numa zona intermediária, entre extremos. Entre o declínio do rural e a expansão do urbano e da indústria, Marinho atuou na moldagem do imaginário coletivo.

A partir da entrada no ar do *Jornal Nacional*, fase posterior à retratada neste livro, Marinho contou em especial com quatro personalidades na consolidação de seu grupo — na TV, Walter Clark e Boni, e no jornal, Evandro Carlos de Andrade e Henrique Caban.

Foi de uma sala da TV Globo, no oitavo andar de um prédio na rua Lopes Quintas, no Jardim Botânico, com vistas para o Cristo e o Pão de Açúcar, que Roberto Marinho exerceu, a partir dos anos 1970, o poder com base na máxima de Irineu de que a força estava no centro, longe dos extremos políticos e das sofisticações culturais.

A personalidade de Marinho, no entanto, foi moldada em redação de jornal, espaço que começou a frequentar ainda criança, lugar de encontro de disputas e tipos nacionais. Nela, teve a oportunidade de conhecer, ainda cedo, com as prisões dele próprio e do pai, o poder dos governos e movimentar-se em cenários de arbítrios e aprender a linguagem da economia e da política.

Ao longo de mais de cinquenta anos de redação de jornal, Marinho buscou controlar cada texto e fotografia da primeira página. A propósito, falar dos jornalistas que atuaram sob seu comando e destacar manchetes são tentativas de colar peças de sua biografia. É possível que as relações de poder representem apenas parte dos círculos que constroem a influência de alguém. Por isso, fui atrás de velhos repórteres nos hotéis da Lapa, nos restaurantes onde tinham suas contas penduradas, nos asilos da periferia, nos bairros do subúrbio, nas páginas amareladas de jornais e revistas, nas rádios e televisões. Ora protagonistas, ora testemunhas críticas, sempre conscientes da cumplicidade nas narrativas que contaram, de erros e acertos. Viscerais, ou quase, eles nunca — jamais — distinguiram o ofício da vida.

Agradecimentos

Na preparação desta biografia, utilizei pesquisas dos jornalistas José Orenstein, nos arquivos de Washington, Mateus Bandeira Vargas, nos acervos de Porto Alegre, e Myrian Luiz Alves, nas coleções da ilha de Paquetá.

João Batista, Vanessa Tchelzoff Mascarenhas e Roseli Arruda foram parceiros na transcrição das entrevistas.

Meu agradecimento aos jornalistas Adriano Ceolin, Demétrio Weber, Fabiano Lana e Rodrigo Rangel, por acompanharem a aventura. Eles estavam perto da roda do leme nos momentos de risco para este livro.

Agradeço ao editor José Mario Pereira, da Topbooks, que abriu portas de um Rio de Janeiro quase secreto e por me apresentar a livrarias já desaparecidas.

A leitura do texto contou com a experiência de Daniel Stycer, Daniele Cajueiro e Janaína Senna, da Nova Fronteira, e de Victor Gentilli, da Universidade Federal do Espírito Santo. O escritor Mário Magalhães sugeriu aulas de hipismo e, principalmente, mergulho. A professora Alice Mitika, da Universidade de São Paulo, orientou como fazer perfil para a reflexão. Sergio Lirio, Malu Gaspar e Maura Fraga pela solidariedade em tempo de extremos.

Sílvia Fiúza, Christiane de Assis Pacheco e Ana Paula Goulart foram fundamentais no acesso aos documentos de Roberto Marinho.

Na busca de documentos, recebi apoio de Pablo Endrigo e Vivien Ishaq, do Arquivo Nacional, Johenir Viegas, do Arquivo do Estado do Rio de Janeiro, e Vilma dos Santos, da Biblioteca da ABI.

Muito devo a todos que deram seu testemunho ao longo da jornada de seis anos de investigação jornalística.

Agradeço ao jornal *O Estado de S. Paulo* e aos colegas de reportagem.

Minha gratidão aos meus pais, Leonencio e Ruth, e ao Sérgio, ao Alessandro e à Alessandra.

Muito obrigado aos Oito Batutas, grupo que eu costumava ouvir enquanto escrevia este livro, para entrar na época retratada aqui e vivida por colegas repórteres de tantos jornais empastelados pelo poder econômico e pelo tempo.

Notas

1. Balões

1 Para características físicas de Roberto Marinho, Carteira de Trabalho, de 12 de março de 1947, fotos e depoimentos de amigos e parentes.
2 A expectativa de vida nos anos 1960 está no Censo Demográfico 1950/2000, do IBGE.
3 Naquele tempo, o termo "subúrbio carioca" referia-se às áreas hoje conhecidas por zonas Norte e Oeste, distantes da região central. Desde a construção das estradas de ferro Leopoldina e D. Pedro II, ainda no século XIX, "subúrbio" passou a se referir às localidades que surgiam às margens das ferrovias. É uma classificação não apenas geográfica e social, mas também cultural, e que sofre impactos a cada tempo de transformação urbana. Ao longo deste livro, a atual Zona Norte, que pouco antes do nascimento de Marinho era lugar de famílias ricas e na infância dele tornou-se espaço de operários, adquire perfil de região intermediária, entre o subúrbio, agora mais distante, e a nobre Zona Sul, que abrange os bairros da Glória, Flamengo, Catete, Botafogo, Copacabana e Ipanema. Quando a especulação imobiliária expandiu a mancha de maior poder aquisitivo para a Barra da Tijuca e início de Jacarepaguá, por exemplo, o que era chamado de lugar distante da Zona Oeste, subúrbio ou começo do Sertão Carioca passou a ser considerado por seus novos moradores como Zona Sul. Atualmente, é comum associar ao subúrbio os municípios de Duque de Caxias, Belford Roxo, Nilópolis e Nova Iguaçu, na Baixada Fluminense, entre a cidade do Rio de Janeiro e a serra Fluminense.
4 *O Globo* grafava Luís Ignácio da Silva. O apelido Lula ainda não estava incorporado ao nome.

5 Faziam parte da antiga geração figuras como Cláudio Abramo, Wilson Gomes, Emir Macedo Nogueira, Mino Carta, Milton Coelho da Graça e Roberto Muller. A greve simbolizou uma reviravolta ideológica e partidária das redações. Uma geração comunista cedia espaço para lideranças que não estavam na órbita do Partido Comunista Brasileiro (PCB). Os jornais começavam a se dividir em dois núcleos internos, com repórteres de um lado — simpáticos ao Partido dos Trabalhadores (PT), legenda que seria fundada no ano seguinte — e proprietários de outro. No processo de reabertura, jornalistas e donos de jornal passaram a atuar em sindicatos distintos. Antes, na primeira metade do século, seja nos movimentos pelo fim do governo de Arthur Bernardes, seja na luta contra o Estado Novo, repórteres e patrões haviam atuado em campos contíguos. Na fase mais pesada da ditadura, a censura unira os dois lados.
6 O relato sobre a greve dos jornalistas levou em conta depoimento e análise do professor Victor Gentilli, da Universidade Federal do Espírito Santo.
7 Depoimento de Luiz Lobo.
8 Depoimento de Luiz Lobo.
9 Depoimento de João Roberto Marinho.
10 Depoimento de Elizabeth Marinho.
11 Irineu nasceu em 19 de junho de 1876, em Niterói. O pai, João Marinho Coelho de Barros, nasceu na freguesia de Carvalho, em Celorico de Bastos, distrito de Braga, Portugal, a 1º de setembro de 1828. A mãe, Edwiges de Souza Barros, nasceu em Resende, Rio de Janeiro, em 13 de novembro de 1836. Eles se casaram em fevereiro de 1853.
12 Em 1890, 51,2% dos 267 mil moradores da cidade do Rio de Janeiro eram formados por portugueses e seus descendentes mais próximos, segundo o censo do governo do Distrito Federal do Brasil.
13 *O Fluminense*, 3 de julho de 1887.
14 Depoimento de Elizabeth e entrevista dela para o Acervo Roberto Marinho, em 2010.
15 Para a complexa análise das origens de Chica valeram as conversas com a historiadora Christiane de Assis Pacheco. Em registros cartoriais posteriores, como a certidão de óbito, consta que Chica era filha de Francisco Pisani. A certidão de nascimento dela ainda é desconhecida.
16 Em 1892, ainda aluno do Liceu de Humanidades, Irineu Marinho fundou o Grêmio Literário Silvio Romero, responsável pela edição do jornal estudantil *O Ensaio*. Foi sua primeira e precoce experiência com o jornalismo, atuando como redator e editor-chefe. Nesse mesmo ano, escreveu seus primeiros artigos de grande circulação, no jornal *O Fluminense*, do qual foi colaborador até 1893, quando passou a atuar como revisor e repórter na imprensa da capital, tendo passado pelos jornais *Diário de Notícias*, de Antônio Azeredo; *A Notícia*, de Manoel de Oliveira Rocha; *A Tribuna*, dirigido por Alcindo Guanabara; e *Gazeta de Notícias*. Disponível em: <http://www.robertomarinho.com.br/vida/familia/detalhes-de-verbete-2.htm>. Acesso em: 17 mar. 2019.
17 *O Fluminense*, 28 de janeiro de 1893.

18 *Gazeta de Notícias*, 1º de fevereiro de 1898. Foi tratado pelo dr. Lopo de Albuquerque.
19 Antes de chegar à *Gazeta*, Irineu passou por *A Notícia* e *A Tribuna*. A efetivação nos quadros da *Gazeta de Notícias* como chefe de revisão e, em seguida, como repórter, marcou o início de uma rápida ascensão.
20 Depoimento de Elizabeth Marinho.
21 O horário e a data constam no livro original de registros de nascimentos do cartório da região Estácio, no Rio. Uma certidão feita em setembro de 1944 suprimiu o trecho "da tarde" — isto levou pesquisadores a registrar erroneamente que ele nasceu na parte da manhã.
22 A grande imprensa, termo cunhado apenas mais tarde, era formada por periódicos fundados ainda no Império — *Jornal do Commercio*, *Correio Paulistano*, *O Estado de S. Paulo*, *Gazeta de Notícias* e *O Paiz*. O *Jornal do Brasil* e o *Correio da Manhã* surgiram no início da República. "Ação e imaginário de uma ditadura", p. 14. Essa estimativa levou em conta uma análise de jornais guardados pela Biblioteca Nacional e livros citados na bibliografia deste livro.
23 *Gazeta de Notícias*, 8 a 12 e 21 de maio de 1905. *A Noite*, 27 de agosto de 1946.
24 Carta de Manoel de Oliveira Rocha a Irineu Marinho, 6 de novembro de 1911. Acervo Roberto Marinho.
25 *O Rio de Janeiro do meu tempo*, p. 602.
26 *O Mundo*, 1º de agosto de 1956.
27 Manuscrito sem data, guardado pela Biblioteca Nacional. Fundo Lima Barreto.
28 *Correio da Manhã*, 18 de julho de 1914.
29 Carta de Irineu Marinho a Dilermando Cruz, de 9 de julho de 1911. Relatório "Correspondência Irineu Marinho", p. 7. Acervo Roberto Marinho.
30 *Diário da Noite*, 4 de setembro de 1958.
31 Carta de Paulo Barreto a Irineu, fevereiro de 1911. Acervo Roberto Marinho. Irineu era sobretudo um sobrevivente adaptado às regras do jogo, confundido com a figura de um difusor de novas técnicas. O jornalismo dele costuma ser associado à imprensa americana do começo do século XX, que despontava com o rigor da notícia de Hearst e Pulitzer, como registrou o Boletim da ABI de julho e agosto de 1978. Uma análise da vida de Irineu pode levar à compreensão de que sua visão de jornal estava associada a um momento do mercado carioca, ainda que com influências de americanos e ingleses.
32 "Correspondência Irineu Marinho", p. 4. Acervo Roberto Marinho.
33 Na lista dos investidores, constavam o nome do engenheiro Sampaio Correia, de Niterói, homem com interesses políticos, contratado pelo governo para fazer obras de abastecimento no Rio de Janeiro; do general e ex-ministro da Agricultura Francisco Glicério, que se destacou nos movimentos abolicionista e republicano; do vice-cônsul português Thedim Lobo, importador de louças; e do deputado federal Antônio Monteiro de Souza, do Espírito Santo.
34 Depoimento do brigadeiro Newton Braga ao jornal *O Globo* de 3 de agosto de 1953.

35 Para as referências a Leal da Costa e Eurycles, *O Rio de Janeiro do meu tempo*, p. 610.
36 *O Globo*, 30 de dezembro de 1957.
37 *O Imparcial*, 19 de julho de 1913.
38 *A Noite*, 14 de outubro de 1911.
39 *O Jornal*, 27 de maio de 1944.
40 O levantamento das casas da família Marinho foi feito pela historiadora Christiane Pacheco. Acervo Roberto Marinho.
41 *O Fluminense*, 10 de abril de 1915.
42 "Duas biografias — Irineu Marinho", p. 35.
43 Esboço de "Condenado ao êxito". Acervo Roberto Marinho.
44 Depoimento de Rogério ao Acervo Roberto Marinho.
45 Depoimento do brigadeiro Newton Braga publicado pelo *Globo* de 3 de agosto de 1953.
46 "Condenado ao êxito". Acervo Roberto Marinho.
47 "Condenado ao êxito". Acervo Roberto Marinho.
48 *O Paiz*, 26 de novembro de 1917. O registro do jornal é a única informação da época sobre a doença de Helena conhecida até aqui.
49 *Gazeta de Notícias*, 17 de setembro de 1919, e *O Estado de S. Paulo*, 2 de outubro de 1919.
50 *O Globo*, 19 de dezembro de 1989, e *Uma trajetória liberal*, p. 125.
51 *Diploma de brancura: política social e racial no Brasil, 1917-1945*, p. 151.
52 *O Globo*, 19 de dezembro de 1989.
53 *Visão*, 10 de dezembro de 1979.
54 *Visão*, 10 de dezembro de 1979.
55 Manuscrito de Roberto Marinho encontrado no Acervo Roberto Marinho.
56 *Chatô, o rei do Brasil*, p. 85.
57 *Chatô, o rei do Brasil*, p. 64.
58 *Light, a história da empresa que modernizou o Brasil*, p. 177.
59 *Light, a história da empresa que modernizou o Brasil*, p. 209.
60 *A Noite*, 8 de janeiro de 1915.
61 *Irineu Marinho, imprensa e cidade*, p. 199.
62 *O Tico-Tico*, 1º de agosto de 1917. Cópia cedida pelo Acervo Roberto Marinho.
63 As referências à história dos quadrinhos foram tiradas do trabalho do pesquisador Athos Eichler Cardoso, autor das coletâneas *J. Carlos, memórias d'O Tico-Tico* e *As aventuras de Nhô Quim e Zé Caipora*, obras que contam com maestria o início das HQs no país.
64 Relatório "Veritas Film e Leal Films", 2011. O elenco do filme era formado por Álvaro Fonseca, Antero Vieira e Nella Berti. Acervo Roberto Marinho.
65 Para dados sobre Francisco Serrador, o site www.historiadocinemabrasileiro.com.br. Foram ainda consultadas edições de *A Noite* de 9 de junho de 1920, 6 de março e 23 de abril de 1925 e 8 de março de 1940.

66 A música era uma composição coletiva, surgida no terreiro de candomblé de Tia Ciata. Mauro de Almeida, João da Baiana, Pixinguinha, Sinhô e Hilário Jovino Ferreira contribuíram para a composição.
67 *A Noite*, 2 de maio de 1913. Para o pesquisador Carlos Sandroni, os versos dessa letra foram inspirados ainda por notícias sobre movimentos ocorridos três anos depois no Rio de Janeiro, quando a música foi gravada. Em texto publicado pela *Noite* no dia 31 de outubro de 1916, o chefe de polícia recomendou "pelo telefone oficial" que fossem apreendidos objetos de jogatina, uma espécie de repressão amortizada, o que foi ridicularizado pela população. Naquele ano, a *Gazeta de Notícias* fez uma cobertura ainda mais forte contra os jogos. *Feitiço decente*, p. 121.
68 *A Noite*, 6 de janeiro de 1922.
69 Depoimento de Hilda Marinho ao Acervo Roberto Marinho.
70 Esboço de "Condenado ao êxito". Acervo Roberto Marinho.
71 *Gazeta de Notícias*, 24 de agosto de 1919.
72 *Gazeta de Notícias*, 17 de agosto de 1919.
73 *A União*, 21 de setembro de 1919.
74 A lista de abolicionistas brancos que continuaram com destaque inclui, entre outros, Lauro Müller, nomeado mais tarde para a presidência de Santa Catarina; Julio de Castilhos, que chegou ao governo do Rio Grande do Sul; Leopoldo Bulhões, nomeado ministro da Fazenda; e André Gustavo Paulo de Frontin, que foi prefeito do Distrito Federal.
75 *A Rua*, 23 de dezembro de 1919. *A Rua* foi fundada em 1914 por jornalistas saídos da *Noite*. Há no Acervo Roberto Marinho uma carta de Joaquim Marques da Silva relatando que eles estavam espalhando boatos sobre a falência da *Noite* e que tinham roubado material do jornal.
76 *A Noite*, 26 de junho de 1921.
77 *A Noite*, 28 de junho de 1921.
78 *A Noite*, 2 de novembro de 1922.
79 *Diário do Nordeste*, 8 de agosto de 1999.
80 Esboço de "Condenado ao êxito". Acervo Roberto Marinho.
81 *Roberto Marinho*, biografia escrita por Pedro Bial, p. 93.
82 Decreto 4.294, de 6 de julho de 1921.
83 *Gazeta de Notícias*, 19 de maio de 1923.
84 *A Noite*, 7 de junho de 1923.
85 *A Noite*, 1º de março de 1924.
86 *A Noite*, 22 de janeiro de 1923.
87 Depoimento de Georges Joffre Delahaye ao Acervo Roberto Marinho.
88 Depoimento de Georges Joffre Delahaye ao Acervo Roberto Marinho.
89 *A Noite*, 11 de janeiro de 1921.
90 *A Noite*, 11 de janeiro de 1921.
91 *Correio da Manhã*, 14 de novembro de 1922.
92 *Gazeta de Notícias*, 6 de julho de 1922.

93 Pelas ações, Chateaubriand ofereceu três mil contos de réis — Irineu possuía dois mil e Rocha, 1.500 contos de réis em ações. "Relatório de Correspondências de Irineu Marinho." Acervo Roberto Marinho.
94 *Chatô, o rei do Brasil*, p. 113.
95 *O Mundo* de 1º de agosto e *O Globo* de 3 de agosto de 1956.
96 "Condenado ao êxito". Acervo Roberto Marinho.
97 *A Noite*, 9 de maio de 1925.
98 *O Globo*, 30 de dezembro de 1957.
99 Inquérito do delegado Francisco Chagas de 24 de maio de 1925, publicado pela *Noite* no dia 29.
100 *A Noite*, 9 de maio de 1925.
101 *O Globo*, 11 de maio de 1972.
102 Depoimento de Fernando Segismundo ao Acervo Roberto Marinho.
103 *O Mundo*, 1º de agosto de 1956.
104 Depoimento de Paschoal Ferrone. "A história da imprensa na década de 1920", p. 234, ABI.
105 "Condenado ao êxito". Acervo Roberto Marinho.
106 *Correio da Manhã*, 28 de maio de 1925.
107 Em suas memórias, Roberto contou que "nunca houve tal enquete". Mas, ainda que o peso do gosto popular não tenha sido levado em conta, anúncios foram publicados em jornais para convocar os leitores.
108 Entre os jornais com o título *Globo* estavam a folha de propaganda republicana, impressa no final do Império por Quintino Bocaiuva. Machado de Assis imortalizou esse *Globo* em uma crônica. *Obras completas*, p. 349. No Rio, outros dois jornais também circularam com esse título – *O Globo*, de 1840 a 1849, e *O Globo Rio*, de 1852 a 1896.
109 Numa viagem do deputado argentino Nicolas Avellaneda ao Rio de Janeiro, *O Globo* conseguiu uma entrevista com o parlamentar, que explicou fazer a concessão porque, em 1884, seu pai, também Nicolas, ex-presidente da Argentina, dera uma entrevista ao antigo *Globo*. *O Globo*, 20 de agosto de 1925.
110 "Condenado ao êxito". Acervo Roberto Marinho.
111 *O Globo*, 29 de julho de 1925.
112 Para efeito de comparação, o jornal tinha em 1927 uma tiragem diária de trinta mil exemplares. *A Manhã* rodava cem mil exemplares; o *Jornal do Commercio*, 25 mil; *O Paiz*, quarenta mil; *O Jornal*, 45 mil; o *Jornal do Brasil*, 75 mil; e o *Correio da Manhã*, noventa mil. Estatística da Imprensa Periódica do Brasil (1929-1930), citada na monografia de José Inácio de Melo Souza.
113 *O Globo*, edição matutina, 30 de julho de 1925.
114 "Condenado ao êxito". Acervo Roberto Marinho.
115 *O Paiz*, 19 de julho de 1925.
116 Tempos antes, o professor Roquette-Pinto tinha dado o pontapé na atividade do rádio comercial ao instalar a Rádio Sociedade do Rio de Janeiro.

117 *Revista Universal,* agosto de 1925.
118 Depoimento de Brício Filho. *O Globo*, 24 de agosto de 1925.
119 "Condenado ao êxito". Acervo Roberto Marinho.
120 Entrevista de Marinho a jornalistas estrangeiros. Rio de Janeiro, 17 de janeiro de 1990.
121 "Condenado ao êxito". Acervo Roberto Marinho.
122 *O Globo*, 29 de julho de 1967.
123 *O Globo*, 21 de agosto, *O Fluminense*, 22 e 23 de agosto de 1925.
124 *O Globo*, 21 de agosto de 1926.
125 Depoimento de Hilda ao Acervo Roberto Marinho.
126 Depoimento de Elizabeth ao Acervo Roberto Marinho.
127 Das 21 edições do *Globo* sob direção de Irineu, o noticiário de cidades foi sete vezes manchete, seguido das coberturas de internacional (seis), polícia, sociedade e política (duas cada) e economia e Brasil (uma cada). Das manchetes de cidades, três eram sobre a lei do inquilinato e duas de denúncias contra a Light. *O Globo*, 29 de junho a 20 de agosto de 1925.
128 *O Globo*, 6 de maio de 1931.
129 *Roberto Marinho*, de Pedro Bial, p. 361.
130 "A história da imprensa na década de 1920", p. 211.
131 Depoimento de Paulo Motta Lima na ABI. "A história da imprensa na década de 1920".
132 Folhas de alteração do soldado artilheiro Roberto Marinho. I Exército, Rio de Janeiro, 1927. Acervo Roberto Marinho.
133 Carta de Roberto a Ricardo Marinho. Esplanada Hotel, São Paulo, 21 de setembro de 1929. Acervo Roberto Marinho.
134 As cartas citadas neste capítulo compõem o acervo "Cartas da juventude", organizado pelo Acervo Roberto Marinho. Foram escritas entre 1922 e 1933. A carta de Roberto a dona Chica, em especial, é de 12 de setembro de 1929.
135 *O Globo*, 11 de agosto de 1930.
136 O *Jornal do Brasil*, o matutino de classificados, anuncia a instalação da Caixa de Auxílios Pró-Exilados da Coluna Prestes. "A caixa terá como única missão angariar entre o povo e o comércio donativos materiais e financeiros a fim de minorar a situação. A comissão diretora, a fim de evitar sofismas de pessoas de má-fé, deliberou que os donativos seriam entregues à redação do vespertino *O Globo*." *Jornal do Brasil*, 13 de março de 1928.
137 *O Globo*, 20 de dezembro de 1989.
138 Diálogo construído a partir de depoimento de João Roberto Marinho.
139 *O Globo*, 29 de maio de 1930.
140 O termo "golpe" não é usado pela maior parte dos historiadores para se referir à deposição de Washington Luís. Fala-se em "Revolução de 30". Isso porque, argumentam, se instaurou um novo pacto de poder, que pôs fim à Primeira República. Também argumentam que, apesar da permanência de elementos da antiga estrutura

social, ocorreu uma mudança profunda na política e na vida econômica. O país se industrializa no pós-1930, por exemplo.
141 *Do tenentismo ao Estado Novo*, p. 64.
142 *O Globo*, 24 de outubro de 1930.
143 Foram destruídos a *Folha da Noite*, a *Folha da Manhã*, o *Correio Paulistano*, *O Fanfalho* e *O Piccolo*.
144 *A Noite* voltou a circular, ainda em 1930, e Geraldo Rocha continuava sendo seu proprietário. Ele só perdeu o jornal (assim como as revistas *A Noite Ilustrada*, *Carioca* e *Vamos Ler*) no ano seguinte, por dívidas contraídas com a Estrada de Ferro São Paulo-Rio Grande (da Brasil Railway, de Farquhar). O grupo cresceria nesse período, com a criação da Rádio Nacional. Em 1940, as empresas seriam encampadas e passariam a fazer parte das Empresas Incorporadas ao Patrimônio da União.
145 *O galo branco*, p. 165 e 166.
146 *O Globo*, 28 de outubro de 1930.
147 *Artes da política; diálogos com Ernani do Amaral Peixoto*, pp. 79.
148 Esboço de "Condenado ao êxito". Acervo Roberto Marinho. Não se conhecem registros sobre a autoria das fotos e dos textos da cobertura do movimento. Talvez não seja possível creditar a Roberto Marinho nem os textos comemorativos da troca de governo. Por certo ângulo, *O Globo* extravasava anos de derrotas consentidas.
149 Depoimento de Hilda Marinho ao Acervo Roberto Marinho.
150 Entrevista de Marinho a jornalistas estrangeiros. Rio de Janeiro, 17 de janeiro de 1990.
151 Depoimento de Henrique Caban.
152 *O Globo*, 28 de setembro de 1940.
153 A compreensão do uso dos termos Zona Sul e Zona Norte foi analisada pela doutora em geografia Elizabeth Dezouzart Cardoso no estudo "A invenção da Zona Sul: origem e difusão do topônimo Zona Sul na geografia carioca", revista *Geo Graphia*, da Universidade Federal Fluminense, volume 11, número 22, de 2009.
154 "Como se distribui a iluminação pública do Rio de Janeiro". Moacir F. Silva. *Revista Brasileira de Geografia*, outubro-dezembro de 1945, pp. 548 a 553.
155 Nos anos que antecederam à chegada de Getúlio ao poder, outros proprietários de jornais deixaram o posto para seus filhos. Foi o caso de Júlio de Mesquita, de *O Estado de S. Paulo*, morto em 1927, e Edmundo Bittencourt, que passou, em 1929, a chefia do *Correio da Manhã* para Paulo Bittencourt.
156 *O Globo*, 12 de outubro de 1931.

2. A REPÚBLICA DO HOMEM-ARANHA

1 *Fon-Fon*, 3 de agosto de 1929.
2 *Programa do Jô*, TV Globo, 3 de abril de 2000.

3 "Condenado ao êxito". Acervo Roberto Marinho.
4 *Programa do Jô*, 3 de abril de 2000.
5 *O Globo*, 16 de maio de 1931.
6 *O Jornal*, 5 de dezembro de 1930.
7 *Saudação a Herbert Moses*, p.10.
8 Depoimento de Fernando Segismundo Esteves ao Acervo Roberto Marinho.
9 Herbert Moses na presidência da ABI, 1931-1951, p.63.
10 Depoimento de Fernando Segismundo Esteves ao Acervo Roberto Marinho.
11 *Visão*, 10 de dezembro de 1979.
12 *Fon-Fon*, 30 de setembro de 1933.
13 "Ação e imaginário de uma ditadura", pp. 57 e 58.
14 Depoimento de Cláudio Mello e Souza ao Acervo Roberto Marinho.
15 *A Esquerda*, 9 de maio de 1931.
16 Pelo acordo, os donos de jornais se comprometiam a exercer um controle das matérias. Em carta aos chefes das redações, a censura alertou: "Senhor diretor, de acordo com sugestão do sr. Roberto Marinho feita ao dr. chefe de Polícia e aceita por sua Exc, comunico-vos que doravante este departamento dispensa os redatores designados para servir junto aos jornais [...] a fim de se evitar a divulgação de notícias contrárias ao interesse público, passando a responsabilidade desse serviço aos diretores de jornais, que, nos termos da sugestão aludida, responderão perante o dr. chefe de Polícia, em casos de transgressões." *A Esquerda*, 6 de agosto de 1931.
17 *Gaveta dos guardados*, p.118.
18 Esboço de "Condenado ao êxito". Acervo Roberto Marinho.
19 Esboço de "Condenado ao êxito". Acervo Roberto Marinho.
20 *O Globo* e *O Estado de S. Paulo*, 18 e 19 de julho de 1932.
21 *O Globo*, 7 de outubro de 1932.
22 Depoimento de Ronald Levinsohn
23 *O Globo*, 24 de janeiro de 1935.
24 *O Cruzeiro*, 3 de agosto de 1935.
25 *O Cruzeiro*, 5 de agosto de 1935.
26 Para o estúdio de Nicolas, *O Globo*, 25 de fevereiro de 1933, e "Salão Essenfelder: Descobertas da Imprensa Musical do Rio de Janeiro na década de 1930". Nathália Lange Hartwig, monografia de mestrado apresentada na UFPR. IV Simpósio Brasileiro de Pós-Graduandos em Música, 2016.
27 Depoimento de Antonieta ao pesquisador Luiz Antonio de Almeida, do Museu da Imagem e do Som.
28 *Revista Brasileira de Música*, 1938, 4º fascículo, Escola Nacional de Música da Universidade do Brasil, Ministério da Educação e Saúde, pp. 32 a 34.
29 Depoimento de Luiz Antonio de Almeida, que conviveu com Antonieta e parentes da cantora.
30 *Jornal do Brasil*, 10 de julho de 1934.
31 *Correio da Manhã*, 7 de agosto de 1935.

32 *O Globo*, 22 de outubro de 1935.
33 *Diário Carioca*, 6 de janeiro de 1934.
34 *O Globo*, 29 de janeiro de 1935.
35 *A Democracia*, 1º de outubro de 1937.
36 *A Manhã*, 27 de julho de 1935.
37 *A Manhã*, 18 de outubro de 1935.
38 William Waack, no livro *Camaradas*, publicado em 1993 pela Companhia das Letras, p. 297, descreve o episódio a partir de documentos oficiais de Moscou sobre o movimento de 1935 no Brasil. Daniel Aarão Reis Filho, João Quartim de Moraes e Marcelo Ridenti, em *História do marxismo no Brasil: Partidos e organizações dos anos 20 aos 60*, Editora da Unicamp, 1991, afirmam que a esquerda via Tobias como um provocador.
39 *O Globo*, 22 de agosto de 1935.
40 *A Manhã*, 17 de setembro de 1935.
41 *O Globo*, 14 de setembro de 1935.
42 *O Globo*, 17 de setembro de 1935.
43 Ele sofreu processo no Tribunal de Segurança Nacional por tentar manter Genny no país. *Correio da Manhã*, 28 de maio de 1938.
44 *O Globo* e *A Manhã*, 14 de outubro de 1935.
45 Quase cinquenta anos depois, Genny foi localizada pela professora Eva Blay em Nova York. Num relato tenso, a agora psicóloga relatou que marcou um encontro com um estudante de medicina, que lhe prometeu ajudá-la, justamente num local onde ocorria um encontro político. Passou por celas em que estavam prostitutas e assassinos. "A imprensa fazia muito ruído a meu favor. Mas houve também muita exploração", disse. "Eu não tinha nada a ver com a política." "Inquisição, inquisições. Aspecto da participação dos judeus na vida sociopolítica brasileira nos anos 1930." Eva Alterman Blay. *Revista de Sociologia da USP*, p. 105 a 130, São Paulo, 1º de setembro de 1989.
46 *O Globo*, 19 de setembro de 1936.
47 *O Globo*, 29 de janeiro de 1935.
48 *O Globo*, 29 de janeiro de 1935.
49 *O Globo*, 25 de maio de 1935.
50 *O Globo*, 7 de junho de 1935.
51 *O Estado de S. Paulo*, 29 de julho de 1941.
52 As cópias dos manuscritos foram cedidos pelo Acervo Roberto Marinho.
53 A melhor referência sobre o duplo espião é o livro *Johnny: a vida do espião que delatou a rebelião comunista de 1935*, de R.S. Rose, lançado pela Record, em 2010.
54 *A Manhã*, 25 de julho de 1935.
55 Depoimento de Georges Joffre Delahaye ao Acervo Roberto Marinho.
56 A história do duelo foi noticiada pelo *Diário Carioca* nos dias 3, 4 e 16 de julho de 1935.
57 *O Globo*, 15 de julho de 1935.

58 *A Manhã*, 5 de julho de 1935.
59 Esboço de "Condenado ao êxito". Acervo Roberto Marinho.
60 *O Cruzeiro*, 6 de maio de 1966.
61 *Jornal da ABI*, junho/julho de 2013.
62 *O Globo*, 6 de janeiro de 1936.
63 *O Globo*, 6 de janeiro de 1936.
64 *O Globo*, 7 de março de 1936.
65 Depoimento concedido ao Acervo Roberto Marinho.
66 *O Globo*, 5 de março de 1936.
67 *O Globo*, 6 de março de 1936.
68 *O Globo*, 28 de maio, 29 de maio e 17 de junho de 1936.
69 Para uma reflexão sobre o período sugiro a leitura de "O antissemitismo na Era Vargas: 1930-1945", Brasiliense, 1988, da professora Maria Luiza Tucci Carneiro. Ela cita decretos secretos limitando a concessão de vistos para judeus e faz uma revisão do papel de Oswaldo Aranha.
70 Pinhas Sapir, ministro da Fazenda de Golda Meir e um dos fundadores do Estado de Israel.
71 Para o convencimento de Chateaubriand, *Chatô, o rei do Brasil*, p. 366.
72 Depoimento de José Luiz de Magalhães Lins.
73 *Homens e jornais*, p. 32.
74 *Jornal da Telebahia*, fevereiro de 1983.
75 *O Globo*, 4 de abril de 1936.
76 Carta de Castro Maya a Roberto. Roma, 2 de julho de 1936. Acervo Roberto Marinho.
77 Entrevista concedida por Roberto a um grupo de jornalistas estrangeiros. Rio de Janeiro, 17 de janeiro de 1990. Acervo Roberto Marinho.
78 *O Radical*, 17 de março de 1937.
79 *Diário de Notícias*, 9 de junho de 1937.
80 *A Batalha*, 8 de junho de 1937.
81 *Fon-Fon*, 5 de agosto de 1938.
82 *O Globo*, 29 de julho de 1967. Numa versão do diálogo registrada por Edmar Morel consta que Alves Pinheiro teria dito a Roberto de outra forma: "Recebi uma ordem, mas não vou cumpri-la. O major Filinto mandou prendê-lo." "Duas biografias — Irineu", p. 63.
83 *Jornal da ABI*, edição especial, 1998.
84 *O Semanário*, 19 a 25 de março de 1960.
85 *O Globo*, 9 de novembro de 1937.
86 *Jornal da ABI*, março e abril de 1975.
87 *O Globo*, 31 de março de 1938.
88 *O Globo*, 15 de março de 1938.

89 O conceito de patrimonialismo brasileiro usado aqui tem por referência autores como Raymundo Faoro, Sérgio Buarque de Holanda e Florestan Fernandes, que estudaram a questão a partir do Brasil Colônia.
90 Relatório "O 'Cartel' Aranha". Rio de Janeiro, 11 de novembro de 1944. Fundo Getúlio Vargas. CPDOC/FGV.
91 A Cexim foi criada em 1941. Em 1953, o órgão passou a se chamar Cacex.
92 Decreto-lei nº 3.293, de 1941.
93 Dados sobre Mattos Pimenta foram obtidos nos estudos "A gênese da favela carioca: a produção anterior às ciências sociais", de Lúcia Valladares, *Revista Brasileira de Ciências Sociais*, 2000, pp. 15 e 16, "Novas memórias do urbanismo carioca", organizado por Américo Freire e Lúcia Lippi Oliveira, Rio de Janeiro, 2008, especialmente uma análise de Margareth da Silva Pereira, pp. 173 e 175, e "Quando o cinema vira urbanismo", de Silvana Oliveira, Edufba, Salvador, 2011. Para o discurso de Mattos Pimenta, *O Globo*, 6 de junho de 1930.
94 *O Globo*, 1º de setembro de 1931.
95 "O portador inesperado, a obra de Dorival Caymmi (1938-1939)", Stella Teresa Aponte Caymmi, Programa de Pós-Graduação em Letras, PUC, Rio de Janeiro, 2006.
96 *O Globo*, 16 de agosto de 1939.
97 *Fon-Fon*, 19 de outubro de 1935.
98 O Acervo Roberto Marinho e a Memória Globo são áreas diferentes do Grupo Globo. O Acervo é responsável pela documentação dos fundadores do grupo. O Memória é a área que se ocupa da história da TV.
99 O grupo começou ainda na década de 1920. Mas foi só nos anos 1930 e 1940 que cresceu e se consolidou como conglomerado de comunicação.
100 *O rei da roleta, a incrível vida de Joaquim Rolla*, pp. 115 e 116.
101 *O rei da roleta, a incrível vida de Joaquim Rolla*, p. 16.
102 *O rei da roleta, a incrível vida de Joaquim Rolla*, p. 21.
103 *Diário da Noite*, 12 de maio de 1938.
104 *O Cruzeiro*, 11 de junho de 1938.
105 *Diário Carioca*, 21 de junho de 1938.
106 *Roberto & Lily*, p. 25.
107 *Roberto & Lily*, p. 46.
108 O encontro serviu para Danuza escrever uma matéria na revista *Piauí*, de janeiro de 2011.
109 *O rei da roleta, a incrível vida de Joaquim Rolla*, p. 156.
110 "Duas biografias — Irineu", p. 63.
111 Carta de Roberto a Getúlio Vargas. 1º de agosto de 1939. Arquivo Getúlio Vargas. CPDOC/FGV.
112 A lista de mortos incluía o estudante Emygdio José Viana, 18 anos, o cabo Argemiro José de Noronha, os trabalhadores Antonio Silva e Manoel Constantino dos Santos e os guardas municipais José Canutos do Nascimento e Benjamim Moreira. Outros nomes surgiriam nos jornais concorrentes, como o do funcionário da Light

Luiz Candido Cardoso, do empregado da Central do Brasil Quintino Rodrigues da Silva e do integralista e morador de Niterói Luiz Pehone. *O Globo*, de 12 de maio, e o *Correio da Manhã* e *O Jornal*, de 13 de maio de 1938.
113 *Jornal da ABI*, edição especial, 1998.
114 *Correio da Manhã*, 12 de maio de 1938.
115 "Lourival Fontes no governo Vargas: Um jogo de poder com luzes e sombras", Sônia de Castro Lopes.
116 Estado Relatório S/2, de 3 de novembro de 1939. Polícia Civil do Distrito Federal, Ministério da Justiça e Negócios Interiores. Arquivo Público do Estado do Rio de Janeiro.
117 Lourival é nomeado chefe do DIP em janeiro de 1940. Relatórios S/2 de 24 de novembro de 1939 e 4 de janeiro de 1940. Polícia Civil do Distrito Federal, Ministério da Justiça e Negócios Interiores. Arquivo Público do Município do Rio de Janeiro.
118 *A Noite*, 15 de julho de 1940.
119 O DIP foi criado em 27 de dezembro de 1939 e regulamentado a 30 daquele mês. O órgão foi extinto em maio de 1945.
120 Em 1940, Carmen Miranda lançou quatro músicas especialmente compostas para responder às críticas de que havia voltado americanizada. "Voltei para o morro", samba de Luiz Peixoto e Vicente Paiva; "Diz que tem", samba de Vicente Paiva e Haníbal Cruz; "Disso é que eu gosto", choro de Luiz Peixoto e Vicente Paiva; e mais a óbvia "Disseram que eu voltei americanizada", samba de Luiz Peixoto e Vicente Paiva. A música "Ta-hi! (Pra você gostar de mim)", uma das mais famosas cantadas pela artista, é uma marcha-canção de Joubert de Carvalho, lançada em 1930, bem antes, portanto, dessa apresentação na Urca. *O rei da roleta, a incrível vida de Joaquim Rolla*, p. 234.
121 Grampo da conversa telefônica de Herbert Moses e Forjazo. Rio de Janeiro, 5 de janeiro de 1940. CPDOC/FGV.
122 Grampo da conversa telefônica de Herbert Moses e Orlando Dantas. Rio de Janeiro, 5 de janeiro de 1940. CPDOC/FGV.
123 Grampo da conversa entre Herbert Moses e Roberto. Rio de Janeiro, 8 de janeiro de 1940. CPDOC/FGV.
124 *A Noite*, *Diário de Notícias* e *Diário Carioca*, de 1º, 13 e 28 de janeiro de 1940, respectivamente.
125 Esboço de "Condenado ao êxito". Acervo Roberto Marinho.
126 Processo de intervenção do jornal *O Estado de S. Paulo*, Arquivo Nacional, Rio de Janeiro. Esse processo foi revelado pela primeira vez pelos repórteres Edson Luiz e Hugo Marques. *O Estado de S. Paulo*, 26 de março de 2000.
127 Depoimento de João Roberto Marinho.
128 Carta de Roberto a Chagas Freitas, presidente do Sindicato dos Proprietários de Jornais e Revistas do Rio de Janeiro. Rio, 4 de janeiro de 1967. Acervo Roberto Marinho.
129 *O Estado de S. Paulo*, 8 de junho de 1940.

130 Foram analisadas 93 edições do *Diário Oficial da União* com registros do Conselho Nacional de Imprensa no período de 1940 a 1942.
131 Grampo de conversa de Roberto e Herbert Moses, de 28 de junho de 1940.
132 Carta de Filinto Müller a Benjamin Vargas. Rio de Janeiro, 14 de junho de 1941. CPDOC/FGV.
133 Relatório confidencial, de 23 de novembro de 1940. DIP. Polícia Civil do Distrito Federal, Ministério da Justiça, Arquivo do Estado do Rio de Janeiro.
134 Relatório confidencial, de 7 de janeiro de 1940. Polícia Civil do Distrito Federal, Ministério da Justiça e Negócios Interiores. Arquivo Público do Estado do Rio de Janeiro.
135 *O Globo*, 7 de janeiro de 1940.
136 Relatório S/2, de 24 de janeiro de 1940. Polícia Civil do Distrito Federal, Ministério da Justiça e Negócios Interiores. Arquivo Público do Estado do Rio de Janeiro.
137 Relatório confidencial, de 23 de novembro de 1940. Dossier DIP. Arquivo Público do Estado do Rio de Janeiro.
138 *O Estado de S. Paulo*, 29 de julho de 1941.
139 "Dossier", S/2, 16 de abril de 1940. Polícia Civil do Distrito Federal, Ministério da Justiça e Negócios Interiores. Arquivo Público do Estado do Rio de Janeiro. Maciel Filho se tornou um conselheiro e *ghost-writter* de Getúlio. Mais tarde, ele datilografaria e aumentaria a carta-testamento.
140 Nota do DIP número 005, da Polícia Civil do Distrito Federal, Ministério da Justiça e Negócios Interiores.
141 Depoimento de Rogério Marinho ao Acervo Roberto Marinho.
142 *Diário de Notícias*, 18 de agosto de 1945. Por sua vez, Aizen não gostou que a palavra "juvenil" tivesse sido usada e lançou uma revista, *O Lobinho*, para evitar que Marinho utilizasse *Globinho*. Ver livro, de Gonçalo Junior, *A Guerra dos Gibis*.
143 "Os quadrinhos de Nelson Rodrigues", Gonçalo Júnior, *Jornal da ABI*, agosto de 2012.
144 Depoimento de José Mário Pereira.
145 *Casa grande & senzala*, p. 215.
146 A informação de que o jardim do Cosme Velho foi desenhado por Attílio foi repassada pelo pesquisador Joel Coelho de Souza, que cuida do acervo de artes de Roberto Marinho. Ele me indicou o estudo de Luís Gonzaga Montas Ackel — "Attílio Corrêa Lima, uma trajetória para a modernidade", São Paulo, tese de doutorado, FAU/USP, 2007.
147 *Ásia Maior: O planeta China*, p.17
148 *Diretrizes*, 3 de abril de 1941.
149 Depoimento de Ana Arruda Callado.
150 Em 1933, Pongetti já escrevia crônicas para *O Globo* numa coluna assinada com o pseudônimo de Jack.
151 As duas cartas de Nelson Rodrigues a Roberto não são datadas. Acervo Roberto Marinho.

152 *O Globo* e *Crítica*, 26 e 27 de dezembro de 1929.
153 *Crítica*, 27 de dezembro de 1929.
154 Carta de Nelson Rodrigues a Roberto. Rio, 1º de fevereiro de 1944. Acervo Roberto Marinho.
155 Carta de Nelson Rodrigues a Hugo Barreto. Rio, 1º de fevereiro de 1944. Acervo Roberto Marinho.
156 Valor corrigido pelo IGP-DI, da FGV, de 1944.
157 *O Globo*, 4 de julho de 1942.
158 *O Globo Juvenil*, 4 de julho de 1940.
159 Para os relatos de Armando Peixoto, *Diário de Notícias*, 18, 19 e 21 de agosto de 1945.
160 Depoimento de Fernando Segismundo ao Acervo Roberto Marinho.
161 *Correio da Manhã*, 18 de janeiro de 1942.
162 *Jornal da ABI*, edição especial, 1998.
163 Depoimento de Luiz Paulo ao Acervo Roberto Marinho.
164 *Diário Carioca*, 2 de julho de 1940.
165 *A Manhã*, 15 de abril e 26 de julho de 1944.
166 *Jornal da ABI*, abril e maio de 1979.
167 Carta de Julio de Mesquita Filho a Marina Vieira de Carvalho. Buenos Aires, 4 de junho de 1941. Correspondência censurada pela Polícia Civil de São Paulo. Arquivo Público do Estado do Rio de Janeiro.
168 *O Radical*, 13 de outubro de 1942.
169 *Tempo de contar*, pp. 236 e 237.
170 "Um correspondente de duas guerras mundiais: Raul Brandão e o *Correio da Manhã*." Texto escrito por Tito H.S. Queiroz, na revista *Comum*, de julho/dezembro de 2013, número 34, das Faculdades Integradas Hélio Alonso.
171 Descrição feita por Luiz Lobo, em depoimento para este livro.
172 A lista dos jornalistas que ganharam a Medalha de Guerra oferecida pelo governo para quem cobriu a FEB incluiu: Rubem Braga, Raul Brandão, Egydio Squeff, Joel Silveira, Sylvia Bittencourt, Thassilo Mitke, Fernando Stamato, Francis Hallawell, o Chico (BBC), Barreto Leite (Diários Associados), Henry Buckley (Reuters), Henry Bagley (Associated Press) e Allan Fiskler (Coordenador Americano).
173 Depoimento de Egídio Squeff.
174 Depoimento de Rogério Marinho ao Acervo Roberto Marinho.
175 *O Estado de S. Paulo*, 1º de setembro de 1944.
176 Depoimento de Fernando Segismundo Esteves ao Acervo Roberto Marinho.
177 Prontuário de Pedro Pinto da Motta Lima, número 7.468, da Secretaria de Estado dos Negócios da Segurança Pública, Departamento de Ordem Política e Social. Rio de Janeiro. Arquivo Público do Estado do Rio de Janeiro.
178 Depoimento de Fernando Segismundo ao Acervo Roberto Marinho.
179 *Pedro Pomar, uma vida em vermelho*, p. 103.
180 Depoimento de Rogério Marinho ao Acervo Roberto Marinho.

181 *Folha da Semana*, 1 a 7 de dezembro de 1966.
182 *O Estado de S. Paulo*, 13 de setembro de 1944.
183 *Tempo de contar*, p. 235.
184 Informe número 37 da Delegacia de Segurança Política, da Polícia Civil do Distrito Federal. Rio de Janeiro, 19 de julho de 1944.
185 *Diário Carioca*, 1º de abril de 1945.
186 *Diário Carioca*, 23 de janeiro de 1945.
187 *Tempo de contar*, pp. 238 e 239.
188 *Rubem Braga, um cigano fazendeiro do ar*, p. 24.
189 *O Globo*, 17 de abril de 1945.
190 *Diário da Noite*, 1º de janeiro de 1945.
191 *Correio da Manhã*, 7 de fevereiro de 1945.
192 *Correio da Manhã*, 3 de junho de 1945.
193 *O Cruzeiro*, 15 de dezembro de 1945.
194 *O Globo*, 6 de fevereiro de 1945.
195 Carta de Heráclito Fontoura Sobral Pinto a Roberto, Rio de Janeiro, 7 de fevereiro de 1945, citada em *Sobral Pinto, a consciência do Brasil*, p. 314.
196 Costa Rego alternava o trabalho no jornal com o exercício de mandatos de deputado e senador. Foi governador de Alagoas.
197 *Correio da Manhã*, 22 de fevereiro de 1945.
198 *O Globo*, 22 de fevereiro de 1945.
199 *Correio da Manhã*, 24 de fevereiro de 1945.
200 *Minha razão de viver*, p. 81.
201 *Jornal do Brasil*, 28 de março de 1945.
202 *O Globo*, 28 de fevereiro de 1945.
203 *O Globo*, 19 de abril de 1945.
204 Em suas memórias, Edmar Morel escreveu que Pedro, seu chefe na *Manhã*, era comunista "confesso", entretanto não escreveu uma só linha a favor do credo político que defendia, mostrando que era um profissional honesto, que não traía a confiança de Roberto. *Histórias de um repórter*, p. 51.
205 *O Globo*, 30 de abril de 1945.
206 *O Globo*, 1º de julho de 1979.
207 *Sobral Pinto, a consciência do Brasil*, p. 221.
208 *O Globo*, 30 de outubro de 1945.
209 *O Globo*, 3, 12, 16, 26, 28 e 29 de novembro, 1º , 2, 5 e 6 de dezembro e 29 e 31 de janeiro de 1946.
210 *A Manhã*, 25 de dezembro de 1945.
211 *O Globo,* 29 de janeiro de 1946.
212 *Diário da Noite*, de 11 de fevereiro de 1946. Essa entrevista e o testemunho de Alzira estão relatadas na biografia *Getúlio*, de Lira Neto.
213 *Diário de Notícias*, 12 de fevereiro de 1946.
214 *A Ordem*, março de 1947.

215 *O rei da roleta, a incrível vida de Joaquim Rolla*, p. 331.
216 *Chatô, o rei do Brasil*, pp. 402 e 403.
217 *O Globo*, 29 de abril de 1946.
218 *O Globo*, 22 de março de 1946.
219 *O Globo*, 15 e 16 de junho de 1948.
220 Discurso de Roberto Marinho proferido na cerimônia de entrega da medalha do centenário de David Ben-Gurion a Oswaldo Aranha *in memoriam*. Consulado de Israel, Rio de Janeiro, 6 de agosto de 1987.
221 *Maria Martins, escultora dos trópicos*, pp. 12 e 49.
222 O dado sobre a indústria está no trabalho "Ensaio para a estrutura urbana do Rio de Janeiro", de Pedro Pinchas Geiser, *Revista Brasileira de Geografia*, Serviço Tipográfico GOP-SGO, p. 4, citado em *Evolução urbana do Rio de Janeiro*, p. 96. Este último ainda cita o censo de 1948 para descrever a evolução das favelas nas pp. 105 e 106.
223 "Como se distribui a iluminação pública do Rio de Janeiro". Moacir F. Silva. *Revista Brasileira de Geografia*, outubro-dezembro de 1945, pp. 548 a 553.
224 *Light, a história da empresa que modernizou o Brasil*, p. 482.

3. A conquista de Copacabana

1 *Light, a história da empresa que modernizou o Brasil*, pp. 446-8.
2 Gallotti assumiu o grupo em 1955. *Light, a história da empresa que modernizou o Brasil*, p. 489.
3 *O Estado de S. Paulo*, 16 de janeiro de 1994.
4 *Jornal do Brasil*, 19 de janeiro de 1961.
5 *Última Hora*, 6 de maio de 1959.
6 Depoimento de Pedro Paulo de Sena Madureira.
7 Valor corrigido pelo IGP-DI, da FGV, de 1944.
8 *A Luta Democrática*, 2, 4 de outubro de 1959 e 31 de outubro e 1º de novembro de 1965.
9 *Política é paixão*, p. 59.
10 *Tribuna Popular*, 19 de abril de 1947.
11 *A Guerra dos Gibis*, p. 131.
12 *A Guerra dos Gibis*, p. 142.
13 *A Guerra dos Gibis*, pp. 141-2.
14 *A Guerra dos Gibis*, p. 181.
15 Relatório confidencial, 23 de novembro de 1940. Dossier DIP. Polícia Civil do Distrito Federal, Ministério da Justiça, Arquivo do Estado do Rio de Janeiro.
16 *O Cruzeiro*, 24 de agosto de 1946. Informações de matéria da dupla David Nasser e Jean Manzon.
17 Depoimento de Ana Arruda Callado.

18 *Revista da Semana*, 13 de dezembro de 1941.
19 Depoimento de Rodrigo Goulart ao Acervo Roberto Marinho.
20 *Rio*, janeiro de 1947.
21 Depoimento de Lauro Cavalcanti, curador que montou o museu Casa Roberto Marinho.
22 *Diário Carioca*, 25 de julho de 1947.
23 *O Globo*, 22 de maio de 1947.
24 *Diário Carioca*, janeiro de 1947.
25 *Rio*, julho de 1944.
26 Depoimento de Elizabeth Marinho, a Bebete, ao Acervo Roberto Marinho.
27 Depoimento de Rogério Marinho ao Acervo Roberto Marinho.
28 "Coisas antigas". *Manchete*, 16 de novembro de 1957, arquivo de José Mário Pereira.
29 *Imprensa Popular*, 9 de janeiro de 1951.
30 Depoimento de Jorge Rodrigues ao Acervo Roberto Marinho. Eleito presidente pelo Partido Radical com apoio dos comunistas para o período de 1946 a 1952, Videla se esforçou para tornar o PC do Chile ilegal. Mais tarde, nos anos 1970, Videla fez uma interlocução entre empresários da imprensa brasileira, especialmente Marinho, com a diplomacia da ditadura Pinochet.
31 Carta de Roberto a Ricardo. Rio de Janeiro, janeiro de 1945. Acervo Roberto Marinho.
32 O maestro Gaó, nome de Odmar Amaral Gurgel, foi regente da orquestra da Rádio Globo. *O Globo*, 22 de fevereiro e 4 de dezembro de 1945.
33 Discurso no III Seminário da ABI, 1º de julho de 1976; *Uma trajetória liberal*, pp. 365-6.
34 Othon Jabreiro. *A TV no Brasil do século XX*. Salvador: 2002, EDUFBA, p. 51.
35 *Jornal da ABI*, edição especial número 6, ano 2000.
36 *O Cruzeiro*, 2 de setembro de 1950; *Diário de Notícias*, 20 de agosto do mesmo ano.
37 *O Jornal*, 14 de novembro de 1950.
38 *O Cruzeiro*, 19 de maio de 1951.
39 *O Jornal*, 3 e 5 de abril de 1951.
40 *O Cruzeiro*, 14 de julho de 1951.
41 O parecer 72 do Ministério da Aviação pela concessão de TV à Rádio Globo foi deferido por Getúlio, segundo despacho publicado no *Diário Oficial da União*, a 13 de março de 1951.
42 *O Jornal*, 12 de abril de 1951.
43 *Tribuna Popular*, 19 de outubro de 1951.
44 O caso do acidente das lanchas está registrado nas edições da *Gazeta de Notícias*, de 30 de dezembro de 1952; *O Globo*, de 19 e 29 de maio e 27 e 29 de dezembro do mesmo ano.
45 *A Noite*, 16 de julho de 1951.

46 *Minha razão de viver*, p. 176.
47 *A notícia parou!*, pp. 24-6 e 41.
48 Dados de tiragens obtidos no Anuário Brasileiro de Imprensa (1953 e 1954) e *Lacerda x Wainer, o corvo e o bessarabiano*, pp. 54-8.
49 Depoimento de Henrique Caban.
50 *A notícia parou!*, p. 46.
51 *A notícia parou!*, p. 35.
52 A *Última Hora* começou como um jornal, mas logo se tornou uma cadeia de jornais no país, que mantinha, no entanto, o mesmo nome e a mesma identidade visual. Depois do golpe militar de 1964, Wainer vendeu ou fechou seus jornais. Em São Paulo, a *Última Hora* foi vendido para a *Folha*. Sobrava apenas a *Última Hora* do Rio de Janeiro, que foi vendido em 1971 para o empresário Mauricio Nunes de Alencar.
53 Edição de 12 de julho de 1953.
54 *Lacerda x Wainer, o corvo e o bessarabiano*, p. 66.
55 *Minha razão de viver*, p. 177.
56 *Diário do Congresso Nacional*, 18 de novembro de 1953.
57 *Última Hora*, p. 176.
58 *O Globo*, 1º de setembro de 1953.
59 *O Globo*, 4 de agosto de 1953.
60 *Revista do Rádio*, 27 de janeiro de 1953.
61 *Diário de Notícias*, 27 de setembro de 1953.
62 *Revista do Rádio*, 21 de novembro de 1953.
63 *Revista do Rádio*, 14 de novembro de 1953.
64 Livro publicado pela José Olympio, em 1974.
65 "A face humana do mito", José Mário Pereira. *República*, abril de 2000.
66 Depoimento de Raul Brunini ao Acervo Roberto Marinho.
67 *O Mundo Ilustrado*, 24 de abril de 1957. Nessa época, a revista não estava mais nas mãos de Geraldo Rocha. Bráulio Guimarães respondia pela edição.
68 Ata de reunião da diretoria do Banco do Brasil. Rio de Janeiro, 19 de agosto de 1954. CPDOC-FGV.
69 Depoimento ao Acervo Roberto Marinho.
70 *Getúlio escreve a Lourival: Os bilhetes à Casa Civil da Presidência da República (1951 e 1954)*, bilhete 549, p. 249.
71 *Última Hora*, 13 de maio de 1954.
72 *O Globo*, 14 de maio de 1954.
73 *O Globo*, 22 de maio de 1954. No dia 22, o caso era manchete do jornal: "Morreu Nestor Moreira".
74 *O Globo*, 22 de maio de 1954. A história de Moreira foi contada em livro pelo jornalista Roberto Sander. *O crime que abalou a República: Violência, conspiração e impunidade no crepúsculo da Era Vargas*. Rio de Janeiro: Maquinária Editora, 2010.
75 Depoimento de Luiz Garcia.
76 *Diário da Câmara dos Deputados*, 10 de dezembro de 1954.

77 *O Globo*, 10 de outubro de 1953.
78 *O Globo*, 16 de agosto de 1954.
79 Depoimento de Francisco Dornelles, filho de Mozart e sobrinho de Tancredo.
80 *Artes da política, diálogos com Ernani do Amaral Peixoto*, p. 368.
81 *O Globo*, 23 de agosto de 1954.
82 Depoimento de Georges Joffre Delahaye ao Acervo Roberto Marinho.
83 Paulo Caringi, repórter da Continental, também reivindicou esse furo. Para o depoimento de Léo Batista e as referências a Caringi e Domingues, *Vargas, agosto de 54*. pp. 28-31.
84 "Condenado ao êxito". Acervo Roberto Marinho.
85 *O Cruzeiro*, 4 de setembro de 1954.
86 Depoimento de Francisco Grael ao Acervo Roberto Marinho.
87 Depoimento de Rogério ao Acervo Roberto Marinho.
88 *O Cruzeiro*, 4 de setembro de 1954.
89 *Isto é*, 12 de dezembro de 1984. Acervo de José Mário Pereira.
90 Depoimento de Francisco Grael ao Acervo Roberto Marinho.
91 *Última Hora*, 27 de agosto de 1954.
92 *O Globo*, 27 de agosto de 1954.
93 Celina Vargas do Amaral Peixoto numa rápida conversa com o autor.
94 Depoimento de Luiz Gutemberg.
95 *O Jornal*, 14 de março de 1954; *Jornal da ABI*, edição número 6, ano 2000.
96 O prédio foi construído num terreno de dez mil metros quadrados na rua Santana, na Cidade Nova, rebatizada Irineu Marinho. A mudança ocorreu em 15 de outubro de 1954.
97 *O Globo*, 28 de janeiro de 1959.
98 Carta de Roberto a Stella Marinho. Rio de Janeiro, 15 de maio de 1971. Acervo Roberto Marinho.
99 Para as descrições sobre Vargas, *A história vivida: Entrevistas*, p. 192.
100 Carta de Roberto a Juscelino Kubitschek, sem data e local. Acervo Roberto Marinho.
101 Depoimento de Rogério ao Acervo Roberto Marinho.
102 Depoimento de Francisco Grael ao Acervo Roberto Marinho.
103 Só mais tarde, em 1977, foi adquirida a Goss Metroliner Rockwell, inaugurada no ano seguinte, primeira inteiramente impressa no sistema ofsete, que representou um salto tecnológico.
104 Depoimento de Francisco Grael ao Acervo Roberto Marinho.
105 Depoimento de Luiz Paulo Vasconcelos ao Acervo Roberto Marinho.
106 Depoimento de Luiz Paulo Vasconcelos ao Acervo Roberto Marinho.
107 Depoimento de Lígia ao Acervo Roberto Marinho.
108 Lígia contou sua história ao lado do empresário ao Acervo Roberto Marinho.
109 *Manchete*, 1961.
110 Depoimento de Neire Lígia Egídio de Souza Melo ao Acervo Roberto Marinho.

111 Depoimento de José Mário Pereira.
112 Depoimento de Paulo Fernando Marcondes Ferraz.
113 Discurso de Roberto na inauguração da Biblioteca Augusto Frederico Schmidt, a 8 de fevereiro de 1966. Acervo Roberto Marinho.
114 *Última Hora*, 25 de junho de 1951.
115 *O galo branco*, pp. 16, 55 e 164.
116 *As florestas*, pp. 66-71.
117 *O galo branco*, pp. 171-2.
118 As informações dessa página sobre o jornal de Horácio de Carvalho Júnior foram obtidas no livro *Diário Carioca*, de Cecília Costa.
119 "O homem que fez JK", texto de Luiz Nassif. Blog do Nassif.
120 Depoimento de Pery Cotta.
121 Depoimento de Ferreira Gullar.
122 Para o caso da Carta Brandi, *Última Hora*, de 23 e 29 de setembro; *O Globo*, de 17 e 23 de setembro; 27, 11, 18 e 29 de outubro e 1º e 3 de novembro de 1955.
123 Kubitschek derrotou Juarez Távora (30,27%), com uma diferença de 466 mil votos. Na eleição separada para vice, Goulart derrotou com 44,25% Milton Campos, que obteve 41,7%, uma diferença de 206 mil votos.
124 *Isto é*, 16 de novembro de 1984.
125 *Revista Roteiro*, 1978.
126 O impeachment era definido pela Lei nº 1.079, de 1950.
127 *O Globo*, 15 de novembro de 1955.
128 *O Globo*, 15 de fevereiro de 1956.
129 *O Globo*, 24 de fevereiro de 1956.
130 Depoimento de Israel Klabin.
131 *O último tenente*, p. 241.
132 *Correio da Manhã*, 21 de outubro de 1955.
133 *Folha de S.Paulo*, 23 de dezembro de 1995.
134 *O Estado de S. Paulo*, 20 de novembro de 1955.
135 *Carlos Lacerda, a vida de um lutador*, p. 242.
136 Carta de Roberto a Ricardo Marinho. 26 de setembro de 1956. Acervo Roberto Marinho.
137 *O Globo*, 11 de outubro de 1956.
138 *O Globo*, 12 de outubro de 1956.
139 *Carlos Lacerda, a história de um lutador*, p. 255, citando o marechal Henrique Lott, p. 366, de Joffre Gomes da Costa, e *O Estado de S. Paulo*, 13 de novembro de 1956.
140 Para essa análise sobre a medida de Juscelino, "Da censura de costumes à censura política: O episódio da 'Portaria Rolha'", de Bernardo Estellita Lins, consultor da Câmara dos Deputados, *Cadernos Aslegis*, 44, setembro/dezembro de 2011, Brasília, e *Tancredo Neves, a noite do destino*, p. 107.
141 *O Globo*, 8 de abril de 1980.

142 Correspondências de Alves Pinheiro para Roberto, Caçapava, 18 de fevereiro, de Roberto a Alves Pinheiro, Rio de Janeiro, 19 de fevereiro, de Rogério Marinho para Alves Pinheiro, Rio de Janeiro, 21 de fevereiro, e de Alves Pinheiro para Roberto, Rio de Janeiro, 15 de março de 1957. Acervo Roberto Marinho.
143 Indaiassú entrou no jornal provavelmente em 1935. Já Pinheiro relatou ao *Jornal da ABI*, de março e abril de 1975, que começou a trabalhar no vespertino em 1º de agosto de 1934.
144 Carta de Alves Pinheiro a Roberto. Rio de Janeiro, 6 de fevereiro de 1960. Acervo Roberto Marinho.
145 Carta de Roberto a Alves Pinheiro. Rio de Janeiro, 22 de março de 1960. Acervo Roberto Marinho.
146 Carta de Alves Pinheiro a Roberto. Rio de Janeiro, 3 de julho de 1961. Acervo Roberto Marinho.
147 Carta de Roberto a Alves Pinheiro. Rio de Janeiro, 26 de julho de 1961. Acervo Roberto Marinho.
148 *O Globo*, 11 de outubro de 1958.
149 Em 1956, a produção nacional de papel de imprensa correspondia apenas a um quarto do consumo interno. O país consumia anualmente 180 mil toneladas de papel-jornal. A produção nacional era estimada em 45 mil toneladas. Ver *História e imprensa no Rio de Janeiro nos anos 1950.*
150 *O último tenente*, pp. 294-300.
151 *Diário de Notícias*, dezembro de 1958.
152 Telegrama de Roberto a Schmidt. Rio de Janeiro, 21 de agosto de 1963. Acervo Roberto Marinho.
153 Carta de Schmidt a Roberto. Sem data. Acervo Roberto Marinho.

4. O GRANDE SALTO

1 Carta de Roberto a Ricardo Marinho. Rio de Janeiro, 26 de setembro de 1956. Acervo Roberto Marinho.
2 *O Globo*, 11 de junho de 1957. A decisão do Conselho Nacional de Comunicação de outorgar o canal 4 à Rádio Globo sairia em 11 de dezembro do mesmo ano.
3 *Até a última página: Uma história do Jornal do Brasil*, p.64 e 76.
4 *Jornal do Brasil*, 11 de julho de 1957.
5 Para as críticas do jornal de Samuel a Roberto e encontro dos artistas com Juscelino, *Última Hora*, de 7, 12 e 17 de julho de 1957.
6 *O Globo*, 30 de julho de 1957.
7 *O Globo*, 29 de julho de 1957.
8 *O Globo*, 2 de janeiro de 1959.
9 *O Mundo Ilustrado*, 25 de dezembro de 1957.

10 Depoimento de Délio de Mattos.
11 *O Estado de S. Paulo*, 26 de março de 1957.
12 Carta de Roberto Marinho a João Dantas. Rio de Janeiro, 23 de outubro de 1957. Acervo Roberto Marinho.
13 *Diário de Notícias*, 10 de fevereiro de 1953.
14 *Diário de Notícias*, 20 de outubro de 1957.
15 *O Mundo Ilustrado*, 9 de outubro de 1957.
16 Depoimento de Fernando Segismundo Esteves ao Acervo Roberto Marinho.
17 *O Globo*, 9 de agosto, e *New York Times*, 10 de agosto de 1946.
18 Depoimento de Orlando Brito.
19 *O Cruzeiro*, 10 de outubro de 1964.
20 *O Mundo Ilustrado*, 26 de setembro de 1955.
21 *O Mundo Ilustrado*, 14 de novembro de 1955.
22 Depoimento de Paulo Fernando Marcondes Ferraz.
23 *Manchete*, 19 de abril de 1958. Gentileza de José Mário Pereira.
24 Site do Acervo Roberto Marinho.
25 Salles coordenou a coluna. Depois, o espaço ficou sob responsabilidade de Álvaro Americano, que foi auxiliado por Zózimo Barroso do Amaral, ainda no começo de carreira. Depoimento de Mauro Salles ao Acervo Roberto Marinho.
26 *Última Hora*, 6 e 7 de maio de 1959.
27 *O Globo*, 6 de maio de 1959.
28 *O Globo*, de 2 a 14 de janeiro de 1959.
29 *O Globo*, 20 de julho de 1959.
30 Depoimento de José Roberto Marinho.
31 *O Semanário*, 7 a 13 de maio de 1960.
32 *O Globo*, 6 de março de 1958.
33 *O Globo*, 2 de setembro de 1958.
34 *O Globo*, 6 de novembro de 1959.
35 *O Globo*, 30 de setembro de 1959.
36 *O Globo*, 23 de dezembro de 1958.
37 *O Globo*, de 18 a 30 de abril de 1960.
38 Depoimento de João Ricardo Moderno, presidente da Associação Brasileira de Filosofia.
39 *O Globo*, 9 de agosto, e *New York Times*, 10 de agosto de 1946. *Última Hora*, 24 de janeiro de 1954.
40 *Última Hora*, 23 e 25 de abril e 28 de maio de 1960.
41 Censo do IBGE de 1960.
42 *Diário de Notícias*, 7 de maio de 1960.
43 *Diário de Notícias*, 2 e 6 de fevereiro de 1962.
44 *Diário de Notícias*, 17 de fevereiro de 1962.
45 Depoimento de Georges Joffre Delahaye ao Acervo Roberto Marinho.

46 Contrato de constituição da sociedade por cotas da TV Globo. Rio de Janeiro, 28 de junho de 1962. Relatório da CPI Time-Life-Globo. Câmara dos Deputados, Brasília.
47 Depoimento de Rogério ao Acervo Roberto Marinho.
48 Depoimento de José Luiz de Magalhães Lins.
49 Depoimento de Carlos Henrique Ferreira Braga, o comandante Braga.
50 *O Globo*, 20 de abril de 1959.
51 *O Globo*, 30 de setembro de 1960.
52 *O Globo*, 4 de dezembro de 1959.
53 *O Globo*, 11 de dezembro de 1959.
54 *O Globo*, 4 de dezembro de 1959.
55 *O Globo*, 5 de dezembro de 1959.
56 *O Semanário*, 17 a 23 de setembro de 1960.
57 Depoimento de Mauro Salles ao Acervo Roberto Marinho.
58 *O Globo*, 1º de outubro de 1960.
59 Lacerda teve 356.722 votos, contra 332.592 de Magalhães e 221.887 de Tenório. TSE.
60 *O Globo*, 5 de dezembro de 1960.
61 *Minha razão de viver*, p. 222.
62 *Diário Carioca*, 8 de junho de 1960.
63 *Política é paixão*, p. 35.
64 “Schmidt: centenário”, Murilo Melo Filho.
65 *O Mundo Ilustrado*, 17 de junho de 1961, da coleção de José Mário Pereira.
66 Carta de Schmidt a Roberto. Paris. Sem data. Acervo Roberto Marinho.
67 Carta de Schmidt a Roberto. Paris. Sem data. Acervo Roberto Marinho.
68 *O Semanário*, 25 de março a 1º de abril de 1961.
69 *Política é paixão*, p. 221.
70 *O Globo*, 25 de agosto de 1961.
71 O assessor e autor do relato é Evandro Carlos de Andrade, que mais tarde seria o principal executivo do jornal e da TV Globo. Depoimento ao Acervo Roberto Marinho.
72 *O Globo*, 26 de agosto de 1961.
73 Depoimento de Délio de Mattos.
74 Entrevista do jornalista Flávio Alcaraz Gomes a Núbia Silveira, publicada no jornal *Clarim*, de junho de 2011.
75 O Ibope registrou que a audiência no Rio era distribuída entre as rádios Nacional (14%), Tamoio (4,5%), Tupi e Mayrink Veiga (3,1%), entre outras. “Rádio Mayrink Veiga”, estudo de Carla Siqueira, CPDOC/FGV.
76 “Tela Quente”, reportagem de Clarissa Thomé, *O Estado de S. Paulo*, 2 de maio de 2015, e verbete “Rádio Mayrink Veiga”, de Carla Siqueira. CPDOC/FGV.
77 Depoimento de Mauro Salles ao Acervo Roberto Marinho.
78 *O Globo*, 5 de setembro de 1961. Anos depois, a 25 de agosto de 2000, o jornalista Geneton Moraes Neto divulgou no *Jornal da Globo* relato de Marcio Cesar Leal

Coqueiro, agora brigadeiro reformado. Ele disse ter recebido missão de impedir que o avião de Goulart pousasse no aeroporto de Brasília, com a preparação de barricadas na pista, mas evitou chamar a operação de Mosquito. Foi em maio de 2013 que o coronel-aviador Roberto Baere disse à Comissão Nacional da Verdade, no Rio, que na época servia como tenente no 1º Grupamento de Aviação de Caça da Base Aérea de Santa Cruz e recebeu juntamente com outros três colegas ordem do comandante da base, Paulo Costa, para preparar os caças para derrubar o avião do vice.

79 *Correio da Manhã*, 13 de setembro de 1961.

80 *O Globo*, 14 de setembro de 1961.

81 *Correio da Manhã*, 15 de setembro de 1961.

82 *O Globo*, 4 de outubro de 1961.

83 De 26 de agosto a 31 de dezembro de 1961, *O Globo* deu atenção ao noticiário internacional (36 manchetes no período, sendo sete sobre Cuba) e à possível instabilidade política e econômica do Brasil (39 vezes, incluindo quatro matérias de críticas diretas ao governo, cinco de defesa do parlamentarismo, seis de greves e questões trabalhistas, nove de inflação e 15 de ameaças comunistas internas). Só uma manchete deu espaço a um discurso de Goulart. Da renúncia de Jânio até o final de 1961, *O Globo* dividiu seu espaço entre a Guerra Fria e temas negativos para o governo. Nesse período, Goulart só ganhou voz em uma única reportagem principal de capa. Greves, inflação e carestia, críticas diretas ao governo e ameaças de comunização do país tiveram o mesmo espaço que a disputa entre Estados Unidos e União Soviética.

84 Carta de Roberto a Francisco Clementino de San Tiago Dantas. Rio de Janeiro, 6 de outubro de 1961. A carta resposta de San Tiago Dantas é datada do dia 11 do mesmo mês. Fundo San Tiago Dantas. Arquivo Nacional, Rio de Janeiro.

85 *O Globo*, 21 de novembro de 1961.

86 *O Globo*, 11, e *Correio da Manhã*, 12 de outubro de 1961.

87 Atual Editora Globo.

88 *Última Hora*, 2 de março de 1957.

89 Artigo 25, do Decreto número 20.493, de 24 de janeiro de 1946, que regulamentou o Serviço de Censura de Diversões do Departamento de Segurança Pública.

90 *O Globo*, 6 de abril de 1962.

91 *O Globo*, 2 de maio de 1962.

92 Entre as duas entidades mais representativas lançadas pelo instituto estavam a Ação Democrática Parlamentar, ADP, que unia deputados e senadores, a maioria da UDN, e a Ação Democrática Popular, Adep, criada para patrocinar campanhas na disputa eleitoral de 1962.

93 "Os institutos de estudos econômicos de organizações empresariais e sua relação com o Estado em perspectiva comparada: Argentina e Brasil: 1961 – 1996", de Hernán Ramiro Ramírez. Programa de Pós-Graduação em História, do Instituto de Filosofia e Ciências Humanas da Universidade Federal do Rio Grande do Sul. Porto Alegre, 2005.

94 Carta de Roberto a Schmidt. Rio de Janeiro, 8 de junho de 1962. Acervo Roberto Marinho.
95 Sobre a UNE, ler depoimento de Brant a Jalusa Barcelo. *CPC da UNE*, pp.411 a 427.
96 A greve ocorreu entre os dias 1º e 6 de dezembro de 1961. Era um movimento organizado pelo Sindicato dos Jornalistas Profissionais de São Paulo, presidido por Ewaldo Dantas, repórter da *Folha de S. Paulo*. Por decisão do Tribunal Regional do Trabalho, os empresários foram obrigados a conceder reajuste de 45%. Os funcionários de *O Estado de S. Paulo* participaram da organização do movimento, mas não cruzaram os braços porque tinham recebido aumento semanas antes. Piquetes, no entanto, impediram que o jornal dos Mesquita saísse da gráfica. Os caminhões da *Folha*, comandada na época por Nabantino Ramos, também não conseguiram deixar o pátio da gráfica. Em frente aos Diários Associados, houve confronto entre grevistas e policiais, que usaram jatos de água e bombas. No ano seguinte, a *Folha*, em dívidas, foi vendida para os empresários Octávio Frias de Oliveira e Carlos Caldeira Filho. *O Estado de S. Paulo*, 2 e 6 de dezembro de 1961, e "Sindicato, memória e história — a greve dos jornalistas de 1961", de Marco Antonio Roxo da Silva, da Universidade Federal Fluminense, sem data.
97 *O Globo*, 1º de setembro de 1962.
98 *O Semanário*, 21 a 27 de maio de 1960, 30 de julho a 5 de agosto de 1960, 26 de dezembro de 1963, 6 a 9 de fevereiro de 1964.
99 *O Globo*, 17 de setembro de 1962.
100 *O Globo*, 19 de setembro de 1962.
101 Depoimento de Ana Arruda Callado.
102 *O Semanário*, 29 de novembro de 1962.
103 *O Semanário*, 28 de março a 2 de abril de 1963.
104 Mesplé venceu a disputa na Justiça após 12 anos.
105 Depoimento de Fernando Segismundo Esteves ao Acervo Roberto Marinho.
106 Discurso de João Goulart. Rio de Janeiro, 2 de outubro de 1962. Presidência da República.
107 *O Globo*, 10 de julho de 1962.
108 *Diário de Notícias*, 19 de agosto de 1962.
109 *O Globo*, 1º de outubro de 1962.
110 Depoimento de Pedro Paulo de Sena Madureira.
111 Depoimento de Henrique Caban.
112 *O Globo*, 4 de outubro de 1963.
113 *O Estado de S. Paulo*, 5 de outubro de 1963.
114 A norma é a Lei 1.079, de 1950. *O Globo*, 4 de outubro de 1963.
115 Carta de Roberto a Alves Pinheiro. Rio de Janeiro, 18 de outubro de 1962. Acervo Roberto Marinho.
116 O programa foi ao ar no dia 17 de dezembro de 1962.
117 Um retrato do banqueiro está nas páginas do livro *Notícias do Planalto*, de Mario Sergio Conti.

118 Depoimento de João Roberto Marinho.
119 *O Globo*, 9 de janeiro de 1963. Dos 18 milhões de eleitores, cerca de 12 milhões compareceram às urnas para votar. Destes, 9,5 milhões defenderam a volta do presidencialismo.
120 *A história vivida – entrevistas*, p.1060.
121 *O Globo*, 30 de dezembro de 1962 a 2 de janeiro de 1963.
122 *O Globo*, 11 de janeiro de 1963.
123 *O Globo*, 25 de abril de 1963.
124 *O Globo*, 23 de abril de 1963.
125 *O Globo*, 18 de maio de 1963.
126 *O Globo*, 9 e 25 de maio e 18 de junho de 1963. Em outubro de 1962, José Bonifácio se reelegeu deputado federal por Minas Gerais, ainda na legenda da UDN, para seu quinto mandato consecutivo. Em 25 de setembro do ano seguinte, ao tomar conhecimento de que o chefe do Gabinete Civil da Presidência da República, Darcy Ribeiro, proibira a transmissão do programa *A Voz do Brasil*, que veiculava o noticiário relativo aos trabalhos do Congresso Nacional, dirigiu-se imediatamente à Rádio Nacional, ordenando o descumprimento da ordem e pondo o programa no ar. Em seguida, no Congresso, comunicou as providências que tomara, por não permitir o que considerava uma ofensa ao Legislativo, recebendo integral apoio de seus correligionários. Em entendimentos posteriores com Darcy Ribeiro, foram estabelecidas as diretrizes que passaram a orientar as transmissões dos trabalhos do Legislativo federal através do rádio. Nesse período, moveu intensa oposição a Goulart, acompanhando a posição de seu partido e contribuindo para as articulações que viriam a derrubar o presidente.
127 *Jornal do Brasil*, 18, 20, 25 e 26 de outubro de 1963.
128 *Diário da Noite*, 21 de agosto de 1963.
129 *O Globo*, 13 de novembro de 1965.
130 *Diário da Noite*, 24 de setembro de 1963.
131 *Última Hora*, 6 de novembro de 1961.
132 Depoimento de Almino Affonso.
133 *O Globo*, 23 de janeiro de 1964.
134 "A nossa catedral", carta pastoral 39, de dom Jaime Câmara, 1964, pp. 1 a 19.
135 Carta de Roberto ao cardeal dom Jaime Câmara. Rio de Janeiro, 8 de janeiro de 1964. Acervo Roberto Marinho.
136 "A nossa catedral", carta pastoral 39, de dom Jaime Câmara. Rio de Janeiro, 1964, pp. 1 a 19.
137 As viagens foram feitas entre outubro de 1962 ao começo de 1964. *Jornal do Brasil*, 30 de outubro, 8 de novembro e 14 de dezembro de 1962, 3 de janeiro, 3 de abril, 3 de maio, 27 de julho e 7 de novembro de 1963 e 6 de março de 1964.
138 *Tribuna da Imprensa*, 16 de novembro de 1966.
139 *Jornal do Brasil*, 14 de julho de 1962.

140 Telegramas entre Campos e Marinho, 2 e 3 de abril de 1962. Acervo Roberto Marinho.
141 A aproximação de Serpa e Goulart foi relatada pela primeira vez no livro *Notícias do Planalto*.
142 Depoimento de José Luiz de Magalhães Lins ao Acervo Roberto Marinho.
143 Ao longo de 1963, crises militares foram tema de 27 manchetes de capa do *Globo*. O jornal deu menor destaque para greves e questões trabalhistas (13 manchetes), reformas propostas pelo governo (oito) e custo de vida e inflação (quatro), entre outos temas.
144 *O Globo*, 23 de novembro de 1963.
145 Das 68 manchetes entre janeiro e final de março de 1964, *O Globo* priorizou como tema relatos de ameaças comunistas (20), disputa entre os Estados Unidos a União Soviética (15), Cuba (8), discursos e ações de Goulart (7) e greves (6), além de citar temas como reforma agrária, outras questões internacionais e assuntos do cotidiano e das cidades.
146 *O Globo*, 20 e 21 de fevereiro de 1964.
147 *O Globo*, 25 de fevereiro de 1964.
148 *Diário de Notícias*, 23 de fevereiro de 1964.
149 Declaração de Imposto de Renda de Roberto, 29 de agosto de maio de 1963, referente ao ano anterior.
150 Depoimento de Henrique Caban.
151 Depoimento de José Mário Pereira.
152 Depoimento ao Acervo Roberto Marinho.
153 *Os idos de março*, p. 75.
154 Só para citar dois exemplos: a morte de Vargas, em 1954, e a renúncia de Jânio, em 1961, foram notícias preteridas na primeira página por matérias sobre política externa francesa e movimentação de unidades militares da Alemanha Ocidental e da Oriental em Berlim, respectivamente. *O Estado de S. Paulo*, 25 de agosto de 1954 e 25 e 26 de agosto de 1961.
155 *Diário da Noite*, 24 de março de 1964.
156 De 26 de agosto de 1961, um dia após a renúncia de Jânio Quadros, a 31 de março de 1964, dia do golpe que depôs Goulart, o jornal pôs seu noticiário na defesa da política externa norte-americana. Das principais reportagens do jornal no período (não necessariamente manchetes, pois, muitas vezes, um título na parte superior da capa estava em letras maiores que a manchete tradicional), 294 tinham por tema questões internacionais. Destas, 117 relatavam a disputa declaratória entre norte-americanos e soviéticos, 80 eram sobre Cuba, tema mais recorrente da Guerra Fria pelo jornal, e outras 117 tratavam de casos políticos e sociais ocorridos no exterior, sem envolvimento de Moscou e Washington. Com 183 principais reportagens vem a crise brasileira, incluindo supostas ameaças comunistas (56), greves (51), crises e rebeliões militares (27), reforma agrária (4), inflação (18), ações e declarações de Leonel Brizola (5) e debate sobre parlamentarismo e presidencialismo (22). Temas políticos

do Congresso e de partidos, sem ligações diretas com o Planalto, aparecem em 91 casos. Goulart e seus ministros são fontes em 60 manchetes. A cobertura de cidade ganhou 53 matérias principais da capa.
157 Depoimento de Magalhães Lins. O relato do banqueiro foi relatada também em *A ditadura envergonhada*, p.73.
158 *João Goulart, uma biografia*, p.469 e 484.
159 *O Globo*, 2 de abril de 1964.
160 Depoimentos de Luiz Garcia, Milton Coelho da Graça e Henrique Caban.
161 Depoimento de Georges Joffre Delahaye ao Acervo Roberto Marinho.
162 Depoimento de Paulo Fernando Ferraz, sobrinho de Carlos Eduardo.
163 Depoimento de Rogério ao Acervo Roberto Marinho.
164 *O Globo*, 4 de maio de 1975.
165 Ricardo Setti no texto "Eu vi JK votar no marechal Castelo para depois ser cassado por ele". Site da revista *Veja*, 11 de outubro de 2010.
166 *O Globo*, 9 de junho de 1964.
167 *O Cruzeiro*, 4 de julho de 1964.
168 Discurso datilografado feito na inauguração da Biblioteca Augusto Frederico Schmidt, no Rio de Janeiro, a 8 de fevereiro de 1966. Acervo Roberto Marinho.
169 Depoimento de Paulo Fernando Marcondes Ferraz.
170 *Tribuna da Imprensa*, 9 de março de 1965.
171 *O galo branco*, p.374.
172 Depoimento de Júlio Barbero.
173 Depoimento de Délio de Mattos.
174 Carta a Horácio Gomes Leite de Carvalho Júnior. Rio de Janeiro, 19 de dezembro de 1966. Acervo Roberto Marinho.
175 Depoimento de Délio de Mattos.
176 Carta de Roberto a Moacir Padilha. Rio de Janeiro, 21 de dezembro de 1966. Acervo Roberto Marinho.
177 Valor corrigido pelo IGP-DI, da FGV, de 1944.
178 Depoimento de Neire Lígia Egídio de Souza Melo ao Acervo Roberto Marinho.
179 Carta de Alves Pinheiro a repórteres do *Globo*. Rio de Janeiro, 1966. Acervo Roberto Marinho.
180 Para um aprofundamento do tema, ler "Código Brasileiro de Telecomunicações: uma história de negociação política", de Elizabeth Pazito Brandão.
181 No Congresso, o debate teve entre seus articuladores San Tiago Dantas, Barbosa Lima Sobrinho (OS-DF), Roberto Saturnino Braga (PSB-GB), Nicolau Tuma (UDN-SP) e Fernando Santana (PTB-BA), que mais tarde ingressou no PCB.
182 *O Globo*, 1º de dezembro de 1961.
183 Lei 4.117, de agosto de 1962. Essa lei ficou intacta até julho de 1997, quando se privatizou o sistema com a aprovação da Lei 9.472, a Lei Geral de Telecomunicações.
184 Depoimento de Rômulo Villar Furtado.
185 *O Globo*, 27 de setembro de 1965.

186 O primeiro chefe do órgão foi o almirante reformado Luís Cláudio Beltrão Frederico.
187 *Folha de S.Paulo*, 5 de julho de 2002.
188 Depoimento de Neire Lígia Egídio de Souza Melo ao Acervo Roberto Marinho.
189 *Jornal do Brasil*, 12 de janeiro de 1964.
190 Diálogo editado de uma ata de reunião de Roberto com a equipe da TV Globo, sem data. Acervo Roberto Marinho.
191 *Tribuna da Imprensa*, 2 de abril de 1965.
192 A primeira diretoria da Globo foi formada por Marinho (presidente), Rubens Amaral (diretor-geral) e os diretores Abdon Torres (programação), Mauro Salles (jornalismo), Herculano Siqueira (comercial), Lauro Medeiros (técnico) e J.V. Pareto Neto (administrativo).
193 Depoimento de Herbert Fiuza.
194 "Nasce uma planta no Jardim Botânico", folheto para anunciantes, e "O ópio do povo", revista da Edições Símbolo, de São Paulo, dezembro de 1976, com textos dos repórteres Hamilton Almeida Filho, Mylton Severiano da Silva, Guilherme Cunha Pinto e Joaquim Ferreira dos Santos.
195 "Nasce uma planta no Jardim Botânico", folheto para anunciantes. *O ópio do povo*, Edições Símbolo, São Paulo, dezembro de 1976.
196 Depoimento de Herbert Fiuza.
197 Essa torre foi substituída por outra de concreto nos anos 1980.
198 *Última Hora*, 28 de abril de 1965.
199 *Tribuna da Imprensa*, 6 de junho de 1965.
200 De mil crianças matriculadas na 1ª série do 1º grau, em 1965, apenas 499 passavam para o segundo ano. Anuário Estatístico do IBGE. 1977.
201 "The Transformation of Cultural Dependance: The Decline of American Influence on the Brazilian Television Industry", tese de mestrado de Joseph Straubhaar, 1981.
202 Para os registros sobre Marinho e sua relação com o Time-Life, recebi o apoio do colega jornalista José Orenstein. Ele fez pesquisas nos arquivos de Washington e Nova York e localizou estudos acadêmicos nos Estados Unidos e em Portugal. Em julho de 2015, José me enviou um relatório de sua pesquisa "Roberto Marinho e os Estados Unidos".
203 *Time*, 19 de janeiro de 1942.
204 Depoimento de Rodrigo Mesquita.
205 "Time-Life/Globo/SIC: Um caso de reexportação do modelo americano de televisão?", palestra de Helena Sousa, Universidade do Minho, na Conferência Científica da International Association for Mass Communication Research, Glasgow, julho de 1998.
206 "The Transformation of Cultural Dependance: The Decline of American Influence on the Brazilian Television Industry", tese de mestrado de Joseph Straubhaar, 1981.
207 *Jornal do Brasil*, 3 de abril de 1963.

208 Para a relação entre Martins e o Time-Life, "O homem de Vargas na corte de Roosevelt", ensaio de Cláudia Antunes. Revista *Política Externa*, abril, maio e junho de 2003.
209 Carta de Andrew Heiskell a Walther Moreira Salles. Rio de Janeiro, 11 de junho de 1962. Acervo Roberto Marinho.
210 Perfil de C.D. Jackson, da coleção CD Jackson, Biblioteca Presidencial Eisenhower.
211 Documentos da coleção de CD Jackson, Biblioteca Presidencial Eisenhower.
212 Documento de 5 de janeiro de 1961, da coleção de CD Jackson, Biblioteca Presidencial Eisenhower.
213 Documento de 31 de maio de 1961 da coleção de CD Jackson, Biblioteca Presidencial Eisenhower.
214 Não é possível, até o momento, comprovar investimento do Time-Life em fomento de propaganda anticomunista, assim como mostrar o envolvimento direto do governo americano na aproximação de grupos de mídia do Brasil e dos Estados Unidos. Pesquisador da influência americana na TV brasileira, o professor Joseph Straubhaar, da Universidade do Texas, diz não ter evidência desse envolvimento. Ele trabalhou na embaixada americana no Brasil, entre 1976 e 1979, e escreveu a dissertação de mestrado "The Transformation of Cultural Dependance: The Decline of American Influence on the Brazilian Television Industry", de 1981. Os interesses de Washington e das empresas americanas corriam, claro, em paralelo.
215 Acordo fechado a 24 de julho de 1962.
216 Depoimento de Jorge Rodrigues ao Acervo Roberto Marinho.

5. O mulato e o banqueiro

1 Depoimento de José Luiz de Magalhães Lins.
2 *Tribuna da Imprensa*, 26 de junho de 1964.
3 Um retrato do SNI está no livro *A Ditadura Envergonhada*, p.155 a 171.
4 Ele escreveu que Luiz Alberto Bahia e Antonio Callado, editorialistas do *Jornal do Brasil*, eram "filósofos" que davam conselhos a Golbery. Bahia, que anos antes, no *Correio da Manhã*, era chamado pelo governador de "síndico" de João Goulart, respondeu que Lacerda queria uma "revolução" que lhe nomeasse presidente sem concorrentes. A resposta de Bahia foi republicada por Marinho no *Globo*. *Tribuna da Imprensa*, 31 de julho, *Jornal do Brasil*, 2, e *O Globo*, 3 de agosto de 1964.
5 *Tribuna da Imprensa*, 17 de fevereiro de 1965.
6 Verbete de Juracy Magalhães, CPDOC/FGV.
7 *O Estado de S. Paulo*, 16 de abril de 1966.
8 *O Globo*, 20 de julho de 1964.
9 *O Globo*, 28 e 29 de agosto de 1964.

10 *Tribuna da Imprensa*, 14 de outubro de 1964.
11 *O Globo*, 15 de outubro de 1964.
12 *O Globo*, 19 de outubro de 1964.
13 *O Globo*, 21 de outubro de 1964.
14 Para a festa de Letícia, *A Tribuna da Imprensa*, 26 de outubro de 1964.
15 Depoimento de Neire Lígia Egídio de Souza Melo ao Acervo Roberto Marinho.
16 As cartas de Lacerda a Castelo Branco foram escritas nos dias 17 e 25 de maio de 1965. *Carlos Lacerda, cartas*, pp.250 a 258.
17 O artigo 160 da Constituição de 1946 destaca: "É vedada a propriedade de empresas jornalísticas, sejam políticas ou simplesmente noticiosas, assim como a de radiodifusão, a sociedades anônimas por ações ao portador e a estrangeiros. Nem Pessoas Jurídicas, excetuados os Partidos Políticos nacionais, poderão ser acionistas de sociedades anônimas proprietárias dessas empresas."
18 Telegrama de Gordon ao Departamento de Estado dos Estados Unidos, de 30 de abril de 1965. Arquivo do Departamento de Estado, Biblioteca do The National Archives at College Park, Maryland.
19 Telegrama de Gordon ao Departamento de Estado dos Estados Unidos, de 30 de abril de 1965. Arquivo do Departamento de Estado, Biblioteca do The National Archives at College Park, Maryland.
20 Telegrama de Gordon ao Departamento de Estado dos Estados Unidos, de 30 de abril de 1965. Arquivo do Departamento de Estado, Biblioteca do The National Archives at College Park, Maryland.
21 Relatório do Consulado dos Estados Unidos em São Paulo, de 24 de junho de 1965. Arquivo do Departamento de Estado, Biblioteca do The National Archives at College Park, Maryland.
22 Relatório do Consulado dos Estados Unidos em São Paulo, de 8 de julho de 1965, Arquivo do Departamento de Estado, Biblioteca do The National Archives at College Park, Maryland.
23 A prisão de Catá ocorreu a 10 de junho de 1965. A denúncia de Carlos Lacerda ao ministro da Justiça, Milton Campos, a 15 de junho de 1965. *O livro negro da invasão branca*, p. 239.
24 Relatório da Embaixada dos Estados Unidos ao Departamento de Estado, de 18 de junho de 1965. Arquivo do Departamento de Estado, Biblioteca do The National Archives at College Park, Maryland.
25 Relatório da Embaixada dos Estados Unidos ao Departamento de Estado, de 18 de junho de 1965. Arquivo do Departamento de Estado, Biblioteca do The National Archives at College Park, Maryland.
26 *O Globo*, 17 de junho de 1965.
27 Jornal do Brasil, 19 de junho de 1965.
28 *O Globo*, 9 de julho de 1965.
29 *Tribuna da Imprensa*, 14 de julho de 1965.
30 *O Globo*, 10 de julho, e *Última Hora*, 13 de julho de 1965.

31 Depoimento de José Silveira.
32 Depoimento a Carla Siqueira e Caio Barreto Briso, do Centro de Cultura e Memória do Jornalismo. Disponível em: <www.ccmj.org.br/sites/default/files/pdf/5/Arquivo%20para%20download.pdf.> Acesso em: 21 mar. 2019.
33 *Diário de Notícias*, 2 de julho de 1960.
34 *Diário de Notícias*, 27 de abril de 1960.
35 Telegrama de Lincoln Gordon ao Departamento de Estado dos Estados Unidos, de 14 de agosto de 1965. Tradução de José Orenstein. O documento foi publicado pela primeira vez por Helena Sthephanowitz no site <www.redebrasilatual.com.br>, a 5 de abril de 2014.
36 Telegrama de Lincoln Gordon ao Departamento de Estado dos Estados Unidos, 14 de agosto de 1965. Tradução de José Orenstein. Arquivo do Departamento de Estado, Biblioteca do The National Archives at College Park, Maryland.
37 *Tribuna da Imprensa*, 12 de outubro de 1965.
38 Depoimento de Roberto Irineu Marinho.
39 Nessa época, *A Noite* era um jornal de propriedade de Frederico C. Mello, dono de um posto de gasolina na saída do túnel do Pasmado e da boate Fred's, em Copacabana.
40 *Última Hora*, 12 de outubro de 1961.
41 *Valeu a pena*, p.192.
42 *Jornal do Brasil*, 9 de fevereiro de 1965.
43 Carta de Roberto a Armando Falcão. Rio de Janeiro, 23 de junho de 1965. Acervo Roberto Marinho.
44 João Roberto Marinho. A declaração de João Roberto também foi concedida aos entrevistadores do vídeo "Roberto Marinho, senhor do seu tempo".
45 Carta de 10 de setembro de 1965. *Carlos Lacerda, cartas*, p. 300.
46 *Carlos Lacerda, cartas*, p. 292.
47 Discurso de Lacerda. Rio de Janeiro, 20 de setembro de 1965. Gravação da Rádio Roquete Pinto. Acervo Roberto Marinho.
48 Carta de Roberto ao ministro Américo Godoy Ilha, do Tribunal Federal de Recursos. Rio de Janeiro, 8 de dezembro de 1971. Acervo Roberto Marinho. O tribunal determinou que o Estado da Guanabara ressarcisse Marinho. Após a fusão da Guanabara com o Rio de Janeiro, o novo Estado alegou não ter recursos. Em 1976, o governo Geisel desapropriou a área a favor da União. Marinho recebeu de indenização CR$ 84 milhões, conforme estabeleceu o tribunal.
49 *Tribuna da Imprensa*, 27 de setembro de 1965.
50 Depoimento de Alberto Dines.
51 Depoimento de Ana Arruda Callado. Em 2008, ela também relatou essa história a Carla Siqueira e Caio Barreto Briso, do Centro de Cultura e Memória do Jornalismo.
52 Para o relato sobre a ida de Marinho à casa de Lacerda, "A face humana do mito", de José Mario Pereira, *República*, abril de 2000.
53 Carta de Roberto a Carlos Lacerda, sem data. Inclui o envelope com a anotação do governador Lacerda. Acervo Roberto Marinho.

54 *Tribuna da Imprensa*, 1º, 2 e 3 de outubro de 1965.
55 *O Globo*, 1º de outubro de 1965.
56 *O Globo*, edições matutina e vespertina de 4 de outubro de 1965.
57 *Tribuna da Imprensa*, 9 e 10 de outubro de 1965.
58 Depoimento de Jorge Adib.
59 *Correio da Manhã*, 29 de outubro de 1965.
60 Depoimento de Paulo Totti.
61 *A Luta Democrática*, 22 de dezembro de 1965.
62 *Morte da memória nacional*, pp. 4 a 7.
63 *O Estado de S. Paulo*, 16 de abril de 1966.
64 "A segunda vida de Guimarães Rosa", René Decol, *Le Monde Diplomatique*, 8 de novembro de 2007.
65 Depoimento de Mauro Salles ao Acervo Roberto Marinho.
66 *O Globo*, 23 de janeiro de 1964.
67 Depoimento de Mauro Salles ao Acervo Roberto Marinho.
68 *Tribuna da Imprensa*, 24 de abril de 1980.
69 Depoimento de Evandro Carlos de Andrade ao Acervo Roberto Marinho.
70 Depoimento de Henrique Caban.
71 A história de Mário Luiz é contada no site "Show do Rádio", de Allison Martins.
72 *Tribuna da Imprensa*, 16 e 17 de julho de 1966.
73 *O Globo*, 24 de agosto de 1966.
74 *Tribuna da Imprensa*, 22 de agosto de 1966.
75 *Tribuna da Imprensa*, 17 e 18 de setembro de 1966.
76 *Tribuna da Imprensa*, 20 de setembro de 1966.
77 *Tribuna da Imprensa*, 17 e 18 de setembro de 1966.
78 *Tribuna da Imprensa*, 26 de outubro de 1966.
79 *Tribuna da Imprensa*, 22 de setembro de 1966.
80 *Visão*, agosto de 1966, republicada pela *Tribuna da Imprensa*, 2 de setembro de 1966.
81 *O Globo*, 23 de novembro de 1966.
82 Depoimento de Rogério ao Acervo Roberto Marinho.
83 Depoimento de José Augusto Ribeiro.
84 Depoimento de Elizabeth ao Acervo Roberto Marinho.
85 *O Cruzeiro*, 6 de maio de 1966.
86 *O Cruzeiro*, 6 de maio de 1966.
87 Depoimento de Claúdio Mello e Souza ao Acervo Roberto Marinho.
88 *O Estado de S. Paulo*, 10 de fevereiro de 2018.
89 Carta a Cesar de Mello Cunha. Rio de Janeiro, 27 de junho de 1966. Acervo Roberto Marinho.
90 *Jornal do Brasil*, 7 de janeiro de 1966.
91 Depoimento de Rodrigo Lara Mesquita.

92 Franciso Julião, de Pernambuco, Mário Soares Lima, da Bahia, Max da Costa Santos, da Guanabara, e Rogê Ferreira, de São Paulo, tiveram seus mandados cassados pela ditadura.
93 "Os institutos de estudos econômicos de organizações empresariais e sua relação com o Estado em perspectiva comparada: Argentina e Brasil: 1961 – 1996", de Hernán Ramiro Ramírez. Programa de Pós-Graduação em História, do Instituto de Filosofia e Ciências Humanas da Universidade Federal do Rio Grande do Sul. Porto Alegre, 2005.
94 20 de abril de 1966.
95 Depoimento de Roberto Saturnino.
96 *O Cruzeiro*, 13 de maio de 1966.
97 Depoimento de Roberto Saturnino.
98 Dados sobre Catá e Wallach foram tirados do livro *Meu capítulo na TV Globo*, pp. 29 a 35.
99 CPI do Time-Life-Globo, 18 de maio de 1966. Câmara dos Deputados, Brasília.
100 O Estatuto da OAB foi chancelado pela Lei 4.215, de 27 de abril de 1963, revogada com a redação de outra, 8.906, de 1994.
101 CPI do Time-Life-Globo, de 16 de junho de 1966. Câmara dos Deputados, Brasília.
102 *Tribuna da Imprensa*, 1º de abril de 1966.
103 "Notas para uma exposição à CPI para apurar os fatos relacionados à organização rádio-TV e jornal 'O Globo' com as empresas estrangeiras, dirigentes das revistas 'Time' e 'Life', resolução 185-66, de agosto de 1966, preparadas pelo advogado José Thomaz Nabuco." Acervo Roberto Marinho.
104 Ofício de Denio Nogueira, do Banco Central do Brasil, a Roberto Saturnino, presidente da CPI do Time-Life. Rio de Janeiro, 27 de junho de 1966. Autos da CPI. Câmara dos Deputados.
105 Depoimento de Jorge Adib.
106 *O Campeão de Audiência*, p.162. Com história narrada pelo próprio Clark, o livro escrito por Gabriel Priolli é obra seminal sobre a vida do diretor da TV Rio e da Globo.
107 Depoimento de Rubens Amaral à CPI do Time-Life e Globo no dia 22 de junho de 1966. Relatório da CPI.
108 Depoimento de Jorge Adib.
109 Depoimento de Armando Nogueira ao Acervo Roberto Marinho.
110 Depoimento de Clark em Brasília no dia 21 de junho de 1966. Relatório da CPI.
111 *O Estado de S. Paulo*, 30 de agosto de 1966.
112 *O Estado de S. Paulo*, 30 de agosto de 1966.
113 Carta de Roberto a Armando Falcão. Rio de Janeiro, 25 de maio de 1976. Acervo Roberto Marinho.
114 *O Globo*, 27 de setembro de 1966.

115 Dos 471 parlamentares, 371 estavam presentes. Destes, 41 deixaram de votar. A maioria do MDB se retirou da sessão antes da votação. *Jornal do Brasil* e *O Estado de S.Paulo*, 4 de outubro de 1966.
116 Série publicada nos dias 27, 28, 29 e 30 de setembro e 1º e 4 de outubro de 1966. A notícia da Frente Ampla saiu no dia 27 de setembro, e a posse de Costa e Silva, na edição de 4 de outubro.
117 *Tribuna da Imprensa*, 11 e 12 de março e 14 de março de 1967.
118 *O Globo*, 21 de novembro de 1966.
119 *O Jornal*, 23 de novembro de 1966.
120 *Tribuna da Imprensa*, 23 de novembro de 1966.
121 *O Globo*, 29 de abril, 30 de julho e 23 e 29 de setembro de 1967.
122 O sigilo completo dos documentos da CPI só caiu em 2012.
123 *O Estado de S. Paulo*, 24 de agosto de 1966.
124 Parecer de Euclides Quandt de Oliveira, 26 de abril de 1966.
125 Ofício do diretor do Banco Central Ary Burger ao general Jayme Portella de Mello, do Gabinete Militar da Presidência. Rio de Janeiro, 29 de junho de 1967. DIBUR-148/67.
126 Artigo 12º, do Decreto-Lei 236, de 28 de fevereiro de 1967.
127 *Chatô, o rei do Brasil*, p. 560.
128 Depoimento de José Aleixo.
129 Quandt foi o nome influente no governo Castelo e nos seguintes da ditadura na formulação da política de comunicação. Em despacho ao presidente Geisel, mais tarde, quando comandava o Ministério das Comunicações, disse que a pasta, na sua gestão, atuava por uma radiodifusão explorada pela iniciativa privada, com redes de televisão. Brasília, 18 de julho de 1978. Fundo Ernesto Geisel. CPDOC/FGV.
130 Carta a Cesar de Mello Cunha. Rio de Janeiro, 27 de junho de 1966. Acervo Roberto Marinho.
131 Globo Rio e São Paulo e as concessões de Belo Horizonte, que foi ao ar em 1968, Brasília, em 1971, e Recife, em 1972. Tinha também, desde 1962, as concessões de Bauru – que estava no pacote da TV Paulista –, Juiz de Fora e Salvador. O modelo de cinco emissoras foi definido por Quandt com base no modelo americano. Só em 2002 foi aprovada pelo Congresso a participação de 30% de estrangeiros. O sinal de Salvador não prosperou. Em 1973, Marinho foi eliminado na concorrência da TV Fortaleza sob alegação de que, com uma nova concessão, ultrapassaria o limite de emissoras.
132 *Chatô, o rei do Brasil*, p.557.
133 *Chatô, o rei do Brasil*. pp. 559, 564 e 565.
134 *Washington Post*, 3 de abril de 1966.
135 Cartas de Roberto a Costa e Silva e a Richard Nixon. Rio de Janeiro, 24 de maio de 1967. Acervo Roberto Marinho.
136 *A Luta Democrática*, 24 e 25 de dezembro de 1967.
137 Depoimento de Jorge Adib.
138 Depoimento de Henrique Caban.

139 *O Globo*, 14 de fevereiro de 1967.
140 *Tribuna da Imprensa*, 15 de fevereiro de 1967.
141 *O Globo*, 14 de fevereiro de 1967.
142 *O Globo*, *JB* e *O Estado de S. Paulo*, respectivamente de 2 e 6, 2 e 17 de dezembro de 1967.
143 Depoimento de Rodrigo Goulart ao Acervo Roberto Marinho.
144 *A Noite*, 16 de setembro de 1916.
145 Do casamento de Stella e Marinho nasceram Roberto Irineu (1947), Paulo Roberto (1950), João Roberto (1953) e José Roberto (1955).
146 Informe 514/65, DPPs, Secretaria de Segurança Pública do Rio de Janeiro, 27 de outubro de 1965. Pasta Roberto Marinho. Arquivo Municipal. Consta no documento, um escrito a mão, a 4 de novembro de 1965, sobre o arquivamento da informação.
147 *O Cruzeiro*, 6 de maio de 1966.
148 Depoimento de Luarlindo Ernesto a Carla Siqueira e Caio Barretto Briso, do projeto Centro de Cultura e Memória do Jornalismo. Rio de Janeiro, setembro de 2008.
149 *O Globo*, 2 de abril de 1968. Ao longo desse ano, morreram em protestos que tiveram o crime do Calabouço como estopim os operários Davi de Souza, 24 anos, Jorge Aprígio de Paula, 30 (Rio de Janeiro, dia 1º de abril), Fernando da Silva Lembo, 15, e Clóvis Dias Amorim, 22, os estudantes Ornalino Cândido da Silva, 19 (Goiânia, 1º de abril), e Luiz Paulo da Cruz Nunes, 21 (Rio de Janeiro, 22 de outubro), o comerciário Manoel Rodrigues Ferreira, 18 (Rio de Janeiro, 21 de junho), e o escriturário Luiz Carlos Augusto, 23 (Rio de Janeiro, 23 de outubro). *O Globo*, nas edições dos dias seguintes aos citados acima, e *Direito à Verdade e à Memória*.
150 *O Globo*, 3 de abril de 1968.
151 *Tribuna da Imprensa*, 8 de abril de 1968.
152 Cartão de dom Jaime a Roberto. Rio de Janeiro, 7 de abril de 1968. Acervo Roberto Marinho.
153 Getúlio voltou a visitar a ABI em 1944 e 1952.
154 Depoimento de Ana Arruda Callado.
155 Depoimento de Fernando Segismundo Esteves ao Acervo Roberto Marinho.
156 *Jornal do Brasil*, *Jornal do Commercio*, *Tribuna da Imprensa*, *Correio da Manhã* e *o Globo*, 8 e 9 de abril de 1968.
157 Vale análise da pesquisadora Denise Rollemberg, que afirma que a história da ABI é também a da história dessas relações "cinzentas" com a ditadura. "As trincheiras da memória. A Associação Brasileira de Imprensa e a ditadura – 1964 a 1974", p.34.
158 *Jornal do Brasil*, 30 de abril de 1968.
159 *O Globo*, 24 de outubro de 1968.
160 *O Globo*, 25 de outubro de 1968.
161 *O Estado de S. Paulo*, 14 de dezembro de 1968.
162 Depoimento de Raul Brunini ao Acervo Roberto Marinho.
163 Para a participação de Braguinha, depoimento de Pedro Paulo de Sena Madureira.
164 *O Globo*, 30 de abril de 1969.

165 *O Globo*, 10 de maio de 1968.
166 *O Globo*, 8 de maio de 1968.
167 Depoimento de Rogério Marinho ao Acervo Roberto Marinho..
168 Vale observar que o sexismo não existia como conceito, mas existia, claro, como fato.
169 Carta de Niomar Moniz Sodré ao Congresso. Brasília, 15 de julho de 1973. CPDOC/FGV.
170 Carta de Niomar Moniz Sodré a Maurício Nunes de Alencar e Federico A. Gomes da Silva. Rio de Janeiro, 7 de fevereiro de 1973. CPDOC/FGV.
171 Carta de Roberto a Niomar Moniz Sodré. Rio de Janeiro, 25 de novembro de 1985. Acervo Roberto Marinho.
172 Carta de Nascimento Brito a Niomar Moniz Sodré. Rio de Janeiro, 18 de outubro de 1973. CPDOC/FGV.
173 Carta de Niomar Moniz Sodré a Nascimento Brito. Rio de Janeiro, 19 de outubro de 1973. CPDOC/FGV.
174 *Minha razão de viver*, p. 280.
175 A Estação Terrena de Comunicações em Tanguá foi inaugurada a 28 de fevereiro de 1969.
176 *O Jornal*, *O Globo* e *JB*, 1º de março de 1969.
177 Discurso do general Costa e Silva. Presidência da República.
178 *A ditadura escancarada*, p. 219. Gaspari ouviu Boni e ainda se baseou em entrevista de Wallach à revista Imprensa, de março de 1990, e aos jornais *New York Times*, do dia 4, e *O Globo*, de 7 de janeiro de 1969.
179 *A ditadura escancarada*, p. 221.
180 *A ditadura escancarada*, p.118.
181 *Lauro Schirmer*, pp. 48 e 49.
182 Marinho aderiu à "revolução" de outubro de 1930, a ação da UDN contra a posse de Juscelino em outubro de 1955, à proposta de adoção do parlamentarismo em agosto de 1961, ao golpe de civis e militares de março de 1964 – o mais emblemático deles –, à prorrogação do mandato de Castelo em julho daquele ano, à proposta de indiretas em outubro de 1965 e ao impedimento do vice Pedro Aleixo em agosto de 1969. Ele se posicionou contra o movimento paulista de julho de 1932, a insurreição comunista de novembro de 1935, o levante integralista de maio de 1938, o golpe militar contra Carlos Luz em novembro de 1955, o impeachment de Café Filho no mesmo mês, as revoltas de oficiais da Aeronáutica em Jacareacanga em 1956 e em Aragarças em 1959, as sublevações militares em setembro de 1961 e a manobra para não reconhecer o presidencialismo em janeiro de 1963. Ficou neutro, não teve poder de discurso ou não fez cobertura antecipada da ruptura no Estado Novo em novembro de 1937 e no golpe de outubro de 1945.
183 *O Globo*, 5 de setembro de 1969.
184 *O Globo, 8 de setembro de 1969.*
185 *O Globo*, 9 de setembro de 1969.

186 *O Globo*, 9 de setembro de 1969.
187 *O Globo*, 24 de setembro de 1969.
188 *O Globo*, 26 de setembro de 1969.
189 *O Globo*, *O Estado de S. Paulo* e *Jornal do Brasil*, 30 de setembro de 1969.
190 *O Globo*, 2 de outubro de 1969.
191 Discurso proferido a 7 de outubro de 1969. Presidência da República.
192 *O Globo*, 8 de outubro de 1969.
193 Relatório de Carlos Alberto da Fontoura a Médici, janeiro de 1969. Arquivo Médici/IHGB.
194 Depoimento de Júlio Barbero.
195 *Correio da Manhã*, 4 de janeiro de 1971.
196 *O Globo*, 11 de setembro de 1971.
197 Assinado em 15 de março de 1971, o empréstimo foi quitado a 1º de fevereiro de 1976. Carta de Jorge Rodrigues, do Departamento Jurídico da Globo, a Roberto. Acervo Roberto Marinho.
198 Isso ocorreu em dezembro de 1971.
199 Depoimento de Carlos Henrique Ferreira Braga.
200 Cartas de Luiz Gonzaga do Nascimento e Silva, advogado de Marinho, para Walther Moreira Salles, de 10 de setembro de 1971 e 9 de maio de 1972, e carta de Arthur de Almeida, diretor financeiro do Globo, a Joaquim Marchon, de 21 de fevereiro de 1975. Acervo Roberto Marinho.
201 Depoimento de Idyno Sardenberg.
202 *O Globo*, 3 de janeiro de 1971.
203 Carta de Moreira Salles a Roberto. Rio de Janeiro, 18 de janeiro de 1971. Acervo Roberto Marinho.
204 Esboço de carta de Roberto a Moreira Salles. Rio de Janeiro, 26 de janeiro de 1971. Acervo Roberto Marinho.
205 Depoimento de José Mario Pereira.
206 Depoimento de Luiz Orlando Carneiro.
207 Depoimento de Henrique Caban.
208 Depoimento de Henrique Caban.
209 Depoimento de Evandro Carlos de Andrade ao Acervo Roberto Marinho.
210 Depoimento de Matinas Suzuki.

Fontes de consulta

DEPOIMENTOS E CONSULTAS:

Adriana Fernandes, Adriano Ceolin, Alaor Filho, Alberto Dines, Alcyr Cavalcanti, Almino Afonso, Almir Ghiaroni, Álvaro Pereira, Amicucci Gallo, Ana Arruda Callado, Andrei Meireles, Andreza Matais, Antonio Carlos Drummond, Antonio Delfim Netto, Armando Strozenberg, Bechara Jalckh, Camila Amado, Carlos Henrique Ferreira Braga (comandante Braga), Carlos Fernando Monteiro Lindenberg, Carlos Tavares, Cid Moreira, Danuza Leão, Délio de Mattos, Délio de Mattos Filho, Djalma Ferreira, Eliane Cantanhêde, Elizabeth Marinho, Ferreira Gullar, Florentina Lopes, Francisco Dornelles, Fuad Atala, Geneton Moraes Neto, Helena Chagas, Hélio Fernandes, Henrique Caban, Herbert Fiuza, Idyno Sardenberg, Israel Klabin, João Bosco Rabello, João Luiz Faria Neto, João Ricardo Moderno, João Roberto Marinho, João Vicente Goulart, Joel Coelho de Souza, Joe Wallach, Jorge Adib, Jorge Bastos Moreno, Jorge Serpa Filho, José Aleixo, José Amílcar, José Augusto Ribeiro, José Barros, José Casado, José Francisco Alves, José Luiz Alcântara, José Luiz de Magalhães Lins, José Machado Silveira, José Mario Pereira, José Roberto Marinho, José Sarney, José Silveira, Júlio Araújo, Júlio Barbero, Lauro Cavalcanti, Licia Olivieri, Lúcio Neves, Luiz Alberto Bittencourt, Luiz Antonio de Almeida, Luiz Edgard de Andrade, Luiz Garcia, Luiz Gutemberg, Luiz Lobo, Luiz

Macedo, Luiz Orlando Carneiro, Luiz Weber, Marcelo Beraba, Marcelo Moraes, Mario Magalhães, Mario Sergio Conti, Matinas Suzuki, Milton Coelho da Graça, Miro Teixeira, Nadine Borges, Orlando Brito, Paulo Jerônimo, Paulo Marcondes Ferraz, Paulo Totti, Pedro Paulo de Sena Madureira, Pery Cotta, Raymundo Costa, Ricardo Amaral, Ricardo Jarrão, Roberto Dávila, Roberto Irineu Marinho, Roberto Saturnino Braga, Roberto Stuckert, Ronald Levinsohn, Rui Nogueira, Tânia Monteiro, Theresa Walcacer, Vanda Célia, Vera Dias, Victor Gentilli e Wilson Figueiredo.

DEPOIMENTOS OBTIDOS NO ACERVO ROBERTO MARINHO:

Cláudio Rubens de Mello e Souza, Evandro Carlos de Andrade, Fernando Segismundo Esteves, Francisco Grael, Hilda Marinho, Jorge Rodrigues, Luiz Alberto Bahia, Luiz Paulo Jacobina da Fonseca Vasconcelos, Mauro Salles, Pedro Andrade Gomes, Raul Brunini, Roberto Arruda, Roberto Marinho, Rodrigo de Campos Goulart e Rogério Marinho. Estes depoimentos foram gravados pela equipe de Silvia Fiuza entre 2000 e 2003. Participaram do grupo Adriana Vianna, Ana Paula Goulart, Carla Siqueira, Flávio Kactuz, Karen Worcman, José Santos, Juliana Saba, Marcel Souto Maior, Maurício Parada, Mauro Malin, Rodrigo Linares e Silvia.

ARQUIVOS:

Arquivo da Câmara dos Deputados (Brasília), Arquivo do Estado do Rio de Janeiro, Arquivo do Museu da República (Rio de Janeiro), Arquivo Geral da Cidade do Rio de Janeiro, Arquivo Nacional (Rio de Janeiro e Brasília), Biblioteca Folk Rocha (Barreiras), Biblioteca do Senado (Brasília), Biblioteca da Associação Brasileira de Imprensa (Rio de Janeiro), Biblioteca Nacional (Rio de Janeiro), Biblioteca Presidencial Eisenhower (Kansas), Biblioteca da Universidade de Brasília, Biblioteca da Universidade Johns Hopkins (Baltimore), Casa de Rui Barbosa (Rio de Janeiro), Centro de Memória da Marinha — ilha das Cobras (Rio de Janeiro), Fundação Getúlio Vargas — FGV (Rio de Janeiro), Instituto

Histórico e Geográfico Brasileiro (Rio de Janeiro), Arquivo do jornal *O Estado de S. Paulo*, Acervo Roberto Marinho (Rio de Janeiro), Museu Chácara do Céu e Acervo Raymundo Castro Maya (Rio de Janeiro), Museu da Imagem e do Som (Rio de Janeiro) e Museu Napoleão Macedo (Barreiras).

JORNAIS DO RIO DE JANEIRO E DE OUTRAS CIDADES:

A Batalha, *Brasil Operário*, *5 de Julho*, *A Classe Operária*, *Correio da Bahia* (Salvador), *Correio Braziliense* (Brasília), *Correio da Manhã*, *A Crítica*, *A Democracia*, *Diário Carioca*, *Diário da Câmara Federal* (Brasília), *Diário da Noite*, *Diário de Notícias*, *Diário do Congresso Nacional*, *Diário do Nordeste* (Fortaleza), *Diário Oficial da União* (Rio de Janeiro e Brasília), *Echo Suburbano*, *A Esquerda*, *Folha da Semana*, *Folha de S.Paulo*, *O Fluminense* (Niterói), *A Gazeta* (Vitória), *Gazeta de Notícias*, *Imprensa Popular*, *Jornal da Telebahia* (Salvador), *Jornal de Brasília*, *Jornal do Brasil*, *Jornal Opção* (Goiânia), *O Globo*, *O Estado de S. Paulo*, *O Jornal*, *A Manhã*, (de Mário Rodrigues), *A Manhã* (da ANL), *A Manhã*, *O Mundo*, *A Noite*, *A Noite* (Porto Alegre), *O Paiz*, *Pasquim*, *A Pátria*, *O Povo* (Fortaleza), *Progresso Suburbano*, *O Radical*, *A Razão*, *O Repórter*, *A Rua*, *O Semanário*, *O Suburbano*, *A Tarde* (Salvador), *Tribuna da Imprensa*, *Tribuna Popular*, *Movimento*, *A Nota*, *Última Hora*, *Última Hora* (Porto Alegre), *A União Operária*, *A Voz Operária*/*Voz Operária* e *A Voz do Trabalhador*.

REVISTAS DO RIO DE JANEIRO E DE OUTRAS CIDADES:

Careta (São Paulo), *Caros Amigos* (São Paulo), *Carta Capital* (São Paulo), *A Cena Muda*, *Cinelândia*, *O Cruzeiro*, *Época* (São Paulo), *Eu vi tudo*, *Fatos e Fotos*, *Flan*, *Fon-Fon*, *O Gato*, *Gibi*, *Globo Juvenil*, *História Viva* (São Paulo), *Isto É* (São Paulo), *Kosmos*, *Maquis*, *O Malho*, *Manchete*, *O Mundo Ilustrado*/*Mundo Ilustrado*, *A Nação*, *Política Externa* (Brasília), *Radiolândia*, *Realidade* (São Paulo), *A República*, *Revista da Associação Comercial do Rio de Janeiro*, *Revista da Música Brasileira*, *Revista da Semana*, *Revista do Rádio*, *Revista Ilustrada*, *Rio*, *Rio Magazine*, *Roteiro*, *A Semana*, *Semana Ilustrada*, *O Tico-Tico* e *Veja* (São Paulo).

LIVROS:

ABREU, Maurício de A. *Evolução urbana do Rio de Janeiro*. Rio de Janeiro: Instituto Pereira Passos, 2013.

AGOSTINI, Angelo. *As aventuras de Nhô Quim e Zé Caipora* (Organização e pesquisa de Athos Eichler Cardoso). Brasília: Senado, 2014.

ALMEIDA, Ana Maria Araújo de; PINHO, Silvia Oliveira Campos de. *República em documentos*. Série Documentos Arquivísticos número 1. Rio de Janeiro: Museu da República, 2015.

AMADO, Jorge. *O cavaleiro da esperança*. Rio de Janeiro: Record, 1983.

AMMIRATO, Giacomo. *Homens e jornais*. Rio de Janeiro: Aurora, sem data.

ANDRADE, Jeferson de. *Um jornal assassinado*. Rio de Janeiro: José Olympio, 1991.

ARINOS FILHO, Afonso. *Mirante*. Rio de Janeiro: Topbooks, 2006.

ARANHA, Oswaldo. *Saudação a Herbert Moses*. Rio de Janeiro: Congresso Nacional de Jornalistas, 1957.

ARBEX, José. *O poder da TV*. São Paulo: Scipione, 2008.

ASSIS, Machado de. *Obra completa*. Rio de Janeiro: Nova Aguilar, 1997.

ASSOCIAÇÃO BRASILEIRA DE IMPRENSA. *Herbert Moses na presidência da ABI*. Rio de Janeiro: Editorial Sul Americana, 1951.

AZEVEDO, Francisca Nogueira de. *Malandros desconsolados*. O diário da primeira greve geral no Rio de Janeiro. Rio de Janeiro: Relume Dumará, 2005.

BANDEIRA, Luiz Alberto Moniz. *O governo João Goulart. As lutas sociais no Brasil — 1961-1964*. São Paulo: Unesp, 2010.

BARBOSA, Francisco de Assis. *A vida de Lima Barreto*. Belo Horizonte: Autêntica, 2017.

BARCELOS, Jalusa. *CPC da UNE: Uma história de paixão e consciência*. Rio de Janeiro: Nova Fronteira, 1994.

BAUM, Ana. *Vargas, agosto de 54. A história contada pelas ondas do rádio*. Rio de Janeiro: Garamond, 2004.

BIAL, Pedro. *Roberto Marinho*. Rio de Janeiro: Jorge Zahar Editor, 2005.

BLOCH, Arnaldo. *Os irmãos Karamabloch, ascensão e queda de um império familiar*. São Paulo: Companhia das Letras, 2008.

BOJUNGA, Claudio. *JK, o artista do impossível.* Rio de Janeiro: Objetiva, 2010.

BORELLI, Silvia H. Simões e PRIOLLI, Gabriel (organizadores). *A deusa ferida, por que a Rede Globo não é mais a campeã absoluta de audiência.* São Paulo: Summus Editorial, 2000.

BORGERTH, Luiz Eduardo. *Quem e como fizemos a TV Globo.* São Paulo: A Girafa, 2003.

CALDEIRA, Jorge. *Julio Mesquita e seu tempo*, São Paulo: Mameluco Edições, 2015.

CÂMARA, Jaime de Barros. *A Nossa Catedral.* Petrópolis: Vozes, 1964.

CAMARGO, Iberê. *Gaveta de Guardados.* São Paulo: Edusp, 1998.

CARLOS, J. M*emórias d'O Tico Tico* (Organização de Athos Eichler Cardoso). Brasília: Senado, 2014.

CARVALHO, Aloysio Castelo de. *A rede da democracia, O Globo, O Jornal e Jornal do Brasil na queda do governo Goulart* (1961-1964). Niterói: UFF e Nitpress, 2010.

__________. *O caso Última Hora e o cerco da imprensa ao governo Vargas.* Niterói: UFF e Nitpress, 2012.

CARVALHO, Maria Alice Rezende de. *Irineu Marinho: Imprensa e cidade.* São Paulo: Globo, 2012.

CHAGAS, Carlos. *A ditadura militar e a longa noite dos generais.* Rio de Janeiro: Record, 2015.

CLARK, Walter, e PRIOLLI, Gabriel. *O campeão de audiências.* São Paulo: Best-Seller, 1991.

CONTI, Mario Sergio. *Notícias do Planalto. A imprensa e Fernando Collor.* São Paulo: Companhia das Letras, 1999.

COSTA, Cecília. *Diário Carioca.* Rio de Janeiro: Fundação Biblioteca Nacional, 2011.

COTTA, Pery. *Calandra: O sufoco da imprensa nos anos de chumbo.* Rio de Janeiro: Bertrand Brasil, 1997.

Coutinho, Lourival. *O general Góes depõe.* Rio de Janeiro: Coelho Branco, 1956.

D'ARAUJO, Antonio Luiz. *1937: o golpe que mudou o Brasil.* Rio de Janeiro: Quartet, 2016.

d'araújo, Celina Maria. soares, Gláucio Ary Dillon. castro, Celso. *Visões do Golpe, 12 depoimentos de oficiais que articularam o golpe militar de 1964*. Rio de Janeiro: Nova Fronteira/CPDOC-FGV, 1994.

d'ávila, Jerry. *Diploma de brancura: Política social e racial no Brasil, 1917-1945*. São Paulo: Unespe, 2005.

doria, Francisco Antonio. *No tempo de Vargas*. Rio de Janeiro: Revan, 1994.

dreifuss, René Armand. *A conquista do Estado*. São Paulo: Vozes, 2008.

dufour, Dany-Robert. *Les mystères de la trinité*. Paris: Gallimard, 1990.

dulles, John W.F. *Sobral Pinto, a consciência do Brasil. A cruzada contra o regime Vargas (1930-1945)*. Rio de Janeiro: Nova Fronteira, 2001.

edmundo, Luiz. *De um livro de memórias*. Rio de Janeiro: Imprensa Nacional, 1958.

__________. *O Rio de Janeiro de meu tempo*. Brasília: Senado Federal, 2009.

efegé, Jota. *Ameno Resedá, o rancho que foi escola*. Rio de Janeiro: Funarte, 2009.

ferreira, Jorge. *João Goulart, uma biografia*. Rio de Janeiro: Civilização Brasileira, 2011.

figueiredo, Cláudio. *Entre sem bater, a vida de Apparício Torelly, o Barão de Itararé*. Casa da Palavra: Rio de Janeiro, 2012.

filho, Luís Viana. *O governo Castelo Branco*. Rio de Janeiro: José Olympio, 1975.

__________. *Castelo Branco, testemunhos de uma época*. Brasília: UnB, 1986.

fon, Antonio Carlos. *Tortura, a história da repressão no Brasil*. São Paulo: Global/Comitê Brasileiro pela Anistia, 1979.

francis, Paulo. *Trinta anos esta noite, 1964, o que vi e vivi*. São Paulo: Francis, 2004.

Freyre, Gilberto. *Casa Grande & Senzala*. Rio de Janeiro: José Olympio, 1980.

fundação roberto marinho e ministério da cultura. *O século de um brasileiro*: coleção Roberto Marinho. Rio de Janeiro, 2004.

GALVANI, Walter. *Um século de poder. Os bastidores da Caldas Júnior*. Porto Alegre: Mercado Aberto, 1995.

GASPARI, Elio. *A ditadura escancarada*. Rio de Janeiro: Intrínseca, 2014.

__________. *A ditadura derrotada*. Rio de Janeiro: Intrínseca, 2016.

GRACIE, Reila. *Carlos Gracie, o criador de uma dinastia*. Rio de Janeiro: Record, 2008.

GOMES, Angela de Castro (organizadora). *Getúlio escreve a Lourival*. Aracaju: Edise, 2015.

GUEIROS. J.A. *O último tenente*. Juracy Magalhães. Rio de Janeiro: Record, 1996.

HERMES, Míriam e LENA, Eduardo. *O homem Geraldo Rocha*. Barreiras, 2009.

JUNIOR, Gonçalo. *A guerra dos gibis, a formação do mercado editorial brasileiro e a censura aos quadrinhos, 1933-64*. São Paulo: Companhia das Letras, 2004.

LAGO, Luiz Aranha Corrêa do. *Oswaldo Aranha: O Rio Grande e a Revolução de 1930, um político gaúcho na República Velha*. Rio de Janeiro: Nova Fronteira, 1995.

LAURENZA, Ana Maria de Abreu. *Lacerda X Wainer, o corvo e o bessarabiano*. São Paulo: Senac, 1998.

LEÃO, Danuza. *Quase tudo*. São Paulo: Companhia das Letras, 2005.

OLIVEIRA, Franklin de. *Morte da memória nacional*. Rio de Janeiro: Civilização Brasileira, 1967.

MAGALHÃES, Antonio Carlos. *Política é paixão*. Entrevistas a Ancelmo Gois, Marcelo Pontes, Maurício Dias, Míriam Leitão e Rui Xavier. Rio de Janeiro: Revan, 1995.

MARCHI, Carlos. *Todo aquele imenso mar de liberdade, a dura vida do jornalista Carlos Castello Branco*. Rio de Janeiro: Record, 2015.

MARINHO, Roberto e Montello, Josué. *Discurso de posse de Roberto Marinho e discurso de recepção de Josué Montello*. Rio de Janeiro: Academia Brasileira de Letras, 1993.

MARINHO, Roberto. *Uma trajetória liberal*. Rio de Janeiro: Topbooks, 1992.

MARTINS, Mário. *Valeu a pena: Memórias de um jornalista e político de oposição que nunca foi do contra*. Rio de Janeiro: Nova Fronteira, 1996.

MATTOS, Sérgio. *História da televisão brasileira*. Petrópolis: Vozes, 2002.

MAURÍCIO, Augusto. *Igrejas históricas do Rio de Janeiro*. Rio de Janeiro: Kosmos, 1977.

MCDOWALL, Duncan. *Light, a história da empresa que modernizou o Brasil*. Rio de Janeiro: Ediouro, 2008.

MEDEIROS, Benício. *A rotativa parou!: os últimos dias da Última Hora de Samuel Wainer*. Rio de Janeiro: Civilização Brasileira, 2009.

MORAIS, Fernando. *Chatô, o rei do Brasil. A vida de Assis Chateaubriand, um dos brasileiros mais poderosos do século XX*. São Paulo: Companhia das Letras, 1994.

MOREL, Edmar. *Histórias de um repórter*. Rio de Janeiro: Record, 1999.

MOTA, Lourenço Dantas. *A história vivida — entrevistas*. Rio de Janeiro: Topbooks, 2014.

MOTTA, Cezar. *Até a última página: uma história do Jornal do Brasil*. Rio de Janeiro: Objetiva, 2018.

NETO, João Pinheiro. *Carlos Lacerda, um raio sobre o Brasil*. Rio de Janeiro: Griphus, 1998.

PERDIGÃO, João e CORRADI, Euler. *O rei da roleta, a incrível vida de Joaquim Rolla*. Rio de Janeiro: Casa da Palavra, 2012.

PEREIRA, Iara Xavier. *Rádio Libertadora: A palavra de Carlos Marighella*. Brasília: Ministério da Justiça/Comissão de Anistia, 2012.

PEREIRA, Moacir. *Imprensa e Poder: A comunicação em Santa Catarina*. Florianópolis: FCC, 1992.

POMAR, Wladimir. *Pedro Pomar, uma vida em vermelho*. São Paulo: Xamã, 2003.

PREFEITURA DO RIO. *O Jornal, o órgão líder dos Diários Associados*. Cadernos de comunicação, Série Memória. Rio de Janeiro: Secretaria de Comunicação Social do Rio de Janeiro, 2007.

PRESTES, Luís Carlos. *Carta aos comunistas*. São Paulo: Alfa-Ômega, 1980.

RAMOS, Graça. *Maria Martins, escultora dos trópicos*. Rio de Janeiro: Artviva, 2009.

RIBEIRO, José Augusto. *Tancredo Neves, a noite do destino*. Rio de Janeiro: Civilização Brasileira, 2015.

ROSE. R.S. *Johnny: A vida do espião que delatou a rebelião comunista de 1935*. Rio de Janeiro: Record, 2010.

ROUCHOU, Joëlle. *Samuel, duas vozes de Wainer*. Rio de Janeiro: UniverCidade, 2004.

SCHIRMER, Lauro. *RBS: Da voz-do-poste à multimídia*. L&PM, de 1987. Ano 2002

SCHMIDT, Augusto Frederico. *As florestas*. Rio de Janeiro: José Olympio, 1959.

__________. *Estrela Solitária*. Rio de Janeiro: José Olympio, 1940.

__________. *O galo branco*. Rio de Janeiro: José Olympio, 1964.

__________. *Antologia Política*. Rio de Janeiro: Topbooks, 2002.

SECRETARIA ESPECIAL DE COMUNICAÇÃO, PREFEITURA DO RIO DE JANEIRO. *Diário de Notícias, a luta por um país soberano*. Cadernos da Comunicação, Série Memória. Rio de Janeiro, 2006.

SENNA, Ernesto. *Notas de um repórter*. Rio de Janeiro: Jornal do Commercio, 1895.

__________. *O velho comércio do Rio de Janeiro*. Rio de Janeiro: G. Ermakoff, 2006.

SILVA, Yara da. *Tia Carmen, negra tradição da Praça Onze*. Rio de Janeiro: Garamond, 2009.

SILVEIRA, Joel. *Tempo de contar*. Rio de Janeiro: José Olympio, 1985.

SOBRINHO, José Bonifácio. *O livro do Boni*. Rio de Janeiro: Casa da Palavra, 2011.

SODRÉ, Muniz. *O monopólio da fala. Função e linguagem da televisão no Brasil*. Petrópolis, Vozes, 1978.

SODRÉ, Nelson Werneck. *Do tenentismo ao Estado Novo*. Petrópolis: Vozes, 1986.

__________. *A história da imprensa no Brasil*. Rio de Janeiro: Civilização Brasileira, 1966.

SOUZA, Denaldo Achorne de. *O Brasil entra em campo! Construções e reconstruções da identidade nacional (1930-1947)*. São Paulo: Annablume, 2008.

SUED, Ibrahim. *Em sociedade tudo se sabe*. Organização Isabel Sued. Rio de Janeiro: Rocco, 2001.

TASCHNER, Gisela. *Folhas ao vento: Análise de um conglomerado jornalístico no Brasil*. Rio de Janeiro: Paz e Terra, 1992.

TRINDADE, Diamantino Fernandes. *Antonio Eliezer de Souza, o primeiro escritor da umbanda*. Limeira: Editora do Conhecimento, 2009.

WAINER, Samuel. *Minha razão de viver, memórias de um repórter*. Coordenação editorial de Augusto Nunes. Rio de Janeiro: Civilização Brasileira, 1988.

WAACK, William. *Camaradas: Nos arquivos de Moscou — a história secreta da revolução brasileira de 1935*. São Paulo: Companhia das Letras, 1993.

WALLACH, Joe. *Meu capítulo na TV Globo*. Rio de Janeiro: Topbooks, 2011.

Índice onomástico

18 do Forte, revolta, 328

ABC, rede de TV, 352-3
Aboab, Renée, 211
Abramo, Cláudio, 472n
Abreu, Florêncio de, 146
Ação Integralista Brasileira, 99
Acervo Roberto Marinho, 106-7
Adib, Jorge, 403, 415
Adler, David, 182
Adriano VI, papa, 436
Affonso, Almino, 304
África do Sul, 101
Agência Nacional, 140, 439
Agostini, Angelo, 400
Aizen, Paulo Adolfo, 126-8
Alagemovits, Nicolas, 57, 72
Albuquerque Lima, Afonso, 453-4
Alkmin, José Maria, 326
Aldridge, Walter Leonard, 34
Aleixo, José, 341-2, 410, 419, 430
Aleixo, Pedro, 439, 451-2, 508n
Alemanha, 68, 79, 90-1, 94, 141, 143, 145, 149, 151
Alencar, Clementino de, 96, 141
Alencar, Maurício de, 445
Aliança Nacional Libertadora (ANL), 79-87, 94-5, 140
Aliança Renovadora Nacional (Arena), 392-3, 405, 409, 468
Almeida Braga, Antonio Carlos (Braguinha), 441
Almeida Magalhães, Dario de, 119-20
Almeida, Climério Euribes de, 213
Almeida, José Américo de, 98, 151-3, 171
Almeida, Mauro de, 30, 475n
Almeida, Pedro Thimóteo de, 120
Almirante, sambista, 71
Alves Pinheiro, Francisco, 87, 97-8, 137-8, 152-3, 156, 158, 234, 236, 238, 245-9, 294, 338

Alves, Eustáquio, 30
Alves, Francisco, 71
Amado, Jorge, 155, 233
Amando, Renato Pinto, 280
Amaral Gurgel, Francisco Ignácio do, 192, 206
Amaral Gurgel, Odmar (Gaó), 194
Amaral Netto, Fidélis dos Santos, 332
Amaral Peixoto, Celina Vargas do, 116
Amaral Peixoto, Ernani, 111, 161
Amaral, Beatriz, 259
Amaral, João Batista (Pipa), 259, 325, 344, 401-2, 415
Amaral, Rubens do, 191, 227, 346-51, 401-3
Americano, Álvaro, 251, 493n
Amorim, Clóvis Dias, 438
Amoroso Lima, Alceu, 162
Âncora, Armando de Morais, 207
Andrada, Antonio Carlos, 52
Andrade Costa, Marina, 173
Andrade Gutierrez, construtora, 270
Andrade, Evandro Carlos de, 310, 383, 468
Andrade, Mário de, 72
Angela Maria, cantora, 285
"Aquarela do Brasil" (canção), 104
Aragão, Cândido, 319, 322-4
Aranha, Ciro, 52, 54, 61
Aranha, Euclides, 54
Aranha, família, 52, 68, 74, 116
Aranha, irmãos, 68, 74, 80-3, 92-103, 125
Aranha, Luiz (Lulu), 52-3, 61, 68-9, 74, 80-3, 93, 100-2, 105, 117-8, 124, 126, 133, 141, 161, 166, 213, 308, 310, 331, 457
Aranha, Manoel, 116
Aranha, Oswaldo, 52-5, 61, 69, 79, 83-4, 91-4, 100-3, 117, 125, 130-3, 137-8, 143, 151, 156, 165-6, 169, 174, 202, 207, 209, 213, 218-9, 250, 353, 456
Aranha, Vavá, 102
Araújo, Jorge, 341
Araújo, Leila, 273
Arcoverde, Joaquim, 20
Areas, Moacyr, 255
Argentina, 182
Arminda (Mãe Minda), 21
Armstrong, Charles Wicksteed, 26
Arraes, Miguel, 301, 392
Arruda, Ana, 367
Assis Barbosa, Francisco de, 182
Assis Brasil, Joaquim Francisco, 52
Assis Chateaubriand *ver* Chateaubriand Bandeira de Mello, Francisco de Assis
Assis Pacheco, Christiane de, 107
Associação Brasileira de Imprensa (ABI), 62, 104, 112, 118-21, 123, 134, 137, 142, 212, 269, 272, 290, 329, 435-6, 473n
Associação Nacional dos Jornais (ANJ), 9
Associated Press, 138, 146, 265, 278
Ateneu, O (Pompéia), 34
Athayde, Austregésilo de, 140
Atlântida Cinematográfica, 285

Augusto, Luís Carlos, 438
Avancini, Walton, 173
Avellaneda, Nicolas, 476n
aventuras de Tom Sawyer, As (Twain), 131
Azevedo Falcão, Ademar Scaffa de, 314, 323

Babo, Lamartine, 104
Baere, Roberto, 495n
Bagley, Henry, 146
Bahia, Luiz Alberto, 282, 501n
Balbino, Antonio, 299
Banco do Estado da Guanabara, 459
Banco Nacional, 288, 297-8, 307, 316, 322, 441, 451, 461-2
Bandeira, Alberto, 173
Bandeira, Manuel, 170, 251
Bando da Lua, 71
Barão de Tefé (Antônio Luiz von Hoonholtz), 24
Barata, Agildo, 87, 154
Barbato, Mário Luís, 384
Barbero, Júlio, 74, 102, 170, 223, 231-2, 251, 309, 333-4, 342, 365-6, 414-5, 446, 455-8
Barbosa, Abelardo (Chacrinha), 415
Barbosa, Nelson, 446
Barbosa, Paulo, 417
Barbosa, Rafael, 221
Barbosa, Rui, 15, 41
Baron, Victor Allan, 89
Barreto, Hugo, 221
Barros, Ademar de, 266, 271, 321
Barros, Leonídio de, 374
Barros, Nelson de, 437
Barroso do Amaral, Zózimo, 493n
Barroso, Ary, 57, 104, 187
Barroso, Gustavo, 365
Batalha, A, jornal, 95
Batista, Eliezer, 251
Batista, Fulgêncio, 265
Batista, Léo, 215-6
Batista, Pedro Ernesto, 74-5, 93
BBC, 132, 346
Belisha, Hore, 124
Benário, Olga, 83, 89-91, 155, 165, 298
Bengell, Norma, 423
Berardo, Rubens, 258
Berger, Harry *ver* Evans, Arthur Ernest
Bernardes, Arthur, 150, 334, 444, 472n
Berredo, Victorio, 375
Besanzoni, Gabriella, 371
Beviláqua, Peri Constant, 287
Beviláquia, Clóvis, 90
Bezerra, Gregório, 154
Bial, Pedro, 462
Biar, Célia, 346
Bilac, Olavo, 72
Bittencourt, Edmundo, 96, 368
Bittencourt, Paulo, 74, 115, 140, 171, 189, 202-3, 223, 232, 240-1, 275, 282-3, 307, 310, 312, 366, 447
Bittencourt, Sylvia, 140
Blay, Eva, 480n
Bloch, Adolfo, 13, 235, 303, 332
Boaventura Júnior, Francisco Cavalcanti, 294, 386

Bocaiuva, Luiz Fernando, 174
Bocaiuva, Quintino, 476n
Borba, Emilinha, 285
Borges de Medeiros, Antonio Augusto, 52, 54
Borjalo, 235
Botelho, Antonio Augusto Ferreira, 400
Botelho, Cândido, 104
Braga, Newton, 19
Braga, Ramiro, 393
Braga, Rubem, 140, 144-9, 178, 188, 261, 311
Bragalle, William, 264
Brandão, Raul, 140, 148
Brandi, Antonio Jesus, 236
Brizola, Leonel, 11, 256, 279-80, 284, 292-7, 300-8, 319, 338, 377, 381-2, 389
Brockway, Robert, 346
Brunini Filho, Raul, 193-6, 209-10, 344, 440
Brunini, Luiz, 193-6, 206-9, 244, 342, 344, 384, 389
Buarque, Chico, 408
Bulhões, Leopoldo, 475n
Burle Marx, Roberto, 130, 172, 456
Burnier, João Paulo, 439, 444
Byington, Alberto, 71

Caban, Henrique, 107, 110, 187, 205, 310, 324, 360, 415, 430, 445, 448, 457, 468
Café Filho, João, 95, 214-5, 237-9, 242, 266, 273, 508n
Caiado de Castro, Agnaldo, 214
Caillard, Eugênio, 303-4, 317, 325, 336
Caldeira Brant, Vinícius José, 288
Caldeira Filho, Carlos, 496n
Callado, Ana Arruda, 130, 262, 290, 435, 446
Callado, Antonio, 127, 130, 132, 241, 311, 435, 443, 501n
Calmon, João, 303, 381-2, 390-6, 413-6
Câmara, dom Hélder, 242, 251, 256, 337, 439
Câmara, dom Jaime, 162, 257, 293, 305-6, 327, 350, 398, 435, 452
Camargo Correia, construtora, 270
Camargo, Iberê, 68, 315
Campos, Francisco, 99, 113, 117, 377
Campos, Milton, 273, 363, 491n
Campos, Roberto, 308, 340, 358-9, 361, 369, 453-4
Canadá, 169
Caó, Carlos Alberto, 10
Cardim, Elmano, 134, 136
Cardinale, Claudia, 422
Cardoso de Menezes, Eurípedes, 398, 408
Cardoso, Athos Eichler, 474n
Cardoso, Elizeth, 321
Carioca, revista, 27
Carioca, TV, 258, 335, 354
Carlos Alberto (ator), 206
Carlos, Newton, 382
Carmo, Elias do, 396
Carneiro, Ribas, 88
Carneiro, Sônia, 195

Carpeaux, Otto Maria, 311, 435
Carrero, Tonia, 251
Carta, Mino, 472n
Cartier, Horácio, 60, 85, 149, 174, 221
Caruso, Enrico, 25
Carvalho de Azevedo, Pio, 55
Carvalho Júnior, Horácio de, 68
Carvalho Pinto, Carlos Alberto Alves de, 309
Carvalho, Ary, 223
Carvalho, Bernardino de, 268
Carvalho, Castelar de, 17, 30, 39
Carvalho, Lily de (esposa), 38, 108, 109, 110, 111, 335, 458
Carvalho, Marta, 397
Casaldáliga, dom Pedro, 337
Cascardo, Hercolino, 80-7
Castello Branco, Carlos, 235
Castello Branco, José Ribamar, 273
Castelo Branco, Argentina, 385
Castelo Branco, Humberto de Alencar, 316, 322, 325-31, 337, 344, 349, 357-9, 361-2, 366, 368, 373, 377-8, 380, 384-7, 390, 407-12, 416, 508n
Castilho, Severiano, 83
Castilhos, Julio de, 475n
Castro Maya, Raimundo, 93, 150, 170, 240, 271
Castro, Amílcar de, 235
Castro, Fidel, 265-6, 283, 298, 355, 362
Castro, Octávio de, 237
Catá, Alberto Hernandes, 347, 350, 362-4, 397
Cavalcanti, Alcyr, 13
Cavalcanti, Newton, 97
Cavalcanti, Noemia, 315
Cavalcanti, Tenório, 173-5, 274, 381
cavaleiro da esperança, O (Amado), 155
Caymmi, Dorival, 104, 385
CBS, 346, 352
Centro Popular de Cultura (CPC), 288
CGT, 321, 323
Chacrinha (Abelardo Barbosa), 415
Chadwick, Lynn, 315
Chagall, Marc, 315
Chagas, Francisco, 39
Chaplin, Charles, 183
Chateaubriand Bandeira de Mello, Francisco de Assis, 11, 27, 37, 67, 74-5, 86, 92, 107-9, 119-20, 140, 152, 161-2, 189, 196-206, 209-10, 217, 220, 235, 238, 240, 244, 255-62, 271, 275, 298, 302, 312, 314, 318, 332, 341, 345, 381, 383, 389-92, 400, 407, 410-3, 416, 419, 434, 448
Chaves, Nina, 407
Chermont, Abel, 88
Chianca de Garcia, Eduardo, 163
Chico Anísio, 415
Chile, 192
Chirico, Giorgio di, 315
Chopin, Frédéric, 192
Cia Paulista Editora de Jornais S/A, 206
Cinelândia, revista, 285

Cinema Novo, 288
Civita, Roberto, 419
Clarin, El, 204, 250
Clark, Walter, 375, 401-4, 415, 450, 461, 468
Cleofas, João, 203
Club do Brasil, rádio, 70
Cocteau, Jean, 315
Código Brasileiro de Telecomunicações, 313
Coelho da Graça, Milton, 112, 324, 419, 425, 472n
Coelho de Barros, Antônio Pinto, 11
Coelho de Barros, João Marinho (avô), 11
Coelho, João, 341
Cohen, Feliz, 206
Colombo, Adalgisa, 249
Coluna Prestes, 51, 66, 68, 81, 139, 328
Comissão Nacional da Verdade, 495n
Comte, Augusto, 172
Comtelburo (agência de notícias), 138
Conselho de Segurança Nacional, 439
Conselho Nacional de Imprensa (CNI), 118, 120, 122-3, 136-7, 165-6, 176, 287
Conselho Nacional de Telecomunicações (Contel), 314, 323, 339, 394, 396, 409-10, 424
Conti, Mário Sérgio, 110, 297
Continental, TV, 258, 351
Cony, Carlos Heitor, 290, 311
Corção, Gustavo, 162
Cordeiro de Farias, Osvaldo, 147
Corrêa e Castro, Cláudio, 5
Corrêa Lima, Attílio, 129
Corrêa, Trifino, 154-5
Correio da Manhã, 19, 41, 43, 61, 73-4, 86, 97, 115, 132, 135, 140, 148, 152, 157, 171, 184, 200, 202, 213, 222-3, 226, 236-7, 240-1, 282, 290, 293-4, 307, 311-2, 319-20, 328, 379, 381, 400, 417, 419, 438, 440, 443, 445, 447, 464, 473n, 501n
Correio Paulistano, 473n
Costa e Silva, Artur da, 55, 287, 326, 328, 330, 332-4, 369, 378, 385, 387, 406, 414-5, 433, 435, 437-9, 443, 448-54
Costa e Silva, Yolanda, 385, 414, 451
Costa Júnior, Victor, 341
Costa Pereira, Waldemar Henrique da, 73
Costa Rego, Pedro da, 152
Costa Soares, J., 59
Costa, Nelma, 206
Costa, Oswaldo, 98, 274, 290
Costa, Paulo, 495n
Costa, Victor, 341-2
Costa, Zenóbio da, 190, 214
Cotta, Pery, 235, 264, 337, 438, 443-4
Coutinho, Dirceu de Lacerda, 340
Couto e Silva, Golbery, 287, 353, 358-9, 368

Cravo, Mario, 315
Crawford, Joan, 418
Crítica, A, 131
Cruz Nunes, Luiz Paulo da, 438
Cruzeiro, O, 149, 197-8, 204, 217, 220, 260, 262, 284, 332, 381, 389, 394, 400
Cuba, 276, 283-4, 362
Cunha Melo, Francisco Tavares da, 339
Cunha Pereira, Carlos Olavo, 321
Cure, Alberto, 439
Curi, Aída, 247

Daily News, 18
Dalí, Salvador, 240
Dandrige, Dorothy, 263
Daniel, Alice (Lily), 38
Dantas, Ewaldo, 496n
Dantas, João, 223, 260-2, 313, 322-3, 367
Dantas, Ondina, 260
Dantas, Orlando, 118, 152, 162, 165-6, 176-7, 179, 260-1, 290, 368
Dantas, San Tiago, 251, 276, 283, 301
Darlene Glória, 424
De Falla, Manoel, 192
de Gaulle, Charles, 390
de Graaf, Johann Heinrich Amadeus (ou Paul Gruber ou Johnny), 83, 88
de la Riva, Alfredo Izaguirre, 283
Deborges, 192
Debussy, Claude, 192
Delahaye, Georges Joffre (motorista), 36, 83, 86, 116, 127, 150, 215, 268, 271, 317, 324, 420, 422-3
Delfim Netto, Antonio, 417, 450-1, 454-6
Delos, Lúcia, 206
Democracia, A, 75
Deñó, Francisco Caamaño, 363
Denis, Odílio, 216, 237, 278, 281, 287, 321
Departamento de Imprensa e Propaganda (DIP), 117-8, 121-5, 134, 140, 144-8, 158, 161, 165, 178, 262
Departamento de Propaganda e Difusão Cultural (DPDC), 117
Departamento Nacional de Telecomunicações (Dentel), 314, 339-40, 342-3
Departamento Oficial de Propaganda, (DOP), 67
Dernière-Heure, La, 280
Désy, Jean, 192
"Deus e o Diabo na Terra do Sol" (filme), 316
Di Cavalcanti, Emiliano, 172
Dia, O, 384
Diário Carioca, 62, 67-8, 82, 109-10, 137-40, 147-8, 152, 157, 183-4, 204, 212, 234, 257, 334-5, 380
Diário da Noite, 86, 115-6, 147, 161, 303, 319

Diário de Notícias, 14, 65, 118, 152, 162, 165-6, 176, 179, 260-4, 290, 293, 313, 322, 367, 446
Diário Oficial da União, 199, 262
Diários Associados, 110, 119, 132, 140, 148, 152, 199, 201-2, 222, 235, 237, 256, 259, 262-3, 291, 302, 380, 389-90, 393-4, 410-6, 425, 448, 464, 496n
Dias Leme, Reinaldo, 347
Dias Lopes, Isidoro, 70
Dias, Cícero, 172
Dias, Elba, 43
Dietrich, Marlene, 183
Dines, Alberto, 374
Diretrizes, revista, 200
Djanira, 271, 315
DNB (agência de notícias), 138
Dodsworth, Henrique, 74, 192
Domingos, Anselmo, 284
Domingues, Heron, 216, 295-7
Donga, músico, 29-30
Dornelles, Mozart, 214
Douglas, Kirk, 329
Drummond de Andrade, Carlos, 178, 229, 251
Duarte Felix, Vicente Alfredo, 400
Dumas, Vitor, 187
Dunshee de Abranches, Carlos Alberto, 140
Duque de Windsor, 183
Dutra, Eurico Gaspar, 68, 86, 99, 102, 123, 140-4, 151, 160-4, 183, 215, 253, 285, 287, 317, 393
Duval, Robert, 310
Edward, Blanche Mary, 186
Eiras, Carlos, 120
Eisenhower, Dwight, 179, 207, 262, 355
Elbrick, Charles Burke, 452-3
Eliachar, Leon, 285
Elis Regina, 408
Embratel, 339-40, 448-51
Ernany, Drault, 332
Esquerda, A, 67
Esso, 196, 216, 250, 413, 417
Estado de S. Paulo, O, 10, 70, 121, 124, 165, 217, 219, 242, 259, 272, 288, 294, 318, 353, 358, 381, 391, 404-5, 419, 437, 440, 446-7, 454, 473n, 496n
Estado Novo, 99-100, 102, 111, 117, 124, 149, 151, 154, 156, 166, 186, 200, 203, 221, 234, 288, 309, 323, 371, 377, 389, 435, 463, 472n, 508n
Estados Unidos, 101, 251, 276
Estrela solitária (Schmidt), 233
Etcheverry, João, 278
Evans, Arthur Ernest (Harry Berger), 87-9, 151
Evans, Machla, 87-91
Ewerton, Aloisio, 321
Excelsior, rádio, 341
Excelsior, TV, 349, 351
"Experiência culminante" (filme), 308

Falcão, Armando, 241, 334, 372-5, 393, 404
Falcão, Marcelo, 443
Faria, Alberto, 311

Faria, Bento de, 90
Farquhar, Percival, 27, 34, 109, 122, 478n
Faustino, Mário, 236
Fernandes da Silva, Walter, 75
Fernandes, Hélio, 367, 370, 386-7, 407, 441
Fernandes, Millôr, 385
Fernandes, Óscar Lorenzo, 72
Fernandes, Raphael, 86
Ferraz, Gildo, 404
Ferraz, Mariano, 326
Ferreira Braga, Carlos Henrique, 102
Ferreira d'Almeida, Luiz Augusto, 47
Ferreira do Valle, Adalberto, 264
Ferreira Gullar, 235, 288
Ferreira, Amélia, 206
Ferreira, Bibi, 192
Ferreira, Cássio Murilo, 247
Ferreira, Djalma, 194, 323, 343, 384
Ferreira, Eugênio Caillard, 299
Ferreira, Hilário Jovino, 30, 475n
Ferreira, Procópio, 192
Figueiredo, Euclides, 164
Figueiredo, João Batista, 164, 394, 454, 456
Fitzgerald, Ella, 368
Fiuza, Herbert, 318, 324, 340, 345-6, 349, 351, 450
Fiuza, Silvia, 106
Flan, revista, 204, 206
Fleury de Barros, Antonieta (Nenete), 71-3, 104-5
Flexa Ribeiro, Carlos Otávio, 377-8, 423
Flores, Thompson, 183
Fluminense, O, 15
FMI, 361
Folha Carioca, 262
Folha de S. Paulo, 10, 447, 496n
Folha do Dia, 245
Fon-Fon, revista, 73
Fonseca, Corinto da, 24
Fonseca, Hermes da, 28
Fonseca, Rubem, 287
Fonseca, Zezé, 192, 206
Fontes, Lourival, 95, 104, 117-25, 130, 134, 161, 178, 211
Fontoura, Carlos Alberto da, 456
Ford, 418
Ford, Henry, 42
Ford, Henry II, 458
Fortunato, Gregório, 161, 213, 219, 244
Fournier, Severo, 113, 116
Fragoso, dom Antonio Batista, 337
França, 94-5, 186, 251, 437
Franklin da Costa, José Ribamar de Oliveira, 381-2
Freire, Vitorino, 273, 382
Freitas, Jânio de, 235-6, 261, 299, 307, 445
Freitas, Newton, 261
Freyre, Gilberto, 129
Frias de Oliveira, Octávio, 496n
Fróes, Hemílcio, 206
Furtado, Celso, 300
Furtado, Rômulo Villar, 339-40
"Fuzis, Os" (filme), 316

Gagliano Neto, Leonardo, 191
Galdeano, Antonio, 264

Gallo, Oscar Amicucci, 13, 447
Gallotti, Antonio, 169-70, 274, 287, 303, 339-40, 447
Galo Branco, O (Schmidt), 232
Galvão da Silva, Joventino, 173
Galvão, Nei, 309
Gama e Silva, Luís Antonio da, 440
Garbo, Greta, 458
García Rosa, Luiz Alfredo, 423
Garcia, Luiz, 62, 188, 212, 327
Garrincha, 159, 245, 297
Gaspar Dutra, Eurico, 182
Gaspari, Elio, 450
Gasparian, Fernando, 446
Gasper, Elizabeth, 351
Gaúcha, TV, 451
Gazeta de Notícias, 16, 18, 19, 23, 31-2, 35, 55, 59, 83-4, 473n, 475n
Geisel, Ernesto, 368, 453-4
Geisel, Orlando, 325, 453-4
Gentil, Edith, 366
Geyer, Georgie Anne, 413
Gibi, 122, 127-9, 177
Gil, Gláucio, 351
Giorgi, Bruno, 315
Gleiser, Berta, 76
Gleiser, Genny, 76-8
Gleiser, Motel, 76, 78
Glicério, Francisco, 473n
Globo Expedicionário, 142-3, 149, 160
Globo Juvenil, 122, 127-30, 133-4, 177-8
Globo Sportivo, 128
Globo, O, 9-13, 28, 36, 39-118, 124-41, 146-7, 150-65, 170, 174-5, 178, 181-93, 200-303, 260-303, 308-40, 353-68, 372-89, 393, 405-21, 425-56, 464, 477n, 495n, 498n, 501n
Globo, rádio, 155, 182, 191-200, 204-10, 214-6, 244-5, 254-6, 277, 316, 344, 346, 381, 384, 389, 410, 440
Globo, TV, 13, 253-66, 269-72, 295, 311-3, 340-51, 360-3, 375, 384-419, 426, 448, 451, 461, 463, 467-8
Glória Maria, 13
Gnatalli, Radamés, 104
Goeldi, Oswaldo, 315
Góes Monteiro, Pedro Aurélio de, 68-70, 83-4, 92, 114-5, 143, 174, 344
Gomes da Silva, Federico, 445
Gomes de Carvalho Júnior, Horácio, 109-10, 137, 140, 147, 154, 204, 234, 257, 278, 334-5, 458
Gomes, Eduardo, 141, 148, 153, 157, 160, 164, 202, 332, 439, 444
Gomes, Hilton, 448, 451
Gomes, Wilson, 472n
Gonçalves, Dercy, 415
Gonçalves, Eduardo, 107
Gonçalves, Elisa Margarida, 456-9, 463
Gonçalves, Manoel, 48, 66, 99, 111
Gondin da Fonseca, Manoel José, 233
Gondois, Arlette (Lily), 38

Gonzaga, Chiquinha, 73
Gordon, Lincoln, 286-7, 313, 325, 368-9, 413
Goulart, Ana Paula, 107, 343
Goulart, João, 207, 235-7, 256, 262, 271, 274-86, 290-4, 299-328, 332-43, 354, 360, 366, 372, 377, 382, 386, 392, 394, 405-8, 413-4, 455, 460, 491n, 494n, 495n
Goulart, Maria Tereza, 307, 317
Goulart, Paulo, 179
Goulart, Rodrigo, 180, 419
Gouvêa de Bulhões, Octávio, 416, 459
Grabois, Maurício, 154, 164
Graciano, Clóvis, 315
Gracindo, Paulo, 256
Graeff, Augusto, 325
Grael, Francisco, 216-7, 223-4, 388, 464
Grande Otelo, 303
Gruber, Paul *ver* de Graaf, Johann Heinrich Amadeus
Gudin, Eugênio, 268
Guedes, Carlos Luiz, 321
Guerra, Ruy, 316
Guevara, André, 203
Guevara, Ernesto "Che", 262, 276
Guignard, Alberto da Veiga, 315
Guimarães Rosa, João, 187, 382
Guimarães, Napoleão de Alencastro, 173
Guimarães, Ulysses, 414
Guinle, Arnaldo, 105
Guinle, família, 74, 178, 304
Guinle, Otávio, 368
Guísar, Tito, 194
Gutemberg, Luiz, 220, 261

Harlow, Jean, 108
Havas (agência de notícias), 138
Haziot, Sérgio, 227
Hearst, William Randolph, 263
Heck, Sílvio, 279
Heiskell, Andrew, 354, 424
Herbert Richers, 348
Hitler, Adolf, 68, 91, 100, 141, 155
Hobbing, Enno, 355

Imparato, Albino, 174
Imparcial, O, 68
Imprensa Popular, 239
Inglaterra, 94, 171, 188, 346, 349, 457
Instituto Brasileiro de Ação Democrática (Ibad), 287, 293, 392
Instituto de Pesquisas e Estudos Sociais (Ipes), 287
Invictus, fábrica de televisores, 197
Isabel, princesa, 305
Itália, 94, 140, 144-8, 178, 225, 346

J.Carlos (José Carlos de Brito Cunha), 28
Jacinto de Thormes (Manuel Muller), 262
Jackson, Charles Douglas, 355
Jafet, Ricardo, 206
Jaguaribe, Hélio, 311
Jalkh, Bechara, 227-8

Jardim, Reinaldo, 236
Jerônimo, Paulo (Pajê), 337, 380, 444
João da Baiana, 30, 475n
João do Rio (Paulo Barreto), 17-8, 30, 33-4
João vi, dom, 305
Jobim, Danton, 62, 154, 330, 379, 435
Jobim, Tom, 408
Jordão, Edmundo Miranda, 90
"Jornal da Globo", 350
Jornal do Brasil, 10, 13, 43, 119, 135, 138, 194-5, 211, 222-3, 226, 234-6, 255, 268, 291-4, 318-23, 335, 343, 353, 366, 374, 384, 391, 416-20, 443, 446, 447, 452-4, 464, 473n, 501n
Jornal do Brasil, rádio, 74, 194, 302, 381, 452
Jornal do Commercio, 37, 119, 134, 337, 400, 473n
"Jornal Nacional", 451, 464, 468
Jornal, O, 37, 43, 86, 199-200, 235, 294, 380
"Joujoux e Balagandan" (musical), 104
Julião, Francisco, 301
Jurema, Abelardo, 303, 314
Juventude Comunista, 75

Kennedy, John, 286, 313
King, Haynes, artista 315
Klabin, Ema, 240
Klabin, Eva, 240
Klabin, Israel, 91-2, 250-1, 385
Klabin, Rose Haas, 385
Klabin, Wolff, 91-2, 101, 250, 312
Kocubej, Bernardo, 197
Krieger, Daniel, 241
Kruel, Amaury228, 287, 319, 323
Kruger, Helena, 83
Kubitschek, Juscelino, 203, 206, 234, 237-44, 249-57, 267-77, 300, 312, 319, 329-35, 339, 352, 358, 371, 377-9, 392-3, 405-8, 439, 454, 459, 463, 467, 491n, 508n
Kulisiewicz, Tadeus, 315

Lacerda, Benedito, 71
Lacerda, Carlos, 11, 42, 75, 77, 116, 140, 151, 171, 173, 175, 189, 199, 203, 205, 207-10, 212-5, 219, 236-9, 242-4, 251, 254, 256, 258, 271, 273-4, 276, 282-3, 289, 293, 300, 314-8, 321, 325-6, 338, 350, 353, 357-94, 399, 404-8, 417, 433, 439-41, 454
Lacerda, Letícia, 360
Lacerda, Maurício, 95, 152
Lacerda, Sérgio, 264, 276
Lafer, Horácio, 101, 202, 206
Lage, Henrique, 96, 371
Lage, João, 204, 400
Laje, Cypriano, 120, 136
Lameirão, José Chaves, 239
Lange, Hans Peter, 108
Langgard Meneses, Rodrigo Otávio de, 334

Lara Resende, Otto, 235, 245, 251, 464
Latin American Information Committee (LAIC), 355
Le Blanc, André, 219
Leal da Costa, Antônio, 14, 19, 38-9, 221
Leal de Souza, Antonio, 65-6
Leão, Danuza, 110, 231
Leão, Nara, 288
Leigh, Vivien, 243
Leitão da Cunha, Vasco, 132
Leite Ribeiro, Orlando, 156
Leite, Indaiassú, 87, 154, 234, 247-8, 449
Leite, Nestor, 154
Lembo, Fernando da Silva, 437
Leme, Sebastião, 54, 58
Lemos, Afrânio Arsênio de, 173
Lessa, Ivan, 351
Leuzzi, Miguel, 279, 292, 305
Life, 355
Ligas Camponesas, 301-2
Light, companhia de energia, 27, 37, 81, 123, 136, 167, 169-70, 199, 223, 274, 287, 303-4, 338-40, 447
Lima Barreto, Afonso Henriques de, 17, 30, 34
Lima Souto, Edson Luís de, 432-6, 450
Lima, Heitor, 90
Lima, Vasco, 39
Linhares, José, 156
Lins de Barros, João Alberto, 68, 96, 126, 159
Lins do Rêgo, José, 178, 199
Lins, Álvaro, 241
Lins, Edmundo, 90, 298
Lira, Carlos, 385
Litvak, Anatole, 243
Livro de Antonio, O (Vilaça), 208
Lobato, Elvira, 342
Lobo, Candido, 190
Lobo, Luiz, 10, 63, 209, 246, 337
Lodi, Euvaldo, 197, 205
Lomanto Junior, Antonio, 406
Lopes, Luiz Simão, 258
Lorscheider, dom Ivo, 453
Lott, Henrique, 237-9, 274, 321, 368, 377
Lowndes, John Henry, 201
Luarlindo Ernesto, 432
Luce, Clare, 353-4
Luce, Henry, 353-4
Lula da Silva, Luiz Inácio, 9
Lurçat, Jean, 230, 315
Luta Democrática, 174, 381
Luther King, Martin, 434
Luz, Carlos, 237-9, 508n
Luzardo, João Batista, 66, 68
Lyra Tavares, Aurélio de, 451

Mabe, Manabu, 240
MacDonald, James Ramsay, 98
Macedo Soares, José Carlos de, 82, 138
Macedo Soares, José Eduardo de, 68, 138, 152, 189
Macedo, José Eduardo, 95
Machado de Assis, 476n
Machado de Carvalho, Paulo, 259

Machado Lopes, José de, 279
Machado, Carlos, 303
Maciel Filho, José Soares, 125, 136
Magalhães Lins, José Luiz de, 92, 206, 272, 288, 297-9, 303, 307, 309, 316, 322, 325-6, 332, 336, 368-9, 371, 425, 441, 453, 460-2
Magalhães Pinto, 297-8, 316, 321-2, 326, 332, 373, 408, 453, 461
Magalhães, Agamenon, 198
Magalhães, Antonio Carlos, 175, 251
Magalhães, Juracy, 241, 289, 332, 358, 365, 378, 380-2
Magalhães, Sérgio, 274
Magalhães, Tomás, 365
Magessi Pereira, Augusto da Cunha, 287, 292
Magritte, René, 241
Makenzie, Alexandre, 27
Malheiros Dias, Carlos, 400
Malta, Otávio, 154
Manchete, 13, 235, 263
Mangabeira, Otávio, 164, 262
Manhã, A, 75-8, 82-6, 136
Mannesman, 364-7
Manso Neto, Miguel Pereira, 455, 456
Mansur, Paulo, 363
Manzon, Jean, 162
Mao Tsé-tung, 262
Marcha da Família com Deus pela Liberdade, 318
Marcondes Ferraz, Paulo Fernando, 263, 326, 333, 455
Marcondes, Alba, 179
Mariani, Clemente, 175, 276
Mariano, Olegário, 96
Marighella, Carlos, 154
Marinho, Benedito, 180
Marinho, Djalma, 392, 395, 398, 403-4, 408, 439
Marinho, Elizabeth (Bebete, cunhada), 47, 181, 184-5, 457
Marinho, Elizabeth (sobrinha), 12, 46, 412
Marinho, Francisca (Chica, mãe), 12, 15, 20, 23, 33, 44-50, 56, 71, 105, 107, 127, 163, 192, 194, 291
Marinho, Helena (irmã), 23
Marinho, Heloísa (irmã), 24, 127, 224, 272
Marinho, Hilda (irmã), 12, 21, 31, 46, 56, 127, 184, 272, 388
Marinho, Irineu (pai), 9, 11-59, 65, 67, 71, 81-2, 90, 105, 122, 191, 193, 216, 220-4, 260-1, 274, 304, 359, 368, 371, 464, 468
Marinho, João Roberto (filho), 11, 46, 48, 105-6, 121, 137, 170, 175, 184-5, 188, 209, 233, 271, 297, 328, 373, 376, 388, 390, 405, 419-21, 423, 427, 430, 458-9, 461, 507n
Marinho, José Roberto (filho), 13, 175, 267, 324, 405, 419-21, 424, 427, 430, 507n
Marinho, Moacir (primo), 39
Marinho, Paulo Roberto (filho), 419-20, 423, 430, 507n

Marinho, Ricardo (irmão), 20, 50, 127, 163, 187-8, 192, 242-3, 246, 255, 263, 272, 381, 388
Marinho, Roberto Irineu (filho), 62, 64, 151, 163, 170, 178, 185, 188, 199, 268, 304, 328, 340, 370, 376, 383, 405, 419-31, 462, 507n
Marinho, Rogério (irmão), 22, 47, 89, 125-7, 142-3, 149, 156, 181, 184-8, 216-7, 223-6, 235, 246, 267, 272, 277, 316, 324, 327-8, 370, 388, 393, 411, 444, 457, 464
Marinho, Stella Goulart (esposa), 179-5, 196-8, 222, 263, 272, 286, 303, 315, 344, 355, 375-6, 389, 419-31, 457
Mário Filho, 128, 131, 132
Mariscot de Matos, Mariel, 424
Mariz, Dinarte, 241
Marlene, cantora, 256, 285
Marques Rebello (Eddy Dias da Cruz), 182
Martins Rodrigues, José, 320
Martins, Bruno de, 121
Martins, Carlos, 130, 308, 353-4
Martins, Maria, 130, 166, 309, 355, 456, 463
Martins, Mário, 244, 332, 371
Mascarenhas de Moraes, João Batista, 144-8
MASP, 240
Matarazzo Junior, Francisco, 205
Matarazzo, Ciccillo, 270
Matos, Jorge, 264
Mattos Pimenta, José Augusto, 103
Mattos, Délio de, 335, 380
Mattos, Eurycles de (Pinguinho), 19, 44-5, 48-53, 56-8, 63, 80, 82, 103, 221, 308
Mayrink Veiga, Antenor, 279
Mayrink Veiga, rádio, 194, 244, 279, 292, 302, 305, 365, 382, 384
Mazzili, Ranieri, 277, 281, 325, 327
McCarthy, Joseph, 282
McCrimmon, Ken, 169
MDB, 391, 393, 405
Medeiros da Silva, Carlos, 334, 385
Medeiros Neto, Luís, 399
Medeiros, Lauro Augusto de, 324, 339, 343-9
Médici, Emílio Garrastazu, 451, 454-6
Medina, Abraão, 295
Meir, Golda, 91-2
Meira Lima, João Garibaldi de, 201
Meira, Lúcio, 244
Meirelles, Cecília, 172, 178
Mello Cunha, Cesar de, 129, 150-1, 181-2, 222, 368, 390, 411, 427
Mello Cunha, Gina, 427
Mello e Souza, Cláudio, 66, 390
Mello Franco, Afonso Arinos de, 172-4, 213, 244, 276, 282, 293, 357-8
Mello Franco, Afrânio de, 171-2, 175
Mello Franco, família, 178
Mello Franco, Virgílio de, 172-3
Mello Neto, João Cabral de, 229
Mello, Arnon de, 371
Mello, Frederico C., 371-2

Melo, Márcio, 451
Melo, Nelson de, 256
Mendes Campos, Paulo, 261
Mendes de Moraes, Ângelo, 214, 237, 365
Mendes Júnior, construtora, 270
Mesplé, João Antônio, 112, 290-1
Mesquita da Costa, Adroaldo, 385, 409
Mesquita Filho, Julio de, 70, 121, 138, 195, 217, 219, 272, 288-9, 318, 353, 391, 437, 440
Mesquita, Francisco, 121
Mesquita, Julio de, 288-9
Mesquita, Rodrigo, 391
Michaelsen, Egídio, 309
Mignone, Francisco, 73, 194
Mineração Morro Velho, 336
Miranda de Carvalho, Sérgio (Macaco) Ribeiro, 438, 444
Miranda, Aurora, 71
Miranda, Carmen, 57, 117-8
Miranda, Rodolpho, 19
Miró, Joan, 240
Mitke, Thassilo, 140, 145, 149
Modigliani, Amedeu, 197
Moniz Sodré, Niomar, 240, 419, 436, 445-6
Monsueto, 303
Monteiro Aranha, grupo, 92
Monteiro de Carvalho, Joaquim, 264
Monteiro de Souza, Antônio, 473n
Monteiro, Antonio, 157, 159
Montoro, Roberto, 401
Moraes, Eneida de, 154
Moraes, Ivan, 315
Moraes, Justo de, 41
Moraes, Vinícius de, 203, 251, 385, 443
Morais, Fernando, 410
Morango, Terezinha, 249
Moreira Alves, Márcio, 439-40
Moreira Salles, Walter, 101, 201, 205, 240, 301, 308, 312, 335, 354, 368, 371, 377, 386-7, 456-7, 462-3
Moreira, Cid, 292, 451
Moreira, Delfim, 172
Moreira, Nestor, 211-2
Morel, Edmar, 140, 211, 481n, 486n
Moses, Herbert, 19, 27, 39-40, 51-2, 57, 61-3, 67, 75, 83-4, 104, 112, 118-9, 122-4, 134-5, 137, 140, 142, 154, 165, 178, 181, 202, 210, 212, 230, 261, 267, 269, 272, 329, 353, 435-6
Moss, Gabriel Grün, 279
Mota, Sílvio, 319
Motta Lima, Paulo, 81
Motta Lima, Pedro, 236
Motta Lima, Pedro (Doca), 75-6, 81-2, 86, 142-3, 149, 154-5, 166, 175, 189, 191, 239, 241
Motta, Ozéas, 119
Moura Andrade, Auro, 277, 325
Moura, João Dunshee de Abranches, 139
Mourão Filho, Olímpio, 97, 321
Mourão, Abner, 122
Müller, Filinto, 68, 75-6, 80, 86-92, 95, 97, 99, 111, 117-8, 122-4, 133, 138, 178, 200, 271, 481n

Muller, Lauro, 475n
Muller, Manuel *ver* Jacinto de Thormes
Muller, Roberto, 472n
Mundial, rádio, 369
Mundo Ilustrado, O, 260-1, 275
Muniz Sodré, Antonio, 307
Muricy, Antonio Carlos da Silva, 454
Museu de Arte Moderna de São Paulo, 220
Museu de Arte Moderna do Rio de Janeiro, 240, 445

Nabuco de Araújo, Maria do Carmo (Miminha), 171-2, 175, 215, 265, 358, 441
Nabuco, família, 178
Nabuco, Joaquim, 32, 399
Nabuco, José Thomaz, 171-2, 175, 265, 298, 358, 364, 398-401, 441
Nação, A, 126
Nacional, rádio, 27, 192-3, 216, 244, 255-6, 279, 341, 402, 450, 478n
Nacional, TV, 343
Nações Unidas (ONU), 266, 300
Nascimento Brito, Manoel, 11, 194-5, 211, 223, 236, 255, 289-90, 299, 302, 335, 353, 359, 373, 380, 384, 420, 446, 453, 464
Nascimento e Silva, Luiz Gonzaga, 358, 385
Nascimento, José Francisco Alves do, 58
Nasser, David, 85, 140, 389, 425
Nazareth, Ernesto, 72
NBC, 352
Negrão de Lima, Francisco, 203, 377, 432-3, 436
Nepomuceno, Alberto, 72
Nepomuceno, Weber, 192
Neves da Fontoura, João, 215-6, 242-3
Neves, José Maria, 218
Neves, Tancredo, 209, 212, 214, 280
New York Times, 450
Niemeyer, Oswaldo, 432
Nixon, Richard, 413
"No profundo mar azul" (filme), 243
Nogueira, Armando, 212, 380, 403, 416
Nogueira, Emir Macedo, 472n
Nogueira, José Antonio, 190
Noite Ilustrada, A, 27
Noite, A, 17, 21-3, 27-43, 46-8, 55, 59, 65, 73, 116, 122, 128, 154, 160, 211, 260-1, 371, 388, 444, 464
Notícia, A, 473n
Nova Fronteira, editora, 441
Novelli, Vicentina, 311
Nunes, Henrique, 38

Odebrecht, construtora, 270
"Old man river" (canção), 5
Olinto, Antônio, 382
Oliveira Sobrinho, José Bonifácio de (Boni), 384, 403, 415, 468
Oliveira Rocha, Manoel (Rochinha), 16-7, 31, 46, 224

Oliveira, Eurico de, 391
Oliveira, Franklin de, 142, 187, 293
Oliveira, Marly de, 229
Onassis, Aristóteles, 458
Ordem, A, revista, 162
Orleans e Bragança, João, 104
Orquestra Sinfônica Brasileira, 192
Ortiz Monteiro, Oswaldo Junqueira, 341, 342

Padilha, Moacir, 337, 443
Paes de Almeida, Sebastião, 331, 377
Paixão Cearense, Catulo da, 73
Paiz, O, 43, 55, 473
"palhaços de ouro, Os" (peça de Neil Simon), 5
Pallière, Arnaud Julien, 172
Palmeira, Sinval, 190
Pancetti, José, 181-2, 315, 355
Pareto Neto, João Victório, 347
Paris-Match, 235
Partido Comunista Brasileiro (PCB), 67, 75-8, 95, 112, 141, 143, 154-6, 164, 167, 189-91, 241, 289-90, 294, 317, 383, 472n
Partido Democrata Cristão (PDC), 302
Partido dos Trabalhadores (PT), 472n
Partido Social Democrático(PSD), 160, 163, 167, 237, 242, 302, 319-20, 329-30, 377-8, 392-3, 405
Partido Social Trabalhista (PST), 274
Partido Socialista Brasileiro (PSB), 293
Partido Trabalista Brasileiro (PTB), 157, 163-4, 167, 172, 217, 237, 271, 274, 292-4, 302, 339, 341, 368, 393
Passarinho, Jarbas, 437
Pátria, A, 75
Paula Freitas, Alfredo, 22
Paula, Aloysio de, 182
Paula, Jorge Aprígio de, 433
Paulista, TV, 341, 343
Paulistano, Luiz, 234
Paulo de Frontin, André Gustavo, 475n
Paulo VI, papa, 448
Peçanha, Nilo, 34, 392
Pedro II, dom, 305
Pedro I, dom, 305
Pedroso Horta, Oscar, 277
Pedroso Júnior, José Correia, 164
Peixoto, Armando, 126-7, 133
Peixoto, Cauby, 259
Pelé, 13
"Pelo telefone" (samba), 29-30
Pepsi, 418
Peralva, Osvaldo, 440
Pereira Carneiro, Beatriz, 139
Pereira Carneiro, conde Ernesto, 74, 138, 195, 202, 211, 437
Pereira Carneiro, condessa Maurina, 139, 211, 223, 236, 255, 289-90, 391, 436
Pereira dos Santos, Nelson, 316
Pereira Rego, João Alfredo, 135, 221
Pereira, Alceu, 108
Pereira, José Mário, 229, 231, 310, 316
Pereira, Merval, 47
Perón, Domingos, 236

Perón, Eva (Evita), 182-3
Perón, Juan Domingo, 182
Pessoa, Epitácio, 186
Pessoa, João, 53, 186
Pessoa, José, 156, 186, 216, 267, 316, 327
Pestana, Rangel, 342
Peter, Jorge, 422
Phillips, 347, 417
Picasso, Pablo, 240
Piccinni, Arthur, 78
Pimentel Brandão, Mário de, 99
Pinheiro Lemos, 127
Pinheiro, Israel, 378, 406
Piñon, Nélida, 287
Pinto, Carlos, 454
Pires do Rio, José, 119
Piva, Mario, 396
Pixinguinha, 30, 71, 240, 475n
Plano Cohen, 97
Plauchut, Edmond, 20
"Poderoso Chefão, O" (filme), 310
Pollo, Maria, 315
Pompéia, Raul, 34
Ponce, Dolores, 71
Pongetti, Henrique, 104, 130, 178, 182, 230
Pontes, Elói, 59, 149
Porterelle, Jean, 280
Portinari, Cândido, 118, 172, 181, 315
Porto, Sérgio, 261
Pouchard, Jean, 263
Poyares, Walter, 177
Prazeres, Heitor dos, 315
Prestes, Anita Leocádia, 153
Prestes, Júlio, 51, 52, 53
Prestes, Luiz Carlos, 52-3, 78, 80, 82-4, 86, 89-90, 93, 103, 142, 151, 153-5, 164, 174, 189-90, 289, 294, 324, 377, 383, 449
Primeira Guerra Mundial, 31, 140-1
Proust, Marcel, 265

"Quadrilha do Esqueleto, A" (filme), 29
Quadros, Jânio, 234, 239, 262, 272-82, 287, 335, 447, 495n, 498n
Quandt de Oliveira, Euclides, 339-40, 343-4, 409-10
Quarteto em Cy, 423
Queiroz, Armando, 389
Queiróz, Raquel de, 178, 229, 287

Rademaker, Augusto, 451
Radical, O, 139
Radiolândia, revista, 284
RAI, 346
Raja Gabaglia, 264
Ramírez, Carlos, 194
Ramos, Graciliano, 138, 233
Ramos, Nabantino, 496n
Ramos, Nereu, 174, 238-9
Rao, Vicente, 77, 90
RCA Global Communication, 448
Real, companhia aérea, 268
Rego Monteiro, família, 74
Reis, Mário, 104
Repórter Esso, 196, 216
retrato de Leopold Zborowsky, O (tela de Modigliani), 197

Reuters, 138, 146
Revista do Rádio, 208, 284
Reydy, Affonso Eduardo, 240
Ribeiro da Costa, Álvaro Moutinho, 189
Ribeiro, Darcy, 229, 288, 307, 313, 319
Ribeiro, José Augusto, 307, 383
Riff, Raul, 278, 304, 325
Rio Gráfica Editora Ltda, 210, 249, 254, 285, 426, 459
Rio, revista, 178, 181, 183, 230
Rio, TV, 257, 259, 295, 325, 349, 351
Roberto Carlos, 384
Roberto, Marcelo, 134
Roberto, Milton, 134
Roca, Blas, 156
Rocha Lagoa, Francisco de Paula, 190
Rocha Miranda, Plácido Antonio, 264
Rocha, Carlito, 101
Rocha, Geraldo, 28, 34, 38-40, 51, 55, 65, 260-1, 478n
Rocha, Glauber, 316, 371
Rocha, Jeanne Laville, 261
Rodrigues Ferreira, Manoel, 437
Rodrigues, Amália, 178
Rodrigues, Jayme, 411
Rodrigues, Jorge, 343-4, 355
Rodrigues, Mário, 131, 204
Rodrigues, Nelson, 58, 87, 127, 130-2, 203, 418, 422, 443
Rodrigues, Roberto, 131
Rolla, Joaquim, 107-8, 111, 160, 162-3
Rondon, Cândido, 225, 449
Rondon, Marechal, 130
Roosevelt, Franklin D., 79, 99, 207, 353
Rossi, dom Agnelo, 452
Rua, A, 33
Rubini, Maria, 420

Sá Filho, Francisco, 189
Sabino, Fernando, 251
Salazar, António de Oliveira, 183
Sales, dom Eugênio, 453
Salgado, Plínio, 94-5, 99
Salgado, Zelia, 315
Salles, Apolônio, 249
Salles de Oliveira, Armando, 98, 152
Salles, Mauro, 247-9, 264, 274, 280, 346-9, 351, 377, 382, 493n
Salles, Raul, 39
Salvatori, Turano Santo, 18
Sampaio Correia, José Matoso de, 473n
Sandroni, Carlos, 475n
Santa Maria, Oscar, 74, 84, 109, 258
Santa Rosa, Tomás, 315
Santomasso, Giuseppe, 315
Santos Dumont, Alberto, 20
Santos, José Anselmo dos, 319
Santos, Salvador, 23, 31
Santos, Silvio, 341, 354
Sardenberg, Idyno, 460
Sarmento, Syzeno, 437
Saturnino Braga, Francisco, 393
Saturnino Braga, Roberto, 392-3, 395, 398, 408
Savaget, Edna, 346

Scherer, dom Vicente, 453
Schmidt, Augusto Frederico, 101-2, 169, 175, 232-3, 250-1, 253, 255, 264, 267-9, 275-6, 284, 287, 304, 306, 310, 312, 331-4, 364, 366, 372, 377, 407, 425, 449, 458, 460
Schneider, Erno, 447
Scliar, Carlos, 315
Scorziello, Cristina (avó), 12, 15, 18, 25
"Se a cidade contasse" (telejornal), 347
Segall, Lasar, 315
Segismundo, Fernando, 142, 290-1, 435
Segreto, Paschoal, 29, 253
Segunda Guerra Mundial, 91, 108, 121, 133, 139-56
Semanário, O, 267, 274, 290
Sena Madureira, Pedro Paulo de, 172, 208, 390
Serpa Filho, Jorge, 229, 251, 299, 306-12, 325, 327, 333, 364-7, 377, 414, 455-8, 460-1
Serrador, Francisco, 29
Serran, Ricardo, 182, 323
Serviço Nacional de Informações (SNI), 353, 358-9, 394, 409, 424, 454, 456
Serviço Social da Indústria (Sesi), 205
Severiano Ribeiro Jr., Luiz, 269, 285
Shell, 347
"Show da Noite", 350
Signac, Paul, 315
Silva Paixão, Francisco da, 321
Silva, Aguinaldo, 422
Silva, Antonio José da, 372
Silva, Celestino da, 19
Silveira, Joel, 140, 145-9, 261
Silveira, José, 307, 365-6, 455
Simões Filho, Ernesto, 203
Sinhô (José Barbosa da Silva), 30, 35-6, 51, 221, 475n
Siqueira, Herculano, 346-8
Siqueira, José, 192
Sirotsky, Maurício, 279, 451
Slerca, Mario, 264
Soares, Albertino, 95
Soares, Jô, 59
Sobral Pinto, Heráclito Fontoura, 151, 155-6, 331, 334, 365
Sobral, Eduardo, 271
Sousa Melo, Márcio de, 439
Souza Barros, Edwiges de (avó), 11-2
Souza Castro, Ronaldo Guilherme de, 247
Souza Costa, Artur de, 79
Souza Meira, Davi de, 433
Souza Melo, Lígia Egídio de, 230-2, 327, 338, 342-3, 360
Souza, Belisário de, 119
Souza, Geraldo Romualdo de, 157-9
Squeff, Egydio, 141, 143, 145-9, 200
Stálin, Josef, 82
Stamato, Fernando, 140
Steele, Alfred, 418
Stone, Harry, 270, 285-6, 329
Straubhaar, Joseph, 501n
Strossner, Augusto, 332
Sued, Ibrahim, 179, 245, 262-4, 303, 319, 414-5, 443, 451
Suzuki, Matinas, 464

Tagliaferri, Magdalena, 184, 192
Tamburi, Orfeu, 315
Tamoio, rádio, 402
Tavares, Carlos, 258-9
Távora, Juarez, 326, 491n
Teixeira de Castro, Lucílio, 99, 226, 248, 323
Teles, Silvinha, 335
Tempo, Il, 284
"Terra em Transe" (filme), 371
Thedim Lobo, Álvaro Frederico, 473n
Théo, caricaturista, 74
Thompson, J. Walter, 418
Tibau, Silvia, 131
Tico-Tico (revista infantil), 28
Time, 353
Time Life, 347, 352-5, 361-4, 369, 378, 381, 386-7, 390-419, 424, 439, 448, 450, 459, 461
Times, 236
Tinoco, Brígido Fernandes, 275
Torres, Abdon, 347-9
Tribuna da Imprensa, 171, 203, 212, 216, 239, 276, 282, 322-3, 349, 357, 367, 370, 387, 407, 435, 441
Tribuna Popular, 149, 165, 175-6, 189, 191
Tribuna, A, 473n
Trujillo, Rafael, 266
Tupi, rádio, 74, 108, 110, 193, 302, 381, 413
Tupi, TV, 196, 204, 256-7, 259, 323, 341, 349, 351, 400, 413, 448
Última Hora, 200, 203-5, 211, 218, 226, 233, 237, 261, 270, 285, 293, 295, 298, 316, 351, 354, 365, 379, 447
Unhoid (O combate), jornal, 78
União Democrática Nacional (UDN), 152-3, 156, 160-4, 167, 171-5, 206, 213, 216, 237-8, 241, 244, 273-4, 287, 292-4, 302, 358, 371, 377, 393, 405, 441, 468, 508n
União Nacional dos Estudantes (UNE), 288
União Soviética, 189, 266, 276
União, A, 32
United Press International (UPI), 42, 126, 138, 146, 207, 265, 278
USIA(United States Information Agency), 355

Vale, João do, 385
Valença, Darel, 315
Valença, Rosinha de, 423
Vamos Ler, revista, 27
Vargas, Alzira, 109, 111, 115-6, 159, 161, 172, 219
Vargas, Benjamin, 109, 115, 123, 156, 161
Vargas, Darcy, 77, 90, 104, 136
Vargas, Getúlio, 51-3, 56, 60-9, 77, 80-3, 87, 90-102, 107, 111-7, 120-1, 124-5, 130, 133-60, 164-7, 172-3, 186, 193, 198-200, 203-21, 227, 244, 253-6, 261-2, 278, 285, 289, 292, 306, 308, 314, 331, 341,

344, 353, 371, 424, 432, 435, 498n
Vargas, Lutero, 206, 214
Vargas, Pedro, 194
Vasconcelos, Helena Velho da Silva (Lenita), 184
Vasconcelos, Luiz Paulo, 135, 219, 224-6, 235, 281, 322, 324, 388, 444, 464
Vasconcelos, Vicente de Paulo, 225
Vaz, Rubens Florentino, 212, 244, 314, 407
Veja, 419
Velho da Silva, José Julio, 127
Veloso, Caetano, 408
Veloso, Haroldo, 239
Viana, Augusto, 174
Vianna Filho, Oduvaldo, 288
"Vidas Secas" (filme), 316
Videla, Gabriel Gonzáles, 183, 192
Vieira de Carvalho, Marina, 138
Villaça, Antônio Carlos, 208
Villa-Lobos, Heitor, 57, 73, 170, 192
Villar, José Antonio, 101
Volkswagem, 417

Wainer, Samuel, 153, 200, 203, 205, 208, 210-1, 218-9, 233, 257, 270, 293, 298-9, 303, 309, 316, 353, 365, 413, 447
Wallach, Joseph, 397-8, 401-4, 461
Warchavski, Tobias, 75-6
Washington Luís, 51-5, 68, 131, 174, 478n
Washington Post, 413
Whitaker, José Maria, 259
Winchell, Walter, 263

Xavier, Francisco Cândido (Chico Xavier), 96

Yamashita, Naboru, 315

Zarur, Alziro, 370

Direção editorial
Daniele Cajueiro

Editores responsáveis
Janaína Senna
Daniel Stycer

Produção editorial
Adriana Torres
Pedro Staite

Revisão
Eduardo Carneiro
Luana Luz
Rachel Rimas
Rayana Faria
Thaís Entriel
Victor Almeida

Revisão técnica
Luiz Fernando Caldas

Indexação
Marco Mariutti

Projeto gráfico
Larissa Fernandez Carvalho

Diagramação
Filigrana

Capa
Victor Burton

Imagem de capa
Agência O Globo

Este livro foi impresso em 2019 para a Nova Fronteira.